国家社科基金重大项目"中国近代日记文献叙录、整理与研究"(项目编号:18ZDA259)阶段性成果

中国近代人物日记丛书

绍英 著
张 剑 整理

绍英日记

上

中华书局

图书在版编目（CIP）数据

绍英日记/绍英著；张剑整理. —北京：中华书局，2018.11
（中国近代人物日记丛书）
ISBN 978-7-101-13123-9

Ⅰ.绍… Ⅱ.①绍…②张… Ⅲ.绍英－日记 Ⅳ.K827=6

中国版本图书馆 CIP 数据核字（2018）第 050444 号

书　　　名	绍英日记（全二册）
著　　　者	绍　英
整 理 者	张　剑
丛 书 名	中国近代人物日记丛书
责 任 编 辑	许庆江
出 版 发 行	中华书局 （北京市丰台区太平桥西里 38 号　100073） http://www.zhbc.com.cn E-mail:zhbc@zhbc.com.cn
印　　　刷	北京瑞古冠中印刷厂
版　　　次	2018 年 11 月北京第 1 版 2018 年 11 月北京第 1 次印刷
规　　　格	开本/850×1168 毫米　1/32 印张 31¾　插页 8　字数 710 千字
印　　　数	1—2000 册
国 际 书 号	ISBN 978-7-101-13123-9
定　　　价	146.00 元

绍英像

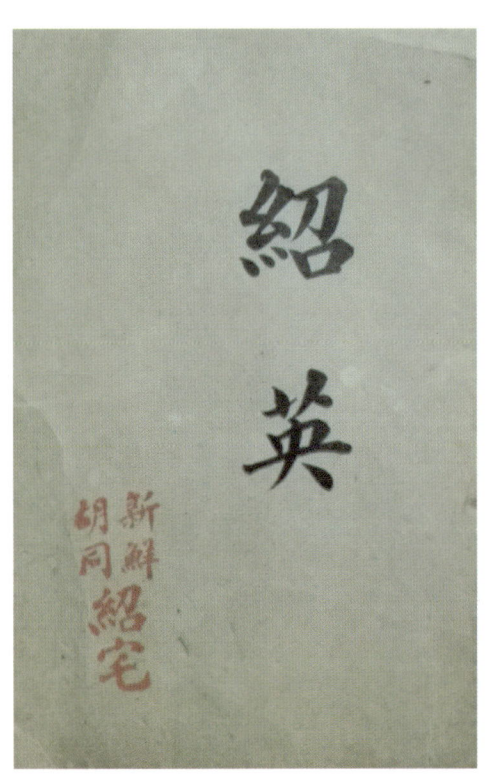

绍英名片

中華民國六年七月葬宣統九年七月十三日卯刻六點

張少軒大帥率文武員弁進内進
通諭復辟奏摺並飭隨員代擬
上諭等件
見內閣
上召見張帥及文武隨員畢 醇王爺示訓
蒞園碰頭 上諭諒見張帥接洽一切
商定派張帥為議政大臣 諭旨隨後
上賞飯吃在尚書房早餐 憶前三年十二月廿五日
辭位六載於茲一朝光復舊業國事有喜

绍英日记（一）

铭爱文书一件

十三日午後东书先送李底件有
摄像陈底一纸
十曾敕音荐来传及各國已時三次
祷告畢宴去共九十餘人内有
松鶴數亩廉三萬宿衛延
錫之子有刑廉訪長俟赳晋
革職為首裁逆等事料附登一

天津界地段章已派瑞良烏珍
暨順天府派員會同查办英俄事
現況到國婉轉說項當夢以徐此也
錫批夫之秦託加匯秦岸座萬愛
存欵七百三千

十五日佐百先倦成号 先公手餘抜予
二册書皮八百字末云美求禾学
網源之所自俾我業戚知

丁巳五月入内值班曾当佩刀一柄庚申五月入值见此刀光铓犹昔因题

一尺以抒怀抱云

韬光三载有谁知拂拭尘埃善护持独明 珍重 一般圭贯虏鸾刀迎日岂容徐末 司用邵子语

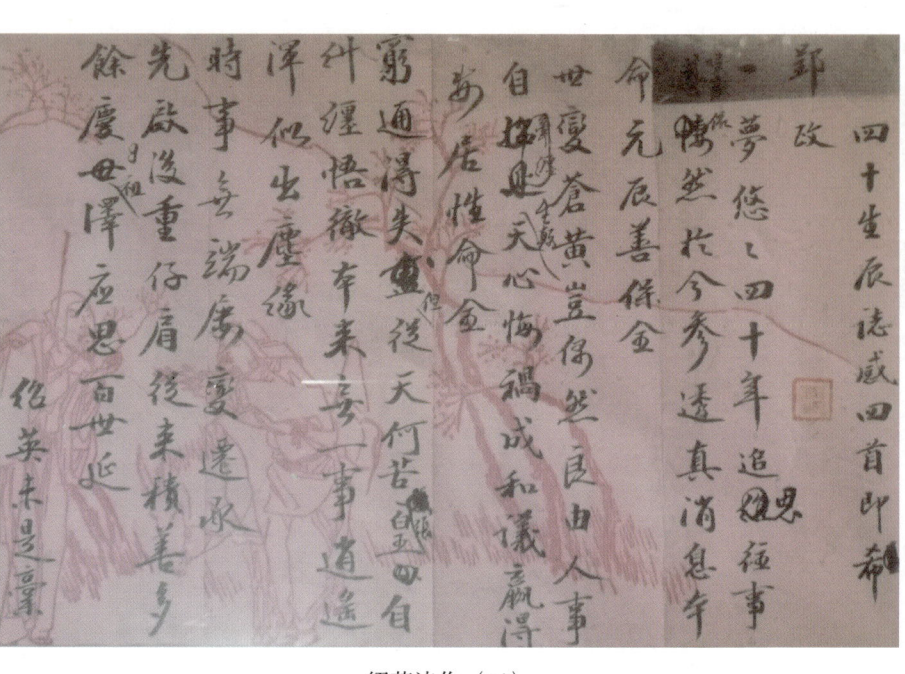

绍英诗作（二）

绍英著述封面题签

张剑与绍英之孙马延霨

《中国近代人物日记丛书》出版说明

编辑出版《中国近代人物日记丛书》，旨在为学术界提供完备、可靠的基本资料。

日记体裁的特殊性，使其具有其他种类文献所不具备的史料价值。日记中的资料，有的为通行文献所不载，有的可与通行文献相互印证、补充，有的可以订正通行文献中的讹误。中国近代许多著名的历史人物都留有非常丰富的日记，较为著名的有晚清四大日记翁同龢《翁文恭公日记》、李慈铭《越缦堂日记》、王闿运《湘绮楼日记》、叶昌炽《缘督庐日记》等，都是具有较高史料价值、经常被学者征引的重要文献。

然而许多日记文献藏于图书馆、博物馆、研究机构或个人手中，学者访求不便。为此，系统发掘整理这类文献，是一项很有意义的工作。中华书局于二十世纪七十年代开始策划《中国近代人物日记丛书》，出版了多个品种，受到学术界的重视与好评，《翁同龢日记》《郑孝胥日记》等至今仍是引用率较高的近代日记整理本。

新世纪以来，我们继承这一传统，加大近代人物日记的出版力度，试图通过进一步完善整理体例、新编更便利使用的索引、搜集更完备的附录资料等方式，使这套丛书发挥更大的作用，继续为学术研究贡献力量。

编好这套丛书，一定会遇到不少困难，但我们相信，在学术界、文博界和公私收藏机构与个人的大力支持下，这套有着悠久历史的基本文献丛书将会有更多更完备、精良的品种问世并传世。

中华书局编辑部

《绍英日记》中的清末民初

（代前言）

德国哲学家莱布尼兹在《单子论》中说："每一单纯实体具有表达其他事物的联系，因而成为宇宙的一面活生生的而永久的镜子。""物质的每一部分都能够显示整个宇宙。"①他想表达的是：任何一个微观的东西，都具有一种可以反映乃至表现整个宇宙的能力。日记是具有私人史和微观史性质的史料，但也是具有百科全书性质的史料，尤其是那些长时段记录或身份特殊的人物日记，更是不仅具有个人生命史的意义，而且兼具政治史、经济史、社会史等多方面的价值。《绍英日记》即是这样一个较为典型的个案。

绍英(1861—1925)，字越千，满洲镶黄旗人，马佳氏。其祖升寅，嗣父宝珣，兄绍祺、绍諴、绍彝俱为显宦。绍英本人仕历亦显赫，光绪末曾以京师大学堂提调身份东渡日本考察学务；又曾任商部右丞，充高等实业学堂监督；擢度支部左侍郎，派充崇文门监督。宣统年间擢署度支部大臣，辛亥革命后，充任溥仪宫中总管内务府大臣，兼任八旗护军营都护使之职，后特授太保。王国维有诗赞云："万石温温父子同，牧丘最小作三公。"（《题绍越千太保先德梦迹图》其二）至以汉初大臣石奋幼子石庆（武帝时

---

① 陈乐民《莱布尼茨读本》，第 43 页、第 45 页，江苏教育出版社 2006 年版。

期丞相,封牧丘侯)比类绍英。

绍英有记日记的习惯,虽经动乱,其日记经其孙马延霈先生的精心守护,仍保留下来三十三册之多。① 记事自光绪二十六年七月二十日(1900年8月14日)起,至民国十四年三月十八日(1925年4月19日)止。为那个时代留下了一个缩影。

一 政治乱局与清室末路

阅读《绍英日记》,最大的感受是其中时时流露的乱世凄惶感和穷途末路感。庚子事变之后的清王朝风雨飘摇、危若累卵,虽又勉强挣扎了十年左右,仍于宣统三年辛亥年底宣告寿终正寝。清皇室虽然与民国签订了《清室优待条件》,可以保留皇帝尊号并岁获四百万两日常费用(俟改铸新币后,改为四百万元)等,但是由于民国财力困窘,这些条件基本上没有被严格兑现过。更重要的是,江山易主后的逊清皇室颇有朝不保夕之感,为了保住"优待条件",不得不小心周旋于各种势力之间,惶惶不可终日。即便如此,还是在民国十三年(1924)被赶出了紫禁

---

① 参见 http://www.71.cn/2012/1216/621822.shtml《马延玉:苦心整理家族史献给国家》:"《绍英日记》共40本,但是其中的7本已经遗失。……'文革'期间,为了保住这些珍贵的材料,马延玉冒着生命危险把《绍英日记》等一部分最珍贵的资料藏到了水缸里,但是一场大雨将资料全部淋湿。不得已,马延玉又把书藏在工厂的工具箱里。"按马延玉即马延霈(户籍用名),马先生研读家族史料,有不少文章发表,为读者辨识方便,故将"霈"改为"玉"。《绍英日记》后由马先生交付国家图书馆出版社,于2009年影印出版,刘小萌先生为作前言。此前言后来改名《绍英与〈绍英日记〉》,收入《湘淮人物与晚清社会》一书(社会科学文献出版社2011年版)。

城,从此踏上了不归路。现存的《绍英日记》,始于光绪二十六年庚子(1900),终于民国十四年(1925),正好以一个亲历者的身份,记录下逊清皇室这一段多舛命运和心路历程。

(一)焦头烂额的"财神爷"

庚子事变,八国联军入侵京师,候补员外郎绍英携全家避于北京城中,却遭到了日军的洗劫。这年8月17日(本文凡以阿拉伯数字表示日期者均指阳历)的日记载:"阖家在西北小院暂避,日本兵八名来,搜索银表等物而去。"看来,在这次可耻的侵略中将自己装扮成"文明之师"的日军也并不真的那么"文明"。

庚子事变后,绍英在兵部捷报处公所当差验放饭银,又随吴汝纶东渡日本考察学校教育,归国后接办崇文门税关及京师大学堂支应局提调工作,光绪二十九年(1903)浐升至商部右丞,跨入到上层官僚的行列。光绪三十一年(1905),清皇室为了挽救危局,派出镇国公载泽、户部侍郎戴鸿慈、兵部侍郎徐世昌、湖南巡抚端方、商部右丞绍英共同出洋考察各国政治,为立宪新政做准备,但甫登火车,即遭革命党人吴樾炸弹袭击,绍英该年9月24日的日记云:

> 早赴前门东车站,会同泽公、徐大人登火车,甫登火车,忽闻炸炮一声,当时跌倒,随有家人扶出,身受伤七八处,惟左股较重,即至法国医院调治。同去者为服部先生,医士欧宜穆沙荷德调治甚效,暂在医院调理。

清室刚欲启动立宪的车轮,即遭此挫折,洵非吉兆。后来绍英因伤、徐世昌因公务皆不能成行,清室又改派山东布政使尚其亨和顺天府丞李盛铎,会同载泽、戴鸿慈、端方,于12月中旬分两路出洋考察。经过近半年的海外考察,五大臣归国后提交了"考察宪政报告",清室也随之宣布预备立宪。可惜山雨欲来,历史没有给清室留下太多的改革时间。光绪三十四年(1908),

光绪和慈禧相继驾崩,三岁的宣统继位,清室在国内立宪派运动的压力下,不得不于宣统三年(1911)宣布实行所谓的"责任内阁制",但13名阁员中,满员9人、汉员仅4人,满员中皇族又占6人,时称"皇族内阁",舆论大哗,很快武昌起义爆发,开启了推翻清朝,走向民国共和的新篇章。

在这大厦逐渐崩塌的末路之行中,绍英虽然步步高升(光绪三十二年升商部左丞,转任度支部左侍郎;光绪三十三年兼崇文门税关副监督;宣统三年九月署度支部大臣),心情却难免沉重和忧急。不妨看几则他宣统年间的日记:

宣统元年六月二十七(1909年8月12日):"值日,本部具奏财用窘绌、举办新政宜力求撙节、以维大局一折。"

宣统二年二月十四日(1910年3月24日):"晚,毓月华请,略谈时事。当此时事艰难之际,我辈受恩深重,自应尽心职守,敬慎将事,若自揣才力不及,惟应急流勇退,庶免阻碍贤路,以求自全,是或一道也。"

宣统三年十月十二日(1911年12月2日):"致徐中堂一函,恳其转达袁总理大臣因病请假事。计自光绪卅一年十一月十二日奉旨署理侍郎,嗣经补授侍郎,暂署度支大臣至今,时历六年,时局变迁不图至此。署度支大臣将及半月,竭蹶从事,艰窘异常,倘借款无成,实无善策,闻内帑尚有存储,第讨领不易,不知将来能办到否,臣力竭矣。如此次假期届满,只得再请开署缺,以免贻误大局也。"

这是一位焦头烂额、时想避路让贤的"财神爷"。他也曾谋划借外债、发内债、劝捐输,使用浑身解数想要保证财源:"请袁总理大臣看借债合同,……又交爱国公债事"(1911年12月1日),"劝谕盐商捐款"(1911年12月4日);但"英、美、德、法、俄、日本会议,中国借款概行拒绝"(1911年12月4

日),内债认购及其他捐输则多落入袁世凯手中,这又是一位被政治家和野心家玩弄股掌之间的"财神爷"①。当袁世凯耍弄手段,逼迫隆裕太后时,绍英在日记中没有对袁的说法表示出半点怀疑:

> 内阁具奏请上召集近支王公会议大计。是日上先召见王公,次召见内阁国务大臣,皇太后垂泪谕袁总理大臣云:"汝看着应如何办即如何办,无论大局如何,我断不怨汝,即皇上长大,有我在,亦不能怨汝。"袁对云:"臣等国务大臣担任行政事宜,至皇室安危大计,应请上垂询皇族近支王公。论政体本应君主立宪,今既不能办到,革党不肯承认,即应决战。但战须有饷,现在库中只有廿馀万两,不敷应用,外国又不肯借款,是以决战亦无把握。今唐绍怡请召集国会公决,如议定君主立宪政体,固属甚善;倘议定共和政体,必应优待皇室。如开战,战败后恐不能保全皇室。此事关系皇室安危,仍请召见近支王公再为商议,候旨遵行。"复召见近支王公,俟王公见过退下,遂定召集国会之议,拟旨阅定后,总理大臣、国务大臣等署名。窃思国事危迫已极,为人臣者无法补救,忧痛何如。惟愿天心垂佑,期有转机,或定君主政体,或可以一战而胜,诚为天下幸福。否则共和政体恐不能办成,已召糜烂瓜分之祸,大可惧也。伏惟上天有好生之德,当不致战祸不息,仍享和平之福,不禁馨

---

① 参见王春林《爱国与保身:辛亥革命期间的亲贵捐输》,《清史研究》2012年第1期。该文认为:"袁世凯的'勒捐亲贵'挤出了皇室亲贵的大量积蓄,使得他们不得不转而依赖袁氏,从而堕入袁氏的逼宫阴谋中。……勒捐之后,名利俱损,危局之下,复加之以优待条件,则一般亲贵唯有接受一途。"

香祝之。(1911年12月28日)

  至内阁,会同外务大臣交覆总理大臣函,为查明亲贵大臣在各银行并无存款事。总理大臣云欲战则兵少饷绌,欲和则君主立宪宗旨难保,惟有辞职,请上另简贤员办理等语。时事危矣,既无力挽回,亦只有因病辞职,以免贻误大局。计自暂署度支大臣两月,筹款维艰,智穷力竭,现在虽库款尚敷一月之用,而军用浩繁,终有饷项难继之一日,愧悚奚如。午后进署,因感受风寒,令丞参厅办折,自廿七日起请假五日,幸尚无经手未完事件也,如假满不愈,再请开缺可也。(1912年1月14日)

  绍英绝想不到,袁只是借机以逞私欲,"惟有辞职"之语全系演戏,倒是绍英本人,确实已经"智穷力竭"、真欲辞职矣。

(二)逊清皇室的尴尬处境

  溥仪逊位后的民国元年,一时出现了南北统一、五族共和的新局面,该年8月至9月,孙中山北入京师,还出席了逊清皇室的欢迎晚宴,双方相聚甚欢,都表达了对对方的善意和尊重。《绍英日记》记录下了这珍贵的一幕:

  晚,醇邸(醇邸因小恙未到)、伦贝子、世太保公宴孙中山、黄克强、陈君其美及国务院各员、参议院吴宗濂(住后王公厂)、汤化龙,陪客中有顺王、江统领朝宗、禁卫军统制王廷桢、张仲和、长君朴等,景三哥与余亦在陪客之列。入座上香宾酒时,伦贝子代为演说,以表皇族开会欢迎之意,略谓:从来有非常之人始能建非常之功,其孙中山先生之谓乎,今改数千年专制政体而为共和,固由孙中山先生及诸位先生之功,亦由我皇太后、皇上至公无私,以天下之政权公诸天下。惟自改变共和政体以来,而天下事变乃愈亟。语云"世界能造英雄,英雄亦能造世界",此后政治日进文明,不第我皇族得享优待之荣,而天下人民常享升平之福,均惟诸位先生是望云云。说毕又云:余今日得见诸位先生,至为光荣,举酒愿祝诸位身体康健。同座均鼓掌。孙中山令黄克强答词,略谓:现在世界竞争,中国非共和政体不能自立,是以孙中山先生热心改革。今者五族共和,实由皇太后、皇上圣明,德同尧舜,我辈均甚感激。惟此时外交甚为警戒,切望五族一心,勉力进行,以济时艰云云。八钟入座,十钟散。(1912年9月11日)

溥伦(伦贝子)赞扬共和政体的建立,是由于孙中山等人的努力,但也认为逊清皇室"至公无私,以天下之政权公诸天下"是其中重要原因;黄兴(黄克强)答词对此表示同意,"今者五族共和,实由皇太后、皇上圣明,德同尧舜,我辈均甚感激",但更强调"中国非共和政体不能自立",现在必须五族同心,一致对外,才能共济时艰,显然眼光更为长远。孙、黄等人昔为清室欲诛之乱党,今却成为逊清皇室座上贵宾,这既反映出"五族共和"已经成为各派势力愿意认同的共同基础,又反映出逊清皇室乱世中主动示好的保身之道。①

因为进入民国后的政治云谲波诡,入主北京城的各路豪雄走马灯似地变换。在一些访问北京的外国人眼中,1912年到1924年底的共和政局是这样的:"国会有失体面的被解散,又徒有其名的被重新召集;政府部长和军队将领们周期般地躲进这

---

① 对此段材料所体现意义的深入分析,可参桑兵《民元孙中山北上与逊清皇室的交往——兼论清皇族的归属选择》,《史学月刊》2017年第1期;李在全《民元孙中山北京之行与逊清皇室的应对》,"世界视野下的孙中山与中华民族复兴——纪念孙中山先生诞辰150周年国际学术研讨会"(2016年11月)会议论文。

个或那个外国使馆寻求庇护;无视总统的命令,无情地蔑视人民的利益,在首都的大墙下,军阀们演出了一出又一出武装冲突的闹剧;就连总统本身也是由某一派系集团拥戴上台,又被另一派系集团拉下台。他们在所有这些相类似的情形中,还观察到:骚乱,分裂,土匪,饥饿和内战,阴谋和国会的战略,诡计多端的政治家,以及军事冒险家的残忍和头脑发热的学生的滑稽戏。"①已让出统治权的逊清皇室对哪一派也得罪不起,其命运身不由己,不得不施尽手段,小心逢迎各方势力。请看《绍英日记》以下记载:

民国四年十月二十五日(1915年12月1日):"中堂云廿四日至大总统处提议联姻之事,大总统甚赞成,惟云须俟国体定后再为办理。"

民国十年五月十四日(1921年6月19日):"早,进内,醇亲王来,随同至永和宫,三位主位召见,为大婚之事,令王爷及绍英见徐总统再为求亲,并令告明世中堂。"

这是分别欲与时任民国大总统的袁世凯和徐世昌联姻,以谋巩固皇室待遇的"和亲"手段。

民国七年十一月初七(1918年12月9日):"晚,张雨亭请,会同杨子襄说送给匾额事,张雨亭云:已有人说过,予已推辞,日后再说罢。嗣见张斌舫在座,与伊接洽此事,伊云:伊亦曾说过,张雨亭不肯受,据云不在乎此等语。"

民国九年六月二十七日(1920年8月11日):"进内,上召见绍英、耆龄,问张作霖进内事。拟加赏腰刀一把,系

---

① 庄士敦著、陈时伟等译《紫禁城的黄昏》,第122页,求实出版社1989年版。

乾隆四年制,名'月刃',令换天青绦带,并谕云如张进内即赏,否则即不必矣。"

民国十年十月十三日(1921年11月12日):"余与耆大人请见,上召见,言语王爷云十月廿一日系曹锟正寿,可赏给物品四色,寿佛一尊,如意一柄,乾隆五彩瓷瓶一对,库缎八卷,上允准。"

民国十三年七月十五日(1924年8月15日):"荣大人传知上要二万元,为给赈款,先向盐业银行商借,该行不肯再借,只得向汇丰银行浮借二万元,该行允可,即将支条交来。……予将支条一万元交荣大人转交王将军,系属赈款,其馀一万元交恩老爷转交郑大人,询明交给冯检阅使作为赈款。据冯军参谋长云,该军作工系民国发给款项,无须赈款也。"(见是月日记摘录)

民国十三年八月十七日(1924年9月15日):"闻吴巡阅使有今晚到京之说,当由电话请醇王爷示应否照送燕果席接风,奉谕照办,当派宝铺往送果席。"

这是清室欲取悦来京各实力派军阀,以图自保之举。日记中的张雨亭即张作霖;冯检阅使即冯玉祥,王将军即王怀庆;吴巡阅使即吴佩孚。可叹的是,张作霖对赏赐并不在乎,而冯玉祥干脆予以拒绝。昔日令人感激涕零的浩荡皇恩,今天在很多人看来只是一种无足轻重的点缀,令人感慨系之。

更令人悲哀的是,即使在一些皇族内部事务上,清室也不能完全自主。如民国二年隆裕太后去世后,总统府军事处总长荫昌、陆军总长段祺瑞送来袁世凯致载沣公函一件,希望推尊瑾妃为四妃(瑜、珣、瑨系同治之妃、瑾为光绪之妃)之首,照管宫中一切事务;清室只好"遵照办理,并致谢忱"(《绍英日记》1913年3月8日)。至于那些恃强向清室借款或渔利之事,清室也只

能一概应允照办:

  民国七年四月初三日(1918年5月12日):"随同中堂至太极殿请见主位,奏明冯总统借债票三百万元事,上俞允照办。"(见是月日记摘录)

  民国十四年正月初七日(1925年1月30日):"晚,颐和园司员来谈公事:一从前提署所提分之款,十一师宋师长拟继续提分,只得照办……"

  冯国璋为竞选总统向清室所借的这巨款不知最终归还没有;但冯玉祥部下十一师(后改为第四师)师长宋哲元却实实在在地将原给提督衙门的颐和园收入的提成索取过来,清室都只能乖乖听命。

  昔为人上人,今为笼中雀,《绍英日记》真实记录了逊清皇室的尴尬、委曲和凄凉的处境。

(三)难以维持的"优待条件"

  民国元年2月9日,由民国南京临时政府向清室函送的有关清帝退位的优待条件,共分甲、乙、丙三项总计十九款,既有给皇帝的优待条件,也有给清皇族待遇的条件,还有关于满、蒙、回、藏各族待遇的条件。但由于社会上不时出现反对之音;再加上民国政府由于财政困难,对此条件的执行经常大打折扣,故逊清皇室一直有"优待条件"是否会被废止的担心,为此他们百般努力,力争使"优待条件"列入宪法,以便得到永远保障。《绍英日记》里对此频有记录:

  世中堂午后至总统府谈优待条件加入约法事,大总统之意甚好,盖为永远遵行,确定效力之意。(1914年4月6日)

  进内,求见四宫主位,召见于太极殿,……上意尚以为可,令将年节及各节应交之款交进,并言及优待条件应提议

加入宪法事。(1916年12月28日)

午后至那宅豫备请客事,徐中堂、世中堂到,所请议员到者一百七十馀人。徐中堂宣言请将优待条件加入宪法,以为保障,永远有效等语;汤议长化龙答词,大意可用制定宪法手续规定优待条件,永远有效,我辈可担任云云,座中全体鼓掌。徐中堂遂举杯称谢,此会尚为欢畅,可望达到目的,诚可庆幸。(1917年1月15日)

晚,福子埜等十位由宪法会议处旁听回,据云王谢家、荣厚、李振钧、克希克图诸君提出优待皇室条件,经国会第一次公决后永不失其效力,以为保障等议案,同会四百馀人均起立表决,均无异议。闻日后尚有行文、政府知照本府之手续云。(1917年4月20日)

张将军谈及已见黎总统,请将皇室优待条件加入宪法,即用命令宣布云云,闻之甚为欣慰,从此可望优待稳固,并可息谣言而免嫌疑,实为幸事。(1917年6月16日)

虽然极力筹划,并得到了议长汤化龙的支持,但最终仍未达到目的。民国六年4月20日的宪法会议只是重申了"优待条件"的效力,并不同意将"优待条件"列入宪法。该年5月28日内务总长范源濂咨复内务部云:"本年四月二十日宪法会议第四十八次会议,经主席以关于清皇帝优待条件及待遇蒙满回藏各条件,本属缔结条约性质,曾经临时参议院议决,当然永远发生效力,其加入宪法与否,效力均属相等,不必再议。咨询有无异议,众谓无异议,相应检回速记录,咨复贵府查照可也。"[①]正好可与《绍英日记》中所载相互参照。6月16日,入京调停"府院之争"的张勋(即日记中所云张将军)建议黎元洪"将皇室优

---

① 秦国经《逊清皇室轶事》第28页,紫禁城出版社1985年版。

待条件加入宪法",接着又悍然发动复辟,虽然旋即失败,却给废止"优待条件"的一派提供了更多口实。所幸有徐世昌和段祺瑞等人的有意保全,逊清皇室暂得无事:

　　早,拜谒徐相国,晤谈许久,谈及优待条件之事。据云现正与新学家研究办法,以备将来谈判云。(1917 年 7 月 20 日)

　　进内,与陈师傅略谈,回家阅《公言报》所云,优待条件问题拟俟国会召集时再行决议,所有优待费悉照从前规定一一给与,得段氏为之维持现状,故一时尚无危险之可言等语,此问题似在缓议之列也。(1917 年 7 月 28 日)

但"优待条件"的存废之争并未就此消失,而是愈演愈烈,至民国十一年达到一个高潮,该年《绍英日记》仅存下半年,但里面已有不少相关信息:

　　七月十三日(1922 年 9 月 4 日):"午后至王府,王爷云……江宇澄说骆、李议员议案已为皖议员李振钧打销矣,可由皇室派赵尔巽、王士珍二人加以名义,令其随时帮同交涉,予云此事似有不便之处,恐民国疑忌,反不相宜,王爷尚以为然。"

　　八月十六日(1922 年 10 月 6 日):"午后江宇澄来谈蒋雁行钩结议员,欲诈取皇室银款,有给款一百五十万元,可不提议取销优待之语,宇澄已托同乡某结合数人劝令骆、李议员无形取销矣,盖凭空居功之意也。"

　　十一月初三日(1922 年 12 月 20 日):"早,进内,耆、宝大人到,谈及邓元[彭]提议案并无人连署,据恩永春、乌泽生云仍宜镇静为要,彼等必随时照管也。议定仍请议员诸位招呼一切,研究办法,一面催送曹、吴诸要人物品,以便求伊等关照也。"

十一月初八日(1922年12月25日):"午后至梅裴猗处晤谈,据云四川议员孙镜清拟提议案,云皇室违法,应取销优待等因,梅不肯连署,并劝其毋庸提出,孙尚未决定如何办理。当托梅君随时维持解释为要。"

十一月十五日(1923年1月1日):"闻宝大人云议员李燮阳提出议案取销优待,追究复辟之事,已有卅七人连署,恐欲列入议事日程,当即回明王爷。晚间同者、宝大人至王懋轩处送交回赏一分(匾一方,大金盒对,福寿字各一方,特等银杯一件)。又赠曹巡阅使物品一分(匾一方,大金盒一对,画一幅,特等记念银杯一件),托王懋轩寄去。请懋轩看李燮阳议案,托其设法维持,伊已允为设法代托王兰亭、刘京兆尹转属议员等维持也,且云将来尚须属参议院掌笔之议员将优待条件加入宪法,以为永久保全之计,谈毕退出。同至福全馆晚餐,嘱钟捷南赴津报告徐总统,请为设法督催王懋轩速为设法维持也。"

十一月廿日(1923年1月6日),早,进内,请朱大人属孙润宇代拟理由书稿。晚,福全请客,蒋梅生云议员李纯修、张书元又提议案请取销优待条件,当托蒋君代为疏通云。

这些议员多系国民党出身,如骆继汉、孙镜清、张书元,但也有立宪派出身的李庆芳和旧进士出身的李燮阳,其中更有不良议员与蒋雁行这样的北洋勋旧相互勾结,欲行敲榨之事。八方风雨,草木皆兵,"人为刀俎,我为鱼肉"的状况下,怎么能不提心吊胆,仰人鼻息。因此每逢国会议员开会之际,即是逊清皇室神经高度紧张之时。面对国民党或其他不怀善意的议员,逊清皇室自然会凄惶和不安,每有疲于应对、如履薄冰之感。

由于"优待条件"照顾面广及清皇族及满蒙回藏王公贵族,因此逊清皇室的王公大臣们,无论对复辟"已经感到绝望的,还是仍不死心的,都舍不得这个优待条件"①。对于绍英等内务府官员和其他王公大臣而言,其最盼望的是国会能将"优待条件"写入宪法,最恐惧的是议员提议取消"优待条件";如果不能将"优待条件"写入宪法,那么能够"维持现状"也心满意足。即使是溥仪被赶出紫禁城,"优待条件"被冯玉祥控制下的摄政内阁修改为"大清宣统帝从即日起永远废除皇帝尊号"、"政府每年补助清室家用五十万元"等五条后,绍英等人对恢复"优待条件"也未放弃努力,甚至一度想要接受修正条件②:

> 发致孙中山函一封,内务府大臣四人衔,为优待条件请其维持,以昭大信事,收讫。(1925年1月2日)

> 予至陈师傅处晤谈,请其在上前陈奏,总以优待条件定局再为出洋为妥,否则上若远行,恐即牺牲一切优待,各条均不能办到,恐尚不能如修正之五条,且私产将为人收没,将来一无所有,将如之何。且此时赴日,若待以皇帝之礼,必致民党之大反对,若待以平民之礼,岂不先自认取消尊号耶?若待解决后再为从容出洋,似觉有益无害也。并请陈明,将柯君凤孙加派留京办理善后事宜,以便与执政随时接洽,大有裨益。陈太傅均尚以为然,不知肯切实陈请否。(1925年2月28日)

绍英等内务府官员的保守倾向深为溥仪和他的洋师傅庄士

---

① 溥仪《我的前半生》第94页,群众出版社2013年版。
② 另参张书才据中国第一历史档案馆所藏溥仪全宗档案编选之《溥仪出宫后图谋恢复优待条件史料》,《历史档案》2000年第1期。

敦所不满。溥仪曾深有同感地引用庄士敦的话说:"内务府有个座右铭,这就是——维持现状!无论是一件小改革还是一个伟大的理想,碰到这个座右铭,全是——Stop(停车)!"①庄士敦本人的回忆录不仅认为"对于每个已故的内务府成员来说,或许把'维持现状'四字刻在他们的墓碑上都不为过份",而且认为"皇室卑躬屈膝地乞求民国政府,付给它已过期的本应分期偿付的津贴,因而一再将自己置于屈辱和可耻的境地"②的原因正是内务府的"维持现状"造成的。但理性分析,如果能维持"优待条件",也许就不会发生后来溥仪潜往东北,制造国家分裂的糟糕局面;维持"优待条件"的现状,也许不失为对中国损失较小的一种选择。可惜历史走向了相反方向,随着"优待条件"的废止,溥仪与民国渐行渐远,以至后来被日本利用,沦为日本侵华的工具。从《绍英日记》里,我们听到了不断回响的逊清皇室沉沦的哀歌。

另外,由于总管内务府大臣的身份,绍英经常与闻要事,如袁世凯称帝、张勋复辟、两次直奉战争、鹿钟麟逼宫、溥仪避居天津等,故其日记虽系私人之史,但每每可见出那个时代政治的多元纠缠和时局的动荡变化。《绍英日记》又堪称一份研究清末民初政治史的重要文献。

二 从经济视角看《绍英日记》

阅读《绍英日记》,感受深刻的还有一种经济上的支绌感和

---

① 溥仪《我的前半生》第106页,群众出版社2013年版。
② 庄士敦著、陈时伟等译《紫禁城的黄昏》,第172页,求实出版社1989年版。

窘迫感。民国政府、逊清皇室以及绍英本人,似乎整日都在为没钱发愁。绍英长期担任晚清度支部主要官员及逊清总管内务府大臣,对经济数字比较敏感,其日记中凡涉及银钱者,每每详为记录,颇可作为研究逊清皇室乃至民国财政状况的有用史料,亦颇能发人深思。

(一) 作为欠债大户的民国

《绍英日记》中的民国政府,竟然是以一个欠债大户的形象出现的①。不妨看几则其民国元年的日记:

> 饭后四点钟至石大人胡同袁大总统处,见,略说内务府用款事,允为拨给,但宜随时拨用,若多拨恐办事人生心侵蚀。(3月16日)

> 世中堂谈内务府欠领部款、欠外各款筹拟抵补之法,已行文度支部,应由度支部请总统酌夺为宜。(3月19日)

> 进内,与世中堂商议致理财部公函,为请拨足正月分应拨卅三万馀两事。(4月10日)

可见民国答允的优待经费从一开始就没及时拨付过,之后

---

① 事实上,北洋政府的财政,确实是靠庞大的外债和内债支撑。参黄逸平、虞宝棠主编《北洋政府时期经济》(上海社会科学出版社1995年版)第三章第二节"举债度日";金普森《近代中国外债研究的几个问题》(浙江大学出版社2011年版)之《北洋外债研究的几个问题》和《北洋时期的财政与外债》,据金氏研究:"在北洋时期,据初步统计,共举借外债633项(不包括南京临时政府举借的12项),年均近40项,债务总额达15.56亿银元。"(《近代中国外债研究的几个问题》第100页)

拖欠连连,至民国五年五月,已拖欠六百馀万两①;而民国五年更为不济,至十一月,本年"共欠给优待经费二百五十一万七千〇六十六两"(《绍英日记》1917年1月6日)②。至民国七年10月,拖欠竟逾千万两③;至民国九年三月,只好"以债票、国库券各一半归还旧欠"(《绍英日记》5月7日),但债券取息常常拖

---

① 《清内务府档案文献汇编》第九册(全国图书馆文献缩微复制中心2004年7月出版)所收逊清内务府民国五年(1916)6月12日致国务院公函底稿云:"查财政部欠发皇室经费,自二年至本年五月,综计已达六百馀万两之巨。……计开:民国二年分共欠银197万3333两3钱3分4厘,民国三年分共欠银151万315两2钱,民国四年分共欠银133万6000两,民国五年至五月分共欠银119万8666两6钱6分6厘。通共欠银601万8315两2钱。"(第3647-3650页,为直观计,将原文汉文数字改为阿拉伯数字)按:秦国经《逊清皇室轶事》第77-78页亦载有民国元年至八年逊清皇室经费实领情况:"民国元年 应领不欠;民国二年 领二百八十八万一千八百六十七两四钱六分二厘;民国三年 领二百四十八万九千六百八十四两八钱;民国四年 领二百六十六万四千两;民国五年 领一百五十三万三千五百九十九两六钱四分四厘;民国六年 领二百二十三万九千九百九十九两七钱六分;民国七年 领一百八十七万二千两;民国八年 领一百六十五万六千两。"其中民国二年所领经费与内务府公函底稿载所欠经费合起来已达465万馀两,因《逊清皇室轶事》是据档案抄录,并非影印出版,因此疑此处数字或有误抄之处。
② 内务府民国五年(1916)12月24日致国务院公函底稿云:"查本年经费仅由部领到银一百一十万两有零。"(《清内务府档案文献汇编》第九册,第3653页)十一个月的优待经费总额减去已领到的一百一十万馀万两,与绍英所云数字大致相合。
③ 内务府民国七年(1918)10月19日致财政部函底稿云:"累年积欠竟逾千万。"(《清内务府档案文献汇编》第九册,第3709页)

欠甚至不付，信誉并无保证，以致内务府有"得之宛如获石"之叹①。其后每况愈下，民国十年给170万元，民国十一年仅给30万元②，民国十二年至中秋节仅领过22万元，数年积欠又有九百馀万③。而那些所谓领到的经费，也并非皆给以现洋，常充以纸币或债券等，这些币券随着通货膨胀不断跌落贬值④，使逊清皇室的财政窘境进一步加剧。以至民国十一年（1922年）溥仪大婚费用一减再减，"典礼处具奏大婚典礼共用银二十九万一

---

① 见民国七年（1917）4月24日内务府致徐世昌函底稿，《清内务府档案文献汇编》第九册，第3626页。

② 阿部由美子《中华民国北京政府时期清室、宗室、八旗与民国政府的关系——以〈清室优待条件〉为中心》一文（收入《清代满汉关系研究》，社会科学文献出版社2011年版）引冯煦、郑孝胥等致张作霖信云："近几年很少供给，前年170万，去年仅30万，本年（1923）1－7月仅供给22万元。"该文总结云："综观民国政府供给清室岁费大致水平，袁世凯时代60－70%，1910年代50－60%，1920年代20%。"

③ 内务府民国十二年（1923）致财政部函底稿云："惟查优待经费历年积欠不下九百馀万元，而本年只领过二十二万元……现在旧历秋节在迩。"（《清内务府档案文献汇编》第九册，第3935－3936页）

④ 如内务府民国七年（1918）致财政部函底稿云："本府所领经费皆系中、交两行纸币，际兹票价日益低落，亏折自必加多，即使所领足额，尚未及原数之半。"（《清内务府档案文献汇编》第九册，第3709－3710页）世续民国八年（1919）致徐世昌函底稿云："刻闻各机关有于新年后均搭放现洋四成之语，而敝署所领经费均系中、交纸币，嗣因币价跌落，以致承差者赔累不堪……特函请饬下财政部，嗣后拨给皇室经费，亦按照各机关一律搭放现洋四成。"（《清内务府档案文献汇编》第九册，第3721－3722页）民国十一年（1922）10月3日《绍英日记》："本节向汇丰借五十万元，民国财部给十万元，计现洋、兑换券各五万元。"

千七百五十六元。"(《绍英日记》1923年1月1日)还不到30万元,这与花费了1100万两白银的同治婚礼和花费了550万两白银的光绪婚礼相比,实有云泥之别,它反映出民国与逊清皇室的财政均极窘迫。虽然尽量低调,但溥仪大婚依然受到了批评,议员邓元彭云:"何物溥仪,不知自爱,生存于五色国旗之下,胆敢藉结婚之仪仗,特标榜其黄龙旗大皇帝之徽号,形似滑稽,事同背叛。"(天津《大公报》1922年12月3日)甚至提议取消优待条件。

延至民国十三年溥仪被逼出宫后,《优待条件》经费一条被修正为"民国政府每年补助清室家用50万元"。即使如此,民国政府也未兑现,《绍英日记》民国十三年(阴历)十二月十二日(1925年1月6日)载:"午后恩、鸿老爷来谈公事,据云政府发给十月份二成经费八千四百元,是否承领。予云此款既声明每年五十万,分月应发之二成,当此大局未定之时,已经减成发给,自未便承领也。邓三爷来谈,已与李总长商定,可由内务府函致段执政,请求发给陈欠及已发之国库券未能使用之款,求其设法,以便度过阴历年关。"本已减至每年五十万元分月发放,但首次发放即只有应发的二成八千四百元,又怎能指望以后情况会好转,无怪乎绍英要拒领了。

(二)皇室的借债与自救

逊清皇室是民国的债主,但因机构臃肿,浪费严重,每年仅三节(端午节、中秋节、年节)用银即高达一百多万两,于是又不得不奉银行为自己的债主。溥仪虽对内务府管理不善、贪腐浪费深感不满,但以他自己为首的皇室核心成员更是挥霍无度。《我的前半生》中曾回忆:

关于我的每年开支数目,据我婚前一年(即民国十年)内务府给我编造的那个被缩小了数字的材料,不算我的吃穿用度，不算内务府各处司的开销，只算内务府的"交进"和"奉旨"支出的"恩赏"等款，共计年支八十七万零五百九十七两。①

月支达七万馀两。《郑孝胥日记》载："是日交进上用及太妃、后、妃月用共十七万有奇。"（1924年6月2日，阴历五月朔）这个数字显然是包括三位太妃和溥仪的后妃在内的，这尚是在财政最困难的1924年，合计年支亦有200馀万元。不妨看一下《绍英日记》所记1924年7至9月溥仪除"月用"外的其他开销：

上买汽车用洋八千六百元，又令交进五百元。（7月20日）

召见予与荣大人，交下珍珠手串两挂，又廿二串，令变价。（8月3日，见第三十九册日记，下引至9月15日同。）

荣大人传知上要二万元，为给赈款。（8月15日）

是日上言及内务府之事，责备办理无效，既未能核减，又不能开源，如增租催租等事。并云每节必用物品抵押借款，何所底止，将来有何办法；对云如能裁减至王府规模，将局面撤去，似可核减之处甚多，譬如王爷府中起居饮食亦不致甚苦，用人既少，浮费亦少也。上云莫非将尊号撤去；对云并非如是，虽然极力核减，依旧尊严，不过核减用度而已。上云嗣后如有应核减之处，可开单请旨；对云应请乾纲独断，自能实行大减也。秋节之事上令将节赏裁撤，亦不必另行交进，只将所欠月例等款发放，馀俟过节有钱时再为发给也。遂退出。（8月21日）

会同荣大人将售珠价银八万元期票八张呈交，上收入，

---

① 溥仪《我的前半生》第113页。

尚有喜色。(9月4日)

耆大人请假五日。上要现洋五百元,已交进讫。(9月14日)

接堂上电话,本日上要银洋二千三百元,要款无度,应付为艰,自应请朱大人代为陈明,否则实无办法也。(9月15日)

不到两个月,额外要款31900元(还不算变卖珍珠手串的八万元),无怪乎绍英会觉得"要款无度,应付为艰"。因此当溥仪指责内务府不能开源节流、办理无效时,胆小谨慎如绍英者亦忍不住指出是宫中浮费太多了。当如此"浮费",而民国优待经费又不能落实时,向银行举债就成为无奈而当然之举了。从《绍英日记》的记载看,民国十年前逊清皇室还不常向银行举债,之后举债的频率就高了起来,以至抵押债券或宫中金册、金宝和其他金器等,跨入1920年代,民国政府对优待经费的发放,因"国库支绌,实发不及二成,皇室所维持生活,胥恃典质旧物"①。

为了改变这种窘境,逊清皇室不止一次试图挣扎和开展自救。在不断催促和请求民国政府及时拨款的同时,也想了一些开源节流之策。如"不得不以租房卖地来弥补经费之不足,……这样仍然维持不了皇室的开支,所以溥仪一再压缩机构,精简人员,结果都无济于事。最后不惜盗卖古董文物,或以大批的珍宝玉器为抵押,向汇丰等洋行大量借款,以维持这个小

---

① 清代宫史研究会《清代宫史论丛·宗人府教养工厂创办概况》第315页,紫禁城出版社2001年版。

朝廷苟延残喘的命运。"①除此之外,还有领取债券利息或折价将公债兑换现钞等②。这些情况,在《绍英日记》里都有真切的反映。如:

  皇太后谕令:所有皇室所属各衙门应裁应并,通盘筹画永久之计,随时会同醇亲王妥商办法,奏明办理。(1912年11月16日)

  进内,王爷、伦四爷、中堂、陈师傅、景大人会同先至端康皇贵妃前陈明节省经费事,又同至太极殿见三位主位陈明核减经费事。(1914年8月12日)

  午后至筹备处,商酌内务府应行裁并事宜。(1915年3月28日)

  蒙召见予与耆大人,为裁膳房厨役、太监事。(1921年11月30日)

  上交下朱谕一道,大意每年只用五十万之谱,令王大臣

---

① 秦国经《逊清皇室轶事》第78页。该书大量利用故宫档案,对逊清皇室精简内务府机构人员和遣散太监的过程有详细记录。另外,滕德永《逊清皇室筹解经费的努力》(《溥仪研究》2016年第1期)利用《绍英日记》等史料,对此问题也有较详细的探讨。陈肖寒《民国初年逊清岁费问题初探(1912—1916)》(《西南农业大学学报》2009年第4期)、田牛《论逊清"小朝廷"的皇室经费问题》(《求索》2014年第6期)对此问题也有所论及,皆可参看。

② 《绍英日记》民国六年还记载了拟以公债折价入股投资事:"刘聚卿来谈债票入股事。"(1917年2月2日)"中堂将钱能训(干臣)所交之办理债票入股条款呈王爷阅看,王爷令中堂与徐中堂商酌办理。予与中堂云如必欲入股,可照有限公司办法,声明应有限制,以免日后赔累。中堂尚以为然,令钟洁南转告邓君翔债票事须从缓办理,因有议员误会也。"(3月12日)似未果行。

等设法核减云云。大家随同醇王爷至养心殿，召见。上云民国不给经费，入款无着，不得已而为核减之举，甚望帮同核减，分别具奏，众云节流固不可缓，开源亦应举行，庶克有济。(1924年4月18日)

这些都是关于"节流"的记录。而关于"开源"，《绍英日记》里更是不乏其例，如：

与中堂谈内务府地租事。(1915年9月28日)

中堂交进售卖瓷器洋元票八万七千元，银库取到公债息银卅万四千八百八十七圆三角。(1918年6月8日)

午后接奉醇王爷电话，令给总理、总长信，以催经费。(1921年12月27日)

至王懋宣处晤谈，请其看邓君翔信，说明拟运出金器交汇丰作押，以便筹备续借大婚用款。(1922年10月28日)

上召见，问奉天汇到之地价廿万小洋，对云已回明王爷，令归入典礼处备用；上云此款应存，以售公债之款办喜事，对云因现在用款，已经动用，将来拨账亦可。(1922年11月15日)

早，王爷到，回明派钟捷南赴津，托徐总统转属王将军向曹总统陈请催拨经费及维持一切事。(1923年10月21日)

此次郑大人与大陆、实业银行所借之款第一批之数五十五万元，除还汇丰外，尚馀七八万之谱，其抵押即用汇丰前后两次提出之金器，另有清单；尚拟第二批借款廿五万元，即以古玩等物作抵押云。(1924年5月1日)

看来所谓的"节流"无非裁人裁经费，但谈何容易；所谓的"开源"，虽有催款、地租、售物、公债变现、抵押借款诸项，但催款效果无疑不彰，其他诸项亦不过是饮鸩止渴之法。

上述诸例中的"郑大人"指郑孝胥,事涉逊清皇室自救的特殊努力。由于不满内务府官员的因循守旧、经营不善,溥仪于1924年3月3日破例任命郑孝胥这位汉大臣为总理内务府大臣,并且掌管印钥,令其全权整顿内务府。虽然郑孝胥的办法也无非裁人、裁经费、抵押借款等,但他裁治太狠,步骤太急,不仅遭到内务府官员的消极抵抗;而且遭到民国议员对其是否盗卖宫中古籍、古物的质疑,仅过了三个多月,就被迫辞职,这次改革遂虎头蛇尾地结束了。印钥虽然又回到了绍英手中,但他并无喜悦之情,因为逊清皇室财政如沉疴之病人,像郑孝胥那样用猛药固然不可,但所谓的"维持现状"之法亦不过是缓死而已,因此绍英在6月25日的日记中如此记载:

> 进内,王爷到。郑大人请开缺,奉旨允准,仍在懋勤殿行走,并着会同筹办内务府核减事宜,并派朱大人益藩会同办理内务府事宜,派绍英佩带内务府印钥等因。对于王爷声明,将来如病体不支时,尚祈王爷施恩赏假开缺等因,王爷云,不可令我着急,我若急死,亦无好处。对云不敢让王爷着急,但若病情不能支持时亦无法也。语近激烈,实由于公事直无办法,只得看日后维持到何地步再作斟酌。

"直无办法"是逊清皇室财政窘境和绍英为难心理的真实写照,而且诸如此类的哀叹在《绍英日记》中是一种常态化表现:"日后若无善后办法,皇室之事实无法维持矣"(1922年10月3日),"以后用度甚为难继,真无办法也"(1923年9月26日),"后难为继,真无办法"(1924年1月31日)。甚至发出"现在当官之困难实与地狱相近"(1922年9月17日)的悲鸣。

(三)入不敷出的总管

绍英作为逊清皇室的高级官僚,每年的薪金及各种赏赐、饭银补贴等,合起来数目颇为可观。以民国四年为例,他的各项收入统计如下(每两银折算为1.39元):

二品俸银:430.52元(107.63×4季)

内务府津贴:7200元(600×12月)

管理处薪俸:3600元(600×6月,因该薪自七月开始发放)

饭银:3624元(计银1600两,钱1400元)

皇官赏赐:5838元(计银正月1000两,三月1000两,五月400两,七月200两,八月300两,十月300两,十二月1000两,合计4200两)

出租房屋:250元

银行利息:571.4元

其他:795元

总计:22308.92元。

该年各项进账竟有两万多元,可谓收入颇丰[①]。绍英又行事慎廉,力求节俭,生活本应优裕从容。但是,随着民国七年2月6日其兄绍彝病重及去世,绍英日记里开始出现有向银行借款的记录:"欠款附记:福子昆代借一千元,义顺号,无利息。前欠汇丰支票取约八百两,又字据借一千元,按年六厘息,随便归还。欠竹铭存四百元,欠姨奶奶一百元。"(按:此记附于民国六年阴历岁末日记后)"欠外账略记:欠汇丰支票内多取之数,约

---

① 庄士敦引濮兰德《清室外纪》一书,谓"宫中一名高级官员的年收入,估计在百万两以上,当时约合二十万英镑"(《紫禁城的黄昏》第170页),当然是不可信的极度夸张之语。

八百两之谱,又丁巳年十二月十九日借现洋一千元,又戊午年十二月借现洋一千元,以上二款系邓君翔经手,有亲笔字各一纸,按年六厘行息,随便归还。欠辉山三爷代借现洋五百元,每月二分息,无期限。己未十月初七日借朴宅现洋一千元,系世善甫出名,每月利一分二厘,荣七爷作保,有涿县地契一张作押。(应先还)欠义顺号一千元现洋,系福子昆代借,并无字据利息。(缓还)暂借宋姐现洋五百元,无利。又借宋姐现洋一百五十元,每月二分利。(应先还)生辰用,又借一百五十元。五太太转借桐宅五百元现洋,每月一分利。(应先还)公中借用竹铭现洋一千元。暂借二少爷现洋一千元。"(按:此记附于民国十年阴历二月二十九日后)

　　为什么会出现这种情况?原来除了自己一家,绍英还要抚养或帮助其他几位亡故兄长(绍勋、绍祺、绍諴、绍彝)的家属,多达数十口,为此他还专设了账房,聘请侄儿世煜管理。民国十三年旧历除夕他记云:"本年年节家中年例约用五百元,还账约二千五百馀元,向盐业银行浮借二千元,借姨太太存款一千元。自明年元旦起撤去账房,每月尚须用月例二百元,公中月例一百元,伙食一百元,米面尚不在内,已月需四百元之谱。"(1925年1月23日)如果将端午节、中秋节的例费也约略等同于年节的话,三节费用共需1500元左右,加上每年4800元的月例和伙食费,家累确实不小。

　　然而,更大的开支还在于他为维持自身社会身份所必须的排场而花的费用,如他虽然每年都能从宫中获得数千两银子的赏赐,但绝大部分都要用来赏给宫中的太监和苏拉。民国元年,他甫被任命为总管内务府大臣,即交世续千金,"以备见面礼之用"(《绍英日记》3月17日),这份见面礼,当然主要用来疏通太监①；民国二年端午节他付出的"太监赏、苏拉赏约七百两"（《绍英日记》6月9日），民国十三年中秋节，收入已经减少的他也付出了"太监、苏拉赏三百四十元"（《绍英日记》6月9日）。平时他凡进宫办事，或遇赏饭、赏物等，都要给具体办事的太监、苏拉等不菲的小费，据其日记记载，民国元年6月8日，他得赏银壹千两，遂"送给抬夫八元"；民国二年4月30日，"进内，请安，带匠。荣惠皇贵妃赏饭吃，谢恩，予与景三哥各给太监洋银十元"。同年10月3、4、5日，他连续进内带匠，"上赏饭吃，每次送给招呼饭太监十元，三人共卅元"。民国三年5月4日，他进内带匠，"敬懿皇贵妃赏饭吃，共赏给厨茶役卅元"……以他的地位和收入，出手绝不能小气，但动辄八元、十元的赏赐，长期积累，仍是一笔沉重的负担。② 马延礴先生曾回忆绍英当年的情形："过去，我家老宅边上有个粮店。一到过节，爷爷为了往宫里送东西，就向粮店赊账。对皇帝贵妃的赏赐要有进奉，

---

① 这种陋习遭遇到外国人庄士敦的抵制："入宫后的第一次口角发生在我与宦官之间。宫廷中有个惯例，当新的任命者得到赏赐物品时，需要把它们散发给周围的人。而我对他们这种索取的答复，使他们感到既惊愕又沮丧。我同意拿出他们所要求的数量，但是他们必须给我正式的收据才行。"（《紫禁城的黄昏》第137页）

② 按当时的物价水平，三至四元即能够维持一个人一个月的最基本饮食需要。三等辅国将军谦华的孙子文濂（时任宗人府笔帖式）1917年曾上书陈述不愿袭爵的理由："月进款四十三元，全家大小十四人稍得生活……文濂承袭有名无实之世职例应开去笔帖式，全家大小十三人即日变成饿殍，思之实难瞑目。"收入《承袭清室王公将军等世职有关文书》（中国第二历史档案馆藏），转引自阿部由美子《中华民国北京政府时期清室、宗室、八旗与民国政府的关系——以〈清室优待条件〉为中心》。

太监也要打点,一来二去花费不少,尤其是逢年过节。因此每过完节,爷爷都会长叹一声:'可算过去了!'一般人以为大官人家生活一定很阔绰,其实也很艰苦。"①

如果再加上车马费、置装费、医药费、保险费、宴请费、捐赠费、入股投资、婚丧嫁娶等花销,绍英在经济上难免会有左右支绌之感。但即使负债也要维持基本的体面,不能有违日常礼仪和风俗习惯。因为中国基于长期农耕社会和儒家伦理思想形成的礼仪与风俗,是极端重视人际交往的等级性、长期性和连续性,不如此就无法保持人情社会的基本稳定。一般而言,在上位者必须使自己的恩情时常大于在下位者,才能让在下位者觉得永远还不清、还不起,从而心甘情愿地维持彼此尊卑关系;即使地位相若,也会出于长期互相帮助的需要或考虑,在人际交往和应酬上投入大量时间成本和经济成本。特别是逢年过节、婚丧嫁娶,更不惜人力、财力,将平日之积蓄在这些人情节点上挥霍一空,经常造成极大的浪费。这也许就是从逊清皇帝到民国总统,从达官显宦到平民百姓,大家都好像在负债生活的原因之一吧。

而满族人在保留自己民族礼仪特点的同时,又相当程度地吸收了汉族的礼仪文化,其规矩和讲究之繁较汉族尤过之而无不及,故有"旗人规矩大"、"满族老礼多"之谓。庄士敦回忆说:

> 我清楚地记得一次由皇帝的一位师傅举办并有几位内务府大臣参加的宴会。话题转到了皇宫内最近的一次节日上。节日的花销非常巨大,甚至必须抵押大量的玉器和瓷

---

① 马延礻高:《文武兼备·马佳氏自始至终辅清朝》,《法制晚报》2008年5月18日。

器。而对我来说,这似乎只是一次非常简单的典礼。那么,巨大开销的原因是什么?在回答我的颇带探究性的和可能不太礼貌的问题时,有人告诉我说,大部分钱都用来赏赐那些悬挂和点燃灯笼的太监们。这种劳务,在我看来,完全可以在北京的街上雇几个人去干,总的花费也不过10元钱。然而似乎只有花掉几千元才符合以往的规矩。①

逊清皇室的陈规陋习不仅令外国人感到疑惑,也令我们今人瞠目以对。宣统三年,绍英长子世杰娶庆亲王奕劻之女八格格为妻,成为皇亲国戚,似乎尊荣无比。据世杰之侄马延玉先生回忆:当时娶亲队伍前面到了北京齐化门新鲜胡同,后面还在东四牌楼,浩浩荡荡,规模庞大。马延玉先生家藏有当时的《喜礼簿》,记录送喜礼者多达506号(有的一号包含多人),整场婚礼耗资巨大。婚后第三年八格格产后血晕而逝,世杰本想继娶八格格之妹十二格格,而绍英认为不可。世杰婉言问之:"如两家继续联姻有何不好?"绍英只说了一句话:"太累!下去吧。"②从这句简单而又意味深长的话里,不难体会出绍英对不堪重负的人情礼仪的厌倦和逃避。

《绍英日记》里记载的这些经济活动,背后多反映出特定的社会文化心理。阅读《绍英日记》,可以成为我们理解中国传统社会运行机制的一把钥匙。

三 《绍英日记》中的人物群像

阅读《绍英日记》,还能感受到其对人物研究的突出价值。

---

① 《紫禁城的黄昏》第212页。
② 马延玉《绍英、奕劻两家联姻记》,《紫禁城》2003年第3期。

绍英长期身居高位，除其家庭成员外，他所接触到人物往往是各界名流，因此其日记中包含着非常丰富的人物信息。绍英对这些人物的言行常有较详细的记录，如果结合或对比其他史料，可以大大增进对这些人物的理解；有时即使是一爪半鳞的记录，也能使人物相关的生命片断更加清晰。

（一）满洲权贵

晚清民初的满族权贵群体，虽不乏日记传世，但记人记事多较简略，像《那桐日记》、《荣庆日记》、《醇亲王载沣日记》等，难以从中看出人物的面目性情。《绍英日记》则较为细心地记录了溥仪、奕劻、世续、宝熙、毓朗、载泽、载沣、载振、载涛等大批满族亲贵的言行，可补史阙。

光绪二十七年（1901）年，庆亲王奕劻聘用日人川岛浪速为监督，开办京师警务学堂，但却不允他直接插手中国警务，而是另外咨调绍英、瑞澄等三人襄办一切警务事件，且对他们指示："我调你们三位，帮同办理警务事宜，公事应以中国成法为主，其日本之警务章程，有可采者，亦应择善而从。……我已与小村使臣言定，约川岛办学堂事，不约进署办事。"并郑重地让铁良告知日本人："现在中国自行办理警务，不必诸位偏劳矣。"（1901年8月24日）历史上对奕劻评价极低，以为其贪鄙昏庸，几乎可取之处，但从《绍英日记》中却能看出奕劻亦具有精明和识大体之处。

溥仪《我的前半生》曾记载他与端康皇贵妃的一次大的冲突，起因是端康辞退太医范一梅，溥仪因长期对端康严厉管教的不满，在陈宝琛和太监张谦和的支持下，与端康吵闹。端康叫来王公大臣哭诉，溥仪随后也召见他们评理，后来虽然勉强向端康

认了错,但也换来了不再被管束。①《绍英日记》对此事也有记载:

> 进内,至养心殿带匠。端康皇贵妃召见醇王爷等十人,为革医士范一梅事与皇上意见不和,哭诉一切,王爷率众人叩头,请主位不必生气等语。上云你们下去罢,遂退出。至毓庆宫,皇上又召见,云我因永和宫近来遇事自专,我本不应给伊请安。洵贝勒对曰,皇上所说固然甚是,但是由来已久,自可照常。上亦无说,即云嗣后折奏亦应给我看看等语。退出后,即请王爷传谕奏事处,自明日起将奏折请皇上先看,一面开具事由单,请王爷批回,再请上阅后传旨,如有拟谕旨之事,先将谕旨请皇上看后再为用宝,王爷尚以为然,即传知奏事处照办也。(1921年9月27日)

据此不但可印证溥仪的回忆,还可补充溥仪从此争取来了先看奏折的权利这一重要史实,从而使少年"天子"独立自主的意识得到了更为充分的呈现。

(二)郑孝胥

《绍英日记》不仅展现了满洲权贵的群像,而且记录了更多汉族人士的信息,是研究这些人物的珍贵的资料。以前举郑孝胥为例,他任总理内务府大臣的时间是1924年3月3日至6月25日,与绍英共事机会很多,但此期的《郑孝胥日记》仅有7天明确提到绍英的名字,且多一带而过,对于其他内务府官员的名字也较少提及,多以堂官、笔帖式笼统称之,其交游圈仍是樊增祥、陈宝琛、林纾、王式通、曹秉章、罗振玉、高凤谦、傅增湘、王国维、王梅笙、周信芳等汉族名流,某种程度上可以反映出一种其

---

① 溥仪《我的前半生》第39-42页。

与内务府满族官员的违和感,或许他内心深处压根就瞧不上这个群体吧。而此期的《绍英日记》明确提到郑孝胥的却多达51天,一些记述颇能见出郑、绍二人的不同性情:

> 晚,郑苏堪来,谈甚畅,此公兴致勃勃,可谓勇于任事也。(3月3日)

> 郑、金大人到任,略谈公事。……王将军与涛贝勒云,郑苏[堪]曾与晤谈,大致拟变卖皇产,恐又似裁太监,用外随侍,并无好处也。又云予已将钥匙交出,恐有灰心之意,其都护使一差于守卫甚有关系,不可任用汉人也。予云承教,自应在皇室效力,只要上不驱逐,必当效力也。菜尚好,尽欢而散。宝大人云闻上拟裁十分之七,未免太过,贡王有话,如銮舆卫、御前大臣处若裁减太过,恐有解体之虞也,予云姑听郑之方针如何,自应先请王爷核准也。窃思此事应听总理大臣作主,未便多事,以招怨尤也,以敬慎为要。(3月9日)

> 进内,郑总理请见,蒙召见,谕以每年岁用不得过五十万元,能减更好等谕。午后郑大人至筹备处宣布,并云昨晚晤邓君翔所谈之语。据郑大人云,拟觅一银行,将所有房产及陈设等件托其代为整理拍卖,由本府派人监督其事,暂令银行垫款,俟售出物品归还,有馀存行生息,如能所入之息可敷应用,便有成效矣。但君翔不敢担任。此项办法亦不易有成,且减至五十万亦非易事,只得随同筹办,不可参以己见,致滋咎戾也。……邓君翔来,谈与郑大人晤谈之事,以为所谈之事一时恐难就绪,不易办到也。(3月19日)

> 郑大人与予及耆大人商办本府中央集权,用少人办多事之法,拟由堂上分设四科,曰总务、曰文牍、曰会计、曰采办,当派定每科司员四人。(5月4日)

郑大人云,曾恳上允其仍回懋勤殿行走,上云过节再说,暂可照常办理核减之事。予云俟赵次珊回京,民国查办之事解决,再为开单筹备运物,至分科派人之事亦宜稍缓。郑大人意间尚欲急进,只得虚与委蛇,总以暂缓为妥。(5月11日)

王爷到,郑大人回王爷改组事,奉谕似可节后再办。(5月21日)

溥仪于3月3日任命郑孝胥为总理大臣,3月5日又命绍英将印钥交郑保管,对郑可谓满怀希望。郑孝胥也雄心勃勃,想要对内务府进行一番大刀阔斧的改革。但他上任伊始就受到民国京畿卫戍总司令王怀庆(王将军)和逊清皇室满族王公的共同怀疑,王怀庆认为裁撤太监改用外人"并无好处",而大约接受了郑孝胥建议的溥仪欲将内务府机构裁撤十分之七,也遭到宝熙、贡王等人的质疑。后来郑孝胥虽然与绍英、耆龄于5月4日达成了一致意见,拟将庞大的内务府机构裁并为总务、文牍、会计、采办四科,但他马上就要发表执行,显然与载沣、绍英等人的缓图之策相抵牾,因此被一再拖延推迟。①

至于财务改革,按照郑孝胥的设想,欲分三期:"第一期,筹款。一面裁减,一面变价。第二期,存款。豫算既定,悉付现款。第三期,余款。出少入多,用息存本。若办理顺手,一年之内可由第一期入第二期,使存款日见充裕,则入第三期亦不难矣。"②于是他欲觅一家银行,将逊清所有房产及陈设等件托其代为整

---

① 郑孝胥将内务府裁为四科的计划,直至其卸任后的7月17日方由溥仪完成,见秦国经《逊清皇室轶事》第168页。
② 劳祖德整理《郑孝胥日记》(1924年3月5日),第1988页,中华书局1993年版。

理拍卖，令银行先行垫款，将来除还款外，以余款之利息做为皇室日常费用。此举甚有气魄，奈何汇丰银行的邓君翔认为其不易办到，不愿承担。于是郑孝胥又向大陆、实业两家银行借款，"使员外郎恩泰向汇丰还借款，收回抵押诸器"①，以便再与其他银行接洽。但事实证明邓君翔的看法是正确的，抵押皇产之事很快受到民国方面的干涉，甚至郑孝胥欲将文渊阁《四库全书》运至上海出版以筹得现款一事也被迫中止。"民国的内务部突然颁布了针对清宫贩卖古物出口而定的'古籍、古物及古迹保存法草案'。不久，郑孝胥的开源之策——想把《四库全书》运到上海商务印书馆出版，遭到当局的阻止，把书全部扣下了。"②诸事受到掣肘和阻碍的郑孝胥至该年5月就不得不再三求退，并于6月告病假陈请开缺，延至6月25日，溥仪只好俞允了他的辞职③。

而绍英即使对郑孝胥的做法有意见，也总是"窃思此事应

---

① 《郑孝胥日记》（1924年4月5日），第1992页。
② 溥仪《我的前半生》第111页，群众出版社2013年第2版。
③ 该年《郑孝胥日记》载："上召见，谕云：'洵、涛言，程克密呈曹锟，请查皇室财产……且言：惟罢郑孝胥而使赵尔巽为内务府大臣，庶可少安。'孝胥乞退，上不许，曰：'宁为玉碎，不为瓦全。'"（5月5日）"召见，陈不能整顿之状，求去，上不许。"（5月10日）"奏请病假十日。"（6月7日）"假满，奏请续假十日。"（6月18日）"奏请开缺，即日奉上谕：郑孝胥奏，旧疾复作，难胜繁剧，恳恩准予开缺一折。该大臣学识优裕，倚任方深，兹据奏称旧疾复发，应早医治，自系实在情形。着开去总理内务府大臣之缺，仍在懋勤殿行走。"（6月25日）有意思的是，6月9日其日记载："与小七同至首善医院，方石三为余诊视，遍察心、肺、肠、胃，又验便溺，告云：'无病。唯数日可适野一游以散抑郁耳。'"

听总理大臣作主,未便多事,以招怨尤也,以敬慎为要"、"只得随同筹办,不可参以己见,致滋咎戾也",最多是"虚与委蛇",或是点到为止,并不公开激烈地反对。该年5月3日《绍英日记》云:"此后如何办法,应听新总理主持,我辈自应帮同办理,惟于大局有窒碍之处,亦不能不略为陈述,以免后患,是为至要。……自应以勤慎镇静为要,不可任意妄动,纷更自扰,必须立定脚跟,谨言慎行,以期有济也。"绍英的恪守本分、敬慎立身的性格与郑孝胥"勇于任事"、"急进"求成的性格形成了鲜明对比。

(三)徐世昌

另一个典型的例子是徐世昌,尽管关于他的研究论著已有不少,像警民《徐世昌》、沈云龙《徐世昌评传》、郭剑林、郭晖的《翰林总统徐世昌》等都颇具份量;但随着近200万字的《徐世昌日记》的整理出版及对其的利用,又出现了一些新的值得注意的研究成果①。不过,由于《徐世昌日记》记述尚简,有时越是大事记录越少甚或不做记录,因此必须结合其他史料才能更好地理解其人。与《郑孝胥日记》相似,《徐世昌日记》里也很少提到绍英,而《绍英日记》中徐世昌出现的次数却超过百次,而且由于逊清皇室和绍英都对徐寄予厚望,凡涉及徐处,绍英往往记载得较为详细。兹举数事,并比勘《徐世昌日记》对同一事情的

---

① 《徐世昌日记》由北京人民出版社2013年出版。对《徐世昌日记》的研究,主要有徐定茂《读辛亥前后的〈徐世昌日记〉》,北京出版社2011年版;北京出版社编《徐世昌与〈韬养斋日记〉(戊戌篇)》,北京出版社2014年版;北京出版社编《徐世昌与〈韬养斋日记〉(辛亥篇)》,北京出版社2014年版;林辉锋《从〈韬养斋日记〉看徐世昌与逊清皇室》,《中山大学学报》2015年第1期等。

记载,以表格见之(日期均为阳历):

日期	绍英日记	徐世昌日记
1917.1.15	早,至庆府拜寿。午后至那宅豫备请客事,徐中堂、世中堂到,所请议员到者一百七十余人。徐中堂宣言请将优待条件加入宪法,以为保障,永远有效等语;汤议长化龙答词,大意可用制定宪法手续规定优待条件,永远有效,我辈可担任云云,座中全体鼓掌。徐中堂遂举杯称谢,此会尚为欢畅,可望达到目的,诚可庆幸。余报告年节拨给经费及商办借款事,徐中堂云我曾给段总理信,属其多拨经费,如有不敷,再由内务府向银行商借,今已办有头绪,甚好,略谈即散。	申刻后到金鱼胡同会同世博兄公宴议员二百余员,为要求皇室优待条件加入宪法。
1917.7.8	早,张少轩差人来云:大帅今日不上门,求世中堂代为回明王爷。世中堂接徐中堂回电云,时局至此,惟有保护圣躬为最要,且当典学之时,未便再为召见,必当设法维持等语。	闻张勋兵溃败,已释戈不战,张勋诸人已数日不进内。张勋、康有为诸人愿取消复辟,为自保计,如此儿戏,鲁莽灭裂,置国家、幼主于不顾,殊堪愤恨。
1917.7.9	中堂给徐中堂写信一封,令钟捷南赴津,请徐相来京调停。	

续表

日期	绍英日记	徐世昌日记
1917.7.10	钟捷南由天津回,述说徐中堂所云:一俟段总理到始来,一严察禁门,一由世相函致内务部,一毋庸着急,一张少轩及军队现状,一张、雷被捕。	连日为维持皇室,保存优待条件并维持京师地面,调护张勋,甚为忧劳。体中困病,夜不能寐。
1921.6.19	三位主位召见,为大婚之事,令王爷及绍英见徐总统再为求亲,并令告明世中堂。	
1921.6.20	未刻至醇邸,随同王爷同车至公府,见大总统,为大婚议亲事,大总统婉言辞谢,并云如作亲,于维持皇室反有窒碍,是以不敢遵办,诸希原谅。王爷云,大总统所论甚有道理,将来一切仰仗维持,如办大婚时尚求帮忙云云。遂辞出,大总统送上车,予即至世中堂处一谈。	醇亲王来谈。
1921.10.2	午后会同耆大人至府见王茂萱将军,据云奉大总统谕,属伊转达奉慰大皇帝节抑哀伤,保卫圣躬为要,并派地方长官在府常川照料,属代为口奏。	

续表

日期	绍英日记	徐世昌日记
1922.11.5	钟捷南来谈徐总统进奉两万元①,传语此次有遗老进奉,不可赏给官衔、顶戴之类,以免又有间言,诸多不便也。徐云外面如有人欺侮,我必设法保卫,里边必须一切谨慎,自立于不败之地也,大婚礼应力求节减,仍须向财政部索款,不可自为放弃也,所论均有道理,自应遵办也。	
1924.7.6	出班,耆大人到,谈及魁世兄所述,徐东海属告知我辈不可萌退志,要尽心忍辱,以维大局,如有用其帮忙之处必当尽力也。	
1925.1.22	徐总统委倪君进呈二千元,点心一色。	

上述不难看出,徐世昌虽然做过民国大总统,但其对逊清皇室是一心维护、始终未能忘情的,常常做了也不张扬,更不记入日记。特别是1921年6月20日,醇亲王代表逊清皇室欲求娶徐氏女儿为溥仪之皇后时,徐氏却从维护皇室大局出发予以婉

---

① 《徐世昌日记》1923年1月15日曾补记此事:"大婚时曾进奉黄绒大地毯一件、织金西式椅床一堂、细瓷器二十件、如意一件、银二万元。"但亦是在记录溥仪大婚礼成赏赐的物品时顺带及之。

拒,这与当年袁世凯主动要与逊清皇室攀亲截然不同。而且,徐氏在自己日记里关于此事仅书"醇亲王来谈"五个字,以为尊者讳,丝毫没有炫耀的念头。《我的前半生》的"灰皮本"与"全本"嘲弄徐世昌想把自己女儿嫁给溥仪做皇后①,真是颠倒黑白。

与他维护清室常自隐晦相反,每当清室有所赏赐,徐世昌在日记里则必详录名目,以示不忘恩宠。如"今日蒙颁给瓷瓶二件,瓷盘二件,尺头八件"(1922年1月20日),"今日蒙恩颁御笔福寿字一幅、御笔楹联一副(文曰:清诗草圣俱入妙,老鹤高松不计年)、三镶玉如意一柄,衣料八件,已托内务府大臣代谢恩矣"(1923年10月20日)等,不胜枚举。总之,虽然做了民国的官,但他的思想、趣味与性情,仍然属于传统的士大夫阶层。贺葆真民国五年(1916)十一月二十一日拜访徐世昌时二人曾有一段对话:

> 谒徐相,徐相以马道伯新著《毛诗学》见赠。论《大清畿辅先哲传》体例,余谓大清字似可酌易,一则古人书名于朝代上未见加以"皇"、"大"等字者,唐宋以来始有之,此等字于颂圣文有之;一则代既更易,若仍于朝代上加大字,何以别著书之时代乎?稿内有"入国朝"云云。余又言于相国请更易。相国曰:"大清畿辅"云云,若谓其有不古雅处则可,然无所谓不可用,此乃私家之著述,固无不可,且此编

---

① 《我的前半生》(灰皮本):"就连退了任的中华民国大总统徐世昌先生也不能例外,他们都是衷心愿意使他们的女儿,也能尝一尝当皇后的滋味。"(群众出版社2011年版,第95页)《我的前半生》(全本):"王公们去找徐世昌,这位一度想当国丈的大总统,表示了同意。"(群众出版社2007年,第95页)

本以备清史馆之采用,彼当改以合于彼书之体例,非令其录原书也。且今日非前代朝代之改革,乃皇上以统治权归之民也,有民国政府而皇上固在也。今名《畿辅先哲传》亦可,于凡例中叙明自某时至某时,若疑不用朝代为无界限,则安知吾日后不补编明以前之先哲乎。①

"今日非前代朝代之改革,乃皇上以统治权归之民也,有民国政府而皇上固在也",可见在徐世昌看来,民国与皇室是一体两面,可以并行不悖的。而其于"私家之著述"的《畿辅先哲传》前冠以"大清"二字,已足见其私心所向更近清室。因此警民(费行简)评价他说:"徐氏已两度为袁政府之国卿,若梁鼎芬辈所持忠臣不事二主之议论,实非所乐闻也。然以其笃于故旧的思想,清室深恩,亦不能淡然忘之。盖其当光绪甲辰间,以编修四年擢至尚书,且为军机大臣,为有清二百六十年中第一人,至让位之际,隆裕又数对其啼泣,乞看顾让帝,以此之故,故其报清之念甚坚。与其谓为君臣的观念,勿宁谓为报施的观念较为确切也。然其爱护清室之热度无论沸至何点,而一闻复辟两字,其沸度即可立时停顿。"②毋宁说,这里有两个徐世昌,一个是理性的徐世昌,知道民国大势不可违,因而赞成维持国家共和政体;一个是感性的徐世昌,深受传统君臣伦理观念的濡染,时时想要报答故主的恩情。这在张勋复辟时,徐世昌拍发的两封电报表现得很清楚:7月2日,徐世昌复电世续时说:"昌素以维持国家,尊崇皇室为主旨。"③7月10日复电张勋时再次强调:"为国

---

① 徐雁平整理《贺葆真日记》,第377页,凤凰出版社2014年版。
② 警民《徐世昌》第75-76页,文海出版社1967年版。
③ 沈云龙:《徐世昌评传》上册,第372页,中国大百科全书出版社2013年版。

家计,惟有迅复共和;为皇室计,惟有维持优待条件。"①

正是欲兼顾公义私恩,才会出现他就任民国大总统时还拟具折请旨是否准其担任的奇怪现象,而逊清皇室亦予积极回应:"昨日世中堂为面奏请旨,皇上准其就总统之职并令速就任。四位主位亦云:均甚盼其得总统,可以维持皇室。"(《徐世昌日记》1918年9月17日)这看似荒谬的一幕,其实正是徐世昌复杂人性的生动呈现②。

其他如曹汝霖、陈宝琛、段祺瑞、胡嗣瑗、金梁、黎元洪、梁鼎芬、梁启超、梁士诒、陆宝忠、陆荣廷、陆润庠、鹿传霖、罗振玉、马其昶、那桐、耆龄、钱能训、荣源、瑞澂、沈曾植、盛宣怀、孙宝琦、唐景崇、唐绍仪、唐文治、王国维、吴闿生、吴汝纶、熊希龄、许宝蘅、颜惠庆、伊克坦、张百熙、张之洞、赵秉钧、赵尔巽、周自齐、朱启钤、朱益藩……在《绍英日记》里也纷纷亮相登场。粗略统计,现存《绍英日记》中记载的知名人士竟有数百人之多,可谓研治清末民初人物史的宝库。

以上笔者大致从政治史、经济史和人物史几个层面,试图介绍《绍英日记》如何通过个人的视角和感受,展现清末民初复杂的历史图景和人物群像。如果说由后世史官撰写的历史,可以表现出一种理性宏大、居高临下的"后见之明";那么由时人撰写的日记,则虽视角受限、日常琐碎,但却感性生动、切身关心,

---

① 沈云龙:《徐世昌评传》上册,第374-375页。
② 当然对徐世昌有不同评价,如有人认为他是八面玲珑的投机派:"徐世昌可谓今世界之不倒翁矣,帝制亦需此公,民治亦需此公,复辟亦需此公,讨逆亦需此公,民国亦需此公,清室亦需此公,此真药里甘草。"(1917年7月17日《时报》,转引自贾熟村《对徐世昌家族的考察》,载《徐世昌与〈韬养斋日记〉戊戌篇》第108页)本文仅为个人一得之见。

恰好能够在细节上弥合宏大叙事带来的缝隙,使骨骼嶙峋的历史某种程度上变得情意流转、血肉丰满①。笔者限于学力,所述不免片面肤浅,未臻预期目标,像《绍英日记》中所记官场生态、日常应酬、家庭伦理、谈佛论道、寻医问药、查办工程等内容,也未能做相应介绍和深入分析。《绍英日记》更为丰满的观照和揭示,有待学界同仁的炬目椽笔。

张　剑

---

① 桑兵先生认为:"从亲历者各自的耳闻目睹体验来探寻历史的发生演化,至少有如下相互牵连的几点作用:其一,协调大历史与个人视角的歧异。……其二,校正后设架构与循序演进的视差。……其三,平衡类像与单体的异同。……其四,兼顾叙事与说理的功能。"详参其《走进共和:日记所见政权更替时期亲历者的心路历程(1911－1912)》之《绪言》,北京师范大学出版社2016年版。

整理说明

这次整理《绍英日记》，内容包括正文、附录和索引三部分。

正文依据国家图书馆出版社影印的五大册《绍英日记》手稿予以整理标点，其大致体例如下：

1. 在原年、月、日后增加公元纪年，以圆括号括注其后。原稿民国后纪年亦多用旧历，今仍之；但部分既注旧历又注新历处，为免淆乱，用/隔开新旧历，并于新历前标[新]以示区别。

2. 根据中华书局《中国近代人物日记丛书》的体例要求，除涉及辨义处和其他特殊情况，所有文字包括人名、地名等尽量改用简化字。

3. 原稿天头有若干文字，一般移入脚注予以说明；不宜以脚注说明者（如有数天日记系借天头空白之处书写）则移入正文相应位置。

4. 原稿装订偶有窜乱，皆据内容改正。

5. 原稿标示姓名字号，多用"印"、"甫"二字提示；"印"后为名，"甫"后为字，"印"、"甫"皆小字而后面名、字皆大字，如此易与名字下属之文混淆；今将"印"、"甫"后名、字皆统一改小字，以求显豁。

6. 原稿中有诸多略写，如"张八、九爷"、"八、九"双行小字，在原稿中较易看出，整理时为避免使人误会为"张八"和"九爷"，则径补足为"张八爷、张九爷"；同理，如"茶、皮库"原稿"茶、皮"双行小字，整理时补足为"茶库、皮库"，"王三、十哥"

原稿"三、十"双行小字,整理时补足为"王三哥、王十哥","会计、库藏司"原稿"会计、库藏"双行小字,整理时补足为"会计司、库藏司"等。但不致引起误会的省略则不补字,如"白、李总办","白、李"双行小字,不补字亦知系指"白总办"和"李总办","大、二爷"不补字亦知为"大爷、二爷"等。

7.原稿空缺待补字处,约略可计字数者用三角符号"△",不能计字数者用省略符号"……";原稿虫蛀或残缺处,约略可计字数者用方框符号"□",不能计字数者用省略符号"……";原稿漫漶不清或不能辨认之字亦用方框符号"□";凡对原稿待补处、缺残处予以补充之文字,用方括号"[ ]"括出,以示区别。

8.原稿确定误字者,以圆括号"( )"括出误字,后继以方括号"[ ]"括出改字,但明显的形近误字径改;原稿有脱字者,所补字亦用方括号"[ ]"括出;原稿有衍字者,用"【 】"括出。

9.夹注原为双行小字,今改用小五字体单行排印;注中之注用圆括号"( )"括出。

附录为《绍英年谱简编》《绍英诗文辑录》《研究资料选编》。绍英之子世杰、世良纂有近三十万字的《绍太保公年谱》,但基本上是对日记的摘抄,且字迹稠密,览之眉目难清。今据《绍英日记》、《绍太保公年谱》、《马佳氏宗谱文献汇编》等资料,举其纲目,汰其复沓,裁制为《绍英年谱简编》,以便读者观览。《绍英诗文辑录》搜罗了能见到的绍英诗文作品(包括对联),《研究资料选编》是对一些与绍英及其家世相关资料的辑录,这两部分得到了绍英之孙马延矞先生的大力支持。

另外日记中满文的翻译得到了赤峰学院蒙古文史学院敖拉教授的帮助,在此皆深致谢意。

索引仅为正文人名字号音序索引,由内子易爱华女士鼎助而成。

目 录

上 册

光绪二十六年庚子(1900)日记 …………………… 1
  七月 …………………………………………… 1
  八月 …………………………………………… 2
光绪二十七年辛丑(1901)日记 …………………… 3
  二月 …………………………………………… 3
  三月 …………………………………………… 7
  四月 …………………………………………… 9
  五月 …………………………………………… 12
  六月 …………………………………………… 14
  七月 …………………………………………… 17
  八月 …………………………………………… 20
光绪二十八年壬寅(1902)日记 …………………… 23
  五月 …………………………………………… 23
  六月 …………………………………………… 35
  七月 …………………………………………… 41
  八月 …………………………………………… 42
  九月 …………………………………………… 46
  十月 …………………………………………… 47
  十一月 ………………………………………… 50

十二月 ………………………………………………………… 52
光绪二十九年癸卯(1903)日记 ……………………………… 59
　　正月 ……………………………………………………………… 59
　　二月 ……………………………………………………………… 60
　　三月 ……………………………………………………………… 61
　　四月 ……………………………………………………………… 64
　　九月 ……………………………………………………………… 65
　　十月 ……………………………………………………………… 69
　　十一月 …………………………………………………………… 71
　　十二月 …………………………………………………………… 74
光绪三十年甲辰(1904年)日记 …………………………… 77
　　正月 ……………………………………………………………… 77
　　二月 ……………………………………………………………… 79
　　三月 ……………………………………………………………… 83
　　四月 ……………………………………………………………… 85
　　五月 ……………………………………………………………… 87
　　六月 ……………………………………………………………… 89
　　七月 ……………………………………………………………… 90
　　八月 ……………………………………………………………… 92
　　九月 ……………………………………………………………… 95
　　十月 ……………………………………………………………… 99
　　十一月 ………………………………………………………… 100
　　十二月 ………………………………………………………… 101
光绪三十一年乙巳(1905)日记 …………………………… 105
　　正月 …………………………………………………………… 105
　　二月 …………………………………………………………… 107
　　三月 …………………………………………………………… 108

四月 …………………………………… 108
五月 …………………………………… 109
六月 …………………………………… 109
七月 …………………………………… 115
八月 …………………………………… 116
九月 …………………………………… 117
十月 …………………………………… 117
十一月 ………………………………… 118
十二月 ………………………………… 119

光绪三十三年丁未(1907)日记 ……… 121
正月 …………………………………… 121
二月 …………………………………… 124
三月 …………………………………… 126
四月 …………………………………… 127
五月 …………………………………… 128
六月 …………………………………… 128
八月 …………………………………… 129
十月 …………………………………… 130
十一月 ………………………………… 130
十二月 ………………………………… 130

光绪三十四年戊申(1908)日记 ……… 133
正月 …………………………………… 133
二月 …………………………………… 133

宣统元年己酉(1909年)日记 ………… 135
正月 …………………………………… 135
二月 …………………………………… 136
闰二月 ………………………………… 137

三月 ……………………………………………… 138
　　四月 ……………………………………………… 139
　　五月 ……………………………………………… 140
　　六月 ……………………………………………… 140
　　七月 ……………………………………………… 141
　　八月 ……………………………………………… 142
　　九月 ……………………………………………… 142
　　十月 ……………………………………………… 143
　　十一月 …………………………………………… 144
　　十二月 …………………………………………… 145
宣统二年庚戌(1910年)日记 ……………………… 147
　　正月 ……………………………………………… 147
　　二月 ……………………………………………… 148
　　三月 ……………………………………………… 149
　　四月 ……………………………………………… 150
　　五月 ……………………………………………… 151
　　六月 ……………………………………………… 152
　　七月 ……………………………………………… 153
　　八月 ……………………………………………… 155
　　九月 ……………………………………………… 156
　　十月 ……………………………………………… 157
　　十一月 …………………………………………… 158
　　十二月 …………………………………………… 158
宣统三年辛亥(1911年)日记 ……………………… 161
　　正月 ……………………………………………… 161
　　二月 ……………………………………………… 162
　　三月 ……………………………………………… 164

四月 …………………………………………………… 167

　　五月 …………………………………………………… 168

　　六月 …………………………………………………… 168

　　闰六月 ………………………………………………… 169

　　七月 …………………………………………………… 170

　　八月 …………………………………………………… 172

　　九月 …………………………………………………… 173

　　十月 …………………………………………………… 174

　　十一月 ………………………………………………… 178

　　十二月 ………………………………………………… 179

民国元年壬子(1912年)日记 ……………………………… 183

　　正月 …………………………………………………… 183

　　二月 …………………………………………………… 187

　　三月 …………………………………………………… 189

　　四月 …………………………………………………… 193

　　五月 …………………………………………………… 195

　　六月 …………………………………………………… 198

　　七月 …………………………………………………… 199

　　八月 …………………………………………………… 200

　　九月 …………………………………………………… 203

　　十月 …………………………………………………… 206

　　十一月 ………………………………………………… 208

　　十二月 ………………………………………………… 211

民国二年癸丑(1913)日记 ………………………………… 215

　　正月 …………………………………………………… 215

　　二月 …………………………………………………… 219

　　三月 …………………………………………………… 223

四月 …………………………………………… 226
　　五月 …………………………………………… 229
　　六月 …………………………………………… 232
　　七月 …………………………………………… 234
　　八月 …………………………………………… 237
　　九月 …………………………………………… 240
　　十月 …………………………………………… 243
　　十一月 ………………………………………… 246
　　十二月 ………………………………………… 249
民国三年甲寅（1914）日记 ……………………… 253
　　正月 …………………………………………… 253
　　二月 …………………………………………… 257
　　三月 …………………………………………… 260
　　四月 …………………………………………… 262
　　五月 …………………………………………… 264
　　闰五月 ………………………………………… 266
　　六月 …………………………………………… 267
　　七月 …………………………………………… 268
　　八月 …………………………………………… 270
　　九月 …………………………………………… 272
　　十月 …………………………………………… 273
　　十一月 ………………………………………… 274
　　十二月 ………………………………………… 277
民国四年乙卯（1915年）日记 …………………… 281
　　正月 …………………………………………… 281
　　二月 …………………………………………… 284
　　三月 …………………………………………… 287

四月 ·············· 288
　　五月 ·············· 290
　　六月 ·············· 292
　　七月 ·············· 294
　　八月 ·············· 296
　　九月 ·············· 299
　　十月 ·············· 301
　　十一月 ············· 303
　　十二月 ············· 307
民国五年丙辰(1916)日记 ······ 311
　　正月 ·············· 311
　　二月 ·············· 314
　　三月 ·············· 316
　　四月 ·············· 317
　　五月 ·············· 319
　　六月 ·············· 321
　　七月 ·············· 323
　　八月 ·············· 325
　　九月 ·············· 328
　　十月 ·············· 331
　　十一月 ············· 339
　　十二月 ············· 341
民国六年丁巳(1917)日记 ······ 347
　　正月 ·············· 347
　　二月 ·············· 351
　　闰二月 ············· 354
　　三月 ·············· 356

四月 …………………………………………………… 358
　　五月 …………………………………………………… 360
　　六月 …………………………………………………… 369
　　七月 …………………………………………………… 373
　　八月 …………………………………………………… 375
　　九月 …………………………………………………… 377
　　十月 …………………………………………………… 380
　　十一月 ………………………………………………… 382
　　十二月 ………………………………………………… 386
民国七年戊午（1918）日记 ……………………………… 391
　　正月 …………………………………………………… 391
　　二月 …………………………………………………… 396
　　三月 …………………………………………………… 399
　　四月 …………………………………………………… 401
　　五月 …………………………………………………… 405
　　六月 …………………………………………………… 408
　　七月 …………………………………………………… 410
　　八月 …………………………………………………… 413
　　九月 …………………………………………………… 415
　　十月 …………………………………………………… 419
　　十一月 ………………………………………………… 422
　　十二月 ………………………………………………… 425

下　册

民国八年己未（1919）日记 ……………………………… 429
　　正月 …………………………………………………… 429
　　二月 …………………………………………………… 432

三月 ……………………………………………… 435
　　四月 ……………………………………………… 437
　　五月 ……………………………………………… 439
　　六月 ……………………………………………… 441
　　七月 ……………………………………………… 443
　　闰七月 …………………………………………… 444
　　八月 ……………………………………………… 448
　　九月 ……………………………………………… 451
　　十月 ……………………………………………… 455
　　十一月 …………………………………………… 459
　　十二月 …………………………………………… 462
民国九年庚申(1920)日记 ……………………………… 467
　　正月 ……………………………………………… 467
　　二月 ……………………………………………… 470
　　三月 ……………………………………………… 472
　　四月 ……………………………………………… 475
　　五月 ……………………………………………… 477
　　六月 ……………………………………………… 481
　　七月 ……………………………………………… 483
　　八月 ……………………………………………… 486
　　九月 ……………………………………………… 489
　　十月 ……………………………………………… 492
　　十一月 …………………………………………… 496
　　十二月 …………………………………………… 498
民国十年辛酉(1921)日记 ……………………………… 503
　　正月 ……………………………………………… 503
　　二月 ……………………………………………… 506

三月……………………………………510
　　四月……………………………………514
　　五月……………………………………517
　　六月……………………………………522
　　七月……………………………………525
　　八月……………………………………527
　　九月……………………………………530
　　十月……………………………………538
　　十一月…………………………………543
　　十二月…………………………………549
民国十一年壬戌(1922)日记………………557
　　七月……………………………………557
　　八月……………………………………561
　　九月……………………………………567
　　十月……………………………………573
　　十一月…………………………………577
　　十二月…………………………………582
民国十二年癸亥(1923年)日记……………587
　　八月……………………………………587
　　九月……………………………………593
　　十月……………………………………597
　　十一月…………………………………600
　　十二月…………………………………603
民国十三年甲子(1924)日记………………611
　　正月……………………………………611
　　二月……………………………………614
　　三月……………………………………618

四月	623
五月	629
六月	634
七月	637
八月	644
九月	648
十月	653
十一月	659
十二月	662
民国十四年乙丑（1925）日记	671
正月	671
二月	677
三月	685
附：绍英之孙马延霱跋（在第四十册后）	690
附录：绍英年谱简编	691
绍英诗文辑录	761
研究资料选编	773
人名字号音序索引	821

光绪二十六年庚子(1900)日记

以下日记第一册①

光绪庚子年(1900)避难日记

七月

二十日(8月14日),日本洋兵攻齐化门,院中见炮弹甚多,夜间箭楼失火。

廿一日(8月15日),黎明攻破东直门,致齐化门失守。四兄奉慈亲率阖家借南永裕后院暂避,余誓守祠堂弗去。

廿二日(8月16日),因洋人欲抢永裕,阖家均回。

廿三日(8月17日),阖家在西北小院暂避,日本兵八名来,搜索银表等物而去,夜间见西北方火光大起,并连闻枪声,阖家均至祠堂坐守,直至天明始出。

廿四日(8月18日),早间阖家分往附近小家暂避。午间接满大夫回信,并英文保护条一纸,令贴在门上,阖家均回。

廿五日(8月19日),满大夫送来美国旗一面。午后至敬斋

---

① 日记第一册,封面题"辛丑年日记",旁有绍英之子世良注:"先考日记所见之最早者为此本,以前或尚有,然迄未之见,谨定此本为第一本。男世良谨志。"该册后又附两页绍英之孙延焘注,一页云:"日记,第二册遗失,光绪廿七年辛丑日记,八月十六日至除夕。孙延焘谨志。"一页云:"日记,第三册遗失,光绪廿八年壬寅日记,元旦至四月秒。孙延焘谨志。"

翁处,劝斋翁出与洋人暂议,保全宗庙社稷、阖城性命为要,斋翁首肯者再。

廿六日(8月20日),成玉号景棣堂交恩仲华印光所送俄馆保护纸片。俄使名格尔思。

廿七日(8月21日),家中忌辰,略供果品等物。

廿八日(8月22日),至成玉见德翻译恩仲华,谈及俄翻译塔木庵印克什讷、法翻译联春卿印芳现在中国,大臣未出议和,颇赖俄翻译塔克什讷、法翻译联春卿诸公与外国统领说项,属令保全民命云。

廿九日(8月23日),至敬宅,至舒宅,总署公所,见昆、裕、阿三位,与赫税务司问答,携问答步行至白秀峰家探听庆邸消息,申刻俄兵二名来查。

卅日(8月24日),未刻满大夫来,送给貂皮马褂一件,交还治眼机器一件。接百先侄回信,现住高丽营,均平安。

八月

初一日至辛丑正月廿九日另有日记。①

---

① 按此册日记未见。

光绪二十七年辛丑(1901)日记

辛丑(1901年)二月

初一日(3月20日),至公所,订于初五日巳正至柏林寺伺候验放。

初二日(3月21日),春分。给月汀兄暨七姐作函道谢贺喜。

初三日(3月22日),早至邮局发寄上海信,至汇丰见吴幼舲,谈汇票事,至公所值班。

初四日(3月23日),高蔚然来,送来饭银公砝平足银四百七十捌两五钱五分七厘,当按十成核算,堂官三成,司官三成,又分为小十成,方司、选司各一成三分,库司、驾司、档房、司务厅各一成,本房督催所、稽俸厅各三分,捷报处一成五分,饭银处一成,共合小十成之数,书皂领催人等三成,存公备用一成,言定平妥,初六日开放,应给袁际久写信。

初五日(3月24日),至柏林寺豫备验放,白、李总办属饭银处茶吴升、皂靳福事,恩公托代送请安折事,已代交矣。回家张朗山来。保谷田来,谈关东垦荒事,须行乡举里选之法,方能有益。

初六日(3月25日),堂齐至公所放饭银,至闰生、宝臣处。

初七日(3月26日),至景宅送行,东甫属代办奏底。同和楼闰生约吃便饭,谈闰生、百先出京事。回家给月汀兄、七姐写信。

初八日(3月27日),早至吴师处,询悉初七日并未画押,日本已与俄国电,谓中国求日本说东三省之事,语意之间颇有干预之意。回家,至保谷田先生处闲谈,告知宝臣云东三省垦荒之事应作缓看,缘俄日将有事该处也,借《朱子近思录》一套,回家。至敬大人宅送兵部武职归验放奏底、户部款项单五件,略谈。

初九日(3月28日),闰生、百先来。早至吴师处探听俄日事。晚间至信公府、际宅。是日闰生交对条25[①]之数。

初十日(3月29日),早至景宅送奏底,谈义学事。至北宅办百先写借字事,写明并无利息,三年归还,百先另与陈、锡立合同一纸,大意写明锡、陈各借住房几间,每月收房租十五两,归锡宅修房之用,如有人索房,有陈子久承管,如百先回京,即将房退回云云。至公所。至宝臣处,闰生已先到,遂同至吴幼舲家谈汇票事。

十一日(3月30日),早,三侄来,交兑条一千,给百先送去。午后至公所。至宝臣处谈义学事,宝臣云如汇丰之款到手,可捐一两千金。

十二日(3月31日),早至崇正义塾见广勤甫,谈及该塾进款,每年总署接济一千两,户部捐纳房接济银一千馀两,月捐二百馀两,年利一千馀两,其生息之款,恒利号三千馀金,百川通、存义公票庄亦有。至景大人处商义学事,景又欲约那大人会同办理,又令将条陈送阅。至恩宅。发饭银处文书五十四件。

十三日(4月1日),早给东甫兄送禀底一件,自拟条陈底一纸。

十四日(4月2日),敬斋翁来,谈及各国已将二次祸首单交出,共九十馀人,内有松鹤龄、俞廉三、荣伯衡、延锡之,又有胡廉访、长继超,皆革职,尚有发遣者,有交中国查看者。又洋界地段

[①] 按绍英日记中已开始用阿拉伯数字。

事已派瑞良、乌珍暨顺天府派员会同查办矣。俄事现托别国婉转说项，尚无办法也。锡姑太太来，托办汇丰事及某处存款七百之事。

十五日（4月3日），给百先侄找出先公手录格言二册，书后八百字，末云："爰述家学渊源之所自，俾我辈咸知祖泽犹存，典型具在，其能永久克承与否，惟视子孙之存心自励者何如也，愿共勉之。"

十六日（4月4日），至公所，湖南到饭银六百，当回明裕大人，奉堂谕仍按新章分放，俟后如有钜款再行商订画一章程，应核实俭省者亦须间时核订也，将来文二件批一件带回。

十七日（4月5日），早至汇丰取款，该号云现在过清明节，须至廿二日始开市。遂至北宅见锡闰生，闰生将其所存汇丰675收条交余代办，余不获辞，只得接收，将来取出时以2数生息，交百二爷，下馀生息交余代存，俟得利息仍存汇丰入本。受人重托，务当代为谨慎办理，以期本心无愧，以不负人之托为要。至公所值班。回家，将收条收存余之收条匣内。

十八日（4月6日），早，三侄来云，百先仍定于廿一日走，将15对条取去，送来北宅房契、地契及租账字据等件计一匣，另有账一本，写明各件数目。至景三爷处。至宝臣处。至北宅给闰生、百先送行，赠百先自圈点《小学》一部。百先此次出京，借闰生二千五百两。

十九日（4月7日），给百先写赠言随笔六条，清慎勤、戒酒、色、劝读书等六事。

廿日（4月8日），早至蔚泰厚打听，该商未来。至北宅送行。

廿一日（4月9日），至公所。

廿二日（4月10日），早至汇丰，取湖南饭银公砝平六百两，当携至公所分放，分得饭银九两馀，平九两一钱。又至四牌楼头条协益公估衣局、通商银行公所打听四川电汇之一千六百两饭银，据云尚未收到川电，拟贵州、四川复电底二件。回家发西、南院二月分月例，发本月本院工钱。

廿四日（4月12日），柏林寺值班。

廿五日（4月13日），至方巾巷义学，与保谷翁谈许久。

廿六日（4月14日），至公所，发四川、山东、贵州电报。回家，遇毓月华，肃府大、二、三阿哥，锡宅二位阿哥，萧次修，留吃点心。是日早间有学堂傅君、王二君、刘君四位来拜，惠卿同中岛先生、田锅先生、黑崎先生来拜。接月汀、百先信，应复。

廿七日（4月15日），早至惠卿处，见吴师、惠卿，谈许久，谈请满大夫事。至景宅谈义学事。回家照小像，给惠卿写信，劝江君立会事。

廿八日（4月16日），至庆府拜寿。至公所。至宝臣处。

廿九日（4月17日），至满大夫处面请初三午便饭。至东文学社拜诸君。拜高老爷。至王三兄处。

卅日（4月18日），早至廉惠卿处，谈初三日之局，得见吴师代拟奏底，大致三纲十目。一曰培养人才：一改科举，由学堂取士；一广设报馆；一译书；一游学于各国。一饬武备：一陆军先练现有之兵，练将，立武备学堂；一海军就练船习练，造就水师将才；一制造军火，俟限满仍购。一理财政：一行钞票；一酌增印花税、房税、人税、营业税，就各国暂据之地已行之税试为加增；一振兴商务，如丝茶棉花之类，更加之上下节俭以节流。又见赫税务司筹还赔款之章程，大抵谓洋税均已抵偿洋债，惟地税、常税、漕折、盐务尚可筹款，但须分年归还，看其大略，甚有条理。闻刘广才统领开兵衅之事，和局败于垂成，殊堪惋惜，武将只知战斗，固无足怪，奈朝廷不知交涉之难何，徒切杞忧而已。

三月

初一日（4月19日），至公所，复四川电，拟发各省电，均为催饭银事。至柏林寺值班，领陆大人批折，明早应送，又明午候饭银处书吏。

初二日（4月20日），早至陆大人宅交批折，陆大人属朔望请安附入连衔折内事。午后至公所打听山东电报。至惠卿处。给杨石渔写信，约明日便饭。

初三日（4月21日），早给宝臣送公事。至聚寿堂，请客七位，满大夫、吴老师、廉惠卿、大和正夫、杨石渔、吴鹤龄、毓五爷。饭后回拜田锅安之助、黑崎恒次郎，未遇。同吴老爷、廉（廉）[惠]卿、杨石渔至大和寓闲谈。过小川氏笔谈，答以贵国诸公甚望敝国振兴，感甚，仆愧无救时良策，惟有实心任事，克己之私念，采各国之善政，以期进步而已。谈毕复同至惠卿寓，见中岛裁之、伊藤俊三略谈，大和同伊藤明日午后来，会齐同至肃府。

初四日（4月22日），午后刘仲鲁、王如泉来。大和正夫、宫田亮造、伊藤俊三来，同大和等三人至肃府一谈，看德弁俄君教体操。回家接司务厅送来四川电报一封，汇款已转交汇丰电汇矣。

初五日（4月23日），至柏林寺。是日验放，不知，回徐大人四川电报，给裕大人封送电报。回拜刘仲鲁、王如泉，又回拜宫田亮造。

初六日（4月24日），至公所，回电报。

初七日（4月25日），早请唐、王老爷便饭。

初八日（4月26日），早，柏林寺值班，言定陆大人朔望请安事。

初九日（4月27日），早，发福州信一封，钱一千八百文。至聚宝堂合司议公事，余谓面上应作敷衍文章，骨里应思切实办法,大约分股办事,凡奏题咨存稿件均须自办,并查检公事,收存印钧处。散后拜杨石渔印楣,略谈时事。回家,肃王来,略谈,王属将赫君条陈录送。早间接电一件,属丹葵带至总署代翻。

初十日(4月28日),早接安徽电一封,求蔚芝带至总署翻阅。午后至吴师处,谈及时局,总以早日回銮始有转机;谈及曾文正言过,四书五经之外有六部书必须读,《史》《汉》《通鉴》《文选》《说文》《庄子》也,《史记》当以归震川圈点本为佳①,为学总以熟读正文,明白文理为要,明白文法始能明白道理也,宋元明谈理学者多空谈,少实用,余只得唯唯。宋元明诸儒发明内圣外王之学,直接洙泗心传,岂可一笔抹煞,惟假道学及阳儒阴释之辈,诚无经世济物之用也。吴先生盖讲求文章经济之学者,且才气用事,故立论不无偏处也。又云作官要目无君上,读书要目无古人,盖言当以道事君,责难直谏之意,惟措词未免失当耳。

十一日(4月29日),公所值班,裕小鹏交办转达户部司员请驾回銮事。

十二日(4月30日),给三宅送亲。

十三日(5月1日),午后唐蔚芝约陪左伯、杏南二君。

十四日(5月2日),早至汇丰。

十五日(5月3日),早,柏林寺公所值班,裕大人到。回家接兵部电报,应托总署译。

十六日(5月4日),至公所,接湘粤东电二件,粤东电应回堂。

十七日(5月5日),未出门,张朗山来,史仙舫来【来】,荣聘之来。

---

① 本日天头补书:"归震川圈点《史记》,《吕氏读诗记》,《毛诗》。"

十八日（5月6日），午后至隆福寺，买《古文辞类纂》一部。

十九日（5月7日），早至铁宅，至吴师处略谈。午后朱世叔来，宝臣来，陈先生来。

廿日（5月8日），早，唐蔚之请，同座有雷普同、张印士荃、甫甓庵。饭后同宝臣至吴幼龄家，未遇，订于廿二日九钟往谈。

廿一日（5月9日），至公所，回电二件，贵州四百两，陈吏应承三义和刘姓代交，须四月交清。又来一电，属久山代译，明日取。回家，接大侄来信，言汇丰事。

廿二日（5月10日），早，宝臣来，同至汇丰，托幼龄担保事，取饭银公砝平一千六百五十五两八钱一分，同高蔚然运至公所分放讫，下馀存公二成银，余代为收存备用。是日放款短平多至数金，下次应较砝码，并留神监放。与宝臣拟公请吴幼龄。

廿三日（5月11日），早至肃王府，谈中岛学社事，订于廿五日十点钟同至学社，已达知挚甫先生矣。

廿四日（5月12日），至泽公处送行，谈应请銮舆早还事。

廿五日（5月13日），早至肃府，同肃王、月华至东文学社看视中岛宣讲东文并体操，散后肃王、月华约至保安寺街便饭。

廿六日（5月14日），至公所。

廿七日（5月15日），给绍四哥寄信一封，寄银廿两，托长东阳转寄盛京永陆街，交西堡厢黄旗防御绍老爷查收。午后至焌介臣家认亲，至王佐胡同锡宅谈汇丰事，至陈方伯处贺喜。

廿八日（5月16日），至长老爷处发信件。接福州来信，应便中作覆。泽公来辞行，定于四月初六日启行。

廿九日（5月17日），早，柏林寺值班。看宝臣，谈订日请吴幼龄事。至吴师处略谈，为蔚之借书。

四月

初一日（5月18日），公所堂齐。至宝臣处，未遇。是日九和兴来人，云外国人丈量该处地基，属其看守。初二日恩仲华喜事，拟出分八金。

初二日（5月19日），宝臣来，属将时务书寻出。至恩仲华处贺喜。

初三日（5月20日），胡志云来。看苏批《孟子》。接辉山来信。

初四日（5月21日），看《孟子》。晚至王丹葵、唐蔚芝处谈。闻政务大臣荣派樊云门，王派孙保祺，鹿派徐世昌，行在大臣代李派张幼樵、于蕙若，尚有汉军机达拉密二位，王爷则云现无事办，可暂不派人也。

初五日（5月22日），早廉惠卿、吴辟疆来。

初六日（5月23日），至公所。

初七日（5月24日），柏林寺值班。

初八日（5月25日），照小照。

初九日（5月26日），请吴幼龄、高蔚然来。交来公款，应存叁元八角。

初十日（5月27日），给福建写信，与辉山写信。

十一日（5月28日），至公所。至九和兴地基看视有人拆房，当与义国洋人之工头李姓商定，给洋元五十元，可保不站地基，不再拆房，惟已拆之大柁二根被洋人要去作为盖棚之用，中人有天佑斋之田掌柜与天有号之内务府笔政某君也，中国之匪人倚洋人之势，到处拆毁，反向人索银，只得俯允了事也。

十二日（5月29日），早至王少兄处贺喜。至天佑斋，送交田掌柜洋银五十元，属其代交李姓，并日后托李姓照料。接福建来信，当写复函，并寄小照二张，交邮局寄，又发给辉山信一封，给锡姑奶奶信一封。至吴师处叩谢作诗序。闻已奉电旨，赔款事照准，各国即欲退兵矣。见瓦帅致两全权信底，略云袁军已至正定一带,如该将领能忠君爱国,保护地方,则保定一带之联军可一律撤退等语。见曹州尊景郦略谈。

十四日(5月31日),柏林寺值班。

十五日(6月1日),柏林寺带验放。

十六日(6月2日),堂齐,至公所请同司诸公在同顺堂便饭,用银七两馀。是日将扇子河公所房契带回,收于西南院红皮匣中。

十七日(6月3日),早,月帆约福全馆便饭,廿四日王少农请。

十八、九日(6月4、5日),雨。看《人谱》。十八日夜西南方有火光,次日询得武英殿、咸安宫失火。

廿日(6月6日),早,铁宝臣来,为汇款事,当写信二封,一致平遥县闫莲西、毛云生、武翘南三位,系蔚泰厚号掌柜为属其转汇上海蔚泰厚号事;又致上海蔚泰厚诸君一函。与宝臣同至汇丰,托吴幼龄寄上海信。又至正大信局发山西信。宝臣约至福隆堂便饭。

廿一日(6月7日),堂齐。增、崇请福全便饭。

廿二日(6月8日),至公所分放饭银。

廿三日(6月9日),发田、孙二公信,寄小照二幅,田信内云改捐知府事、竹格姻事。发福州信,叙时事,寄小照一幅。龙文斋王掌柜来,因刻诗集事。李毓如来函,约至柏林寺,因江苏寄到饭银一千八百两,李将文批交来,订于廿五日辰时往取。长泰布店、天有斋同来,为租房事。

廿四日(6月10日),竹格出痧疹,请吴育臣来看。赴福全约,宝臣欲借《郭筠仙侍郎集》。

廿五至廿九日(6月11～15日),因竹格病,未详记,现已痊愈,应自五月初一日续记,此次系满大夫、吴育臣二位合治,服药均甚得法。肃王、毓五爷来看①。

五月

初一日（6月16日），早，堂齐，至公所，至肃王处谢步。祠堂叩头。

初二日（6月17日），早，开节例，陈先生来，交给补放五月十一日月款十六两二钱②，陈云山东饭银到，定于午后往取。午后至王少农兄处。至聚增与高蔚然会晤，谈明早分放饭银事，在聚增立来往折一件。回家接陈大人信，约帮办工程事。玉秀峰、陆天池来，订于初四日早九点钟同至陈大人处。福建米信。

初三日（6月18日），早，至公所过堂，分放饭银。回家接福建信。天佑斋田掌柜订于初七日来。

初四日（6月19日），早同秀峰至陈大人宅晤谈工程事。至隆丰堂请王三哥、王十哥便饭。至吴师处拜节，略谈，吴师谈及日本人欲觅古帖，可将《多宝塔》、《兰亭》令其一看。

初五日（6月20日），过节，合家尚为欢畅。

初六日（6月21日），至公所，拜张在初、陶小南二公，派定高先生鋆及皂役靳福在工程处当差。四兄谈及宝臣欲约管稽查公所处款项事，姑拟约同事几人，另记于上③。

初七日（6月22日），辰刻至润古斋，会同张载初、陶杏南进内查工，自午门起至前门止，查毕，约张、陶二公至福隆堂便饭，事毕至肃王府，见日本人手岛知德，略谈。

初八日（6月23日），午刻同至陈大人宅回工程事。

---

① 此处天头补书："森冈事。"
② 此处以苏州码子计数"十一〢"，以下计银多用苏州码子，直接改为汉字数字，不再出注。
③ 此处天头补书："拟约清老爷、长老爷。"

初九日(6月24日),辰刻随同景、陈大人复看工程,又增数处,另记单中,交厂商魏寿春照单缮具细册。景大人令承春洲、白昆甫代约至福隆堂便饭。至张雨臣处取长鹤亭将军寄款共七十二金。是日发致恩益堂一函,交高蔚然,因蔚然为其亲戚候补知县聂培新转托关照也。

初十日(6月25日),早同丹揆、蔚芝、四兄至东文学社,丹揆请至便宜坊便饭,座中有张元伯、顾公度二位,至龙云斋。回家,玉老爷约有话说,即至玉宅谈工程事,定于明日午后至陈大人处。是日陈大人来拜。

十一日(6月26日),早至惠卿家送帖求售。至公所递堂呈,为整顿司事,同玉秀峰、裕小鹏至陈大人宅回工程事,定于十四卯刻至秀峰处会同查工。回家宝臣来,约充稽查左右翼公所提调,约十四日午刻至梓潼庙公所会议,同事有塔穆庵、瑞新茹、凤禹门三位。

十二日(6月27日),至宝处,未晤,至惠卿处取帖。

十三日(6月28日),至宝臣晤谈,至柏林寺公所,至胡志云处,志云托白月帆打听事,宝臣托为铁銮打听俸银事。朗山、月帆来。

十四日(6月29日),至日坛、地坛查工,午至梓潼庙。

十五日(6月30日),随同景、陈大人查工,发电奏。午至梓潼庙,约公所绅士说差。

十六日(7月1日),随同查工,至前圆寺公所。

十七日(7月2日),至同兴堂,与塔穆庵、瑞公莘儒、凤禹门说差。

十八日(7月3日),至梓潼庙递章程。

十九日(7月4日),至梓潼庙,有失言处。

廿日(7月5日),辰至先农坛查工,至陈大人宅,至世大人宅。

廿一日（7月6日），早，至宝臣处。堂齐。至公所。至华卿、厚田二公处。

廿二日（7月7日），早，出城领款，至公所分款。至梓潼庙商办公事。至陈大人宅回开工日期。

廿三日（7月8日），至玉宅。至公所分款。至梓潼庙见世大人。

廿四日（7月9日），至天坛查工，至陈大人宅，至梓潼庙，至宝臣处。

廿五日（7月10日），早，放饭银，午后至梓潼庙。

廿六日（7月11日），堂齐，至公所，至宝臣处，至同顺堂。

廿七日（7月12日），午刻午门开工，陈大人行礼。未刻随同景大人查朱车。陶杏南交东华门出入执照一张，应用讫交还。

廿八日（7月13日），早，请肃邸、毓五爷、锡聘之、陆天池便饭。至公所，给木庵信，约木庵明午至公所。

廿九日（7月14日），早，玉秀峰来谈琉璃瓦事。午刻至梓潼庙。

卅日（7月15日），未出门。

六月

初一日（7月16日），堂齐，至公所呈画催解饭银奏稿，初三日拜发，将兵科饭银交毓如代交，随批一张。

初二日（7月17日），早至润古斋候查工。至福全，与宝臣晤谈。是日墨润西请宝臣、余来就食，订于初十日请诸位，仍在福全早饭。（玉老爷、墨大爷、钟老爷、铁大爷、钟大爷、宝老爷。）晚间蔚之来换银条，明日应交现银旧平四十二两五钱五分。

初三日（7月18日），至梓潼庙法界公所，诸位来，接张大人百熙派工程条。

初四日(7月19日),早至张大人宅晤谈工程事,盖闻乔茂萱谈余,故派办理工程也。至陈大人宅晤谈,宜十成到工,令各厂另估,各开一单,择数少者用之,并请严饬厂商核实办理,陈大人尚以为然。至梓潼庙。

初五日(7月20日),至吴师处,代朗山求信。至梓潼庙与塔木庵、瑞莘儒订于初七巳初见,商办一切。

初六日(7月21日),随同陈、张、景大人查工。

初七日(7月22日),早至梓潼庙,拟公所现行章程。

初八日(7月23日),大雨,午后至梓潼庙,世、铁大人到,胡云楣来谈公事。

初九日(7月24日),早,进内查工,同上午门敬观,中间有宝座,有高宗纯皇帝御笔,宝座旁有一联云"车书通月窟,云物壮天门"。

初十日(7月25日),早带验放。福全请铁大人、墨亲家老爷、玉老爷、钟云舫、钟子良。

十一日(7月26日),会同汪世杰金波、聂兴圻九馀、董康绶金查工,到张大人处回事,至陈大人处回事。

十二日(7月27日),早,至聚增取饭银,至兵部公所分放。至梓潼庙。至玉宅送饭银。接景月汀信并姐姐信暨糖、糕、夏布等件。

十三日(7月28日),早,复福建信。午后至梓潼庙。晚,崇殿才请。

十四日(7月29日),早,至陈大人处回事。午后同宝臣至汇丰。晚至世大人宅回事。

十五日(7月30日),早至观音庵议工程事。午后至梓潼庙。晚间荣华卿来。

十六日(7月31日),兵部堂齐。至宝臣处谈宝谷翁托英世兄桐事,系候补巡检、附贡。

十七日(8月1日),早,玉秀峰请。午后至陈宅回事。丁老爷道津来拜。住兵部洼中街桥西路北大门。

十八日(8月2日),至梓潼庙。

十九日(8月3日),早至柏林寺画公事。午后朱雪庵来。

廿日(8月4日),早至新公所,拜张、李大人。给福建写信,寄写真帖,寄先公诗存一本,廿一日发,檀羊寄。

廿一日(8月5日),早至兵部,午后至新公所。

廿二日(8月6日),巳刻子厚侄生一子①,一切吉祥②。余是日至兵部公所,午后至善后局。晚王、唐二公来谈,王托一事,唐交瑞宅节略,应转交。

廿三日(8月7日),至兵部公所、善后局。

廿四日(8月8日),至善后局,至景大人宅。

廿五日(8月9日),至善后局。至玉宅,代送营署公文。

廿六日(8月10日),早,至柏林寺。午后至陈大人宅回事。闻陶杏南云庆邸接振大爷电,回銮日期不改,振大爷十六启行。

廿七日(8月11日),早,赴府,善后协巡总局用印。

廿八日(8月12日),至善后局。

廿九日(8月13日),大高殿查工,分定张大人头段,陈大人二段,景大人三段,大内共估定钱粮银十三万两,架木、琉璃、颜料均在内。③

---

① 本日天头补书生辰八字:"辛丑、乙未、丙辰、癸巳"。
② 祥:原作"羊",通假,径改"祥"。
③ 本日天头补书:"工程伙计:聂兴圻甫九愚,汪世杰甫金波,董康甫绶金。"

七月

初一日（8月14日），祠堂拜叩。至兵部公所。至宝臣处，托其给吴幼龄写信，为存款事。至善后局。

初二日（8月15日），早至陈大人处，回至玉老爷处，宝臣亦到，同在玉宅吃便饭，宝臣给吴幼舲一函。

初三日（8月16日），早同玉秀峰至陈大人处回事，复至张大人处回事。闻秦先生云惟饭银处折未回，应勤打听。

初四日（8月17日），早至陈大人处呈回，漏一事，复回一次，实属荒疏，戒之戒之。至铁宅。至善后局。至兵部公所。至大内开工，张大人到。

初五日（8月18日），早至工程处，得见回銮缓期旨，私心窃有忧虑焉。给福建写信，初六日早寄去。

初六日（8月19日），兵部堂齐。至善后局。接陶杏南信，言庆邸调予在步军统领衙门当差，属余拜川岛君商议公事。

初七日（8月20日），午，工程值班，至善后协巡局开办一切。闻得步军统领衙门于七月初六日行文，咨调文济苍、余及瑞莘儒襄办一切事件。

初八日（8月21日），至铁大人处代办清文谢恩折底。至善后局。

初九日（8月22日），早至工程处。至陈大人处呈阅折单、工程图说，并请看批折，正折"知道了"，附片朱批"门座各工，着即择要修理，其坛、庙工程应再确切查勘，专案请旨。"陈大人阅后送交承春洲请景大人阅看。

初十日（8月23日），真武庙修补神像，给天佑斋送折文底。荣竹农来，同至景大人处。

十一日（8月24日），辰刻同文济苍、瑞莘儒至庆邸，候贵宝臣、承瑞卿带见。王云："我调你们三位，帮同办理警务事宜，公事应以中国成法为主,其日本之警务章程,有可采者,亦应择善而从。我约川岛专办巡捕学堂,并拟选官学生之心术纯正者,赴日本警务学堂学习警务,学成时可充教习之选。现在警务之巡捕事宜,及各公所送案,均归警务处办理,口角细故等事,可速了结,以免拖累。如有明火劫盗,问明后,应送交胡大人处办理。各公所应领之款,每月须定一准日开放。"贵宝臣云:"佳藤尚有进署办事之意。"王意甚不谓然,令宝臣婉言止之,告以现在中国自行办理警务,不必诸位偏劳矣。并云:"我已与小村使臣言定,约川岛办学堂事,不约进署办事。缘日本人一进署办事,各国必均欲出而干预,彼时再辞川岛,反觉无味,有伤两国国体。"余请示陶杏南曾有信令英往见川岛,可去见否?王云:"可往见之,嗣后应商之事甚多,随时商办可也。"遂退出。同至步军统领衙门到任,拜庙。伊藤至署中辞行。余约文、瑞二位至隆丰堂便饭,公同商酌应先将警务章程酌定,呈王爷阅定,以便遵循,至接收巡捕后,仍应照警察法办理,并将净街路灯等事妥为经理,以免外人问询,其审案之法,仍应照中国成法判断也。饭后余至工程处值班,俞潞生到。

十二日(8月25日),至大和正夫处,约其同至川岛处一拜,晤谈。川岛云:"闻王爷调阁下等三位办理警务,若警务办好,有巡捕等随时随处巡察,则乱党会匪等均不至作乱,一经察出,即行惩办,实为消患于将萌之善法。警务为预为防患之法,武备为临时御敌之法,贵国之法,未尝不善,惜少治人。我们为贵国所拟之警务章程,不过略具一二,尚不能全体具备,宜循序渐进,不可操之太急也,有可采处,贵国可采善而从。巡捕学堂为培养人才之计,所定之薪水,不可减少,俾人咸知奋勉为要。"至铁大人处,至总局。

十三日(8月26日),早请朱雪庵给慈亲诊治开方,略照原方加减,归于平和之剂。午刻至总局。至步军统领衙门谈警务,有失言处,嗣后应以慎言行为至要。但诸君无一人以警务为然者,余虽以警务为应办之事,奈一人不能胜众人何,应思自立之计,未可随波逐流也。晚间慈亲服药。

十四、五日(8月27、28日),未记。

十六日(8月29日),堂齐,工程班。

十七日(8月30日),早,求神方,甚灵。至汇丰,代铁取六万三千,找回二千〇六百九十七两一钱,除去运费十一两〇九分,代闰生取六万四千两,找回五百四十八两,除去运费十两〇九分八厘,铁之款已交宝翁收讫,闰生之款交百二爷票二万,下馀代为收存,自取二千票,取回一千三百,俟有暇将闰生帐算清。写信。是日求莘儒代为告假,八日接百先来信①。

十八日(8月31日),晚间祝读楼同日本医学士牧田太与慈亲诊视,云须静养。

十九日(9月1日),午至吕公堂求神方,皆清肝热之品。铁大人来看,未晤。发福建信。

廿日(9月2日),致玉秀峰一函,为廿三日辰刻领工程款事。午后秦先生来,云饭银处折已领到,奉旨"依议,钦此",当将奏后咨底改妥,交秦先生寄交陈先生,并交秦先生应放司务厅银十六两。②

廿一日(9月3日),早,至兵部公所,回批折画奏后行稿,开节省单,每年计应入的款两万五千两,按现在章程书吏应得五千两,可将此五千节省,作为雇书手之用,已回明各堂矣。是日子厚侄所得之子满月,与四哥商定命名曰"延康",取永延安康

---

① 本日天头补书:"湖南衡永郴桂道。"
② 本日天头补书:"廿三辰工程领款印领在柜中。"

之意。

廿二日(9月4日),慈亲见愈,咳渐止,夜得眠。

廿三日(9月5日),辰刻至户部领工程二两平①银四万两,当分放各厂商,该商等按段分递,承领结讫。给三堂递禀三件。

廿四日(9月6日),接景将军信。午至工程处,张大人到。晚,丹葵来,闻和约谕旨已到,即欲画押矣,并闻醇王出使,惟王与荫大臣见,馀人均可不见,免行拜见礼。王、陈先生来。

廿五日(9月7日),未出门。闻公约已于今日未刻画押。②

廿六日(9月8日),至兵部公所,午后至协巡局,全庆王府画公事。是日竹格十岁寿日,演影戏,慈亲尚喜悦。

廿七日(9月9日),领放饭银,至步军统领衙门,至总局。③

廿八日(9月10日),早,至工程处换班,午至总局,嗣后看底应慎。

廿九日(9月11日),早,至步军衙门,午至总局。

卅日(9月12日),早至步军衙门领款九千,同塔木庵将款送至汇丰换兑条立折,馀款登折。

八月

初一日(9月13日),至柏林寺。至总局放款,欠三款,应俟回明世大人后开放,先开条备放,明日应送顺天府文。

初二日(9月14日),至汇丰,至总局。

初三日(9月15日),早,写信,复月汀信,给姐姐禀,致闰生

---

① 二两平:指按北京的地方平"二两平"为计量单位,其比京城市平(每百两)少二两(比户部之库平少六两,比漕平少四两),故称"二两平"。
② 本日天头补书:"赴铁宅谢步,月汀、闰生事。"
③ 本日天头补书:"廿七日已赴汇丰取款,立公事折。"

信,为汇款事,当日发讫。午后至总局。

初四日(9月16日),早,满大夫来,给慈亲看视,云脑血亏,给小药饼廿一粒,令日用三粒,用白开水送于食前,定心服之。午前至提署,至总局。①

初五日(9月17日),给陆大人发折,至恒宅,至提署,至总局,至庆府。福建来信。

初六日(9月18日),至工程处。至总局,将华俄银条带来,拟明午会同朗山往取。

初七日(9月19日),至国史馆查工,见裕大人,定茶房、报房裱糊铺垫工事。至洋行取款,交朗山带回。

初八日(9月20日),至二条行情,送代介眉拟信底。至步军统领衙门。至总局。

初九日(9月21日),至魏家。至总局。至工程处。至玉宅。

初十日(9月22日),至工程处,总局。步署派审徐宽用剃头刀砍伤陆贞一案,应俟验伤单到再为详讯送部。晚间同玉秀峰查厅。

十一日(9月23日),早,会同玉老爷查厅。午后进署,裕大人令查湖园公所器具,定于节后会同文七爷往查。裕大人交嗣后分饭银,分给捷报处五厘,提出一成,分给各司处,当与恩四、广大爷商定,计十处,每处加一分之数,至总局,定于十三日辰放款。接七姑太太来电,令十六日早至大车站迎接。

十二日(9月24日),早,慈亲因上高取物,由凳上下来碰在格扇上,未能先为防备,不孝戒之。至汇丰取款,至兵部分放。至总局。

---

① 本日天头补书:"汇丰事,至提署。"

十三、四日(9月25、26日),至提署,总局。十四日接上海来电,七姐十七日到京。①

十五日(9月27日),至府画事,至提署将某案送部,定某案稿,了节事。②

---

① 本日天头补书:"致大爷、同九函。"
② 本日天头补书:"拜中岛,查湖园器具。"另本册封三书有两部书名:"《大清律例汇辑便览》、《金吾事例》。"

光绪二十八年壬寅(1902)日记

以下日记第四册①
东瀛考察学务日记
光绪二十八年(1902年)五月

初一日(6月6日),蒙管学大臣张尚书派赴日本,随同吴挚甫先生考察学务,检点行装,定于初三日启行。

初二日(6月7日),中岛裁之来拜。

初三日(6月8日),早,三钟启行,至前门火车站,荣竹农已至②,候吴先生至,同登火车,六钟五十分开车,学堂同事诸公均来送行,十一钟至塘沽,住大昌栈。晚,随吴先生至李文忠灵船看伯行、季皋昆仲。

初四日(6月9日),早八钟随吴先生至李文忠灵船行礼。日本长门丸轮船以津沽有疫,不肯附客,改附玄海丸轮船,午后四钟登日本小火轮出大沽口,登玄海丸轮船,五钟开轮。此次同行尚有吴先生门生杜题阁印之堂、李光炯印德皋及戴遽庵太史印展成、日本人中岛裁之、东文学社游学生十六人。是日风平浪静,海阔天空,有海上移情之乐。

---

① 日记第四册,封面题字,旁注"四",有绍英之子世良志语:"按光绪廿七年辛丑八月十六日至廿八年四月杪应有两本未见,此本当为第四本也。男世良谨志。"
② 此处天头补书:"荣竹农是否同事,须志明。"

初五日（6月10日），午后三钟至河口候潮，五钟开船，六钟至牛庄停轮，口门左右炮台对峙，甚得形势，现归俄人暂管，尚未交还，良可慨也。

初六日（6月11日），十钟同荣竹农、何亚农买小舟登南岸，见营口东西商栈甚多，为山海道驻节之所，属盖平县，北岸有火车站，至奉天三百馀里，六点钟可达，至山海关八百馀里。是日停泊未行。

初七日（6月12日），同舟新泻县视学官汤原元一索书，不获辞，为书陶诗一首。新任牛庄日本领事濑川浅之进来拜。是日下晡六钟自营口开行。

初八日（6月13日），雾，停船，船在海中摇荡不定，头晕欲呕，服晕船药水乃稍定，晚九钟开船。

初九日（6月14日），早五钟仍以雾重停船，午后开船，夜两钟至烟台。

初十日（6月15日），晨起有风浪，头晕呕吐，不思饮食，午后入高丽湾，左右有远山，或告曰此甲午战时初击高陞船处也，距高丽仁川四十英里，土人呼为黄海，九钟至仁川。

十一日（6月16日），早随吴先生及同行诸君至仁川，食于月尾岛日本旅馆，吴先生同诸君坐火车赴汉城一游。余因呕晕初愈，同日本商人滨田辨次郎在旅馆休息半日，见该处铁道、街道皆归日本人管理，高丽虽称帝国，然已无自主之权矣。午后归，五钟开船。

十二日（6月17日），风浪甚大，终日仰卧，不能坐立。

十三日（6月18日），船至松岛避风，船中人稍安，午后三钟复开。

十四日（6月19日），早四钟抵釜山，此处日本建火车站，距汉城日本里三百七十馀里。九钟随同吴先生及同行诸君登岸，至中国界拜领事徐笠翁印学伊，进齐侍郎之弟也，翻译李吉士能英语，此地华商仅百人，徐君谈及兼管马山浦商务，马山浦岛距釜山二百馀中里，为兵轮停泊最佳之地，前俄日两国颇争此地，现作为公共租界，该处之地已为两国买尽矣。食于日本富贵馆，两钟归，三钟开船，是日有风，而船尚稳。

十五日（6月20日），八钟到长崎，九钟登陆，见领事邹小村名振清，先遣翻译唐秀丰名宝锷来船相候，唐能倭语，曾在师范学堂卒业者。见领事后，即随吴先生与唐翻译、中岛同往拜长崎县知事荒川义太郎，晤谈，相待尚优，并见书记官马渊锐太郎。见毕，同赴高等中学校医学堂，至应接室少坐。校长出导客，行过图书室，至第一教场，教场者，讲堂也，可容生徒百人，其桌凳一层高一层，共十层，平棚，三面玻璃窗，教习坐后黑板可推开，以通药室，教习取药以教生徒，考验甚便。校长谓讲室宜高低广狭合度，务使师生相语听得明晰，无反声相乱为适当，房顶与壁间宜用淡灰色漆涂为佳，淡蓝色、淡绿色次之，万不可用白色，致伤眼光也。如此处讲堂者有六处，过此讲室后至解剖标本室，所列标本自一月至十月胎儿及五脏六腑、一肢一节、人身全骨无不毕具。后至讲习所，有学徒用显微镜视玻璃上所绘肠中肌肉景象，甚明晰。又一室则讲生理学，即卫生之学。又一室则讲化学，即用机器看人溺水及化学配药等事，内有自来水火机器。又有视病室，为诊视之所。又有病虫室，玻璃瓶内所列水中疫虫及病体中诸虫甚多。又有验药室，为分别所购药材良楛之所。炼药室为煅炼药物之所。又有养病室、餐室、浴堂、自习室，每室容八人，住宿则在楼上。最后一室则生徒初到者在此室少候处也。以时太迫，不及细阅，特揽其切要者如此。知事遣视学官山口定太郎同来看视，看毕，过迎春亭旅舍少息，归，至领事馆，则知事答拜在此久候，因入与谈。领事留饭，饭后大阪报社请照相留记念，时已三钟，匆匆归船，领事、翻译送至船上始别。下晡四钟开船。

十六日（6月21日），七钟进马关口，遥望西北山上洋楼高耸，或指最高之三层楼曰此楼名"春帆楼"，为甲午年中东议和之所，内有扁额，书"清国求和处"五字，闻之不胜愧愤，将此五字作普法战图观可也。东南为门司，有火车站，惜停泊一时，未能登岸遍览，为可惜耳。午刻开行，船入内海，波平如镜，风景可喜，夜见灯塔，船主云此海道窄狭之处也。

十七日（6月22日），早十钟抵神户，领事蔡咏南名薰，蔡公使之弟也，到船相候。兵库县知事服部一三遣小轮来渡，并云已备马车在岸。神户同文学校干事书记员郑焕之、教习陈秀峰、吴肇修、何天柱、钟龄、冯翼年等挈领生徒十馀人来船迎候，阪神揽载所孙淦字实甫与华商数人亦随蔡领事来见。领事云前大藏省大臣松方之喆嗣松方幸次郎在此自建船厂，约往一观，并约晚餐。随同吴先生、荣竹农上岸，乘马车赴领事馆小坐，同拜县知事，遂至同文学校一览，学徒百二十人，皆小学生女学生，教以中学及英日文字。至商话别所稍坐，入西村客栈，日本人金子弥平自船相随至此，饭后同赴松方船厂。寒暄后，松方导客遍阅各厂，初至机器室观磨铁发电机，继观穿铁机、截铁机、卷铁机、捣钢机、起重运动机、制造木料机，凡机器均用电气，运动发电之机器有二千马力，电气不足，辅之以水力及空气之力，谓是新法。继观造轮机，用水力运动机器。继观所造新船，乃吾国属制者，船名"流星"，可载一千一百馀吨，制造此等船约须五、六月之久乃竣工，该厂并能用新法制造水雷。继观船澳，松方谓此澳旧是淤泥，不能作工，开创之初，政府及西人均谓不克成，伊实坚持，用币一百七十万造成。此澳以塞门得土①与石筑成，深约三四丈，宽八丈，长二十二丈馀，贮水五千馀万斤，可造载五千吨大船及兵船。在此澳之旁，开深其地，安起水机器，用水时放海水入澳，泄水时闭此澳门户，使澳中之水泄入所开澳旁之地，而运动起水机器出水于外，凡三点钟时而澳中五千馀万斤之水皆涸。松方谓此澳之成，深得坚忍之力，而国人皆惊诧谓出望外也。继观炼钢所，松方谓东亚尚无炼钢手段，西人亦不传此法，此系日本工学博士自悟新法，故此室向不令外人入观。阅厂工毕，松方约至其第，始至其门，门上钉有铁板，松方谓此吾造船以来，所遇极难之事，留此记念于门，日日出入，不忘昔日之艰苦也。旋导游园林，亲摘园花遍赠诸客，茗叙毕，出所藏名画使客评论，多宋元旧物。松方谈及日本学校亦有未善之处，其先游学欧洲各学生分别党与，颇起争端，今始浑化各国之学成为日本之学，然分类过多，学者多博而不精，又年限太久，及其出学，脑力已衰，不能作事，皆是弊也。问以年限如何始为合宜，答曰宜至廿一岁而止，其后当年力强壮之时，应令出而阅历，盖办事亦是学也，勿致为学时多办事时少；又言彼国偏重智育、体育，不重德育，故有德之士殊少，不可为训。席散，归客栈已十钟矣。

十八日（6月23日），早六钟，兵库县视学官小森庆助领至神户小学校阅视，学长芥川梅次郎导观，学徒一千二百人，有伦理、国语、汉文、英文、历史、算学、物理、化学、动物、植物、图画、体操等学。

旋至商业学堂，校长有村彦九郎导观，商品标本室陈列百货，考其货之良楛，价之贵贱；旋至实业肄习室，则关税、银行、华英俄美各色贸易行情俱备，每桌二人，设账簿、纸笔、算盘等物，

---

① 塞门得土：即水泥，又名红毛泥。

作为某关税某洋行，其肄习之法，各国各处行情随时俱有商报，生徒彼此交易，照实在交易办法，以资考证，而争胜负，故谓实业肄习也；其馀所习地理、矿学、算术等学皆略同他学。出遇小雨，至女小学堂，皆幼女，生徒三千人，有织带者，其裁缝室则年较长，其馀所习皆略同男子小学堂，学中多女教习。后至幼稚园，有女教习教四五岁稚儿唱歌，一女教习鼓洋琴，两女教习照拂群儿唱歌，手舞足蹈，皆能整齐，盖演习前人忠勇故事，故舞蹈以效之也；其唱歌之时，问群儿喜演何唱歌则演何唱歌，盖顺其性之所近，因势利导之也。教以玩戏，则教师用小木数块作各种式样，令小儿仿为之，如中国小儿所玩之七巧图、益智图之类。又有习字室、绘画室、作花室、用纸折玩物室、算学室，院中用小石子布满，深约半尺，恐小儿倾跌也。又有玩物标本室，凡小儿所用之物如地球、轮船、火车、枪炮、器械、房屋、矿石、鸟兽、草木、动物、植物及诸玩物、绘图、造式品类甚多，所以开童真，启之智慧也，吾国若仿行之，当不甚难，应另制中国教育唱歌，但保姆、教师难得其人耳。

阅毕，上火车赴住吉，小森视学官导至御影师范学堂，其校长松尾贞次郎闻是教育名家，导观诸学舍，此处大讲堂可容八百人，中有明治御像，所谓御影学校也。至博物标本室，室中尤以矿产与机器为要，其动物、植物图式綦详，至补习室，皆曾为教习复至学堂温习者。至习音乐室，其乐器皆西国洋琴，盖西乐也。至学徒修业室，每室八人，盖学生自习之所也。讲化学格致学之所则有暗室以蔽阳光，教习用机器演试化电之学。遍历图书室、职员室、餐室、茶室、浴室、厨室，外有菜圃，皆学徒自种，其厨无厨工，每日学生四人轮值，如教习开讲时则分一人听讲，三人治庖，听毕则此人传与治庖之三人，不致有误，惟汲水、烧柴等事则有役使之人为之，法至善也。校中师范生徒四百人，附属小学校、女学校凡二千三百人,见诸女子体操甚齐整,其室宇甚多,校长谓游廊行遍约中国十五里,其构造时用币仅二十八万,今常年经费凡六万元。

阅毕,再赴火车,小森视学官始别去。火车中食洋餐,及抵大阪,则诸君结欢迎会迎吴先生,会中预备马车,乘马车至森吉楼小坐,遂赴造币局。局长长谷川为治大藏省属官,金子谓其位如中国之三品官,内田公使有书与之,长谷川导阅。旋至一室,陈列日本历代钱币制度,中国历代古钱,并欧美各国之币。旋见验金法,初用试金石试之,仍参用化学法验之;见化银法,将银化为水,合他药水共置玻璃瓶内,用机器摇之,则银沉玻璃瓶底,若瓶内所浮水中有银不净,仍可摇而澄取之;至炼金银处,盖初炼成金银条,又阅数手,乃成金银钱币,其验成色之高下则参用化学,务令极纯,验分两之轻重,则用机器天平,务令极准,分两准则金钱自落,不准则不落。每至一室,局长亲手开锁,谓工人入内不令自出,必由官自开锁,然后放行,其出入必令易衣,以防偷漏。其制造铜币之处则未及阅视,问以每日制成之数,曰金币可作十万元,银币可作七八万元,大抵吾国造币局动辄亏本,皆不造金元之故,以金元利大也。长谷川谓晚间亦赴欢迎会,遂别去。

赴炮队工厂,其工厂提理陆军少将楠濑幸彦,内田公使亦有书与之。是日下午雨甚大,楠濑衣雨衣导游各工厂,金子为译言,吾辈随行各厂,衣履尽湿。其治炮始自明治二年,其后屡改新式,每改铸新式,则改制机器,以其有制造之学,吾国所不如也。其所铸新式炮以卅七生海洋炮为最大,厂中有炼钢机器,小炮钢板可自制,大炮钢板尚须购自西洋也。又有两截野战炮,炮架等具甚为灵便,马上可载。又有攻城炮,并自造炮车、大小炮弹等项,炮之大者足三十吨,用起重机器两人可以运动,上下左右随意所向。所用机器多用电力、水力及空气之力,计每吨一千六百八十斤,据云每年经费六百万元,现在事简,每日作工三千馀人,事繁时倍之,即此厂观之,可知该国制造之进步也。看毕,随吴先生赴欢迎会,入会者六七十人,甚为欢畅。主席上坐为藤泽元造先生,着古时儒巾,闻系讲汉学家,著书甚多。散,得至大阪《每日新闻》报馆看印报机器,归寓已子初矣。

十九日(6月24日),早,大阪视学官小野德太郎来寓,同到东区集英寻常小学堂,初入讲堂看幼童体操、唱歌,皆甚整齐,其教习多取之师范卒业生,故颇通教育;教室十区,分男女两班,学生三百四十名,教习十二人。

出,往幼稚园观小儿戏舞歌唱,教习、保姆相与领导,皆有行列,一教习作乐作歌,群儿欢甚。又至标本室,一切车马枪刀船炮及飞潜动植诸物皆作成式样,无不备具。教育室六区,分类用功,中有习字、习画、唱歌、摆益智图、穿纸花串、折纸玩艺等事,大者五岁,小者三岁,教习多女子,教法重在养其天趣,因势利导之也。其院中皆用小石如豆铺地六七寸厚,据云防小儿倾跌也。又有摄生室,为小儿养病之所,一切床褥药物皆备。自明治十二年开办,已二十三年,凡小儿一百八十,每年经费三千元。

又至大阪府所立清水谷高等女学堂,观群女用木椎体操,操毕继以游戏,八人排列圆式,相与穿花戏舞,教师鼓洋琴,其声音节奏与舞相合。所立有习割烹室、习字教室、图书室、体操室、器械标本室、图画室教室、普通教室、音乐教室、理科教室、裁缝教室、作花教室,条理井然。将别,校长大村忠二郎谓学徒已治馔相待,势不容辞,馔为西法,整洁可食。

饭毕至师范学校,其规模与御影师范学校略同,独见其击剑及兵式体操,列队持枪作战斗势,甚为勇猛。校长言中学堂卒业须充兵一年,师范生卒业止充兵六礼拜,计四十二日,以其在学时久习兵事也。此学校附属小学校见小学生徒体操，分为两队，牵一大绳，两边尽力牵制，以争胜负，馀与所看之小学校规模相同。

次至农学堂，见陈列标本各国谷蔬诸色尽在，又列蚕桑标本，见考验牲畜之病势，树木之害虫等，学皆甚精，其生徒皆赴田实习栽秧种植等事，又延兽医骗牛，用德国新法，仅五分时而毕事。别时问校长考验蚕病之书以何种为善本，答云《蚕病要论》、《日本蚕病论》及《蚕体病理》皆善本也。近闻南省养蚕因不知检择蚕子之法，以致蚕丝日坏，反不如外洋之丝，考验之法诚不可不讲也。

至大阪《朝日新闻》报社，社长出所藏唐时日本僧空海所写经，又有白香山集一卷，初唐人文集一卷，均唐人所书，三者皆堪宝贵。稍坐，遂由报社至火车站，社长及金子弥平、藤泽士亨皆送至车站而别。在大阪两日，所乘马车均大阪府预备。是日六钟启行，八钟到西京，住松华楼客栈。

二十日（6月25日），同吴先生拜西京府知事大森钟一，知事云大学堂乃文部所立，府学立中学，村町立小学，中学、小学皆地方筹款，不仰国家经费。吴先生问地方如何筹款？答云于国税之外，或加二毛，或加四毛；吴先生［问］若贫瘠不能出费奈何？答云视其产业多寡定之，不出则用压力，然日本至今无敢不出者；问何能得其多寡实数？答云由公议酌中定之，不能大相远；问地方加派仍报明国家否？答由地方豫计来年用款，量出为入报政府，政府遣官覆核之，核定即照办；问若穷乡不能立学奈何？答云日本无不立学之町村，有山僻不便立者，附入邻学，不能附者，官遣教习往教之。

临别，知事遣视学官同赴高等女学校，其规制与大阪略同，所历盥洗处、习仪室，其礼仪分本国、外国；养病室，皆大阪所未看者,阅毕归寓。午餐后因东本愿寺又名上谷寺僧坚约一游其寺,至寺中客堂稍坐,禅师曰"法主",其分位与中国喇嘛佛相若,旋同礼佛,游寺中之涉成园。暮归,奉天留学生孟君来拜。

二十一日(6月26日),赴大学堂,总长法学博士木下广次,熊本人,为言"此大学校始立五年,诸事未备,初大学生徒考法未善,吾今改之,凡年终考而不中者留习第一年学级中,其馀考取诸人皆入第二年学级;又教习与生徒向不惬洽,缘总教习过示尊严,吾今专取款洽,使诸生乐相问难,此二事差胜旧章。开办大学最为繁难,中多阻力,吾今工才及半,君等则始谋开工,倘蒙下问,愿悉以相告"等语。旋领观传电法、木作、图画各室,谓大学必宜有机器、水道两事,遂导观发电机器、炼铁机器、运重机器。此学分四科,曰法学;曰医学;曰工学理学,并工科理科为一科;曰文科,尚未设立。工以矿工为主,中兼电化。导至木工图画室,谓凡制造必以图画为根本。导至标本室,所陈机器车船等式皆与真者无异。校长谓欧美讲学各种报皆彼国大学中讲义,必须购求,至化学格致各仪器宜先定教科,然后就各科应用之器购之,乃不妄费,所谈皆极精核。吴先生属校长代制此学房屋木式,校长首肯,云容工(料)[科]学生放暑假时可制造也。

别后,至第三高等中学校,该校长谓已放假,导观各室,略如化学。是日该国武德会,约往观,遂同赴会。会中演博击、击剑等技,演步射及马上技艺。散后至也阿弥馆赴欢迎会,因西京讲汉学者多,均仰慕吴先生文名,故结欢迎会迎之,入会者七十馀人,西京府知事大森君亦在其列。该处就山为楼,山色接于槛前,泉声鸣于檐下,俯视西京,历历在目,洵胜境也。

二十二日(6月27日),晨赴西京之招,到寺稍坐,其法主曰大谷光莹,晤谈片时。出,赴盲喑学校,其喑可医者已能发音,作中国语;其声喑甚者,教师示以手势,即知其事,亦能各以手势代口,能书画;其盲者能扪纸识字,纸上用针刺孔,以手扪之,即知何字。学校中有地理学,地图用木板刻成,山高水低,及疆域之界限,皆可以手扪而知。又有读书、习算、生理、音乐、体操等学。此等教育,俾残疾之人皆有所养,真可弥补天地之所憾矣。晚八点钟至车站,赴东京。

二十三日(6月28日),晨十点钟抵东京,蔡公使遣人来迎,日本外部小村大臣遣通译官小林光太郎来迎,参赞铨燕平观察亲至车站,小林光太郎送至三桥客寓,文部省遣专门学务局勤务文学士野田义夫来商订查考学校日期,东宫侍讲三岛毅遣门人细田谦藏持名刺来候,前天津领事郑永昌,郑固皕参赞之兄也,外部官小村俊三郎均来候。饭后,拜蔡公使、毓将军,归拜同寓双太守,字松如,湖北送学生来者。是日接家中来电,特报平安,慰甚。

二十四日(6月29日),岸田吟香来候,此人年已七十,曾于明治初年在上海开设乐善堂药室,并售东洋书籍。午刻使馆传电话,铨燕平请便饭,即往赴约,饭后同燕平、竹农至毓将军处闲谈。至照像馆照像,归寓陆闰生来候。

二十五日(6月30日),早八点钟赴东京大学,见校长理学博士山川健次郎,山川君派理科大学长、理学博士箕作佳吉,理科大学教授、理学博士小藤文次郎、饭岛魁、神保小虎与野田养夫同领看视。先看法科,有宪法、国法、民法、商法、民事诉讼法、刑法、刑事诉讼法、经济学、财政学、统计学、政治学、政治史、行政法、国际公法、国际私法、法(判)[制]史、比较法制史、罗马法、英吉利法、佛兰西法、独逸法、法理学诸讲座;其大讲堂容四百人坐位,讲师座上有斜板如神龛上前面之式,谓讲师发声由此板逆折而落诸声,座中乃可遍闻,此声学事也;房顶用牙色漆壁,用石灰勿令过白,恐伤目光,此光学事也;壁间开窗务令合式,以便空气流通适当,地板下均有瓦斯管,冬令能通热气,此卫生之法也;有一讲堂,生徒坐位层累而上,愈后愈高,其房屋坐位高下之度皆有定则,几案与坐位相距高下应以本国人身材为度。过图书编辑所,为编辑书籍之处。继入图书馆,有书三十一万三千馀部,中国、日本书一十七万馀部,馀皆欧美书。次看理科,有数学、星学、化学、地质学、地震学、人类学、物理、动物、植物等学,入理科之显微室,有小镜机,蔽室光令暗,以极小之物纳镜间,以光照之,能令其形遍满于壁。继入动物学列品室,箕作导观之,备列各国山海所产之物,奇形怪状。入地质学列品室,观各色矿石及古时地层中生物化石,形影宛然,小藤、饭岛分导之,各为解说。继至物理实验所,用显微镜,矿物中细质皆五色斑斓。继至动物解剖室,观学者用机器解剖虫物,剖切极薄,放在玻璃上,以显微镜视之,则形质宛然,诚细微也。看毕十一点钟,拜外部省小村大臣,小村云我两国最为和好,如有考察之事,毫无隐匿,均可看视,情意殷殷。辞出,拜文部省菊池大臣,菊池云学校之事如有调查之件,必当代为查考,至医学、体操二事,尤应留意,以国民身健无病乃自强之基础也。

　　二十六日(7月1日),晨赴东京大学阅工科,教授、工学博士辰野金吾相见,遂与理学博士高松丰吉导阅机械工学、应用化学、造船学、舶用机关学、建筑学、采矿冶金学、土木工学、电气工学、造兵学、火药学、应用力学,每导观一学,则由其学科之教授导示。其机器有压铁机,有拉铁机,试用拉铁机,用八寸长铁条,使九万四千斤力之机器牵引其上下两端,能令八寸之铁拉长三寸八分,过此则铁断裂。机械工学科有吾国学生三人,沈琨、张镆绪皆直隶人,张奎浙江人,在大学堂学造军器有陈櫆者,曾在高等中学卒业,今入大学。

　　因昨阅理科未毕,遂复往观,历光学室、暗室、格致试验教室,时文科正在考试之际,未能往观。文科有国语、国文、国史、汉学、史学、地理学、哲学、心理学、伦理学、社会学、教育学及各国言语文字等学,其各种学问及各国文字均系日本教习,惟各国语言则有用别国教习者,亦可见该国文明之进步也。

二十七日(7月2日),赴高等女子师范学校,校长高岭秀夫闻是教育名家,导阅各室。其教习多取之高等卒业生,其教贫民女子有一年、二年与三、四年之学级,并教于一室者,按年各分为一行,教此行以此业,教彼行以彼业,校长谓此教贫乡不能多立学之法也,高等女子专攻科有物理学、化学。是日校长留饭,肴馔皆学生自治。

二十八日(7月3日),赴高等师范学校,此校为前文部大臣森有礼所创,初止容百人,其后来学者寖多,添置房屋,分在数处,因初时基址狭小也。至标本室,试教师所制解剖虫物机器。至化学室,教师用镪水化矿石,用药水数种分矿之为金、为银、为铜、铁、铅、锡,馀与所立之师范学校规模相同。

二十九日(7月4日),赴华族女学校,下田歌子为此学校长,办理二十馀年,颇以吾国女教为念。导观各室,有伦理、家政、文理、习字、习画、刺绣、裁缝、算学、理化学、作花、作香囊、烹调、音乐、唱歌、体操、游戏等学,其体操甚整齐,作字皆悬腕。下田留饭,饭后听学徒弹筝唱歌。学徒中多王侯大臣之女,所用之衣服与寻常女学生衣服无异,且学体操、烹调等事皆能耐劳苦,毫无骄贵气,其教法之善可知也。午后东宫侍讲三岛毅率门下士廿馀人招饮于富士见馆,随吴先生同往,主人皆讲汉学家,饮酒赋诗,共坐照像,主客甚欢洽焉。

六月

初一日(7月5日),赴大学医科,有解剖学、生理学、医化学、病理学、药物学、内外科学、产科妇科小儿科学、眼耳鼻咽喉科学、卫生学、法医学、皮肤病、精神病等学,历游解剖室、考验毒物室、医化学室、解剖标本室,皆他处所未见。小村俊三郎邀至花园午餐,午后观医士治隔症病人,为割腹治胃之技。

初三日(7月7日),赴农科大学,观化学、动物昆虫学,于地质、土壤、养蚕等学尤为精审。继观畜产兽医学,陈列标本极多,见诊狗者,狗皆帖耳受治。继观林木田苗。归时校长在樟脑室相候,其制樟脑不用樟木,用樟叶,皆新法也。

初四日(7月8日),赴工业学校观授卒业文凭礼,因遍阅工业绘图、应用化学、电气化学,各种织机、陶业、木工、铁工、范金工及各种制成器具,而不暇详考。此学校尤切吾国之用,盖取百工子弟各教以工业,专取技艺改良而已。

初五日(7月9日),赴盲哑学校,学中分寻常、技艺两科。寻常科课程曰读书、习算、讲演、体操;技艺科课程曰音乐、按摩,多西京盲哑学校中已见之事,惟盲者能用机器印制盲者所用之书,则未之见也。

初六日(7月10日),赴常盘小学校,文部所管学校已阅竟,此乃公立者,大致与官立之小学校教法相同。午后赴宏文书院,院长嘉纳治五郎领观讲授师范教育之法,观警察学生体操,甚整齐,此书院皆中国学生,盖初来之学生多在此学习东文东语也。

初七日(7月11日),同吴先生至嘉纳治五郎处,嘉纳先生云:教育之道,以普通学为根本,普通学中尤重德育,若德育普及通国,则国民皆有德慧而国自治,养作官之人才不如养普通之人才,盖学普通之人多,则人人皆知学问,上者自能深造有得,为国家作事,其次亦足以自善其身,自食其力,此教育之急务也。谈毕,吴先生赴大学校观卒业给文凭式仪,归云是日日皇临幸大学,立于位,诸生进见,再鞠躬,校长在左侧,诸生领凭于校长,退复位,鞠再退,然后转身就位,学中有职事与来观礼者皆序立两旁,此次卒业生尤贤者十三人,日皇各赐金表一以奖励焉。

初八日(7月12日),巳刻随同毓将军、吴挚翁、荣竹农赴日本宫中,见日皇于凤凰殿。初见三鞠躬,日皇立于位,与毓将军握手,慰劳数语,以次见毕,复三鞠躬退。武部大臣让至殿廷一看,看毕遂出,同至公使馆早餐。

初九日(7月13日),辻新次君约晚餐,晚间随吴先生、荣竹农、小村君同往,辻先生云:贵国所派之留学生必须择品学兼优之员为监督,以管束之,庶可免沾染浮嚣之习,以学生不在学校之时,为教习权力所不及也。闻辻新次君为日本老教育家,人极诚恳,所谈亦甚切实也。

初十日(7月14日),赴富士见小学校,东京所公立者,房室甚陕隘,闻名人多出此学校中,盖教法善也。

十一日(7月15日),赴东京公立师范学校,此学校附属小学校,师生徒年限四年,实则三年半卒业,以下半年为小学教习以为实验,盖师范学校以造就小学教员为主义也。

十二日(7月16日),赴东京第一中学校,诸生应考,不能细观。观博物学教习解剖虾蟆,继观电学教习于暗室内演爱克斯光线照人手臂,能见筋骨,中国谓之 X 光线,盖理科光电之学也。

十三日(7月17日),赴东京府立女子师范学校,此处本男子师范学校,以地狭改为之,其卒业年限与实验法与十一日所阅东京公立师范学校同。

十四日(7月18日),赴东京共立女子职业学校,皆贫家女子,无力入他学者,故以画工、裁缝、刺绣、作花及作香囊等技为重,其所制之物发卖得利,一半作为学校公费,一半归该学生,虽卒业后其所制亦可交学堂品评高下发卖,此亦吾国所应推行者也。

十五日（7月19日），由三桥旅馆移居新租之房，吴先生因用度过费，是以移居。

十六日（7月20日），伊泽修二君约晚餐，午后随同吴先生赴约，吴止欺为翻译。伊泽先生曰：余曾在台湾办理学校之事，该处学校除官设学校外，有公立学校，公立者义塾也，乃众人集资所立，如富户不肯出资，则用国家压力勒令集资，久之学有成效，人自乐输也。但教育之事必须因势利导，若教法能合众意，自易举办。即如日本初办学校时，风气不开，亦甚难办，甚至民间有将学校烧毁者，然必须勉为其难，不可畏难中止。日本初改学制之时，因讲求德国医学，遂及于德文、生理、化学，又因改兵制，以图自强，陆军则仿效德法，海军则效法英国，遂先讲普通学，次讲兵学，又因改法律，以收主权，法律则效法法国，遂及于法文。总之欲思政治维新，则连类而及之学问皆不能不讲，然必须立定主意，百折不回，始克有济。俟学有成效，用讲新学之人办事，必能胜于讲旧学之人，此盛彼衰，自能胜于守旧者也。谈毕入坐，饮馔精美，皆其夫人自治，饭后其夫人出见客，行鞠躬礼，盖日本礼也。闻明治维新初改学制时，曾派伊泽修二与高岭秀夫同往欧洲考察学务，归国后在东京师范学校任事多年，可谓老教育家，故所论学校之事甚亲切也。

十七日（7月21日），早，同小村俊三郎拜陆军大臣，该大臣云诸位欲查看学校，须先明学校制度，再往查看，看后再与教育家讨论。武备学校有两类，一补充类，专备补入联队之用；一实施类，已卒业者再加讲习之功。凡创办之事要立定主意，渐次进步，若主意不定，起头便差，日后改变不易云云，语甚恳挚。辞出，拜参谋本部大臣及参谋次长，见参谋次长及青木少佐略谈，青木少佐同至参谋部绘图科看绘画地图之法，初须实测形势画图，次将所画之图用照像法放大，若小图则用铜板雕刻，大图则用电气制图于铜板之上,印之略如石印之法,其所绘之图甚细,印成纤毫不爽,诚善法也。看毕拜教育总监,未会。回寓,青木少佐来拜,青木因曾至中国,情意甚殷,订于十七、二十、二十一等日看武备学校,同往照料。

十八日(7月22日),早至雅乐稽古所听乐观舞,因华族女学校校长夏田歌子介绍,将宫中古乐器取出在此演习。其乐名为"伊势海",乃日本上古时乐;曰"五常乐",乃唐太宗所作,以仁义礼智信为此乐之体,故名"五常乐";曰"万岁乐",亦日本乐,用明天皇所作,此乐用文舞;曰"兰陵王",亦唐乐,北齐兰陵王容貌美,常著假面临敌,甚勇,齐人状之,作为此舞,以效其指麾击刺之状;曰"纳曾利",乃高丽乐,效双龙交游之状,以上二乐用武舞。乐舞交作,声容俱佳。并设列琵琶谱、筝谱等册,皆唐时传入日本之故物,诚大观也。

十九日(7月23日),赴陆军幼年小学校,此学校中央、地方两学校合在一处,生徒已放假,无可观者。又赴成城学校,此学校有中国留学生百馀人,马军门之子、许制军之孙皆在此肄业。查日本学制,武学校初入学者均先学普通学,卒业后始习武,至文学校多兼习兵式体操,虽云文武并重,盖尤重武备焉。故日本兵制有正兵、备兵、后备兵之名目,充正兵三年,散为备兵;充备兵四年,四年中调练兵操两次,每次住营三礼拜,四年后散为后备兵;充后备兵五年,五年中调练兵操一次,住营一礼拜。盖随时调练,使之温习,不忘兵操也,日本陆军效法德法通国皆兵之制也。归寓后,陆军少将村田怡与造来拜,村田云贵国教育之事宜择善而从,不可博采不纯,中国之派留学生必须慎选,否则恐少年浮嚣之徒急于求变新法,亦是危险之事;并云如有应考查之事,必帮同考察等语,村田人甚诚恳可敬也。

二十日(7月24日),赴仕官学校,此处讲堂二十四处,学生七百六十馀名，多系已授中尉、少尉者。内有中国学生二十五名，多系南洋、湖北派来者，在此学习战术等学，诸生精神凝聚，能与日本学生之精神无异。见教习讲授筑城学教程；看藏书室、化学标本器械室；至演马场看操演战马，甚为娴熟；至模范室，凡兵轮、火车，各种枪炮、炮台、营垒皆造成模式，以备学生讲求；看击剑术，击剑之式二人一班，头带铁网帽，胸与手臂均著皮套，各执木梃互相击刺，如临大敌，被击者为负，盖演习交手仗之法也；看高等体操，在木架上练习技艺，由架上跃下，以跃远者为贵。

看毕，至炮工学校，由仕官学校学过一年者升入此学校，由此学校再加精进之功，则入工科大学肄业，见讲授炮学及绘图、建筑、电车等学。

看毕，至户山学校看击剑、体操，听音乐队演乐，有大清乐歌、日本乐、清日合乐、行军乐，其演清日合乐，盖联属邦交之意也。晚，银行俱乐部公请晚餐。

二十一日（7月25日），赴近卫师团第四联队，队中建洋式楼房凡二层，可住七百馀人。按视兵寝食处所，并体操、击剑、排队诸式，甚整肃，观教习授兵卒军中应知各色旗章、各式宝星等学。

看毕，赴第一师团第三联队，与近卫师团联队规模略同。队中有通中语武弁，谓该队甲午年曾驻扎威海卫；又云日清战争时，该国教育家开教育会，俱以教育进步为主义，其决议一曰巩固国民思想，二曰文章崇尚简易，三曰奖励女子教育，四曰鼓舞武事教育。可见该国以教育为重，随时思改良也。

二十二日（7月26日），同小村俊三郎至银行俱乐部道谢，归至小村寓所畅谈。

二十三日（7月27日），随同吴先生赴植物御园，近卫公约晚餐，同赴园中，山水清幽，草木繁盛，所畜禽鸟甚多，孔雀则对客开屏,鹦鹉则谓他人父,极一时观听之乐,且同座者皆同文会中人,劝酒赋诗,讲同文和好之谊,食顷则作乐侑食,主客尽欢,诚有天下一家之气象也。上灯后始归。

二十四日(7月28日),因受暑湿之气,头疼咳嗽,服药养息。

二十八日(8月1日),我皇上万寿,同赴公使馆行礼。因咳嗽未愈,外务省小村君、延村君均劝令赴赤十字社病院养病,感诸君情意之殷,订于次日入院。

二十九日(8月2日),小村君同赴病院,在内科上等室养息,院长桥本子爵及内科诸医士每日诊视两次,室中甚清洁,设铁架床一,桌、椅各二,凡纱帐衾枕、应用之物无不备具,服侍者皆女学生,名看护妇,均极殷勤,惟恐病者有不便之处,然皆和平庄重,毫无亵慢之容。于以知教育之功大矣哉,不可谓外国人无教化也。

七月

十三日(8月16日),病体痊愈,同小宫山君至外部省等处辞行。

十四日(8月17日),早由病院赴火车站,铨燕平参赞、外务省小林光太郎、小村俊三郎、赤十字社副院长均至车站送行。

十五日(8月18日),早至神户,住西村旅馆。

十六日(8月19日),毓将军至神户,众华商请至中华会馆晚餐。

十七日(8月20日),同毓将军拜兵部县知事服部一(二)[三]略谈,毓将军约至西常盘旅馆便饭,饭后同至山后观瀑布泉,晚复回旅馆,浴于温泉。因忆曩在遵化州福泉寺浴温泉时,和胡志云诗有"请君随在任天机,会当携手扶桑浴"之句,今果浴于扶桑,亦可谓诗谶矣。

十八日（8月21日），同毓将军附玄神九船归国。
以下日记第五册①
光绪廿八年（1902年）七月廿五日起

廿五日（8月28日），同毓将军由溏沽乘火车，晚间到前门，肃王来接，约至天福堂便饭。亥刻归家，闻庆邸传唤。

廿六日（8月29日），午后至庆府谒见，庆邸云约在崇文门充堂委差使，并问留学生之事，余据实直陈，王云两失之。至铁宝臣处一谈，至荣相处贺喜，拜盈大夫。

廿七日（8月30日），拜张大人，未晤。将文部送书及吴先生信交杨时百代呈。至定王府。

廿八日（8月31日），谒见张大人，问留学生之事，张大人谓吴先生不应干涉学生之事，约余充支应提调。

廿九日（9月1日），谒见肃王，谈及时事，应韬晦待用，不可急于求治，因国家大局未定，若急于求治，必致阻滞多端，非徒无益而又害之，宜自立于不败之地，循序渐进以待时，诚有见之言也。晚宝臣约。晚接家信，汇甲祥。

八月

初一日（9月2日），午刻到税司看视各项公事。至塔木庵处，谈及华俄银行之事，所存之五百万，系其作生意之款，并非生息之款，所得利息多少无定，应以生意之盛衰为定。初因立大学堂时用款孔急，木庵同布克地说可按五百万之数先提四厘息银应用，日后生意所得利息，或多或少再为结算，大约每年所得利息，四厘之数可得，俟该国大账寄到方能清算。至俄文学堂，先奏拨一万两，嗣经徐大臣由铁路所得公费项下捐银五千两，复经

---

① 第五册日记，封面有文字云："日记，五，光绪廿八年壬寅七月廿五日至十二月十四日。"

回明庆王,再拨给俄文学堂一万两,俄文学堂每年应拨两万五千两。除大学堂应提之廿万利息及俄文学堂之两万五千两外,结帐时每年如尚有馀利,既经大学堂奏明统归大学堂备用,自应均归大学堂备用也。余求木庵见布克第时说明现在支应归某人经管,托其诸事关照,并拟约布克地,木庵首肯。是日给四哥覆禀,交大德玉寄去。给吴先生信,汇洋银二百元,交兴隆街东京贮藏银行北京支店主任上田三德寄去。是日兵部派充则例馆总纂。

初二日(9月3日),午后两钟,同荣竹农拜日本内田公使,晤谈道谢,公使谓代请教习四位,不久动身来京。出,至汇丰见吴幼龄,谈崇文门存款事。出城至官书局见严大人、李亦元略谈。拜王丹揆。

初三日(9月4日),辰刻给官书局送日本西京大学章程。致赵仲宣一函,属令供事缮清呈管学大臣阅看。致王丹揆一函,求代办四哥贺节信。至税司任事,是日收银千馀两。晚同耆寿民至庆王府贺喜,见王爷回公事,王爷定于初八日申刻到任,令办堂谕调遣节制卫队事。回家接大学堂知会:奉管学大臣谕,现在章程已定,绍某改充支应提调。并接赵仲宣来函,定于何日接收支应一切事宜,应复函。是日作舟侄引见,补笔帖式缺,作为候补主事。

初四日(9月5日),早,税司开关,商办聘订考克思合同。午后拜曾莾初、曾敬诒昆仲。至馀园,沈小沂、胡眉仙、杨时百、魏蕃宝、曾莾初公请,与时百定于初六日至书局接办支应事。晚玉秀峰请。明日应至伊藤处。

初五日(9月6日),至盈大夫处,送给药资五十金。至伊藤处略谈。至汇丰,将闰生存四万四千两字据及自存二千两①字

---

① 日记中凡遇存款多用满语书写,径译为汉字,不再出注。

据均交吴幼龄手寄沪换约,汇丰帐房开收条二纸,应妥存。至税司,遇曾敬诒,属转达张尚书商请英法俄德教习事,又云华俄银行帐已寄到。

初六日(9月7日),午后至编书局见张大人略谈。赵仲宣将支应公事及存款同杨时百交清,与杨时百商定流水帐十日一结,一、四、七之日同至编书局商办公事,至华俄银行取款时百去,遇有存款,前一日给信,余同时百二人去,华俄账应结算清楚,问明该银行账目数目相符否。晚至福全请客。

初七日(9月8日),早致月汀信 封,交胡志云寄去。至税司,毓五爷送书箱来。

初八日(9月9日),开关,庆邸申刻至税司。致中岛一函,为东文学社机器纳税事。英国武官喀克司到务,毓五爷与谈令其接办事。是日送肃府土物一分。

初九日(9月10日),早,先妣冥寿,上祭后肃王来。接家信两封,要慈亲寿序略节,那太夫人寿事应送王丹兄信,肃王信问要马否。饭后未刻至兵部拜客。归家接胡眉仙信、中岛信。又接工程处知会:奉张大人谕,令照常到工,本月十六日午班。

初十日(9月11日),早,拟节略,封送王三兄,请改政到务。

十一日(9月12日),早,到务,申刻至编书局。黄仲鲁交荣竹农饭食银六两,应转交。取节略。

十二日(9月13日),早,写家信,专差寄呈。至务。晚间同李先生印印桢至德兴堂拜服部先生,略谈。回家接魏蕃宝信,送来兵部本旗文两件。接杨时百信,内云张大人令十七日午刻至编书局发翰林院译书费六千。接总办处知会,令拟支应处章程。打磨厂中间路南中尚古店合盛元马右文来拜,令十三日早至该店,有应谈要件。

十三日(9月14日),早,赴隆福寺买桂花两盆送敬大人。

午后至合盛元。接四哥来函,寄到七百金,五百金归日用,二百金送人。至税司。晚接家信两封。

十四日(9月15日),早,廉惠卿来,办理节事。午后发家信,交东光裕寄,并寄去食物等件。至编书局见杨时百,归至少农兄处一谈。

十五日(9月16日),至税司。

十六日(9月17日),至税司。晚,荣朴斋请。

十七日(9月18日),早,至廉卿处商汇款事。余至汇丰,托吴幼龄电汇交上海四马路胡家宅文明书局王子和三千元,容后日汇到再为核算。至涂元甫三兄处,谈支应处应按月印月总单,俾蒙周知为要。至官书局问九月初二日午刻移至马神庙大学堂。至税司,竹农属酌告示底。至曾敬贻处便饭。是日子时子厚得一子,甚可喜。

十八日(9月19日),早,拟告示底,至税司将告示底交荣竹农。是日税司遗失银一袋。晚拟学堂章程。

十九日(9月20日),早,至马神庙大学堂。至官书局放款六千,翰林院印领暂存,容当交时百存。晚间吴幼龄请致时百一函,将所拟学堂章程寄交,属黄仲鲁饬送。

廿日(9月21日),早,至务司。晚赴约,东洋人请。

廿一日(9月22日),早至务司。接家信,当写复禀,交东光裕寄呈,四十号。收税司款事,寄孙少鼎百金事,同乡送炭敬事,冬令向朱子良要单。

廿二日(9月23日),早至张大人宅,见张大人略谈。同时百赴华俄银行提款,共库平六十二万八千三百卅两零二钱六分,以六十万长年按五厘生息,以二万八千三百卅两零二钱六分浮存,问璞科第龙州铁路欠款还清否,据云已还清,同时将存银字据六张,又届期换约一张,系按半年生息四厘利,均面交张大人收存。至庆邸,拜镇贝勒。

廿三日(9月24日),至涂元甫兄处道喜。至税司。晚,至曾敬贻宅,公请外务部丞参。

廿四日(9月25日),税司开关班期。晚,至陆天池处送行,遇肃王、张久斋、萨济谦。饭后归,检点致东洋友人函,交天池寄。

廿五日(9月26日),午后至官书局见杨供事,令萧供事钞章程,至乔茂萱处一谈。是日接家信。

廿六日(9月27日),早,姑奶奶来。午后至税司。

廿七日(9月28日),早,至铁宝臣处谈驻工事,刻书事,入股事。至书局。晚,大和正夫。

廿八日(9月29日),至税司。

廿九日(9月30日),至税司。至汇丰,将闰生票取回。代宝臣办文明书局入股事,计三千元,用万卷堂名下。由汇丰汇寄孙少鼎百金,并寄田绍白、孙少鼎信二封。

卅日(10月1日),早,写家信一封,四十一号。至书局移铁箱,送至大学堂。约沈小沂、梅观察、杨时百便饭。晚间接家信,四兄寄到马两匹。

[九月]

初一日(10月2日),至铁宅,办书局入股事。至汇丰,将铁宅三千票交吴幼龄。至税司。四哥来信,寄到葡萄二筐。

初二日(10月3日),至税司,至大学堂。晚,荣老爷请吃洋饭,罗请看马戏。

初三日(10月4日),至王府、相宅禀辞,至学堂。晚,恩请。是日差萧马夫回。寄家信。

初四日(10月5日),写信二封,一致锡闰生信,告存款帐目,一致五太太信。检行装。

初五日(10月6日),至恩老爷处谈张家口交款事,彼在张家口任交过盈馀万馀两,下馀归内府广储司办工程折交三两千金;谈及军机大臣送皮甬六套,本部堂官正堂四套,副堂两套,各随土物八匣;又托转达堃紫岩问兵部笔贴式恒福现往何处事。至王少兄家求写寿联。唐蔚芝归,往见略谈。

初六日(10月7日),辰刻启行,赴东陵工程处,回京应记事:
○雇驮轿
○带物,另有单,单在大靴页内,蟒袍
○通融迟回事
○取对两付
○备川资
△汇丰算铁宅账
△拜王子和,半截○○

九月十九日(10月20日),由东陵回京。

廿二日(10月23日),由京启行赴张家口,住贯市店中(七十五两),与掌柜李幼泉略谈。

廿三日(10月24日),南口早尖卅里,岔道住四十五里。①

廿四日(10月25日),六十里,怀来早尖,五十里,住沙城。

廿五日(10月26日),五十里,鸡鸣驿早尖,六十里,住宣化。四哥接至宣化。

廿六日(10月27日),同至下堡公署,六十五里。慈亲身安,阖署均吉。住十日。

十月

初七日(11月6日),启行回京,十一日到京。

---

① 此处天头补书:"南口入山为关隘,由南口十五里至居庸关为险隘,张口口门为险隘。"

十二日(11月11日),至荣相宅销差,至荣老爷处略谈,至大学堂。派人送礼。晚外部丞参请。

十三日(11月12日),至汇丰洋行办铁宅事。拜陈观察略谈。至张、裕大人宅贺喜。过杨时百略谈。至兵部。晚,铁宝臣来谈,交清洋行找款事。明日应至瑞宅及学堂。

十四日(11月13日),早至裕如处一谈。路遇廉惠卿。至大学堂。回家,毓五爷来,留晚饭。明日应送铁宅字据。

十五日(11月14日),肃王、涂三爷、王三爷、荣七爷、霱公爷、陶老爷、庚老爷均来给慈亲拜寿。写家信。

十六日(11月15日),早,至敬宅贺喜,至税司。发家信,接家信一封。

十七日(11月16日),至大学堂。晚发五十一号家信一封。

十八日(11月17日),至税司。

十九日(11月18日),至学堂、税司。

廿日(11月19日),发家信,寄物①、福字,第五十二号。至敬宅拜寿。至肃府、赓宅托税契。至庆府谢赏。至张大人宅见张大人,回明四柱簿,仍列管收二项,总数并浮存利息另记一簿,不必列入四柱簿内,以备不便奏销之公款用项由此款内开支;另立之簿月月画堂,并请总办标画。又正金银行愿代学堂存款事,张大人云四柱簿及浮存簿可照办,正金银行存款俟外省解到款项,可存该银行生息。②

---

① 此处天头补书:"寄口物:午时茶、神麯、抱龙丸、茶叶。"
② 此处天头补书:"廿四酉请正金。廿六酉请福全。拟廿五请客。廿午申吉,可办汇丰事换票。"按此当为本日所记未来几日应做之事,"廿午申吉"据后几日日记"廿"后似脱"八"字。

廿一日（11月20日），至税司。晚毓二爷请。接三六桥知会发款二百金事。

廿二日（11月21日），至裕宅拜寿，至张大人宅，路遇白昆甫。看杨时百，时百交票一万一千五百两，又交银元票八百十元，又交图章二个，铁柜钥匙一把。过黄仲鲁，当交仲鲁票一千，又交代还李亦元二百。至税司。

廿三日（11月22日），为余生辰，至祠堂行礼毕，向上给慈亲及四哥行礼，至西院行礼毕。至学堂见蒋性甫，定于次日放木厂二千，又三百。拜连仲甫，留信托保谷翁事。至大德玉换票。接家信，均安，慰甚。明早应收票券。

廿四日（11月23日），至学堂发款，至税司。晚，在华东旅馆请正金银行锅仓直、泽村等五位及陈静斋买办，用四十金，每人应交五金。

廿五日（11月24日），至税司。晚，耆寿民请客。接家信。

廿六日（11月25日），发五十二号家信一封。

廿七日（11月26日），同陶杏南至正金银行见锅仓、泽村，言定大学堂之款初次常年六厘行息，半年四厘半，三个月三厘半，计日二厘半。自存款一万两，常年。至张大人宅，回木厂领款事。杨时百将所存之款交清，另有单。至大学堂赴约，住学。

廿八日（11月27日），覆试。饭后至汇丰存东院款一万两。晚请客，与竹农定请洋教习事。

廿九日（11月28日），开关。午后至华俄取票。是日将魏家胡同所存地契八亩地交墩子代为税契。晚接时百信，令办三千元汇票待用，汇费即在三千元之内。①

卅日（11月29日），至华俄洋行办汇票。至涂宅托同九事。

---

① 此处天头补书："寄家信事，存款事，同九事。"

至华北译书局见常济生。至大学堂,交蒋性甫放木厂银票二千两,发杂务处一千两。至税司。

十一月

初一日(11月30日),午,服部夫人来,留早饭。至兵部,交何天元勘合应用费三两。领回照。至学堂。

初二日(12月1日),至华俄银行送票。至天福堂赴大德玉之约。晚接服部信,复信一封,告以五奶奶初四日午初往拜服部夫人。

初三日(12月2日),至学堂,交蒋性甫三千汇票又一百两,属转交邹沅帆。至税司开关。晚,罗请。

初四日(12月3日),早,玉老爷来,为工程放款事。至恒利借款。至大学堂。同杨时百至华俄银行换票廿万,存六个月。收河南捐款二千馀两。提支浮存项下二万两,带回五千,时百带去一万五千。归家,接知会,明早赴大学堂放款。

初五日(12月4日),至学堂放工程款。至税司。至聚寿商税司事,第一季交款折声明交正项若干。

初六日(12月5日),至学堂,发杂务二千。见张大人,谈及西院房应拆去变价,并明年应修房六十间,以备学生居住。晚,接家信,一切安好,慰甚。

初七日(12月6日),写家信一封,寄果品等件。至税司。晚,同毓五爷、英二爷公请川岛浪速、服部宇之、吉岩谷、太田达人、杉荣、佐伯、胡玉轩于华东旅馆,每人应分账廿一元。

初八日(12月7日),至学堂放薪水,吕助教因薪水略有意见,晚同至张大人处回明九月分应补放,复回学堂补放,吕助教不肯收,余自送始收,嗣后本处之事应格外细心为要。住学堂。

初九日(12月8日),午,丹葵请。回,接家信,均安,慰甚。廉惠卿、丁芸生来拜,送来股票一百廿张,又铁宅六十张,应送交。丁公十五日以前走,应往拜。

初十日(12月9日),早,孚久甫来,定于十二日同拜廉、丁二君。至宝臣处送股票。至学堂结账,交清存款,收浙江款八千,云南款三千,定于十一日巳至林记会齐,同往正金存款。晚,月帆请福全馆。

十一日(12月10日),赴林记,同杨时百至正金银行(正)[存]学堂款库平一万一千两。至税司。定于廿四日请客,公议消寒会自余始,以次递推。

十二日(12月11日),发家信一封,东光裕寄,五十三号,寄活计、茶叶等物。同孚七爷至廉惠卿处便饭。至税司。是日泽村①来,为请张大人事,答以问沈小沂再给回信。

十三日(12月12日),至兵部,至裕宅行情。

十四日(12月13日),至学堂,移居,张大人到。

十五日(12月14日),至税司。复泽村一函,为张大人不赴约道谢事。

十六日(12月15日),至涂宅送捐款。带竹格至学堂。

十七日(12月16日),早,至学堂宿。至税司,是日收江西经费五千。

十八日(12月17日),学堂行释菜礼。至税司。接家信三封,慰甚。

十九日(12月18日),至税司。写家信一封,福字五十四号,并寄烧鸭、茶叶,廿日交东光裕寄。

廿日(12月19日),至兵部,为缺分事。至陆宅,未见。至学堂宿。

廿一日(12月20日),至正金银行。至福隆堂请客。朱世

---

① 此处天头补书:"泽村繁太郎。"

叔言朱世兄托充供事，应留意。接家信。

廿二日（12月21日），至那大人宅送函件，得见。至陆大[人]宅谢保荐，谈许久，陆大人谈及无论新学、旧学，二者中间有一必不可不讲之事在，所言甚有道理，令转达唐蔚芝、陈慎馀。可请蔚芝函达能来与否，应令慎馀自已裁酌可也。至学堂。至服部处，过廉惠卿。晚，吴幼龄、信甫昆仲请便饭，下礼拜拟公请还席，与幼龄谈文明入股事。

廿三日（12月22日），开关班，涂元翁请交彭同久执照二张。至学堂。

廿四日（12月23日），冬至。至荣朴斋处。闻得兵部所出员外郎之缺应补。至孚宅行情。晚请客。

廿五日（12月24日），接家信，并收到奶皮、黄油等件，当写家信交信局寄去，五十五号。至兵部。至学堂。

廿六日（12月25日），带引见。至兵部，裕大人点定补员外郎之缺。至那大人宅。至税司。

廿七日（12月26日），开关班。至税司。

廿八日（12月27日），晚家信，为解羊毛事。

廿九日（12月28日），在内托成宪章速办查核事，至学堂打听，庄君未在家。

卅日（12月29日），至庄谦甫家，未见。

十二月

初一日（12月30日），至税司。晚至联厚山处，托武备院事。

初二日（12月31日），至那王府贺喜，留饭。至卓公府、肃府贺喜。至兵部，闻吏部查核已回，合例应补缺等因，恩四爷属送军机处排单比较单。晚回家，接家信，均安，慰甚。

初三日（1903年1月1日），早送牌单。至学堂，同于晦若、李友三看房。给日本教习及使馆贺年。荣三爷请,福全馆。

初四日(1月2日),引见,蒙恩补授员外郎,得补实缺,惟有勤慎当差,以图报效也。至聚丰请客,拜堂官。至太昇堂,塔木庵请。接时百信,为公请小沂事,当定座,十一日未刻可也。是日见联厚山,谈羊毛事,文内应带上户部等语,甚有道理,并定明后日已刻进内见庄谦甫,发电叩喜,并达羊毛事,拟初六日发信。

初五日(1月3日),宝臣来谈,托蔚芝改复文底。至税司。沈小沂请。服部请。

初六日(1月4日),进内,见庄谦甫及武备院卿,谈羊毛文底事。至学堂。写家信,专足由东光裕寄呈。至税司。晚泽村、陈敬斋请。早发电,为羊毛事,晚接复电。是日闻于总办云蒙张大人保荐经济特科。

初七日(1月5日),至学堂见张大人。至银行给太田送行。至德昌。接家信,一切平安,慰甚,寄来皮箭并肃府信。①

初八日(1月6日),至学堂放款。梅颉云谈及张尚书保荐经济特科,考语云:"清通简要,学有本源,俟有暇,应力学以副原保大臣期望为要。"至泽公处,托其转达徐东翁事。至钱粮胡同叩头。回家接家信,一切平安,慰甚。

初九日(1月7日),接瞿海如信。赴税司。

初十日(1月8日),兵部过堂,晚间拆封,得备一等第四。晚回家,接大德玉信云四哥有信来,明日应往取信。订于十三日晚请税司诸位,应给保莲舟信。接陈子久信,为百先捐道事。

十一日(1月9日),至税司。至大德玉接家信,均安,汇到甲福、甲祥,当写回信,交该号寄去。至馀园请客。回家,接锡闻

---

① 此处天头补书:"孚喜敬。送皮(甬)[筒]。汇款事,初十后,一数,廿五六七百。备一等事。"

生信,又属办事。又毓五奶奶差人来,为五爷留差事。

十二日(1月10日),早接家信,汇甲福、祥、丙祥事,接到闰生汇来二千两。至学堂,发交小沂译书局款三万两。晚至船板胡同饭馆,公请正金银行泽村、梅田、陈敬斋(二)[三]位。闻竹农云奉庆邸谕派充工程处监督上行走,与寿民谈留月华,属其回王爷,寿民云次日即赴府呈回。晚接涂三哥给四哥信,应写家信一并寄去。应给闰生写信,并道谢。

十三日(1月11日),开关班。晚请客。闻奉庆邸谕,派充监督上行走差使。

十四日(1月12日),至裕宅、孚宅谢堂。至宝臣处,谈及欲约王子仪事。至庆府谢栽培。至永宅、锡宅、定王府。至张大人宅叩谢栽培,谈及明年瓦窑工程,令常往看视。晚,耆寿民请。

以下日记第六册①

光绪廿八年十二月十五日(1903年1月13日)

十五日(1月13日),至荣相宅、耆宅贺喜,至学堂,至税司,回学堂住。

十六日(1月14日),至华俄银行给璞科第拜年。至张大人宅请发堂谕,发给翻译科款项事。至花厂买花。

十七日(1月15日),税司开关班。午后至学堂,于总办交收吴宅房契三张,李佑三交存太仆寺街房图一张,工程单三件,

---

① 第六册日记,封面题字为:"日记,六,光绪廿八年十二月十五日至光绪廿九年癸卯四月十七日,此本前面九页为赴日本武备学校考察日记,详见第四本日记。"按此册前九页首行题"日本考察武备学校日记",其中前六页系光绪二十八年六月十七日至廿一日日记,后三页系该年六月拜访嘉纳治五郎、辻新次、伊泽修二、菊池时所记四人之言,皆涂抹甚多,系日记底稿也。因内容重复,兹删去此九页文字。

天全木厂承修，与佑三核定价银三万二千五百两，回明管学大臣允准，并令先发给该厂银一万两，该厂备料之用，据云恒利可作保，如有水印妥实铺保始能发款，契纸、单子均收支应柜中。至聚寿堂，铁大人请，谈工程公事，另有记载。回家接家信，并保莲舟回信，慰甚。是日交李佑三寄交文明书局信一封，书六套。

十八日（1月16日），买大蜡梅四盆、大茶花四盆送庆邸，中蜡梅四盆送谟贝子，蓝花四盆送敬宅。至中国银行代闰生办事，见该行大办钱荫堂，人甚老成。回家，因送文人邢万禄未领回投，令其明早往取，如无回投，将原文取回；并看刘姓给白姓之信，内云廿七、八年年分不符，不敢呈堂咨催，如呈堂咨催，恐奏参等语，盖皆恫吓之词也。至税司。

十九日（1月17日），进署封印。午后至兵部看折。至学堂住，交百二爷款，晚与于总办谈新建学堂工程事，与时百核对月总。

廿日（1月18日），早，张家口差人邢万禄至学堂，发家信一封。天泉厂送认呈工程单来，收铁柜中。至兵马司，因七姐入祠，前往叩头。午后至工程处会议工程事：一石料换新者均改用艾叶青石①，应办奏底；一俟有上梁日期应行文内务府，行取宝匣应用物料；一领款四万九千两放厂；一交下住班单，开至四月，监督应二月前往住班；一金龙纸样应呈堂阅看；一行取颜料，如无颜料，或按十成发价行户部；一应归还垫款二两平足银六百六十二两；一书吏王先生维寅、包先生均甚明白。散后至聚丰堂，与铁大人谈接外信事，铁大人将信带去，玉秀峰请。

廿一日（1月19日），早，至蔚芝处求拟复文底，蔚芝托租房事。至税司。写家信，请假事，复文事，回京事，交东光裕专脚送

---

① 此处天头补书："石料应用例价。"

呈。晚,陆请。

廿二日(1月20日),至学堂。为天泉木厂事赴张大人宅。晚,许请。

廿三日(1月21日),早至华俄算账,定于廿六日晚六钟请璞科第、李浩田。至兵部,铁大人到任。至恒利,发给天泉备料银一万两,有恒利收条,存大学堂。拜川岛风外,晤谈,过山根武官。至佐伯处拜会。至钟又斋处打听随宅姑娘事。派人代闰生送炭敬,均送讫。

廿四日(1月22日),进内回事,至学堂,至税司。

廿五日(1月23日),早写家信。午至大德玉存一万两,立字,随折一个。至学堂,定于廿七午后接房。接家信三封,王先生寄来赏项两包,又银四百两,东光裕寄来十足印一百锭,计一千两,又接阅清单,令复。

廿六日(1月24日),见王先生,谈及交款事,伊云亦须顾后任,令后任办得动等语。至税司。发家信一封,交东光裕寄去。晚,德昌请璞科第、李浩田。

廿七日(1月25日),早,电复张家口,云示悉,上策善,现拟办法亦可。至玉宅,为恩熙住班款项事。至太仆寺街兵厂交接地基房间,应张宅回明接房事。至学堂。归家,接专足家信,得悉一切,慰甚。接毓振之信,托工程处派供事马震事。

廿八日(1月26日),早,神板掸尘。保老爷来还印书银五十两。至耆宅拜寿。至税司。接张家口电,云已照上策办妥。晚至王丹翁处求拟交款奏底。至聚丰堂定座,明正初十日未刻请客。

廿九日(1月27日),早,恩五爷来,交恩、熙监修驻工薪水各八十两,积办事官薪水四十两,直督弹压六十九两六钱,马兰镇弹压四十两零六钱,承办事务衙门弹压卅四两八钱,送文官役六两,均交恩叔敏带去。赴税司。

卅日(1月28日),拜官年。接工程处知会,据钦天监文称,大殿上梁谨采得明春三月初四日寅时吉。

光绪二十九年癸卯(1903)日记

癸卯[正月]

元旦(1月29日),发张家口信,为交款奏底事,约初三日可到。拜官年。

初二日(1月30日),至税司,饭后拜年,至兵部。接廿五日所发家信。

初三日(1月31日),开关班。

初四日(2月1日),至学堂团拜。

初五日(2月2日),拜客。拟初八日请肃府大爷、霱公昆仲、驴市胡同额驸三爷在天福堂便饭。

初六日(2月3日),早,唐蔚芝、铁大人来。午后至学堂拜客。晚接专足回京寄到家信,得悉初六日由口启行,初九日可到贯市,应往迎,率侄等及竹格前往。

初七日(2月4日),至税司。晚赵芳来,交北宅租银卅五两正。

初八日(2月5日),请额驸。晚祭星。

初九日(2月6日),率大、二侄及竹格赴贯市,接四哥信,云初十日到贯市。

初十日(2月7日),早,先进城,未刻至工程处开手办事。晚与荣竹农请铁大人诸位。

十一日(2月8日),早,至学堂,至税司。午后恭迎慈亲,至马市跪见,并见四嫂、有侄,未刻至家。晚阅邸钞,见荣华卿派会同管理学堂事务。

十二日(2月9日),早给四哥寄信,交东光裕寄去。午后至瑞裕如处交户部咨文,裕如云当转行吏部,又谈饭庄入股事,答以禀知四哥酌办。至荣大人处,晤谈学堂应以学务为要云云。

十三日(2月10日),至学堂,至税司,将带来货单交耆、荣老爷。

十四日(2月11日),至学堂算账。

十五日(2月12日),至兵部看折,至学堂。申刻回家,四兄已到家,先将肃王札知保案文,增将军送炭敬贰拾金,交四兄收,又将彭同九照交同九讫。四兄交汇券五单,明日巳刻往取。是日铁大人来谈工程事。

十六日(2月13日),至大德玉。拜城外客。

十七日(2月14日),至学堂。晚,正金洋行请。

十八日(2月15日),至税司交税款。晚,请荣、耆二位便饭。定廿五日座。

十九日(2月16日),开印,至学堂,至税司。

廿日(2月17日),学堂开学。午后至太仆寺街看进士科学堂地基。

廿一日(2月18日),曾敬贻、陶杏南请吃饭。至兵部,至恩宅贺喜。送铁大人礼物,见铁大人,谈及工程上梁应行取物件。

廿二日(2月19日),至学堂,至兵部。蒙裕大人派充满档房总办,至裕宅谢步,谢栽培。

廿三日(2月20日),至廿九日(2月26日),因差忙未记。

二月

初一日(2月27日),至兵部,至学堂。涂三哥请。

初二日(2月28日),至税司开关,郭令文矞甫仲轩至税司谈学堂事,竹农订于初四日未刻前至庆府回事。

初三日(3月1日),至兵。至学堂,将廿八年支应处年总四柱册、月总四柱册二本交余总办。

初四日(3月2日)至初七日(3月5日),因事忙未能详记,惟初四至荣宅给中堂夫人拜寿,似可不往拜寿,嗣后如此等事必不应去,记之。

初八日(3月6日),学堂发薪水,将奏销四柱总册交于总办,天泉木厂请款,奉张大人批给八千两,李柳溪令估修印字局房屋,当令天泉厂估计开单。是日回明张大人,余将赴东陵工程处,太仆寺街学堂工程暂属李柳溪照料。

十三日(3月11日),启行赴东陵工程处。

廿六日(3月24日),回京。

廿八日(3月26日),到京。

廿九日(3月27日),赴王府拜寿。至学堂见李友三,定于初五日未刻至太仆寺街看工程。

卅日(3月28日),给百先复信一封,寄皮甬四件,食物四件,交熊顺寄。唐蔚芝来谈洋文教习事,捐府事,保案应保免选知府,以道员记名简放。沈子培先生尚未出京。

三月

初一日(3月29日),未刻工程处堂齐,看石料成数折底及派差片底,厂商递请改例价呈,定三、四月住班人员。至税司兑房交津贴六百两。耆寿民谈粤海关交税银三千两事。至服部先生处谈定期看进士科讲堂,除礼拜五无工夫,每日三钟后皆可往看,答以俟与张大人说明,即可订期前往也。工程处定于初六未初堂齐。

初二日(3月30日),早,至学堂,李柳溪交学堂工程单,令核减回堂。至廉惠卿处,惠卿交来股折回件,内有宝臣、久甫二件,应转交,并交到三家利息洋元票,余托惠卿给吴宅寄奠敬百元。晚，王丹葵请。回家，四哥谈捐项事。

初三日(3月31日)，至学堂核月总。杨时百送茶叶、茶盘，并拟十四、五日约。晚至铁大人处谈工程处事，交文明书局股折。

初四日(4月1日)，至税司，耆谈拟借兵部公所，初八日托罗星甫开关，余言定初八三点钟到务。至恒利取款，将捐款交四兄，共一千七百卅五两，并照费四两，已于本日具呈矣。

初五日(4月2日)，至兵部。至太仆寺街学堂，同李友三、汪芍阶看视商酌一切，定于初八日在学堂会商，该处东北有空地房间，应设法购买，改建房屋为妥。

初六日(4月3日)，至学堂，见张管学，谈扩充太仆寺地基事。敬斋翁、连浩然、罗星甫、恩五、耆大爷请。

初七日(4月4日)，带领竹格至通州访盈亨利大夫看病，留饭。过谢教师、马牧师、高牧师，拟请谢、盈吃中国饭。申刻回家，敬斋翁来贺喜，连浩然托事，有信二件。晚，五嫂由奉天来，略谈。

初八日(4月5日)，至学堂，至税司。晚，五太太到。

初九日(4月6日)，赴先茔祭扫。

初十日(4月7日)，早，请客。至兵部、吏部行查保案，是否在部当差，由档房办白片，复与来仪亭谈科房事，定于十一日巳刻至车栈接裕大人。至学堂。

十一日(4月8日)，早，至敬宅。至正金行浮存二千两，将支票本二件交支应处杨时百。接百敬之复函，闰生年节用炭敬银三百八十七两。是日太田达人来拜，送竹格西洋景一分。接日户胜郎来信，要《王龙溪集》。

十二日(4月9日)，至相府、王府回事。至兵部，永大人云石料照市价办法，告厂商回堂不能办可也。订于十六[日]一点钟至府回事。

十三日（4月10日），至学堂。至兵部。明早应进内回事，并至学堂。

十四日（4月11日），进内。至学堂，闻荣竹农云荣相仙逝，税司无人开关，即往开关，耆寿民亦到。晚，时百请。是日寿民交粤海关送之二百金。

十五日（4月12日），至税司。

十六日（4月13日），至学堂、兵部。

十七、八、九日（4月14、15、16日），至税司。

廿日（4月17日），至税司，至兵部。晚，同四兄交捐照二张，余因工程处将来保案，拟改外官，捐在任双月候选知府，股票按六成核算，用银一千六百馀两，将来拟保免选知府，以道员记名简放，不过尽人事，以待机会而已。

廿一日（4月18日），同荣、永、继赴团河呈回公事，王谕缮折于初二、三日择吉呈递，查初三日黄道日，应初三日呈递。晚，陆观甫请见，荣朴斋托代办注册事。

廿二日（4月19日），相府公祭，请铁、荣大人便饭，将执照交荣二爷办注册事。住学堂。

廿三日（4月20日），至兵部。至大学堂，听木田讲医学。放给天泉厂五千两，并商议印字局事。

廿四日（4月21日），至税司。

廿五日（4月22日），至兵部，与柏健秋谈房屋事，彼令代拟房价，余云大约五千之数，尚可商办，并议档房值班拟请添派人事。

廿六日（4月23日），同唐蔚芝带领竹格赴通州，访盈大夫诊视。

廿七日（4月24日），至税司。至工程处，令王先生写折，定于廿九日午刻堂齐,看折。晚至学堂。传天泉厂次日来商办印字局工程。

廿八日(4月25日),天泉木厂工头来,告知学堂印字局初一日午时开工。至税司。定于明日午刻至工程处。

廿九日(4月26日),至工程处堂齐。至庆王府,定于初三日奏事。晚,请学堂客。

[四月]

初一日(4月27日),拜太田达人,拜中岛,至太仆寺街学堂见柏健秋,谈房价,所要之价太多,只得缓议。至学堂。

初二日(4月28日),至兵部。

初三日(4月29日),进内,工程处奏事,奉旨依议。至(堂学)[学堂]看视工程。至税司。

初四日(4月30日),至庆府回事。至学堂。至工程处。

初五日(5月1日),至裕宅回事,裕大人留便饭。请盈大夫、马、谢、高牧师吃饭。至华俄取款。至裕源取款。见赵书铭。至学堂。

初六日(5月2日),早,恩都转铭来家,谈伊世兄咸麟保案事,并开二纸留存。接陈文叔来函。至太仆寺街学堂,放天泉学堂内工程款九百两。拜桂老爷谈房间事。至兵部。

初七日(5月3日),至税司。属同人给柏健秋带信,约初八日至学堂一谈。

初八日(5月4日),至学堂,柏鉴秋到学堂谈买房之事。

初九日(5月5日),至学堂,与汪药阶谈买房之事,商定给价六千五百金,余当作一函交药阶派人送至柏宅。至兵部。

初十日(5月6日),增大人差人来约,当进内,为开送堂衔事。至兵部。

十一日(5月7日),至税司。

十二日(5月8日),至兵部。晚,请客。

十三日(5月9日),早,进内。回明张大人买房价银六千五百金,张大人尚以为可,并回明吴世兄到京,张大人令将吴挚翁薪水二千一百金交晦若转交吴世兄,当告晦若。午至同昇堂,与桂福庭昆仲及柏鉴秋、汪药阶同办买房之事,当先付银三千五百金,俟交房时再将下馀之银交清,已经立字,并有红契白字跟随,均送至学堂收讫。至大钟寺行情。至俊宅行情。

十四日(5月10日),吴世兄来。午后至学堂。见张大人,回明买房之事。

十五日(5月11日),开关。

十六日(5月12日),早,工程处堂齐。铁大人到,谈及木料运到再发钱粮罩漆事,候厂商信,据呈回堂。拟行文户部文底,问应用物料有无库存,应呈回后行文至兵部。

十七日(5月13日),至学堂,至颐和园公所。①

以下日记第八册②

时习斋日记

光绪廿九年癸卯(1903年)八月十一日(10月1日),奉旨补授商部左参议。闻命之下,感悚莫名,惟有时时提省良心,勉效致身之义,以期仰答国恩于万一耳。

九月

初八日(10月27日),因办理崇文门税务征收逾额,经庆亲王奏保,以应升之缺升用,奉旨着照所请,钦此。

---

① 以下另页书:"日记。第七册遗失,遗失光绪廿九年癸卯日记四月十八日至八月初十日止,孙延霬谨志。"

② 日记第八册,封面书:"时习斋日记,八。光绪廿九年癸卯四月十八日至八月初十日一本未见,此本当为第八本,男世良谨志。"

初十日(10月29日),具折谢恩,蒙恩召见,进殿先碰头谢恩毕,起至军机垫之右,跪于垫下。皇上问:"你前在何部?"对:"奴才前在兵部当差。"上问:"在部多少年?"对:"在部廿一年。"皇太后问:"你是庆亲王派的?"对:"是。"上谓:"上任税务钱粮甚好。"对:"托皇太后、皇上洪福,收数尚畅旺。"上谓:"总是你们办事认真。"上问:"你在商部当差?"对:"是。"上谓:"现在商部筹款甚难,将来商务有起色就好了。"对:"是。"上问:"你多少岁数?"对:"奴才四十三岁。"上谓:"你的岁数正好为国家出力。"对:"奴才满洲世仆,世受国恩,应当竭力报效。"上问:"你廿六年时在何处?"对:"奴才乱前在兵部捷报处公所当差,乱时奴才家有老母,就不能出门了,乱定时柏林寺设立公所,奴才随同兵部堂官在彼当差。"上谓:"那时你们上公所听说不能穿衣帽?"对:"彼时街上尚有洋人巡查,均是便衣步行赴公所。"皇上说:"你下去罢。"遂退。出见庆亲王、世大人回公事后进城,至商部公所,晚间仍赴园。①

十一日(10月30日),商部值日,具奏接收工艺局事,散后至商部。

十二日(10月31日),早,至工程处堂齐。至学堂。至商部。至税务司。

十三日(11月1日),午,徐鞠人来,留便饭,同赴庆丰银号问路矿局交来银票是该号所开否,答云银票是本号的,当告明现欲提款。同至打磨厂西头路北宝丰斋院大德通票庄,大掌柜许石庵回家,二掌柜孟兆兰出门,见段掌柜子馀,商定长存一年库平十万两,每月按五厘行息,长存半年库平五万两,每月亦按五厘行息,立借约二张,写明借商部之款,随取息折二个,立浮存折

---

① 此处天头补书:"庆邸云十月初五日卯时上训梁,初一日请。"

一个,存库平足银二万八千五百三十九两零,当取回京平足银一万两,以备还外部之用,办讫至税署。

十四日(11月2日),早,至华俄银行提款京足十三万两,以十万存汇丰,长年四厘行息,以三万入支应浮存折。至张冶翁处送十万两存据,并存支簿。至商部,同鞠人回振贝子大德通存款事,将十五万借约交贝子爷收存,其取利折及浮存折共三个,贝子爷交余收存,带回收铁柜内。至税司。回家,月汀兄来谈。

十五日(11月3日),早,王先生来送公事。至德昌看定织绒屏风一分。至商部,同卓芝南至会源银号取一千两,交芝南转交工艺局。至庆府,振大爷赴园,将公事留呈。至新署看工程。

十六日(11月4日),早,王先生来,因木厂在工部具呈求复工,部文内不必叙明木厂具呈之事,未允。至神机营见绪雨孙,与谈约往半壁店税局事。至祁罗弗同德福看进奉之物。至商部,源通厂请领款项,呈回贝子爷,发给三千两,当由会源支取发给。至税司。回家,接大德通来信,谓款已收讫,惟系比公砝大三五之库平云云。是日由陈静斋处浮借千金。

十七日(11月5日),至商部演引见礼。至税司。

十八日(11月6日),早,致百先信一封。至商部。至学堂。至税司。

十九日(11月7日),至商部。至税司。

二十日(11月8日),早,赴承泽园回工程处事,并回定崇文门会同内务府办理皮张变价,派恩老爷泰半壁店住班,派长老爷兴、绪老爷和至外部公所包引见绿头牌。

二十一日(11月9日),商部带引见,办行内务府白文一件,行取五色绸钉、五色线事,是日奉朱笔圈出记名卅员,奏请奖励商人章程,奉旨依议,钦此。至商部。晚,至世大人宅回事,并恳万寿公中进奉事。接荣竹农来信。

廿二日（11月10日），早，魏梯云来，人甚朴实。王先生来，将工程处公事交办。至商部。至税司。晚，绪雨荪、长叔起来，约二位明日申正至税司。

廿三日（11月11日），拜奎少甫兄。至商部。至税司，收钱粮，与南口委员清祥谈南口事。至敬宅。

廿四日（11月12日），至敬宅。至工程处。至商部。至府见王爷，奉谕令赴工次看视上梁，届时上香行礼，回京时具折请安。请示遵吉上梁日期奏明否？王爷云我面奉懿旨，毋庸具奏。至源丰堂请张榕轩，此公印煜南，南洋华商中之大商也。至堂子工程处住班。

廿五日（11月13日），至学堂。取公事簿三本。至商部。

廿六日（11月14日），早，给陈筱石、瑞鼎臣二公写信，为连桂老爷托关照。至学堂，收河南款。至商部。至税司。

廿七日（11月15日），早，章仲和来。萨继谦来，为丰台茶税、纸税事。至商部。至荣华卿尚书宅画公事。回家，接张小圃来函，论商务事。大德通来函，为存款应注明原平事。继瑞峰交回银四十二两，属交工程处，并属行文内务府知照，继瑞峰于廿九日启行。①

廿八日（11月16日），徐鞠人、王丹揆来收拾进贡物件，送伍大人、陈大人荷包、江绸等件。至世大人宅回公事，求照拂进奉事。至汇丰见幼龄谈换票事，据云初九日到期。至正金，至大德通言明得暇时送借约，注明加三五库平。至税司。至源丰堂请客。

廿九日（11月17日），至商部。至敬宅。魏道来送兰谱。

卅日（11月18日），至王府禀辞，见王爷，谕云"我应递折一

---

① 此处天头补书："交总款。"

件,奏明遵旨上梁,一切吉祥,汝应递请安折"。回禀云初八日赴园请阅折件。至张宅禀辞。至魏蕃宝寓送兰谱。至学堂。至商部。晚,寿民、叔敏约便饭。接竹农来信。收拾行装。

十月

初一日(11月19日),辰刻启行,住燕郊。

初二日(11月20日),住蓟州。

初三日(11月21日),申刻至工程处。

初四日(11月22日),巳刻恭视现修工程。至泽公府。晚,连浩然请晚餐。

初五日(11月23日),卯初三刻敬谨上香行礼,卯正上梁,大殿、明楼、东、西配殿同时上梁,一切吉祥。当时备妥黄面红里折一件,奏明上梁事,带至京中,请庆邸阅后呈递。是日辰刻启行回京,各处交到求保举名条均带回,存以备查。初五日住段家岭。

初六日(11月24日),至通州,乘火车进城,晚到家,均吉。

初七日(11月25日),巳刻至承泽园,请庆邸阅折回明上梁事,王爷令初八日呈递。赴外务部公所。晚间交徐先生递折,并代递请安折二件,膳牌一件。

初八日(11月26日),至军机处回明庆邸上梁均吉此次奏闻折,奉旨"知道了,钦此",复回明庆邸所奉旨意。见铁大人略谈,见世大人道谢。至商部,与诸公商定十三日余与徐鞠翁赴正金,约次日同赴园面回振贝子公事。至税务司,寿民谈永定门委员递禀事,应回堂。工程处送到奏稿,应补画庆邸。

初九日(11月27日),早,至汇丰提四千,换票,同至商部。至湖园公所。

初十日(11月28日),辰初二刻诣排云门外行礼。至商部。

十一日(11月29日),至商部。至新署。至学堂。

十二日（11月30日），至商部。至税司。

十三日（12月1日），同至振贝子府回事。至陆老师处晤谈。至张老师处。至承泽园画事。至商部公所宿。晚至世大人处交官医局捐款五百两，回永定门事，谕将该门谕帖周玉撤差，令查胡役索小费事。

十四日（12月2日），值日，具奏铁路章程，附片二件，一传到十四员，一邹章回外务部事。至公所。至竹农处略谈。回家，同在慈亲前叩寿禧，奎都统、毓将军、蒋茂斋来。

十五日（12月3日），慈亲寿辰，陈、徐大人来拜寿，各亲友多来拜寿，晚，欢聚甚畅。是日天气甚好，大吉祥也。

十六日（12月4日），至耆、铁宅。至毓月华处。至商部安置一切。至陈宅、霱公府。是日商部领印。

十七日（12月5日），巳刻振贝子到署，侍郎丞参等随同拜印，事毕，因受感冒先散，至家服平时药见愈。晚，请景将军、铁侍郎晚饭，订于廿一日晚景请，廿二日晚铁请。

十八日（12月6日），早，接景月汀来信，廿一日之局拟改从缓再聚。至景宅、寿宅、罗宅。至税司，带回发项单、功德林领款领字、丰公信，应回世堂酌定。

十九日（12月7日），至商部。至学堂。至福全馆，铨请。

廿日（12月8日），给敬中堂、奎大人拜寿。至商部。晚至太昇堂，公请张榕轩。

廿一日（12月9日），早，至华俄银行换票。至商部。至张老师处交票据。晚，请时百便饭。

廿二日（12月10日），给四哥拜寿。至溥宅拜寿。至商部。至税司。晚，铁大人请便酌，定于廿五日午前工程堂齐，应传知工程处，五金颜料奏案可仿照菩祥峪成案办理，琉璃事应催问。

廿三日（12月11日），为余生辰，早至祠堂行礼毕，至慈亲前、西院老太太、四哥、四嫂前叩头。至裕相府拜寿。至兵马司看领姑娘。至商部。至税司。

廿四日(12月12日),商部值日,进内,至商部,是日具奏张煜南承办潮汕铁路事,奉上谕一道,已蒙允准,附片二件,一挪衙署,一开用印信日期,奉旨"知道了,钦此"。至庆府谢赏。至景宅。回家接五嫂来信,应写复信,并送庆府信。

廿五日(12月13日),至工程处。至税司。晚,张榕轩请。

廿六日(12月14日),拜高蔚然,求办同乡官谢恩折,拟廿八日递。至朱子良处,开官衔。至商部。至廙外甥处,为牛岛借房令其挪移事。至景宅。

廿七日(12月15日),至商部,闻振贝子拟具奏辞商部之差。看同乡京官谢恩折,交军机处苏拉于廿八日呈递,明早六钟至内会齐。

廿八日(12月16日),早,进内,同乡京官谢恩,候折交下,在乾清门外行三跪九叩礼。同蔚芝至振贝子府。至商部。至玉宅。至学堂。

廿九日(12月17日),至商部。至税司。至世宅。

卅日(12月18日),至正金银行。至王先生处送奏底。至商部。至荣宅画事。至中学堂拜彭老爷。晚,接百先信,是日。

十一月

初一日、初二日、初三日(12月19日、20日、21日),至商部。

初三日(12月21日),至景宅看病。至商部。至大德通提五千两。至税司。至世宅,世大人请晚饭,回头季钱粮事。

初四日(12月22日),进内站班,交蔚芝五千两,属转交陶公。至景宅看病。至税司谈头季钱粮事。至源丰堂请客,敬三爷托交兵部文书。

初五日（12月23日），冬至，上月初五日因在堂子工程处督修，经张大人百熙等奏保加二品衔，本日吏部遵旨核议具奏，奉旨"依议，钦此"。接荣竹农来信，当备妥谢恩折，交商部邹先生呈递。家中叩头毕，至商部，至张大人、桂大人、景大人宅，至庆王府。晚，奎都统请。伏思以监工微劳竟得加二品衔，感愧交并，惟当恪守官箴，勉强学问，以期报称于万一耳。

初六日（12月24日），具折谢恩。至税司。

初七日（12月25日），至商部。至王府请看吉地龙抱柱式样，王爷令明日进内听候进呈日期。

初八日（12月26日），进内，王爷面奏，令于初九日呈进龙抱柱式样。回世大人税司头季钱粮尽征尽解折于初十日呈递，又估变不堪用皮张变价折亦于同日呈递。至商部。晚，请陆伯葵先生。

初九日（12月27日），礼拜日休息，未进署。商部复奏进提前侍郎张矿务关防公款银两一折。进内，并进呈工程处龙抱柱式样二件，由王爷派张太监交催总管呈进。当将凸龙样交下，催总管口传懿旨"着用凸龙样式，其平龙样式留览"等因，当即回明王爷，将鼓龙式样收存工程处。散后出城拜客，至税司。

初十日（12月28日），进内，照料工程处、崇文门奏事，工程处为五金颜料等项请援案照市价发给实银，并发七成现料，又附片奏采买叶金一片，派差一片，均奉旨"依议，钦此"。崇文门奏第一季钱粮尽征尽解一折，又估变皮张价值一折，均奉旨"知道了，钦此"。散后至堂子工程处照料礼部、内务府接收事。至商部。张冶翁请吃饭。至学堂。归家，马秀峰在家候，传奉王爷谕"前进之凸龙抱柱样子上面仍要存，敬候进呈可也"。

十一日（12月29日），蒙恩补授商部右丞，闻命之下，感悚莫名，惟应勤慎当差，以期仰答鸿恩于万一耳，尚其勉旃。至商部。

十二日(12月30日),与唐蔚芝、王丹揆连衔具折谢恩。至商部。

十三日(12月31日),至学堂。至商部,属何瑞代陈辞崇文门税差事。

十四日(1904年1月1日),值日。进内,具奏接收路矿局事。给东、西洋人拜年。至商部。晚,月汀兄来。何瑞来说已代回世大人辞差之事,世大人之意不甚愿,告以俟见面时再商可也。

十五日(1月2日),至商部。至税司。

十六日(1月3日),至大德通办存款事。至税司。

十七日(1月4日),至汇丰见吴幼龄,谈及彼所开恒肇当总管刘雨臣、恒肇银号掌柜刘子良,属其转达该银号,以便立折交易。午刻竹农到,取税司银条交予转交荣大人。至商部,将大德通九万借字交振贝子收存,此字自十二月初一日起息,六个月期,四厘行息,经手人孟兆兰、甫馨斋,振贝子令将此款尾零四千零七十两零八钱九分八厘四毫入四柱账中。至荣大人宅交税司款,荣大人令交四哥带交户部。

十八日(1月5日),四哥将崇文门款文批带交户部,将批复交回,并回投一纸,应转交至商部。至恒肇存五百两。是日早同杨时百到正金换学堂存款票,交张大人收存。

十九日(1月6日),至耆寿民处交回投及回批。至商部。给百二爷送四百金讫。

廿日(1月7日),至商部。

廿一日(1月8日),至商部。至税司。

廿二日(1月9日),至商部。由大德通提银二千两,交祝子升入账。

廿三日（1月10日），早，至鉴园姑奶奶处看视姑奶奶入殓。至雠和宫吊近卫公①。晚请客。

廿四日（1月11日），值日，进内，具奏商会章程。至商部。至学堂。

廿五日（1月12日），至商部。

廿六日（1月13日），至商部。晚至那宅拜寿。见宝臣，略谈时事。接王少谷师来信，应复。

廿七日（1月14日），至银行，给俄国宝至德拜年。至商部。伍大人升外务部，陈大人转左侍郎，顾大人调右侍郎。至月翁处略谈。本日奉上谕，"管学大臣着改为学务大臣"；又奉上谕，"着添派大学士孙家鼐充学务大臣，钦此"。晚间路过杨时百，传张大人谕，令在西单牌楼一带找房，为学务处。

廿八日（1月15日），至顾宅贺喜，陈大人处贺喜。至正金提款，交汇丰存一年。至商部。

廿九日（1月16日），至税司。同九来谈避地事。

十二月

初一日（1月17日），给王少谷师写复信，交邮局寄。接百先来信，当写复信，汇银五百两，赵芳交来二百廿两，由恒肇借三百两，交恒肇转汇。至敬宅贺喜。至庆府，同唐蔚芝回事。至学堂。

初二日（1月18日），至孙中堂宅。至银行。至学堂，见孙中堂。至商部，见顾大人。至肃府。至德昌，税司公请。

初三日（1月19日），发王少谷师信。发田绍白、孙少鼎信二件，给孙公寄奠洋百元。至商部，至景宅。

初四日（1月20日），早，至庆府回事，将勘估处公事交竹农

---

① 此当指吊唁近卫笃麿，彼逝于公元1904年1月1日。

给宝臣看。至商部。

初五日（1月21日），至商部。进内，本部值日，具奏商律事，商律随员事，回避事。

初六日（1月22日），至商部。至税司。

初七日（1月23日），至商部，竹农将工程公事交回。发筱圃信。

初八日（1月24日），至工程处。驴市胡同姑奶奶仙逝。

初九日（1月25日），至驴市胡同。至商部。

初十日（1月26日），至耆宅、荣宅。至商部。

十一日（1月27日），早，至庆府回工程处事。至商部，同蔚芝、丹揆至庆府，回振大爷奏底三件，均阅定。至学堂。接联大人信。

十二日（1月28日），至世宅画稿。至景宅。至商部。晚，陆老师请便饭。接田绍白信。

十三日（1月29日），早，至孙相宅，同杨时百面禀学堂公事。至文明书局，惠卿约至丰泰便饭。至税司，将通商税则一本留署。

十四日（1月30日），至商部。至振大爷处会办附片事。

十五日（1月31日），值日，进内，具奏筹款一折，暂发公费一片，奏留杨参议在沪办理商务一片，尚书辞公费一片，辞公费片，奉旨仍着赏给，馀均依议。至商部。

十六日（2月1日），至商部，奉正堂谕，发给奏调各员各津贴四百两，札调及考取各员各津贴二百两。

十七日（2月2日），至商部。至税司。晚，燕寿堂请客。

十八日（2月3日），至惠卿处谈书局事。至商部。回家接张大人信，令找学务房间。月帆来托恒监督进门事。

十九日（2月4日），至竹农处托出谕恒宅行李事。至商部，见广东商人、候补京堂周荣曜印东生。蔚芝拟商部堂官致慰帅信底一件,为文明书局板权事。

廿日(2月5日),至商部,同见美国派议中国圜法精琦。晚,福全请客。

廿一日(2月6日),封印,至商部、税司、工程处。

廿二日(2月7日),至商部,同陆世兄看房。至税司。至世大人宅回事。

廿三日(2月8日),至汇丰。至税司。

廿四日(2月9日),至学堂。至商部。

廿五日(2月10日),至学堂。至商部。至张冶翁处。晚接服部送电报,日俄已开战,日舰胜。

廿六日(2月11日),至景宅拜寿。至商部。至文明书局。

廿七日(2月12日),赴先茔祭扫。至菩老师[1]处问病,师云"我有一言,汝当差要小心,不可疏忽,不可得罪人,将来前程远大,不可限量"。可谓善言,应谨记之。

廿八日(2月13日),至商部。至税司。晚,月汀来,接百先电。

廿九日(2月14日),早,至进士馆看房。至商部。至庆府。

卅日(2月15日),拜客,至进士馆看应糊棚窗。晚,家中辞岁,甚热闹,好气象也。

---

[1] 据《绍太保年谱》:光绪十六年,绍英"从萨普老夫子学习满文,萨公治格之叔也",按萨普即萨菩,菩老师之谓也。

光绪三十年甲辰(1904年)日记

甲辰正月

元旦(2月16日),元旦进内,先至皇极门随同行礼,次至保和殿随同行礼,回家稍为休息,午后拜客。①

初二日(2月17日),拜客,至商部,至庆府。

初三日(2月18日),至商部拜年。

初四日(2月19日),至商部、工程处、大学堂、进士馆拜年。接连仲甫贺喜信。

初五日(2月20日),拜客。接胡志云贺年信。

初六日(2月21日),至商部,堂司各官团拜。

初七日(2月22日),给连仲甫写信,寄大德通寄去。至商部。

初八日(2月23日),至税司收钱粮。

初九日(2月24日),至商部。至府回事。

初十(2月25日),至商部拜客。

十一日(2月26日),至学堂。至税司。

十二日(2月27日),至商部,至学堂。

十三日(2月28日),请客。未刻至张宅,随同会晤保至德事。保至德问张大人信彼银行否?张大人云同作银行,惟愿生意兴隆,岂有不相信之理。保又云:该银行得利是伊等给生发

---

① 此处天头补书:"穿用貂朝衣。"

的,所得馀利,应存在该行,令该行得些利益,不应存在别国银行;伊闻学堂教习薪水有开用别国银行支票之事,想必有在别国银行存款之事。张大人云:我们大学堂支应处管理总发款,至于发出之款,如译学馆、编书局各该处领款后自为经理,与某银行、票庄交往,我未便管理,你们可自向该处说项,招来生意;至于本学堂用款处甚多,如游学生经费约廿四万金,修建房屋尚在未定,大约备料须至少用廿万两。保至德云:二月初间学堂有卅万款到期,前接支应处信,均要提归浮存,向来未用过如此之多。张大人云:修房备料,恐长存后不能提出,且如存六个月,若不及六个月提款,连浮存利均无,此甚不便。曾敬贻在旁云:又比如我们至贵行取款,贵行过时即关门,亦甚不便。保至德云:均可通融办理,现在打磨厂开设道胜分行,一切作法均照中国作法,不拘早晚,到彼处均可办事,至于利息一节,嗣后若存一年之款,至六个月提取,可按六个月给利,若存六个月之款,至三个月提款,可按三个月给利。张大人云:如此办理甚便,将来此款到期,即可仍作长存,不必全提入浮存,届期贵行与支应处绍提调商办可也。保至德首肯,保至德带同乔苌臣作翻译。散后至商部。至税司。是日同张大人谈时百车费事,张大人允可酌给。

十四日(2月29日),至商部,至故友长东阳处。

十五日(3月1日),颁诏,进内行礼。至学堂照料,移在进士馆,名曰"总理学务处",是日孙中堂、张大人到。

十六日(3月2日),进内谢恩。至商部。晚,章幼叔、方剑华请,在广和居便饭,聚谈颇畅。

十七日(3月3日),兵马司领姑娘来,同至源丰堂便饭,至宾宴楼闲游。晚,荣月帆请。

十八日(3月4日),至商部。至府回事。

十九日(3月5日),巳刻开印,同署请,蔡大人请。

廿日(3月6日),至商部。至学堂。

廿一日(3月7日),值日,具奏补缺章程及查办邓委员事。至商部。至学堂。晚,景月汀兄来。

廿二日(3月8日),至商部,振贝子谈及实业学堂,令转达张冶翁协济常年经费。

廿三日(3月9日),至学务处见孙中堂、张大人,谈实业学堂事,二公云开办经费既由商部自筹,其常年经费三万金,本处每年可协济二万金,其一万金商部筹补可也;又谈学务处置房之事。至税署收款,并申饬陈吏,令其取正金签字本,陈吏云廿八日到取来。

廿四日(3月10日),至商部。至荣大人宅,告知实业学堂拨款事,学务处置房事。

廿五日(3月11日),四哥欠安,邓先生来看,开温行降痰之剂,有效。

廿六日(3月12日),至商部。至张宅。

廿七日(3月13日),礼拜,至小石桥看房。

廿八日(3月14日),商部带引见廿名。至商部。至学务处。同于晦若至铁匠胡同殷宅看房,同至张宅回事,谈大学堂学生津贴事;又二月初七日华俄款到期事。

廿九日(3月15日),至商部。晚,源丰请客。

卅日(3月16日),至商部,至学务处。

二月

初一日(3月17日),值日,进内,具奏矿务章程,并奏留候补人员及司务作为候补主事,均奉旨"依议,钦此"。至英芝圃处,为买房事。至商部。至学务处。是日日食,本雨雪有云气,未见象,尚属无咎。晚至王少农兄处贺喜。是日领右丞六成俸银七十八两,计领九成银七十一两,一成铜元九百零十元。

初二日(3月18日),陈石麟来,同至端王府地基看视,南北九十馀丈,东西七十馀丈,裕公府地基大致相同。至商部。至陆太老师处商订殷宅房间,即作为七千两京平足银,其殷宅木器亦拟作价二三百金,先付定银京平足银一百两正。至张老师宅禀明房间木器事。至学务处,见于晦若,暂借京足一百两送陆宅。代发张宫保电,至电报局见黄锡臣,立发电折一本。晚,唐蔚芝请便饭。

初三日(3月19日),至庆府回事。至学务处交电折。给吴幼舲写信,代杨时百借银五百两,余作为代还保人。至商部。至容宅看房。回家。晚,景月汀兄来。

初四日(3月20日),至税司,谈二季奏报交款事。

初五日(3月21日),至清宅,托打听容宅房价。至译学馆,见朱监督商工程事,朱桂辛属请示学务大臣如何隔断房间,并属催沈府尹代为买民房之事。至同丰堂兵部,旧同事约与文犊山商酌,拟于廿后遇礼拜之日公同请客。至学务处,会同于总办、杨时百至殷宅查点装修。予同陆芝田至陆太老师处,将房价交陆太老师转交,房价七千两,花费卅五两,共计房一百廿馀间。回至学处见张老师禀明一切,并请示译学馆隔断房间,张老师云可与荣华翁一商也。瞿海如请便饭。将陆世兄交来殷府房契收于支应处铁柜内。回家接王老师信,应复,并给恩抚作函。接工程处知会,厂商递呈二件,可于初七日带府呈回。

初六日(3月22日),至商部。至学务处。

初七日(3月23日),至银行。至学务处。至庆府回事,崇文门二季奏报折,王爷定于十四日呈递。工程呈二件,应办。至商部。至荣宅画簿,荣大人令支应处再派襄办一人,译学馆斋舍仍令一人住简,并回给银行写信送印鉴事。至清宅,未遇。至世大人宅回二季奏报事,世大人令酌办东坝驮子运酒事。

初八日(3月24日),至耆宅送公事,耆大爷拟三月分驻工,应俟回堂酌定。至商部。至学务处。

初九日(3月25日),至清宅,见清艾庭,谈容宅卖房事。至商部。至振大爷府回事。至朗山处谈学务处事。

初十日(3月26日),进内,加班奏事,商部报效练兵处一万两,奉旨"户部知道"。至祖甲街看房。至商部。至学务处。闻于晦若云户部拟派徐菊人与余考察商办银行事,宜十三日具奏。

十一日(3月27日),值日,具奏筹款拟将江汉关收款变通生息事,奉旨"着江督苏抚督饬江汉关照数拨解商部,钦此"。午间同陈石麟至祖甲街看房,陈云可用,当托该处值班人长福打听收买附近民房事。至荣大人宅略谈商部事,回明派张朗山充支应处襄办事。至学务处,回张大人张朗山派充襄办事。是日公请客。瞿海如托办事,应办。

十二日(3月28日),至裕如处,谈户部奏派考察商办银行事。至税司。至徐菊人处,谈商部交练兵处款事,银行事。

十三日(3月29日),至商部,接瑞二爷信,告以户部具奏试办银行及遴员派充总办、副总办,随时考察商办各员,奉旨"依议,钦此"。

十四日(3月30日),进内,见王爷,崇文门呈递二季奏报收税数目折,奉旨"知道了"。至商部。

十五日(3月31日),进内,会同见军机大臣。家中大祭。至振大爷处,见。至铁宅。

十六日(4月1日),学务处巳刻移徙,孙中堂到。至商部。至荣宅画簿,遇铁大人。至景月汀兄处略谈。

十七日(4月2日),至廉惠卿处。至学务处。至商部,成福至商部,为买房事。

十八日(4月3日),至祖家街办买房事。午后陈大人请在五城学堂便饭。

十九日（4月4日），至商部，至税司。是日早至张宅领票据。

廿日（4月5日），早至进士馆办买房之事。午后至学务处，同时百至华俄行。晚至商部。至玉宅，同锡大爷看房。

廿一日（4月6日），值日，具奏实业学堂事，奉旨"依议，钦此"，附奏以神机营军械所改建学堂，奉旨"知道了，钦此"。至商部。至学务处。晚，汇丰洋行请。

廿二日（4月7日），未出门，发恩抚信、王师信，给锡生写信一封。写帐目。

廿三日（4月8日），至学务处。至张宅。至商部。晚，长委官来说祖家街房屋事。是日服部请。

廿四日（4月9日），早，送张大人上火车赴河南。至学务处、商部。晚，请客。是日至荣宅谈崇文门交款事，学务存件支票事。

廿五日（4月10日），乔参将炽昌来谈，陈仁麟来谈。至寿宅。晚，源丰堂请客。

廿六日（4月11日），至华俄银行提款五数，换票伍数。至孙相宅呈画公事。至商部。

廿七日（4月12日），早，至会馆团拜。至译学馆，会同朱桂辛与天义讲定讲四间，三丈见方，连廊檐共银六千六百两。至商部，振贝子拟派充实业学堂监督，辞之不允。晚，玉秀峰请。

廿八日（4月13日），至工程处堂齐。至学务处收票。至商部，同祝子升看房。至庆府拜寿，代锡闰生送祝敬二百金，内外回事处门敬各六金。收赏五千，有收条。至兵马司道喜。晚，保莲舟请。

廿九日（4月14日），至商部。至学务处。

卅日(4月15日),至商部。晚,聚寿有约。
三月
初一日(4月16日),值日,具奏修撰张謇创办公司卓著成效,请破格奖励,奉上谕一道"赏加三品衔,作为商部头等顾问官";又附奏张謇请办渔盐公司,奉到交片"行知沿海各省,其盐业公司另有廷寄,交南洋大臣督饬运司妥筹具奏"。至商部。至府见振贝子,略谈政府议论盐务之事,又总学堂之事。晚,壬、奎二位请。

初二日(4月17日),请客一日。

初三日(4月18日),至商部。晚,聚寿堂有约。

初四日(4月19日),至商部。晚,铁大人请。

初五日(4月20日),至那宅拜寿。至振大爷处拜寿。至商部。至学务处,李亦元谈湘学堂房子事。晚,恩绍庵请,与耆大爷谈陈吏事,各门事。

初六日(4月21日),至景宅拜寿。至商部。

初七日(4月22日),会同陈石麟、徐立堂、祝子升至学堂看视房屋,应添改各处:

一　西大楼北墙与大讲堂北墙齐。

一　中十间拆移在西南方。

一　西院旧有南房拆移在西方。

一　大讲堂后墙与现有之影壁齐,东西各做过道门一间,大讲堂进深二丈四尺,前后廊各五尺,中间面宽一丈一,次间均一丈。

一　东南之东房南三间不动,北十间接作钩连,搭十间作饭厅用。

一　东院在东南之东房南头四间迤北修正房、厨房五间,进深一丈二尺,面宽中一尺一,次一丈。

一　东院厨房后修两丈四尺进深房五间两层，面宽中间一丈一，次间一丈。

一　开工之期廿二日，或初二日。

一　托成老爷福说项，买东院房二处。

初八日（4月23日），至商部，回学堂图式并出示事。

初九日（4月24日），早至商部，见日本特许局审查官小谷铁次郎，会谈商标事。至学务处。至长巷三条胡同长吴馆，顾大人请。

初十日（4月25日），至商部，回学堂派人事，封折片具奏整顿丝茶事，片奏派王参议、杨、单二位赴沪及南洋考查商务事。至学务处。

十一日（4月26日），至商部，接奉交片、折片，均"依议，钦此"。晚，瑞裕如请。

十二日（4月27日），至祖家街学堂商买东院房二处，共银九百五十两。至商部。至税务司。

十三、四、五日（4月28、29、30日），至商部。十四日至税司。十五日至学务处。

十六日（5月1日），请客。服部来谈。

十七日（5月2日），至商部。早，至学堂买东院房，带领森昌看工程，回明给孙少鼎写信事，给华公百金川资事。晚至世大人宅回税司公事，回明陈吏亏空事，应办。

十八日（5月3日），午后陈大人至学堂看房，荐西器科张姓为学堂做木器，谈体操教习及队官事。至商部。给少鼎写信，邀其来京。

十九日（5月4日），至税司。给锡闰生写信。

廿日（5月5日），至商部。赴园。至荣大人处回事。

廿一日（5月6日），值日，具奏派京卿庞元济总理造纸公司事,奉旨"依议,钦此"。晚,徐鞠人、张伯讷请。是日赴承泽园回事。

廿二日(5月7日),至大学堂见黄公谈工程事。至商部,与陈大人说黄慎之事。晚,祝子升请陪张伟庭观察。是日承侯借赓大爷三百两,立有字据。

廿三日(5月8日),至进士馆收工。至税司。

廿四日(5月9日),送丹揆、伯讷。至商部。至月汀处。

廿五日(5月10日),至商部。晚,回家,见服部信及工程处递到厂商呈。

廿六日(5月11日),至商部。晚,至学务处请客,住宿。

廿七日(5月12日),至鸿陞店拜三六桥,拜方先生。至商部,回定工程事。至福全请客。

廿八日(5月13日),至商部。至学务处。晚,请客。

廿九日(5月14日),至商部。

四月

初一日(5月15日),休息日。

四月初二日(5月16日),值日,具奏工艺局请奖事,进内。至商部。

初三日(5月17日),至庆府呈回工程厂商请款,奉批发给二万两。振贝子交递呈人吴万年、作证人郝墨园二名呈控郭瞎子撞骗事,当将二人交卫队送交工巡总局,并拟振贝子单衔片文一件。

初四日(5月18日),至那大人宅,未会,令门房人代回振贝子托送交前案请严办事。至商部,行工巡总局片文。

初五日(5月19日),至商部。晚,荣、王请。

初六日(5月20日),至商部。至学务处。至服部处。至朱宅,为红十字会募款事。

初七日(5月21日),至商部。回家,方剑翁来,月汀、同九两君来谈。

初八日(5月22日),早,方先生谈易数均由河图演出,可刻棋子八枚,照河图之数,一六、二七、三八、四九各二枚,比如上面刻一则下面刻六,如乾卦之数,一三七九一三,屯卦即依次推之,六十四卦循序推去,总以阴阳得位为相合,一合则通卦皆合,否则仍须另推,大约一六为邻,二五为邻,三四为邻,五位为大君之象,二位为圣贤之象,二得位则全卦合宜,犹圣贤而天下治也,《周易》折中后有一六爻对待图,甚有道理。又谈及此道无一息间断,小过即是大过,勿谓小过可姑息也,深堪敬佩,甚勿以小过为可容留也。至拈花寺看传戒。至税司。①

初九日(5月23日),至商部。

初十日(5月24日),至商部。至学务处。

十一日(5月25日),至商部。赴园。至荣公所。

十二日(5月26日),值日,会奏推广工艺事,具奏请派实业学堂监督及学务长事,奉旨"知道了,钦此"。至商部。接泽公信,百先信。

十三日(5月27日),至商部。至学务处。至景宅,同看灯影戏。

十四日(5月28日),至商部,拜辛、张二君,同至学堂一看。柏锐俊山到。

十五日(5月29日),写信二封,一寄恩新甫,一寄百先。

十六日(5月30日),进署。住学务处。

十七日(5月31日),进署。至振贝子府。

---

① 此处天头补书:"方剑翁梦中题诗诗句:浑沌中间走,休言打不开。水流花放后,跳出此圈来。"

十八日(6月1日),至商部。住学务处。

十九日(6月2日),至商部。至振贝子府,为宝坻县文生刘振德、民人张彬、赵宗明、吕大成等四名禀告李嬷嬷之子李盛才及赵连山二人诈索伊等地亩契据事,振贝子属至沈府尹处转达,属其认真讯办,并将刘振德等交顺天府讯问。值沈府尹出门,见收发处吴通判印葆畴者,告明,并将原禀四件交吴手,吴令将原告四人交发审局之待质所,俟沈公回署再为转达云。至景大哥处,言明五月廿四日为景大哥生日,请至华东旅馆用西餐。

廿日(6月3日),至税司。晚,日本馆请吃饭。

廿一日(6月4日),至商部。

廿二日(6月5日),至商部。晚,请客。

廿三、四、五、六日(6月6、7、8、9日),至商部。

廿六日(6月9日),接四位主考到京。接工程处文,五月初二日户部放款二万两。收少鼎信一封。

廿七、八日(6月10、11日),至商部。

廿九日(6月12日),早,请学堂客。至税司,接少鼎先生来函,可来京,应打电请其来京,并寄川资。

卅日(6月13日),给少鼎打电请其来京,并由大德通寄川资一百两。

[五月]

初一日(6月14日),进署。赴园。

初二日(6月15日),值日,具奏公司注册事,附片章京奏留事,均奉旨"依议,钦此"。未刻会同耆、荣二位赴承泽园回事。

初三日(6月16日),进署。至学务处。接王丹翁来信,杨仁山来信,为荐教习周君事,应复函请其来京。至学务处。

初四日(6月17日),进署,接财政处知会,令初七日至该处会同会议金价。

初五日(6月18日),侍奉慈亲至万寿寺一游,和尚备素点心两桌,送给香资八两,赏酒钱十六千。晚,桐翰卿来。接闰生信,寄来银耳、酱菜等物。

初六日(6月19日),至税司。

初七、八、九日(6月20、21、22日),至商部。

初十、十一日(6月23、24日),至商部。

十二日(6月25日),至商部,请庞京卿名元济甫莱臣。

十三(6月26日),至学堂看房,至中学堂拜门田先生,拜元端,甫名章。

十四日(6月27日),早,至商部,午后同拜美国议银价大臣精琪。晚,玉如请便饭。晤袁云台。

十五日(6月28日),至外务部,与精大臣会议。晚间门田先生来。

十六日(6月29日),至商部。晚,振大爷请庞莱臣,令作陪。

十七日(6月30日),至商部。

十八日(7月1日),至商部。至税司,接南京致商部电,应翻。

十九日(7月2日)至廿五日(7月8日),赴商部,会晤美精使,议银价事。廿日(7月3日),崇文门具奏三季收数一折,奉旨"解交户部,钦此"。

廿六日(7月9日),至商部。晚,大学堂教习。

廿七日(7月10日),至荣大人园中公寓画簿,谈官银行事。

廿八日(7月11日),至商部、学务处、外务部。

廿九日(7月12日),商部。正金银行。庆府见振贝子爷回公事。至税司,送回批,谈夏杂狐皮行次事。晚,同和馆小聚。

六月

初一日(7月13日),至商部、学务处、外务部。

初二日(7月14日),至商部、学堂、振贝子爷府。至月汀兄处。

初三日(7月15日),商部具奏催各督抚咨报农工商等件,奉旨"依议,钦此"。至精使处会议。

初四日(7月16日),早,工程处堂期。午后至精琪处。

初五日(7月17日),赴庆王园回事。至学堂。

初六日(7月18日),至商部。午后会晤精使。

初七日(7月19日),赴园,谢赏荫生恩。至学务处。

初八日(7月20日),早,会晤精使。晤李浩田。请见宝至德及新到华俄银行总办达韦多夫。

初九日(7月21日),至商部。午后至张老师宅晤谈华俄银行事。申刻会晤精使。

初十、十一、十二日(7月22日、23日、24日),至商部。

十三日(7月25日),商部值日,具奏请饬铁路大臣将修路起止出入款项及所用人员造具简明册报部。

十四日(7月26日),会晤精琦。住顺天中学堂。孙少鼎先生到。

十五日(7月27日),考学生。

十六日(7月28日),看卷。

十七日(7月29日),考学生。

十八日(7月30日),看卷。

十九日(7月31日),考学生。

廿日(8月1日),看卷。

廿一、二日(8月2日、3日),考学生。

廿三日(8月4日),看卷,出榜。会晤精琦。是日值日,具奏商标事,奉旨"依议,钦此"。

廿四日(8月5日),至商部。至精使处会晤。

廿五日(8月6日),早,同扬时百至华俄提十万,存吴幼龄处,又幼龄浮存十万,亦作为长存。代锡宅办换上海长存票据事,数目四万七千,当取回汇丰收条一纸,存以备换回票据时对换。又至正金长存学务处二万。事毕同至学务处收票据。至商部,交子升户部捐款一千六百两正。晚至月汀处。

廿六、七日(8月7日、8日),至商部。廿七日在那宅照相。

廿八日(8月9日),复试。至振贝子府。

廿九日(8月10日),看卷。精使请。

七月

初一日(8月11日),进内。至商部出榜。至振大爷处回考试事。至荣宅画簿,略谈。

初二日(8月12日),早,与少鼎先生谈。至商部。至精使处会晤。

初三至初四日(8月13日至14日),至商部。

初五日(8月15日),正取学生照相。

初六日(8月16日),备取学生照相。至庆府。至学堂。至园,公所宿。

初七日(8月17日),商部值日,具奏各省商务局总办差使由部加札,以资联属。至学堂。①

初八日(8月18日),拜赵大人,同赵大人拜精琦。拜同文会干事柏原文太郎。至税司。

初九日(8月19日),至学堂、商部。会晤精使。

初十日(8月20日),至商部。会晤精使。

---

① 此处天头补书:"本日奉旨'依议,钦此'。"

十一日(8月21日),休息。早,请柏原文太郎、小谷、门田便饭。

十二日(8月22日),早,赵大人请谈精琦条议事。

十三日(8月23日),至商部。至税司。

十四日(8月24日),至商部。至府,见贝子回事。至荣宅。

十五日(8月25日),早,家祠大祭。晚,随同赵大人请精使。

十六日(8月26日),进内,至军机处回致精使信件,瞿大人、荣大人属至庆府回明,仍用前拟之信较妥,同至庆府回明,庆邸谕令仍用前信,并送礼物,复同徐鞠人、陈玉苍两侍郎及裕如、伯纳至赵大人宅,尚未回宅,因同至外部见那大人,雷大人,仍送前拟之函,致赵大人一函,告明一切,并将函底送阅。

十七日(8月27日),早,给精琦、斗伦送行,精琦致庆邸谢信一件,甚为满意。至商部。至学务处。晚,黄锡臣请。

十八日(8月28日),休息。至学堂。

十九日(8月29日),至商部。至振大爷处回事。至月汀兄处。晚,铨雁评请。

廿日(8月30日),至商部。至税司。

廿一日(8月31日),至商部及学堂。

廿二日(9月1日),至商部、税司。

廿三日(9月2日),至商部,至府回事。

廿四日(9月3日),至商部,至税司。

廿五日(9月4日),庆邸、世大人崇文门之差连任,世大人仍派余奏委差使,当面辞,未蒙允许,只得勤谨当差,以报知己之感,以尽稽征之力云尔。至学堂,会议学务事。

廿六日(9月5日),赴园,见崇文门堂官,住园公所。

廿七日(9月6日),值日,具奏会议复奏喀拉沁王旗右翼开矿事，因此次同荷兰国人办理，前有德商亦欲同办，前案案悬未结，恐有掣肘，请暂缓置议，奉旨"依议，钦此"。至商部。至世大宅谢栽培，晤谈。

廿八日（9月7日），至学堂、商部。至府回事。

廿九日（9月8日），至中学堂拜门田，请充学堂教习。见同九。至商部。至学务处。晚，王三哥请。

卅日（9月9日），至商部。

八月

初一日（9月10日），至商部。至府。至荣宅。

初二日（9月11日），至学务处。至税司。

初三日（9月12日），午刻至税司到任。至府、世宅。

初四日（9月13日），至府，回税司事、工程金两事。至商部、学堂。

初五日（9月14日），至世大人宅回税司事。至商部。至税司。

初六日（9月15日），至商部。至府。至学堂。

初七日（9月16日），至商部。至学堂。晚，请客。

初八日（9月17日），至商部。至唐宅贺喜。

初九日（9月18日），休息，至税司。请耆大爷并看马戏。

初十日（9月19日），至商部。至府回事。

十一日（9月20日），至商部。至学务处。至税司。晚，王少翁请便饭。

十二日（9月21日），至商部。至学堂。

十三日（9月22日），至商部。

十四日（9月23日），至商部。

十五日（9月24日），学堂请客。

十六日（9月25日），至学堂。至荣宅见荣大人，为税司交款事。至学务处。至户部交款十八万六千零,至世宅交世大人三千零十八两三钱,系公费所馀之款也。

十七日(9月26日),值日,具奏史履晋呈请办理电灯公司,请予立案,奉旨"依议,钦此"。又附奏张振勋到京,奉旨"知道了,钦此"。

蒙恩召见于勤政殿东暖阁。皇上问:"你们衙门今日具奏电灯公司事?"对"是",并附奏张振勋到京。皇太后问:"张振勋到京是否住在商部?"对:"他住在城外官工艺局。"上谓:"他经手事甚多。"对:"是。"上问:"张煜南来否?"对:"张煜南现在广东办理潮汕铁路,招集俱是华商股本。"上谓:"招华股甚好。"上问:"电灯公司设于何处?"对:"设在前门内西城根地方,该处尚宽阔。"上问:"一分锅炉恐不敷用。"对:"是,现拟先在前门外商务繁盛之区设立,逐渐推广。"上问:"人家亦可安设?"对:"是。"上谓:"电灯比煤油灯保重多矣。"对:"可无火警之事。"上谓:"现在东交民巷界内已设电灯。"对:"现有美国商人在使馆界内设立,此次筹办电灯公司之意正为抵制洋商,收回利权。"上问:"商务甚为繁重,你们衙门现办什么公事?"对:"奴才衙门前次奏准各省商务局总办俱派为商务议员,现在酌派议员并筹设各省商会,以免官商隔膜之弊。"上谓:"官商不隔膜就好了。"上谓:"你天天上衙门。"对:"天天上衙门。"上谓:"载某病愈否,你们常去见他否?"对:"载某之病已愈,惟气分尚弱,奴才们随时前往,面回公事。"上谓:"商务之事能风气大开就好了。"皇上说:"你下去罢。"对:"是。"遂退出。

见庆邸,回明崇文门款已于十六日解交户部,王爷谓"稽查分局之事不必由我派人,你们三位斟酌派委员去查可也。"至王干臣处送行。至工艺局拜张弼士。至商部。张弼士到署,谈许久。至学堂。

学堂供事：

赵之蔚,鹿大人荐；

沈毓淼,陈大人荐；

吴维贤,顾大人荐,国史馆；

刘鸿源,玉老爷荐,国史馆；

黄锡畴,袁、王二位荐,方略馆；

李汝桂,李五爷荐。

五城中学堂监督：

周登皞甫熙民,周松孙之叔。①

商部应记帐目：

一宗收库平十万两；三十五两加归公砝十万零三千五百两；再以二六加京平,十万零六千一百九十一两。

一宗收库平五万两；三十五两加归公砝五万一千七百五十两；再以二六加京平,五万三千零九十五两五钱。

一宗收库平九万两；三十五两加归公砝九万三千一百五十两；再以二六加京平,九万五千五百七十一两九钱。

共京足二十五万四千八百五十八两四钱。

甲辰三月初旬结算。

祝子升由大德通算清开写此单。

以下日记第九册②

实业学堂日记第一本

光绪卅年八月十九日(1904年9月28日),实业学堂学生

---

① 以下诸事为本册末尾所附杂记文字。
② 第九册日记,封面题："实业学堂日记第一本,九,光绪卅年甲辰八月十九日至十二月十九日。"

入堂,予亦于是日住学。是日巳刻同蔚芝谒见振贝子爷回事,回定体操衣帽式样。陈大人于午后到学看视。丛兆丹来谈,约定廿三日至该处看物。接庞京卿电报,为赴东洋考查事。

廿日(9月29日),早见学生五十名,勉以中学伦理道德一科虽钟点时刻不多,务须专心听讲,中国先圣先贤传流之古书乃中国之国粹,自古合乎道理者莫不兴,不合乎道理者必不能兴,至于一家一身,莫不如是,当以德行为根本,科学为枝叶,不务根本,则枝叶亦无所附丽,若能务本,再能讲求科学,将来学有成就,必能为国家作事,愿诸君勉为体用兼备之全学,切勿偏重为要。至商部。晚回学堂,又见学生六名。看《二林居集》二则。

廿一日(9月30日),至商部。晚,瑞裕如请,散后回家。

廿二日(10月1日),早,办代看物件事。至商部。晚住学堂。

廿三日(10月2日),早,见学生。午至工艺局,时楚卿邀陪张弼士京卿。晚归家。

廿四日(10月3日),早,至商部。午后至府请贝子爷阅折,并送物请看。晚住学堂,与梯云畅谈。

廿七日(10月6日),至庆府见邸宪,派查工程事。见贝子爷,订买物之事。奉上谕查办路矿之事。

廿八日(10月7日),贝子爷至署,拟派王、杨二公会查盛大臣路矿事,下班具奏。至庆府递物单,取物。住学堂。看《二林居集》二则。

九月

初四日(10月12日),启行,赴兰阳工次查工。初六日到,初七日查工,初八日回京,初九日晚到京。

初十日(10月18日),至学堂宿。

十一日(10月19日),至商部。

十二日（10月20日），赴园，见庆邸销差。

十三日（10月21日），至商部。是日振贝子爷至德馆议商标事。

十四日（10月22日），振贝子至署，派陶、胡、潘三位至英国使馆，未晤英使，见戈班翻译官。晚间蔚芝办复德使文底，英使信底，送府，未批定，令明日巳初赴府商量办法。

十五日（10月23日），巳刻至府，见振贝子爷回商标事，奉谕云王爷不准开办，仍令胡君同潘剑云赴英、美馆。未刻送代购并收拾各件，又交下收拾磁铜玉等件，令琦宝斋带回。

十六日（10月24日），未刻同蔚芝至府，适杏南亦到，回明日本馆闻德使臣发电布告商标之事缓期，甚怒，有未便驻京之语。振贝子爷云并无缓期之信函，不过是昨日王爷批外务部禀云，商标之事现与各使馆商议，尚未定准开办日期。当令杏南速至日本馆说项，定于十七日同至日本馆会晤。

十七日（10月25日），早，同蔚芝至府，振贝子令予于未正在日本馆候，一同会晤，未刻同至日本馆。振贝子云：商标之事商部并无缓期之说，不过是外务部有回答德使尚未定准开办日期一语。内田云：此系贵国奏准日期，我已电达本国政府商民，未便缓期。贝子云：现因德使力请缓期，我甚为难，只求内田大人念两国邦交最笃，并我辈之交情至厚，略缓些日，以便我们与德使磋商，免致不缓日期该使必欲改章程。内田云：日期实不能再缓，岂有奏准之期尚展缓耶。贝子云：此章程本是试办章程，内有如有应行增改之处，再行奏明等语，假如此时不能开办，亦可奏明缓期。内田云：总之缓期万办不到，现接政府来电，亦有不令缓期之语，惟有照章开办，照章注册而已。贝子见内田始终坚执，即云：既不缓期，难免各国改章。内由云：如欲改章，必须先为告明。贝子云：若先告明，实来不及。内田云：我亦不能不与闻。贝子云:既有交情,自不能不告知,如第廿六条外国已注册商标,于本局开办六个月以内呈请注册,本局认此为呈请之最先者,须多展三个月,作为九个月以内呈请注册本局认为呈请最先者。内田云:此条须与小谷商量。贝子云:我既来相求,此条必须照允。内田云:可以商量。贝子遂称谢而出。予与陶同归商部,顾大人令蔚芝办覆德使驳文并复函,及复英使函,拟明日请贝子阅定。

十八日(10月26日),值日,赴园,具奏开学日期及附学章程,奉旨"知道了,钦此"。又具奏请派张振勋为商部考察外埠商务大臣,兼督办招集华商经营闽粤农工路矿事宜,奉旨"依议,钦此"。贝子令予至那大人宅求那大人设法转旋,向德使磋磨,即说奏准开办之期不能展缓,此章程如有于德商不便之处,尚可增改云云。当即进城,至那宅谒见,求那大人设法,那大人首肯,说我必竭力磋磨云云。遂回家,请陈观察尧斋晚酌。是日回家即给贝子具禀,禀明一切。

十九日(10月27日),早至张大臣处,开学之日请到学,张大臣允于是日到学。至商部,接德使覆外务部照会,仍不认不缓日期,并有如商部即行开办,倘于德商有损,应令中国政府赔偿等语,又有给联大人信一封,言英使必无不缓日期之意云云。晚住学堂,明日巳刻至署,候程绍堂再听消息。

廿日(10月28日),至署,闻午后德使赴承泽园与庆邸、那大人会晤。晚,程绍唐回云,德使云王爷虽无缓办之语,而伍、联、绍大人昌实有缓办之说,不能说了不算,坚执定要缓期。王爷云只得令那大人托英萨使与日本内田商议办期办法。

廿一日(10月29日),辰刻学堂开学,礼毕,予告学生训语,略云:诸君殷殷向学,都是有志之士,但是志字不是空谈的。经云"功崇惟志,业广惟勤",这二语最好之语,有两个意思,一是要思功崇业广,必须立志勤学;一是必至功崇业广之时,始可谓立志勤学。望诸君立志勤学,必期于功崇业广,将来能为国家作事,上可以忠君爱国,下可以显亲扬名,这便是忠爱之实际。我们实业学堂必须顾名思义,事事务实,凡进德修业,皆要躬行实践,不可徒托空言,愿诸君勉之。

未刻振贝子爷、陈、顾大人均到,学务大臣张大人亦到,同至礼堂前,学生谒见,行三揖礼。贝子施以训语,云:我有一篇演说,大旨不外忠孝二字,诸生可阅看演说,勉力为要。予导观各处,张大人甚为称许,谓讲堂、斋舍比大学堂好。周视毕,至监督堂吃点心,略谈,遂散。商部同署诸君多有来观礼者,尚有兴盛气象。是日接家中来字,四兄蒙恩补授山西汾州府知府。晚间归家。

廿二日(10月30日),午后至府,带领琦宝斋送交装潢物件,均已交清。振贝子云庆邸令那大人明日至日本馆会晤。蔚芝至府,贝子令蔚芝往见那大人。予回学堂。

廿三日(10月31日),学生上讲堂。午后至署,贝子、陈、顾大人到。余散后至世大人宅,归家。

廿四日(11月1日),赴园,照料进奉事,此次商部丞参四人共进九九如意四匣,大卷江绸十六端,蒙赏收,赏给送呈人肆两。见贝子爷,谕云明日进署。是日四兄谢恩召见。早饭后回学堂。给耆寿民写信,为世大人属转达事。

廿五日(11月2日),至商部,回家。

廿六日(11月3日),先严忌辰,上祭后至商部,贝子爷、陈、顾大人到,晚住学。

廿七日(11月4日),至商部。

廿八日(11月5日),至商部。

廿九日(11月6日),赴先茔祭扫,晚住学堂。

十月

初一日(11月7日),辰刻至礼堂行礼,同陈石翁宣讲圣谕广训。至商部。

初二、三、四日(11月8、9、10日),到学堂。至商部。

初五日(11月11日),至学务处。至商部。到学堂。

初六日(11月12日),至商部。

初七日(11月13日),早,锡聘之请。至税司。晚,至景月翁处。

初八日(11月14日),至商部。

初九日(11月15日),至商部,至园,住公所。

初十日(11月16日),万寿,蟠云门外行礼。至学堂。

十一日(11月17日),至学堂、商部。

十二日(11月18日),至学堂,因学生贺昌运聚众煽惑詈骂同学,不得不斥革,以警效尤。至商部。

十三日(11月19日),至商部。因本学堂学生公禀请将贺生开复,当属转告学生,既经挂牌,未便更改,允准作为该生自行退学,不咨学务处可也。

十四日(11月20日),休息。

十五日(11月21日),慈亲寿辰,在家待客。

十六日(11月22日),有工部堂主事荣光至署贿托,同毛艾孙接见,并同艾孙赴府回堂。

十七日(11月23日),至商部。

十八日(11月24日),贝子爷至商部,令蔚芝拟奏底,据实纠参荣光之事。

十九日(11月25日),具奏荣光贿托之事。进内。至商部。

廿日(11月26日),至商部。

廿一日(11月27日),休息。

廿二日(11月28日),值日,具奏浙江请除丐籍事,奉上谕一道,已蒙恩准矣。

廿三、四日(11月29、30日),至商部。廿四日蒙慈恩赏寿字一方,如意一柄,衣料四端。

廿五日(12月1日),贝子爷至商部,定准初二具奏事。早间进内谢恩,至财政处。

廿六日(12月2日),至商部。住学堂,商酌学生月考分数奖银事。

廿七日(12月3日),至商部。

廿八日(12月4日),早,工程处堂期,至工程处。午请华俄银行达威德、魏韩德诸君。至月汀兄处。

廿九日(12月5日),至商部。

卅日(12月6日),至商部。住学堂。

十一月

初一日(12月7日),早,至圣人堂,焚香行礼毕,读讲圣谕广训,勉学生留心德育,要知为己之学。回室,将欧阳福增等十人传来,与谈文理不通不如退学,该生等求在商部婉为恳求,嗣后当留意中文,答以必当尽力听候部宪吩示可也。至商部。

初二日(12月8日),值日,具奏吴懋鼎请奖事,奉旨"赏给头品顶戴",附片奏留主事二员,奉旨"知道了,钦此"。进内。至商部。

初三日(12月9日),至府,回工程处、崇文门事。至学堂。至商部。

初四日(12月10日),至商部。住学堂。

初五日至十一日(12月11至17日),赴商[部]。

十二日(12月18日),休息。本部值日,具奏开通航路,招集轮船公司一折,又附奏刊给天津商会关防一片,均奉旨"依议,钦此"。是日带领世忠侄至霱公府。

十三日(12月19日),至商部。

十四日(12月20日),方剑华来谈。至商部。至学堂。

十五日(12月21日),至庆府回事。至商部。至世宅回事。

十六日(12月22日),家祠行礼。至学堂宿。

十七日(12月23日),至商部。

十八日(12月24日),寅刻四兄侍奉慈亲启行,卯正二刻上火车开行,一点二刻至正定。

十九日(12月25日),巳正慈亲及四兄、嫂率有格同行,彭同九往,余同三老太太、成格、竹格十一点上火车,七点半至前门,回家。

廿日(12月26日),本部带引见十六名,散后至招贤馆赴约。至崇文门税局领取交户部文批并汇丰票九万馀两。

廿一日(12月27日),至学堂。至荣宅交税司款。

廿二日(12月28日),值日,进内,具奏周廷弼独办公司请奖事,奉旨"赏给二品顶戴,作为商部三等议员"。

廿三日(12月29日),华俄银行达威德请。至税司交回批。

廿四、五、六、七日(12月30、31日,1905年1月1、2日),至商部。廿五日接来电,安抵太原。

廿八日(1月3日),至商部。至学堂住。是日给成格媳妇放小定。廿六日早间曾覆一电,并写安禀一封,因洋人过年,邮局于廿八日走信,附记于此。

廿九日(1月4日),至商部。

卅日(1月5日),至商部。住学堂。

十二月

初一日(1月6日),早诣礼堂行礼,略为学生演说敬业乐群、庄敬励学之道。至商部。

初二日（1月7日），值日，具奏笔铅罐公司请予立案一折，奉旨"依议，钦此"，又商标注册之事尚在与各国磋商一片，奉旨"知道了，钦此"。申刻至府，回工程处及税司事。至商部。至世中堂宅回税司事。

初三日（1月8日），至德昌订座，初十日五点商部请客。至工巡局，代谟贝子请张健伯医士于初六日早十点同至该府诊视。至学堂，阮仲勉、方仲翁来看学堂，因导观各处，送给章程二本。

初四日（1月9日），至商部。晚温寿臣、李英斋、闫雨农、孟璧臣请。接百先来信。

初五日（1月10日），至商部、学务处。

初六日（1月11日），至商部，贝子爷到署，晚间顾大人请，散后至学堂。接到廿七日由山西所发福字一号平安家报，慰甚。是日早间同张健伯至谟贝子处。

初七日（1月12日），早，至银行。至商部。回学堂宿。是日安设宅中电话。

初八日（1月13日），至商部。早写家信一封，给连仲甫谢信一封。至学务处放款。

初九日（1月14日），早，发家信。至学堂，调和陈石麟与魏梯云因考试不和事；晚，学生等因饭食事来堂辩论，与诸生演说一番，尚肯听受。

初十日（1月15日），早，至家。至王仲芗处。晚至德昌请客，回学堂。

十一日（1月16日），至商部，贝子爷言学堂事，住学堂。

十二日（1月17日），值日，进内，具奏刘世珩请办贵池垦务公司事，附片奏郎中李厚龙等二人奖励事，又代奏李有棻谢恩事。回学堂。家中来电，接到由汾州寄来平安家信，回家。

十三日（1月18日），至汇丰等处。至学务处。至商部。

十四日（1月19日），先至府，代仲甫送函件。至商部。至学堂住。

十五日（1月20日），放学之期，行礼后，余略为学生演说，略谓：孟子云"从其大体为大人，从其小体为小人"，何谓大体？盖心存则理存，天理常存，何等正大，故谓之大体；何谓从其大体便为大人，缘从理而行，道心常常作主，能与天地合其德，同其大，故为大人。何谓从其小体为小人，从耳目口鼻四肢之欲，不从天理，非小人而何。故孟子教人"先立乎其大者，则其小者不能夺也"；教人无以小害大，贱妨贵。诸君总要立志正大，以大人君子自期，不可流入小人之归，将来德行学问日有进步，本监督亦与有光荣焉，诸君勉之。顾大人、陈大人、唐蔚芝、杨仁山到学。写家信及复连仲甫信。

十六日（1月21日），查生钟奇因欧詈同学，又不及格学生五名，均退学。至商部。发家信及连仲甫信。

十七日（1月22日），工程处具奏大殿金砖换新及神厨库围墙琉璃换新，均奉旨"依议，钦此"。至招贤馆请学堂诸位。至荣宅画公事簿。至学堂。

十九日（1月24日），巳刻商部封印后，至学堂封关防。至招贤馆聚会。

光绪三十一年乙巳(1905)日记

以下日记第十册①
实业学堂日记第二本
[正月]

光绪卅一年元旦(1905年2月4日),立春,到学堂礼堂前行礼后,团拜贺年。

初十(2月13日),商部总商会开会,唐蔚翁演说,予亦演说,官商一心,要诚信相孚,并宜合群,讲求集思广益之意。会毕,同署诸君均至醉琼林便饭。予至商部,住学堂,看书数页,公私冗忙,久未读书,开卷如见故人,良有益也。此后总以多住学堂为佳,既可养心息体,并可进德修业,岂非自求生路之道耶。

十一日(2月14日),至商部。至庆府回潮汕铁路事。回家。

十二日(2月15日),早发家信,竹格亲事。请电示至商部,至学务处,住学堂。

十七日(2月20日),住学堂,拟定批示已退学生武兆桐稿,大意谓该生有志向学,殊堪嘉尚,惟未蒙商部堂宪允准,自应仍遵前谕办理,仰即遵照,勿再渎禀可也。

十八日(2月21日),至府呈画工程处簿。至商部。住学

---

① 第十册日记,封面题:"实业学堂日记第二本,乙巳年,十,光绪卅一年乙巳正月初十日至六月廿五日。"

堂。晚约陈石麟诸位在同和居便饭。①

十九日（2月22日），巳刻开关防，至商部开印，行礼。至学务处送公事簿，至嵩云庵。署中公请陈、顾两堂。晚，奎乐翁、蔡和甫请。

廿日（2月23日），辰刻开学，为学生演说云：今年岁朝立春，节会甚正，春时万物发生之际，天地万物气象一新，我辈须默识此意，志气精神亦要有维新气象。凡进德修业，以至德崇业广，皆志气精神之所为，是宜奋发志气，鼓励精神。《大学》云"苟日新，日日新，又日新"，便是自新之功。新新不已，始有进步，否则便有腐败之象了。李二曲先生讲学，以悔过自新为宗旨，故自新之功最宜勉力。近闻本学堂名誉尚好，惟有人云学生中有喜吃花酒者，此语本监督不敢信其必有，亦不敢云必无，但既有所闻，不能不说，愿诸君有则改之，无则加勉。我辈力学作事，全赖脑力，嗜欲一端，最为伤脑，切莫以一时之欢娱，致误终身之大事。愿共勉之。至商部，晚回家。接平安家信。

廿一、二日（2月24、25日），至商部。廿一日耆宅议亲事，因月建比冲，作为罢论。

廿三日（2月26日），至月汀处。午后胡劼介请。至学堂。

廿四日（2月27日），至商部。回家。

廿五日（2月28日），至陆纯伯处赴赏奇之约，得观苏文忠公书手卷、怀素书手卷，又有龟板及牛羊骨十二匣，上刻钟鼎篆文，形色甚古，不知何年代物也，其馀字画甚多，因即须赴署，未能遍观。至商部。住学堂。接平安家信，张诚所寄。

廿六日（3月1日），给华若翁请英国大夫看视。至商部。回家。

---

① 此处天头补书："是日至荣宅画公事，谈及季白世兄入学事。"

廿七日(3月2日),黎明接魏、王君函,告华若溪先生于是日寅刻仙逝,悼惜殊深。至学堂,商办一切。至商部。晚请陆伯翁夫子。回学堂。

廿八日(3月3日),送华若溪移至广惠寺。至商部。

廿九日(3月4日),赴广惠寺公祭。至商部。

卅日(3月5日),请墨润西及霱公昆仲。

二月

初一日(3月6日),值日,进内,具奏请饬顺天府整顿钱法,维持市面一折,恳恩电灯公司运到机器材料免纳税厘一折,招商办理火柴公司及专办年限一片。至商部。

初二日(3月7日),至商部。至定府送庚帖。拜杨杏城京卿。

初三日(3月8日),至商部。晚,陈大人请。

初四日(3月9日),杨杏城至学堂谈公事,同至商部。晚,长少白尚书、顾大人请。

十三日(3月18日),至学堂,因换厨子事。

十五、六日(3月20、21日),到学。

廿一日(3月26日),值日,具奏咨调毕业学生,恳恩破格录用,奉旨"吏部、学务处知道"。至学堂,各斋之长来谈卫生事。至商部。晚,公请日本使臣诸公。

廿二日(3月27日),申刻给竹格定亲,放小定。至商部。晚,振贝子请英、日使臣,约往陪客。晚回学堂。

廿八日(4月2日),接山西平安家信。至府拜寿,认亲,晚饭后回家。

廿九日(4月3日),给荣宅办事毕,至商部。住学堂。

卅日(4月4日),早,学生张寿田到堂,甫星枢,深州人。至府画公事。

三月

初一日（4月5日），到学堂行礼，演说尚志体仁大意。

初二日（4月6日），送寿礼。早见虞君辉祖。至学堂。

十一日（4月15日），至学堂。

十六日（4月16日），住学堂。发仲甫信。

廿日、廿一日（4月24、25日），住学堂。廿一日考试。

廿一日（4月25日），商部具奏拟办劝工陈列所道员吴懋鼎报效修工钜款，恳予奖励一折，已奉旨"赏给候补四品京堂"矣。

廿二日（4月26日），早，接瑞裕如来信廿一夜送至舍，云新借镑款明日系第一还期，如以崇文门税项作抵①三万一千馀两，应请奏委签字支单等语，并将片文送来，当由电话告知裕如此事未经回明堂官，恐赶办不及，应由户部先为拨付，俟回堂后再为片复。裕如答以照办，当将原信并片文送耆寿民处。

廿二、三日（4月26、27日），廿五、六日（4月29、30日），学堂考试。

廿八日（5月2日），贝子爷、陈、顾大人到学堂看学生听讲，并看【看】视仪器。

廿九日（5月3日），至商部，至庆邸。

四月

初一日（5月4日），学堂行礼。

初二日（5月5日），值日，具奏上年奏销款目事。

初三日（5月6日），至商部。接平安家信一封。

初十日（5月13日），住学堂。

---

① 此处天头补书苏州码子："公足三万一千八百三十八两二铁五分。"

五月

[初五日]端阳节(6月7日),住学堂。

初八日(6月10日),接平安家信。

廿九日(7月1日),至商部,陈大人云庆邸派充财政处提调。

卅日(7月2日),赴园,具奏密奏折。

六月

初一日(7月3日),至学堂行礼。至商部。晚间赴园。

初二日(7月4日),值日,会奏皮毛公司事。见财政处堂官。住学堂。

廿五日(7月27日),军机大臣面奉……

以下日记第十一册①

*光绪卅一年乙巳正月

[初一日](1905年2月4日)②,元旦举笔,书龙虎字,大吉大利,萱堂馀庆,棣圃增荣,永绥福履此句系除夕进内行礼,上赏春条之字,并赏给果盒一个,荷包随银锞一个,同乐太平,谨言慎行,守身践形。以上系元旦所书,预祝吉祥,并寓箴戒之意。务当谨益加谨,慎益加慎,寡嗜欲以养身心,节冗费以养廉耻为要。午刻至实业学堂行礼团拜。是日立春。

初二日(2月5日),午刻至崇文门、税务司拜客。

---

① 第十一册日记,封面题:"日记本,十一,此为光绪卅一年乙巳日记之副册,元旦至七月初七日,乙巳年。"按实业学堂日记第二本与此册日记内容可以相互补充,故全录之。每月之前加一星号"*"。

② 此处天头补书光绪三十年廿九日(1905年2月3日)事:"廿九日,得瞻上用匾额'万年福禄'。又对联一付云'五福共尊天下养,万方同仰岁朝春。'"

初三日（2月6日），至商部。晚接王书衡来函，询钱、吴二生考查商务事，当复一函，并属查南洋公学事。

初五日（2月8日），发平安家信一封。

十二日（2月15日），发平安家信一封。

十四日（2月17日），接平安家信二封，系年前廿七八日所发，寄来赏项廿六金。

十五日（2月18日），墨润西请，商会请。

十六日（2月19日），请领姑娘看戏，晚至月汀大哥处清谈。

十七、八日（2月20、21日），至商部，住学。

十九日（2月22日），学堂开关防后，至商部开印行礼。至嵩云庵。请陈、顾大人。晚奎乐翁、蔡和甫请。回家接田绍白信，寄还借款。双栢要石鼓文篆书二分。

廿日（2月23日），接平安家信三封。

廿二日（2月25日），发家信一封。

廿五日（2月28日），接平安家信二封。

* 二月

初六日（3月11日），发家信一封。晚接闰生电，云遵酬由烟电汇三数云。

初七日（3月12日），由中国通商银行汇到闰生汇寄三数。至税司。

初八日（3月13日），未刻毓五爷带领竹格至庆府。

初九日（3月14日），至商部。至庆府，回二季奏报税项数目事。至世中堂宅回事。回家，杨杏城来拜。

十一日（3月16日），接到平安家信一封，由大德玉送到。

十二日（3月17日），发平安家信一封。

十七日（3月22日），发平安家信一封，寄八格格相片一张。萧忠告假回京。寄到家信一封，一切平安，慰甚，并收到汾酒六瓶。

十八日(3月23日),萧忠告假回京,欣悉汾州公馆一切平安,慰甚。四哥寄平安家信一封,汾酒等件,并寄户部各信,已分送讫。

十九日(3月24日),接锡闰生信一封,应复信。

廿二日(3月27日),申时五奶奶同毓五奶奶赴庆府放小定,一切吉祥。

廿四日(3月29日),发家信一封。

廿八日(4月2日),接平安家信一封。

卅日(4月4日),接平安家信一封。

卅日(4月4日),接锡闰生信一封,复信一封,交折差寄。

* 三月

初三日(4月7日),庆王及府中大、侧太太来家认亲。

初五日(4月9日),至府中,给振大爷拜寿。

初六日(4月10日),发家信一封。至商部。至府。

十一日(4月15日),值日,会奏川汉铁路事,奉旨"依议,钦此"。接连仲甫信一封,并托送庆府禀件。

十二日(4月116日),发家信一封,接平安家信一封,慰甚。

十五日(4月19日),代送连仲甫信件。

十六日(4月20日),复仲甫信一封。

廿三日(4月27日),发家信一封,交存益公转寄,并布包一个。

廿六日(4月30日),申时作舟得生一子,乳名五熊,甚可喜也。

廿七日(5月1日),写家信,禀知五熊事。

廿八日(5月2日),至学堂,振大爷、陈大人、顾大人同至学堂看仪器。

*四月

初一日(5月4日),接平安家信。

初三日(5月6日),接平安家信。

初五日(5月8日),代办思谦堂十五、际怀堂十五,蕉桐四、菊团四、蜡柏四、冬松四等事,前二项吴幼龄处年期五厘,后四项蔚泰厚、日昇昌各二项,年期按月四厘,侯增芳子猷、赵邦彦佐卿二人经手,同去者为赵虎儿,即名世立甫阆亭者,已交清矣。

初六日(5月9日),发家信一封,代锡宅提款一数。

十一日(5月14日),接平安家信一封。至园,为查路矿事。

十四日(5月17日),赴天津,八点开车,十一钟前到,袁(公)[宫]保派马车来接,即至制军衙门见袁宫保。云:"振贝子因芦汉之事,派晚生来见宫保,一切均请宫保维持。"答云:"仍请贝子爷主持。"回云:"贝子见宫保之信甚钦佩,少川亦是熟人。"袁云:"此时自未便派人,先须查明弊病,方好着手,可限两个月声复。"答:"贝子之意相同,此时未便令某置身事外,必须查明后派人方有把握,如将来派人,可会同办理。"袁云:"少川能与外人争辩,若杏城亦甚好,但不通洋文,无从查询。"答:"贝子说少川甚好,王、杨二位查询数月,熟悉情形,若派一位帮同少川办理,更觉周密,将来应如何派往,尚请斟酌。"袁云:"或派一会办,如少川派会办,将来可作为督办;派一帮办,如丹揆派帮办,将来可作为会办。"并云:"唐以早归为妙,俟藏约定后,可令先归,令张参赞荫堂赴藏查看可也。"又云:"盛大臣之意欲将此路买回,令我筹款,我答以应请张香帅公同办理,如香帅筹一千万,我亦筹一千万。"又云:"接梁振东函,美国赔款项下,核算馀款二千馀万美金元,欲还中国,但中国须用于正宗之用项,现拟与政府商议,拟作为学堂之用。将来即用此款买路,将路作为学堂产业,由馀利项下提五厘作为学堂经费,此路若加整顿,将来行车进款可有千万。但盛大臣尚欲借款三百万,因领之发款未领足数。"答:"盛大臣曾有公文内称,未收项下,尚有比法赔款,拨还法金三千八百五十万佛郎克,或可敷中国造路之用,将来可不再借比款等语,似与借款之语前后不符。"袁云:"如借款必须问明作何项使用,方能准借。"又云"萨多尚欲来见,我见伊时必当说明我中国有担承还本付利之责任,故须详查一切,以便照合同还付本利"云云。予问:"会奏之事是否仍列盛衔?"袁云:"可勿庸列盛衔,余亦不必一定会衔。"答:"上谕中既交商部与宫保办理,自应会衔办理。"谈毕让茶即退,袁送至升马车,住户部造币局。晚间至高等工业学堂看视,拜赵幼梅,阅看一切。

十五日(5月18日),八点袁宫保遣马车来,派人送至车站,八点开车,午正到前门,即赴商部见振贝子回明一切,并将袁宫保信一封开写应查略节一纸呈阅,振贝子令复信一封,并办咨查事。

十六日(5月19日),进署,回上海设商标注册局事。晚,张哲甫、靳礼庭请吃饭。接平安家信两封。

十八日(5月21日),曹顺回汾,寄家信一封,并寄物件。

廿三日(5月26日),接平安家信二封,由大德玉寄到,并收到京足银一千两,当写回禀一封,交该号程相庭寄去。又接平安家信一封。

*五月

初五日(6月7日),寄平安家信一封,交大德玉寄。

初七日(6月9日),接平安家信一封。

十二日(6月14日),发家信一封。

廿三日(6月25日),接平安家信一封,发平安家信一封。

廿九日(7月1日),接财政处知会,本日财政处王大臣点派充提调官,并闻陈大人云系庆邸点派。

*六月

初四日(7月6日),至财政处。

初五日(7月7日),发平安家信一封。

初七日(7月9日),发平安家信一封,并寄各物,交光裕如寄,又寄丁衡甫信一封,书一部。

初十日(7月12日),发家信一封,托【托】涂六少爷寄。

十七日(7月19日),接平安家信一封。

十八日(7月20日),发家信一封。

十九日(7月21日),接平安家信一封,廿五日所发。

廿五日(7月27日),军机大臣面奉谕旨:"着派商部右丞绍英随同出洋考察各国政治,钦此。"当日赴园见庆邸,谈及系泽公之请,是以军机请旨,略告出洋大意。晚间见泽公,畅谈一切。

廿六日(7月28日),辰刻行礼毕,回家。

廿七日(7月29日),发汾州电,告明出洋事。

*七月

初一日(8月1日),发平安家信一封。

初六日(8月6日),收家信一封,发家信一封,又收家信一封,汾酒一篓。

十二日(8月12日),收平安家信一封。

十七日(8月17日),发平安家信一封,收平安家信一封。

十八日(8月18日),发平安家信一封。

廿三日(8月23日),接平安家信一封。

廿四日(8月24日),发平安家信一封。

*[八月]

初四日(9月2日),收平安家信一封。

初七日(9月5日),收平安家信一封。

以下日记第十二册①
出使日记
六月
二十五日(7月27日),商部。接到军机处交片,本日军机大臣面奉谕旨:"着派商部右丞绍英随同出洋考察各国政治,钦此。"闻命之下,惶悚莫名,当赴承泽园见庆邸。庆邸云泽公因未曾出洋,请添派一人同往,因是军机处请旨派往,故有此交片也。即往见泽公,略谈日本立宪大意。遇陈玉苍侍郎,同至荣华翁处回财政处事。晚住公所。见那中堂,回财政处事。

廿六日(7月28日),万寿,行礼毕进城。

廿七日(7月29日),发汾州府电,禀陈出洋事。

七月
初一日(8月1日),发家信一封,禀陈出洋事。

初四日(8月4日),早,至徐大人园,与泽公、戴侍郎、端午桥会商一切。徐大人留饭之后,同至承泽园见庆邸,告明分班前往,予随同泽公、戴大人赴日本、美国、奥国、义国、俄国,并同拜各馆事。

初五日(8月5日),拜义、英、俄、美四国公使,美使因胡侍郎请吃饭,未会。

初六日(8月6日),拜奥、比、法、德、日本五国公使,比使未会,德穆使因往北戴河避暑,葛尔士接待。是日端午桥约早饭。

初七日(8月7日),赴承泽园见庆邸,告以因应日本事,各国周旋大意,请示奏事列衔否,王云应一同请训,应列衔,因同是钦派,不过前派四位已经明降谕旨,不便再明发,故由军机处交

---

① 第十二册日记,封面题:"出使日记,十二,乙巳孟秋录,光绪卅一年乙巳六月廿五日至除夕。"

片也,令会同泽公、戴大人再拜美使晤谈为要。

初八日(8月8日),早,同商部随员杨仁山、柏峻山、田桂舫、钱念慈见泽公。

初九日(8月9日),至商部发致美使函,订于十一日午后三点钟会晤事。晚至高庙,陶杏南、胡劲介请,散后赴园,住公所。

初十日(8月10日),会同回事,见徐大人略谈顾亚篷事,那中堂云川资在外报销事。进城至泽公府,见美使复函十一日接待事,当函达戴大人是日在公府会齐。

十一日(8月11日),早拜顾亚篷,告知同赴东洋事。午后至泽公府同拜美使晤谈,又同拜正金银行伊东君。

十二日(8月12日),萨霁谦来谈。唐蔚芝来求其代约陈君懋鼎同往外洋事。

十三日(8月13日),姚君履亨甫挹香来授竹格英文,请早饭。接陈玉苍侍郎函,属办财政处公事,并将财政处钥匙送来。

十五日(8月15日),泽公来,同赴外务部,俄、法、奥、英、日本使臣来回拜,商定名片官衔,拟用大清国钦差专使考察政治大臣兼本官衔。同徐鞠人见雷谱同,问国书及应否用敕书事,并要条约电本,定于廿日接晤德、美、义三国使臣。

廿日(8月20日),赴外务部,接晤德、美、意、比四国使臣。

廿一日(8月21日),复日本、英、法、比、俄、德六国使臣请,至各该馆饮饯。

廿八日(8月28日),庆邸请英、美、日本、德、法、义、比、奥、俄九国使臣公宴,并请出洋五人及外部堂官饮宴,时奏军乐侑食,尚为欢畅。

八月

十九日(9月17日),随同请训,蒙恩召见,皇太后、皇上训勉周详,示以各国政治均应择要考察,如宪法事现在虽不能宣露,亦应考察各国办法如何,以备采择,并蒙赏赐"一路福星"之吉语,天恩高厚,应如何敬谨考察,以期仰答高厚鸿慈于万一,应时时敬念之。是日至军机诸位处辞行,惟鹿大人未见,庆邸云泽公与你们二位如考察毕,亦可先回,并可至福建一看也。次日蒙恩赏路菜、点心八匣,并云不必前往谢恩矣。①

廿一日(9月19日),写家信一封,交朱顺寄汾,是日并发一电,禀明廿六日启行。

廿四日(9月22日),日本少佐佐藤安之助来,谈及伊明日出京,会同姚、章二君赴日本,先至东京安置一切后,至门司相候,属由上海开船时先发一电,可电致参谋本部,告明乘座何船,何日开船为要,并属转达公爷云。

廿六日(9月24日),早赴前门东车站,会同泽公、徐大人登火车,甫登火车,忽闻炸炮一声,当时跌倒,随有家人扶出,身受伤七八处,惟左股较重,即至法国医院调治。同去者为服部先生,医士欧宜穆沙荷德调治甚效,暂在医院调理。

廿七日(9月25日),会衔具奏车站匪徒施放炸弹事,蒙恩派太监至家看视,并赏食物,天恩高厚,感激莫名。

九月

初五日(10月3日),由左股起出炸弹之钢子一枚,幸西医施治得法,虽疼痛,尚能忍耐。

九月廿六日(10月24日),由医院归家。

十月

初十日(11月6日),欧大夫来看视,伤痕已经平复,惟皮肤嫩耳。

---

① 此处天头补书:"送赏物之人送给茶敬四两,挑夫钱十二千文。"

十五日(11月11日),慈亲寿辰,勉至上房行礼。

廿三日(11月19日),自己寿辰,于是日出门,至庆王府,住西苑门外工部公所。

廿四日(11月20日),假满请安,计共请假四十五日,蒙恩召见,天语温慰,感激莫名。拜徐大人、袁大人、王三老爷、端大人、李大人。回家写家信一封,交大德玉发。

廿五日(11月21日),至商部住宿。

廿六日(11月22日),顺路拜客,回家接百先来电。

廿七日(11月23日),拜法国医士道谢。

廿八日(11月24日),至商部宿。

廿九日(11月25日),顺路拜客,回家。

卅日(11月26日),在家休息。张伯纳、王小宋、端午帅及实业学堂学生来。

十一月

初一日(11月27日),商部奏请派余署左丞,奉旨"知道了,钦此"。是日住西苑门外公所。

初二日(11月28日),谢恩,因有引见,进内叩头,住商部。

初三日(11月29日),回家。

初四日(11月30日),拜客,与俊甫谈物色人才事。

初五日(12月1日),至商部住宿。

初六日(12月2日),日本馆小村大使请发家信一封。

初十日(12月6日),奉上谕:"户部右侍郎兼钱法堂事务着柯逢时补授,仍着督办各省膏捐事宜,未到任以前着绍英署理,钦此。"

十一日(12月7日),谢恩。

十二日(12月8日),午刻到任。

十六日(12月12日),商部具奏,请派绍英兼署左丞,奉旨

"依议,钦此"。

十八日(12月14日),发家信一封。

廿一日(12月17日),商部值日,商部公请小村大使于卧车饭店。

廿三日(12月19日),户部值日,午后至宝泉局收铜。

廿四日(12月20日),接家信一封。

廿五日(12月21日),日本小村寿太郎大使送漆手箱一件,回送小村雕瓷黄盌一对。

十二月

初一日(12月26日),接平安家信一封,户部公事二本。

初五日(12月30日),交日昇昌刘雨生寄家信一封,寄物八色。

初八日(1906年1月2日),接平安家信二封,系廿四、八日所发,有暇应即禀复。蒙恩赏腊八粥并菜十二碟,给来人银二两,钱八千。奉天本家延昶来京,给延竹山写信一封,为老茔平垫及修房三间工程并车道,请承德县出示禁止事。因世庆故在义州,令延昶接回,并伊来京川资,共给洋银二百元。晚,请客。

初九、十日(1月3、4日),户部过堂。

十一日(1月5日),发家[信]一封。赴商部。

廿八日(1月22日),发家信一封。

卅日(1月24日),进内辞岁,蒙恩赏"永绥福履"春条一个,元宝荷包一个,内有小银锞一锭,果盒一个。①

汇丰、正金介绍函。

季直、菊生介绍函;又张寄来雪庵信一封。

蔚芝寄百先书信。

----

① 以下诸事为本册末尾所附杂记文字。

百先要之物。

寿挹青信一件。

留学日本学生,大阪工商学校学生,陈鸿钦,石翁之世兄。

景寄宝子申信一封。

带条约两套。

带密电本四本,又端交一本。

带护照纸。

带功牌并执照纸。

带铁匣钥匙,家中四百镑汇票。

东洋新到学生二名,实业学生,列上①。

学生何燏时、陈榥,此二名拟请充教员。

学堂请物理教员。

学堂应记事：

考察工业学堂。

办机器,买纸,另有单。

托绘学堂图。

定学堂枪支。

诚裕如托调继祥事。

文明书局孙黼卿云应二月取息。②

---

① 此处天头补书："托照料陈绐、力嘉禾。"
② 此册后另页书写："日记,第十三册遗失,遗失光绪卅二年丙午日记,元旦至除夕,孙延鬻谨记。"

光绪三十三年丁未(1907)日记

以下日记第十四册①
光绪丁未年日记,正月初一日起
丁未正月

初一日(1907年2月13日),早,进内行礼,朝服,回家祠堂行礼,贺年。开笔书:元旦举笔,书龙虎字,大吉大利,萱堂馀庆,棣圃增荣,国恩家庆,财阜年丰,存心公正,处事笃诚,守身寡欲,谨言慎行。既志祝颂之忱,亦书勉力之语,宜敬念之。

初二日(2月14日),午时度支部,进署贺年办事。

初三日(2月15日),进文职六班。写家信一封。

初四日(2月16日),发家信一封,复锡闰生信一封。进署。

初五日(2月17日),进署。

初六日(2月18日),午刻至外务部,各国来贺年。

初七日(2月19日),早,同丛兆丹至琉璃厂一游,买得何西池先生著《皇极经世易知》一部,直笔浅解,俾读者易于寻究,可谓邵子之功臣也。接家信一封,一切平安,慰甚。

初八日(2月20日),加班奏事,午刻署中开库。接家信一封,一切平安,慰甚。晚祭星,日月星辰有照临示象之德,宜家家之祭祀也。

---

① 第十四册日记,封面书:"日记,十四,光绪卅三年丁未日记,元旦至除夕,光绪卅四年戊申日记,元旦至二月初一日,孙延燾谨志。"

初九日(2月21日),至泽公府贺喜,略谈。至庆邸问疾,幸渐愈矣。至艺徒学堂贺年,并看工厂。进署。是日小田切万寿之助来拜,未见,小田乃正金银行总办也。

初十日(2月22日),早,交柏老爷代交察哈尔公文。小田切万寿之助来谈。进署。至定府拜寿,晚至溥宅商酌本部职掌员缺之事。

十一日(2月23日),发山西家信一封,寄纺织公司章程。进署。便衣至溥宅商酌公事。

十二日(2月24日),进署。晚,溥仲路、宝瑞臣二位来家便饭后商酌公事。

十三日(2月25日),进署。晚至宝宅商酌公事,其本部员缺职掌已商议就绪。

十四日(2月26日),忌辰。进班。早,王四明来谈营口银行事。

十五日(2月27日),应赴保和殿入宴,因在神武门内侍班,面西,又在乾清门外侍班,面西,又在西华门内侍班,面北,未能入宴。是日入宴侍班俱是染貂冠、蟒袍、补褂。午后进署。

十六日(2月28日),加班奏事,午后进署,晚至溥尚书处谈缴印事。

十七日(3月1日),早,朱子良来。午刻进署。由礼部领到度支部印一颗,度支部监茶之印二颗。

十八日(3月2日),早,至庆邸看视。进署。晚至景大哥处闲谈。

十九日(3月3日),早,陈石麟来谈学堂事。庆然来谈奉省常住事。至署,会同拜印,开用度支部新印。晚至溥宅议职掌员缺,傅梦岩云大致妥协,拟到署交曾刚甫办奏稿,开单,以备送军机处阅看。接山西来信,一切平安,慰甚。

再,现已开印,公事日多,应以敬胜为勤职之本,义胜为寡过之道。《丹书》云:"敬胜怠者吉,怠胜敬者灭,义胜欲者从,欲胜义者凶。"真文忠公云:敬怠义欲,"吉凶存亡之所由分"也。宜敬念之。寿挹清云:"侍郎赞助尚书整理部务,应守权限,将应筹画公事筹画妥协,请尚书裁决可否,既不侵尚书之权,亦克尽自己之职,斯为得之。"四哥云:"与溥尚书相交,应事事推重,不可不出好主意,不可自己作主意。"盖亦筹妥候裁之意也。窃思自守以公清勤慎,研究公事为主,处人以虚心寡言,集思广益为宜,君子之学贵自反自责,所谓以责人之心责己,则尽道是也。谨志行己趋公之道于此,以备遗忘而资省览。自求多福,在我而已,趋避之方,当于动念处事时致力焉,其敬念之。

廿日(3月4日),早巳刻赴午门前,会同理藩部堂官监放蒙古王公等盔甲赏共银九千馀两,放毕至东三省学堂开学行谒圣礼,议定请高君为理化教员兼教务长,每月薪水五十金,并订期开工建盖楼房斋舍。进署,溥尚书将公拟之本部员缺职掌等件交北档房拟稿。

廿一日(3月5日),早,阅《中外日报》,有驳度支部议复王、史两御史移民实边折一则,其辨驳之无当,明眼人自有公论,惟内有"所贵乎度支部者,贵其能消息民生,持险定变,措国家于磐石也"数语颇为近理,特择录之。进署。至景三兄处贺喜,在景大兄处晚餐。收到光裕如寄至信一封,银百金,因系亲戚,故收之。

廿二日(3月6日),进署。

廿三日(3月7日),值日。蒙召见,上问铁路及赈济事,溥尚书奏对。进署。

廿四日(3月8日),早,荣蔚华、杨仁山来谈。发陈玉苍兄信一封。进署收款。至银行赴约,张伯纳言可先设研究所研究币制事。接山西家信,一切平安,慰甚。

再自思身体薄弱,公事殷繁,应克除一切人欲,静养身心,既以守身,亦以报国,虽不能即绝情欲,亦应寡之又寡,以至于无,是为至要。

廿五日(3月9日),赴唐宅行情。进内,值班,同班系丰都护伸,摆棋四局。买郝氏经说三种。

廿六日(3月10日),早进署。计学馆考试。

廿七日(3月11日),发山西家信一封。进署,奉上谕:"载瀛等奏请勘修惠陵明楼、方城、龙沟、水口工程一折,着派绍英前往敬谨估修,钦此。"钦遵,初次奉派估修要工,务当敬谨将事,以期仰答天恩于万一,是为至要。

廿八日(3月12日),早,溥大人来,为毓世兄彩愿派监修事。至宝臣尚书处询明承修事件,并商定菩陀峪吉地办法。

廿九日(3月13日),进署,求溥大人转约钱君事。

[二月]

初一日(3月14日),放饷。拜客请客。

初二日(3月15日),徐大人请。至府回事。

初三日(3月16日),放饷。进署。

初四日(3月17日),值日。请训,跪请圣安。至署。

初五日(3月18日),赴溥大人、宝大人处辞行。发家信一封。

初六日(3月19日),至那中堂处谢步,检行装。

初七日(3月20日),辰初启行,乘火车至通州,住段家岭。

初八日(3月21日),住濠门。

初九日(3月22日),至东陵,诣大宫门之东门外叩谒,行三跪九叩礼毕,诣昭西陵,叩谒后恭诣惠陵,查勘工程毕,拜寿公爷、瀛贝勒、苟参将。

初十日（3月23日），诣万年吉地查工。晚，瀛贝勒请吃饭。

十一日（3月24日），启行回京。

十二日（3月25日），晚到京。

十三日（3月26日），拜溥大人、铁大人。

十四日（3月27日），请安，蒙召见，问工程事件。未刻赴庆府，见庆邸回工程事，谈及部中丞参事，币制事，东三省筹款等事。

十五日（3月28日），至署，溥大人及毓三爷来。晚，景大爷来。

十六日（3月29日），进署。晚，至景宅。

十七日（3月30日），加班奏事。至署。

十八日（3月31日），早魏老爷、荣老爷来。伊东小三郎、井上一男来拜。至署。

十九日（4月1日），早至张埜秋老师处祭叩。至内值班。写家信一封。

廿日（4月2日），出班。发家信一封。进署。赴庆府议东三省筹款事。发家信一封。至泽公处。

廿一日（4月3日），进署。

廿二日（4月4日），早，至历代帝王庙分献，朝服。至庆邸，因是日赐寿，系七旬正寿。饭后至泽公府贺寿喜。至署。

廿三日（4月5日），早，至颜料库收放款。午请工程处监督、监修诸位，本月廿九日开工，孚久甫、锡文初同大爷前往。至署。晚，铁大人请。

廿四日（4月6日），值日，进内侍班。沈世兄喜辰来拜门，辞未敢受，留饭之后至署。晚，至溥宅谈币制事。

廿五、六日（4月7、8日），进署。

廿七、八日（4月9、10日），进署。至庆邸拜寿。

廿九日(4月11日),进署。至庆邸。

卅日(4月12日),值班。

三月

初一日(4月13日),进署。

初二、三日(4月14、15日),进署。

初四日(4月16日),值日。蒙召见,催铸币事。申刻同溥仲翁、宝瑞臣、张伯纳、瑞裕如赴庆府议币制事。

初五日(4月17日),进署。

初六日(4月18日),至振大爷处拜寿。进署。

初七日(4月19日),宝宅老太太寿辰,拜寿。陆宅拜寿。进署。

初八日(4月20日),进署。

初九日(4月21日),张文达公处公祭,送对联一付,文曰"廿世纪茫茫大陆,国民畴启文明,先觉赖斯人,提倡新机宏教育;一个臣休休有容,士类尽归陶铸,不才如下走,商量旧学感师承"。送分金三百两。进署。

十四日(4月26日),值日,具奏职掌员缺一折两片,奉旨"依议,钦此"。

十六日(4月28日),带领引见。

十七日(4月29日),进内。

十八日(4月30日),赴颜料库。进署。

十九日(5月1日),进署。给铭鼎翁拜寿。

廿日(5月2日),进署。

廿一日(5月3日),早,给景东甫送行。进署。接汾州府家信。

廿二日(5月4日),值班。

廿三日(5月5日),进署。

廿四日（5月6日），值日，蒙召见，上问币制事，溥尚书面奏已经备齐，并陈印刷造纸事，均于五日内具奏。下来至军机处回明王爷，订于廿五日午后两点钟赴府回事，并与瞿中堂、林大人谈面奏事。回家，早饭后至署商订一切。

廿五日（5月7日），赴府，同回明币制事。

廿六日（5月8日），赴府，同回定币制事。

廿七日（5月9日），进署，阅折。

廿八日（5月10日），加班，具奏请试铸七钱二分银币及奏办刷印造纸厂，又金本部请饬会议事，又复奏山东、奉天省请铸银币事，会议之件留中，馀均奉旨"依议，钦此"。是日蒙召见，上云："七钱二分已照准，局厂人已派定，即赶紧办理。"又问："你们衙门有令外省督抚办不动处，有此等事否？"溥尚书云："奴才衙门往往有与外省算帐等事，但亦不敢不斟酌缓急办理，即如徐世昌拨款之事，奴才已给上海道打电，接到电复，须四月内分三期交清，奴才已饬银行先行备妥，以免贻误。"上云："遇有紧要应拨之款，你们应赶紧办理。"均对云："是、是。"

廿九日（5月11日），进署。

四月

初一日（5月12日），进署。晚至溥大人宅酌保丞参事。接安徽来电，百先病，当复电，并电求恩中丞关照。

初五日（5月16日），值日，具奏准销粤西剿匪销案。

初七日（5月18日），进内，谢赏暑药恩。奉上谕："度支部尚书着载泽补授，钦此。"进署。晚至泽公处、溥尚书处贺喜。

初八日（5月19日），接端制军、恩中丞电，惊悉百先侄于是日子时逝世，当发电求照拂，并给延闿、延禄发电唁慰，吾家失此千里驹，伤之何，人生卫生之道诚不可不讲耳。因与泽公系属甥舅，虽无同系堂官应回避之例，究系同在一部，办折声明，请旨当将奏底呈庆邸、世中堂阅看，均以为应如是办理，令部中缮折，定于初九日呈递。

初九日（5月20日），进内，谢赏绿豆恩，并具奏请旨应否回避折，奉旨"毋庸回避，钦此"。行文吏部。昨晚溥尚书来拜，颇谦谢，因在署襄助一切之意，并云有几句话应谈，与泽公相处，虽系甥舅，遇事应谦让，不可不留尺寓，如看事有应补救者，亦不可不早为补救，总应以公事为重，却系金石良言也。泽公是日到任。

初十日（5月21日），至天坛陪祀。进署。晚，泽公来谈署中公事，尚书应有裁决之权，侍郎应尽赞襄之任，遇事应集思广益，谋定后动。发恩中丞道谢电一件，给延闿、延禄复电一件。

五月

初七日（6月17日），请训，赴东陵收工。

初九日（6月19日），至东陵，叩谒陵寝后，至惠陵验收工程，至吉地查工，拜瀛贝勒、寿公爷。

初十日（6月20日），启行回京。

十二日（6月22日），到京。

十三日（6月23日），赴湖。

十四日（6月24日），请安。

十五日（6月25日），度支部值日。至华严寺，百先侄灵到，侄媳及延闿、延禄均去。

廿五日（7月5日），值日。五太太正寿。

廿六日（7月6日）至初七日（7月7日），办百先事毕。

六月

初六日（7月15日），值日，蒙召见，上问外债应预为裁制事。

初七日（7月16日），进署。写家信。

七月间前半月因事忙未记。

十五日(8月23日),早,祠堂大祭。进署放款。

十六日(8月24日),加班奏事,赴园。

十八日(8月26日),至敬宅陪天使,赴园宿。

十九日(8月27日),值日。

廿日(8月28日),进署。

廿五日(9月2日),加班奏事,赴园。奉旨:"崇文门正监督着溥沦去,副监督着绍英去,钦此。"闻命之下,悚惕实深,当至沦四爷府商酌奏派委员事,遇溥六大人、傅梦岩商定,沦四爷奏派傅右丞兰泰,余问傅梦岩有可派奏委人员否,傅保徐太守致善,议定,归家办折片,定于廿六日谢恩。是日往拜徐太守,托其帮同办理税务。晚,傅梦岩来,略谈。何瑞来,略说各门小票等事。窃念受恩愈重,报称愈难,惟当勤慎经理,凡事与沦四爷和衷共济,以期税课畅旺,仰答鸿慈于万一云耳。给汾州发电禀二件。

廿六日(9月3日),赴园谢恩,进内叩头,赴军机各处,至庆府见振贝子。晚,宝瑞臣请,与铁大人谈徐奏委事。

廿七日(9月4日),接汾州府回电。

廿八日(9月5日),早,赴午门前验看,到略迟,日后应早到。晚至伦贝子府商议公事,便饭,饭后散。

廿九日(9月6日),值日,赴园,见庆邸、世中堂,闻此次蒙恩系皇太后特旨云。晚至铁大人处,略谈工程处事。晚,徐观察来商定派差事。

卅日(9月7日),早,进署。午后伦贝子来谈税司事。

八月

初一日(9月8日),早,进署,午后值班。是日交进奉物件。

初二日(9月9日),放款。至庆府拜寿,回家,送税司委执照并发谕事。接汾州府家信,一切平安,慰甚。是日蒙恩赏江绸一套。

初三日(9月10日),赴园谢恩。是日崇文门税司开手办事。

十三日(9月20日),蒙恩赏月饼一盒。

十四日(9月21日),进内,叩头谢恩。

十五日(9月22日),中秋节。

十六日(9月23日),加班奏事。

十九日(9月26日),值日。

廿九日(10月6日),值日。是日值班,未赴园。

十月

初一日(11月6日),进万寿贡品。

初十日(11月15日),万寿,卯刻至仪鸾殿门外行礼。

十三日(11月18日),发汾州电,恭叩寿禧。

十五日(11月20日),在家叩祝寿禧,演影戏一日,带二簧唱。

十一月

初五日(12月9日),军机大臣面奉谕旨:"度支部左侍郎绍英、署学部右侍郎宝熙差使较繁,着毋庸进文六班,钦此。"钦遵,于初七日与宝瑞臣联衔谢恩,进内叩头。是日至庆王爷处谢栽培,奉谕派世忠充工程处办事官,当交工程处办堂谕并片行吏部。

初十日(12月14日),北宅大奶奶病故,当往北宅办事,商定停放十一日,于廿一日午时与百先及前一位大奶奶在北山西茔合葬,辉山侄于是日由山西来,当令其暂住北宅,照料一切。

十二月

初八日(1908年1月11日),恩赏腊八粥,初九日进内叩头。

十二月十三日(1月16日),恩赏神肉,十四日进内叩头。

廿二日(1月25日),恩赏袍褂料,进内叩头。接四哥来信,云得保列卓异,可喜之至。

廿九日(2月1日),进内行礼,黑皮冠、蟒袍、补褂,得赏荷包一个,内银锞一个,果盒一个,"安乐康平"春条一个,回家将果盒供祠堂。是日拜官年。

光绪三十四年戊申(1908)日记

光绪戊申年日记

[正月]

元旦(1908年2月2日),进内行礼,朝服,回家,祠堂行礼。开笔书:元旦举笔,书龙虎字,大吉大利,萱堂馀庆,棣圃增荣,守身寡欲,学治存诚,清慎勤俭,安乐康平。既志颂祝之忱,并书勉力之语,宜敬念之。

初四日(2月5日),进署贺年,开办公事。

十五日(2月16日),保和殿入宴,黑貂冠、蟒袍、补褂,至西苑叩头,因十三日赏元宵,谢赏。

十六日(2月17日),加班奏事。

十九日(2月20日),进署开印,朝服、补褂。

廿三日(2月24日),正班,值日。

二月

初一日(3月3日),奉上谕派赴山西查办事件,自初一日起另有日记。①

赓宅入股事。

发家信。

----

① 以下诸事为本册末尾所附杂记文字。

署中新章事。

卅一年五月廿四日工程处行文度支部款项数目:共领过一百四十四万七千八百九十八两四钱零,欠领六十四万一千四百一十二两九钱零。①

---

① 此后绍英之孙延儒有另页补注:"日记第十五册遗失,遗失光绪卅四年戊申(1908年)日记二月初一日至除夕,孙延儒谨记。"

宣统元年己酉(1909年)日记

以下日记第十六册①
己酉正月
宣统元年元旦(1909年1月22日),书元旦帖云:元旦举笔,书龙虎字,大吉大利,萱堂馀庆,棣圃增荣,常存敬畏,共矢公忠,迁善改过,守身卫生。祝词加以勉励之语,其敬念之。

初三日(1月24日),请训,赴定东陵查工。

初六日(1月27日),辰刻启行,途中另有日记。

十三日(2月3日),至通州乘火车抵京,在法华寺办理估修工程公事。

十七日(2月7日),具奏估修神路、填砌隧道暨礼部、八旗、内务府营房工程钱粮数目折一件,清单一件,附片奏监督等川资等款请由六分平馀项下动支片一件,均奉旨"依议,钦此"。钱粮数目共卅一万零四百廿五两四钱四分,共派厂商四人,森昌李和二成、聚顺乔峻三成,天羲郝德宽、兴隆马各二成,添派王治、乾升一成。

十八日(2月8日),至度支部。

廿三日(2月13日),值日奏事。

---

① 第十六册日记,封面题:"日记,十六,宣统元年己酉日记,元旦至除夕,孙延嚞谨志。"另页题:"日记,十六,光绪卅四年戊申二月初一日至除夕一本未见,此本当为第十六本,男世良谨志。"

廿九日（2月19日），入公费银六百六十六两零。

二月

初一日（2月20日），辰刻进内行礼，至度支部放款后回家。是日国服百日已满，未刻剃头，出交二爷月例三百七十四两。

初二日（2月21日），进署放款，未刻散，回家入俸银七十七两五钱，出发零用十五两，给成大爷、大奶廿两。

初四日（2月23日），度支部值日，定东陵工程处奏事，进内。散值，至溥仲路尚书处谈农工商部交款事。午刻进署。

十一日（3月2日），托陈瑶翁办世杰承荫引见事，延阁请荫事，交本旗图片二件，荫照一件。

十二日（3月3日），巳刻首善第一女工场开学，余与五奶奶均到，行开学礼。晚间铁大人来，交来菩陀峪吉地保奖单，已经庆邸点定，拟于十六日申正约同人在舍间晤商一切。

十四日（3月5日），度支部值日。

十五日（3月6日），进署，未能至祠堂行礼，嗣后逢朔望务须行礼为要。

十六日（3月7日），早，进署放款。午后铁大人、荣大人、耆大人、荣朴斋、李秀瑜、崇殿才、隆镇东均来商办保案事。接晋抚宝大人来信，为银行事。

廿四日（3月15日），度支部值日。

廿五日（3月16日），世杰赴内阁验看。

廿六日（3月17日），钦派大臣覆奏，奉旨"荫生世杰著以文职用等因，钦此"。

廿八日（3月19日），因子以文职用谢恩，赴阙门会同验看，恩公亦于是日谢恩。窃思恩公将一品荫生给世杰承荫，蒙恩以文职用，此诚仰荷天恩祖德馀荫，应教子以义方之训，尽心力于忠孝大节，庶克长承恩荫也。

廿九日（3月20日），赴庆邸拜寿，见振大爷略谈。进署。

卅日（3月21日），加班奏事，蒙监国摄政王召见，问具奏清理财政事，并云清理财政，筹款切不可扰民，正监理官可多开数员，开单请简，副监理官由部奏派。王意重视财政，宽心爱民，良深敬佩。晚至钱局收钱，因花文太粗，撤去匠役奖励，告以日后如能改良加细，可加倍奖励云。

闰二月

初一日（3月22日），进署。

初二、三日（3月23、24日），赴库。

初四日（3月25日），值日。世杰分在法部当差。

初五、六日（3月26、27日），过堂。

初七日（3月28日），申刻至铁大人处核保案。

十一日（4月1日），巳刻班，见监国摄政王。

十二日（4月2日），文彝初带领世杰至法部谒见堂官。

十四日（4月4日），值日，召见。监国摄政王问印花税事，派监理官事，令与监理官详细讨论将来，不究既往，查明以后之款，以为预算之预备，并不可令各省加赋扰民为要。余对云将来部中尚欲拟订监理官办事细则。王云你们多斟酌，以期妥协为要。午后至庆邸，会同铁大人、荣大人呈回保案事。至颜料库较对权衡。是日到较晚，以后应将公事先告明跟班可也。

十五日（4月5日），清明。进内行礼。

十七日（4月7日），赴先茔，看种树事。

廿日（4月10日），四哥赴崇陵工程处住工。

廿一日（4月11日），进内行礼。晚接四哥来信。世杰赴津学馆。

廿二日（4月12日），进内行礼。发四哥信一封。

廿四日（4月14日），值日。

廿六日（4月16日），接四哥信二封，当禀复。

廿七日（4月17日），赴银行取利，并取回股票等件，存铁柜中。

三月

初一日（4月20日），庆亲王奏保恭修菩陀峪定东陵工程人员一折，奉上谕："监督铁良着交部从优议叙，绍英、荣勋、耆龄均着赏给头品顶戴等因，钦此。"闻命之下，感悚莫名，窃思受恩愈重，报称愈难，惟应恪守官箴，勉图自效，以冀仰答于万一耳。回家诣祠堂行礼，家中叩头，给四哥缮禀一封，交泽公府寄去。备谢恩折，明日谢恩，并呈递膳牌。

初二日（4月21日），谢恩。至同和堂，锡清帅邀吃便饭，同坐皆同乡也。至张小帅处拜会略谈，至庆邸处谢栽培。回家溥六大人来，当即回拜。许稚筠送奏底来，当交徐供事缮底。

初三日（4月22日），赴庆邸处请看奏底，奉谕定于初七日呈递。

初七日（4月26日），奉上谕："庆亲王奕　奏遵旨查明已故承修大臣开单呈览一折，原任大学士荣禄承修菩陀峪定东陵工程曾经着有劳绩，加恩着赐祭一坛，该衙门知道，钦此。"又片交军机大臣钦奉谕旨："着查明永隆、庆恒现有子孙，开单请旨，钦此"。

十一日（4月30日），巳刻祖奠礼，赴观德殿行礼。

十二日（5月1日），德宗景皇帝奉移至阜成门外，跪送。

十三日（5月2日），沙峪村霍塼誉交地租市平足银廿五两正，当写租折并写给收条一纸。给世大人甫仁甫信一封，资助东三省学堂学生崔振镛卅元，求其转交。

十四日（5月3日），入文明书局官息分红共八百十元。出买排环大珠十四粒，共价银七百元，又买戒指，价银四十元，戒指进呈慈亲留用。

十五日（5月4日），值日。

十八日（5月7日），泽公、陈大人均至署。至瑞裕如处，托其代为转售股票事，文明书局股票三百六十股，计九千元，并取息折，均交裕如手。

廿五日（5月14日），值日。

四月

初一日（5月19日），恭诣太庙陪祀。至工程处，进署。四哥驻工。

初六日（5月24日），值日。

初八日（5月26日），加班，奏驳江苏征银事。

初十日（5月28日），李仲宣制军来谈。李世兄亦来见甫健甫。瑞裕如来，交到汇票九千三百六十元一纸，系代售文明书局股票之款。徐菊人制军来谈。

十四日（6月1日），派赵福送还约据四件。闻吴幼舲云张香帅因粤汉、川汉铁路已借定五百五十万镑，利息折扣俱与京汉借款同，惟有洋人查帐一节稍失主权；前两日将用款单送给洋人阅看，洋人允可，始准银行发银，指未抵押之厘金及盐斤加价又加价作抵，系高凌霨、曾广铨经手，银行系汇丰、汇理、德华分办也。

十六日（6月3日），值日，蒙召见，先见泽公，后见英，进殿先跪安，次进东暖阁，监国摄政王命坐，遂坐。问监理官到齐否，有已出京者否，据实以对。摄政王云："现在筹款艰难，你们要力任其难。"并云："泽公说你办事甚好。"对云："绍英受恩深重，应随同泽公尽心办事。"摄政王云："遇事随同泽公多斟酌，总以筹款不扰民为要。"蒙摄政王温语奖勉，应如何勤慎当差，尽心办事，以仰答朝廷厚恩耶，其敬念之。进署放款。散署，至聚丰堂公请程中丞，同乡人均到。

十七日（6月4日），庆邸具奏查明已故监督永隆、庆恒之子开单请旨一折，奉恩旨"永隆之子立堃赏着以郎中补用，庆恒之子儒祥着赏给三等侍卫，在大门上行走等因，钦此"，钦遵办理代奏谢恩折，交文老爷桐请王爷阅看，订期具奏。至工程处商办公事。

廿六日（6月13日），值日，未进署。

廿九日（6月16日），加班，为东三省拟开银行议驳事。进署，回家。

五月

初一日（6月18日），进署放款。

初三日（6月20日），日本大藏省财政局局长胜田主计君来会晤，渠问银行国债赔款等事，并属转达泽公彼国大藏省大臣桂大臣致意云云。

初六日（6月23日），值日，进署。

十六日（7月3日），值日，带引见，未进署。

六月

初一日（7月17日），进署放款，领公费六百一十一两一钱一分。发公中月例三百廿七两，送马师爷修金廿两。

初七日（7月23日），值日。至庆府看振大爷，晤谈。

十七日（8月2日），值日。至政务处与邮传部堂官会议，泽公允为该部由大清银行募公债五百万两，以为置办邮船等项之用。徐尚书云：至锦洮铁路须借款兴修，但专为保存土地，于兴利养路均未有利益也。泽公云：须问东三省总督能筹抵款还款之法，始可兴办也。徐尚书：若讲有利益之路线，则开海铁路必能获利。泽公云：既贵部担任能还本息，且有利益，始可借款也。徐尚书云：若筹有资本九千馀万两，至十年后每年可将得利千万拨给贵部，但筹款殊不易耳。

廿七日（8月12日），值日，本部具奏财用窘绌、举办新政宜力求撙节、以维大局一折，本日奉谕旨："度支部奏财用窘绌、举办新政宜力求撙节、以维大局一折，所奏不为无见，着由该部钞给各部院衙门、各省督抚详晰阅看，原折着留览，钦此。"是日蒙召见本部三人，上意尚以为然，泽公详晰奏对，尚道及见徐尚书商办之语，并禁种土药之事。

廿八日（8月13日），四哥蒙恩补授民政部右参议，此诚天恩祖德。本年自四哥以次皆蒙恩赏顶戴、加衔、承荫分部当差，深为庆幸。陈公希祖联语云"垂训一毋欺能安分者，便是敬宗尊祖，守身三自反会吃亏者，方为孝子贤孙"。窃思毋欺即慎独，是为学之入门，即为学之究竟；安分即循理安命之谓，忠信时习，尤为存心力学之要；会吃亏，即存厚让人之谓，为子孙者能如此存心力学，循理安命，自能积善馀庆，庶可为孝子贤孙也，当敬念之。

廿九日（8月14日），四哥谢恩。

卅日（8月15日），四哥因与肃邸系亲属，同部应否回避，奏明请旨，奉旨"毋庸回避，钦此"。署中分饭银七百馀金，买青马，匹价银四百金。

七月

初一日（8月16日），丑正赴太庙陪祀。是日未进署。未刻至工程处，将大清银行折交监督提款，发住班川资等款。

初七日（8月22日），值日。

十七日（9月1日），值日。

廿七日（9月11日），值日。

廿九日（9月13日），入公费六百一十一两，交三爷三百八十五两。

八月

初一日（9月14日），赴库放款。崇文门正监督博公派世杰襄办堂委差使，托魏梯云婉言辞谢，晚间接博公来函，云务祈帮忙，勿再固辞等语，并接梯云给世杰信，约于初三日辰正会同到差。既承博公恳切之意，只得令世杰遵谕勤慎当差也。

初三日（9月16日），进署。右足筋登伤，颇痛。

初四日（9月17日），未能进署，请桂老爷来看。

初五日（9月18日），陈大人来看。

初七日（9月20日），泽公来看。

初八日（9月21日），值日，注感冒。用波兰的酒及如意油擦脚，颇见功效。

十三日（9月26日），加班奏事，进内。至陈大人处谢步。

十四日（9月27日），进署。

十五日（9月28日），至家祠行礼。

十六日（9月29日），进署，随同盘库，过平一百五十万两正。

十八日（10月1日），值日，衔下注赴库。

廿一日（10月4日），加班奏事，进内。至工程处与耆寿民商定，九月初六日启行，赴东陵查工，初五日请训，约十四日到京请安。

廿六日（10月9日），查库覆命。

廿八日（10月11日），值日。

九月

初一日（10月14日），赴库放款，进内。至内阁会议画奏稿，为升祔典礼事。

初二日（10月15日），请训。

初四日（10月17日），抵工次，叩谒陵寝后查工。

初六日(10月19日),交已完之工后即启行。

初八日(10月21日),到京。

初十日(10月23日),请安。至庆府回事,进署。

十一日(10月24日),由黎玉屏送到实收八张,计开捐款数目:世杰捐三品衔,合库平银六百四十二两八钱二分;延康捐主事职衔,合库平银一百十六两七钱九分;延祉、延禧、延霈各捐十成监生,合银十六两零七分,主事职衔,合银一百十六两七钱九分。以上共合库平足银一千一百五十八两一钱九分。

十二日(10月25日),进署,将实收八张交林梅贞换照。散署,赴银行拨还捐款。

十三日(10月26日),加班奏事,进署。

十八日(10月31日),正班,带引见后至万生园。

十九日(11月1日),早,致魏大人一函,寄去折底等件,并言行文承办事务衙门应叙入,应否援照成案,敬候永远奉安时即刻带匠修工之处,即希见复,以便届期遵照办理云云。

廿三日(11月5日),耆寿民来商工程事。

廿五日(11月7日),放款,未能进内行礼。

廿七日(11月9日),卯刻启行赴东陵,途中另有日记。

十月

初九日(11月21日),午刻恭送神牌至太庙,随同行礼后回家。

初十日(11月22日),荣中堂领衔请安,本部与曾参议联衔谢加级恩。午后进署,散署,至泽公府,与泽公略谈。

十一日(11月23日),因恭送神牌加一级,荣中堂领衔谢恩。

十二日(11月24日),早,工程处监督来商公事。午后至耆寿民处道喜,并会同至庆王府回王爷工程保案事,王爷令声叙明晰。光绪五年普祥峪万年吉地全工告成,曾蒙恩准保,光绪八年恭修神路营房等工完竣,续经蒙恩准其保奖,如此声叙,一看即知两次保案矣,即同寿民至工程处改妥,定于十三日奏明一律工竣并附片奏可否援照成案准其保奖请旨,当属监督代阅片奏,即可呈递。

十三日(11月25日),具奏折一件,片一件,奏折奉旨"知道了,钦此",片奏奉旨"准其保奖,钦此"。是日因恩诏恭送之大臣均加一级,与曾参议联衔谢恩。由内至工程处商办保奖奏底等事。午后进署。

十四日(11月26日),早给慈视拜寿,午进署,散署即回家。

十五日(11月27日),众亲友咸来给慈亲贺寿,在家接待一日,是日天气晴明,叫徐狗子改良八角鼓以备堂客解闷,亦甚有趣。

十八日(11月30日),值日,进内,午后进署。

十九日(12月1日),晚,请耆寿民及工程处诸位便饭,为商保案事,定于廿三日具奏,奏销折、片、单各一件,保奖折、单各一件。

廿三日(12月5日),具奏工程处折二件,片一件,单二件,折、单、保奖均奉旨"依议,钦此",附片一件,奉旨"知道了,钦此",由内至工程处办理奏后行文。是日为予生辰,回家叩头,饭后进署。

廿四日(12月6日),晚,四哥由东陵回家,率子侄辈补行拜寿。

十一月

初一日(12月13日),领部照八张,竹格三品衔照一张,三豹主事衔照一张,四獾、五熊、六象监生、主事衔照各一张。进署。晚,率竹格至祠堂行礼。

初六日(12月18日),带引见,张家口监督圈出李毓芬。
初八日(12月20日),值日。
初十日(12月22日),冬至。
十一日(12月23日),振大爷差世信即赵虎……①

……为禁戒,守身为大,养心莫善于寡欲之语,宜时时敬念之。

廿八日(1910年1月9日),值日,午后进署。

十二月

初一日(1月11日),进署。祠堂行礼。给寿宅老太太及荣月帆拜寿。

初九日(1月19日),值日,进内,午后进署。

十五日(1月25日),加班奏事。发年例。

十九日(1月29日),正班奏事。家中忌辰,祠堂行礼。是日封印,大吉。

廿三日(2月2日),加班,具奏调查各省岁出入总数及议复各件。进内,因昨日蒙隆裕皇太后赏给大缎袍褂料二匹,于本日进内,随众至长春宫谢恩,瞻仰皇太后、皇上天颜,诸臣均行两跪六叩礼。散后至署开库放款。午后(陵)[凌]方伯来谈,托其转致崔磐石为二侄孙完姻事。

廿五日(2月4日),加班奏事。

廿六日(2月5日),立春,大吉。

廿九日(2月8日),寅刻太庙陪祀后至九卿房,同乡京官会同,叩谢天恩。

---

① 以下有缺页。

附记张文襄公绝笔诗①:

诚感人心心乃归,君民末世自乖离。岂知人感天方感,泪洒香山讽谕诗。

---

① 此为另页记。此页上又杂记"浮记借格妈银八十两正",后以笔勾去此句。

宣统二年庚戌(1910年)日记

以下日记第十七册①

[正月]

宣统二年元旦(1910年2月10日),举笔书龙虎字,大吉大利,萱堂馀庆,棣圃增荣,国恩家庆,人寿年丰,自持敬慎,共矢公忠。早间至祠堂行礼。署中送阅发安徽巡抚电报,为铜官山赎矿筹借还款事。

初二日(2月11日),至陈瑶圃世叔处,因代请封典,前往叩谢。至北宅祠堂行礼。

初三日(2月12日),加班,奏事二件。至端午桥处略谈,伊谈及江宁清理财政事,属为维持。至铁宝臣尚书处略谈。是日泽公有召见。

初四日(2月13日),北宅大、二格来,予同四哥带领子侄暨大、二格等游厂肆,见有倭文端书对联一付,系"作事须循天理,出言要顺人心",二语触目惊心,宜敬念之。

初五日(2月14日),午刻进署,接陈筱石公函,为天津商人欠洋商货债,拟办彩票筹款事,又谈及试办豫算应提前办理,俟办有头绪,再厘订地方税章程。回家,徐德安电传万寿应办进奉事,即应询明照办。

---

① 日记第十七册,封面题:"日记本,庚戌,十七,宣统二年元旦至十二月廿九日,孙延翯谨志。"

初六日(2月15日),至景东甫处,为进奉事,托其向总管说明。进署。散署后至泰昌办江绸四卷,约合六十馀金,同泰石办一尺四黄盒八盒,合银四十金,预备贡费廿六金,德安赏共八金,初七日交贡单,初捌日进呈。

初七日(2月16日),呈递贡单。

初八日(2月17日),派赵福将贡品送交德安交进。① 午进署,蒙恩赏加宽江绸二匹。

初九日(2月18日),进内,至长春宫谢恩。午进署。

初十日(2月19日),拜客,未进署。

十一日(2月20日),进署,至景宅。

十二日(2月21日),加班,奏事。午进署。

十三日(2月22日),进署。晚,张振翁请晚饭。

十六日(2月25日),加班,奏事。

十九日(2月28日),卯刻进署开印,收款。

廿一日(3月2日),发西、南两院月例四十两,告北宅二格,托锡四爷问大格完姻事。

廿三日(3月4日),值日,进署。

廿六日(3月7日),加班,具奏试办豫算折、片,均奉旨"各该衙门知道,钦此"。进署。

廿八日(3月9日),验看。

二月

初一日(3月11日),进署放款。

初四日(3月14日),值日,奏调吴君廷燮在本部参议上行走,奉旨"依议,钦此"。收到春俸银七十七两五钱,又收世杰俸银廿四两。晚间魏梯云来,交给送女工厂银二百两,拟请梯云向

---

① 此处天头补书:"皇太后万寿进奉。"

信成银行借银三千两,以备女工厂之用,女工厂出名息借。

初七日(3月17日),加班奏事,带引见,杨味云补郎中缺,参议上行走,吴向之到部。

十四日(3月24日),值日,泽公请假,未递牌。晚,毓月华请,略谈时事。当此时事艰难之际,我辈受恩深重,自应尽心职守,敬慎将事,若自揣才力不及,惟应急流勇退,庶免阻碍贤路,以求自全,是或一道也。

廿四日(4月3日),值日,给泽公道寿喜,进署。

廿五日(4月4日),寅正至历代帝王庙分献,左虎两案各上香一柱,拈降香三次。进署。

廿六日(4月5日),派毛冬至北宅送过礼物件。接陈尧斋电,询保荐查验事,已属陈瑶翁代为打听办法。

廿七日(4月6日),因杀虎口监督差带领引见。复陈尧斋电。

廿八日(4月7日),发江苏宝中丞、陆方伯信,为王少[谷]师求派厘捐差之事。进署。晚间张伯纳来云银行事应认真整顿,如厚德不能还清欠款,罗、顾二人尚有股票可抵,但不宜操切耳。

廿九(4月8日),赴庆邸处拜寿。

三月

初四日(4月13日),值日,奏事,王宗基补郎中缺。

初五日(4月14日),因腹痛未能进内,午后进署。

初六日(4月15日),发复王少谷师信一封,寄金陵马家桥。

初七日(4月16日),散署后瑞二爷来,将新到之银币式样带来阅看。是日先茔补(裁)[栽]松、柳树各廿棵。接少谷师信。

初八日(4月17日),赴北宅,延阊过礼,礼毕,进署。

初九日(4月18日),加班,奏事。

初十日（4月19日），寿大人来交陆军学堂表一件。进呈慈亲利息五两正，提银四百两交三爷，备喜事用，送佟师爷喜敬五十两正。

十四日（4月23日），值日。午后洪凝度来谈，凝度，少鼎之婿也。

十六日（4月25日），加班，奏事，为湖南赈款拨银卅（两）[万]两速议事。

廿二日（5月1日），未刻侄孙延闿完姻，一切吉祥，天气晴和，颇为欣幸。

廿四日（5月3日），值日，陈尧斋来见。

廿五日（5月4日），试署银行副监督陈锦涛来见。进署。取银行官息花红。辉山侄来云北宅喜事共用京足银一千一百廿六两正，当即付清。

廿七日（5月6日），赵随侍来，送到振大爷信一件。

廿八日（5月7日），发西西、西南院月例各廿两，系四月分。泽公爷赴工次。

四月

初一日（5月9日），早至太庙陪祀。已刻至汇丰代换存据，交赵福送交，取有世信回片并收条。进署，同陈瑶翁至湖广馆银行开会，事毕拍照即散。晚，三爷来，发给饽饽银四两。

初四日（5月12日），延闿夫妇来叩头。

初五日（5月13日），值日。前一日得赏暑药，是日均在养性殿叩头，得瞻天颜和霁，深为庆幸。

初八日（5月16日），佛诞日，上赏绿豆。

初九日（5月17日），早，进内，至大他他行两跪三叩礼谢恩。兵马司景大太太送景大哥遗念假珊瑚珠一盘。

初十日（5月18日），进署，因币制事会议。

十一日(5月19日),加班,奏事。

十五日(5月23日),值日,奏事,币制及处理旧银铜元事。

廿五日(6月2日),值日,进呈银币式样。进署。

廿九日(6月6日),发锡闰生信一封,寄去帐单一纸。至银行送应入股本七千五百两正。晚,瑞二爷来,将股票交二爷送银行,以便将款收入,并托其代为转售。晚,赵护卫来,为换字据事,告以初二日派人送交。

五月

初一日(6月7日),午至大德恒丕月川、大德通孟馨斋处代办二件。进署。

初二日(6月8日),锡洁庵来,为暂派总办事。派赵福送敬观堂信件,送陆太老师寿礼六色。

初五日(6月11日),端节前一日蒙上赏粽子,是日早至大他他叩头。慈亲至丹桂园观戏。晚,四哥备酒食,在源丰堂家宴。

初六日(6月12日),值日。四哥赴工次住班。

初八日(6月14日),闻晏海臣云王老师已蒙派安徽大通督销差,慰甚。

初九日(6月15日),早给王老师发电告派差事,又写一信,由邮局快信寄南京马家桥皖湖王公馆。又给慕韩侄信一封,由快信寄去,令其速为来京事。午进署,与泽公谈及王师蒙栽培,此人品学甚好。

十四日(6月20日),带引见,请简坐粮厅监督,派出昆敬。

十五日(6月21日),进内呈递述旨折。至陈世叔处拜寿。

十六日(6月22日),值日,具奏纸币则例一折,又限制发行银钱票一片,奉谕旨"依议,钦此"。又会奏壶芦岛开埠事,亦奉谕旨"依议,钦此"。

廿日(6月26日),晚,慕韩侄来京。

廿一日(6月27日),女工厂速成班毕业,发文凭,并设展览会出售成绩品,在厂照料一日。

廿五日(7月1日),请五太太至万生园,以表祝寿之意。

廿六日(7月2日),值日。发西、南院月例各廿两正。

六月

初一日(7月7日),祠堂行礼。晚,五太太邀谈家务,予同四哥同往劝解。拟先令慕韩夫妇赴奉省办理税契等事,并令王文琪、萧忠同往照料,俟办妥回京再听五太太吩咐,应否分办再为商议,五太太已允准照办矣。

初二日(7月8日),早,柏峻山来谈崔磐石亲事,崔府拟明春办理,当答以总以秋间八月办理为妥。晚间致柏峻山一函,略云祈转致崔府八月办事,务请俯如所请云云。是日赴库放款,午后未进署。发曾三爷、辉山侄月例各四两。

初三日(7月9日),早,拟稿致奉天银行保莲舟一函,托办税契事,当属马祜庭代缮。

初六日(7月12日),值日。

初七日(7月13日),赴钱局。是日腹泻,未进署。

初八日(7月14日),进署。致保莲舟一函,托五太太税契事,复志廿一爷信一函。

初九日(7月15日),早至寿挹清处交回奏底。至袁觉生处晤谈,为伊拟至商部属转达溥尚书事。至瀛贝勒处回拜,晤谈。午进署,泽公差人送电报二件。慕韩侄交存布匣二个,执照一包,均收铁柜内。

十四日(7月20日),请客,商定延禄赴杭州就亲事。

十六日(7月22日),值日。世泰来,送百金并果点等物。

廿六日(8月1日),值日。

七月

初一日(8月5日),诣太庙陪祀。午后进署。晚,接柏三爷来信,延禄喜期定于八月十八日申时。

初二日(8月6日),早,将喜事应办各件单及应用首饰交三爷送交北宅。

初四日(8月8日),因云南军饷事加班具奏。

初七日(8月11日),值日。姚挹香回国来谈。毓五太太送来单一纸,为喜事择日事。

初八日(8月12日),令竹格至银行给延禄汇款一千两,换洋元三百元,以备赴杭州就亲之用,此款暂借载福堂京足一千二百两正。此项原票自宣统二年三月廿五日存银行生息,暂借,另补。另行补还本息可也。①

初九日(8月13日),交三爷汇票一千两,川资三百元,送北宅。

十二日(8月16日),内人寿辰。

十三日(8月17日),内阁奉上谕:"意普等奏恭修菩陀峪定东陵佛楼请派大臣勘估钱粮并开单绘图呈览一折,着派绍英前往敬谨查勘,钦此。"

十四日(8月18日),早,请魏梯云来谈,拟率同魏梯云、马仁甫、锜麟、徐星垣、王彬卿、乔商人峻于十七日启行前往。

十五日(8月19日),家祠秋祭。进署,送同去诸君各川资四十金。

十六日(8月20日),请训。至庆府送书。

十七日(8月21日),卯刻启行,雇轿一乘,轿夫三班,班车一辆,驴五头,共银一百零几两,率同魏梯云、马仁甫、锜季平、王

---

① 此处天头补书:"借本一千二百,息十三两三钱。"后圈去。

彬卿、徐星垣同往，由火车至通州，宿燕郊。

十九日（8月23日），至东陵大宫门叩谒，复至昭西陵叩谒，借连宅何仲平住，麟、仁甫来谈，即诣定东陵隆恩殿东暖阁内，敬谨勘丈尺寸。苏大人由马兰关到，晤谈。因尺寸不甚相符，当片行承办事务衙门询问应如何核算。

廿日（8月24日），巳刻恭诣惠陵查勘规制，意公印普、全公均到，会同瞻仰毕，即日启行。

廿二日（8月26日），未刻至通州车站，由火车进京，戌刻到家。

廿三日（8月27日），早，至工程处会商公事，拟定奏底清单，共估需工料银二万二千一百九十七两二钱一分九厘，比该处所估之数少二万七千三百馀两，核实勘估未免招怨，然不敢不实事求是也。

廿四日（8月28日），请安，递折一件，单一件，奉旨"依议，钦此"。散门后，至工程处办奏后行文事。午刻进署。至鹿宅行奠，至世中堂宅请见，略谈。

廿五日（8月29日），早，寿翊清来，请八月十二日迎妆，八月十三日辰刻请内人陪筵席。进署，陈瑶翁属给奎乐老写信，为陈世兄求派办事官事。泽公到。云南请款，定议拨给五十万两。谈勘估工程事，并云余川资不领款，同去司员等川资用二百馀金，拟由本部饭银处拨给，泽公首肯。接外务部来信，定于廿七日午后两点半钟，外务部堂官、度支部堂官在政务处会议。散署，至铁大人处，适耆寿民亦来，谈商定工程经费，馀款捐助首善工艺厂一千两，女工厂一千六百两，奖给徐供事世麟一千两。晚，在福全馆同延禄等家廷聚会，因廿六日延禄即启行赴浙省就亲也。

廿六日（8月30日），延禄同辉山侄赴杭启行。

廿七日(8月31日),值日。回家,上祭①。午后两点钟至政务处会议,锡制军交略节四条:一、锦爱铁路即欲具奏,庆亲王、那中堂已驳,令听信再奏;二、借款二千万事已议准;三、限制官私银钱局出票事,泽公云部中办事必须一律,如奉省有窒碍之处,应由本省设法补救可也;四、盐政事东三省请免设运司盐官,泽公未允,即云如所设之官有过失,仅可由督抚参劾,直隶已办过矣。议毕,庆邸又与锡督略谈东三省巡警等事,遂散。拜锡督。回家,延阎来说明售房之事。

廿八日(9月1日),早,唐宝锷、文桐、王汝淮来。至奎乐老处,未遇,留信一封,为陈瑶老所属事。至景东甫处,未遇,告其门上人转达余与陈瑶老进奉求通说事。进署。晚接奎乐老复函。

[八月]

初一日(9月4日),进署。

初二日(9月5日),加班,具奏东三省拟借款二千万,会同外务部议准事,湖南拟办公债议准事,奏拨云南军饷五十万事,又奏拟将国家税、地方税章程同时厘定事,均[奉]旨"依议,钦此"。至庆府拜寿。未进署。

初三日(9月6日),放款,复进署,发云南奏复电。闻又谈及本年调查国家税、地方税及皇室经费应办专咨拟表调查事。

初七日(9月10日),值日。

十一日(9月14日),上赏江绸两大卷。此节进奉系江绸四卷,食物八盒,贡费廿四两,给催禄四两。

十二日(9月15日),进内,叩谢赏赐。是日盛大臣到币制

---

① 此处天头补书:"廿七日交琉璃厂文珍斋冯姓装裱先公手书小楷,拟分十二卷,已议妥。"

局议事。

十三日(9月16日)，上赏月饼二盒。

十四日(9月17日)，进内，至大他他叩谢赏赐，一跪三叩，料理节事进呈款，送人款赏项等，共用七百一十八两，还节账约用银一千三百两之谱。

十五日(9月18日)，赴家祠叩头。晚，至源丰堂便饭，合家欢聚，信可乐也。

十七日(9月20日)，值日，具奏币制局开办事。

廿三日(9月26日)，加班，奏事。

廿七日(9月30日)，值日，具奏试办宣统三年预算事，又奏参江海关道蔡乃煌经理款项罔利营私事，奉旨"蔡乃煌着先行革职等因，钦此"。

九月

初一日(10月3日)，赴库，闻张伯纳云接沪行电，称蔡道经手应还洋款已还讫。

初二日(10月4日)，赴库，散后至农事试验场，为铁将军饯行，藉以游息一日，亦忙里偷闲之乐也。

初八日(10月10日)，值日，午后赴银库放款。[1]

十七日(10月19日)，睿亲王、唐尚书至度支部查库。

十八日(10月20日)，值日。

廿四日(10月26日)，查库完竣，睿邸定于廿八日覆命。

廿七日(10月29日)，加班，奏事，为向美国借款事，奉朱批"依议，钦此"，是日即行文外务部。

廿八日(10月30日)，值日，议复锡、瑞两总督请借外债应

---

[1] 此处天头补书："夜间作句，姑记于此：天心可复，夜气犹存，扩充继续，其德如神。"

暂缓办理事,奉朱批"依议,钦此"。①

十月

初三日(11月4日),延禄夫妇由浙江回京,四哥及余均接至车站。

初六日(11月7日),带引见。

初八日(11月9日),值日。

十五日(11月16日),慈亲寿,叫徐狗子八角鼓演唱一日。

十八日(11月19日),值日。购得藏经内零种七十捌本,共作十函,皆佛祖法宝,应敬谨收藏,以备参阅。语云:"此身不向今生度,更向何时度此身。"又云:"云何得长寿,金刚不坏身。"是知神寿无量,要在自修自度耳,应勉力修证,复其本来面目,庶不虚度此生也。

廿二日(11月23日),四哥寿辰,拜寿后进署,署中无事。回忆余四旬时曾自吟四首,因和前韵四首,聊以志勖云尔,兹将八首录后:

四十生辰志感时光绪庚子年也

一梦悠悠四十年,追思往事甚凄然。于今参透真消息,本命元辰善保全。

世变苍黄岂偶然,良由人事自生颠。天心悔祸成和议,赢得安居性命全。

穷通得失尽从天,何苦张皇自纠缠。悟澈本来无一事,逍遥浑似出尘缘。

时事无端屡变迁,承先启后重仔肩。从来积善多馀庆,祖泽

---

① 此处天头补书:"座右注意:一存心公正,一宽恕待人,一罔谈彼短,一退思补过,一力求节俭,一保守身体,一讲求政治,一勉力学问。自集联语:据德依仁,是寿者相;守身知命,为君子儒。"

应思百世延。

五十生辰志感时宣统二年也

虚度光阴五十年,进修疏懈叹依然。幸知天命原无息,夙夜兢兢善自全。

颜子心斋岂偶然,本来无妄叹生颠。知几信是先天学,一善拳拳自保全。

全受全归在畏天,莫教情绪苦牵缠。守身自有先贤训,离欲应思出世缘。

毋欺垂训家祠联语有"垂训一毋欺"之语。莫思迁,继志承先重荷肩。移孝作忠非二事,天恩祖泽幸长延。

廿三日(11月24日),余五旬初度,亲友多来庆祝,在家接待一日。五十无闻,良可慨也,守身安命,夙夜兢兢,庶可收之桑榆,尚其勉旃。

廿四日(11月25日),加班,奏事。

廿八日(11月29日),值日。

十一月

初一日、初二日(12月2日、3日),赴库放款。

初五日(12月6日),派出验放,午后进署。

初六日(12月7日),覆命,进内。

初八日(12月9日),值日,未初至政务处,与资政院议员商议本部核减事。

十八日(12月19日),值日。

廿八日(12月29日),值日。

十二月

初四日(1911年1月4日),加班。

初八日(1月8日),值日。

十五日(1月15日),上赏神肉一方,羊腰一支。

十六日(1月16日),至大他[他]叩头谢恩。

十七日(1月17日),朗贝勒夫人电传明正喜事,庆府定于正月十九日午时过礼。

十八日(1月18日),值日。

廿日(1月20日),封印。午刻至博公府谢步。至女工厂监视发文凭。

廿一日(1月21日),加班,奏事,进署放款。

廿二日(1月22日),皇太后赏江绸二大卷,应廿三日谢恩。

廿三日(1月23日),进内,叩头,钦奉谕旨"农工商部奏高等实业学堂五年毕业监督绍英应如何奖励等语,绍英着交部议叙等因,钦此",当即办折,定于廿五日谢恩。进署。

廿四日(1月24日),进署,泽公谈造纸厂事,进署阅折。

廿五日(1月25日),加班,奏事并谢片恩。进署,请瑶翁拟造纸厂片稿。

廿七日(1月27日),加班,奏事,余领衔奉天京官谢恩。接锡闰生来信,寄到禀函并送炭敬单一纸,应照办。

廿八日(1月28日),早,至太庙陪祀。回家稍息,给锡闰生复信一封道谢。令赵福代送炭敬二处,不料伊竟将信件失去,用人不慎,真可畏也,嗣后应加敬慎为要。

廿九日(1月29日),麋鹿赏,上赏汤羊一支,藕粉一包,当将汤羊炖熟,以备年供之用。除夕蒙恩,敬纪荣幸之忱,应思仰答之意,天恩高厚,宜敬念之。

宣统三年辛亥(1911年)日记

以下日记第十八册①
宣统三年(1911年)日记
[正月]

元旦(1月30日),举笔书龙虎字,大吉大利,萱堂馀庆,棣圃增荣,节俭制用,敬慎持躬,国恩家庆,人寿年丰。向来书元旦帖,一在豫祝吉祥,一在自矢箴警,节俭以期不匮,敬慎以期不败,于养德养生,处人处事大有关系,应敬念之。是日大雪,佛堂祠堂行礼后未出门。

初二日(1月31日),至北宅祠堂行礼,顺道拜客。

初三日(2月1日),忌辰,未出门,派赵福送贡单。

初四日(2月2日),午刻进署办事,散后至西城拜客,至定王府见毓二爷、太太,托喜事转达各件。至永盛兴看妥女八团绣袍料一件。

初五日(2月3日),进署,礼部具奏庆亲王之第八女聘与世杰为室,应请照例援为郡君,其婿授为郡君额驸等因一折,奉旨"依议,钦此"。

初六日(2月4日),进署,庆亲王已具折谢恩,因令署中缮折,于初七日谢恩。

---

① 日记第十八册,封面题:"辛亥年日记,十八,宣统三年元旦至十二月廿六日,此本日记有关历史。孙延鑫谨志。"

初七日（2月5日），加班，奏事，并叩谢天恩，回家料理喜事等件。

初八日（2月6日），仰蒙皇太后赏大卷宁绸二卷。进署。

初九日（2月7日），进内叩头，在翊坤宫院内行礼。午后进署。

十三日（2月11日），上赏元宵一盒。

十四日（2月12日），加班，具奏试办宣统四年全国预算暂行章程及实行宣统三年预算办法各一折，均留中。赴大他他叩头谢恩。

十五日（2月13日），内阁奉上谕一道，为预算事。拜客，未进署。

十九日（2月17日），卯刻进署开印，赴库。巳刻过礼，一切吉祥。

廿三日（2月21日），正班，奏事。进署。

廿四日（2月22日），感冒，临疾不慎，切宜戒慎为要。

卅日（2月28日），请客，为商请娶亲事。

二月

初一日（3月1日），喜事，迎妆，来客甚多，晚间四哥叫喜连成小孩演戏数出，次日子正发轿。

初二日（3月2日），卯刻喜轿进门，礼节均甚吉祥，娶亲系朗贝勒夫人，送亲系洵贝勒夫人，礼成已东方大明矣，搏二爷来看。

初三日（3月3日），赴筵席六位：景三太太、熙三太太、洵贝勒夫人、涛贝勒夫人、朗贝勒夫人、振贝子夫人；陪筵席：庄王福晋、肃王福晋、豫王福晋、全公夫人、溥六太太、崇三太太共六位，振贝子、五亲家太太来看。恩老爷送到俸银七十七两五钱。

初四日（3月4日），上传，进内叩头，辰初刻世杰同大奶奶进内，府中派刘得顺随同世杰前往，闻礼节系世杰先至大他他跪安,穿花衣,又在殿内在皇太后前跪安毕,行双礼,三跪九叩,上赏如意二柄,男女尺头各一套,又赏饭吃,即刻谢恩下来,在他他吃饭毕,太监请示,口传令其退出,遂退出。旋经苏拉送到三镶大喜如意二柄,大缎袍褂料二卷,红绿大缎二卷,照旧章送给苏拉车钱每人八千。伏思联姻亲贵,世杰蒙此非份之荣,惟应教以勤职尽忠,夫妇和顺,庶可期仰答慈恩于万一也。未刻四哥同余至府见王爷、大爷、五爷、大奶奶、二奶奶。

初五日(3月5日),回门,世杰巳刻前往,午时回。上赏大奶奶吃食四盒,给内回事二两,跟人八千,挑夫四千。因府中下人贺喜,备赏六十两,交睄看人带回,作为大爷、大奶奶同赏云。晚至五嫂处,五嫂云嗣后八格格进内请安系初一、十五日,八额驸请安系初二、十六日,八格格进奉已托五亲家太太代为办理年节开账,八额驸进奉即是三节、万寿,由家中自办可也。

初六日(3月6日),进署。拜客。

初十日(3月10日),大奶奶单九之期,回府。

十一日(3月11日),五太太带领大奶奶拜客。

十二日(3月12日),大奶奶十二天之期,回府。

十三日(3月13日),值日,进署。

十四日(3月14日),申刻庆邸来,摄政王府二侧太太来,备燕果席请入座,四太太、五太太陪,略座,洵贝勒夫人来,恭王福晋来。客走后至义兴德穿朝珠四盘,略拜客数处。

十五日(3月15日),大奶奶进内请安,六点去,四点回。

十六日(3月16日),大爷进内请安,至大他他跪安毕即回。晚,五嫂来,留用便饭。

十八日(3月18日),世杰得帮主稿乌步,月薪卅金,当差得有寸进,亦可喜之事也。

廿日(3月20日),加班。奏事。

廿三日(3月23日),值日。老公主来看八格格,令五太太带领大奶奶拜客,五太太至摄政王府给太福晋、福晋谢步。

廿七日(3月27日),给庆邸送寿礼一分。如意、局绸,穿珠九件,酒桃、燕席、面、猪鸭。送长阿哥礼一分。九件,江绸。午后五亲家太太来,留饭。

廿九日(3月29日),赴庆府拜寿。

三月

初一日(3月30日),进署。世杰奏留验放。余因微跌,右脚微肿。

初二、三日(3月31日、4月1日),未进署,用景宅炒药方熨之,甚效。

药方附记于后治伤筋动骨:

骨草四钱、赤芍三钱、川断三钱、碎补三钱、当归四钱、羌活三钱、川牛夕三钱、木瓜一两、防风五钱、桂枝四钱、松节四钱、没药四钱、片姜黄五钱、附子二钱。

共研粗末,引:葱三个,盐二两,烧酒半斤,拌炒熨患处。

初四日(4月2日),赴库,陈瑶翁亦到。

初五日(4月3日),养息一日。

初六日(4月4日),给振贝子拜寿。进署,与泽公谈麟垚外甥事。

初七日(4月5日),休息一日。大奶奶住对月回,一切均吉,给大爷、大奶奶月费银四十两,又仆妇二人,给工钱三两正。

初八日(4月6日),进署。给西院、西南院月费各廿两正。

初九日(4月7日),四嫂寿辰,拟请看洋玩艺,吃饭。是日进署。

初十日(4月8日),进署。

十一日(4月9日),进署。泽公差人来,云湖南正监理官奏派可于十二日具奏。

十二日(4月10日),带引见,延阁引见,奉旨以侍卫用,进署办折,定于十四日谢恩。是日摄政王福晋寿日,内人送如意一柄,库缎一套九件一匣,燕席一桌,大奶奶另送衣料一套九件一匣,大奶奶前往拜寿。是日给大奶奶碧玺佛头计念金珀朝珠一盘。

十三日(4月11日),竹格赴府谢赏,至摄政王府拜寿,大奶奶进内,留住,并谢恩。

十四日(4月12日),值日。申刻至泽公府会议,饭后归家。为四国借款事。

十五日(4月13日),进署,公爷送来借款奏稿,令酌改,当请瑶改妥送还。

十六日(4月14日),进署,公爷电告明日奏事,当饬办理印片,派折班至公爷府领折呈递。

十七日(4月15日),与外务部会奏借款事,奉旨"着度支部堂官签字,馀依议等因,钦此"。当即行文外务部,希即照会美、英、德、法四国公使,申正美国银行代表司戴德、美馆丁嘉利、通绎葛君及汇丰、德华、东方、汇理各银行总办共八人均至币制局签字。汉文合同八本,英文合同八本,公爷签字"度支部尚书载泽"①,四国银行均签字。另给该银行函二件,一为允给该银行酬费七万五千镑,一为暂存该银行候拨之款,彼行应给二厘回息。又给该行清单二件,一为币制局用款单,半年约计用铸费六千万两,东三省二千万两,铸费在内;一为东三省扩充实业用款单,扩充实业二千万两,拨给推行币制约二千万两,二单约计共

---

① 日记原用两圆圈代替"载泽"二字(旁注"名")以示避讳,今径填本字。

用八千万两之谱。又给该行拨款格式二纸,币制局、东三省各一纸,该行给我们信一件,为如东三省用款先拨给我一百万镑,如不敷用,再拨给一百万镑,以二百万为度。其合同各银行存汉、英文各一分,部中存汉、英文各四分。事毕,侍以果点、香宾酒,司戴德演说,盼望中国币制发达等语,公爷答词此事承各国资本家赞成,我必要认真经理,以期不负诸君赞成之意云。饮酒毕,握手告辞,遂散。

十八日(4月16日),行文外务部补画会奏稿,并送汉文、英文合同各一分。

十九日(4月17日),至奎乐峰世叔、铭将军处拜寿。进署。

廿日(4月18日),早,唐瑞铜来见。进署。大奶奶由内回家。

廿四(4月22日),值日,奏请派署银行正监督,请补副监督。

廿五日(4月23日),庆邸五爷喜事,前往贺喜。进署。

廿六日(4月24日),晚,美使嘉乐恒请外务部、度支部堂官饭餐,闻座有英、德、法三国使臣及美、英、德、法四国银行总办,为四国借款已成,以表欢洽之意。汇理银行总办问元世祖呼必烈汗字义,余云"汗,君也",查"呼必烈"或作"呼必赉",即 〿〿〿 字①,《元史语解》云"变化"也。

廿九日(4月27日),上赏暑药一包。

卅日(4月28日),进内,至海晏堂谢恩后进署,领公费足银六百壹十五两三钱八分,交三爷开发月例。接到农工商部咨文一件,内称接准吏部知照、宣统二年十二月二十三日军机大臣钦奉谕旨"农工商部片奏高等实业学堂监督、侍郎绍英勤劳最著,

---

① 按日记此处"呼必烈"蒙文写法,为竖写。

应如何奖励等语,绍英着交部议叙等因,钦此",钦遵到部,绍英应给予寻常加一级知照前来,相应咨行钦遵可也。

四月

初一日(4月29日),祠堂行礼。大奶奶进内请安。

初四日(5月2日),值日,具奏进呈改铸银币式样,奉旨"知道了,钦此",其式样留中。进署。昨日取大清银行官息红利共三千余两,当即入折结存,尚有盈余也。

初七日(5月5日),振大爷派世信交来信一件,为换票事,共二十五万两也。

初十日(5月8日),早,至汇丰代办事,办妥交魏顺送交,取有世信回条收存。是日钦奉上谕:设立内阁、弼德院、军谘府,并简授总理大臣、协理大臣、各部行政长官、国务大臣、弼德院院长、副院长、军谘大臣等官。进署,陈瑶翁云我辈既系不负责任之次官,自应恪守权限,未便逾越,如电报发行等事,均应候长官阅定标行也,所言甚有道理,自系即应遵守者也。

十三日(5月11日),度支部尚书在万生园请英、美、德、法四国使臣及银行总办,陪客有外务部、邮传部之李伯行侍郎、协理大臣那中堂,西餐后照相,尚为欢畅。余与泽公谈王少谷师大通留差事。

十六日(5月14日),星期,未进署。给锡闰生写信一封道谢,并问银行股票事。

十七日(5月15日),值日。

廿二日(5月20日),上赏大卷纱二卷。

廿三日(5月21日),早,进内谢恩。星期,未进署。晚,请朱子良、张伯纳略谈银行事。

廿五日(5月23日),办理节事,借用锡宅京足银三千五百两正,又借锡宅浮存利一百余两,应按照储蓄浮存折算清补还锡宅为要。

廿八日(5月26日),值日,验看月官。又借锡宅京足银三千七百两,此节用款至七千馀两,实为向所未有,一由于喜事后之欠款,一由于平日之妄费,日后应力行节减为要。①

五月

初四日(5月31日),上赏粽子。

初五日(6月1日),进内,至大他他叩头。

初七日(6月3日),接锡闰生来信,属购银行股票一百股,应即照办,复函为要。

十一日(6月7日),值日,未进署。由银行取来载福堂股票一百股,股票股折十份,存铁柜中。

十二日(6月8日),复锡闰生一函,复陈购股票事已办妥按一百二十两一股,寄去清单一纸,除用该处存款外,尚欠补平银四百九十五两,俟由汇丰利息归还,已发由邮局寄去矣。

十七日(6月13日),加班,带引见。

十八日(6月14日),递述旨折,进内。

十九日(6月15日),加班,奏事。

廿二日(6月18日),值日,进署。

六月

初五日(6月30日),值日。

十七日(7月12日),值日。

廿日(7月15日),加班,奏事。

---

① 此处天头补书:"附记此节新增之款(以后年节用款):大爷、大奶奶进奉六百馀两,自进奉二百馀两,送花礼约二百两以内;家中进呈,送人及赏项共约一千五百两,另有记载(记在庚戌年日记后),下节可略减。"

廿七日(7月22日),在太昇堂便饭,见壁间有罗念庵诗云"翠微山上最高楼,楼上多书拟邺侯。日对圣贤相与语,身于天地复何求。三峰有意当窗见,一水无声绕槛流。试问人生何所乐,本来无乐亦无忧。"诗句清雅,一读知为有道之士,良堪敬佩,录以识之。

廿九日(7月24日),值日。

闰六月

初一日(7月26日),大老太太商定移住南院新房。

初五日(7月30日),命竹格伺候慈亲至万生园纳凉,家属随往。偶思家事,日用浩繁,有难乎为继之势,然酬应往来,亦难遽废,惟应清心寡欲以保身体,精细勤奋以办公事,加以时时敬慎,日日节俭,庶几国恩家庆,可望足用,尚其勉旃。

初十日(8月4日),值日,奏参内务府堂司各官,请饬下内府大臣嗣后严饬该司员等,遇有工程等事核实办理。

十一日(8月5日),接迪化来电,为新饷危险,请制官票以救眉急事,系陈君际唐来电。是日在币制局会议。

十二日(8月6日),晚,至泽公处会议银行币制事,泽公交阅复陈兰生电底,据云已发,系盛杏孙所拟,有虚金本位断难兼议之语,当此环球均改用金,我独用银,并虚金本位亦不敢议,以盛之开通见识,尚仅如此,可为浩叹。电既发行,只得守成事不说之义,不赞一词。及盛来到即云:虚金本位万不能办,若如此办,各国收我纸币皆来兑金,将何以应之。余云:拟用金本位之办法者,均云在本国定一金价,有以纸币兑金者,照章按金价付银币,对于外国用金汇兑之法,在外国付金。盛未答,以虚金本位之办位尚未了然,即主驳议,老成谙练者顾当如是耶。盛又云:拟著作一书力驳用金之议。吁!尤可怪也。币制局之事嗣后恐难办到好处,真无可如何也。请泽公看迪化电,并云新疆在万里之外,似不能不兼顾大局也,泽公尚以为然。

十三日(8月7日),进署,与泽公商定新疆准其暂发官票五十万,以应急需,俟协饷解到,即由监理官会同监视,将官票陆续收回,以保信用。丞参诸君尚不以为然,第边疆重要,兵丁(华)[哗]溃堪虞,实不能不兼筹并顾也。

十八日(8月12日),同泽公、盛大臣、陈瑶翁至刷印用看制造纸币事。

廿二日(8月16日),值日。

廿四日(8月18日),加班,递封奏一件,为前蔡道离沪事,留中。又片奏请将吏部地址拨归银行及币制局建筑之用,奉旨"依议,钦此"。又覆奏准新疆暂制官票五十万,以应急需,奉旨"依议,钦此"。午刻同盛大臣、陈瑶翁至叙官局看视地址,须俟叙官局迁移始能布置也。

廿六日(8月20日),星期,休息二日。看冯恭定公《善利图说》上题四语云:"善利分足处,善念是吾真。若要中间立,终为跂路人。"善利判于一念,慎独诚为最要工夫,应敬念而力行之。

廿八日(8月22日),加班。

七月

初一日(8月24日),读邵子诗云:"廓然心地大无伦,尽此规模有几人。我性即天天即我,莫于微处起经纶。"又有诗云:"身居天地后,心在天地先。天地由我立,自馀何足言。"盖性即天命,道心即天心,所谓仁者以天地万物为一体,为天地立心,为生民立命,为往圣继绝学,为万世开太平者,其如是乎。偶志于此,以备遗忘。

初三日(8月26日),早,赴库,进署,散署归,始知慈亲于是日巳初刻跌伤左腿,已请侍卫桂老爷林来看,据云尚不甚重,侍奉失慎,实有罪过,应敬慎调理为要。

初四日(8月27日),上库,毕即归。

初五日(8月28日),值日。回家后接泽公信,为电拨鄂厂铸本事。饭后进署,发电后即回。未刻桂老爷到,看视慈亲腿疾,据云见好,订于初七日来看。

初六日(8月29日),进署。慈亲精神尚好,仍用酒炒熨药熨之。

初八日(8月31日),桂老爷来看慈亲,见好,因初(八)[七]日大雨,是以初八日来看也。

初九日(9月1日),进署。收吴幼舲交到锡宅汇丰票据。

初十日(9月2日),桂老爷来看慈亲,甚见好。本日将锡宅票据收妥,即将汇丰收条送还。看邵子诗《自馀吟》云:"身生天地后,心在天地先,天地自我立,自馀何足言。"又《得一吟》云:"天自得一天无既,我一自天而后至。惟天与人无两般,我亦何言与天异。"又《安分吟》云:"安分身无辱,知几心自闲。虽居人世上,却是出世间。"真达人知命之语也,敬录以备遗忘。

十三日(9月5日),桂老爷来看,慈亲腰疾见轻。

十六日(9月8日),值日,桂老爷来看。

十九日(9月11日),加班,奏事。桂老爷来看慈亲,见好。未刻至署,发江苏电。是日在内公所看联语一付云:"大乐莫如无愧怍,至诚始得有经纶。"二语甚佳,应敬念之。接服部先生来信。

廿二日(9月14日),桂老爷来看慈亲,见好。是日带引,未进署。

廿五日(9月17日),桂老爷来看慈亲,见好。是日星期,未进署。

廿六日(9月18日),世杰寿辰,上赏四卷八盒来,首领一人送银八两,江绸一套,随太监一人送二两,抬夫每人八千。洵贝勒派世杰充工程处办事官。额大人勒泽送青马一匹,送四哥红马一匹,共赏给差官八两。

廿八日(9月20日),值日。桂老爷来看。

八月

初一日(9月22日),祠堂行礼。交进奉。江绸四卷,饽饽果八盒,贡费廿四两,给崔禄四两,德安四两。

初二日(9月23日),桂老爷来看慈亲,见好,但桂老爷给运动,反觉不得法也。

初三日(9月24日),早,上库。是日秋分,诣月坛陪祀,酉刻上祭。

初四日(9月25日),早,慈亲用玉树神油擦之,甚好。上赏江绸二件。送庆府王爷八盒,桂花四桶,送振贝子八盒,桂花四桶,庆邸回礼佛手、橘子各四盆。

初五日(9月26日),进内谢恩。至泽公府看视。是日未进署。

初八日(9月29日),桂老爷来看慈亲,见好。

初九日(9月30日),进署。晚徐中堂请。

初十日(10月1日),星期。午刻至八旗先贤祠上祭行礼。睄看泽公。

十一日(10月2日),值日。

十三日(10月4日),上赏月饼二盒。因中秋还账不敷用,由锡宅存款项下暂借银京足银壹千二百九十七两四钱,又向汇丰银行借京平足银贰千两,当写借字一纸交吴幼龄手,言明每月六厘行息,随便归还,该行尚重交际也。[①] 通计此节用款至五千

[①] 自"又向汇丰银行"至"尚重交际也"一段用笔圈出,天头补书:"汇丰借款已还,字已撤回。"

两之多,嗣后务须力崇节俭为要。

十五日(10月6日),中秋节,一切吉祥。

廿二日(10月13日),值日。近日因[武昌]①失守,上派陆军大臣督率两镇前往剿匪,应领行饷五十万两,即日开放。

廿四日(10月15日),给辉山之子赓爷完姻,所娶之妇系松文清公之曾孙女,一切吉祥。是日进署,放给银行接济市面银五十万两。

廿五日(10月16日),至汇丰提取锡宅名下存款规银柒千两。合京平足银六千七百八十五两。原据系自宣统三年闰六月二十日即西历一千九百十一年八月十四号起息,按西历三百六十五天为一年,常年五厘行息,兹记于此,日后俟银行股票售出即应归还,并照据付息。② 此次系因恐有市面扰乱之事,故急备现款以备需用也。是日进署。晚至泽公府谈杨味云、朱子良事。连中秋借锡宅之款共八千另八十二两四钱,应迅速筹还。

廿七、九日(10月18、20日),均加班,为速议事。

九月

初一日(10月22日),进署,至泽公府。

初二日(10月23日),放款。

初三日(10月24日),进署。

初四日(10月25日),值日。

初六日(10月27日),加班,奏事,为借款事。

初九日(10月30日),加班。

初十日(10月31日),加班,为借款事。

十一日(11月1日),至法国医院略谈。进署。闻是日鄂省

---

① "武昌"两字原残去,据《绍太保公年谱》补。
② 此处天头补书:"还款付利仍照规元合银计算。"

宣布停战,将有和解之消息,曷胜翘盼。

十九日(11月9日),加班,奏事。因乱事未靖,请慈亲率四嫂、大、二妞赴法国医院暂住,该院看护妇、姑奶奶等接待甚优,亦可感也。

廿三日(11月13日),加班,奏事。袁宫保于是日到京。接王云阁来信,问赴津否,当复以如必须眷属赴津时,再为函求布置可也。王兼善住天津奥界东天仙后第十四号。

廿六日(11月16日),蒙恩暂署度支大臣,当办折,订于明日谢恩。

廿七日(11月17日),早,进内,值日,先见袁宫保,面陈陈鹭宾请开缺及借款事。是日召见总理大臣及各部院大臣,摄政王谕云:现在内阁成立,应守定君主立宪宗旨,和衷共济,应办之事可与总理大臣商办。袁大臣对云:应抱定君主立宪宗旨,公忠体国,和衷共济,以维大局。午后进署办事,散署,至法国医院。

十月

初一日(11月21日),祭祠堂,行礼毕,进内,至署。上赏神肉一盘。

初二日(11月22日),进内,至那相宅,进署,至庆邸、泽公府。

初九日(11月29日),至内阁,说明邮传来函商议铁桥事,又外务部复电事。午后至资政院议外债事,已付表决通过,惟须将法文合同与中文核对妥协,为九、十三款进款担保事。

初十日(11月30日),至内阁会议,告明借款通过事,袁总理大臣云即可签字,其附件铁桥事应由邮传部与魏武达商办。外务大臣胡惺吾云已复驻法使臣电,告以借款已经资政院通过转达钩堆备款矣。午后至署。晚酉刻魏武达、甘锡雅同松道瑞来署办理借款合同签字事,续借六千万佛郎,约合银二千万两,六厘息,九六扣。实合九二扣,因有扣回佣钱等款。其第九条云以中国普通进款担任,当与商明加廿三字注语:"其担保数目以足敷此项借款每年应还之本息数目为限。"法人允许,并将法文添注其上。次借款三千万合同之第九条,法人乞许致函度支部声明"以足敷每年应还之本息数目为限"等语。另有附件二纸,为包办各项税款、佣钱等费之事,各存一纸,核对妥协,予与魏、甘三人签名时已戌刻,办讫待以酒点。据云第一批款须十日后交款云。同办者有吕捷庵司长、恩福田、联老爷、恩姓老爷、荣骅、其币制局陆老爷亦在旁照料用印等事也。

十一日(12月1日),早至内阁署名,请袁总理大臣看借债合同,总理大臣令函达邮部办理附件铁桥事,又交爱国公债事,资政院已议妥,令度支部办奏,会同内阁具奏。至李柳溪处略谈。进署。许九香来谈。晚间胡馨吾、陈公懋鼎、陈公镕来为修正汉文合同事,三位云合同九条、十三条已经修改,馀款大致不差,亦可无须修改,俟明日资政院开会,可与诸议员陈述,惟闻胡大臣云因英国反对此次借款,恐将不成,且邮部铁桥附件未经签字,亦不能即照会法使也,应催邮部速为签字为要。①

十二日(12月2日),早因感冒未能至内阁署名,将永老爷信请来,属其至内阁代求华阁丞注假,并将请假请简员暂行署理封奏一件交其送署取印文,于午刻送阁代递,系十三日日期。致徐中堂一函,恳其转达袁总理大臣因病请假事。计自光绪卅一年十一月十二日奉旨署理侍郎,嗣经补授侍郎,暂署度支大臣至今,时历六年,时局变迁不图至此。署度支大臣将及半月,竭蹶从事,艰窘异常,倘借款无成,实无善策,闻内帑尚有存储,第讨

---

① 此处天头补书:"十月十一日部库实存现银九十八万七千一百七十一两一钱六分三厘一毫,辅币七十四万枚。"

领不易，不知将来能办到否，臣力竭矣。如此次假期届满，只得再请开署缺，以免贻误大局也。午刻慈亲率四嫂、大、二姐回家，一切安好，此次在医院住廿馀日，送给捐助医院银三百元，赏下人廿元，该院尚欣然也。晚间施大人、楼老爷来，为资政院拟修正合同事，好在汉文修正魏武达尚为允可，已将外务部译底交二位带交署中抄写，以便于明日备文送院也。又将陈公猛为借日金来函交楼老爷带交丞参诸君阅看。

十三日（12月3日），递封奏请假，钦奉谕旨："内阁代递署度支大臣绍英奏因病请假，并请简员署缺一折，绍英着赏假三日，毋庸派署，钦此。"钦遵之下，惶悚莫名。晚间楼老爷来，为核对汉文合同底事。

十四日（12月4日），早间随同四哥给慈亲拜寿。魏梯云同王观察贤宾甫竹林来谈，为筹款事，当办札文二件，为劝谕盐商捐款事。一札运司汪士元，一札补用道王贤宾。又办电三件。一为饬总厂赶铸铜元事；一为提现存天津银行、长芦盐商津浦铁路债票，即英国金镑票，计值二十馀万，变价解部事；此事分电大清分行、长芦运司。即交部缮发，将札文交王观察寄津。王观察又谈拟向开平矿务局英商那森萨敦借现银一百万两。或五年或十年，或有款随便归还。如借银款利息约一分二厘，如借金镑约一分，尚可磋商；出名借款商务总会或大清银行，以开平矿务局报效五万两，煤厘税八万两抵还，除每年息银若干下馀归本利随本减，借银款还银款，借金镑还金镑，不折不扣，无论何借法，必须禀明制台、劝业道并度支部立案。此事已属王观察先往商订，俟有成局，再为回明总理大臣核办。袁宫保派赵运司来看，令病愈假满速为销假，并谈北洋王交涉司借奥卅镑事，答以俟能支持即拟销假等语。晚，楼老爷电语云，汉文合同资政院已通过。胡馨翁电语云，借款应办之件均已办讫，惟接法国驻使来电云：现在英、美、德、法、俄、日本会议中国借款概行拒绝,业经公决定议勾堆之借款该国政府势难赞成,勾堆拟自向英国与资本家商议办法等语。外人既不借款,国事将不能支,惟有因病续假,以免贻误,已属梯云代为办折,于十六日具奏。

十五日(12月5日),闻英使介绍议和之事,并闻庆邸拟求领内帑以发月饷之说,国事已有转机,即拟于十六日销假。

十六日(12月6日),假满请安,至内阁。是日奉懿旨:准摄政王辞退,派世中堂、徐中堂为太保,保卫圣躬,嗣后用人、行政均责成内阁总理大臣、各国务大臣担负责任,所有颁布诏旨盖用御宝,诸大臣尤宜共矢公忠,精白乃心,力除锢弊,以谋国利民福等因,钦此。

十七日(12月7日),奉上谕:"度支部副大臣着周自齐补授,钦此。"周君甫子沂,山东人,通洋文外交,可为度支部庆得人也。是日派袁总理大臣筹议和平议结办法,予以全权,唐(世)[绍]怡为总理大臣代表,严修、杨世琦参预讨论,各省派参议一人,奉天派四哥前往。国家大事不敢言辞,回家禀明四哥,张罗启行之事。是日同去诸公于是日申刻在内阁会议。

十八日(12月8日),周大人到任。

十九日(12月9日),唐大人等启行赴汉口,第二班定于廿一日启行。至内阁会议,闻胡馨翁云英国银行已肯商议借款,袁宫保嘱会周子宜前往接洽商借,又令办豁免钱粮说帖及顾全放饷之事。进署。晚魏梯云、王竹林来谈,为借款劝捐事。

廿一日(12月11日),早,四哥同诸君赴汉口。

廿二日(12月12日),至内阁,闻总理大臣云唐少川即须赴沪议和,同去诸君有不愿去者亦不勉强等语。午后进署给四哥发电,请商明杨杏翁先行回京,毋庸赴沪。

廿三日(12月13日),余生辰,至祠堂行礼,给慈亲叩头,礼毕进署。晚接四哥来电,廿四日回京云。

廿七日(12月17日),巳刻四哥到京,举家甚欢。晚,至世相处,为内务借款十万两事,世相云月内可交库也。

十一月

初一日(12月20日),至内阁,进署。

初二日(12月21日),拨交百二爷五百两正。晚,监政院送到交片,为蒙盐事,当批云现在蒙地不靖,自应暂停官办,一面咨商理藩部转行察哈尔都统,商订酌提馀利办法。

初七日(12月26日),至庆王府,令初九辰派人取十万两,令转告世、徐中堂事,至世中堂宅回明转达事。至内阁见梁燕孙,令转达泽公复唐大臣电报事,转达后给燕孙打电话。曾俊来谈,为同乡要赈款事。晏海臣来谈,为盐政院事。

初九日(12月28日),内阁具奏请上召集近支王公会议大计。是日上先召见王公,次召见内阁国务大臣,皇太后垂泪谕袁总理大臣云:"汝看着应如何办即如何办,无论大局如何,我断不怨汝,即皇上长大,有我在,亦不能怨汝。"袁对云:"臣等国务大臣担任行政事宜,至皇室安危大计,应请上垂询皇族近支王公。论政体本应君主立宪,今既不能办到,革党不肯承认,即应决战。但战须有饷,现在库中只有廿馀万两,不敷应用,外国又不肯借款,是以决战亦无把握。今唐绍怡请召集国会公决,如议定君主立宪政体,固属甚善;倘议定共和政体,必应优待皇室。如开战,战败后恐不能保全皇室。此事关系皇室安危,仍请召见近支王公再为商议,候旨遵行。"复召见近支王公,俟王公见过退下,遂定召集国会之议,拟旨阅定后,总理大臣、国务大臣等署名。窃思国事危迫已极,为人臣者无法补救,忧痛何如。惟愿天心垂佑,期有转机,或定君主政体,或可以一战而胜,诚为天下幸福。否则共和政体恐不能办成,已召糜烂瓜分之祸,大可惧也。

伏惟上天有好生之德，当不致战祸不息，仍享和平之福，不禁馨香祝之。

十五日（1912年1月3日），皇太后交下金八万两，当收部库。

十七日（1月5日），五亲家太太来云，庆邸令于十九日派司员赴府领银五万两，作为购买债票之用。

廿五日（1月13日），卯刻世杰之妇生得一子，一切吉祥。

廿六日（1月14日），至内阁，会同外务大臣交覆总理大臣函，为查明亲贵大臣在各银行并无存款事。总理大臣云欲战则兵少饷绌，欲和则君主立宪宗旨难保，惟有辞职，请上另简贤员办理等语。时事危矣，既无力挽回，亦只有因病辞职，以免贻误大局。计自暂署度支大臣两月，筹款维艰，智穷力竭，现在虽库款尚敷一月之用，而军用浩繁，终有饷项难继之一日，愧悚奚如。午后进署，因感受风寒，令丞参厅办折，自廿七日起请假五日，幸尚无经手未完事件也，如假满不愈，再请开缺可也。

廿七日（1月15日），蒙赏假五日。

[十二月]

初二日（1月20日），因病未愈续假，蒙赏假五日。拟初于初六日奏请开去署缺，奏折于初五日送阁可也。

十二月初六日（1月24日），具奏恳请开去署缺一折，奉旨"着再赏假五日，假满后宜即视事等因，钦此"。①

十一日（1月29日），假满请安，召见，问话均由赵、胡、梁大臣对。下来，至内阁。

---

① 此处勾去数行文字："附记：八旗期成公民会长　章福荣绶卿，天义还款事，汇丰洋人孛兰德。"按"孛兰德"三字用满文书写。

十三、四日（1月31日、2月1日），均召见。

十四日（2月1日），由汇丰借锡宅申规元一万，汇津五数，下馀存公砝四千二百四十两，嗣后应设法归还。已拨还股票一万两，尚欠七千两，另行筹还可也。

十六日（2月3日），皇上赏福字一方。

十二月十七日（2月4日），奉旨"民政部右丞着绍○①补授等因，钦此"，次日具折谢恩。

廿三日（2月10日），皇太后赏福寿字，赏江绸四卷。

廿四日（2月11日），请假五日，赴医院住。

廿五日（2月12日），奉旨三道：一宣布共（合）[和]政体，一宣示优待等条件，一责成各长官毋旷厥官等因，钦此。良可慨也。

廿六日（2月13日），周子沂来谈，托其转达袁宫保告假事。②

五十生辰志感用四十生辰韵

虚度光阴五十年，进修疏懈叹依然。幸知天命原无息，夙夜兢兢善自全。

颜子心斋岂偶然，本来无妄莫生颠。知几信是先天学，一善拳拳自保全。

全受全归在畏天，莫教情绪苦牵缠。守身常念先贤训，离欲应思出世缘。

毋欺垂训（家祠联语有"垂训毋欺"之语。）莫思迁，继志承先重荷肩。移孝作忠非二事，天恩祖泽幸长延。

---

① 此处代指绍彝。
② 以下诸事为本册末尾所附杂记文字。

倭文端书联："作事须循天理,出言要顺人心。"

勤直公自箴二语："勤以补拙,俭以养廉。"

庚戌重阳夜间作句,姑记于此："天心可复,夜气犹存,扩充继续,其德如神。"

座右自箴："一存心公正,一宽恕待人,一罔谈彼短,一退思补过,一力求节俭,一保守身体,一讲求政治,一勉力学问。"

五十生辰自集联语："据德依仁是寿者相,守身安命为君子儒。"

应记要事:售股票。还锡宅。办喜事。售股票。收观音寺房。做女八团袍永盛兴。本旗应报迎娶日期。筹办延闾捐事。

民国元年壬子(1912年)日记

以下日记第十九册①

潜庵日记

[正月]

壬子元旦(1912年2月18日),书云:元旦举笔,书龙虎字,大吉大利,萱堂馀庆,棣圃增荣,家庭安泰,国运亨通。

辰刻朝服进内,巳初刻皇太后升皇极殿,一品以下人员均在皇极门外行三跪九叩礼,照常作乐。巳正皇上升乾清宫,一二品大员均在乾清门内行三跪九叩礼,照常作乐。虽客腊廿五日奉诏旨宣布共和政体,臣民未免失望,然果能皇室之虚荣罔替,未始非国家如天之福。今袁项城已允勉尽临时总统之义务,其优待皇室条件必能有加无已,岂非大清帝国二百九十馀年深仁厚泽之报耶?况共和政体办理能否妥协,各国能否承认,尚未可知。将来皇上典学深纯,国民思念旧主,友邦推举贤明,未始不可由共和复归帝政,是在天演物竞,出于天理之自然,非人力所能逆料,惟祝国运亨通,苟全性命,获免瓜分,是诚五大族国民之幸福也。

天津来电话云慈亲在津均安,慰甚。晚回法国医院住,院主人赠绫制杏花一盆,以银镶圆镜盘承之,绚烂可观,诗以志之:"杏花高倚五云中,妙制庄严夺化工。惟愿春风长拥护,年年万

---

① 日记第十九册,封面题"潜庵日记,十九,民元壬子元旦至十一月廿三日,孙延翥谨志。"

紫映千红。"

按:阴历正月初一日即阳历中华民国元年二月十八日。

内阁电话四百七十四号。

初二日(2月19日),侄辈与竹格赴津叩新禧,接四哥来信,一切均吉,惟二姑娘小有不爽。接毓五爷信一封,为涛贝勒存款令银行付给事。

初三日(2月20日),巳刻回家,送给医院姑奶奶等银瓶一件,东洋织缎一匹,西洋玻璃瓶四个,库缎四件,洋银二百元,面见诸位姑奶奶道谢优待之意,诸位尚为满意,亦回答称谢。至家,魏梯云、吴辟疆、马祜廷均来谈,咸云如拟辞差,不可着迹,缓为引退可也。只得暂缓进署,俟内阁有电再至内阁也。

初四日(2月21日),陈公猛来云大仓借款事,有经手佣钱九千元,问予如何。予云:我前已属阁下预为声明,本大臣办理公事,一切私款向不收受,此款既系彼向有之款,即由阁下酌办,余即不闻不问矣。公猛云:既承吩示,即将此款作为银行佣钱可也。余云:涛邸存款到期应照付。彼允可,当给朗贝勒写信,希转达饬人提取。大、二侄等均回家。余拟于明日赴津叩年禧云。

初五日(2月22日),卯刻启行,辰正登火车,午刻到旧车站,四哥已来接,同车至新寓见慈亲贺新禧,看视二姑娘,已愈,但馀热未净耳。申刻赴车站上车,戌初二刻至前门,即回家。

初六日(2月23日),午后至医院看五嫂,见愈。与钟秋岩略谈署中公事。

初七日(2月24日),晚,祭灵棋神,只求得一卦,不佳,应循理慎事,不宜远行。当此国家多难之时,应以"作事须循天理,出言要顺人心"二语为免咎之道,《乾》以惕无咎,《震》以恐致福,当常存敬畏以处患难为要。

初八日(2月25日),周子沂君来谈,求其署中偏劳,如项城问及,即云某患病未愈,好在再逾数日即可办交代矣。周君已允许,余云承老兄玉成,感激之至,俟病大愈,再往叩谢。毓月华来,彭同九来,均晤谈。

十一日(2月28日),四哥由天津来,是日回津,内人及坤格均赴津。

十二日(2月29日),晚,曹锟所统之第三镇兵变,开放枪炮,在城内焚掠一夜。余家被抢,损失甚多,大奶奶首饰等物约值万馀金,均被抢去,余率同家中人逃至东邻暂避,幸人口平安。次日天明余即至医院,并派车接眷属均至医院暂住,子厚、作舟携眷赴津。

十四日(3月2日),大爷、大奶奶及祥格同庆府二奶奶、五奶奶赴津,火车至丰台,变兵放枪,幸车站有洋兵保护,将变兵驱逐,得保平安。是日晚间天津华界兵变,抢掠一夜,天明始息。

十七日(3月5日),余赴津,送医院一百元,存红箱一支。

廿五日(3月13日),接京宅电传,钦奉谕旨:"总管内务府大臣着绍英补授,钦此。"敬闻恩旨,感悚交深,惟有勤慎供职,清洁自持,以期仰答天恩于万一云尔。申刻启程回京,到京已亥初,幸遇陆二世兄,在前门税局住宿。

廿六日(3月14日),早,回家。午刻世中堂、景三哥均来谈。徐中堂差人道喜,定于廿七日谢恩。晚间至世中堂、景三哥处谢步,并略谈内务府公事。是日发天津信,李顺由天津回,接家信,均吉,慰甚。

廿七日(3月15日),早,进内谢恩,辰初三刻至内务府茶房,辰正世中堂、景三大人到,敬候皇太后至养心殿,叩谢天恩,并蒙垂问数语,敬候皇上下书房,复至养心殿叩谢天恩。退出,拜张大总管印云亭处,略谈,至姚二总管处,未见,均随刘坦达同去。世中堂云:"张总管人甚好,我们如有请起时可与他说,请他在上面言语声,如有应请上看之件,亦可请他送呈上阅,如小事与他商明即可办了,他甚顾公事也。"至午刻始散。申刻至庆邸处瞧看,晤谈片刻。至景大太太处瞧看。回家给四哥写信,赓大爷明日赴津,寄去函件,李顺、刘姐同去。

袁大总统廿七日命令绍英开去度支部首领,委任周自齐暂行管理度支部首领事务,陆宗舆暂行管理度支部副首领事务,此令。窃自上年九月廿六日署度支大臣,已四阅月,库款支绌,困难已达极点,今幸开去,如释重负,第自年前十二月廿四日请假后,即未到署,实署任三月耳。谨记。

廿八日(3月16日),早,进内,本日总管内务府奏请派员管理处所,奉朱笔圈出绍英管理颐和园事务、御茶膳房事务、造办处事务,幸三处均系世中堂管理,随同办理可也。又派出紫禁城内值年。是日因奏事随同世中堂、景大人上去,退出,署名三件。散后至北宅,至醇亲王府、那王府、博公府,回拜金郎中子贞,至增宅。回家,饭后四点钟至石大人胡同袁大总统处,见,略说内务府用款事,允为拨给,但宜随时拨用,若多拨恐办事人生心侵蚀,并云如有事汝可来此面谈,替说给世中堂请安,说毕遂退。至观音寺见百二爷、喜三爷,略谈,喜三爷欲赴天津暂住。是日接家信三封,嗣后写家信时宜说明信面仍写绍宅为要。

廿九日(3月17日),进内谢恩,交世中堂千金,以备见面礼之用。饭后至大清银行说明管理处存款每月用六千五百两,第一月之款陈公猛已允照拨。请恩老爷保至银行面询前锋护军饷,据云仍系初一日放给,属其转达陆润生内务府借拨数万,请从速拨给,恩老爷云初四日后银行始允交款也。至医院看视五太太,应送吃食。回家,玉珍由天津回,接四哥来信,一切均好,慰甚,当具复禀,交子厚明日寄呈也。所谓见面礼者系内务府大臣初到任,见太监诸人送给礼物之用。

卅日(3月18日),进内,蒙召见,为述旨事。午后至博公处行情。是日大爷、大少爷赴津。

二月

初一日(3月19日),早,家祠行礼。进内,蒙召见,为钦天监具奏事。世中堂谈内务府欠领部款、欠外各款筹拟抵补之法,已行文度支部,应由度支部请总统酌夺为宜。又谈崔苏拉等事,应另拟改派之法。回家,世中堂派人持周子沂信给看,为拨款事,当将筹备处来信交来人带回,请中堂看,为初三日约至筹备处商议典事。接天津来信,慈体安康,竹儿大愈,慰甚,当写家信一封,并给崔、孙公信道谢,交邮局寄。

初二日(3月20日),进内。回家接四哥来信,当缮复函,交萧林明日寄去,并寄鸡鸭鲜菜等物。

初三日(3月21日),进内。至临时筹备处见胡馨吾、赵执庵、梁燕孙商议阳历、阴历合璧事,诸公甚赞成。午后至世相宅送见面礼票等件,求代为办理。老秦回京,接四哥来信,天津均吉,慰甚。

初四日(3月22日),进内。至王仲芗处,为请派巡捕事。接四哥来信,天津均吉,慰甚。

初五日(3月23日),进内,在茶房吃肉,甚佳。世中堂将见面礼银两、尺头、活计票代交刘坦达分送。散后至周子沂处略谈,并拜陆润生,未遇。回家给天津写信,交作舟寄去钿子三份,帽一顶,首饰二匣。柏峻山来谈。

初六日(3月24日),二爷赴津,寄去首饰等物。辰初出门,辰正一刻至裕盛轩便饭,巳正至颐和园,进新宫门,乘船至昆明湖龙神祠致祭,祭毕至乐寿堂、玉澜堂、宜芸馆瞻仰,惟雨搭铺垫须换新也。午刻至颐和园档房到任后,进城,至荫坪处略谈,回家。

初七日（3月25日），进内。昨接陆润生信，云阴历二月内仍拟筹措卅馀万以备应用等语，今早请世中堂看过，中堂云此款领到应先还上赏借银五万两。中堂初九、十日赴西陵查工。回家，大、二侄率六象回，接四哥来信，竹格来禀，津寓均吉，慰甚。接大清银行复信，云前锋护军营津贴六千五百两允为照付。

初八日（3月26日），进内，至内务府堂、造办处、御茶膳房到任。回家，至医院看五嫂。晚，请日本人市川便饭。接天津电话，问京中夜间安靖否，答以现在安靖，惟夜间时闻有枪声，令五太太、大少奶奶暂缓回京。

初九日（3月27日），进内。五太太回家。朗贝勒来谈。接四哥来信，复禀一封，交快班寄。

初十日（3月28日），进内。回家，给陆润生复信，为景东甫兄属催度支部复文事。

十一日（3月29日），进内。三爷赴津。接四哥来信，一切均吉，慰甚。陈公猛来谈，差人给世中[堂]请安打听回京好。

十二日（3月30日），进内。世中堂回京。

十三日（3月31日），进内。拜周子沂。回家，值江西人上官锐英找南院大爷讹索，当找巡官将其劝走。是晚二区派巡捕三人来，拟每月给津贴钱一百千，作为菜茶灯烛等用。本日蒙恩管理宁寿宫事务、圆明园、精捷营、上驷院等处事务。

十四日（4月1日），进内，谢恩。回家三爷及永姑爷、姑奶奶来。接四哥来信，一切均吉，慰甚，灯下写家信一封，明早寄。

十五日（4月2日），至祠堂行礼，进内，至上驷院到任，回家。

十六、七、八日（4月3、4、5日），进内。

十九日（4月6日），进内。至五嫂处瞧看，见好。拜袁觉生，未遇。接四哥来信二封，竹格来禀一封，津寓均吉，慰甚，给四哥禀复一函,给竹格手谕一函,明日交大少爷寄。

廿日(4月7日),进内。午后福子昆来谈公事。

廿一日(4月8日),进内。拜良大人、福老爷。接四哥来谕,竹格来信,均吉,慰甚,给四哥禀一封,竹格信一封,明早令姜成、李顺寄去。

廿二日(4月9日),进内,申刻散。瑞裕如来谈运送黄老米事,诚玉如来谈开垦事。

廿三日(4月10日),进内,与世中堂商议致理财部公函,为请拨足正月分应拨卅三万馀两事,派文明等二人赴旧泰仓商议运米事。午刻四姐率大、二姑娘来。接四哥来谕,竹格来禀,津寓均吉,慰甚。给理财部钟三爷打电话,为拨款事。

廿四日(4月11日),进内,吴管事来,为换票事。

廿五日(4月12日),进内。散后至汇丰代为换票,交吴管事寄去。在银行遇搏少华,谈澄怀堂、思谦堂事。至锡闰生处睄看。回家给四哥写禀,给竹格写信,为搏二爷所谈事。姜成回京,接家信,津寓均吉,慰甚。

廿六日(4月13日),进内。南院五嫂于廿七日亥刻仙逝,是日前往照料一切。

廿七日(4月14日),进内。至刘兰塑胡同送三后回家。是日赓大爷回,接四哥信,津寓均吉,慰甚。

廿八日(4月15日),早,进内。给四哥发电,为租定小白楼房屋事。更夫告假二名。

廿九日(4月16日),早,进内。至刘兰塑胡同。二少爷由津回,接四哥来谕,已租定小白楼之房三个月期。

三月

初一日(4月17日),祠堂行礼。进内。给锡宅开账单,共存一千六百九十两零,当开汇丰支票一张,交五奶奶送交,并告明所有二万股票现存法医院,容取来再送交,至我们暂借京足银五千两,俟时局大定即设法归还可也。

初二日(4月18日),进内。至刘兰塑胡同送库。

初三日(4月19日),进内。四哥回家略谈,同至刘兰塑胡同供果。慕韩属转托治鹤清办执照事。

初四日(4月20日),进内。至刘兰塑胡同襄题五太太神主事。

初五日(4月21日),进内。至刘兰塑胡同送库。

初六日(4月22日),进内。接天津家信。给汇丰银行写信二封,为澄怀堂十五万款归搏绍华,思谦堂款十万归抢赞臣事。

初七日(4月23日),进内。

初八日(4月24日),进内。作舟回家,接四哥来信,寄来银二百两,洋银二百元。

初九日(4月25日),进内。给四哥发禀一件。

初十日(4月26日),进内,选看女子,俟放排后回家。五奶奶至锡闰生处,当给闰生写信一封,交去银行股票二百股合库平二万两正,又捐官执照九张,借锡宅京足银五千两借券一纸,一并交闰生查收。五奶奶回云,闰生云滋德堂之股票一万两系属错误,仍行交回,此项股票锡宅既不愿收存,自应俟时局大定,转为售出,再将一万两之款归还可也。是日五嫂之灵柩回奉,余送至车站即回。接四哥来谕,均吉。

十一日(4月27日),进内。锡宅姑太太来,为退还续购股票一万两,索款置地事,当允照办,应即从速办理。

十二、三、四日(4月28、29、30日),进内。

十五日(5月1日),进内。给徐中堂送行,徐中堂送给自书对联一付。午刻四哥来京,将契纸箱交回,将收东书房铁箱内。陈敬斋来,言明以大清银行股票一万五千两,借正金银行银七千五百两,内五千两,一年期,二千五百两,半年期,均七厘息,订于十六日申刻至该行办理。四哥申刻回津,订于廿日午刻津寓乔迁,新居地名系英界先农里南街第一号马寓。

十六日(5月2日),早,进内,未刻带匠支搭凉棚,上赏饭,在翊坤宫东配殿庆云斋摆饭,当时在殿上叩头谢恩后,即至配殿吃饭,俟匠人均出始散。至正金银行见陈静斋,静斋云尚未与实相寺君详陈,借券二件已写妥,请先署名押,明日再将款项开票送至贵府。当看借券二纸,一借公砝足银五千两,一年期,七厘息,以滋德堂大清银行股票一百股作抵压;一借公砝足银二千五百两,半年期,七厘息,以世竹铭名下大清银行股票五千股作抵压,两券后均写明立字人绍越千押。因与陈静斋相交多年,先署名押,并将股票一百五十股交伊存于该行。次至汇丰银行见吴幼舲,商借三竿,系京平足银,言明每年七厘行息,随便归还,并无抵压之物,后写主借字人绍越千押,当写八行借字一纸交幼舲存行,取回京足银三千两。回家,给四哥作禀陈明此事,以免惦念此事也。

十七日(5月3日),进内,带匠至体元殿、长春宫①支搭天棚,糊饰纱窗。午初至庆云斋赏饭吃,午刻散,景东甫兄留待出匠。回家,据陈静斋来信云,借款事尚须商办,容明日来谈,尚可望有成也。五奶奶至赵闰生处交京足银三千两。接四哥来信,天津均吉,慰甚。接延祺来信,为世泰汇款事,已令延赓至合盛元询问矣。

十八日(5月4日),早,进内,酉初散。陈敬斋来,送来银票公砝平足银六千五百两,计合京足银六千六百六十二两五钱,前交赵闰生处京足银三千两,加入此款共合京足银九千六百六十

---

① "体元殿、长春宫"下均有满文标注。

二两五钱,当即送交赵闰生查收矣。下欠闰生京足银九百七十五两五钱,已给四哥去禀,请由天津存款项下提银一千两汇京,以了此事,计共应还赵闰生退回银行股票系库平一万两之数也。① 再此次向正金银行借款,当写借券二纸,计开:合借到北京横滨正金银行京公砝平十足银四千两、二千五百两整,言明每月七厘行息,约至十二个月、六个月到期日,本利一并归还,立此为据。一附有滋德堂名下大清银行股票十张,共计一百股,并息折全分作为抵押;一附有世竹铭名下大清银行股票五十股,并息折全分作为抵押。立字人绍越千押。中华民国元年五月初四日立。即壬子年三月十八日。兹记于此,以备届期设法归还也。

十九日(5月5日),早,进内。

廿日(5月6日),进内。回家左脚肿痛,当用如意油擦之,愈见宣肿,差人求景三哥转达世相,明晨因感冒告假一日。

廿一日(5月7日),请杨菊如来看,服药有效。四哥由天津回家,交汇丰汇票京足一千两,当交作舟至汇丰开票,送交锡宅京足银九百七十五两五钱,补足退回股票之库平足银一万两正,以清此款,作舟回来云已面交讫。四哥申刻回津。

廿二日(5月8日),请假五日,请桂老爷林来看脚疾,据云系属外症,仍应活动,用酒熨之。晚间用景宅传方,用药熨之,甚效。

廿三日(5月9日),子厚、竹格、二少爷由天津来看,竹格交来五亲家太太属代办存券一件,应俟四月初五日前托汇丰代办,再为回覆也。接四哥来谕,当禀复,交大爷等寄津。

廿四日(5月10日),桂老爷来看脚,见好。午刻五太太率坤妞及大少爷回家,接四哥来信,并寄来食物等件。喜三爷来,

---

① 此处天头补书:"退回大清银行股票之数,借券底二件。"

请斟酌药方。内务府交来国务院来函一件,为崇陵工程俟图平交来,即由部核拨款项事。

廿五日(5月11日),用药熨脚,甚效。给四哥作禀一封。恭阅安折,定于廿七日请安。

廿六日(5月12日),养息一日,至世相宅谢步。

廿七日(5月13日),假满请安,进内。

廿八日(5月14日),进内。二少爷来,售出翡翠朝珠身一盘,万历彩小瓶一个,共洋银二百元,给大、二少爷各十元。

廿九日(5月15日),进内。接四哥来信,津寓均吉,慰甚。拟定刻张知生先生书序、跋二件。

卅日(5月16日),进内,至太庙看视演礼。

四月

初一日(5月17日),进内,午刻预备迓神差使。是日大雨一日。

初二日(5月18日),进内。

初三日(5月19日),进内。刘家赴津,给四哥作禀,给竹格信。

初四日(5月20日),进内。至汇丰行,将蕉桐号存款京足二万五千两票据一纸、折一个交吴幼舲于初五日代取,幼舲云此据系蔚泰厚者,能否取出尚不能定,容初六日午后致信。午后接四哥、竹格来信,均吉,慰甚。王如泉来谈,并云嗣后如有大乱,伊家尚可住几人,该处系在天津属沧州东南方小集地方,有邮局,能送至张古风村,朋友雅谊,良可感也。

初五日(5月21日),进内。吴幼舲派人将蕉桐号票据送来,据云未能取出。

初六日(5月22日),进内。至盆儿胡同张文达公祠行礼。求杨时百写屏,已允诺。至草厂九条胡同蔚泰厚见侯子猷,代取款事,子猷云可先付三个月利,其本应俟汇兑通即可照付也,只得代取利息三个月,计银三百两,遇便寄津可也。刘姐由津回。

初七日(5月23日),进内。给四哥及竹格写信。

初八日(5月24日),进内。大姐赴天津。

初九日(5月25日),进内。晚,高伯珩美国教习。请便饭。四嫂率有姑娘回家,接四哥来信。

初十日(5月26日),进内。至熊总长处。

十一日(5月27日),进内。请杨菊如来看感冒。

十二日(5月28日),进内。熙三先生来谈,为工厂属劝梯云事。给四哥寄信。

十三日(5月29日),进内。四嫂率有姑娘、玉珍赴津,给四哥禀,给竹格信寄去兰亭、多宝塔二本、怀素、成亲王书、米芾手卷三个,交竹格保存。晚接四哥来信,四姐率有侄等到津,一切均吉,慰甚。

十四日(5月30日),进内。午后至世太保宅拜寿,送寿屏四条,收,送如意一柄,璧回。给四哥写禀。

十五日(5月31日)至廿二日(6月7日),进内。

廿三日(6月8日),进内。差姜成赴津,寄赏祥格廿金,桐格十金,因二人种花也,寄去家信二封。是日因昨日上赏大卷纱四卷谢恩,又蒙恩赏银壹千两,送给抬夫八元。

廿四日(6月9日),进内,随同景三哥谢恩。早间接四哥信一封,晚间作禀一件,明早拟由快班寄津也。

廿五日(6月10日),早,进内。四哥来家,申刻回津。蒙皇上赐葛纱六卷,麻纱一卷,缨纬一匣,明日叩谢天恩。

廿六日(6月11日),进内,谢赏纱葛恩,徐太保前往看视,云已赴世太保处矣。

廿七日(6月12日),进内。

廿八日(6月13日),进内。世中堂来谈,令至熊秉三处催问皇室经费。晚八点拜熊未遇,接熊君来电话,于廿九日巳刻在寓候晤。

廿九日(6月14日),发家信一封,令李顺赴津。晚间至熊秉三处,为催拨皇室经费事,熊云:此次与梁燕孙商定,共拨五十万,现已给银行写信催拨矣;谈及崇陵工程,现在商议拟令洋工程司包工,一切规制物料照旧,并可令该工程司借垫款项也。当属其关照,务于节前拨款为要。

五月

初一日(6月15日),进内,回明世太保昨见熊秉三催款等事,见徐太保道谢。至内务府衙门商酌应发节款数目。李顺回,由津寄来鱼、点心、果品等物,接四哥来信,一切均吉,慰甚。南院成大爷回京。

初二日(6月16日),五奶奶赴津。

初三日(6月17日),进内。

初四日(6月18日),熊秉三来电,财政部拨给内务府银五十万,属办收据,令司员送该处签字,以便照发。当电达世太保请派人办理,复至世太保处面回一切。晚间济老爷良来谈,为领款事。

初五日(6月19日),进内,谢赏粽子恩。银库交饭银八百元,合银六百两,回家发月例、还节账等款,尚可敷衍,诚窘迫时之幸事也。

初六日(6月20日),初七日(6月21日),初八日(6月22日),均进内。

初九日(6月23日),进内。发天津信一封,派李顺赴津接五奶奶。晚,公请徐中堂。

初十日(6月24日),进内。五奶奶未回,子厚及大、二少爷等均回。

十一日（6月25日），进内。晚，拜晤赵执庵总长。

十二日（6月26日），进内。接天津家信，慰甚。晚五点至大总统处，为皇室经费事，大总统令托赵执庵赞助一切，允为维持。当将内务府缮单一件又抄录财政部来文一件交大总统留阅，退出，至赵总长处，未遇，至世中堂宅说明一切。世中堂云：如见赵执庵，转达西陵工程处消防队事，并匀拨四、五人至暂安殿照料为要。谈毕回家。

十三日（6月27日），进内。晚，至赵总长处。总长云：今大总统将内务府原单二件交我转交贵府，令由贵府行文财政部商办。余云：自可遵照行文，惟此事仍希转求大总统主持，并将来公事如至国务院，仍请维持以公论。赵首肯，并述世中堂令转达西陵工程处消防队事，赵云可照办，应请世中堂开一清单，某处应派若干名，交下即可照办。谈毕即回家。是日五奶奶回京，接四哥来信，津寓均吉，慰甚。

十四日（6月28日），进内，将内务府原单二件交世中堂，告明赵总长所说各节。世中堂当将原单交堂郎中拟文稿行财政部办驳矣。本日由财政部领皇室经费五十万两，当归还交通部廿万两，领回卅万两存库。发天津家信一封，给竹格谕一件。

十五日（6月29日），进内。接天津家信，一切均吉，慰甚。

十六日（6月30日），进内，至衙门商酌发款事。

十七日（7月1日），进内。

十八日（7月2日），进内。接四哥来信，均吉，慰甚。

十九日（7月3日），进内，与世中堂、景三哥说明廿早告假一日，赴津省亲，世中堂允可。散后至汇丰代取利换票据，商明先付利,其票据俟到期写妥送来,当取收条一纸存查。① 给正金银行陈敬斋信一封,将支票簿送去,候复信再定办法。申刻携大妞赴津,当在火车中接复函,正金行本日甚忙,容算清再将支票簿送来。晚七点到津,一切均吉,慰甚。

廿日(7月4日),早,至庆邸处晤谈片刻。至崔鹤云处晤谈,请其给祥格诊视,午后鹤云来看,开方清解化痰之剂,当可有效也。与四哥略谈,津寓存款尚存四百之数,拟便中寄二百至津。未刻同大妞乘火车回京,六点半到京。给世中堂、景三哥各送西瓜十个。

廿一日(7月5日),早,进内。大雨。午后写家信,由快班寄津。昨庆邸嘱达世相云下次满假拟续假一个月,即不请开差矣,已转达世相,甚欣然也。

廿二日(7月6日),接四哥来信,津寓均好,慰甚。

廿三日(7月7日),进内。发家信一封。魏梯云来,柏峻山来,钱镜平来,属镜平转托陆仲芳世芬、钱念慈承銡皇室经费,求其关切事。

廿四日(7月8日),进内。汇丰银行邓君翔送来信一封,并新换存票三纸,当复函将票妥存,遇便寄津可也。接竹铭信一封,云祥格渐好,甚慰。

廿五日(7月9日)、廿六日(7月10日),进内。

廿七日(7月11日),发天津家信一封。

廿八日(7月12日),进内。

廿九日(7月13日),派李顺赴津送存据,看祥格,寄四哥禀一封,给竹格谕一件。晚间李顺回,接到回信,存据三件已收到,祥格略见好,津寓均好,慰甚。是日蒙恩赏西瓜廿个、炒面三包,

---

① 此处天头补书:"此次系汇丰行邓文藻经手,此人甫君翔。"

明日应叩头谢恩。北宅大、二少爷送来洋银一百七十元,系卖洋漆书格等物价银,当给大、二少爷廿元,下馀一百五十元交赓爷,以备发本月月例之用,已告二爷矣。

六月

初一日(7月14日),进内叩头。

初二日(7月15日),派孙禄回津。

初三日(7月16日),接四哥来信,津寓均吉,慰甚。至世中堂宅谈工程事。

初四日(7月17日),进内。写天津家信,由汇丰取银二百两,明日交子厚送津。

初五日(7月18日),进内。子厚来,乘早车赴津,晚归,接家信,津寓均吉,慰慰。

初六日(7月19日),进内。写天津家信。

初七日(7月20日),进内。发天津家信。

初八、九日(7月21、22日),进内。初九日接四哥信,津寓均吉,祥格大愈,慰甚。

初十日(7月23日),进内。由汇丰浮借一百两,发月例。

十一日(7月24日),进内。写天津家信。

十二、三日(7月25、26日),进内。接天津来信,一切均吉,慰甚。

十四、五、六、七、八日(7月27、28、29、30、31日),均进内。十八写家信。

十九日(8月1日),进内。发家信一封。锡闰生来谈。

廿日(8月2日),进内。回家看内务府奏销单,计宣统三年应销银一百卅四万两,进款一百十五万两,借款四十五万两,另单交进等款二十五万,内有应酬之款,另单记以待酌。至吴向之处,未遇,留信,询问代锡闰生递呈事。慕韩侄回京。

廿一至廿五日(8月3日至7日),进内。

廿六日(8月8日),立秋。进内。写家信,李厨赴津。

廿八(8月10日)至卅日(8月12日),进内。

七月

初一日至初四日(8月13日至16日),进内。

初五日(8月17日),美国高教习伯珩于是日移住南花园,每月房租六十元。

初六日(8月18日),进内。发天津家信。

初七日(8月19日),进内。

初八、九日(8月20、21日),进内。

初十日(8月22日),进内。发天津家信。给上海信成银行周舜钦信一封,附寄王少谷先生信一封,为柏油漆庄前入股四千两,祈转售股份,将现款汇京事。令赵福赴内城总厅递呈,为高伯珩租房事,附送合同四纸,该厅令十四、五日听信。慕韩侄来谈售马车事。

十一日(8月23日),郭嬷来,接家信,津寓均吉。

十二日(8月24日),进内,同世相、景东翁赴木库看金柜漆饰。是日酉刻孙中山到京。彭同九来谈,借去《起信论》一部。

十三日(8月25日),进内。发家信。接柏峻山来函,属付高伯珩自来水管价四十二元,当即付交,取有收条。

十四日(8月26日),进内。至慕韩处便饭。至北宅,二少奶奶是日午刻生得一子,一切吉祥。

十五日(8月27日),进内。家祠上祭。北宅大、二少爷来请给小孩命名,名曰"椿格"。

十六日(8月28日),进内。拜周缉之,未遇,留赠《张集》二本。午刻给全公府送去马车一辆,此车原系钱粮胡同寿宅之车,作价二百金,今订价一百八十金,尚赔廿金,并送给姑奶奶老洋马一匹。晚间慕韩送车价一百八十金,早间已将车马送去。给四哥写信,交慕韩寄津。

十七日(8月29日),进内。周缉之来,未遇。接崔磐石、崔鹤云信各一封。

十八日(8月30日)至廿一日(9月2日),进内。

廿日(9月1日),申刻赓大奶奶生得一子,给赓爷四元。

廿二日(9月3日),因感冒未进内,请假一日,请曹巽轩先生来看印羲。

廿三、四日(9月4、5日),进内。请曹巽轩来诊。

廿五日(9月6日),竹格回家叩头,交来府中汇丰三件,蔚泰厚一件,容有暇往办。① 收铁匣。给四哥写禀一件。

廿六至廿九日(9月7至10日),进内。

八月

初一日(9月11日),晚醇邸醇邸因小恙未到、伦贝子、世太保公宴孙中山、黄克强、陈君其美及国务院各员,参议院吴宗濂住后王公厂、汤化龙,陪客中有顺王、江统领朝宗、禁卫军统制王廷桢、张仲和、长君朴等,景三哥与余亦在陪客之列。入座上香宾酒时,伦贝子代为演说,以表皇族开会欢迎之意,略谓:从来有非常之人始能建非常之功,其孙中山先生之谓乎,今改数千年专制政体而为共和,固由孙中山先生及诸位先生之功,亦由我皇太后、皇上至公无私,以天下之政权公诸天下。惟自改变共和政体以来,而天下事变乃愈亟。语云"世界能造英雄,英雄亦能造世界",此后政治日进文明,不第我皇族得享优待之荣,而天下人民常享升平之福,均惟诸位先生是望云云。说毕又云:余今日得见诸位先生,至为光荣,举酒愿祝诸位身体康健。同座均鼓掌。

---

① 此处天头补书:"十月初到期。"

孙中山令黄克强答词,略谓:现在世界竞争,中国非共和政体不能自立,是以孙中山先生热心改革。今者五族共和,实由皇太后、皇上圣明,德同尧舜,我辈均甚感激。惟此时外交甚为警戒,切望五族一心,勉力进行,以济时艰云云。八钟入座,十钟散。

初二日(9月12日),进内。

初三日(9月13日),早,赴园祭龙神祠。申刻回家,接蔚泰厚来信,为蕉桐号提款事,当给竹格写信一封,初四日寄津。

初四日(9月14日),进内,蒙恩赏银千两,江绸四卷。

初五日(9月15日),进内谢恩。接竹格回信,午后至蔚泰厚,见康陛卿议妥提款事。

初六日(9月16日),早,寄天津家信二封,交北宅大、二少爷寄去,并寄银百两及食物等件。午后至蔚泰厚办提款事,见侯子猷、康陛卿。进城至汇丰办存款事,见邓文藻君翔,将炉房兑条京足五千两交伊,伊云今日洋人已走,明早办妥,将存据送去可也。回家接四哥来信一封,津寓均吉,慰甚。

初七日(9月17日),午,四哥回家畅谈,慰甚,适汇丰银行将存据送来,当将存据及蔚泰厚存据又折二个、利银二百五十两交四哥,并写信一封,求饬交竹格收存。申初四哥回津,将家中老契纸均带去,收存津寓。接邓君翔来函,尚欠该行补色银卅两,应交还。过两日尚须访周缉之一谈为要。

初八日(9月18日),进内。接四哥来函。

初九日(9月19日),进内。大、二少爷回京。

初十日(9月20日),进内。高伯珩付旧折房租一百元,又计日租银廿八元,又新房租银六十元,约星期一日晚六点晚餐。

十一日(9月21日),早,进内。发家信。

十二日(9月22日),进内,蒙恩赏在紫禁城内乘二人肩舆,当与景东甫兄叩辞,未蒙允准,不敢固辞,定于十三日联衔谢恩。

荷蒙天恩高厚，愧悚莫名，惟有矢慎矢勤，以冀仰答于万一云尔。接四哥来信，即写家信二封，明日交老何、李顺寄。

十三日（9月23日），进内谢恩，陆相领班。

十四日（9月24日），进内，谢赏月饼恩。由正金提借三百两过节。

十五日（9月25日），进内。祠堂叩头。是日内务府大臣均蒙皇上赏西瓜一个，月饼一盘，果一盘。

十六日（9月26日），内务府领款廿五万元，合银十八万两。银库司员交到饭银六百两，合八百元，补行发给未了节款。此节除太监等赏不计外，亦约用千金之谱也。

十七日（9月27日），进内。

十八日（9月28日），进内。晚，福子昆来谈正金存款事。

十九日（9月29日），进内，带匠，上赏饭吃，在庆云斋。世太保嘱至赵总理处，为章嘉佛欲请安递牌事，比至赵总理处，已出门，即复进内，谢恩后吃饭。晚至八钟赵宅尚未来电，当给赵写信一封，差龚升送去。

廿日（9月30日），早，进内，带匠，赏饭吃。金子贞交堂、饭银各四百两。回家，福子昆来，交到暂借款项，嗣后有款时即应归还。发家信一封。

廿一日（10月1日），早，进内，候散匠退出。至赵总理处，未遇，告以今日世相已经出班，如总理有话，可迳与世相信也。接四哥来信，言股票事。

廿二日（10月2日），早，进内，上赏江绸袍褂料一套，随同世相带匠，谢恩。散后至正金，与陈敬斋谈股票事。至汇丰代为换票，邓君翔经手，云阳历初八日派人送来，见吴幼舲，定于廿五日未初会晤。至家，接竹格信，津寓均吉，慰甚，拟令辉山廿四日晚车赴津，取蔚泰厚折并商售地修房事。

廿四日（10月4日），进内。给四哥寄信一封，交辉山寄，并寄三百元，给竹格信一封，为售地修房事。

廿五日（10月5日），早，进内。午后至汇丰，与吴幼舲谈奉天铜瓷事。至正金，托陈敬斋速办股票事。由汇丰携回代办借券二纸，利息汇票一张，收书房铁匣内。

廿六日（10月6日），午，三爷回，接四哥来信，并给善四太太信一封，差老佟送去。

廿七日（10月7日），进内。午后马祜廷来，借去《榕村全书》内《道南讲授》一套。

廿八日（10月8日），进内。午，张仲来谈赓大奶奶拟买地事。至蔚泰厚代提款，至汇丰存款，并取回存据二纸。早间发给四哥禀一件，给竹格信一封，告明提款已存汇丰事。陈敬斋来电话云，股票事可成，明日午后至该行办理。

廿九日（10月9日），进内。接四哥来信，一切均吉，慰甚。午后至正金银行见陈静斋，办售股票事，系按六成四办理，除还该行六千五百两及利息外，下馀三千二百馀金，拟令三爷于初二日赴该行汇津一千金，下馀浮存该行，以备日用。

九月

初一日（10月10日），进内。回至家祠行礼。是日为阳历初十日，民国国庆日，国务院请茶会，并送入场券一纸。因早间进内，且大、常礼服均一时不便，未能莅会，在家静息一日。

初二日（10月11日），令三爷至正金银行办汇款、存款事，均已办讫。午后给四哥写信，明早发。

初三日（10月12日），进内。至泽公处看视，因该府西邻失慎也。午后接吴幼舲来信，为奉天售物事。

初四日（10月13日），进内，给世中堂看吴幼舲信，说明赴津事。午后一点四十分赴津，四点四十分至津车站，四哥率竹格已至车站,遂同车至先农里,给慈亲请安,慈体康健胜常,慰甚。交四哥正金汇票一千两正,略谈。晚间至廿号将存据四件、汇票一纸交大爷、大奶奶收讫,看祥格,甚见粗适,回一号晚饭。

初五日(10月14日),早至日本界看房,至陈世叔处略谈,至庆邸处略述京中事,回寓早饭。未正二刻启行赴车站,乘晚快车回京,七点四十分至前门,八点至家。

初六日(10月15日),进内。泽公、慕韩侄、北宅大、二少爷均来看。在内属定友三代询膳房事。令三爷至吉祥寺,在天宝煤矿公司入股一大股,计一百元,取回天字一号收据一件。

初七日(10月16日),进内。定友三云已询协成信膳房,饭银世堂者已存,至大人名下并未存款。窃思此项饭银在现时时局艰难,本不应领,而该章京等既已提出另存,世相亦令其另款存储,似亦未便不随同世相办理,再遇该章京等交饭银时再为收存可也。

初八日(10月17日),进内。赓大爷率李顺赴津送衣箱、帖匣等物,又附寄貂褂、元狐皮筒二件,晚接四哥来信,均已收到。三豹患温症,急请张午桥诊治,服药有效。

初九日(10月18日),进内。散后至张午桥处谢步,请其来诊,午后张午桥来,开方养阴清热和解之剂,当可有效。

初十至十一日(10月19日至20日)进内。请张午桥给三格诊治。

十二日(10月21日),进内。因三格服药无效,改请曹巽轩来诊,服药有效。

十三日(10月22日),进内。请曹巽轩来诊,服药,三格能食粥一茶盅。

十四日(10月23日),进内。至徐太保处晤谈。午后巽轩来给三格诊视,余因鼻有嗅味,脐间偶痛,亦求诊,开方清理肺脾之剂。

十五日（10月24日），进内。三格见愈。接家信。是日午初刻至世中堂宅陪徐太保便饭，饭后世中堂谈皇室应妥筹各处办法事。

十六日（10月25日），进内。至筹备处。接汇丰来信，邀至该行一谈。

十七日至廿一日（10月26日至30日），进内。请曹巽轩。

廿一日（10月30日），进内。晚，世相同景三哥及余请江雨丞、崇荫轩、王统制、三六桥。汇丰来电，请明日至该行。

廿二日（10月31日），进内。至汇丰见吴幼舲，谈奉天物件及珍珠、朝珠事，即至世相处说明其事。世相云所说运货之事并未及售卖之事，颇有不便之处，即可回告应毋庸议，至朝珠之事尚可办理，容再商办也。

廿三、四日（11月1、2日），进内。

廿五日（11月3日），进内。晚在东兴楼请客。接四哥来信，李顺已到津矣。①

廿六日（11月4日），进内。合兴张掌柜来，说明十月初交地事，给四哥写信。

廿七日（11月5日），进内。接竹格禀称廿八日迁入新居。

廿八日（11月6日），进内，换乘二人小轿。至筹备处。散后至汇丰见吴幼舲，交老公茂洋文章程回复，所拟章程内有窒碍不便之处，只得作为罢论，并云朝珠之事拟取来再为商办也。

廿九日（11月7日），进内。午后接竹格禀，称迁居一切顺遂，慰甚，写家信二封，明日发。

卅日（11月8日），进内。发家信。

---

① 此处天头补书："廿五日魏宅交来女工厂契纸，收铁匣。"

十月

初一日（11月9日），进内。回至祠堂行礼。接四哥来信，津寓均吉，慰甚。看《中庸》数页。

初二、三日（11月10、11日），进内。现患痔疾，应谨慎调理。

初四日（11月12日），进内。痔尚未愈。

初五日（11月13日），进内。随同世相赴醇邸回事，为皇室所属各衙门应裁应并应通盘筹画，以节经费，拟请旨派王大臣妥筹办法事，醇邸甚以为然，并允会同商订云。三豹大愈，曹巽轩为开丸药方调补之剂。接四哥信。

初六日（11月14日），进内，世相面奏请旨事。

初七日（11月15日），进内。是日钦奉懿旨：派讷勒赫、溥伦、世续、徐世昌、陆润庠、陈宝琛、伊克坦、景丰、绍英通盘筹画所有内务府暨有关皇室各衙门应如何归并裁撤之处，随时会同醇亲王妥拟办法，奏明办理等因一件。给四哥写信，次日辰刻发。

初八日（11月16日），进内，蒙召见，皇太后谕令：所有皇室所属各衙门应裁应并，通盘筹画永久之计，随时会同醇亲王妥商办法，奏明办理。世相定于明日至顺王府商订一切，并开办及堂齐日期。是日萧忠由乡间回，令三、二爷与萧忠核减庄子器具价值事。

初九日（11月17日），进内。午后因十营生计会呈请改章事，至醇邸，候世相面回一切。四哥来家谈应办事宜，晚车回津。

初十、十一日（11月18、19日），进内。

十二日（11月20日），进内。五奶奶率玉珍赴津，寄呈慈亲大人四十金，略抒遥为叩祝之忱。晚，接四哥来信，云五奶奶到津,一切均吉。①

十三日(11月21日),进内。至醇邸,随同世相回事。给四哥禀一件。

十四日(11月22日),进内。

十五日(11月23日),在家向上遥为叩祝慈亲寿辰,并具贺禀,交大、二爷寄津。

十六日(11月24日),进内。魏大太太来言工厂事。

十七日(11月25日),进内。女工厂郑先生炳勋、张先生彭年来说明女工厂东院归魏太太设立缝纫研究所,招女生,不收学费,西院托郑、张二位招男工,就现有存料变价之款一千馀金作为本金,暂为织布,所得赢馀拨女学研究所作为补助之资,仍带义务性质,二位已首肯承办矣。徐太保来谈,将孙仲诚名条面交矣。

十八至廿壹日(11月26日至29日),进内。

廿二日(11月30日),唐孚郑同陆先生深来谈,为女工厂事。

廿三日(12月1日),余生辰,蒙上赏尺头二卷,果点八盒。进内,蒙恩赏饭吃,在庆云斋吃饭,饭后在皇太后前先一跪三叩谢恩,复行三跪九叩礼,面赏福寿字,又一跪三叩谢恩。上问:"汝若干岁?"对:"奴才五十二岁。"上令在前面听着去,遂退出。候皇上下学,在养心殿谢恩行礼,三跪九叩礼毕,回家。竹格同有侄由天津来,蒙慈亲赏佛手酒、红洋烛,四哥赏松梅竹石一盆,小柏树二盆、烛、酒等物。家中祠堂叩头,成大爷、北宅人等均来,有侄晚车回津。张仲来谈佐府胡同铺面房赓大奶奶要留用。晚写家信,次早快班发。

---

① 此处天头补书:"十二日张大统管生日,拜寿,送寿礼四色双分。"

廿四日（12月2日），进内。午后张朗山来，将鲁家峪房地契取去，当写甘结一纸，如售出合银壹千壹百两，如售不出，将原件交还，此字交三爷存书房柜中。至赓大奶奶处，为佐府胡同房产事，言明价银壹千六百两正，两面花销及税契费均由绍宅办理，赓大奶奶甚欢悦也。至福全馆赴约，世相请陪徐太保也。

廿五日（12月3日），进内，泽公请安，谈东陵事，世相令便中找泽公一谈，为守护请代为斟酌人之事。回家接天津信，一切平安，慰甚。张仲来说明房价用兑条即可，定于明日办理也。

廿六日（12月4日），进内。未刻张仲来送房价京足银一千六百两，当如数收讫，给伊廿两，又交给赓宅花销四十八两，本宅存花销卅二两，共用一百两，其馀一千五百两交三爷入账，应归马兴庄用一千两，下馀五百两归作公用可也。收款后即将佐府胡同房契红契六套、白字一张、租折四个交张仲带回，交赓大奶奶查收。给四哥写禀。

廿七日（12月5日），进内，喀拉沁五福晋来说静怡园事。

廿八日（12月6日），进内。拜客。接家信，均安，慰甚。

廿九日（12月7日），进内。发天津家信。

卅日（12月8日），进内。接四哥来信，津寓均吉，慰甚。至岳云别野，为董事会事公举李瑶琴为会长，胡先生元使、罗先生敦融为副会长，张绍熙、王书衡为文牍员，杨时百为会计员。

十一月

初一日（12月9日），进内，至筹备处。接竹格来函。

初二日（12月10日），进内。接赵闰生索款函，当复一信。信稿存。

初三日（12月11日），又接赵闰生来函催还款，当给回片，未复。①

初四日(12月12日),百敬之来谈还款须缓期事。发天津信。

初五日(12月13日),进内,至筹备处。

初六日(12月14日),进内。天津来函,均吉。

初七日(12月15日),进内。朗山来,又交地价二百馀金。晚,请客。

初八日(12月16日),进内。发天津信。

初九、十日(12月17、18日),进内。

十一日(12月19日),三爷同大妞赴津,给大奶奶寄寿物,饽饽四匣,金缎一匹,表一个,碧玺镯一付,洋银百元。交三爷寄四百元。皇太后赏大奶奶缎四卷,果点八盒,银一百两正,江绸一套。给太监四两二份,二两二份,三元六份,又给挑钱卅六千。

十二日(12月20日),进内,闻世相谈梁所说事,未免郁郁耳。

十三日(12月21日),进内。写家信,萧忠明日赴津。

十四[日](12月22日),冬至。

十五日(12月23日),进内。

十六日(12月24日),进内,世相面奏梁所说事及与赵所说事。

十七日(12月25日),进内。午后张朗山来云,已交四哥五百元,今又在京交卅四元二角,俟三爷回结清账目,交张所开之条应交回。申刻至醇王府,伦四爷、世中堂会同回事,一移宫事,一移神位事,一召回王公事,一筹备事。

---

① 此处天头补书:"初三日,是日张朗山来云售地事已妥,价一千一百两正,先交四百馀两,另有账。"

十八日(12月26日),接四哥信,移徙均吉,慰甚,当复一函,由快班发。进内,世相赴江禹丞处及赵总理处。余至慕韩处贺寿喜。

十九日(12月27日),进内,至太庙。是日因民国将天坛开放作为公园,请列圣神位供奉于太庙后殿,随同世相前往敬谨看视。晚,坤姑娘回家。

廿日(12月28日),进内,世相未上来,午后世相送到赵总理信及说帖一件,令阅,阅毕交回,为移园问题。说帖内大致令代为奏明见覆云云:一将乾清门以内归皇室居住,即将来移园后遇有祭祀仍可随时居住宫内;一请将外围三大殿借于民国,作为礼堂接见外宾之用;一请将金鳌玉蝀桥开放,以便交通,并请将北海开放作为公园;一将三海房间及新建府第赏借民国政府住用。

廿一日(12月29日),进内,至筹备处讨论赵总理说帖事。

廿二日(12月30日),进内。世相见赵总理,为借三海等事。

廿三日(12月31日),进内,召见世相,面奏乾清门以内永远留用,并将三海借与民国,现令民国行文立案,以为久远之计。李顺赴津,寄信一封。

明日为阳历元旦,此本日记已经写满,自明日起另本登记,此本应查之事甚多,应妥存备查为要。

以下日记第二十册①

壬子年十一月廿四日即阳历元旦(1913年1月1日)

廿四日②(1913年1月1日),进内。给民国送片贺年,各

---

① 日记第二十册,封面题"日记,二十(甲)"。
② 此处天头补书:"一月一日。"

处列后:总统府,秘书厅,国务院总理,外交部,内务部,财政部,陆军部,海军部,参谋部,农林部,工商部,司法部,交通部,税务处,步军统领衙门,教育部,蒙藏事务局。共用片卅一个。

给各国相识之使臣等送片贺年,各处列后:英国朱迩典,美国嘉乐恒、卫理,法国哈豪森、夏礼辅,日本伊集院彦吉,法国医院姑奶奶、大夫,高伯珩,费先生。

写家信。晚,柏峻山来,给费先生复信,为如照合同不欠房租,仍可延长住房之事。

廿五日①(1月2日),进内,召见。早发家信。大、二少爷来,送代售瓶价四百六十元,交大、二少爷四十元,告明系四哥送给。接知会,明日会议。上赏八格格之第一子一周洋绉二匹,应寄津。

廿六日(1月3日),进内,至筹备处。接家信,均吉。

廿七日(1月4日),进内。周漱泉、田绍白、孙仲诚来,同至福全馆便饭。

廿八日(1月5日),进内,至筹备处。

廿九日(1月6日),进内。拜长少白。四哥回家,谈陈尧斋所说事。项激云来谈。

旧历十二月

初一日(1月7日),进内,至筹备处。回家写家信。

初二日(1月8日),进内。发家信。午后接天津来信,一切均吉,慰甚。周漱泉来谈,周先生印尔润、甫漱泉住天津三条石大街源顺栈对过胡同周寓,又周漱泉世兄现为天津区官,住河北中二区巡警分局。

初三日(1月9日),进内。接天津复函,慰甚。

---

① 此处天头补书:"二日。"

初四日（1月10日），进内。写家信。

初五日（1月11日），进内。午后至筹备处，那王、睿王、博公、泽公均到，商议裁并事。

初六日（1月12日），进内。午后福子昆来谈公事。

初七日（1月13日），进内。午后至筹备处。散后至泽公处谈东陵事。

初八日（1月14日），进内，上赏腊八粥，叩头，敬使六金八千。

初九日（1月15日），进内，至筹备处，写家信。

初十日（1月16日），进内。老秦同张姥姥奶嬷赴津。

十一日（1月17日），进内。接家信，均吉，慰甚。至陆相处。

十二日（1月18日），进内，至筹备处会同商议裁并事。

十三日（1月19日），进内。

十四日（1月20日），进内。至醇邸处回事。

十五日（1月21日），进内。庆府吴管事来，为换存据事。三件。本日奉旨派管理牺牲所事务，次日谢恩，由署办折。钱镜平来谈经费事。

十六日（1月22日），进内，叩谢天恩。晚，钱镜平来谈。上赏福寿字。写家信，明早派老秦赴津，并给庆府复信一封。

十七日（1月23日），进内，谢赏福寿字恩。派老秦赴津。

十八日（1月24日），进内。至汇丰代办换存据事。

十九日（1月25日），进内。接天津来信，均吉，慰甚。蒙上赏洋绉二匹，缨一匣。晚，吴管事来，将原件交回。

廿日（1月26日），进内，谢恩，至筹备处。

廿一日（1月27日），卯刻接天津电传喜音，竹格之妇生得第二子，一切吉祥，系壬子年十二月廿二日寅时生，仰承天恩祖德,得庆添丁之喜,并蒙平安之福,惟当迁善改过,以迓天庥,是宜自勉者耳。进内封印,至内务府商议年节发款事。回家,接天津家信,一切均吉,慰甚。晚,写家信,明早寄津。

廿二日(1月28日),进内,蒙上赏银一千两,江绸四大卷。老王由天津回。

廿三日(1月29日),进内,谢恩。同至醇王府回事。至大德恒见陈照亭印荣光,托其函致西安本号,将赵姑太太之款汇回,伊首肯,云明正回信可到。又至日昇昌,托其函致西安本号,再三说项,始肯寄信云。蒙皇太后赏"蕃厘"二字,"福""寿"字各一方。接天津安信。

廿四日(1月30日),进内,带匠安灯,蒙上赏江绸二卷,当时带同司员谢恩。到署。

廿五日(1月31日),进内。写家信,令辉山明早赴津。

廿六日(2月1日),进内,召见后,同世太保至张总管处,为皇太后欠安,商令姚宝生诊视事。晚至伦四爷处,为会商筹备处奏事,商定廿七日具奏。接天津家信,一切均吉,慰甚。蒙上赏荷包七个。

廿七日(2月2日),筹备奏事。谢赏荷包恩。

廿八日(2月3日),召见,为筹备处具奏裁侍卫事。蒙赏菜一桌。至衙门商办年事。

廿九日(2月4日),谢赏吃食恩。回家,写家信,交唐姐寄。晚,赴吴幼龄约便饭。

卅日(2月5日),进内,午刻辞岁行礼,蒙上赏"三多九如"迎祥春条,皇太后赏荷包、银锞、"履祥锡祉"春条。蒙恩赏穿带嗉貂褂,当时谢恩,次日具折谢恩。午后至汇丰银行商存款事。至世中堂宅。

民国二年癸丑(1913)日记

[癸丑正月]

阳历二月六号,正月元旦(2月6日),子时接神,早进神武门,染貂冠、红朝珠、蟒袍、补褂。随同世太保诣养心殿,给皇太后拜年,世太保跪说吉祥话,云新喜万喜,行三跪九叩礼。上面赏荷包,内有金银锞钱八宝各物,当时叩头谢恩。退出更衣,去狐冠貂朝服红朝珠,诣皇极门外,巳初随同行三跪九叩礼毕,诣乾清宫丹陛上,巳正随同行三跪九叩礼毕,诣养心殿,谢上赏春条恩,无事同散。至醇王府叩新喜。至北宅祠堂行礼,慕韩处祠堂行礼,至景三大人宅祠堂行礼。回家,佛堂、祠堂行礼,写元旦帖云:元旦举笔,书龙虎字,大吉大利,萱堂馀庆,棣圃增荣,公事吉顺,家运亨通,敬慎防意,勤俭进行。当此患难之时,尤应敬慎勤俭,以求有济也,勉之。

初二日(2月7日),进内,至衙门,午回家。竹格回家,四哥来谕,津寓均吉,慰甚,当日回津。

初三日(2月8日),进内。

初四日(2月9日),进内,吃肉后至西苑看视,以便移交。

初五日(2月10日),进内。四哥回家,将存款三百两寄津,申刻回,送至车站。晚接世相来函,为梁燕孙来信介绍交通行事。

初六日(2月11日),进内。接四哥来信,津寓均吉,慰甚。

是日梁燕孙等九人进内看视三大殿。① 是日进奉万寿贡太西缎十卷,蒙赏收,赏给交进人四元。

初七日(2月12日),进内。至醇邸处回事。晚,祭神,诚占本年家事,得二上三中,大成卦,知止之象,象曰:"过我阡陌,驾车辚辚,厥宝伊何,黄金白银,常使丰足,永不忧贫。"诗曰:"受天之禄,必降祯祥,务满不溢,守之乃昌,毋怠毋骄,永保安康。"神灵垂佑,示以戒词,应每日三复,以满而不溢,毋怠毋骄,敬慎守之是要。②

初八日(2月13日),进内,蒙恩赏银一千两,江绸四卷。接四哥来信。晚,祭星后写家信一封,明早寄。

初九日(2月14日),进内,至太庙演礼,蒙恩赏菜一桌。

初十日(2月15日),进内,捧表,先随世太保至养心殿行三跪九叩礼,谢赏吃食恩,次换朝服至皇极门外行礼毕,换蟒袍、补褂,候接待民国专使、总理、总长等。午初梁专使先至上书房,有总统国书祝词,跟随参谋部高级武官一员,卫侍四员。少顷赵总理、各部总长及高级武官十六员至,皇太后升乾清宫。先带梁专使觐见,梁专使宣读祝词,由世太保请上交③下答词,读答词毕,梁专使口奏梁〇〇恭祝皇太后万寿毕,由东边槅退出,仍至上书房稍座。次引赵总理等觐见,赵总理口奏:恭请圣安,代表全国国民、文武官员、大总统恭祝皇太后万岁,三祝毕,世太保读答词毕,均退出,至上书房用茶酒果点,略谈,尽欢而散。接家信,均

---

① 此处天头补书:"初六日进内九人:梁士诒、吴景濂、江朝宗、赫文汇(海澜,奉天)、高家骥(季喆)、李秉恕(惠周,奉天)、曾有翼(子敬)、殷松年(墨卿)、周珏(志成)。"
② 此处天头补书:"知足不辱,知止不殆,宜敬念之。"
③ 交:此字影印本已残,据《绍太保公年谱》补。

吉，慰甚。

十一日（2月16日），进内，世太保面奏由内务府给大总统写信代为致谢。

十二日（2月17日），进内，午初美国公使嘉乐亨之夫人及郭姑娘、裴太太偕参赞卫理觐见，上传泽公夫人、伦贝子夫人、三格格、秀格格进内接待。届时皇太后、皇上御养心殿，伦贝子、世太保、景大臣及予带领至殿内，上赏嘉太太镯一只、戒指一个，裴太太、郭姑娘各戒指一个，嘉太太用快镜照像毕，退出，同至漱芳斋用酒点毕，至院照像，步行游花园各处，尽欢而散，时已未初刻矣。

十三日（2月18日），进内，皇上万寿，升乾清宫受贺，行礼者尚多，均朝服。

十四日（2月19日），进内，谢赏住园子恩，赏元宵恩。三爷赴津，寄家信二封。

十五日（2月20日），进内，无事。

十六日（2月21日），进内，忽闻皇太后病，痰喘甚重，即随世相、景东甫兄诣长春宫看视，当时给醇王爷、伦贝子电话，请速进内，移时均至。世相请懿旨，派醇亲王照料内廷一切事务，上允所请，即刻述旨一道，公议召曹元森诊视开方，公请上进曹医之药，服之，亦未见效。晚间同世相、景东翁均住内务府公署，晚饭后至右门探询，尚未见轻减。

十七日（2月22日），丑刻总管传出口信，令进内，即同世相及景东翁进内，闻皇太后病势沉重，移时太医等诊脉，云六脉已绝，急给醇亲王、伦贝子及近支王公打电话，同世相、景东翁诣宫内瞻仰，跪叩痛哭。窃念皇太后温恭慈善，俯允共和国体，商订优待条件，既保全宗庙之奉祀，皇室之尊荣，又获免民生之困苦，追维至德，悲感同深。叩谒后退出，候醇亲王、伦贝子、润贝勒、泽公、三位师傅至，均进内叩谒。内奏事传出瑜、珣、瑨、瑾贵妃召见，众人同至宫内跪安，立传主位，命醇亲王带领皇上见面，当请皇上至四位贵妃前跪安。主位问："日后皇上应如何称谓主位？"伊师傅云："按清语应称额娘。"主位云："是的。"并谕云："外面之事既有醇亲王照料，我们亦不懂外事，宫内之事必须有一人主管，汝等应会议如何办理。"又云："我们可轮流照看皇上。"陆师傅云："应当轮流照看。"问话毕，均退出，商办大事，请醇亲王阅定，派恭办丧礼。谕旨：即刻述旨一道，当由内务府呈报大总统，皇太后于十七日丑时仙驭上宾呈一件，即送总统府。随同世相等商办一切，是日申刻行殓奠礼。

十八日（2月23日），进内，瑜、瑾贵妃召见世中堂。

十九日（2月24日），进内，瑜贵妃等三位主位召见世相、景丰、绍英，催令派拨太监至长春宫等处。

廿日（2月25日），进内，瑜贵妃等三位召见景丰、绍英，为催令会议事。

廿一日（2月26日），进内，申刻散。至大德恒，为锡二太太事。

廿二日（2月27日），进内。竹格回家。

廿三日（2月28日），进内，竹格亦进内行礼。是日殷奠礼，袁总统派荫昌为代表，读祭文致祭，总理、总长及各署人员二百四十馀员同来致祭，醇亲王接见称谢，衍圣公亦来叩谒。竹格回津。

廿四日（3月1日），进内。锡二太太来，为大德恒事。又交蔚泰厚存据三件，计一万三千一百两，容得暇代为办理。接四哥来信，云二月初六日早车回京。

廿五日（3月2日），进内，住班。奉旨："长春宫总管太监张兰福、姚兰荣当差有年，均赏给原食钱粮，原品休致为民，钦此。"该太监即日出宫。

廿六日(3月3日),出班。接四哥来信,云廿八日早车回京行礼。

廿七日(3月4日),早,发家信一封。进内。午后至汇丰,为内务府存款事。至(太)[大]德恒见陈照亭,为锡二太太办妥汇款事。

廿八日(3月5日),进内。午刻回家,四哥由天津回京。

廿九日(3月6日),早,瑜贵妃召见陈宝琛、绍英,催会议事。四哥进内,叩谒后即回津。荫、段两总长送来大总统致醇邸公函一件,为请推尊瑾贵妃保护皇上圣躬,照管宫中一切事。醇邸当即令瀛贝勒、涛贝勒、朗贝勒、润贝勒、泽公及恭理大事十人会议,适瑜贵妃召见醇邸、伦贝子、世中堂,醇邸未往见,令伦贝子、世中堂持大总统来函去见,约三刻许下来,述三位贵妃语,令即作函答覆,不可得罪人,好话多说几句,至内廷之事均好商办云云;并云次早召见醇邸、伦贝子、世中堂,议决拟函答覆,并拟加封四位主位办法,遂散。

卅日(3月7日),早瑜贵妃召见醇邸、伦贝子、世中堂,闻所说之话与昨日略同,尚为和平,众甚欣慰,晚祭后散。接家信,一切均吉。是日令五太太将锡二太太存据、银票等件送交清楚,馀俟蔚泰厚来信时再为代办也。

二月

初一日(3月8日),进内,世中堂给看答总统信,大意遵照办理,并致谢忱等语,当请醇邸看过,并由醇邸、世中堂、伦贝子请四位贵妃阅过,均无说,派伦贝子为专使,初二日至总统府持函致谢。发家信。

初二日(3月9日),进内。午刻坤妞回京,接家信,均吉。

初三、四日(3月10、11日),进内,住班二日。

初五日(3月12日),钦奉谕旨:瑜皇贵妃尊封为敬懿皇贵妃,珣皇贵妃尊封为庄和皇贵妃,瑨贵妃尊封为荣惠皇贵妃,瑾贵妃尊封为端康皇贵妃。世中堂奉旨:四位贵妃每月原各交进银五百两,着每月各加交进银五百两,由广储司按月交进。当将尊封瑾皇贵妃谕旨钞录,函达总统府。

初六日(3月13日),己刻大总统派上将荫昌、段祺瑞致贺瑾贵妃,送如意一柄,以表闻得加封,欢迎承认之意。

初七日(3月14日),初祭礼。

初八日(3月15日),绎祭礼。

初九日(3月16日),进内,醇王令明日赴津请庆邸回京。

初十(3月17日),早车赴津,先至花园街给慈亲请安,午饭后至千六号看竹格、大奶奶及祥格、顺格等,并至庆邸寓见庆邸,陈明请回京事,并将世相致庆邸信呈交。庆邸云拟廿三日回京,廿四早叩谒,廿五日再进内,祖奠祭行礼,俟奉移跪送后,仍拟回津等语。晚车回京。

十一日(3月18日),进内。晚申刻至醇王府请见,回明庆邸于廿三日回京事。

十二日(3月19日),大祭,早,进内,端康皇贵妃召见,问庆邸回京事。午后国务员来上祭者二百馀员,晚祭后散。

十三日(3月20日),进内。

十四日(3月21日),敬懿、庄和、荣惠皇贵妃见醇亲王、景丰、绍英,传谕:廿七日奉移时皇上至锡庆门外跪送,令御前大臣多派人随行,在锡庆门外支搭小黄幄以备暂息之所,奉移至暂安殿时备供膳二桌,现已将银库查清,交内殿给上收存,珠宝库俟奉移后再查,三位皇贵妃拟俟奉移后移住宫内。并令转传伦贝子、世太保及三位师傅知道。

十五、六日(3月22、23日),进内。

十七日(3月24日),初满月礼,端康皇贵妃见醇亲王、伦贝子,为令申饬内殿总管事,至遗念事候世中堂出来再说,醇亲王令在车站支搭帐房一架,已告堂上。晚间至世相处看视晤谈,交来财政部公启一件,为通知领经费卅万元事。

十八日(3月25日),进内,将财政部公启交银库。

十九日(3月26日),进内。

廿日(3月27日),进内,端康皇贵妃见醇亲王、景丰、绍英,为奉移以前应安置一切事,醇王对以俟庆王回京大众商议。下来,醇王令告世相、伦贝子廿二日早十点钟进内议事。

廿一日(3月28日),进内,世相至内商办公事。

廿二日(3月29日),进内,醇邸令至庆邸处陈述宫内近日情形,以便召对时因应。晚祭后至庆邸处面陈一切。晚,醇邸由电话问至庆邸陈说事,又皇上跪送即定在宁寿门外,令改道以备钞阅看。是日定君杰甫友三谈汇丰存款事,系上十二月卅日另存饭银四千。

廿三日(3月30日),进内,巳刻演礼。

廿四日(3月31日),卯刻同庆邸叩谒后,两宫召见。辰刻捧册宝,午刻恭上尊谥,进册宝差,蒙赏遗念碧玺盖,玉烟壶一个,翡翠珮一件。

廿五日(4月1日),早,祖奠礼后齐集,在几筵前谢赏遗念恩,免冠叩头。庆邸、醇邸、伦贝子、世中堂见端康皇贵妃。午后济君良、继君锐云已将另存之四千交汇丰,并有汇丰信一封,系邓君翔之函也,此款可作暂存候提之款,如公用买米时即可提用也。崇荫轩带见禁卫军教练白多仁又名白汝光,现住神武门外。世相批发大事用款,晚祭后散。

廿六日(4月2日),进内,申刻进包裹。令辉山赴汇丰还壬子年三月十六日借款京足银叁千两,利息并付,尚存该行京足银一千一百四十六两,留备买米公用可也。接天津家信二封,一切均吉,慰甚。

廿七日(4月3日),卯刻孝定景皇后奉移,午刻至前门车站,开赴梁格庄,跪送后进内值宿。

廿八日(4月4日),巳正醇亲王进内,面禀世相所说端康皇贵妃加进纸币事,江禹丞所说借牛圈房间事,王言可以借用,请看内务部来信,崇陵开工事。

廿九日(4月5日),进内,见陆相,云新拨太监六人皇上不用等语。景三哥回,端康皇贵妃召见景丰、绍英,为珍贵妃奉移,派首领供膳恭送等事。将本日早事交端老爷送醇王府请看。王爷将端老唤至书房,面交应传旨意,交回,即交内奏事处转交外奏事处传旨,至板房,将应办事件交办,即散。申刻至徐太傅处晤谈,至瑞大、二爷处晤谈。回家,接财政部发款通知一纸,辰字第二十一号,清皇室费全额叁拾万圆正已由该部核定,应请照填三联式总收据,由长官签名后,派员赴库领取,可交内务府照办。① 接家信,一切均吉,慰甚。

卅日(4月6日),进内,醇王已正到,敬懿皇贵妃见醇王、伦贝子、景丰、绍英,为开发太监月例及分拨苏拉、太监,并苏拉饭食用项等应由外交进十馀万事,又欲令马、寇两太监为民事,又欲令伦贝子帮办内廷事务或补御前大臣事,毓崇每月月例加卅两,共月给五十两,又端康皇贵妃给皇上拨太监六名未留用事,又三位皇贵妃移住长春宫等事。醇王对以俟世中堂回京再为商办为要。醇王交应记事,给民国致谢,商给左、右翼总兵、梁鼎芬遗念,禁卫军游缉队赏项事,另记江代借牛圈事。

---

① 此处天头补书:"查此款系补前次卅万元之通知也,已查明矣。"

三月

初一日（4月7日），进内，端康皇贵妃召见。散后至醇王府，见。至庆王府，见。拜王书衡，留信，为恒丰德事，晚间王书衡来谈，允为昌平州写信。

初二日（4月8日），卯刻启行，午正至梁格庄公所，见世中堂面陈一切公事，未初中堂回京。德宗景皇帝几筵前应叩谒行三跪九叩礼。先在张大人处说明初三日应照料无礼节，茶役水夫下班时各赏给一两，第一镇派队兵十一人照料，拟共赏给廿元。晚间先叩谒，届时带领晚奠、行礼。

初三日（4月9日），午刻接家信，京津均吉，慰甚。写家信二封，交张伴寄回。申正一刻珍贵妃金棺到，随同照料，暂安于暂安殿东院。晚，岳柱臣请晚餐。亥正回寓。是日马仁甫来谈工程事。

初四日（4月10日），荣子衡及内务府诸君午初由火车回京。岳柱臣来谈。接京署知会，初三日谕旨"溥伦着补授御前大臣，钦此"。发家信。

初五日（4月11日），早祭后，至崇陵工程处所一看，已开工，工人二百馀人，所运之料约四五成也。晚接京署知会，内务部已有公函，内廷划分地段一节已照允矣。

初六日（4月12日），早祭后，马仁甫来谈工程事，午祭后回拜奎公。接家信，均好，慰甚，当写家信一页，明日寄京。

初七日（4月13日），看请安折。晚祭后检收书籍等物。

良各庄住班访梁京卿不遇

满眼莺花已暮春，山陵叩谒泪痕新。参天松柏长如此，未见孤忠一个臣。

初八日（4月14日），午祭后景三哥到，遂启行回京，一点五十五分开车，六点至前门车[站]，路遇刘先生果畅谈，刘先生住泰来店。

初九日（4月15日），进内请安，见醇王、世相，陈说庆邸回津事。

初十日（4月16日），进内。

十一日（4月17日），进内。

十二、三日（4月18、19日），进内。

十四日（4月20日），赴津请安，晚车回京。

十五日（4月21日），进内。明日赴西陵，住班十七日。二满月礼早祭前上祭，应奠酒行礼，其船桥随早祭焚化可也。

十六日（4月22日），卯刻启行，至西车站，与奎少甫兄同车，午正四十五分至梁格庄。天阴，微雨数点，与同来古四爷商议晚祭后焚化船桥，以免落雨损坏，且本日系六十日之期，按风俗习惯，均以六十日焚化为宜也。酌定，遂于晚祭后，并加添糊饰、楼库、桌张、人马等物，一并焚化。明日两满月礼，商定卯正二刻。见景东甫兄画五辛图窗挡，率题一首录后："世变苍黄岁月忙，山村暂住即康庄。人间辣味都忘却，虚室清泠闻妙香。"

十七日（4月23日），卯正二刻行两满月礼。晚至岳柱臣总镇处一谈，禁卫军到一营，闻尚来一营更代第一镇驻守。增老爷佑、宗老爷芳来谈监工事。

十八日（4月24日），接家信，均安，当复家信一封，交邮局寄。是日小雨。

十九日（4月25日），禁卫军步队第三标统带官罗寿恒字延龄，升允吉甫之侄也，又直隶督都派来军官冷世廉字鉴泉，易州人，均来拜晤谈，当日持帖回拜。

廿日（4月26日），接京、津家信，均吉，慰甚。

廿一日（4月27日），卯初二刻，德宗景皇帝满月礼，随同行礼。岳柱臣来谈，属见世相转达祭品领款事。晚，奎少甫兄来谈,为本处兵饷未到,柱臣属转达世相事。

廿二日(4月28日),阅《理学宗传》,摘录要语于后:

颜山农谓罗近溪曰:子不观孟子之【之】论四端乎?"知皆扩而充之,如火之始燃,泉之始达",如此体仁,何等直截。故子患当下日用而不知,勿妄疑天性生生之或息也。

周海门曰:人到诸事沉溺时,能回光一照,此一照是起死回生之灵丹,千生万劫不到堕落者,全靠此。①

又云:"子曰,苟志于仁矣,无恶也",凡心有妄念,身有妄动,口有妄言,皆恶也。修持之士,必欲防闲而屏除之,东灭西生,终难净尽,亦如石压草根株犹存,惟不务去恶而但求志仁,则恶自消融。程子谓学者先须识仁,识得此体,以诚敬存之,志仁之谓也。不须防检,不须穷索,无恶之谓也。此直截之宗,与摘枝寻叶者不同。

廿三日(4月29日),午刻世相到,略谈京中事,未刻启行回京,酉刻到京,明日请安,进内。写家信一封,交孙禄明日寄津,并寄银壹百两,以备修工之用也。

廿四日(4月30日),进内,请安,带匠。荣惠皇贵妃赏饭吃,谢恩,予与景三哥各给太监洋银十元。端康皇贵妃召见醇亲王、绍英,问公债票利息要提用,对以利息尚未取到,上云我手中太素,醇亲王等须给我筹款交进。又交下太监月例等单,令加添更改。此事已令承办人照办,尚须开单请看也,俟阅后再为交进。

廿五日(5月1日),进内,端康皇贵妃召见绍英,当将遵改之单呈阅,无说,惟令俟交进时除西边三宫应由敬事房交本宫外,其馀各项如太后宫、本宫、后宫等处均由银库迳交本宫司房,

---

① 此处天头补书:"《多心经》云'照见五蕴皆空',全经重一'照'字。"

不必交敬事房,并令敬事房开各宫等处全名单一件呈递,并云债票之事、药房事。对以俟世中堂回京即应传知。敬懿、庄和皇贵妃召见,问昨日召见交下单件有无更改,对以因永和宫首领等月例少,与各宫数目不一律,令改为一律。上云带班二名每名可再加四两,改为卅两,至厨役、成衣、御医等月例如不挑补当差即应撤下,俟交进之时,除各宫者可交本宫外,馀者均可交敬事房,不便交司房,以免有不能得给之人,你们可商酌办理。退出,即找刘回事,属将令加带班二名月例事在端康皇贵妃前说明,刘回事已经奏明,无说。带匠毕,至板房,属堂郎中派堂上一人将月例之事回明世相应如何办,以便遵办。晚间宝老爷镛来面谈月例各单之事,嘱其见世相请示一切。张仲回,接家信,津寓均吉,慰甚,寄来孙河地契、宫门口房契二包,当交作舟侄以备请验,当写家信一封,明早寄津。

廿六日(5月2日),进内。发家信一封。

廿七日(5月3日),进内,醇亲王到,面禀月例单事,王爷云如世相有回信,即可发放。刘、康回事交闸军韩得全、杨德山、朱文杰等字一件,据云奉端康皇贵妃谕,仍令该闸军等承种颐和园河道地亩,对以应查明,俟世相回京再为商办。

廿八日(5月4日),进内,宝老爷由梁各庄回,云世相令将月例分别交进。端康皇贵妃召见,为月例加添及分别交进事。回家,接家信,津寓均吉,慰甚。

廿九日(5月5日),进内,端康皇贵妃召见,交下单四件,应交世太保。

四月

初一日(5月6日),端康皇贵妃召见醇亲王、伦贝子、绍英,令看另存珠宝帐,并令告知世相云。伦贝子为宗族生计维持会查勘东陵地事,属函达泽公。回家写信一封,交泽公府刘管事寄去。

初二日(5月7日),世中堂进内,说明公事。

初三日(5月8日),进内。接津寓家信,均吉,慰甚。至王三哥、王十哥处,晤谈北宅属转托恒丰德事。右脚微疼。

初四、五、六日(5月9、10、11日),未进内,请曹巽轩诊治。

初七日(5月12日),请假五日,世相来看。

初八日(5月13日),送佛教会联语一付:"经云无我,语云毋我,我见除则诸见尽化;佛号能仁,子曰归仁,仁道立而世道大同。"

初九日(5月14日),用酒熨脚后,用香油调三黄宝蜡丸敷之,甚效。

初十日(5月15日),请贵老爷来看。竹格回家。遣龚升赴梁格庄函恳景三哥代为多住班五日,晚间接复函,照允。

十一日(5月16日),派龚升进内回明世太保换班及续假事,令堂上办续假折。

十二日(5月17日),递折续假,蒙恩赏假五日。给景三哥复函致谢。接四哥来信,当复一禀,交竹格寄呈,并寄呈五百两,备节用一百,日用四百,可用至六月底,其七月以后容再筹寄。蔚泰厚康觐卿来谈,为锡宅事。

十三日(5月18日),早,竹格回津。接津寓家信,均吉,慰甚。

十四日(5月19日),接津寓家信,均吉,四哥暂不来京,慰甚,当复一禀,明日寄。接泽公来信,送给伦四爷看视。

十五日(5月20日),阅请安折,十七日请安。醇王爷差人来看。银库继、定老爷来说经费财政部将发给事。

王心斋先生《乐学歌》:"人心本自乐,自将私欲缚。私欲一萌时,良知还自觉。一觉便消除,人心依旧乐。乐是乐此学,学是学此乐。乐便然后学,学便然后乐。乐是学,学是乐。于戏,天下之乐何如此学,天下之学何如此乐。"

十七日(5月22日),进内请安。至醇王府,世相宅。晚,南院高伯珩将煤油灯弄倒,几乎失慎,派家人等救止,幸甚。

十八日(5月23日),进内,醇王到。晚,柏峻山来谈。

十九日(5月24日),未上门。至汇丰见吴幼舲,为存款事,渠云拨款时可属部中拨给该行支票,以便商酌存库,告以世太保廿二、三日未刻到行晤谈。回家接世太保来函,送来茂盛源银折一个,内登记存京平足银二万六千两七钱二分,合洋元三万六千一百十一元一角,函令明日将折面呈端康皇贵妃收入,当函复,遵于明日面为呈交。致柏峻山一函,为高先生租房事。

廿日(5月25日),进内,将茂盛银折面为呈交,端康皇贵妃令传语世相建福宫修工事。

廿一日(5月26日),早发家信一封。进内,宗人府代奏宗族生计维持会呈称先行筹办少数地亩,并会商〇陵有森林采伐事宜,奉旨"知道了,钦此"。又宗人府会同内务府议处一折,旨加恩宽免。回家,接津寓家信,均吉,慰甚。晚,至景三哥处晤谈。

廿二日(5月27日),进内。接家信,一切均吉,慰甚,并定廿七日给顺格种花,当复一函,明日寄。

廿三日(5月28日),进内。拜梁馨海,未遇。

廿四日(5月29日),进内,醇王到。

廿五日(5月30日),进内。午后剃头。写家信。至景三哥处拜寿。

廿六日(5月31日),早未进内。取款四(两)[百]两,借与二爷三百两,其一百两发西院节、月例。

廿七日(6月1日),进内。

廿八日（6月2日），进内，梁鼎芬先生请安，晤谈。回家，蒙上赏银壹千两，明日谢恩。写家信，明日令老秦赴津。

廿九日（6月3日），进内，在养心殿给皇上叩谢天恩。孙禄由津来，接家信，均[吉]，慰甚。

卅日（6月4日），派孙禄回寄家信。

五月

初一日（6月5日），进内，随世相到内务府堂批发节款。

初二日（6月6日），老秦回，接家信，均吉，慰甚。送善宅信并房银一百零八元，已登折矣。赓宅托税契已送局，共计税款二百五十一两三钱六分，又托打印契纸二张，已盖戳记，明日交老秦送回。交通银行送花十盆，吕宋烟卷四匣，当收烟卷二匣，馀壁回，敬使一元。

初三日（6月7日），申刻赴筹备处。

初四日（6月8日），进内，醇王爷到。银库交到饭银六百两正，回家料理节事。

初五日（6月9日），率坤妞赴津，午正到，给慈亲请安，饭后至十六号，看顺格种花，已出二颗，贯浆尚足，告以毋庸补种。申初二刻至车站，路遇凌云台，略谈，戌初到前门。此次节用除太监赏、苏拉赏约七百两不计外，连五月节例六百、月例三百，共用九百金之谱。

初六日（6月10日），进内。午后福子昆来交到浮存款一千六百两，嗣后用款时再为提用。接天津家信，一切均吉，慰甚，当写家信一封，明早寄津。

初七日（6月11日），进内，醇王到。午后至正金见陈敬斋，托存洋元事。

初八日（6月12日），进内。散后至景三哥处问病。回家接家信，得悉津寓均吉，四哥率坤妞明日早车回京，令萧忠取洋元，共备七百元,拟明日呈交四哥寄津备用。接到陈敬斋送来存洋元簿一本,共存洋一千四百元,交三爷收铁匣内。

初九日(6月13日),早间曹巽庵来给子厚看病,见愈。至前门车站接四哥、大姑娘,午初到,至中华饭店便饭,畅叙一切。一点至筹备处,散时金子贞交各堂饭银各四百两①。回家,四哥已带款回津,三爷送至车站,晚间接天津电话,始悉漫车误点,快车亥正后方到津也。

初十日(6月14日),进内,王爷到。发天津信,午后接天津信,一切均吉,慰甚。大、二少爷来。晚间闻北宅椿格已幼殇,可慨也,夫事欠顺利,诸宜敬慎为要。

十一日(6月15日),进内。接天津家信,均吉,慰甚。

十二日(6月16日),端康皇贵妃召见,为催交供品之款,并令于每月初一日交。问看库之款,当请上将看库人数、款目交下,即可遵办,上允令其开单交出。又说苏拉事,如出缺拟补,对以似可照办。说工程须五万金之谱,对以现在大局未定,未便大修,总以择要保护为要,俟来年时局大定,再为大修。并云世某十四日即可请安矣,上尚以为然,略问时事数语,旋令退出,即下来,告知银库应将供品之款即行交进,午初散。接竹格来禀,津寓均吉,慰甚。

十三日(6月17日),进内,王爷到。回家,接家信,均吉,慰甚。写家信,明早发。

十四日(6月18日),世相请安。午后慕韩侄同大、二少爷来,率伊等至福全吃便饭。

十五日(6月19日),进内。晚请钱镜平、福子昆、陈公猛诸

---

① 此处天头补书:"按四百两合银五百五十六元,收书房铁匣五百元,交三爷五十元,又交六十元,内给世序之妻十元。"

位于中华饭店。

十六日(6月20日),进内。二少爷来云明日赴津,写家信,交伊寄去。

十七日(6月21日),进内,伦四爷叫刘彬有话说,已代为告知矣。

十八日(6月22日),进内。晚田绍白来谈请洋客高、费先生,柏峻山、王定成陪。

廿日(6月24日),醇王到。

廿一日(6月25日),吐泻,未出门,请曹巽轩诊治。

廿二日(6月26日),早,泻止。进内。晚吴幼舲请。接天津快信电话,为祥格妈告假事。是日告明子厚暂借二百元以备开煤铺之用,俟房售出再为归还,前者作舟借三百金亦拟售房归还也。

廿三日(6月27日),醇王爷进内。回家,写家信,交祥格妈寄津,赏陈嬷十元,车费二元。

廿四日(6月28日),进内。世相请伦贝子、景三哥与余于东兴楼,饭后看美国马戏,当国难之际,尚能苦中作乐,亦云幸事。惟应满而不溢,安不忘危,毋怠毋骄,守以敬慎,以期有益国家,无恶于志,是为至要。接四哥来信,津寓均吉,陈嬷已到津,慰甚。

廿五日(6月29日),蒙敬懿皇贵妃因千秋赏尺头、活计、银二百两。

廿六日(6月30日),进内,王爷到,会同谢恩。

廿七日(7月1日),进内。午刻四姐率竹格、有侄、顺格回家,进四姐廿元,给有侄十元。

廿八日(7月2日),老郭回津,赏伊二元,写家信,随寄。晚,江宇丞及鹤、袁两总兵请晚饭。

廿九日(7月3日),进内,带领金郎中谢恩,进呈寿意饽饽果品八盒。回家,接家信,津寓均吉,慰甚,写家信,告明四姐于初一日晚车回津云。

六月

初一日(7月4日),进内,随同醇亲王给敬懿皇贵妃叩祝千秋,行三跪九叩礼,赏面吃,叩头谢恩,公给伺候饭苏拉等四十元,每人合给五元,饭后退出。回家,四姐率竹格、有侄回津,送至车站。

初二日(7月5日),接家信,四姐到津,津寓一切均吉,慰甚。李顺、何姐回宅。

初三日(7月6日),进内,同东甫参酌拟复公函,请世太保酌定。回家写家信,明日发。

初四日(7月7日),醇王到,酌定复函事。

初五日(7月8日),进内,世太保至总统府。接津信。

初六日(7月9日),进内。写家信,明早何家赴津。

初七日(7月10日),醇王到。寄家信一封。

初八日(7月11日),雨,未进内。

初九日(7月12日),进内。接家信,津寓均吉,慰甚。

初十日(7月13日),醇王到。午后写家信,明早发。

十一日(7月14日),进内。晚世相来电话,因腹泄,自十二日起请假五日。

十二日(7月15日),进内。看世相,世相给看泽公信,略谈。

十三日(7月16日),王爷到,为东陵折,令同东甫至世太保、伦四爷处陈说一切,并告伦四爷十六日进内商办,散后至两处陈明。

十四、五日(7月17、18日),进内。十五日接家信,均吉,慰甚。

十六日(7月19日),王爷到,伦四爷亦来,伦四爷云东陵折、宗人府代奏折二件可暂留,容托奎大人给泽公写信疏通,告明京中王爷及大家为难情形,俟有回信,再为发表,王爷尚以为然。散后同伦四爷至奎乐翁处细谈一切,奎公允为函达。恩益堂请。晚间看世太保,陈明军警司令处借前政务处事。晚,德昌公请客,伦贝子未到,尚为尽欢,问南方事,尚为顺手也。

十七日(7月20日),进内。

十八日(7月21日),未进内。

十九日(7月22日),端康皇贵妃召见,令催冰块并问陵工事。王爷到,伦四爷报告托奎乐写信事。顺至世相宅睄看。

廿日(7月23日),进内。接世相信,为徐梧生事。散后至陆师傅处,据云三位师傅均同意,即可回明王爷办理。晚三爷回,接家信。

廿一日(7月24日),未进内。接世相来函,为徐梧生事。约钱镜平来见事,当复一函,并致陆太保一函,钱镜平因赴总统府未能来。写家信一封,陈明收到契纸包事,明日发。伦四爷来电话,为东陵地亩树株事。

廿二日(7月25日),王爷到。至世相处,未见。晚,长少白来。

廿三日(7月26日),至世相处,晤谈后进内,散后至长少白处送公事并蒙人川资一百元。世相送来文折一扣,令交筹备处拟底。

廿四日(7月27日),进内,将筹备处事交姚老爷拟底,酌改掌礼司奏底。午后接家信,均吉,慰甚。晚,钱镜平来,谈孝定景皇后大事费已交国务院会议矣,又经费事廿六日可发,托其转催三旗放饷事。又伦四爷来电,为宗族生计维持会事。是日辰刻北宅二少奶奶得子。

廿五日(7月28日),王爷到,回明宗族生计会事。晚,伦四爷电约廿六日晚在府便饭。刘彬来谈,据云此次泽公信虽激烈,而京中所拟办法意中亦尚以为然,即拟酌和平解决办法,便可下台矣。

廿六日(7月29日),进内。至北宅道喜。回家,同六定成与高伯珩谈南园房拟留用事。晚,至伦贝子处看泽公信,语甚激烈,伦四爷将信送给醇邸阅看,便饭甚畅,有恩艺棠在座。

廿七日(7月30日),未进内。奎乐老来谈。接家信,均吉,慰甚。

廿八日(7月31日),王爷到,发表东陵奏折事。端康皇贵妃召见,为太监加赏事,令转告醇邸需用银款事。午后至世中堂宅晤谈上用款事,复热河电报事,大事用款数目事,内务部复函事。

廿九日(8月1日),早,进内,办复电事。午后给高伯珩信,告明欲用花园房屋事。内务府庄头多人来递呈,未收。晚写家信,明日发。

七月

初一日(8月2日),未进内。

初二日(8月3日),进内,王爷到,同见端康皇贵妃,问香灯三行妇人事,定每月恩赏二元、一元五、一元之三等,陈明每月加进二千事。上令自初五日起送交茂盛源,每月即按初五日交,又说上千秋用款,并免进奉事。晚,赴津请安,津寓均吉。

初三日(8月4日),早,大奶奶率祥格来,给祥格八元,随来仆妇各一元,晚车归家。接世相来信,为见姜翰卿事。来津电话,问到京否,当回电到京,均吉。

初四日(8月5日),进内。先至世中堂宅,为报效银两不敢邀奖事。

初五日(8月6日),进内,端康主位召见。

初六日(8月7日),王爷到,端康皇贵妃召见王爷、绍英,为千秋用款及每月加进之款,换护照、腰牌,香灯三行妇人加赏等事。

初七日(8月8日),同景三哥至王爷府,呈回西陵来电,给大总统致函请派员劝谕解散聚众事,并给耀柱臣复电,午后同至世中堂宅陈明。是日端康皇贵妃召见,千秋改于八月廿二日举行,要地面苏拉用款,令每月交永和宫,此款每月二百馀两,又千秋赏禁卫军等处款。中堂云禁卫军可毋庸赏,至千秋用款可告明王爷,不必候我销假,我身弱多病,实不能再出当差,已求奎乐老转达王爷矣。当答云中堂可多养息些日再为销假,中堂云我意已定,必须暂退,将来如有用我之处,如精神能行,尚可再出也。

初八日(8月9日),进内,查明苏拉款,令开单。接竹格信,云初十回京。

初九日(8月10日),进内。发家信一封。午后接四哥来信,津寓均吉,慰甚。

初十日(8月11日),王爷到。回家,竹格、大奶奶、祥格同来。午后接世中堂信,又奉醇王爷电话,为端仲纲等赴热事。

十一日(8月12日),进内,端康皇贵妃召见,为钦安殿修旗杆事。午后至端仲纲处晤谈,伊与志六爷尚能赴热。至世太保处陈明此事,又德华支票拟存汇丰事,又玉泉山汽水公司事,中堂云三旗饷可令银库借银八百馀两,先行垫放,以济急需云。早间发天津家信一封。

十二日(8月13日),进内,告银库二事。午后内务部佥事顾显曾甫叔涛来见,为热河运解瓷玉事。晚,江宇丞来,为玉泉山汽水公司事。二姑娘自天津来。

十三日（8月14日），进内。至世中堂宅，同景三哥陈述醇邸劝说务令假满销假事。回家，接世中堂信，拟请开去内务府大臣，专以太保在书房照料事，令转达醇邸，并有附页，为回避东陵奏事承旨属名事，不令外人知之，应设法转达可也。二妞回津，写家信一封。

十四日（8月15日），进内，适有世职侍卫等递呈，当以定要递呈，与之说明理由，未收呈，虽因伊等不明权限，不应递呈，而语言稍激，总因涵养未到，未免动气也。散后至醇王府呈回世太保回避东陵守护大臣奏事毋庸署名事，醇邸首肯，嗣后遇有东陵应署名之件，世太保可衔下注假。回毕，退出，至景三哥处一谈。回家，接家信，津寓均吉，慰甚。申刻至世太保处，说明回醇邸已允所请，世太保云再续假十日可以销假矣。顺至伦贝子处，未遇。回家写家信，明日发。

十五日（8月16日），进内。回家，祠堂大祭，晚至东兴楼家宴。

十六日（8月17日），进内。午后端仲纲来谈赴热事。晚，朴三太太来借房事。

十七日（8月18日），王爷到，禀明赴热向姜都统借步队事。端康皇贵妃召见，为八月节赏详查开单事，已饬堂郎中办理矣。散后至姜汉卿处借妥武官一人，步队十名，随同赴热。回家给端仲纲写信，属其与志六先生酌定日期，以便预备一切。写家信一封，明早交竹格寄。

十捌日（8月19日），早，竹格等回津。进内，至世中堂宅。

十九日（8月20日），进内。与北宅两少爷商定朴三太太租房屋事。接家信，津寓均吉，慰甚。

廿日（8月21日），进内。

廿一日(8月22日),王爷到。午后端五爷来谈赴热河须托人询问船只事。至赓大奶奶处商议承继润朴为子并分产事。

廿二日(8月23日),雨,未进内。晚,和老爷钧来,为京北汤泉事,答以俟世太保销假再为商办。

廿三日(8月24日),进内。接家信,均吉,慰甚。

廿四日(8月25日),王爷到,接热河来文请看,为运瓷玉事。

廿五日(8月26日),进内,告银库改交通支票,分期取款事。令萧忠托恩大爷,为工厂转求乐三爷事。

廿六日(8月27日),未进内。

廿七日(8月28日),进内,端康皇贵妃召见,问宁寿宫十三排存戏具遗失事。

廿八日(8月29日),进内,王爷到,说热河事。

廿九日(8月30日),进内,同诣庄和皇贵妃前谢赏,因昨日蒙赏银二百两,缎二卷,活计一匣,赏绍○之妻银五十两,缎二卷,赏世杰衣料二卷,赏八格格银五十两,缎二卷,为千秋也。至世中堂宅。

卅日(8月31日),进内。至赓宅。

八月

初一日(9月1日),家中五太太、大爷、八格格等进奉。是日早进内。午后高伯珩来,言语不甚通,姑志其意,未能接洽明白,忿然而去。一、彼欲买房,价五千元,因无下人以致无成;一、彼之下人不能长久,疑系本宅家人串通;一、问何以未取房银;一、三个月要房,彼须有下人使用;一疑此房已租与别人;一不愿迁移。

初二日(9月2日),进内,世中堂请安。柏老爷来云,已至使馆求裴君与高伯珩说项,听回信,并云高如再来,可不必见也,可令人持租折照旧取租,申刻令姜成去,未即取来,云现无款付租。

初三日（9月3日），进内，端康皇贵妃召见醇王爷，随同给庄和皇贵妃行三跪九叩礼，赏面吃，当谢恩，行一跪三叩礼，在翊坤宫西配殿吃饭，给伺候饭人等四十元，计每人应付四元。回家，张仲来说赓宅点主事，旋接张仲来电，暂不办矣。

初四日（9月4日），进内。回家，办进奉事。蒙荣惠皇贵妃赏下银两物件，均与前次相同。

初五日（9月5日），进内谢恩。晚，吴幼舲请吃饭，顺至柏峻山处谈高先生事，属其转托美使馆劝其和平商办云。

初六日（9月6日），进内。

初七日（9月7日），因感冒未进内。

初八日（9月8日），进内，行礼后至园，祭龙神祠，申刻回家。

初九日（9月9日），进内。发家信。

初十日（9月10日），进内，商订节款。蒙上赏银千两，衣料三卷，赏五奶奶五十两，衣料二卷两份，赏竹格衣料四卷，赏大奶奶银五十两，衣料二卷两份。天恩高厚，感愧交深，惟有尽心当差，以期仰答于万一也。

十一日（9月11日），进内谢恩。四哥回，畅谈一切，晚车回津。

十二日（9月12日），因感冒未进内，略办中秋节事。

十三日（9月13日），进内。晚，世相请吴幼舲，令作陪，送吴幼舲猪鸭八盒。收刘成平首领猪鸭八盒。

十四日（9月14日），上赏月饼。进内。回家，世相来交茂盛源折一个，内存二万六千两，令明日面呈永和宫主位，系备正庆用款也。酉刻福子昆来，交到浮存款一千六百两，嗣后用款时再为提用可也。

十五日(9月15日),进内,请见永和宫主位,交茂盛源折,当蒙召见,将折呈交。是日蒙赏果席一桌。午后刘得顺来,递代办进奉四单,共合银一百一十八两三钱八分四厘,当付银壹百两即上赏的奶奶之银,又补给洋银廿五元六角清完,给刘得顺摹本缎马褂料一件,灰色江绸衣料一件,车费八两,伊辞之再三,并谓下次不敢领赏云。刘云八格格可加进如意一柄,由府中取用也。是日三爷赴津,寄去进呈银五十元,又廿元,给大爷、大奶奶五十元,有侄十元,祥格十元,又家人、仆妇等赏银,同上节赏给。三爷晚车回,接家信,均吉,慰甚。①

十六日(9月16日),王爷到,说禁卫军赏项之退回绸缎四卷,俟年节应先由内务府看明,量大卷袍褂料再行赏给为要。金子贞交饭银四百两,合洋五百五十六元,交三爷。子厚开煤铺资本一百五十元。写家信,明日发。

十七日(9月17日),进内。发家信。

十八日(9月18日),进内。接家信,均吉,慰甚。晚,张六自梁格庄回,世相令给醇王爷打电,为袁总统十九寿辰借南府戏衣事,王爷允借。当告明张六,令其明早告知南府狄总管派人送往,并在上前言语说明此事可也。将进呈如意交张六带去。

十九日(9月19日),进内,狄总管云已在上前说明借戏衣事,即日送去。是日美国人瞻仰三大殿,午初散去。

廿日(9月20日),王爷到,世中堂回京请安。

廿一日(9月21日),进内,给端康皇贵妃谢恩,因昨日蒙赏银三百两,尺头二件,五太太、大奶奶各五十金,尺头二件,竹格尺头二件,祥格尺头二件。是日大爷之煤铺开张。

---

① 此处天头补书:"中秋节收到银库交饭银六百两七钱二分,合元八百卅三元三角,过节还帐等用。"

廿二日（9月22日），进内，随同至端康皇贵妃前叩祝，赏面吃，饭后散。晚请奎大人、恩八大人、伦贝子、瑞大爷、瑞二爷于东兴楼，子时始散。

廿三日（9月23日），进内。接家信，均吉，慰甚。

廿四日（9月24日），进内，中堂到。晚，东兴楼请客。

廿五日（9月25日），进内。发家信，定于廿六赴津。

廿六日（9月26日），王爷到。晚车赴津，七点半到，一切吉祥，下怀慰甚，寄去洋银票千四百元，交四哥收讫，约可用至新年正月也。

廿七日（9月27日），早，赴十六号一看，交大奶奶上赏五十两，并进奉帐单，给祥格十元，老嬷、小嬷各二元，何姐一元五。庆邸处一看，庆邸云以财政论，各国出而干涉，不但大清已经退让，即民国已有亡国之势矣，并云将来皇上宜学新学，有通达各国情形之妥人随同出洋留学，始堪自主，否则日后甚可危也，并令见世中堂致意。申刻至车站，晚七点半到京，适延祺到京，订于明日晤谈，魏兴随同回宅当差，并与辉山议定世云阶存款之五百两应俟伊葬事有期，再由慕韩处汇交，以期妥洽云。

廿八日（9月28日），进内。交三爷六百九十五元，还清延祺之存款，计正金行尚存洋银五百元。

廿九日（9月29日），进内。晚伦四爷请。写家信。

九月

初一日（9月30日），进内，王爷到。是日令马全赴津当差，寄去信一封，《坛经》一本。

初二日（10月1日），进内。世戒轩来，并阅其判词，所失之官款可以免其赔偿释放，实幸事也。接家信，津寓均吉，慰甚。捐孔社会廿元，送徐华农处。

初三日（10月2日），进内，中堂到，明日午刻带匠。

初四、五、六日（10月3、4、5日），进内，带匠，上赏饭吃，每次送给招呼饭太监十元，三人共卅元。

初七日（10月6日），进内，带匠。是日众议院举定袁总统为正式大总统，共得五百零七票。午后至徐菊老处晤谈。

初八日（10月7日），进内，带匠。世戒轩回，奉送给回去车费廿元。同世太保、景三哥至总统府递名片贺喜。回家，接津寓家信二封，一切均吉，慰甚。

初九日（10月8日），进内，带匠，王爷到，商议明日接待朱总长报告之事。散后至德昌楼上登高。回家，写家信一封，明日发。周漱泉先生来谈。

初十日（10月9日），进内，王爷到，午初皇上升乾清宫觐见，民国大总统派朱启钤带领卫侍武官四员呈递国书，报告选定正式大总统，于阳历十一日就任。由景三哥同余导引觐见，世太保念答词，退出，朱总长等至上书房稍坐，醇王接见后先散，候世太保下来略谈，朱总长等告辞，退出。余至懋勤殿看视用宝，贺书年月系写宣统癸丑九月十一日，盖用香质之皇帝之宝，事毕均散。至前宅胡同回拜周漱泉先生，回家，马祜廷来谈。早间发家信。

十一日①（10月10日），甲子，进内。是日巳刻大总统就任于太和殿，各国使臣均承认致贺。上命伦贝子带同禁卫军官四员前往致贺，递贺书焉，未刻散。晚在世太保家公请姜翰卿、冯华甫、徐鞠人、江禹丞、崇荫轩，亥初散。接家信，津寓均吉，慰甚。

十二日（10月11日），进内。

十三日（10月12日），巳刻王爷到，大总统派梁世诒来致

---

① 此处天头补书："即民国二年十月初十日。"

谢,皇上升乾清宫,梁世诒呈递国书,世相述答词毕,梁世诒退出,至上书房待以酒点,略谈,俟王爷见后始散。

十四日(10月13日),未进内,回拜梁节庵。晚接泽公信。

十五日(10月14日),进内。回家,见昨日大总统命令:景丰、绍英均给予二等嘉禾章,此令。接家信,津寓均吉,慰甚。萧忠回,略谈乡间事。晚,泽公府刘彬来,略谈东陵垦务及庄王覆奏事。

十六日(10月15日),进内,世相到,言明十七日具奏大总统给予宝星事,即一、二等嘉禾章,具折奏闻,十七日可至总统府道谢。午后写家信。

十七日(10月16日),进内。发家信。王爷到。同世相、景三哥至总统府道谢。是日作舟将油盐店倒出,共计赔银八百两,除际二爷之入股五百两认赔外,家中计垫银三百两之数。

十八日(10月17日),进内。晚,增大人请福全馆。

十九日(10月18日),进内,同世相诣太庙,敬观位次,德宗景皇帝神位应在右穆第十一位,当令掌礼司拟具奏稿提前具奏,以便赶办一切也。接家信,均吉,慰甚。

廿日(10月19日),王爷到,同世相至奉先殿敬视位次,与太庙大致相同,已令掌礼司拟奏稿矣。写家信,明日发。

廿一日(10月20日),进内,世相到,谈廿九晚请客事。①

廿二日(10月21日),进内,世相到,将世相名章交余暂存,以备领款钤用也。又令回明醇邸热河运取陈设事,如王爷以为可,即访熊秉三,属其打电,派拱卫军护送运京,应由内务府派有庆、文兴二人至滦州接收,由火车运京,存于宁寿宫群房内,其水路火车运费,应由内务府拨给,端仲纲等言明不去,其应恭取之

---

① 此处天头补书,部分残去:"……应寄四太太六元,少太太五元。"

圣容、御笔等件，容再往取可也。午后铨叙局送来大总统给予二等嘉禾章一座，并执照画纸勋章令一册来，信一件，属开履历函覆云。

廿三日（10月22日），世相赴西陵，启行。进内。午后接家信，一切均吉，慰甚。

廿四日（10月23日），王爷到，回明热河陈设运京事，差人问熊秉三何时有暇可见，接回电云阳历廿七日午后三点见。

廿五日（10月24日），进内。

廿六日（10月25日），未进内。接家信，均吉，慰甚。

廿七日（10月26日），进内，见伦四爷，谈请客事。晚，世太保回宅。梁燕孙廿九晚六点请。

廿八日（10月27日），王爷到，世相回。午后至熊总理处谈热河运陈设事，属其打电，伊已允照办矣。接天津家信，均吉，慰甚，明日四姐率有侄进京，须派人往接为要。

廿九日（10月28日），进内。晚，六国饭店公请民国总理、总长诸君，因孝定景皇后大事诸位甚为帮忙劳累也，并藉以联属之意。

十月

初一日（10月29日），进内。晚，梁燕孙、任振采、叶玉虎公请世太保、景三哥及余，座中燕孙谈及皇室奉天、热河所存陈设拟由民国购买，其价拟照数付给公债票，藉以保存古物云。

初二日（10月30日），进内。三爷办东庄交租事。

初三日（10月31日），王爷到。奉旨于十一月十六日申时德宗景皇帝、孝定景皇后永远奉安，王爷同世相至四位皇贵妃前陈明，世相令拟致民国国务院报告底。午后至柏峻山处晤谈高伯珩移徙事，又托其照拂增三爷事。至张季直处晤谈，季直云只看这一年内有无转机了，拟借款办币制事。拜英总镇秀、梁总长卓如、汪总长伯堂,均未晤。接家信,津寓均吉,慰甚。

初四日(11月1日),进内,午,世相请荣相,令作陪。

初五日(11月2日),进内,世相到。拜荣相,见玉三叔略谈。回家,高伯珩给柏峻山回信,当派人送交柏宅。写家信,明日四姐率有侄回津。是晚多欢来,因其将奶子房伊家茔地墙外树株伐去廿馀株,令其立字具结,日后如伊再将墙内之树损坏,情甘领罪云云,已照办,收存备查。

初六日(11月3日),进内。至衙门查案。是日早车四姐率有侄回津,晚,接天津家信,均吉,四姐等已到。

初七日(11月4日),进内,散时,有内务府护军数十人拦舆跪求,因两月馀未领饷,求设法,景三大人云已催财政部,部中未放,当再催,该护军等忿忿而散。午后柏峻山来,为高伯珩租房之事,留吃晚饭。

初八日(11月5日),进内,王爷到。护军又拦舆求,世相当告以应函催财政部,始散。查奉安奏案事。接竹格来信,均吉。

初九日(11月6日),未进内。拜张勋白,晤王君冶馨。

初十日(11月7日),进内,中堂到。接津信,均吉,慰甚。

十一日(11月8日),进内,中堂到。写家信,明日发。

十二日(11月9日),进内,王爷到。进署办公事。

十三日(11月10日),进内。五太太率二奶奶、五熊、玉珍等赴津,三爷同去。晚,老秦因索房租与某口角,声言欲成讼事,众力劝之。

十四日(11月11日),未进内。午,三爷回,寄来红旗契十三件,官地执照字计二件,津寓均吉,慰甚。二少爷来,为伊等售地有刘姓讹赖事,写家[信]一封,明日交子厚寄津。晚,至江禹丞处晤谈刘姓事及成宅事,托其关照。

十五日(11月12日),进内。回家,向上遥祝慈亲寿。辰二少爷来,云刘姓事已提交提署矣。萧忠来说东庄地事。

十六日(11月13日),早,进内,王爷到。散后至金子铮、增宅谢步,看领姑奶奶回家。是早张顺来说沙峪事。

十七日(11月14日),进内,中堂到。回家,送泽公果席,拟廿日请客,写知单。二少爷来谈刘老事,二奶奶率五熊回,接家信,均吉。

十八日(11月15日),进内。午后至泽公处略谈。拜徐太保,未晤。发家信。慕韩及大、二少爷来。毛安来云案已判定刘姓诬告,俟事完开释。

十九日(11月16日),进内。接家信,均吉,五奶奶定于廿一日早车回。给徐太保送食物。

廿日(11月17日),进内,至太庙看新做之神龛等件。晚,请世太保、增大人诸位。拜江统领道谢。发天津家信。

廿一日(11月18日),进内。午后至筹备处议两陵祭品、饷项事。五奶奶率玉珍回家,接家信,当写复禀一件,明日寄。

廿二日(11月19日),进内,蒙皇上赏尺头二卷,银三百两,四位皇贵妃赏尺头四卷,银一百两,因是日有忌辰,次日谢恩。

廿三日(11月20日),进内,辰正至养心殿,给皇上谢恩行礼,主位传谕毋庸行礼。散后家中行礼。竹格同有侄回家,四哥赏御笔画册一本,当作禀谢赏。

廿四日(11月21日),进内,王爷到。午刻至筹备处请东、西陵守护大臣寿公、泽公、耀柱臣早饭,并议两陵兵饷等事,散后至锡宅道谢。

廿五日(11月22日),进内。拜客。请曹巽轩给竹格看,开方服药。令萧忠至锡宅说地亩事不谐,只得俟售地后归款可也。写家信。

廿六日(11月23日),进内。老郭回津,写家信,明日令作舟送二姑娘回津。

廿七日(11月24日),进内。廉惠卿来。二姑娘回津。

廿八日(11月25日),进内,王爷到。作舟回,接家信,均吉,慰甚。

廿九日(11月26日),进内,中堂到。发家信。

卅日(11月27日),进内。晚,吴幼舲、沈吉甫、伦贝子、奎乐老请便饭。

十一月

初一日(11月28日),进内。至汇丰代为换约。接四哥来信,津寓均吉,慰甚,当写复禀,明日寄。

初二日(11月29日),进内,王爷到。

初三日(11月30日),进内,中堂到,闻于初四日更换护军学兵。

初四日(12月1日),进内。章嘉佛、徐太傅来晤谈。晚,吴宅有公局。

初五日(12月2日),进内,中堂到。拜客,写信。

初六日(12月3日),进内。章嘉佛寿辰,送如意、燕席、绍酒,至嵩祝寺拜寿,晚饭后回家。

初七日(12月4日),进内,同至太庙敬视神龛、绣片、祭器等件。

初八日(12月5日),进内,端康皇贵妃召见景、绍,为要款,令告明世太保交进事,当至世太保处说明。午后曹巽轩来,为属转达周子廙事。

初九日(12月6日),进内,中堂到。晚,吴宅请客。

初十(12月7日),王爷进内,中堂明日出京,令将内务府及御药房印钥交来,并将名章交存。

十一日(12月8日),进内。至孙慕韩处晤谈,为外宾赴崇陵观礼事。给天津写信,给大奶奶作寿五十元,令赓爷晚车赴津。

十二日(12月9日),祭先医庙。午后至泽公处晤谈。至周子廙处,未晤,留信,为曹君事。拜陆凤老晤谈。接家信,津寓均吉,慰甚。

十三日(12月10日),早,进内。至曹巽轩处晤谈。午后写家信,交府中管事郝姓寄,并寄去上赏银两包,共一百两正。晚,长少翁来借补服蟒袍朝珠。六定成来谈。

十四日(12月11日),王爷到,令给恭理处打电,俟礼成后速电内务府,令掌礼司太庙供品仍用太牢,均照办。至泽公处,为桂公恤赏事。看慕韩侄,荐孙景周。回家,晚至桂公府。

十五日(12月12日),进内。胡先生来,令龚升同至慕韩处诊视。

和景大嫂七律二首录后

间来终日拥书城,古鉴分明莫妄行。已觉尘寰同幻梦,要将玉宇早澄清。学成谦谨心愈下,克去偏私气益平。勿讶沧桑多变态,试观天道自生生。原题排闷。

西风初动感秋声,无限秋光满凤城。晚节菊花三径秀,岁寒松柏寸心倾。黉宫久见弦歌息,里巷犹闻金鼓鸣。不复敢言天下事,但祈霖雨慰苍生。原题秋日有感。

十六日(12月13日),进内。回家,接工商部公函一件,并义国赠给宣统皇帝赛会谢状一件,明日交署。接竹格来信,银已收到,津寓均吉。晚间立草契,将前沙峪村西北上岗子地六十七亩卖与该村周芝桢,价银一千一百一十四两,先交价八百廿元,下欠之款订于十一月廿九日交清,再将正式卖契及旧红契交给,以了此事云。

十七日(12月14日),早,进内,接梁格庄知会,崇陵于十六日申刻大葬礼成,一切妥协。午初至太庙,醇王爷已到,未刻神牌至太庙,申初前礼成后,至奉先殿,已经礼毕,遂回家。端康皇贵妃于十七日未正二刻至正阳门,即还宫。

十八日(12月15日),进内,醇王爷到,予与景三哥给端康皇贵妃请安,令奏事处太监言语,上云问好,不见了。是日桂公爷递遗折,奉旨:加恩赏陀罗经被,派贝子溥伒奠醊,赏银五千两,伊长子赏头等侍卫,在乾清门行走,次子头品荫生,以侍卫用等因,钦此。

十九日(12月16日),进内。世中堂回京,申刻至世中堂宅晤谈,交名章。晚,写家信。

廿日(12月17日),王爷到,令未刻至府商加恩等事。至徐太傅、赵总理、刘参议处,均晤谈。晚,金子铮来,为热河陈设事。

廿一日(12月18日),进内,午刻至武英殿,见赵智庵、朱桂辛、治鹤卿,同看热河运来陈设金玉宝、瓷器、玉器等物,内务府、内务部、运解委员会同验收,加盖橡皮图(书)[章],在彼便饭,未正二刻散。晚,至世相处晤谈。写家信,禀明不克赴津事。

廿二日(12月19日),王爷到,世相蒙恩赏加太傅衔,赏戴双眼花翎,王爷令至世相处告知明日即应谢恩,不可固辞,同景三哥同往,世相已往总统府,告知大爷,属其转达。回家延玺来,令其移在本宅住。

廿三日(12月20日),中堂请安。四哥率坤妞回家。

廿四日(12月21日),早,进内,昨日大总统命令:任命绍英管理两翼前锋八旗护军营事务。当请王爷示,奉谕可以兼管。散后回家,四哥申刻回津。至雍和宫喇嘛印务处,章嘉佛请。

廿五日(12月22日),进内,冬至,谢交该衙门从优议叙恩。至武英殿,与治鹤卿谈护军事。顺格感冒,请曹先生诊治。

廿六日(12月23日),进内。散后至武英殿,至总统府谢任命,给副总统递片。回家,顺格稍愈,仍服曹先生药。

廿七日(12月24日),王爷到。

廿八日(12月25日),进内。晚,请赵总理诸位。沙峪售地事办妥。

廿九日(12月26日),进内。拜吴炳湘。顺格愈。

十二月

初一日(12月27日),进内。至副总统处略谈。接家信,均吉,慰甚。

初二日(12月28日),王爷到。至那王处。拜朱桂辛晤谈。至桂公府行情。

初三日(12月29日),进内。晚钱镜平、江禹丞请。

初四日(12月30日),进内。刘得顺来,将大奶奶所用进奉之款还清。

初五日(12月31日),进内。①

初六日②(1914年1月1日),王爷到,伦四爷给大总统致贺,世中堂及景三哥与予给各处送片贺年禧,并给各使馆之熟人贺年,送大片。

初七日(1月2日),接家信,均吉,慰甚。是日大总统派朱桂辛给皇上答礼,在尚书府待以果点、香宾酒,王爷到。予至管理处。

初八日③(1月3日),进内,上赏腊八粥,在板房吃粥。已刻至管理处开用关防,行三鞠躬礼,将厢红护所交豫丰存银元折交监印处妥存。

---

① 此处天头补书:"是日为民国十二月卅一日。"
② 此处天头补书:"民国三年元旦。"
③ 此处天头补书:"一月三日。"

初九日①(1月4日),进内,管理处行文,治福电告三日到奉。

初十日(1月5日),进内,王爷到。

十一日(1月6日),进内。

十二日(1月7日),进内,银公司女洋人瞻仰三殿。

十三日(1月8日),王爷到,至署商办保奖事。

十四日(1月9日),未进内。

十五日(1月10日),王爷到,进内,至署。接天津家信,均吉,慰甚。

十六日(1月11日),午刻尊封四位皇贵妃,恭进册宝毕,随同至太极殿行三跪九叩礼,上赏果桌。晚,溥六大人诸位公请。

十七日(1月12日),进内。

十八日(1月13日),进内,上赏御笔"温仁受福"四字匾额一件,养心殿同景三哥谢恩。午刻至武英殿,会同朱桂辛验收热河铜器。至泽公处,未遇,将抄录国务院信底留给阅看。晚,柏章京恒、存诚、吉祥来见,谈公事。

十九日(1月14日),进内,王爷到,世相云王爷谕俟筹备办妥,应给内务府大臣加津贴。

廿日(1月15日),未进内。定朴来谈吉林事。

廿一日(1月16日),进内,世相谈醇邸约至府中,为景三太太进内陈请事。

廿二日(1月17日),进内,见泽公,交东陵单二件,属转达世相请发一半事。

廿三(1月18日),进内,交东陵领款单,世相拟缓发。王爷到。至泽公府送行。

---

① 此处天头补书:"一月四日,星期。"

廿四日（1月19日），早，进内，至署同看年节单。

廿五日（1月20日），进内。写家信。发太监、苏拉赏。

廿六日（1月21日），王爷到，安设天地香亭，带匠，至阿格所瞻仰孝定景皇后圣容毕，办公事。银库交到饭银六百两。回家，开发年帐，令赓爷明日赴津。

廿七日（1月22日），赴先茔祭扫。给泽公写信。令赓爷赴津送款及食物。

廿八日（1月23日），进内，至武英殿查收奉天运到宝器六十箱，押运员刘尚清、甫海泉，奉天人，见福子昆，留三位在武英殿便饭。晚，增幼谷、继二爷来谈牺牲所事，送到金六两，银二百两，系该所津贴饭银云。

廿九日（1月24日），进内，恭送孝定景皇后圣容至寿皇殿，行礼，王爷到。晚，福子昆来谈，交到饭银一千九百两。

卅日（1月25日），进内。回家，上赏"迪吉""四季平安"春条二件，荷包一个，内小锞二个。晚饭后辞岁。

民国三年甲寅(1914)日记

以下日记第二十一册①

[正月]

甲寅年元旦(1914年1月26日),举笔,书龙虎字,大吉大利,萱堂馀庆,棣圃增荣,公事吉顺,家运亨通,立志为善,主一存诚,温仁受福,敬慎有恒。敬书祝词以自警戒,要知为善自然受福,敬慎乃能不败,一以主之,恒以守之,不贰不息,庶几近之。

辰初前进内,辰正醇王爷到。办事后,王爷率领御前大臣、师傅、内务府大臣等至太极殿给四位皇贵妃行三跪九叩礼,上赏荷包、谢恩,世太保、伦贝子及诸人均至养心殿给皇上跪安,贺新禧,谢赏荷包、春条恩。礼毕,同至醇王府给太福晋、王爷叩新禧,至北宅、十刹海祠堂叩头,至景三哥、大姐处拜年。回家,祠堂、佛堂行礼。

初二日(1月27日),进内。至世中堂宅睄看。

初三日(1月28日),赴津贺新禧,交四哥一千二百元,以备日用。至大奶奶处见亲家太太,求代说给庆邸贺年禧,晚车回京。

初四日(1月29日),进内,王爷到。梁节庵来谈。

初五日(1月30日),进内,王爷寿辰,进内给主位谢恩。散后至王府叩寿喜。见江宇澄,谈慕韩事。回家,四哥率有侄回

---

① 日记第二十一册,封面题:"日记,廿一,民三甲寅年日记,元旦至十一月十五日,孙延焘谨志。"另页题:"日记,廿一,立志为善,主一存诚。"

家,申刻同至车站送四哥回津,申正四十分开车,同慕韩等至蓬莱春便饭。回家,给四哥写禀,明早发。

初六日(1月31日),进内,世中堂到。回家接四哥来信,回津均吉。晚覆治鹤清一函,致梁节庵一函,附花厂二件,为种树事。

初七日(2月1日),进内。晚,为占《灵棋经》祭神,初占次占均无象,应得阴镘卦象曰:"阴镘无象,兆状未形,动而有悔,退保其贞。"诗曰:"逢时多难战兢兢,戒谨当知履薄冰。要识前程危与险,不笼风里一枝灯。"三占得三上一中二下,天祜卦象曰:"登高望远,上见天衢。玉女孔圣,授我灵符。永锡难老,以保我躯。"诗曰:"席上珍虽贵,还当待价估。运来亨又利,凡事不劳图。"

谨按:去年诚占有"务满不溢,守之乃昌,毋怠毋骄,永保安康"之语,谨守"毋怠毋骄"之戒,一年之内,甚为安康。今神明示戒,应谨守"战战兢兢,如履薄冰"之语,退而戒动,以保其贞。且戒慎恐惧,本不可须臾离,慎动退守,乃为保贞之道,戒惧即毋怠之真,慎动括毋骄之意,修己保躯,守分安命,是为至要。

初八日(2月2日),进内。梁节庵来谈。晚,祭星。

初九日(2月3日),进内,王爷到。梁节庵又来谈,霦公来借款。接天津家信,均吉,慰甚。作舟取回所验之契,交三爷收存。晚,写家信,明早发。

初十日(2月4日),立春,进内。因万寿,上赏银一千两,大卷江绸四件,又赏春饼,天恩高厚,感愧何如,明早谢恩。午后慕韩侄与二少爷来,同赴琉璃厂一游,买回南星姊丈刻本《家戒诗》一本,在劝业场便饭。

十一日(2月5日),早,竹格回津。进内谢恩毕,至广济寺会齐,同至礼王府赐奠。至柏峻山晤谈,面托求其为租房事定日。至英国使馆对话。回家,晚五点副总统黎宋卿请在瀛台西配殿便饭,座中世太保、伦贝子、那王、贡王、景东甫、杜活佛、权量、卢弼、哈汉章,饭后回家。阅南园租房合同。

十二日(2月6日),钦奉谕旨:溥伦着加恩赏穿四行龙补服,世续、陆润庠着加恩赏加太傅衔,陈宝琛、伊克坦着加恩赏给文职头品顶戴,并赏食头品俸,徐坊着加恩赏食二品俸,景丰、绍英着加恩赏给太子少保衔,钦此。荷天恩之高厚,实愧悚以难名,惟有勤慎趋公,勉图报称,以期仰答于万一云尔。

江宇澄约慕韩侄晤谈,当给信令慕韩晚间往见。同至醇王府请见叩头,回家,至祠堂叩头,预备明早谢恩。晚间写家信,禀明霱公来,借给洋银一百五十元。

十三日(2月7日),进内,随同至养心殿谢恩毕,同至太极殿给四位皇贵妃叩头,赏面吃。饭后退出,公给太监等四十元。至景三太太处拜寿,至周子廙处行情。

十四日(2月8日),大雪,未进内。三爷赴津,将已验之房地契十五套寄交四哥妥存,家中老产业均在其中矣,寄信二封。

十五日(2月9日),进内,银库交上陵帮贴二百两,合洋银二百七十七元七角,据云世中堂令办给司员亦有,遂带回。午刻三爷回京,津寓均吉,慰甚。

十六日(2月10日),进内,王爷到,中堂到。

十七日(2月11日),卯初至车站,卯正王爷至车站,江军门、鹤、袁总镇均至车站送,六点一刻开车。王爷云江军门愿得头品顶戴,令同世相商酌,并禁卫军应如何,又云此次来送之禁卫军、游缉队、巡警均可酌赏,亦令与世相商酌。巳正至梁格庄,随同王爷赴崇陵,午刻上祭,礼成后,王爷复至陵寝门内叩谒,甚悲痛,同岳柱臣将王爷扶起,随同至方城、宝城上看视,复至隆恩殿内看视毕,随同王爷至妃园寝行礼,看视工程后回车站。未正开车,酉初三刻至前门车站,王爷乘包车回府,予因马车未到,雇胶皮车回家。

十八日(2月12日),进内,至养心殿给皇上请安,上问你好,对云𠂇满语"是"字。即退出。与世相说王爷所说江宇澄愿得头品顶戴事,世相以为可行。午初至醇王爷府请安,问赏单,王爷传语云已差人送去矣。拜周燕山晤谈,慕韩已派执法处稽查官,令转达慕韩,约明日,未进至提署,即至慕韩处转达。饭后至湖广馆给叶先生拜寿。回家,接到醇王封送赏单四件。

十九日(2月13日),进内,将醇王交下赏单四件交堂上锡老爷收存。至管理处交总务科批嵩灵呈一件。至赵督都处晤谈提钱应清事。至世相宅告知赵督即欲回津,再进京时再为聚会。回家,接家信,均吉,慰甚。晚偕慕韩侄等至东兴楼便饭。

廿日(2月14日),王爷、中堂到。午刻回家,接家信,李顺回,津寓一切均吉,慰甚,写家信,明日寄津。寄到于宅房银一百零八元,已送交登折矣。

廿一日(2月15日),进内,至文华殿照料,收存奉天运到陈设六十箱。俪大爷来拜会。陈超衡君来谈。

廿二日(2月16日),进内。

廿三日(2月17日),王爷到。至署,申刻散。接天津家信,均吉,慰甚。晚给周子廙总长写信,为陈卓甫印超衡事。

廿四日(2月18日),雪。进内。回拜陈卓甫。

廿五日(2月19日),进内。世中堂差人来嘱申正至总统府,将公债说帖呈大总统维持,并说明欲给江宇澄奖励事,大总统云公债事必维持,奖励事恐军界人多,如有闲话,江某等甚为难,不如送给物件为宜。谈及皇室经费,大总统令催财政部。晚间电请世相之大爷电告中堂赴大总统府问答事。至北宅商办北宅分家事。

廿六日（2月20日），进内，至世相处说明赴总统府事，世相云可给江宇澄匾额一方，可与王爷商酌遵行，又提雟公川资事，令请示王爷遵办。晚写家信，交李顺寄发。复梁节庵信一件。

廿七日（2月21日），进内，王爷到，均禀明赏匾事，令与世相商办，雟公川资赏五百元，即令银库差人送交。王爷又谕护军便帽甚好，嗣后即可带便帽，当传知管理处遵办，告以天气渐暖，可一律换带便帽，将军盔收回。晚，镶红护来回事。北宅大、二少爷来，慕韩亦来，分单均写妥，族人均【均】署押，予名下盖印"滋德堂图书"，并批明此单交某人夫妻收执，自为经理，如不能自为经理时交其子孙经理，他人不得干涉，如有他人干涉，希图谋产，应由族人据理呈官究办，以昭公允云。

廿八日（2月22日），进内。至中堂宅谈赏匾字事，又挑练护军事。回家，曹巽轩来谈金广锦条陈事，雟公来晤谈，镶红护来画公事。写家信，寄陈尧斋信一封。是日接家信，津寓均吉，慰甚。晚接步军统领报告，有乱党配毒药，用玛琲针射入柑橘、瓜子、洋点心等食物内害人，请一体注意，以保公安。当给世相电话请示，明日在内说明否，世相云可钞单交奏事太监呈览。

廿九日（2月23日），进内，钞录步军统领衙门报告交奏事呈览。管理处隆禧准补巡逻长，该队管带等各有意见，劝令和衷共济云。至景三哥处瞧看，送予梅花二盆。增三爷来，为教读馆地事，送伊四元。

卅日（2月24日），进内。午后慕韩侄来，金巩伯来，钱镜平来谈。晚，吟诗一首咏梅："一对双龙舞，丰标老更妍。爱他松柏性，也似杏花鲜。"

二月

初一日（2月25日），王爷到。午刻接家信，均吉，慰甚。景三哥来，同至德昌便饭。晚，管理处人员来，为《群强报》登报事。

初二日(2月26日),早,至江宇澄处晤谈。至太傅处谈金丽生事,世相令至孙慕韩处打听有无其事。回家,拜穆先生、葛先生晤谈,二人即来回拜,请至厅房,订于三月一号请吃便饭。晚,厅房安换电灯。二少爷来,送交存之房地契,当交三爷收存,订于明日令三爷将送单送交云。

初三日(2月27日),进内。至管理处。回家,晚,景运门档房秀英等来,为登报声明事。江宇澄电话,明午后来谈,又云赵病疟,已派朱家宝赴津矣。

初四日(2月28日),进内。

初五日(3月1日),进内,王爷到,江宇澄进内。世中堂愈,见孙总理谈金丽生事。晚,请洋客。

初六日(3月2日),世中堂进内。午后赴津见慈亲,身体康,慰甚。竹格来见。

初七日(3月3日),早,至十六号看大奶奶、祥格,均好,给大奶奶五十元。至一号见庆邸,已愈,回花园街早饭,晚车回京。

初八日(3月4日),进内。至金巩伯处谈挪移事。

初九日(3月5日),进内,至武英殿与金绍城商订挪移事。晚,索荫轩请。

初十日(3月6日),未进内。

十一日(3月7日),进内。接内务部函。至传心殿看房。柏老爷恒来谈。吴管事来,将代换之票交清。

十二日(3月8日),进内。至王书衡、杨时百处,未晤。午后满大夫、满太太来。杨时百来,托其代求书衡为二少爷谋事。翁斌孙君来谈,为翁先生谥法事。

十三日(3月9日),王爷到。散后至成大爷处道喜。

十四日(3月10日),至筹备处,为吉林开垦事。

十五日(3月11日)，进内。至会贤堂请满大夫及其夫人、女公子。接家信，均吉，慰甚。

十六日(3月12日)，进内，中堂、伦贝子到。

十七日(3月13日)，进内。晚，景三哥回京。

十八日(3月14日)，至马神房祭马神，免冠一跪三叩，祭毕，至颐和园祭龙神祠，顺至排云殿一看，裕盛轩早饭，回家，写家信。翁陶甫来道谢。

十九日(3月15日)，进内，祭马神。五太太带奶子赴津。

廿日、廿一(3月16、17日)，进内。

廿二日(3月18日)，进内，中堂到。会计司交银四百两正。

廿三日(3月19日)，进[内]，王爷到。令三爷取四百两入玉泉山汽水公司股十股，计五百元，收据交三爷存柜。晚，江宇澄来谈颐和园卖票事，打听圆明园田地事，汽水公司拟借房间事，磨盘山事，与朱督已经谈过，甚为关切，又谈拿获景祥事，与宇澄谈圆明园汤山事，求其关照，慨然应允，谈许久始去。

廿四日(3月20日)，未进内。

廿五日(3月21日)，早，进内。至筹备处。请三六桥。晚，世相请福全馆。

廿六日(3月22日)，早，继子寿请太丰楼，饭后同至赵督都追悼会，申刻散。晚，请曹巽轩诸君于东兴楼。

廿七日(3月23日)，王爷到。差人至庆府睄看，送食物。午后至张都统处。晚，接治鹤清诸君，见福子昆诸人。

廿八日(3月24日)，下雪，未进内。至治鹤清处略谈，至庆府拜寿，晤谈，回拜王如泉，看振大爷。庆府送来食物、玩意等物。

廿九日(3月25日)，进内。接家信，均吉，慰甚。振大爷来谈，钱镜平来谈。

卅日(3月26日),进内。

三月

初一日(3月27日),进内,王爷到。

初二日(3月28日),进内,中堂到。徐中堂到京。

初三日(3月29日),进内。至徐中堂宅,未晤。接家信,均吉,慰甚。

初四日(3月30日),进内,庆王进内。午后庆王来,坐谈许久。写家信。

初五日(3月31日),王爷到。请庆府十一、十二格格。晚,钱镜平请,谈公债利息事。

初六日(4月1日),辰刻玄穹宝殿开光焚表,又钦安殿开光焚表,补服朝珠,跪俟焚表后一跪三叩礼,上赏尺头四大卷,在永和宫给四位主位谢恩,各行一跪三叩礼。午后至怡和行见洋买办柯先生达士,中国买办朱衍纪甫仲星,浙江定海,见黄先生、解先生光前甫之瞻,湖北人。晚,赵闰生请。接家信,均吉,慰甚。

初七日(4月2日),进内,同世中堂、景东翁在养心殿给皇上谢恩。

初八日(4月3日),进内。写家信,三爷赴津。

初九日(4月4日),进内,王爷到。散后至筹备处,晚,江宇澄请。

初十日(4月5日),未进内。午后至宝瑞臣处谈优待条件加入约法事。至成大爷处道喜。晚至世中堂宅谈宝瑞臣所谈事。回家写家信。

十壹日(4月6日),进内。世中堂午后至总统府谈优待条件加入约法事,大总统之意甚好,盖为永远遵行,确定效力之意。晚,在会贤堂会同景三哥请(张章佛)[章嘉佛]及江宇澄诸公晚饭。

十二日（4月7日），进内。晚，同世中堂、景三哥在福全馆公请徐中堂、治都统。

十三日（4月8日），王爷到。晚，伦四爷请庆邸，令陪客，午后五点前往奉陪。

十四日（4月9日），进内。午后写家信。

十五日（4月10日），未进内。午后至庆府，见庆邸略谈。至永和兴贺喜。写家信。

十六日（4月11日），进内。

十七日（4月12日），王爷到。接家信，均吉，慰甚。晚，孙总理请陪庆邸，同座有徐、世太保、梁燕孙、周总长、汪伯棠、联春卿、沈雨人、曹次长、章总长。

三月十九日（4月14日），至筹备处。龚升来送信，云接津寓电话，十九日巳正八格格生一子，生后血晕未能醒过，即回家，给津寓打电，仍未见好，晚九点一刻同三爷乘晚车赴津，至十六号，八格格已于未刻故矣，曷胜伤感。见五亲家太太，略为劝慰，同四哥回日本界寓所，见慈亲亦甚难过，略为请宽解，与四哥商酌一切。

廿日（4月15日），早，赴十六号。府中大、二、五亲太太率祥格均来，大、二爷，大、二、五奶奶及二、五爷屋姨奶奶等均来，未刻五亲太太回京，申刻看视八格格入殓后，抬运至中国界望海寺暂停。府中供饭，陈尧老亦到，事毕回寓。

廿一日（4月16日），早车回京，先至荣七爷处求讲杠房、厨房等事。回家，饭后至延寿寺看定房屋，与侄辈商办一切。府中派吴管事来云王爷送经三日，五亲家太太送经三日，定准廿四日到庙，自廿五日念经九日，初五日封灵，给各处送报单。

廿二日（4月17日），进内。令李顺、兴儿回津，给四哥禀陈一切。晚，接回信，定于廿四日卯刻运到永定门车站，即告知杠房豫备矣。

廿三日(4月18日),至府见庆邸陈述一切,庆邸云此亦无法之事,只得彼此宽解等语。至王三哥、荣七哥处,回家。

廿四(4月19日),卯刻至永定门接,卯正三刻到,予同慕韩先至庙,竹格与辉山照料灵柩,于未初到庙,安位供饭后,令大少爷奠酒,众举哀。庆府派吴管事供饭,三、四格格同来供饭,荣七哥率钟三爷同来。竹格交到所馀壹千元,补助办事之用,当交账房四百元,收柜中六百元。晚回家,竹格住庙,回家见五奶奶及祥格、三格,均于午刻回家,均好。晚,给四哥作禀,一则拟请慈亲先回京,一则禀明给竹格提亲之事,令李顺明早回津。

廿五日(4月20日),进内,王爷到,未刻始散。

廿六日(4月21日),未进内,至延寿寺。

廿七日(4月22日),进内。至延寿寺,朗贝勒、振大爷、全公爷、荣七爷、霖四爷来送库。

廿八日(4月23日),进内。午后竹铭回家,与伊谈提亲之事,拟俟赴津时求毓二奶奶探询,再为酌定可也。

廿九日(4月24日),王爷到。晚,继子寿先生请世中堂,继大人给提亲事,系福文慎之女也。

四月

初一日(4月25日),进内。至延寿寺,是日送库。发家信。

初四日(4月28日),王爷到。至庙送库。为加薪事。护军递禀。

初五日(4月29日),进内。至庙料理毕,同竹铭回家。

初六日(4月30日),进内。拜客。

初七日(5月1日),早,赴津,午刻到津寓,均吉。午后至庆邸道谢,至毓二奶奶处说竹格亲事,至振大爷、搏二爷处道谢,回寓,五亲家太太及两格格来看。①

初八日(5月2日),早,请慈亲回京,午刻到,一切均吉。晚,醇邸约晚餐。

初九日(5月3日),进内。午后拜客。回家福子昆在家候,交存项二洋。

初十日(5月4日),进内,带匠,敬懿皇贵妃赏饭吃,共赏给厨茶役卅元。散后拜客。回家,毓二爷来,与谈提亲事,闻毓二爷十二日赴津。齐民政长来拜,晤谈。

十一日(5月5日),进内,带匠。

十二日(5月6日),进内,带匠,庄和皇贵妃赏饭吃,共赏给厨役等卅元。晚,福全馆公请齐震岩、雷朝晏、吴静潭、江宇澄、索荫轩。

十二日(5月7日),进内,带匠。竹格率祥格赴津。

十四日(5月8日),进内,带匠,荣惠皇贵妃赏饭吃,并赏给八骏瓷壶一对。

十五日(5月9日),进内,带匠。世中堂寿辰。先至皇上前行一跪三叩礼谢恩,次行三跪九叩礼,四位皇贵妃均至太极殿。世中堂至太极殿,给主位先行一跪三叩礼谢恩,次行三跪九叩礼,又主位赏御笔,又行一跪三叩礼四份谢恩。散后,同东甫兄至世中堂宅拜寿。

十六日(5月10日),进内,带匠,端康皇贵妃赏饭吃,又赏龙虎字。

---

① 此处天头补书:"辉山经手,于初八日即五月一号用公债票四千元抵押,向正金得借二千四百元,七厘五利。"按"八"原作"七",后改作"八",而阳历"五月一号"漏改。大约是七日有约而八日始办成之事也。

十七日(5月11日),进内,带匠,仍是端康皇贵妃赏饭吃,皇上赏大缎二匹,折扇、香串等物十件,在养心殿谢恩。

十八、九日(5月12、13日),进内。

二十(5月14日),王爷到。午后雷朝晏请。

廿一日(5月15日),早,进内。午刻至前门车站接四哥、四姐及竹格、二姑娘、祥格回京,均吉。

廿二日(5月16日),进内。午后随同四哥及二爷等将新税之房、地契及北宅大、二少爷交存之房、地契暨工厂新税契、四哥存地契、余存之房契均收于东书房铁柜内,应妥存。

廿四日(5月18日),王爷到,端康皇贵妃召见,为节款及赏项事。

廿五日(5月19日),进内。给景三哥拜寿。晚,东兴楼请客,散后至世相宅睄看,谈公事。

廿六日(5月20日),进内,中堂到。

廿七日(5月21日),进内。

廿八日(5月22日),王爷到。上赏尺头二卷,银一千两。是日经护军拿获闲人高郎蛟一名,年十八岁。

廿九日(5月23日),进内,在养心殿谢恩。回家办理节事。是日将高郎蛟解交慎刑司审问取供,再定办法。

卅日(5月24日),进内。

五月

初一日(5月25日),进内,中堂到,至堂上看节款单,共需廿三万两之谱。

初二日(5月26日),王爷到。银库交饭银六百两正,合洋八百卅三元三角,进呈四哥二百元,交三爷赴奉川资六十元,代为上祭用银十元,给世戒轩父子廿元,给延昶十元,延玺十元,拟令三爷于初六日通车赴奉,调查兴京左近玛尔墩岭禁山之马家沟计荒地六百馀亩、及迤西之杨家坟沟计荒地八百馀亩、样子沟计荒地二百余亩开垦之事,拟给三六桥写信照拂一切。

初三日(5月27日),未进内,给三六桥写信,为认垦事。

初四日(5月28日),进内,随同世中堂至太极殿见四宫主位,陈明颐和园卖票事,合洋两千两百二十。

初五日(5月29日),未进内,福子昆交来一千六百两

初六日(5月30日),进内。造办处增幼谷交饭银四百两,折洋五百五十六元零。回家,四哥交大爷归还三百元、二爷归还四百廿五元,仍交四哥七百元存正金行。①

初七日(5月31日),进内。晚,请李仲轩诸公于会贤堂,散后至那宅花园赴吴静潭总监之约,系音樽也。

初八日(6月1日),进内。至筹备处挑缺,复看护军。②

初九日(6月2日),进内。四哥至正金,共存洋三千八百十二元零。

初十日(6月3日),王爷到。

十一日(6月4日),腹泻,未进内。

十二日(6月5日),进内,挑护军官。

十三日(6月6日),腹泻愈,进内。

十四日(6月7日),王爷到。

十五日(6月8日),未进内,随同四哥携竹格约李先生下乡看老茔西之地,尚可用,约卅亩,宜秋间种树,明春办大奶奶之葬事,拟再约人复看。

十六日(6月9日),进内。

十七日(6月10日),进内。世中堂请,章佳佛请。

---

① 此处天头补书:"三爷赴奉,为认垦事。"
② 此处天头补书:"竹格赴津。"

十八日(6月11日),王爷到。接天津亲家太太来信。

十九日(6月12日),进内。大奶奶六十天,至延寿寺。

廿日(6月13日),进内。

廿一日(6月14日),王爷到。至白云观。晚,田君献章请。

廿二、三、四日(6月15、16、17日),进内。

廿五日(6月18日),王爷到。

廿六日(6月19日),未进内。晚,增寿翁请。回家,始知竹铭偶因受暑肝热,失血数口,已请曹巽轩开方,即服药,夜间得眠。

廿七日(6月20日),请曹巽轩给竹铭与两孙看视,均见效。晚,傅峻山来询问提亲事。

廿八日(6月21日),进内。江禹丞与玉泉山汽水公司请至玉泉山旅馆,未能去。午间赵次翁来谈。

廿九日(6月22日),进内,拣选赞读等官。

闰五月

初一日(6月23日),进内。晚,会贤堂请客。

初二日(6月24日),未进内,给曹先生道乏。

初三日(6月25日),进内。

初四日(6月26日),王爷到。闻昨晚张家口军警有冲突之事。

初五日(6月27日),进内。晚,柏峻山来谈。

初六日(6月28日),未进内。

初七日(6月29日),进内。晚福老爷、陈大人请便饭。

初八日(6月30日),王爷到。

初九日(7月1日),未进内。

初十日(7月2日),进内,中堂到。拜陆中堂、田旅长,均晤谈。

十一日(7月3日),至筹备处。

十二日(7月4日),王爷到。晚,世相请。

十三日(7月5日),未进内。

十四日(7月6日),进内,中堂到。

十五日(7月7日),未进内。请曹巽轩看病开方,服之有效。晚,接陈敬斋函称,前承委售爱国债票四千元,今已达到六成目的,代为脱去,所收之款抵还尊处借款,兹将代销券一纸奉上,即希签收云云,此事颇见交情厚谊也。

十六日(7月8日),奎大人及步军统领三位请会贤堂便饭。

十七日(7月9日),王爷到,伦四爷及陈、伊师傅均至尚书房见王爷,说筹备事。奉谕旨一道,为催办筹备事。晚,在德昌请商会。

十八日(7月10日),晚,江大人、继大人请,至总商会便饭后,至第一舞台看戏,丑初始散。

十九日(7月11日),进内,中堂到。

廿日(7月12日),至筹备处筹商核减事宜。

廿一日(7月13日),王爷到。晚,会贤堂请客。

廿二日(7月14日),晚,吴总监静潭请。

廿三日(7月15日),进内。拜冯华符将军,看景东翁。

廿六日(7月18日),早,进内。晚,商会请客。回家,左足浮肿而痛。

卅日(7月22日),请假五日,世中堂来看。

六月

初一日(7月23日),请曹巽轩诊视。

初五日(7月27日),续假五日,请桂柱峰来按摩,有效。

初八日(7月30日),请桂柱峰来看。定于初十日请安。

初十日(8月1日),先至世中堂宅谢步。进内,请安,在养心殿跪请圣安。

十一、二日（8月2、3日），未进内。十二日江宇澄来谈。

十三日（8月4日），进内，王爷、中堂、伦四爷到。

十四日（8月5日），拜曹巽轩晤谈。拜江宇澄。未晤。

十五日（8月6日），进内。给桂柱峰道乏。

十七日（8月8日），进内，王爷到。

十八日（8月9日），午刻商会请。

十九日（8月10日），未进内。

廿日（8月11日），早，赴世中堂宅。上赏桃二盒。

廿一日（8月12日），进内，王爷、伦四爷、中堂、陈师傅、景大人会同先至端康皇贵妃前陈明节省经费事，又同至太极殿见三位主位陈明核减经费事，四位主位均说可斟酌核减云。

廿二、三、四日（8月13、14、15日），未进内。

廿四日（8月15日），世中堂见端康皇贵妃，面陈节省经费事。午后至筹备处。

廿五日（8月16日），王爷到。

廿七日（8月18日），至筹备处。

廿八日（8月19日），至世中堂宅谈东甫事。

廿九日（8月20日），王爷到，酌定世中堂每月薪水八百元，内务府大臣每员月支六百元，卿二员及合府司员年支津贴十万元。

七月

初一日（8月21日），未进内，看书数页。

初二日（8月22日），进内。至庆府见庆邸，晤叙片刻。

初三日（8月23日），早，至世中堂宅，会同赴总统府贺喜，递常行红片，未见，至齐巡按使处，晤谈，至陆中堂处，未会。回家，午后庆邸来，坐谈半时，言及月杪始回津也。

初四日(8月24日),王爷到。散值后至福宅四格格处贺喜,赴庆府谢步。晚,吴幼舲请福兴居,未往看戏,先回。南院穆先生赴津,留信一封,将租房合同交回。

初五日(8月25日),看溥仲路兄,见六太太,已见好。至那中堂宅,未会,拜梁节庵,未会。

初六日(8月26日),进内,中堂到。至宝宅拜寿。

初七日(8月27日),未进内。管理处来电云,昨夜拿获窃盗一名,系偷窃瓷器,当电达世相,令交慎刑司办理。接财政部来文,荣安在审计处呈诉治格等私卖官物,应查复。

初八日(8月28日),王爷到。午后五亲家太太来。

初十日(8月30日),进内,中堂到。

十一日(8月31日),晚,中国银行请便饭。

十二日(9月1日),进内,王爷到。世相与王爷说定,拟由欠拨之皇室经费项下划拨十万元购买内国公债,并令转告邓君翔与公债局说明,以便办理,当告知邓君翔,甚为欢迎云。

十四日(9月3日),进内,中堂到。

十五日(9月4日),治鹤清请至传心殿晚饭。

十六日(9月5日),王爷到。竹格至步军统领衙门机要处,系江统领派差也。

十七日(9月6日),至筹备处。请庆府亲家太太诸位。

十捌日(9月7日),进内。接邓君翔函,至世相处请看,令交银库司员与交通行商办。

十九日(9月8日),早,定友三来谈赴交通商垫款事。午后至怡和洋行,会同赓宅二姨太太收存铁柜,该行洋总办柯尼施、中国买办解光前甫之瞻经手,并未收保险租费,颇重交情。之瞻拟求陆相写字。

廿日(9月9日),王爷到,同世相至文华殿看视商会估瓷铜器,殿内康熙御笔匾额四字"缉熙光明",对联"道脉相承,经籍昭垂千圣绪;心源若接,羹墙默契百王传。"午后沈冕士次长来回拜。名铭昌。

廿一日(9月10日),至汇丰,与邓君翔谈公债事。至会贤堂定菜。晚,沈叔詹府尹来谈。

廿二日(9月11日),进内,中堂到,说节款事。接梁节庵来函,当复一函,并借去《图书集成》三本。

廿三日(9月12日),晚,请江宇澄诸公。

廿四日(9月13日),王爷、中堂均到。

廿五日(9月14日),早,赴保安商会团看操。午后会同至王府回事。为剪发事,给徐信。

廿六(9月15日),辰进内,看三旗护军操。

廿七日(9月16日),世相赴西陵。进内。交东甫,陈、伊师傅债票券各一张。庄和皇贵妃赏银二百两,大卷二个,活计一匣,赏五奶奶五十两,卷二个,竹格卷二个,又四位主位赏竹格生日,卷二个。

廿八日(9月17日),王爷到。伦四爷带领谢恩。

廿九日(9月18日),雨,未进内。接梁节庵信一封。

卅日(9月19日),进内。至世中堂宅。

八月

初一日(9月20日),进内。

初二日(9月21日),未进内。祠堂上祭。徐元甫来托其转求容仁甫事。

初三日(9月22日),进内,行礼,赏饭吃。

初四日(9月23日),未进内。

初五日(9月24日),进内,至重华宫谢恩。

初六日(9月25日),至治鹤清处谈公事。

初七日(9月26日),进内。午后梁节庵来谈,借书二种,苏、沈集各一部。

初八日(9月27日),进内,随同至重华宫行礼,赏饭吃。饭后至内府衙门,同世相与治公谈公事。

十二日(10月1日),王爷到,进内,开节例。

十三日(10月2日),进内,张少轩进内请安,在养心殿召见,三位主位在太极殿召见,赏洋烟一瓶,御笔春条四条。午后至筹备处。

十四日(10月3日),进内。拜张少轩。领到饭银六百两。

十五日(10月4日),未进内。上赏西瓜一枚,葡萄一盘,月饼一盘。端康皇贵妃赏奶果四盒,菜一桌。晚,福子昆来,送公事,另存。

十六、七日(10月5、6日),进内。初患痢,服药煎汤,小效。

十八日(10月7日),进内,谢赏银二百两,尺头二卷。

十九日(10月8日),未进内。复梁节庵信。接到内务部送来记念章一件,证书一封。

廿日(10月9日),进内,王爷到。

廿一日(10月10日),未进内。是日为民国国庆日。

廿二日(10月11日),进内,随同王爷至钟粹宫给端康皇贵妃行礼,赏饭吃,赏龙虎字,饭后随同王爷至寿皇殿瞻仰国朝十一代皇帝圣容,既深庆幸,又极感慨。敬觐毕,至郭春榆处拜寿,往看泽公,略谈。

廿三日(10月12日),未进内。

廿四日(10月13日),进内。至汇丰代办事。

廿五日(10月14日),未进内。

廿六日(10月15日),进内,王爷、中堂均到。

廿七日(10月16日),进内。

九月

初一日（10月19日），进内，王爷、中堂到。朱东海来，为交呈事。

初二日（10月20日），带匠，上赏饭吃，给招呼饭人卅元。

初三日（10月21日），带匠。

初四日（10月22日），带匠，上赏饭吃。给同进会秋季捐六元。

初五日（10月23日），王爷到，带匠。

初六、七、八日（10月24、25、26日），带匠。

初九日（10月27日），王爷到。

初十日（10月28日），斋宫失盗，窃去木碗之银里几十件，是早令一队管带加派长兵夜间巡查。

十一日（10月29日），进内，中堂到。曾敬一同英国之思先生来，为借住花园事。

十二日（10月30日），至徐相国处拜寿。至振大爷怡园晤谈。晚，曾敬一送来英馆证明书一件。

十二日（10月31日），进内，王爷到。

十四日（11月1日），雨，未进内。

十五、六日（11月2、3日），进内。

十七日（11月4日），王爷到。

十八日（11月5日），进内，为改派事，至筹备处。

十九日（11月6日），进内，看护军操。

廿一日（11月8日），王爷到。至筹备处。

廿三日（11月10日），进内。至管理处，与鹤卿谈核减事。

廿五日（11月12日），王爷到。

廿六日（11月13日），进内。

廿七日（11月14日），进内，中堂到。

廿九日(11月16日),王爷到。

十月

初一(11月17日),巳刻带乌林。

初四日(11月20日),王爷到,请看复内务部信底,阅后缮发。

初五日(11月21日),至豫府谕祭。

初六日(11月22日),至唐春卿处谕祭。午后至世中堂宅睄看,晤谈。

初七日(11月23日),进内,王爷到,会议皇上释服日期仍系廿七个月,不更改矣。

十一日(11月27日),进内,王爷到,永和宫召见,为票款事。至中堂宅。

十二日(11月28日),进内。

十三日(11月29日),至赵次山先生处递呈,为呈请为先严立传事。

十五日(12月1日),王爷到。伊师傅嘱禀王爷事。

十六日(12月2日),晚,至伦贝子府,为朱、章会议事。

十七日(12月3日),早,进内。至中堂处谈会议事。午后至王爷府,同景东甫兄请见。

十八日(12月4日),早,至世中堂处,为会议事。午后辉山至润生处,为还款事。

十九日(12月5日),王爷到。同景东甫兄告明金子铮、增幼谷拟议条款事。

廿日(12月6日),辉山同赵闰生前往看视观音寺之房,议定作价四千两正,另筹一千两,共五千两以归还赵宅欠款,明日嘱辉山前往办清可也。

廿一日(12月7日),进内。蒙上赏英生辰银三百两,大卷江绸二卷。午刻令辉山往赵闰生处还账讫,取有闰生亲笔收条,此款自壬子年正月中旬借用,作为六厘行息,此次归还,闰生未肯收息,即未付息也。

廿二日(12月8日),进内,酌订参政院条款事。

廿三日(12月9日),进内,英生辰,蒙主位赏尺头四件,银一百两,属奏事处言语,给主位谢恩行礼,传语天气凉,不必上去矣,给皇上谢恩,又行三跪九叩礼,蒙赏御笔福寿字一张。是日王爷到。回家行礼。

廿四日(12月10日),巳初刻生次子,系侍妾孙氏所出,一切顺善,按现已交十一月节,八字系甲寅丙子庚午辛巳也。晚,醇王爷电令到府,即往见,为会议参政院建议事。

廿五日(12月11日),进内。至世中堂宅传述王爷话。午后拜客。

廿六日(12月12日),次子三天,命名"世良"。午后至世中堂宅,与朱、章总长会议。

廿七(12月13日),早,进内,王爷到,将与朱、章协商条款呈阅王爷,令会同酌定后再定。散后,至中堂宅商改条件四点。会英堂请客。

廿八日(12月14日),请曹巽庵给竹格诊治。

廿九日(12月15日),进内。竹格见愈,仍请曹诊治。四点至世中堂宅,与伦贝子会议。

卅日(12月16日),未刻至王爷府。晚至中堂宅会议。

十一月

初一日(12月17日),进内。申刻同至王爷府回事。银行请。

初二日(12月18日),进内,王爷到。永和宫召见。同至中堂宅。

初三日（12月19日），未刻至中堂宅会议，大致议定。

初四日（12月20日），至醇王府会同回明会议事。令增尹大爷抄底。

初五日（12月21日），增老爷来送底看。午后至王爷府。

初六日（12月22日），因左手腕微肿，请桂老爷来看。

初七日（12月23日），进内，随同王爷、中堂面陈会议事。

初八日（12月24日），至王爷府，同见朱、章总长，会议定局。

初九日（12月25日），未出门。

初十日（12月26日），进内。至中堂宅。

十一日（12月27日），王爷到。

十二日（12月28日），未进内。铁匣存八百元。

十三日（12月29日），进内。阅政府公报，会议事已发抄完结矣。

十四日（12月30日），未进内。赵闰生请。

十五日（12月31日），进内，王爷到，定于一月一日派伦贝子赴总统府致贺，二日巳刻朱总长来答礼。明日即一月一日，因此本日记已经写满，另用新本，于四年一月一日接续登记云。①

代办介眉堂存京公足一万九千八百七十五两三钱四分，二年七月五号起。

眉寿堂俱同前。

马菊如京公足……，二年七月八号起，三厘息。

介眉堂加半……二百九十八两一钱三分，共公足二万〇一百七十三两四钱七分，长年四厘息，……年正月五号息。

---

① 以下诸事为本册末尾所附杂记文字。文有残损处以"……"代替。

眉寿堂俱同前。

马菊如加半年息……共公足……。

癸丑八月初二日领二品文职五成俸银,折洋银一百零七元六角三仙,给五太太、大姑娘、玉珍各十元。给大、二爷,大、二奶奶各十元,进呈老太太廿元,有姑娘十元。

以下日记第二十二册①

甲寅年(1914年)元旦祝词云:元旦举笔,书龙虎字,大吉大利,萱堂馀庆,棣圃增荣,立志为善,主一存诚,温仁受福,敬慎有恒。窃维作善降祥,敬慎不败,一以主之,恒以守之,不贰不息,庶几近之。再录于此,以自勉励。

旧历十一月十六日/中华民国四年(1915年)一月一日(1月1日),巳刻至世中堂宅,会同前往总统府,给大总统、副总统贺新禧,均递常行名片,系穿常行礼服。回家,给各总长、国务卿等送片贺年,并给英使馆朱迩典、哈尔定、巴尔敦及中国、交通、汇丰、正金各银行送片贺年。晚,银库送一月津贴六百元,英自壬子正月到任,将及三年,盖初次领月薪也。荷蒙天恩高厚,惟有勉尽心力,以期报称于万一也。

旧十七日/[新]二日(1月2日),进内,民国派朱启钤致贺答谢,巳刻皇上升乾清宫,觐见如礼,醇王爷到。午后梁节庵来谈种树事。

旧十八日/[新]三日(1月3日),进内。至慕韩处道寿喜。晚,天福堂请客。

旧十九日/[新]四日(1月4日),四哥赴涿州,同王如泉察地事,晚来信,到涿,均吉。

旧廿日/[新]五日(1月5日),进内。晚,世中堂来电话,为

---

① 日记第二十二册,封面题"日记,廿二"。

欲请假事。

旧廿一日/[新]六日（1月6日），进内，王爷到。散后至中堂宅告明王爷说不必请假，并商定梁节庵具奏种树事，其单开工饭钱，又备饭食，系重复也，应函告节庵另核办理。

旧廿二日/[新]七日（1月7日），进内，代梁节庵递奏折一件，图一件，为种树事。交堂上给节庵写信一封，为种树应核减事。至传心殿见治鹤清，为慎刑司裁撤开具条款阅看，鹤清云渠即函送朱总长处转交张总长，拟订专章，以便从速拟就，有所遵循。是日早竹格赴津，给五亲家太太拜寿。

旧廿三日/[新]八日（1月8日），未进内。四哥未刻回，竹格晚间回。

旧廿四日/[新]九日（1月9日），进内，端康主位召见，为款项等事。是日良格满月，四哥令徐狗子唱八角鼓一日，亲友有来贺者，接待一日。

旧廿五日/[新]十日（1月10日），进内，王爷到，诸位主位召见王爷及景、绍二人，为裁慎刑司以后之办法，并询问善后办法七条之大概。午后同景东翁至世中堂处谈公事。

旧廿六、七日/[新]十一、二日，（1月11、12日），大风，感冒，未进内。

旧廿八日/[新]十三日（1月13日），进内，景东翁到。

旧廿九日/[新]十四日（1月14日），未进内。

旧十二月

朔/[新]十五日（1月15日），王爷到。

旧初二日/[新]十六日（1月16日），未进内，增旭谷、宝虞臣由梁格庄回，来见。

旧初三日/[新]十七日（1月17日），进内。

旧初四日/[新]十八日（1月18日），未进内。

旧初五日/[新]十九日(1月19日),进内。

旧初六日/[新]廿日(1月20日),进内,王爷到。午后姚石泉来,为掌礼司事。

旧初七日/[新]廿一日(1月21日),午后至世中堂宅,交办三事:一令见金梁君,讨论地亩变价事;一令复西陵守护大臣信事,可照办;一派人赴伦贝子府请示筹备处折何日具奏。晚间赵延泰世兄来,属诊,诊其脉象,左见涩结之象,阴分过亏,姑就曹巽轩旧方集成一方。大致用温胆汤意,加和肝养阴之品。

旧初八日/[新]廿二日(1月22日),进内。转告金子铮中堂交办三事。散后至陆中堂、樊云门、马通伯、霱公等处晤谈。回家,宝老爷镛来,云伦贝子与世中堂定于十二日筹备处奏事。

旧初九日/[新]廿三日(1月23日),未进内。王爷电令赴府,晚七点至府见王爷,为令转达世中堂毋庸请派署事。

旧初十日/[新]廿四日(1月24日),王爷到。午后至世堂宅说明王爷之意,世中堂允许不请假。晚,章嘉佛请。

旧十一日/[新]廿五日(1月25日),进内。令锡老爷转告金子铮写信事。晚,定友三来谈,并斟酌致财政部信底。

旧十二/[新]廿六日(1月26日),进内。酌拟致徐相国、周总长信底。午后曾敬诒来谈租房之事,过两星期听信。

旧十三日/[新]廿七日(1月27日),未进内。

旧十四日/[新]廿八日(1月28日),进内。午后金锡侯来谈奉天地亩事。至世中堂宅晤谈,。回家,哈参赞来谈南院租房之事,柏峻山来谈。

旧十五日/[新]廿九日(1月29日),进内,王爷未到。

旧十六日/[新]卅日(1月30日),进内,王爷到。敬懿皇贵妃召见,为圆明园山石事,筹备处奏酌定内务府常年经费事,奉旨"依议，钦此"。午后同景三哥至步军统领衙门见江宇澄，说明拉运山石及江皖赈济颐和园卖票两日以助赈款事，同至世相宅说公事。晚，银库李广平送本月津贴六百元。

旧十七日/[新]卅一日（1月31日），进内。同景三哥至醇王府回事。至毓五爷处拜寿。回拜金锡侯。

旧十八日/[新]二月一日（2月1日），进内，因内务府官员得赏津贴，谢恩，在养心殿给皇上叩头，至太极殿给敬懿皇贵妃叩头，并陈圆明园运石及景山未便准其售票事。晚，邓先生来谈佛法。

旧十九日/[新]二月二日（2月2日），进内。晚，曾敬贻来，送到佛乐善信一封，本月房租卅元，佛君定于月终退出。

旧廿日/[新]二月三日（2月3日），进内。

旧廿一日/[新]廿月四日（2月4日），未进内。

旧廿二日/[新]二月五日（2月5日），进内，端康皇贵妃召见，为令看轿乘并催款事，又三位主位召见于太极殿，为太监赏换顶翎、加钱粮事。散后同景三哥至中堂宅说公事。联厚山来谈，斌典臣来谈。是日上赏尺头二匹，银一千两正。

旧廿三日/[新]六日（2月6日），进内，在养心殿谢恩。

旧廿四日/[新]七日（2月7日），进内。拜孟秉初，未遇。

旧廿五日/[新]八日（2月8日），进内，王爷到。晚，至世中堂宅商办内务府年事。复梁公函。①

旧廿六日/[新]九日（2月9日），进内，带匠安设天地香亭。

旧廿七日/[新]十日（2月10日），进内，永和宫召见，交进茂盛源折一个，内存轿乘等款一万两，又年节另款一万三千两，合洋元计算。端康皇贵妃云将来再交到皇室经费，你们尚须为

---

① 此处天头补书："景大姐托林尊侃事。"

难,又云万寿加恩事。晚接知会,本日由部库领到经费卅万元。

旧廿八日/[新]十一日(2月11日),未进内。申刻至中堂宅商办本府司员津贴事。晚,银库送到六百元,归年节用。

旧廿九日/[新]十二日(2月12日),进内,王爷到。敬懿、端康皇贵妃召见,为万寿交款事。申刻同景三哥至中堂宅说公事。晚,福子昆来谈公事,交一千九百两。进呈四哥二百元,还账用七百元。

旧卅日/[新]十三日(2月13日),进内。至醇王府叩亲喜,进呈现洋五十元,共进呈一百元。给三爷加给廿元。德国人铁囗①送到租花园房合同四份,折一个,俟明正办理。本日上赏"介福"、"祥开万春"春条,并荷包一个。晚,辞岁。

---

① 原文此处空一格,今代以囗。

民国四年乙卯(1915年)日记

[正月]

乙卯元旦/[新]十四日(2月14日),元旦祝词云:"元旦举笔,书龙虎字,大吉大利,萱堂馀庆,棣圃增荣,家庭吉顺,公事利贞,志善毋怠,敬慎有恒。"时事艰难,益加敬慎,以期有济,是为至要。

卯刻进内,给王爷道新禧,随同至长春宫,在四位皇贵妃前行三跪九叩礼毕,至养心殿给皇上跪安道新禧,行一跪三叩礼谢恩,赏"延厘"春条,复谢恩。至值庐,堂郎中交造办处饭银四百两,合五百五十六元。至世中堂宅说明师傅商议皇上万寿应行礼事。

初二日/[新]十五日(2月15日),进内。至北宅及河沿祠堂行礼。晚,邓伯成来谈修净土法,刻经处寄到经多种。

初三日/[新]十六日(2月16日),未进内,午后拜客。

初四日/[新]十七日(2月17日),进内。至醇邸拜寿,往见恩八兄略谈,回拜邓伯成,略谈。晚,朱总长来,谈改组护军事,留公事三件,送世相处阅看,明日再往详谈。

初五/[新]十八日(2月18日),进内,王爷到。午后至世中堂宅说明护军改组事,当将原公事送交朱桂辛,并声明内务府护军由管理兼管,又逃走罪名一条应撤,桂辛云尚须在上面说明。

初六日/[新]十九日(2月19日),未进内。蒙恩赏金星玻璃烟壶一对,旧玉七件。午后醇王爷由电话云宁鸿恩事。

初七日/[新]廿日(2月20日),进内,同景东翁谢恩。午后曾敬贻来谈，为馀园电灯留用事。

初八日/[新]廿一日（2月21日），进内。散后至赵次山先生处晤谈，送给皇清织贡图一套。至德昌请佛先生，当由傅峻山翻译，除本月房租卅元，找给安电灯费卅二元，两清。

初九日/[新]廿二日（2月22日），进内，王爷到。蒙恩赏福寿字一张，大卷尺头二件，银一千两，并奉旨赏加一级，明日谢恩。又收会计司公事饭银四百两正。

初十日/[新]廿三日（2月23日），进内谢恩，先碰头谢加一级恩，次一跪三叩谢赏品物。至王爷府谢栽培。奉大总统策令：任命绍英为都护使，治格为都护副使，此令。

十一日/[新]廿四日（2月24日），早，至治鹤清处谈奉任命事。至世中堂处晤谈，中堂云可托鹤清偏劳，有内务府人在彼处办事，诸事较易办理，可毋庸辞也。并交下衣库信一封，太医院禀一件，令交存查。交曹巽轩履历，请转托事，世中堂慨允，当至巽轩处告知。午后管理处胜禄等来谈公事。至醇王府，王爷出门，遂回，俟明早进内再为陈明可也。晚，德昌公请章佳佛爷，江宇澄承办。

十二日/[新]廿五日（2月25日），进内，王爷到，回明任命为护军使事。王爷云可以兼充，将来公事容易接洽，并令告知治鹤清，二人应按月随便住班，以便稽查。当告明奏事处太监，在皇上前、四位主位前言语派差管理护军照常办理及十营统领撤班事。散后至武英殿，会同治鹤清往总统府给总统及副总统谢栽培。回家，蒙恩赏百福瓷瓶一对。

十三日/[新]廿六日（2月26日），进内，随班给皇上行礼谢恩，大总统派朱总长致贺万寿，送如意一柄，派伦贝子于廿七日给大总统致谢。当给政事堂一函，告知明日答谢事，其时刻由伦贝子自向公府商订。至传心殿，会同治鹤清见十营正、副参领，宣布各营统领虽经裁撤，而各营官兵公事一切照常，勉以勤慎当差，以副大总统维持之至意云。

十四日/[新]廿七日（2月27日），进内。向伦贝子借大礼服一套。午后接内务部函，告于十六日即三月一日早六点半赴新华门外接待室听候带觐。

十五日/[新]廿八日（2月28日），进内。

十六日/[新]三月一日（3月1日），卯刻，着武官上等一级大礼服，赴公府接待所候带觐见，已刻由礼官、内务总长带领觐见大总统，进门先排班，脱帽立候，大总统至，立见，行三鞠躬礼毕。大总统云：皇室守卫管理护军事务甚为重要，深知二位品学兼优，嗣后遇事即可照章执行，如官役有不法行为，可告我知之，即应照军事惩办等语。俟语毕，行一鞠躬礼退。随同朱总长至政事堂见徐相国、杨左丞、钱右丞略谈。散后至武英殿换便衣，办就任呈，即作为三月一日就任，呈报大总统，明日递呈。同鹤清至徐相国处、段总长处、朱总长处。回家，管理处电称就任呈已封送总统府收文处。银库送本月津贴银六百元，收铁匣。佛先生来交房，晤谈，甚为融洽。姜成交铁先生房茶银二百元，又折外茶银五十元，给姜成卅元，大众廿元。

十七日/[新]二日（3月2日），进内，世中堂到。

十八日/[新]三日（3月3日），进内。午后拜章总长。至治鹤清处商订公事，同至礼士胡同护军营看视。

十九日/[新]四日（3月4日），大风，未进内。请曹巽轩给大、二爷诊视。

廿日/[新]五日（3月5日），进内，王爷、中堂到。与中堂说护军管理处用人事。景三太太来家，属诊视，开一方，清降肺气化饮和肝之剂。

廿月日/[新]六日（3月6日），进内，带匠撤天地香亭。回家。十营请钤名章,共领饷四万一千二百七十九元四角四分,归镶黄护承办德纯承领。

廿二日/[新]七日(3月7日),进内。

廿三日/[新]八日(3月8日),未进内。晚,公司斌典臣、齐树岩请。

廿四日/[新]九日(3月9日),王爷到,中堂到。由内回家。至朱总长处贺喜,送如意一柄。至奎五哥处送大姑娘八字帖,求奎五哥作大宾,与张宅缔姻事。

廿五日/[新]十日(3月10日),进内。

廿六日/[新]十一日(3月11日),进内。约福子昆、锡洁庵、景介卿、宝虞臣至管理处,均派在总务科当差。商办各营放饷事,挑缺二名。是日住内务府堂上。晚间朱总长约至武英殿谈公事。回署查夜一次。

廿七日/[新]十二日(3月12日),进内,出班。

廿八日/[新]十三日(3月13日),王爷、中堂到。

廿九日/[新]十四日(3月14日),至管理处。申刻同治鹤清至世中堂宅。

卅日/[新]十五日(3月15日),进内,至管理处。

二月

初一日/[新]十六日(3月16日),进内,中堂到。午后至管理处司法科,科长高保卿到,人甚明白笃实。

初二日/[新]十七日(3月17日),内务府送春季俸银一百零七元六角三分。① 午后至管理处。

[初三日]/[新]十八日(3月18日),进内,王爷到。同世

---

① 此处天头补书:"进呈廿元,给五太太、姨奶奶、大、二姑娘各十元,大爷、大奶奶、二爷、二奶奶各十元。"

中堂至文渊阁。晚,福子昆来送简任状一封。

初四日/[新]十九日(3月19日),午后至管理处。晚,铁先生来商修房事。

初五日/[新]廿日(3月20日),早,进内。午后至管理处,内务府派文荫、增煦、英绅、棫兴四君到处,会同办理内廷警察事宜。是日交慎刑司,即派司法科接收,司法部派王文豹君到处协助办理一切,又内务部派李子栽、王霭人到处协助,三位商订每逢礼拜二、四日到处会议。晚,接铁迈士来函,为修房之事。

初六日/[新]廿一日(3月21日),至管理处。

初七日/[新]廿二日(3月22日),进内,王爷、中堂到。

初八日/[新]廿三日(3月23日),至管理处。晚,东兴楼请客。

初九日/[新]廿四日(3月24日),进内,端康皇贵妃召见,为药库失去药材事。散后至世中堂宅说明此事。

初十日/[新]廿五日(3月25日),早,荣相来,同至东兴楼便饭。未刻至管理处。

十一日/[新]廿六日(3月26日),进内,王爷、中堂到。奉旨二月廿日祭昆明湖龙神祠。午后至护军管理处公署,穿军衣常服前往。晚,王爷电谕廿日赴园时可查看存物,并严为嘱咐看守人等妥为看守为要。

十二/[新]廿七日(3月27日),未刻奎五哥来家,送翠别子一件,荷包一对,给大姑娘放定,与张宅九公子结亲也。至管理处办公后回家。

十三/[新]廿八日(3月28日),早,进内。午后至筹备处,商酌内务府应行裁并事宜。交梁大人属递奏折,为种树事。

十四/[新]廿九日(3月29日),午后至管理处。

十五/[新]卅日(3月30日),进内,王爷、中堂到。给梁节

庵函,并诗一首,录后:

梁节庵函告种树事有感

　　山中佳景在初春,陵寝巍峨气象新。树木阴森千载后,荷锄应念有孤臣。

　　十六/[新]卅一号(3月31日),至管理处。

　　十七/[新]四月一号(4月1日),进内。

　　十八/[新]二号(4月2日),至管理处。

　　十九/[新]三号(4月3日),进内,王爷、中堂到。鹤清约吃便饭。至内阁公署,对十营章京等演说。

　　廿日/[新]四号(4月4日),至园祭龙神,巳初上祭,散时至园内看视所存物件。

　　廿一/[新]五号(4月5日),进内。午后至管理处。至庆府振大爷处。

　　廿二/[新]六号(4月6日),午后至汇丰行,为代换存据事,至蔚泰厚代提款一千两,存据内注明。

　　廿三/[新]七号(4月7日),进内,王爷、中堂到。午后至管理处。竹铭至府送存据讫。

　　廿四/[新]八号(4月8日),早,至筹备处。午后庆邸来谈,嘱办房钱租库作价认买房间事。

　　廿五/[新]九号(4月9日),进内。午刻至北宅看二少奶奶。至管理处。晚,世相约便饭。

　　廿六/[新](4月10日),早,进内,王爷、中堂到,属中堂代交庆府认买官房之事。午后至管理处。

　　廿七/[新]十一号(4月11日),拜周总长,未遇。拜三六桥,晤谈。

廿八日/[新]十二号（4月12日），进内。

廿九日/[新]十三号（4月13日），至管理处。

三月

初一日/[新]十四号（4月14日），进内，王爷、中堂到。午后至管理处。

初二日/[新]十五号（4月15日），至管理处。午后七点吴幼舲请。

初三日/[新]十六号（4月16日），进内。午后至管理处。晚，赵闰生请。是日给介寿堂存款一万七千两，存一年，四厘息，再其洋元系四千九百六十九元五角，除合银用四千九百〇四元八角，仍找回六十四元七角，两清。

初四日/[新]（4月17日），至管理处。

初五日/[新]（4月18日），进内，王爷、中堂到。令竹铭给府送存据。午后至振大爷处拜寿。晚，世中堂请看戏。

初六日/[新]（4月19日），至管理处。

初七日/[新]廿日（4月20日），进内。午后至管理处，文老爷荫交到庆邸认买房执照一张，估价实银八百七十两六钱八分，按七二钱折，合银圆一千二百九圆二角交受。奉大总统策令：绍英授为中卿，此令。因都护使叙官也。

初八/[新]廿一日（4月21日），请曹巽轩给二爷、二格看病。午后至管理处，朱总长到，略谈。治鹤清转嘱李子栽办谢呈，明日呈递，并至公府递片致谢。

初九/[新]廿二日（4月22日），进内，王爷、中堂到。至管理处，未刻同治鹤清至总统府递片道谢，其谢呈尚未办妥，只得明日呈递。

初十/[新]廿三日（4月23日），至管理处写呈文，于是日呈递。晚，请客，朱总长、沈冕士、荣竹农、江亦筠、三六桥。

十一/[新]廿四日(4月24日),进内。见梁节庵,谈借用杉(高)[篙]事。午后至管理处,内务部送到银质护军管理处之关防一颗,当即开用,行文内务部,并办呈报启用日期呈底。

十二/[新]廿五日(4月25日),至瑞裕如处略谈。

十三/[新]廿六日(4月26日),王爷、中堂到,进内。

十四/[新]廿七日(4月27日),至管理处。

十五/[新]廿八日(4月28日),进内,至管理处。

十六/[新]廿九日(4月29日),进内,至管理处。晚,增寿臣请听戏。

十七/[新]卅号(4月30日),早,四哥赴扬州。午后至管理处考排长。晚,继大人请。

十八日/[新]五月一号(5月1日),王爷、中堂到。奉谕旨:耆龄、荫桓着加恩赏给头等侍卫,在乾清门行走,钦此。午后至管理处挑缺。

十九/[新]二号(5月2日),至延寿寺,午后至筹备处。

廿/[新]三号(5月3日),进内,午后至筹备处。

廿一/[新]四号(5月4日),进内。午后请客,奎大人、继大人、世中堂、江大人、吴先生、增大人、熙大人,在广德楼听戏,泰丰楼晚饭,共用四十五元。

廿二/[新]五号(5月5日),晚,江金吾请吃饭看戏。

廿三/[新]六号(5月6日),进内。犯脚气,用酒熨,稍愈。

廿四日/[新]七号(5月7日),未进内,请桂老爷来治脚,用酒熨之。

廿六日/[新]九号(5月9日),又请桂老爷来治。

卅日/[新]十三日(5月13日),脚渐愈。

四月

初一日/[新]五月十四号(5月14日),进内,王爷、中堂到。

回家,张绍来见。

初二日/[新]十五号(5月15日),未进内,午后至管理处。

初三日/[新]十六号(5月16日),未进内,自本日起注释朱子《性理吟》。

初四日/[新]十七号(5月17日),进内。

初五日/[新]十八号(5月18日),午后至庆府,至景三哥处略谈。

初六日/[新]十九号(5月19日),进内,长春宫带匠,同世相至醇邸处办公事,后复进内,上赏饭吃,饭后散。

初七日/[新]廿号(5月20日),进内,带匠,上赏饭吃,至西宫谢恩。

初八日/[新]廿一号(5月21日),进内,储秀宫带匠,上赏饭吃。至内务府堂商办裁并三院事。

初九日/[新]廿二号(5月22日),重华宫带匠,至醇王府,上赏吃食,饭后散。午后至管理处。

初十日/[新]廿三号(5月23日),重华宫带匠,同世相至奉先殿演礼,午刻散。至陈敬斋处行情。荣惠皇贵妃赏"受厚福"字一张。

十一日/[新]廿四号(5月24日),重华宫带匠。

十二日/[新]廿五号(5月25日),钟粹宫带匠,至管理处。

十三日/[新]廿六号(5月26日),进内。午后继子寿请听戏。

十四日/[新]廿七号(5月27日),进内,毓庆宫带匠,上赏库缎二卷,扇二柄,香串八件,同人均在养心殿谢恩。午后至管理处。

十五日/[新]廿八号(5月28日),辰刻恭诣奉先殿后殿,皇上亲行释服礼。至北宅。

十六日/[新]廿九号(5月29日),午后至管理处。晚公请客,王少荃、殷铁庵、曾介白、吕寿生、祝读楼、陈剑秋、唐公柔未到、李子栽、王霭仁、文澍田、增旭谷、英书卿、械仲芃、高保卿、福子昆。

十七日/[新]卅号(5月30日),进内,中堂赴西陵。

十八日/[新]卅一号(5月31日),午,朱总长请。

十九日/[新]六月一号(6月1日),进内,午后至管理处。

廿日/[新]二号(6月2日),进内,王爷到。至管理处。

廿一日/[新]三号(6月3日),进内。至管理处挑缺。给良格、通格种花毕。至北宅,给二少奶奶点主后回家。

廿四日(6月6日),王爷到。上赏暑药并赏护军暑药。

廿五日(6月7日),进内,在养心殿随同谢恩。至管理处,至景宅拜寿。

廿六日/[新]八号(6月8日),至管理处。

廿七日/[新]九号(6月9日),进内。午后至北宅。是日给良格、通格放浆,所种之花均出,甚吉祥也。蒙恩赏大卷二卷,银一千两,明日叩谢。

廿八日/[新]十号(6月10日),进内,随同至养心殿谢恩。回家发节用各款,另有单。至管理处。

廿九日/[新]十一号(6月11日),进内,王爷到。至内务府堂,随同中堂批节款,共需六十万元之谱。

卅日/[新]十二号(6月12日),进内,至管理处。

五月

初一日/[新]十三号(6月13日),进内。

初二日/[新]十四号(6月14日),雨,未进内。三爷赴津。晚,同慕韩回。

初二日/[新]十五号(6月15日),进内,中堂到。送慕韩回家,见大奶奶,略为开导即回。

初四日/[新]十六号(6月16日),进内,王爷到,泽公请安,因论陵地旗租事,泽公不甚满意,王爷令大家商量办法,遂散。回家,闻龚升与护军抵牾事,拟将其门照、腰牌交营及内务府取销,不令龚升再进内当差,以免争端而息浮论。

初五日/[新]十七号(6月17日),上赏粽子一盘。晚,福子昆来,送到五百五十五元又五十五元、一百八十五元,谈及此次即结止矣。

初六日/[新]十八号(6月18日),进内。

初七日/[新]十九号(6月19日),进内。增大人请看戏。

初八日/[新]廿号(6月20日),午后中央公园司法部开展览会,前往参观。晚,请德国人吃饭。

初九日/[新]廿一号(6月21日),进内,王爷、中堂到,中堂定于十一日晚四点至泽公处议事。

初十日/[新]廿二号(6月22日),至管理处。

十一日/[新]廿三号(6月23日),进内。午后至管理处。晚,因泽公赴该府茔地,未在家,遂至世相处一谈。回家后左脚跟疼痛。

十二、三日/[新]廿四、五号(6月24、25日),未出门,用药熨之稍好。

十四日/[新]廿六号(6月26日),景三哥来看。

十五日/[新]廿七号(6月27日),世中堂来看,求中堂向王爷前告假几日,俟病愈即入值。

十六日/[新]廿八号(6月28日),请桂老爷来治,稍愈。

十七日/[新]廿九号(6月29日),请桐五舅老爷来治,并用桃仁、栀子各等分为细末,用鸡蛋清调服脚跟,有效。

十八日/[新]卅号(6月30日),请桂老爷来治,见愈,渐能扶杖行走矣。阅政府公报，六月廿九日大总统批令护军都护使月俸定为六百圆，都护副使月俸定为五百圆，馀如所拟办理，交财政部查照草存，此批。系内务部呈酌定护军管理处每月各项经费数目也。

十九日/[新]七月一日(7月1日)，给治鹤清打电话。

廿日/[新]二号(7月2日)，早，请桂柱峰来治脚，见愈。晚，给景三哥打电话，发月例等项。

廿一日、廿二日(7月3、4日)，未出门。

廿三日/[新]五号(7月5日)，进内，王爷、中堂到。

廿四日/[新]六号(7月6日)，至世中堂宅说瓷库事，至徐相国处，至司法科，至耆宅。

廿五日(7月7日)，进内。

廿六日/[新]八号(7月8日)，敬懿皇贵妃因千秋大庆，赏尺头二卷，银三百两，赏内人银一百两，赏世杰尺头二卷。至景宅。

廿七日/[新]九号(7月9日)，进内，王爷到。随同世中堂至长春宫谢恩毕，回，请陈树千给姑娘看，有效。

廿八日/[新]十号(7月10日)，至朗贝勒处贺喜。午后治鹤清来电谈话。

廿九日/[新]十一号(7月11日)，至增寿臣处贺喜。

六月

初一日/[新]十二号(7月12日)，卯初进内，辰初随同至养心殿，在敬懿皇贵妃前叩寿禧，行三跪九叩礼，并谢赏，行一跪三叩礼毕，至上书房随同办事。巳初至延晖阁，随同至漱芳斋东配殿听戏，巳正赏饭吃，未刻赏果吃，赏旧玉佩一件，荷包一匣，瓷瓶、盘各一对。荣惠皇贵妃赏果品、饽饽等物，酉正散，退出。

初二日/[新]十三号(7月13日)，至管理处，赵馆长来谈。

景三哥约听戏,晚在东兴楼吃饭。

初三日/[新]十四号(7月14日),进内,世中堂到。晚,方燕铭甫鹤人来谈,系孙荫庭属伊来为通惠公司招股事,余云可代为分送章程,惟现在金融滞塞,不能限定能招集若干也,现在有差亦不能帮助办事,属伊转达荫庭云。

初四日/[新]十五号(7月15日),早至管理处。晚,铁迈士请吃饭,内有德国人在税务司当差者二人,一姓俄,一姓爱也。银库送到五月津贴。

初五日/[新]十六号(7月16日),至管理处。午后孙荫庭来谈通惠公司事。

初六日(7月17日),进内,中堂到。午后马怙庭来谈。

初七日(7月18日),辰演礼,到迟,景东翁已演毕,嗣后应早到为要。给继大人拜寿。

初八日(7月19日),进内,王爷到。午刻请泽公早饭。

初九(7月20日),早,进内备差。拜孙荫庭、方鹤人。晚,泽公请,到局未能入座。赴孙荫庭之约,同座有杨度甫皙子,袁督办甫少民①,傅肃政使,此局为通惠公司联属之意。

初十日(7月21日),早赴至马圈,随同看马。

十一日(7月22日),进内。午初至会贤堂公请泽公。

十二日(7月23日),至管理处。午后同治鹤清至财政部见周缉之,谈本处款项事。

十三日(7月24日),王爷到,泽公进内,为垦地办法事。

十四日(7月25日),星期,未出门。

十五日(7月26日),早至管理处。

十六日(7月27日),进内。晚,傅梦岩、曾刚甫、钟秋岩、瑞

---

① 此处天头补书:"袁盖袁乃宽也,甫少明。"

裕如、王小宋、奎少香公请。

十七日(7月28日),进内,王爷到。

十八日/[新]廿九号(7月29日),至管理处,领到七月分薪俸六百元,系本处暂为垫款也。

[新]卅号即十九日(7月30日),进内,至管理处,晚至泽公府送行。

[新]卅一号即廿日(7月31日),早至管理处。晚,福科长诸位请东兴楼。

[新]八月一号即七月廿一日(8月1日),早,进内,王爷、中堂到。

[新]二号即廿二号(8月2日),至管理处,接通惠公司来函,送到招股章十份。

[新]三号即廿三号(8月3日),进内,至管理处。

[新]四号即廿四号(8月4日),进内,恭请孝定景皇后神牌至养心殿东佛堂供奉。

[新]五号即廿五日(8月5日),进内,王爷、中堂到。

廿六日即[新]六号(8月6日),进内,至管理处。

廿七日(8月7日),早,演礼,中堂到,将名章交给照管,明日将往西山云。

廿八日(8月8日),早,进内,是日祭奉先殿,初次当对引差。世中堂到,谈及不往西山,即将名章缴还矣。

廿九日(8月9日),早,张氏昆仲来认亲。至管理处。

卅日(8月10日),进内,王爷、中堂到。

七月

初一日即[新]八月十一日(8月11日),是日巳刻迓神。

初二日(8月12日),至管理处。

初三日(8月13日),进内,至管理处。晚请赵、奎、王、荣诸位。

初四日即[新]八月十四号(8月14日),早,至管理处。午,锡洁庵送本月薪俸六百元。晚,福子昆、绍槐庭请。

初五日(8月15日),早,进内,王爷、中堂到。将违警之夫役交司法科。午后毓月华来谈。

初六日(8月16日),至管理处。是日收到八月分薪俸。晚,黎少白请,谈官地事。

初七日(8月17日),至管理处。进内,中堂到。

初八日(8月18日),至管理处。

初九日(8月19日),进内。晚,增、继二爷请。

初十日(8月20日),进内,王爷、中堂到。是日收到内务部送到四月廿日策令,授为中卿证书一张,已办覆文陈明收到日期矣。

十一日(8月21日),进内。至内务府过堂。楼欧第来谈。

十二日(8月22日),进内。至内务府过堂。醇王爷带信,令至府,当即前往,王爷问租地事筹安会有所闻否,当据所闻以对。散后往看奎乐老,见,略谈,回家。

十三日(8月23日),早,至管理处。晚,沈吉甫请。

十四日(8月24日),进内,至管理处。

十五日(8月25日),祭奉先殿,走对引差,王爷到。

十六日(8月26日),至管理处挑缺。收到银库送七月分津贴六百元正。

十七日(8月27日),因良格不爽,请曹先生来诊,未出门,服药有效。

十八日(8月28日),早,进内。至管理处。回家,遇曹先生来诊,甚见效。晚,李子栽、王少荃、王蔼人公请东兴楼便饭。

十九日(8月29日),早,进内。景大姐来,为二少爷提亲事。

廿日（8月30日），早，王爷到，说筹安会事。

廿一日（8月31日），早，至管理处。毓五太太来谈竹铭亲事。

廿五日（9月4日），王爷、中堂到。晚，至福寿堂见毓五太，云已向五亲家太太说过提亲之事，亲家太太云可由我家自行提议他处，回家给熙三爷电话，明午往谈。

廿六日（9月5日），午初至熙隽甫处，求其向杨宅提亲。午后至杨时百处，求其代写寿联。

廿七日（9月6日），进内。至管理处。蒙庄和皇贵妃赏江绸二卷，活计一匣，银二百两，因初三日千秋加赏也。给成大奶奶写信一封，交王掌柜。

廿八日（9月7日），进内谢恩，未召入，令于拜寿时谢恩。至管理处。

廿九日（9月8日），王爷、中堂到。

八月

初一日（9月9日），至管理处。

初二日（9月10日），至管理处。内务府送来俸银一百零七元有零，进呈廿元，五太太十元，姨奶奶十元，姑娘十元，大爷、大奶奶各十元，二爷、二奶奶各十元，有姑娘十元。

初三日（9月11日），未刻熙三爷来说亲事。

初四日（9月12日），蒙荣惠皇贵妃赏银三百两，尺头二件，活计一匣。

初五日（9月13日），进内谢恩。至熙三处道乏。

初七日（9月15日），至大总统处恭贺寿喜，递名片一张，上写中卿都护使绍○。至管理处。

初八日（9月16日），进内，随同至荣惠皇贵妃前行三跪九叩礼，又行一跪三叩礼谢恩，赏饭吃毕，上赏瓷瓶、盘各一对，旧玉一匣三件。伦贝子至总统府贺寿回，补行礼。回家，申初令竹铭至杨宅，晚间熙三大人来，云杨府甚愿意，当将竹铭八字帖及姓氏籍贯开单交熙三大人带去，言定十一日听回信。定镇平来谈。

初十日（9月18日），进内，得节赏谢恩。巳刻大总统派荫昌来答谢，礼节毕，同至御花园听戏，六钟退出。至熙三爷处谈提亲事，明日申刻候。

十一日（9月19日），进内，随同商定节事。申刻熙三爷来家，送来杨宅三代帖、八字帖，云杨家甚愿意。余云俟禀明家慈后即补送门户帖，并谈明年春夏间办事，俟节后择吉先放小定可也。世中堂来请迎妆，廿六日嫁妆也。

十二日（9月20日），至熙宅送门户帖。至慕韩处调和家务。晚，继子受请听戏吃饭。

十三日（9月21日），进内。回家，银库送到本月津贴六百元，交世宅□①姓家人还账之款二百八十一元零四仙。

十四日（9月22日），进内，王爷、中堂到。

十五日（9月23日），蒙上赏西瓜、果品、月饼及果席等食物。福子昆交到饭银四百元，料理节事。世中堂送到信一封，为京兆署议地事。

十六日（9月24日），进内。收到八月份津贴六百元。晚，黎少伯、楼欧荻来谈，为由官代征内务府租项事。

十七日（9月25日），进内，对中堂说明与楼、黎所谈租地事。造办处交到饭银四百两正。

十八日（9月26日），早，办理定荷包等事。

---

① 原文空一格，今代以□。

十九日（9月27日），进内，王爷、中堂到。晚，楼欧荻来送咨底，商酌办理。

廿日（9月28日），进内，查看旗员，与中堂谈内务府地租事。

廿一日（9月29日），至管理处。

廿二日（9月30日），随同王爷、中堂至端康皇贵妃前行礼，大总统派内务总长朱启钤来致贺，并送如意一柄，端康皇贵妃在养心殿东暖阁立见，世中堂念答词。朱总长与治都护尚有进奉，拟定回赏各大卷四卷，在祥义办买，回赏进奉来人等每份八元。

廿三日（10月1日），辰正二刻至公府答礼致谢，由中华门正门入，有军队奏乐迎，并备大船来接，在内系礼官黄锡臣、蔡君接待，并备烟酒、点心，朱总长亦来侍班。在海宴堂见大总统，行三鞠躬礼，立见，云：端康皇贵妃千秋，因未能亲往，曾派内务总长致贺，尚蒙来谢，实不敢当。对云：昨日端康皇贵妃寿辰，承大总统派内务总长致贺，感谢实深，特派绍英答礼致谢。大总统云：不敢当，今日甚劳步了。遂一鞠躬退出，复至外边，大礼官、内务总长相陪，让用酒点，稍谈遂出。路遇江宇澄，略谈，仍乘船出，至新华门复有军队奏乐相送，出新华门外，乘马车回家。

廿四日（10月2日），进内，令奏事太监在皇上、端康皇贵妃前言语廿三日至总统处答谢复命，上赏朱总长、治大人大缎各四卷。至中堂宅，回明赴总统府及江宇澄所说借都虞司之事。午后至管理处。

廿五日（10月3日），进内，为朱总长、治鹤清属代奏谢恩事，令奏事处至永和宫代陈。午后铁迈士请。熙三太太来，云已告杨宅廿七放定事。

廿六日（10月4日），进内。至世相宅贺喜。午后至管理处挑缺。晚，继子寿请听戏。

廿七日(10月5日),进内,王爷到。未刻五太太至景三太太家,会同至杨子通家,给竹铭之妇放小定,一切吉祥。至崔子良处略谈。晚,李子裁、汪廷斋、陈剑秋、金銮伯公请馀园晚餐。

廿八日(10月6日),午后至管理处。

廿九日(10月7日),进内,带匠,上赏饭吃,备赏十元。散后给熙三爷、景三哥道乏。

卅日(10月8日),进内,上赏饭吃。晚,在管理处请客。

九月

初一日(10月9日),进内,带匠,上赏饭吃。午后尔雷号陈先生送衣服,当给洋一百元。

初二(10月10日),国庆日。进内,带匠,上赏饭吃。晚,景三哥请。

初三日(10月11日),进内,上赏饭吃。午后崔子良来谈。

初四日(10月12日),接连带匠。

初五日(10月13日),进内,带匠,上赏大缎二卷,随同在养心殿行礼。午后至怡和洋行,为鄂宅提地契事,见英商施美思,系柯尼施之子也,中国买办沙诗民会同办理也。晚,在福全公请崔子良。

初六日(10月14日),王爷、中堂到。阴历十三日总统太太寿辰,上派前往致贺。未刻同四哥至杨子通家认亲。

初七日(10月15日),未进内。

初八日(10月16日),进内。晚,锡洁庵来,送到十月薪俸。

初九日(10月17日),进内,中堂到。未刻杨志鸿来认亲。至曹润田处拜寿。

初十日(10月18日),未进内,开办嫁妆单等事。

十一日(10月19日),进内,中堂到。

十二日(10月20日),进内,王爷、中堂到。杨志鸿来请。

午后至管理处。晚,崔子良请接黄锡臣电话,定于十四九点后至公府贺寿。

十三日(10月21日),未进内,至管理处。

十四日(10月22日),巳初至公府致贺,至新华门,乘气车至怀仁堂门外下车,由黄、蔡大礼官接待。先至东配房稍坐,俟乐作,即随同二位礼官至怀仁堂见大总统夫人,行三鞠躬礼,口陈:大清皇帝、端康皇贵妃问大总统夫人好,今日大总统夫人寿辰,特派绍英致贺,惟祝大总统夫人福体康强,诸事如意。袁云台公子答词云:蒙大皇帝致贺,实不敢当,甚为费心,望代致谢忱,恭祝大皇帝身体康强。述答词毕,复行一鞠躬礼,随同礼官退出,仍至东配房,待以酒点,稍坐即退出,礼官送至院门,仍乘气车至新华门下车,出新华门归家。

十五日(10月23日),进内,闻世中堂云:大总统令江宇澄金吾转达云,将来倘或国体变更,其优待条件并无变动,可请上面放心;至移宫一层,俟将来再议,但亦须上面愿移再移,拟在圆明园地方修建房间,以备移住等语。闻之私心甚为欣慰,惟愿皇室安全,民国太平,庶可得享幸福矣。午后至管理处。晚,崔子良来谈。

十六日(10月24日),早,进内。晚,江宇澄请在大舞台观剧。

十七日(10月25日),早,进内,巳刻公府指挥使徐邦杰甫国俊带领卫侍武官四员来答谢,皇上升乾清宫觐见,徐邦杰述谢词毕,由世中堂念答词,遂退至上书房,待以酒点,略谈即退出。醇王爷亦见,午刻始散。回家,闻请曹巽轩给良格看病,因受感冒,服药见效。晚,崔子良处送行。

十八日(10月26日),至庆邸处略谈,至索荫轩处贺喜,午后至管理处。

十九日(10月27日),至大总统府贺喜,至杨宅、继宅、增宅贺喜。辉山带领家人等至张宅看视喜房。请曹先生给良格诊视,有效。晚,徐元甫请。

廿日(10月28日),进内,中堂到。

廿一日(10月29日),巳刻大总统派徐邦杰甫国俊来答谢,随带武官四员,公府侍从武官海军中将李和,又吴敬荣甫莨诚、陆军少将卫侍武官梁敦焯甫炼百、陆军少将徐光志,礼毕。回家。午后至管理处,袁伯葵借宝盎,由内务府交来借给。

廿二日(10月30日),至管理处。看徐相国,未见。

廿三日(10月31日),进内,看皮、茶库。午后景三哥请听戏。

廿四日(11月1日),至管理处。

廿五日(11月2日),进内。午后至管理处。拜三六桥。

廿六日(11月3日),进内,王爷到。

廿七日(11月4日),未进内,至管理处,至奎五哥处。

廿八日(11月5日),进内,看茶库、皮库。午后至管理处。①

廿九日(11月6日),至先茔拜叩,同春介眉至新茔定向,回家,庆邸来道谢。

十月

初一日(11月7日),王爷到。振大爷、杨四爷来。晚,徐、陈、伊三位师傅请。

初二日(11月8日),午后至延寿寺为大奶奶念经,送库之期。晚至伦四爷处拜寿,送燕席、绍酒。

初三日(11月9日),早至延寿寺,是日申刻大奶奶安葬于

---

① 此处天头补书:"是日内务府送到津贴六百元,当料理账目事。"

马丰沟茔地,余送殡即进城,进内,有迓神差,午后至管理处。晚接河南电,为河南国民公决国体,一致赞成君主,并恭戴袁大总统为中华帝国大皇帝之事。

初四日(11月10日),午后至管理处,至庆邸振贝子处。

初五日(11月11日),进内,王爷到。散后至福宅拜寿。四哥同五太太、大爷、大格等均回家。

初六日(11月12日),至管理处。

初七日(11月13日),进内,与中堂说借品级山事。

初八日(11月14日),至福子昆处拜寿。晚,江宇澄请吃饭。是日收拾嫁妆、木器等事。

初九日(11月15日),未进内。

初十日(11月16日),进内,王爷、中堂到,请见四位皇贵妃,为提议大婚事。晚,至杨宅贺寿。

十一日(11月17日),至管理处,领到月俸六百元。

十二日(11月18日),进内,中堂到。

十三日(11月19日),至管理处。中堂请晚饭、听戏。

十四日(11月20日),未进内,随同四哥给慈亲叩寿喜。

十五日(11月21日),进内,王爷、中堂到。是日为慈亲寿辰,在家接待来宾,演影戏一日。

十六日(11月22日),至管理处。晚,银库送到津贴六百元。又施医院送到《医统正脉》一部,丸散九种。

十七日(11月23日),进内。午后拜客。

十八日(11月24日),进内。午后请客。

十九日(11月25日),未进内,午后至管理处,晚请客。

廿日(11月26日),进内,王爷、中堂到。至管理处。

廿一日(11月27日),进内。至管理处,派陈熙训为司法科学习科员。奎五哥来。

廿二日(11月28日),未进内,四哥寿辰。

廿三日(11月29日),予寿辰,蒙上赏大卷二卷,银三百两,进内,辰初在养心殿给皇上行三跪九叩礼,蒙皇上天语"汝福寿久长",并面赏御笔"福寿"字,荷天恩之高厚,实感戴以难名,惟有尽心力办公事,以期仰答万一云尔。午后庆邸、振大爷、朗贝勒、世中堂、奎乐翁、继二大人、景三大人均来致贺,实不敢当,容往谢步。是日四位主位赏大卷四卷,银一百两,亦由奏事处代陈叩头谢恩,未召见也。

廿四日(11月30日),拜客。至管理处挑缺。

廿五日(12月1日),进内,王爷、中堂到。中堂云廿四日至大总统处提议联姻之事,大总统甚赞成,惟云须俟国体定后再为办理。中堂见四位主位面奏,并奏明东陵运回陈设交内殿,字画交毓庆宫。午后至管理处。

廿六日(12月2日),至汇丰代马菊如换约,改为长年□□息,取回上年四厘息,银□□两,合洋五百七十一元四角,交竹铭交府。存据两张,一、九月十六日期,一、十月初八日期。

[新]十二月三号/廿七日(12月3日),早,进内,中堂到。午后至管理处。

卅日(12月6日),进内,王爷到。

十一月

初一日(12月7日),同中堂至太庙查看新开之门。见马仁甫,略谈。午后至管理处。

初二日(12月8日),张罗喜事,未出门。

初三日(12月9日),至管理处。早,进内,中堂到,谈及梁燕孙至中堂处,为请旨赞成国体事。

初四日(12月10日),张罗喜事,见朴三太太。

初五日(12月11日),进内,王爷、中堂到,说明赞成国体事。

初六日（12月12日），大女通信。晚，至中堂宅，朱总长电告明早至总统府致贺。

初七日（12月13日），七点至总统府总长办事处，随众至居仁堂给大总统致贺，大总统出而演说不克推让之意，勉励诸人协力维持国事，力图富强，毋负国民重托，并令筹备一切，不可糜费云云。晚，朱总长电约至内务部□□，为调查秦玺应归新国保存，属转达世相斟酌办理。

初八日（12月14日），进内，见世相陈说朱总长属转达事。

初十日（12月16日），进内，王爷、中堂到，中堂说明朱总长所说事，当饬交泰殿首领将宝谱取来一阅，皆先朝满汉文合璧宝，并无明以前之物，中堂令回覆朱总长。午后至内务部见朱总长，面陈并无旧玺云。初十日有大总统申令一件，皇室优待条件应附列宪法，继续有效云云。

十二日（12月18日），中堂到。午后至管理处，领月俸。

十三日（12月19日），未进内，料理喜事。

十五日（12月21日），进[内]，王爷、中堂到。午后料理喜事。

十六日（12月22日），拴抬，庆王来道喜。

十七日（12月23日），送嫁妆至张宅，木器以外共四十抬。

十八日（12月24日），未刻张宅轿到，大姑娘于未正二刻上轿，天气尚和暖也。

十九日（12月25日），筵席，开箱，闻大姑奶奶下地，一切吉祥。午后拜客。

廿日（12月26日），进内，王爷、中堂到。午后拜客。收内府津贴。

廿一日（12月27日），姑奶奶回门，辰刻到，姑爷午刻到，一切均吉。至管理处。

阳历廿八日/廿二日（12月28日），至姑奶奶家道喜，在彼用点心后拜客。至管理处。

［新］廿九号/廿三日（12月29日），进内，世中堂到。午后至管理处。

［新］卅号/廿四日（12月30日），午后至管理处。晚，继二大人请。

［新］卅一号/廿五日（12月31日），进内，王爷、中堂到。午后至车站送大姑奶奶回天津，晚电询天津张宅，已到津，一切平安，慰甚。

明日阳历元旦，另记一本，以备考查可也。①

进呈五十元，四老爷一百元，四太太廿元，二姑娘十元，四太太中秋添十元。

大老太太节例廿两，又另要十两，又换银五两，共合洋四十九元。

又节例钱七十千，又老婆三人各赏十千。

四老太太节例廿两，又送给吃食合银四两，共合洋卅三元六毛。

又节例钱七十千，又老婆二人名赏钱十千。

按以上用钱一百九十千，合洋十四元。

东院大爷、大奶奶各十元，姑娘、阿格三人各一元，二爷、二奶奶各十元，姑娘、阿格三人各一元。

---

① 以下诸事为本册末尾所附杂记文字。

竹铭廿元,大、二、三格各十元,均交大爷手。①

以下日记第二十三册②

滋德堂日记

乙卯年元旦祝词云:"元旦举笔,书龙虎字,大吉大利,萱堂馀庆,棣圃增荣,家庭吉顺,公事利贞,志善毋怠,敬慎有恒。"窃惟作善降祥,敬慎不败,贞以守之,恒以继之,待志不息,庶几近之。再录于此,以自勉云。

[十一月廿六日]\洪宪元年一月一日(1916年1月1日),接朱总长电话云,奉派明日来致贺答谢,当由电话转达世中堂。是日因公府礼官处通告免其觐贺,即未至公府。午后至徐相国处贺年禧,给陆国务卿、各总长、次长、武义亲王送片贺年,并给英、德国使馆及汇丰、正金、交通、储蓄各银行送片贺年。朴三太太差人来告,早间接天津张宅电话,到津一切均吉,闻之甚慰。

旧历十一月廿七日[新]二日(1月2日),早,进内,巳刻朱总长到,余与东甫兄在前导引,世中堂先到宫中预备,口述答词。是日皇上升乾清宫,见毕,在上书房接待,预备酒点,醇王爷亦接见。晚,大爷妈回,接张叔诚来函,一切均吉。

[十一月廿八日][新]三日(1月3日),辉山侄生辰,送给江绸一件,洋银十元。给天津写回信,明早发。

[十一月廿九日][新]四日(1月4日),午刻至管理处挑

---

① 此处天头补书:"乙卯端节记:付二爷公中还账合洋卅八元,付五太太还成衣合洋卅六元,付姨奶奶还成衣洋十元,付大老太太、老婆另赏一元,付各院钱赏合洋十三元。"

② 日记第二十三册,封面题:"滋德堂日记,廿三,洪宪元年一月一日起,即乙卯年十一月二十六日,中华民国五年,至民五丙辰年十月廿六日。孙延霱谨志。"

缺。申初至中华园请客。晚，东兴楼吃饭。是日主人：世中堂、景三大人。主人。客：章嘉佛、白云观道士、江大人、鹤大人、袁大人、嵩幼亭、继二大人、增二大人、奎大人、巴喇嘛。

旧历十二月

初一日［新］五日（1月5日），进内，随同世中堂至茶库看视，散后回家更衣，至内务部茶会。

［十二月二日］［新］六日（1月6日），午后至管理处。晚，给昭淑写信，明日发。

［十二月三日］［新］七日（1月7日），进内，王爷、中堂到。午后至崔子良处告明王爷明日可见。晚，崇荫轩请听戏。

［十二月四日］［新］八日（1月8日），早，崔子良来谈。午后至管理处，晚至崔子良处谈公事。是日予移住西南院，良格移住上房东间。

［十二月五日］［新］九日（1月9日），午后崔子良来谈公事。

［十二月六日］［新］十日（1月10日），进内，世中堂到。接梁节庵来函。

［十二月七日］［新］十一日（1月11日），至管理处。

［十二月八日］［新］十二日（1月12日），进内，王爷到。散后拜客。

［十二月九日］［新］十三日（1月13日），至管理处。

［十二月十日］［新］十四日（1月14日），早车赴津，给姑奶奶道寿喜，送礼物，八爷、九爷陪着吃饭，系用鸭翅席，见亲家太太说明接住对月事，说定十七令三爷去接也。拜那相，晤谈。拜长阿哥，晤谈。拜荣中堂，未遇。晚回家。

［十二月十一日］［新］十五日（1月15日），进内，世中堂挑甲缺。

[十二月十二日][新]十六日(1月16日),早,至振大老爷处道谢。晚,吴幼舲请。

[新]十七日即[十二月]十三日(1月17日),王爷、中堂到。

[新]十九日即[十二月]十五日(1月19日),至管理处。领月俸六百元,交三爷。

[新]廿日[即十二月十六日](1月20日),进内,上赏福寿字。

[新]廿一日即[十二月]十七日(1月21日),进内。令三爷赴津接姑奶奶住对月。午后鬻公爷来谈。

[新]廿二日即[十二月]十八日(1月22日),进内,王爷、中堂到。午刻姑奶奶来。

[新]廿三日即[十二月]十九日(1月23日),星期,未出门,何姐自天津来。

[新]廿四日即[十二月]廿日(1月24日),进内带匠。姑奶奶回津。至管理处。

[新]廿五日即[十二月]廿一日(1月25日),至北宅,延禄喜事。晚,满乐道请。

[新]廿六日即[十二月]廿二日(1月26日),至管理处。上赏银一千两,江绸二件。

[新]廿七日即[十二月]廿三日(1月27日),进内,王爷、中堂到。午后至管理处。晚,张八爷来,留用点心。内务府送到津贴六百元。

[新]廿八日即[十二月]廿四日(1月28日),进内带匠,看年节用款单,上赏大卷二卷。

[新]廿九日即[十二月]廿五日(1月29日),进内谢恩。午后至管理处。开支票,令三爷至汇丰取公砝足银五百两,以备

年用。

[新]卅日即[十二月]廿六日(1月30日),进内带匠。银库交到年例津贴六百元。

[新]卅一日即[十二月]廿七(1月31日,)进内,王爷、中堂到。回家接王府电话,令四点赴府,届时往见王爷,为锅炉房有拱卫军看守,须派护军照料事。是日请陈树千给竹铭看病,服药有效。晚,复姑奶奶信一封。

[新]二月一日即[十二月]廿八(2月1日),请曹先生给竹铭看病。午后至管理处。派孙禄明早赴津看姑奶奶,送奶果等物一匣。内有亲家太太四匣,熏鱼一对,燕菜一匣,大爷送姑奶奶鲜菜一篾,上赏荷包二个,分送姑爷、姑奶奶,各随裸一个,八宝两个。

[新]二日即[十二月]廿九(2月2日),除夕。进内,中堂到。收到造办处饭银四百两,合洋五百五十馀元,上档房饭银四百元,前银库交到饭银六百元,共收到一千五百馀元。回家,曹先生来给竹铭看病,服药有效。姨奶奶生日,给银十元。

民国五年丙辰（1916）日记

[正月]

丙辰元旦（2月3日），元旦举笔，书龙虎字，大吉大利，萱堂馀庆，棣圃增荣，公私顺善，敬慎安贞。

卯刻进内，辰初穿蟒袍、补褂、染貂帽、红朝珠，先随同醇王爷给四位皇贵妃在太极殿行三跪九叩礼，又行一跪三叩礼谢赏荷包恩，毕。随同世中堂至养心殿叩谢皇上赏春条、荷包恩，行一跪三叩礼，毕。巳初皇上升乾清宫，换朝服、朝冠，不带嗉貂褂、红朝珠，至乾清门内甬道上行三跪九叩礼，毕，仍换蟒袍、补褂，同至醇王府递双合页大片叩新禧，至荣寿公主府口回叩新禧，至庆王、涛贝勒府贺新禧。是日会计司交到公事银四百两正。

初二日（2月4日），晚，何姐自天津来，因姑奶奶不爽，拟请曹先生赴津。

初三日（2月5日），卯刻，大老太太因病痰疾仙逝，商议请至厅房办事，停放十一日，念经三日。晚车三爷同曹先生赴津。

初四日（2月6日），早，进内。晚，曹先生同三爷回京，同在厚德福便饭，据云姑奶奶服药有效。

初五日（2月7日），进内，王爷、中堂到。醇王爷生辰，同至府递帖叩寿喜，并进呈如意一柄。回家给大老太太供饭。未刻至管理处。回家吃饭之顷，上面右齿脱落，气血渐衰，宜知摄养，毋为徇欲伤生之事为要。

初六日（2月8日），进内，中堂到。醇王爷惠临，为寿辰道谢。午后访陈镜蓉,配牙一个。

初七日(2月9日),午后张叔诚姑爷来拜年,送给缎衣料二件,九件活计一匣,留便饭,叔诚持来姑奶奶所服之方,转求曹公换方。晚祭《灵棋经》,得一卦将败卦,诗曰:"孤阳微兮,群阴盗兮,力既殚兮,将不可髦兮,慎兮慎兮,宜自保兮。"仰蒙神灵示教,宜敬慎自保,庶免于败而期于髦,敬急吉凶,毫发不爽,天作孽犹可违,自作孽不可活,其敬念之。

初八日(2月10日),令三爷请曹老爷改方,发快信一封,将方寄津。晚祭星。

初九日(2月11日),进内,王爷、中堂到。蒙恩赏缎二件,银一千两,系因万寿赏也。

初十日(2月12日),进内谢恩。回拜梁节庵。是日起经,系拈花寺僧众也。令三爷同曹巽轩赴津给姑奶奶看病。

十一日(2月13日),未出门,给治鹤卿通电,为贺寿事。

十二日(2月14日),早,进内。是日唪经送库。

十三日(2月15日),早,至大老太太灵前叩头毕,进内,巳刻随同给皇上行三跪九叩礼,穿蟒袍、补褂、染貂帽、红朝珠。午刻回家,饭后拜客两处。晚,料理账目。是日给天津快信,寄曹先生拟方。

十四日(2月16日),未进内,至庆府谢步。

十五日(2月17日),拜客。出城配牙。晚,接天津信,姑奶奶见好。

十六日(2月18日),早,进内。请曹先生改方寄津。至管理处。

十七日(2月19日),早,赴津,午刻到张宅看姑奶奶,见好,将原方带回,请曹先生酌改,明日令何姐带回,亲家太太送果四筐,点心四匣。至荣相处谈赵闰生家事。至毓五太太处,出门未见,送点心四匣。

十八日(2月20日),进内,王爷、中堂到,午后回家。是日二侄女廿正寿,请慈亲带领侄女、儿孙等至吉祥茶园看戏。何姐来京,当将曹先生所改之方由快信寄津。

十九日(2月21日),何姐回津。午后至管理处领本月薪俸。晚至铁迈士处晤谈,为续租六个月住房商订办法事。

廿日(2月22日),进内。回家发西院月例。①

廿一日(2月23日),进内,带匠撤灯支。张叔诚到京。

廿二日(2月24日),午后张叔诚来家。晚,世相请作陪,座中为徐相国及三位师傅、景三大人,余与景三哥商订廿五日晚请同座诸公在福全馆便饭。

廿三日(2月25日),早,进内,醇王爷因手上生疖未进内。午后张叔诚来,曹先生送药方来,当将药方交叔诚寄津,四哥请叔诚听戏吃饭,叔诚云廿四日回津。

廿四日(2月26日),早车叔诚回津。午后至管理处。

廿五日(2月27日),早班寄姑奶奶家信一封。进内。晚,公请徐相国,景三哥备办一切,未令分帐,只得道谢而已。

廿六日(2月28日),进内。回家腹痛,服仁丹痧药。

廿七日(2月29日),早,仍服痧药三粒,渐愈。

廿八日(3月1日),早,至醇王府,候世中堂到,同见王爷,呈阅各事,署名毕,始散。

廿九日(3月2日),午后至管理处。

卅日(3月3日),随同世中堂至醇王府呈回公事毕,回家。

---

① 此处天头补书:"四老太太月例廿两,合廿四元,五太太十元,大、二爷各八元,姨奶十元,又点心三元,狗肝一元,共六十四元。"

二月

初一日（3月4日），进内。午后至管理处。

初二日（3月5日），领春俸一百零七元，进呈廿元，给五太太、姨奶奶各十元，竹铭十元，东院大爷、大奶奶各十元，二爷、二奶奶各十元，有姑娘十元。初二日姑爷、姑奶奶回家。

初三日（3月6日），至王爷府。请叔诚早饭。至景宅。

初四日（3月7日），进内，至管理处，至景宅。叔诚回津。至耆寿民处略谈。

初五日（3月8日），至醇王府随同回事。钦奉谕旨："总管内务府大臣着耆龄补授，钦此。"晚，三位师傅请吃饭。

初六日（3月9日），进内。耆寿民到差。

初七日（3月10日），至管理处。晚，曹先生来。

初八日（3月11日），进内。午刻叔诚来。晚至管理处，与鹤卿谈询问朱总长事。

初九日（3月12日），午，张师长请吃饭。

初十日（3月13日），至府。钦奉谕旨："绍英管理雍和宫事务。"晚，请巽轩、叔诚便饭。

十一日（3月14日），进内谢恩，在养心殿叩头，在主位前言语，未叫叩头。晚，请叔诚吃饭。

十二日（3月15日），午初至庄王府谕祭。晚，曹君请。

十三日（3月16日），进内。未刻至管理处挑缺。至车站送叔诚回津。晚，曹君请。

十四日（3月17日），早，至景宅谕祭。晚，崇辅臣请。

十五日（3月18日）至醇王府，午后至管理处。

十六日（3月19日），进内。申正接管理电话云，内务府堂上间屋失火，已救灭，当即进内看视，已经救息，江统领来看，吴总监派汪勤务长等来看，散后至世中堂宅斟酌奏底。

十七日（3月20日），进内，午后至管理处。

十八日（3月21日），进内，王爷到。发三月月例。

十九日（3月22日），至管理处领月俸。

廿日（3月23日），午刻至景宅襄题。午后至宝华楼见铺掌王姓，交伊金戒指样子一个，商制首饰。天津张宅差人来，当覆信。

廿一日（3月24日），早，进内，至筹备处，午后至管理处挑缺毕，至广丰润卖花袍褂一套，价一百三十元。晚，曹先生来，给姑奶奶看视。

廿二日（3月25日），进内。钦奉谕旨，蒙恩赏绍英澄怀园着作为私产等因，与世太傅商酌明日联衔谢恩，此园系在圆明园旁，旧日南斋翰林所住之处也。午刻张叔诚来电，为接姑奶奶回津也，已由姑奶奶函复矣。

廿三日（3月26日），进内，在养心殿叩谢皇上天恩。

廿四日（3月27日），进内。张叔诚来，姑奶奶回津。

廿五日（3月28日），接天津来信，属请曹换方。

廿六日（3月29日），进内，王爷到。请曹换方，寄津覆信，由快班寄去。

廿七日（3月30日），公请张稚潜在岳云别业午饭。午后至管理处。孙禄落马伤足。

廿八日（3月31日），进内。晚，世中堂令银库送来交通银行存奉天放地存洋元折一扣，计存小洋廿万元，当收存书房铁匣屉内，俟官用时再为取出可也。

廿九日（4月1日），至庆府拜寿，振大老爷见。午后至管理处，散后至世中堂宅略谈近事。

卅日（4月2日），雨雪甚大，未进内。

三月

初一日(4月3日),进内,王爷、中堂到。

初二日(4月4日),午后张稚潜世兄请。

初三日(4月5日),进内,中堂到。颐和园堂档房送来储蓄银行存款簿一件,内存津贴二百四十三元。

初四日(4月6日),早,济兑山来,为荐园户蒋姓看守澄怀园。午后至管理处。

初五日(4月7日),进内。至振大爷处拜寿。午后桐二爷来谈。朗贝勒来。

初六日(4月8日),进内,王爷到。午后至管理处。

初七日(4月9日),早,至江宇澄处谈提署地基事。

初八日(4月10日),早,进内,午后至管理处。

初十日(4月12日),进内,王爷、中堂到。午后至管理处。晚,请曹巽轩。

十一日(4月13日),未进内,张罗喜事,定于十六日过礼,廿七日未时娶。

十二日(4月14日),进内。午后至筹备处看视商人投标,瑞珍亨古玩铺得标,计估洋四十万一百六十六元。

十三日(4月15日),午后至管理处。

十四日(4月16日),进内。

十五日(4月17日),进内,王爷、中堂到。午后至管理处。

十六日(4月18日),进内。回家,午刻过礼,共廿四抬,又羊四只。午后至管理处,至世中堂宅。收到津贴六百元,汇丰信一件,为代换票事。

十七日(4月19日),午后至管理处。

十八日(4月20日),进内。至庆府见王爷回明喜事。

十九日(4月21日),至管理处。

二十日(4月22日),进内,王爷、中堂到。

廿一日(4月23日),星期,请客一日。是日日有双珥,并有风圈、形红黄绿等色。昨日命令徐国务卿辞职,段总长为国务卿。

廿二日(4月24日),进内。午后管理处放月薪。

廿三日(4月25日),进内,午后至管理处。

廿四日(4月26日),拜闵公王总长揖唐。

廿五日(4月27日),进内,王爷到。

廿六日(4月28日),蒙恩赏银四百元,又赏世杰、世杰之妻如意一柄,尺头四卷,荷天恩之高厚,实感戴以难名,惟有勉竭心力,以图报称于万一云尔。是日杨宅送妆前来,尚为讲究,足见爱怜儿女,人有同心也。

廿七日(4月29日),进内谢恩,在养心殿给皇上行礼,各宫均未召入谢恩。是日未刻娶世杰之妇过门,人甚端庄,当可助夫支持门户也,幸甚。午后至庆府送行。

廿八日(4月30日),进内,拣选赞读官。午刻内务部次长及合署司长等公请,陪朱、王总长在公园之来今雨轩早餐,申刻回家。

廿九日(5月1日),早,拜客,未刻至管理处。

四月

初一日(5月2日),进内,王爷、中堂到。是日大奶奶回门。午后至倒影庙行情。

初二日(5月3日),请曹先生给三格看病,甚效。午后至豆池胡同认亲拜客。至管理处。晚,给姑奶奶写信一封,明日寄津。

初三日(5月4日),进内,中堂到。回家,午后熙俊甫来认亲,三太太亦来,留饭。

初四日(5月5日),午后拜客,至管理处。

初五日(5月6日),进内,王爷到,带乌林。午后吉老爷来谈交园事。

初六日(5月7日),至盆儿胡同岳云别墅公祭张文达公,顺路拜客。

初七日(5月8日),至倒影庙荣文恪公灵前谕祭,顺路拜客。

初八日(5月9日),进内。接姑奶奶来信。

初九日(5月10日),至管理处。

初十日(5月11日),进内,王爷、中堂到。

十一日(5月12日),未出门。是日奉院令,纸币不兑现款。

十二日(5月13日),进内,带匠,上赏饭吃,给伺候饭人卅元,每人应给十元也。午后至管理处,为提前放饷事。

十三日(5月14日),进内,带匠,上赏饭吃。午后给世中堂送寿礼。给天津写信。

十四日(5月15日),进内,带匠。

十五日(5月16日),进内,带匠。至世中堂宅拜寿,见大爷,向上行礼。

十六日(5月17日),进内,带匠。午后至管理处,放警饷,领月薪六百元。

十七日(5月18日),进内,带匠。晚,提署请江雨丞,谈澄怀园地事。

十八日(5月19日),进内,带匠,上赏大缎二匹,香串、折篁等十件,当日谢恩,永和宫赏饭吃,饭后回家。

十九日(5月20日),进内,至钟粹宫带匠,中堂因感冒未来,王爷到。

廿日(5月21日),未进内,给章嘉佛送行。

廿一日(5月22日),进内。至中堂宅睄看,未见。午后至管理处。往看朗贝勒,已见愈。

廿二日(5月23日),至管理处。

廿三日(5月24日),进内,至管理处。

廿四日(5月25日),进内,王爷、中堂到。

廿五日(5月26日),大风,未出门。

廿六日(5月27日),进内。

廿七日(5月28日),至金子铮处贺喜。

廿八日(5月29日),进内,蒙恩赏尺头二卷,银一千两,折洋一千三百六十一元一角。回家料理节事,明日谢恩。是日商订每月给护军五名饭银十五元,令其自行办理,当交排长福志十五元讫,自六月一号起支也。

廿九日(5月30日),进内,王爷到,中堂到。提及陈筱石正寿,王爷云此时南方不靖,未便办理。回家令艾苏拉、夏顺送节赏,并张安吉、李长清、刘成平太监燕席、绍酒三份。

卅日(5月31日),至管理处,将世中堂交存交通银行收奉天地价折一扣交福子昆,以备清算银行账目。至公署挑缺。

五月

初一日即六月一号(6月1日),进内。午后至世中堂宅看节账款目。

初二日(6月2日),袁大爷送花八盆。给涛贝勒拜寿。

初三日(6月3日),进内。

初四日(6月4日),进内,王爷、中堂到。至锡洁庵处,为支五月分月薪事。

初五日(6月5日),蒙上赏奶果四盒,菜点数色。是日午后请慈亲带领家中人等观剧,节事因内务府放津帖按二成五,仅放三百元,不敷用,向四哥借一百元暂为料理,下欠过节再为设法可也。

初六日（6月6日），进内，耆大人到。是日巳刻袁大总统薨逝，闻政府会议以黎副总统代行中华民国大总统职权，由袁大总统告令宣告之。是日随世中堂进内住班，夜间巡查。

初七日（6月7日），进内，王爷到。中堂令至江宇澄处说借款缓办事，当至提署说项，宇澄云并未向新任总统说过，可暂缓办理，或将来另办，专为皇室经费及接济市面之用，并云澄怀园地基可函复交还事。回家，商定令厨房给禁卫军预备饭食事。锡洁庵来，送到月薪六百元，系预支下月之款，至下月应扣还，当归还四哥一百元，其馀还账，三爷处现存二百元内有借老秦一百元。至铁先生处道谢。治鹤清来电，为致贺可由内务部接洽事。

初八日（6月8日），进内，见中堂说明转达江雨丞事。午后至管理处。在内务堂住班。

初九日（6月9日），王爷、中堂到，大总统派徐邦杰来答谢，皇上升乾清宫，觐见礼毕，回家。请慈亲由南园回家。良格感冒风邪，内有热，当用曹巽轩方调理。接姑奶奶来信，应复。

初十日（6月10日），中堂到，大总统派内务总长王揖唐来答谢，皇上升乾清宫，觐见礼毕，回家。接四太太、大爷、大奶奶等回家，送给法国医院一百元。请曹先生给良格看视，服药甚效。晚间复姑奶奶一函。接梁节庵来信。

十一日（6月11日），未进内，复梁节庵一函。

十二日（6月12日），进内，王爷、中堂到。看张少轩来电。

十三日（6月13日），未进内。

十四日（6月14日），进内，中堂到。午后至北府，醇邸问张少轩事，对以皇室宜镇静自持，不与闻外事，庶可远嫌疑，昭敬慎也，其以为然。

十五日（6月15日），早至管理处。午后至公府，随同内务部致祭袁大总统,管理处送花圈一件。

十六日(6月16日),进内,王爷、中堂到。

十七日(6月17日),至管理处。

十八日(6月18日),进内,世中堂到。

十九日(6月19日),至管理处。闻荣竹农仙逝,守身为大,可不敬念之耶。

廿日(6月20日),进内,王爷到,派英于廿五日至总统府代表致祭。袁珏生、崔子良来谈。

廿一日(6月21日),至管理处。

廿二(6月22日),进内,中堂到。

廿三日(6月23日),未进内。

廿四日(6月24日),进内,王爷、中堂到。

廿五日(6月25日),未刻至总统府致祭袁大总统。

廿六日(6月26日),进内,因致祭覆命,找内奏事太监口奏,奉传旨"知道了,钦此"。

廿八日(6月28日),王爷、中堂到,进内。是日黎总统进东华,出西华,至公府给袁总统送殡。

廿九日(6月29日),至管理处。

六月

初一日(6月30日),进内,随同至敬懿皇贵妃前叩祝,上令随同世中堂等行一跪九叩礼,上赏饭吃,给伺候饭之人八十四元。合每人四元。

初二日(7月1日),至管理处,治鹤卿谈黎总统送如意贺寿事。

初三日(7月2日),进内,中堂到。

初四日(7月3日),至管理处,拜许总长。

初五日(7月4日),进内,王爷、中堂到。

初六日(7月5日),至管理处。

初七日(7月6日),进内。至继宅拜寿。

初八日(7月7日),至管理处。拜陈总长、徐师傅。张叔诚来,暂住厅房。

初九日(7月8日),王爷、中堂到。至管理处领月薪。

初十日(7月9日),晚,约叔诚便饭。

十一日(7月10日),进内。午初至世中堂宅,会晤许静仁总长。叔诚回津。

十二日(7月11日),至管理处。接姑奶奶来信,云叔诚回津,均好。

十三日(7月12日),进内,王爷、中堂到。午,内务部同署请中央公园早餐。

十四日(7月13日),至管理处,看耆寿民。

十五日(7月14日),进内,中堂到。

十六日(7月15日),至管理处,内务府接提督衙门覆函,所有澄怀园附近地基应即拨还。

十七日(7月16日),进内。祥格服曹老爷陈方有效,疹已透出,仍服曹老爷陈方清解。晚,曹老爷来看,开方,即煎服之,剂甚效。

十八日(7月17日),进内,王爷到,中堂到。拜江宇澄,未遇。回家,曹先生来诊祥格,服药甚效,又拟一方清解。醇王府来电话,令四点二刻至府。

十九日(7月18日),至管理处。晚,会贤堂请客。

廿日(7月19日),进内。良格妈闫姓告长假,另找荣姓乳母。

廿一日(7月20日),进内,中堂到。

廿二日(7月21日),至管理处,至象坊桥看姑奶奶。

廿三日(7月22日),进内,王爷到。回家,叔诚来。

廿四日(7月23日),至管理处。

廿五日(7月24日),进内。姑奶奶来住家。

廿六日(7月25日),至管理处挑缺。

廿七日(7月26日),进内。晚请张、杨亲家太太于会贤堂,用六十元之谱。是日步军统领衙门将澄怀园地基交回内务府。

廿八日(7月27日),进内,王爷、中堂到。姑奶奶回张宅。申刻给陈总管通电,属筹拨经费事,答云已饬会计司、库藏司办理,可派员来接洽云云,当电达定友三赴部接洽矣。定友三到部,司员已散。

廿九日(7月28日),至管理处。午前定友三至财政部会计司接洽,据云七月分经费先发一半,十六万五千之数。晚,金蕴卿请,见世中堂尚谈及部中拨款事,因催财政部稍有效力云。

卅日(7月29日),未进内。

七月

初一日(7月30日),进内。张宅请观剧。晚,在明湖春回请张氏昆仲。

初二日(7月31日),至管理处。三爷同福老往澄怀园,会同吉老爷堃商议交园事,给住户半月限迁移。午后请叔诚观剧。晚,同四哥请姑奶奶、叔诚在泰丰楼便饭。

初三日①(8月1日),进内,王爷、中堂到。午后会同治鹤卿拜孙伯兰总长。至姑奶奶家睄看。回家,竹铭交售米书手卷洋银五百元,当交三爷归还零账及发东院月例。

初四日(8月2日),至治鹤卿处贺喜,并送筵酒。至耆寿民处商订禁卫军再留一个月,当由寿民电托索团长,回答可照

---

① 此处天头补书:"八月一号,是日开国会。"

办云。

初五日（8月3日），进内。内务府送来补四月分津贴四百五十元，五月节饭银一百五十元。

初六日（8月4日），腹痛未出门。令三爷归还账目，五月节外欠各款至是始清理完竣云。

初七日（8月5日），进内。至管理处。

初八日（8月6日），进内，王爷、中堂到。至墨宅拜寿。

初九日（8月7日），未进内。

初十日（8月8日），大奶奶寿辰，上赏麻纱二件，令大奶奶向北谢恩，行四跪各三叩礼，送给天使太监六（员）[元]，家中给大奶奶绣纱衣料二件，小金表一个，香水胰一匣，现洋五十元。是日惟用票所取酒席不佳，为少欠耳。至张宅给亲家太太拜寿。

十一日（8月9日），进内，中堂、耆大人到。因皇上受暑服药，中堂令奏事处在上言语三人请安，请问已大安否，回云已大安照常矣。至管理处，领下月月薪六百元，回家清还账目，给竹铭五十元。

十二日（8月10日），五太太生辰，均至会贤堂晚餐，福子昆送到饭银一百元，慕韩侄寄到祝敬一百元。

十三日（8月11日），进内，王爷、中堂到。至西城拜客。晚，吴幼舲请，在福兴居便饭。

十四日（8月12日），至管理处。午后拜客。

十五日（8月13日），家祠大祭。

十六日（8月14日），雨，未出门。

十七日（8月15日），进内，中堂到。至管理处。

十八日（8月16日），进内，王爷、中堂到。接梁信。

十九日（8月17日），至管理处。四老太太正寿。

廿日（8月18日），进内，中堂到。午后治来电话，为拨款事,徐君令转达廿六日可拨给,又治拟请廿三日晚在东兴楼便饭,属转达世中堂,尚候回信。

廿三日(8月21日),早,进内。午后至那宅拜寿。晚六点至东兴楼陪徐又铮。

廿四日(8月22日),至管理处。

廿五日(8月23日),进内,中堂到。

廿六日(8月24日),醇王太福晋五十正庆,前往拜寿,送如意、尺头九件、筵酒,晚五点便衣至府听戏,饭后与世中堂同散。

廿七日(8月25日),因庄和皇贵妃正庆,赏三百两,银锞、尺头二件,赏五太太银一百两,赏大爷、大奶奶各衣料二件。李佳白来电话,属转达世中堂廿八日午两点钟到公理会欢迎议员。

廿八日(8月26日),进内,王爷到。午后至公理会。

廿九日(8月27日),午后至织锦公司,东三省同乡开欢迎议员会,参、众两院议员六十馀员。银库送来五月津贴一份,又五月节饭银一百五十元。

卅日(8月28日),进内,中堂到。至管理处。

八月

初一日(8月29日),午后看姑奶奶。三点后至醇王府,随同世中堂呈回徐师傅事。

初二日(8月30日),进内,王爷、中堂到。福子昆交饭银一百元,领到俸一百〇七元,照上次分用,给西院大奶奶廿元。

初三日(8月31日),进内,随同至储秀宫行礼,蒙恩赏旧玉佩一匣二件,瓷瓶、盘各一对,赏饭吃,各给伺候饭之人六元,又给盘子赏之赏项三元。散后至索团长处,未晤。至徐师傅处致唔。回家,晚间索团长来谈,言定守卫之队兵又留一月,承索团长给良格五元。

初四日(9月1日),早,至张宅。午后管理处挑缺。蒙重华宫恩,赏尺头二件,银二百两。

初五日(9月2日),进内,王爷、中堂到。至重华宫谢恩。散后同耆寿民至总统府道喜,在居仁堂接见,初见行三鞠躬礼,让于客位,寒暄数语,遂退出,复一鞠躬。回家,姑奶奶来。右脚略见磨肿,敷止痛药水。

初六日(9月3日),养息。

初七日(9月4日),养息,张叔诚来看。

初八日(9月5日),进内,随同至重华宫行礼,赏饭吃。姑奶奶来家。

初九日(9月6日),在家养息,向法国医院要红药末洗脚,用之有效。张叔诚来看。

初十日(9月7日),未出门,蒙恩赏尺头二件,银一千两,当交三爷开发节事。请李雅臣看脚,略上消肿之药。

十一日(9月8日),进内谢恩。姑奶奶回家。

十二日(9月9日),未进内。

十三日(9月10日),进内,王爷到,中堂到,商办节款。

十四日(9月11日),未进内,银库四位来谈。

十五日(9月12日),未进内。蒙恩赏西瓜、果品、月饼,又赏奶果、菜点十二件,当将奶果送姑奶奶处,菜点家用。银库送到六月分津贴六百元,又补发五月节饭银一百五十元,当交三爷清还账目,惟欠永裕钱款未还,节后补还可也。

十六日(9月13日),未进内,姑奶奶来,叔诚来。

十七日(9月14日),进内,中堂到,蒙永和宫主位赏银二百两,尺头二件,又赏五太太银五十两,大爷、大奶奶各尺头二件。是日令三爷到澄怀园接收,发给该处补助费一百五十元,派蒋姓、马三二人在该处看守。三爷回,令将永裕欠款补还节事作为结束,其他处少数欠款归年节再还可也。

十八日（9月15日），王爷、中堂到，同至永和宫谢恩。午后效五老爷之少爷田文铭、文彝令苑堃送信一封，内称闻派人接收翰林花园地基，欲将该庙房屋地基一并收入，查该庙系属私产，请饬接收人划分界址，以清权限等语，当令孙禄告明苑堃，此项地基已于昨日派人接收清楚，系凭圆明园之司员开明四至照单接收，如有别项牵辂，应问圆明园之司员，本宅未便直接交涉，将来如有错误，本宅亦应问该司员等，不能问询他人，令其转告田宅，如有何话迳向该司员面询可也。接礼官处请帖，九月十七日午刻在怀仁堂筵宴，可用乙等礼服。

十九日（9月16日），早，至徐梧生处行情。

廿日（9月17日），午初二刻至公府怀仁堂同见大总统，一鞠躬，出至院中座位前候大总统出，又一鞠躬，遂坐，食毕，大总统起立，大众又一鞠躬，遂散。晚间伦贝子来谈接园事，为春介眉之令弟托派差使。

廿一日（9月18日），进内，中堂到。

廿二日（9月19日），进内，随同至永和宫行礼，赏饭吃。大总统派江统领来致贺，送如意一柄，大寿字一轴，带领江统领至端康皇贵妃前致贺，口述贺词，皇贵妃答云问大总统好，给大总统道谢，遂退出。世中堂属江统领代陈感谢之忱，即不派人致谢矣。由堂上交到皇贵妃赏两护军洋银二百元，奉世中堂电话，分给十营一百廿元，分给三旗八十元，并云可在本宫言语两处护军兵等谢恩。接德公信一封。令赓大爷取回救国筹金四百元。给赓爷十元。本日金子铮交到造办处饭银三百两，合洋四百十七元，当交东院月例二百元，还永裕等项用一百元。

廿三日（9月20日），福子昆来谈管理处事，午后至管理处，治鹤卿到，谈本处事，将上赏二百元交子昆，分给十营一百廿元，分给三旗八十元。

廿四日（9月21日），进内，中堂到，找奏事处在永和宫言语护军等得赏谢恩事，请世中堂看德公信，已交堂上代查矣。回家，午后至姑奶奶处。晚接梁节庵信，托办折，廿七日用。

廿五日（9月22日），午后至奎大人宅供果，至曹太太处贺寿。

廿六日（9月23日），进内。午后接世慕韩侄来信，令永裕长李毅卿来取所存房、地契，当将原存之件交李毅卿、王文琪公同带至奉天交慕韩查收，并令二位写一收条，给慕韩信一封。至管理处，与治鹤卿、福子昆、景介卿谈补领月薪事。晚，同姑奶奶至中兴吃便饭。

廿七日（9月24日），进内，王爷、中堂到。姑奶奶呕吐，服药微好。

廿八日（9月25日），请盈大夫给姑奶奶看，给服止吐药水，有效。

廿九日（9月26日），进内，中堂到。叔诚来，饭后回。请盈大夫给姑奶奶看，给服开胃药面，服之有效。

九月

初一日（9月27日），未刻姑奶奶回家。至管理处，至世中堂宅说函送家人事。晚，请叔诚在东兴楼便饭。

初二日（9月28日），午后高科长、绍科员来谈世中堂失去金两一案，已问有头绪，同至中堂宅检查，取出黄姓合同一纸，系与李桐轩伙开永隆泰合同，谢姓领东资本计二万元。五太太看姑奶奶，仍觉胃口不开，拟明早问盈大夫商酌，取药调理。

初三日（9月29日），进内，王爷、中堂到，午带匠，上赏饭吃。散后拜梁节庵，晤谈。至管理处，托子昆代税澄怀园契纸。回家，内务府送到七月份津贴六百元。叔诚来谈。晚，赵闰生请。

初四、五日(9月30日、10月1日),进内,带匠。初四日同世中堂请客。

初六日(10月2日),进内。午后至管理处,与鹤卿、子昆、介卿诸位商定补领月薪,暂由另款项开除,共五千馀元。

初七日(10月3日),进内。晚,沈吉甫请。

初八日(10月4日),进内,王爷、中堂到。钦奉谕旨:"总管内务府大臣绍英着加恩在紫禁城内乘坐二人暖轿,钦此。"

初九日(10月5日),进内,具折谢恩,至养心殿在皇上前谢恩。散后至醇王府请见王爷,谢栽培,至世中堂宅谢栽培,见。

初十日(10月6日),午后至管理处。晚,振大爷、继二爷、秀三爷公请。

十一日(10月7日),进内。午后至中堂宅送致京师检察厅公函底证据单一封。铁先生请。锡洁庵送来本月月薪六百元,及补送以前月薪一封,二千五百二十八元。

十二日(10月8日),早,锡洁庵来,属将月薪六百元带回,补还前支之六百元也。世中堂来道谢,交来赏司法科巡警一百元。午后润贝勒、增二爷、金王大爷请听戏吃饭。

十三日(10月9日),王爷、中堂到。由陈列所运回先皇珠顶盔二件,正珠、珊瑚朝珠二盘,金册、金宝等件。午后至管理处,交司法科世中堂赏一百元。至文华殿看视盖房处所,顺至殿内看视陈列字画,散后至城外劝业场。

十四日①(10月10日),午后至象来街大姑奶奶家。是日大总统令:绍英给予二等宝光嘉禾章,梁鼎芬给予二等大绶嘉禾章,此令。

十五日(10月11日),进内。午刻同治鹤清、福子昆至总统

---

① 此处天头补书:"十月十号国庆日。"

府致谢,未见。晚,交三爷八百元,还汇丰五百两借款。

十六日(10月12日),进内,中堂到。晚,叔诚来辞行。

十七日(10月13日),江大人来谈,高科长来。是日姑奶奶回津,至车站送行。

十八日(10月14日),进内,王爷、中堂到。午后毓月华来谈。晚,请铁先生诸位。

十九日(10月15日),午,钟捷南来谈。给天津覆信。

廿日(10月16日),早,进内,午后至管理处。晚,请客。

廿一日(10月17日),进内,中堂到,谈治鹤卿所说事。

廿二日(10月18日),至管理处。至泽公府。

廿三日(10月19日),辰刻至总统府贺寿,留名片挂号。进内,王爷、中堂到。荣惠皇贵妃赏冬瓜二个,食物数色。银库送到中秋二成五饭银一百五十元。接津信。

廿四日(10月20日),进内,王爷、中堂到。大总统派大礼官黄开文甫锡臣来答谢,上御乾清宫觐见,补褂、蓝袍。福子昆交到代税澄怀园契一张,纳税七十元,已付讫,又交上档房饭银一百元。晚,泰丰楼请客。是日至江统领处晤谈,为澄怀园事。

廿五日(10月21日),至管理处。

廿六日(10月22日),进内,中堂到。午后至澄怀园一观。

廿七日(10月23日),至管理处,晚,福子昆请便饭。

廿八日(10月24日),进内。午刻曹先生请。晚,索团长来请卅日为其令尊大人点主并求写匾。四哥至澄怀园,安设界址石桩六个。

廿九日(10月25日),进内,王爷、中堂到。晚,魁公来拜,晤谈。梁师傅来函,取去《钦定七经》廿八夹板,《资治通鉴》八套,还洋银二百元。福子昆送来二等宝光嘉禾章一件。

卅日(10月26日),索荫轩请点主,散后至管理处。是日中国银行兑现。

十月

初一日(10月27日),带领世杰夫妇至先茔叩见,申刻回。掌礼司送《民国宪书》四本。

初二日(10月28日),进内,世中堂到。午后恩绍安来谈。至管理处,散后至伦贝子府拜寿,见。

初三日(10月29日),未进内,午后拜魁公爷。

初四日(10月30日),进内,王爷、中堂到,收回玉宝及御笔等件,均存内殿。东院大姑娘亲事定局。

初五日(10月31日),至邵府拜寿,至管理处。

初六日(11月1日),进内。午后赵建侯、孟建侯、陈玉春、金蕴卿请看戏吃饭。

初七日(11月2日),进内,中堂到。午后至管理处。

初八日(11月3日),午后至管理处放款。

初九日(11月4日),王爷、中堂到。晚,毓璋公、管理处诸位请东兴楼。

初十日(11月5日),进内。至杨宅贺寿喜。

十二日(11月7日),进内,散后挑缺。

十三日(11月8日),至筹备处挑护军缺。

十四日(11月9日),进内,王爷、中堂到。进呈五十元。

十五日(11月10日),办寿,接待亲友,演八角鼓,大姑爷由天津来拜寿。

十六日(11月11日),进内,至管理处。

十七日(11月12日),进内,王爷、中堂到。拜客,至柏峻山处。

十八日(11月13日),进呈四哥一百元祝寿,未出门。

十九日(11月14日),进内,拜客。

廿日(11月15日),进内,中堂到。晚,至奎五兄处拜寿。

廿一日(11月16日),蒙恩赏大卷尺头二件,银三百两,因廿二日有忌辰,定于廿三日谢恩。午后至管理处。是日徐中堂到京,送四菜四点。

廿二日(11月17日),四哥寿辰,早,拜寿。至徐中堂宅晤谈。

廿三日(11月18日),生辰,进内,在养心殿谢恩行礼,蒙恩面赏福寿字一件,皇上说汝福寿久长,又蒙四位主位公赏尺头四卷,银一百两。是日王爷、中堂到。再徐中堂送土物四色。

廿四日(11月19日),进内,给四位主位谢恩,由奏事处言语,未召入,中堂到。

廿五日(11月20日),拜客。至管理处。

廿六日(11月21日),进内,中堂到。晚,陈道士请东兴楼。

春俸一百〇七元,进呈廿元,给二姑娘十元,五太太十元,玉姨奶奶十元,二爷各十元,大爷、大奶奶、二爷、二奶奶各十元,买布十五元,除用馀二元办慈善,给大奶奶廿元,尚不敷三元,另行添补。①

廿七日(11月22日),午后至管理处。

廿八日(11月23日),进内,王爷、中堂到,派清查三园陈设差。张姑爷回津,晚电询,已到津,均吉。

廿九日(11月24日),午后至王爷府晤谈。晚公请璋公老师诸公。②

乙卯年节节例:

进呈五十元后又五十元;四老爷二百元,四太太卅元,二姑娘

---

① 此段文字后以笔勾去。
② 以下诸事为本册末尾所附杂记文字。

十元后送先呈一百元;二百九十①。

大老太太节例廿两,合五十八元,又月例廿两;又另送十四元,又换钱七元;又节例七十千;又老婆赏卅千;又置家伙钱十一千。②

正月月例廿两,五十七元。

四老太太节例五十八元,又正月例廿两,又另送六元,卅四元。

又节例七十千,老婆赏廿千,以上钱二百一十元,共洋合十六元。

东院大爷、大奶奶各十五元,姑娘阿哥三人三元,二爷、二奶奶各十五元,小孩三人三元,共六十六元。

五太太正月月例十元,年例卅元,给还账;大奶奶节例廿五元,竹铭年例廿五元,大、二、三格各十元,共五十元,又卅元,交大爷。

姨奶奶十元,良格十元,又正月月例十三元,良格月例八元。

赏老嬷八元,大爷妈七元,二爷妈七元,大、二、三格妈各六元,何姐六元,送三爷卅元,正月月例十五元。

送赓大爷、大奶奶、小孩共十二元。

给北宅大爷、大奶奶屋廿元,二爷、二奶奶屋廿元,给桐格子二元,北宅赏八元。

送孙少爷卅元,马老爷卅元,世大爷宅赏十四元。

送二亲家太太廿元,曹宅赏一元,进四老爷二百元,缓送外共计共合洋九百卅五元。东院月例约二百元。

端节共计四老爷二百元,后送外,共约五百〇五元。

---

① 此指未加"后又五十元"、"后送先呈一百元"的数目。
② 此段文字以笔圈起。

另记账外柜存外柜五百元,内有马兴庄租洋三百元,以备开垦之款三百元之用。①

以下日记第二十四册②

本年应记事简明表:

丙辰年元旦(1916年2月3日),祝词:元旦举笔,书龙虎字,大吉大利,萱堂馀庆,棣圃增荣,公私顺善,敬慎安贞。元旦先随同醇王爷给四位皇贵妃在太极殿行三跪九叩礼,又行一跪三叩礼谢赏荷包恩,穿蟒袍、补褂、染貂冠、红朝珠,又随同世中堂至养心殿皇上前行一跪三叩礼,谢赏春条荷包恩,俟皇上升乾清宫,至乾清门内甬道上行三跪九叩礼。换朝服、朝冠、不带嗉貂褂、红朝珠。礼毕,同至醇王府递双合页大片贺新禧,仍换蟒袍、补褂。至荣寿公主府口回叩新禧,至庆王、涛贝勒府贺新禧。

正月初五日(2月7日),醇王爷生辰,至府叩寿禧,并送如意。

正月初七日(2月9日),祭《灵棋经》得一卦,将败卦,诗曰:"孤阳微兮,群阴盗兮,力既殚兮,将不可髦兮,慎兮慎兮,宜自保兮。应敬慎自保,毋为徇欲伤生之事。"

正月十三日(2月15日),皇上万寿,进内,随同行三跪九叩礼蟒袍、补褂、染貂帽、红朝珠。

正月廿日(2月22日),发西院月例。西院月例单拟定廿日发:四老太太廿两,合廿八元;五太太十三元,姨奶十元,又饽饽

---

① 此段文字以笔圈起。
② 日记第二十四册,封面题:"滋德堂日记,廿四,自中华民国五年十一月二十五日即宣统八年十一月初一日记起(旧历丙辰),前面八页为丙辰年元旦至十一月初七应记之事简明统计表,从第九页起为民五丙辰十一月初一至民六丁巳年五月初十日止日记,孙延焘谨志。"

钱三元,狗肝一元,二爷八元,大爷、大奶奶共四十元,共一百〇三元,约一百三元之谱,下人工钱在外,又三爷月例十五元。

二月初二日(3月5日),领春俸一百零七元,内进呈老太太廿元,给二姑娘十元,五太太十元,姨奶奶十元,东院大爷、大奶奶、二爷、二奶奶各十元,西院大奶奶廿元,共一百十元,计外添三元。

二月初五日(3月8日),钦奉谕旨:总管内务府大臣着耆龄补授,钦此。

二月初十日(3月13日),钦奉谕旨:绍英管理雍和宫事务。

二月廿二日(3月25日),钦奉谕旨:蒙恩赏绍英澄怀园着作为私产等因,此园在圆明园外,即翰林花园,前明之米园,诒晋斋诗纪述甚详。

三月十二日(4月14日),同世中堂、耆大人至筹备处看视商人投标,瑞珍亨古玩铺得标,计估洋四十万一百六十六元。

三月廿日(4月22日),徐相国辞职,段总长为国务卿。

三月廿六日(4月28日),因世杰续室,蒙恩赏银四百元,又赏世杰、世杰之妻如意一柄,尺头四卷,是日杨宅送妆前来,熙大人带谢妆,廿七日未刻娶世杰之妇过门,人甚端庄,当可持家相夫也,幸甚。

四月十一日(5月12日),奉院令纸币不兑现款。

四月十二日(5月13日),进内,带匠,各宫赏饭吃,每处给伺候饭等人卅元,每人应给十元也。

四月廿八日(5月29日),蒙恩赏尺头二卷,银一千两,折洋一千三百六十一元。

五月初四日(6月4日),因内务府节款无着,属锡洁庵支本月管理处月薪六百元。本节内务府按二成五放津贴三百元。

五月初六日(6月6日),袁总统逝世,闻政府会议以黎副总统代行中国华民国大总统职权,已由袁总统告令宣告之。是日随世中堂及耆大人在内务府住班,夜间分派护军等执枪守卫,并亲往各处巡查。在内住班四日。

五月初十日(6月10日),因皇室派伦贝子致贺,是日大总统派内务总长王揖唐来答谢,在乾清宫觐见。

五月廿五日(6月25日),派至总统府致祭袁总统,未刻上祭。

六月初一日(6月30日),进内,随同至敬懿皇贵妃前叩祝寿喜,上令随同世中堂等行一跪九叩礼,上赏饭吃,给伺候饭人等八十四元,合每人四元。

六月廿八日(7月27日),申刻给陈兰生总长电话,为筹拨皇室经费事,允拨七月分经费一半十六万五千之数。

七月初三日即阳历八月一号(8月1日),民国开国会。竹铭交售米字手卷洋五百元。

七月初十日(8月8日),大奶奶寿辰,上赏麻纱二件,家中给大奶绣纱衣料二件,小金表一个,香水香胰一匣,现洋五十元。

七月廿六日(8月24日),醇王太福晋五十正寿,早间赴府向上行礼,送如意、尺头、活计、筵酒,晚五点便衣至府听戏,饭后回家。

七月廿七日(8月25日),因庄和皇贵妃正庆,赏银三百两,尺头二件,赏五太太银一百两,赏大爷、大奶奶各衣料二件,均有进奉供品。

八月初三日(8月31日),进内,随同至庄和皇贵妃前叩祝寿喜,蒙恩赏旧玉一匣,瓷瓶、盘各一对,计各给盘子赏之赏项三元。

八月初四日(9月1日),因荣惠皇贵妃寿辰,赏银二百两,尺头二件。

八月初五日(9月2日),进内。因总统乔迁,同耆大人至公府道喜,大总统在居仁堂接见,初见行三鞠躬礼,让客位坐,寒暄数语退出,复一鞠躬。

八月初十日(9月7日),蒙恩赏银一千两,尺头二件。

八月十五日(9月12日),蒙恩赏西瓜、月饼、果品,又赏奶果、菜品等食物。

八月十七日(9月14日),因端康皇贵妃寿辰,赏银二百两,尺头二件,赏五太太银五十两,赏大爷、大奶奶各尺头二件。是日令三爷接收澄怀园,发给该处补助费一百五十元,派蒋姓、马三二人看守。

八月廿日(9月17日),午初二刻至公府怀仁堂同见大总统,行一鞠躬礼,出至院内席中座位前候大总统出,又一鞠躬,遂入坐,西餐毕,大总统起立,大众又一鞠躬,遂散,是日入宴有军服礼服及乙等礼服。

八月廿二日(9月19日),随同至永和宫行礼,大总统派江大人来致贺,送如意一柄,大寿字一轴,带领江大人至端康皇贵妃前致贺,口述贺词,皇贵妃答云问大总统好,给大总统道谢,遂退出,世中堂属江大人代达谢忱,即不派员致谢矣。由堂上交到皇贵妃赏护军洋银二百元,奉世中堂电话分给十营一百廿元,三旗八十元,并云可令内奏事处在永和宫言语护军等得赏谢恩也。

九月初六日(10月2日),至管理处,治鹤卿、福子昆商定补领月薪事,暂由另款开除五千馀元,系三人补领之数。计应补领二千五百廿八元。

九月初八日(10月4日),钦奉谕旨:总管内务府大臣绍英着加恩在紫禁城内乘坐二人暖轿,钦此。次日谢恩,并至王爷府、中堂宅谢栽培。

九月十二日(10月8日),世中堂因司法科讯问函送家人行窃之案已经办结，前来道谢，并赏给巡警等一百元。

九月十三日（10月9日），由陈列所运回先皇珠顶金盔二件，正珠、珊瑚朝珠各一盘，金册、金宝等件，由是日起陆续运回，玉宝冠服、御笔字画等件贵重者，均交内殿矣。

九月十四日即阳历十月十号，国庆日（10月10日），奉大总统令，绍英给予二等宝光嘉禾章等因，次日同治鹤卿、福子昆至公府致谢。

九月廿三日（10月19日），辰刻至公府递名片，给大总统贺寿。

九月廿四日（10月20日），大总统派大礼官黄开文甫锡臣来答谢，在乾清宫觐见，穿补褂蓝袍。

九月廿九日（10月25日），梁师傅来函，借去《钦定七经》廿八夹板，已交回。《资治通鉴》八套，并还洋银二百元。福子昆送来二等宝光嘉禾章一件。

九月卅日（10月26日），至索荫轩处点主。是日中国银行兑现。

十月初一日（10月27日），带领世杰夫妇至先茔叩见，申刻回。掌礼司送《民国宪书》四本。

十月十五日（11月10日），慈亲寿辰，阖家叩祝，是日唱八角鼓一日，进呈五十元备赏。

十月廿一日（11月16日），蒙恩赏大卷尺头二件，银三百两，因廿二日有忌辰，于廿三日进内叩头谢恩。廿三日蒙恩面赏福寿字，并谕云"汝福寿久长"，又蒙皇贵妃公赏尺头四卷，银一百两。廿三日交到，廿四日由奏事处言语谢恩。伏思受恩深重，报称愈难，惟有竭尽心力，以图报于万一云尔。

十月廿八日（11月23日），钦奉谕旨派查三园陈设，应俟该园送册到日，即可往查矣。十一月初六日往查覆命，此次将向未入奏所存各件均已奏明造册,送内务府存案矣。

十一月初七日(12月1日),至玉泉山查看静明园、静宜园所存陈设等件,属连郎中修补佛像。

十一月

初一日①(11月25日),进内。午后徐相国来谈。晚,冶鹤清请。

初二日(11月26日),德公府差人来,为托定振坪事。

初三日(11月27日),进内。晚,璋公请。

初四日(11月28日),进内,王爷、中堂到。午后至定振平处谈德公府事。晚,请泽公在东兴楼便饭。

初五日(11月29日),午后至管理处,将本处印钥交治大人暂为代理。至章嘉佛庙拜寿。晚,三位师傅公请。

初六日(11月30日),巳刻至世中堂宅晤谈赴园清查事,午刻至园,住颐和园公档房,宝镛、锡彬、樾兴、益龄四位均到,差遣队排长广忠带警兵四名亦到,少息,同本园郎中连吉等先至仁寿殿查看,次至大库,次至介寿堂查看。因存物有数千件之多,不能详查,仅大致看视,并看视箱筒封条而已。晚,商办折片底稿。

初七日(12月1日),辰刻至玉泉山查看静明园、静宜园所存陈设等件,查毕,登山至华岩洞瞻仰,见石佛无首,盖庚子年为洋兵请去,因与连郎中商拟修补完全,伊甚赞成。又第一洞有大士像,两目金色残缺,亦拟修补,均属连郎中经理其事,伊已首肯,众人成此庄严善举,徇美事也。未刻回,至澄怀园一观,见牌坊小亭尚整齐也。申刻到家。

初八日(12月2日),早,至世中堂宅晤谈,送中堂藕一包,玉泉山冻豆腐一包。晚阅折,明日具奏。接署中知会,由交通行

---

① 此处天头补书:"阳历十一月廿(六)[五]日。"

取来奉天地价该行票五万元,明日登折,应将该行折明日带往交银库。东院大爷、大奶奶说明聘大姑娘应如何办,同四哥告以可将小房出售一处,从俭办理,庶可济事,并云我辈必量力补助一切也。

初九日(12月3日),进内,王爷、中堂到。具奏覆命折片,奉旨"知道了,钦此"。午后至宪兵营东三省欢迎会,欢迎冯师长印德麟,甫阁忱及东三省代表,因诸君演说略起风潮,遂先散。

初十日(12月4日),早,世中堂交堂上送来请愿书底一件,予拟加入"应请加入宪法,永不变更其效力,以昭大信而垂久远,皇室幸甚,不胜盼切之至"数语,中堂已令堂上照改矣。午后至管理处,治大人将钥匙交还,领十二月月薪六百元,交三爷开发账目。至宝瑞臣处,给其老太太拜寿。晚,至福子昆处行情。

十一日(12月5日),早至管卿山处谈递请愿书,求其介绍事,已允为代递。未初同世中堂、耆大人至王爷府见王爷,研究请愿事,王爷将底稿略改,交世中堂,云即可办理。至管理处与治鹤清谈请愿事,伊拟由值年旗商办。晚,奎五哥请。

十二日(12月6日),进内。五太太赴津给大姑爷贺寿,予写信一封致贺。午后至振贝子园致祭,送库后归。

十三日(12月7日),大风,未出门。送醇王爷如意一柄,贺三爷弥月之喜,送三爷寿铃、洋绉衣料等四色。接姑奶奶来信。

十四日(12月8日),早,进内,王爷、中堂到。散后至府给王爷贺喜。午后需公来谈西陵任满不愿留任事。至管理处,为护军借款事。晚,新丰楼请客,将请愿书底交治鹤清,拟由值年旗办理一件。

十五日(12月9日),午后瑞裕如来谈请愿事。接天津电话,五太太定于十八早车回京,发天津信一封。醇王爷来谢。

晚,接张叔诚来信道谢。

十六日(12月10日),进内,午后至王府谢步,至子昆处上祭。覆叔诚信一封,由快班发。

十七日(12月11日),进内,午后至管理处,至那王府拜寿。

十八日(12月12日),未出门。

十九日(12月13日),进内,王爷、中堂到,午后至管理处,晚,章佳佛请。

廿日(12月14日),午刻五太太由天津回。晚至忻贝子府上祭。

廿一日(12月15日),午后至管理处。晚,冯师长甫阁忱请。

廿二日(12月16日),进内,午后至管理处,晚,至增宅拜寿。

廿三日(12月17日),至庆府给五亲家太太贺寿。

廿四日(12月18日),进内,王爷到,中堂因感冒未到。午后至管理处。晚,荣月帆请。

廿五日(12月19日),午后全公来,为守护事。晚,至世中宅,未遇。

廿六日(12月20日),进内,午后至李赓桥怡园上祭后,至管理处。至索荫轩家,为商给副总统祝寿事。

廿七日(12月21日),晚,索荫轩请,座中有异人龙佐才甫宝卿者,通养气内丹之学及祝由科,甚精,此人住城外元通观。

廿八日(12月22日),冬至,早间随同世中堂至王府回事。端康皇贵妃赏馄饨一盒。至福子昆处,为办寿礼事。

廿九日(12月23日),进内。

卅日(12月24日),未出门。

十二月

初一日(12月25日),午后至世中堂宅。子厚与二少爷商定置遂伯胡同住房之事,价现洋一千五百元也。

初二日(12月26日),进内,午后至管理处。

初三日(12月27日),至世中宅,同耆大人至王爷府回事。

初四日(12月28日),进内,求见四宫主位,召见于太极殿,同耆大人面陈因年节需款,拟将公债票提五百万交中国人经纪售出,每百万元折合实银四十万元,如售五百万元票,可得现洋二百万元。上意尚以为可,令将年节及各节应交之款交进,并言及优待条件应提议加入宪法事。退出后,同耆大人敬候皇上,召见于养心殿,问有何事,对云因年节用款,世〇与醇亲王商议拟将现存之公债票交经纪售出,换回现款,以便归年节应用,醇亲王令奴才等奏明,上云"即交你们办罢,反正你们总要尽心办。"遂退出,复同耆大人至醇王府见王爷,回明奏陈之事,王爷云"既已奏明,即可请世中堂斟酌办理"。即同耆大人至世中堂宅说明各节,并陈请中堂如办理时务必要中国人收据,存以备考,遂回家。庆邸来电话,属请龙保卿看病,晚,电达索荫轩转请龙保卿,明午同赴该府。

初五日(12月29日),午初同龙保卿至庆府看病。午后至管理处。晚,给索团长通电,告明庆府不请保卿事。

初六日(12月30日),进内,午后至景宅祝寿,看赵闰生。

初七日(12月31日),进内,王爷到,散后至世中堂宅略谈。内务府银库送来津贴六百元,又二成五饭银二百五十元。

初八日①(1917年1月1日),早,耆大人来,同至总统府递名片贺年,午后接世中堂来电,明日巳刻荫昌来答礼。晚,福子昆送到上档房饭银一百元。

初九日(1月2日),进内,巳刻荫上将来答礼,余先至乾清

---

① 天头补书:"民国六年一月一日。"

宫西暖阁面奏民国派荫昌来答礼,已到,皇上升座,荫上将行三鞠躬礼,口述答谢及颂词毕,余跪请答词一纸,上交下,余向荫上将读答词毕,荫上将退出,余将答词一纸仍交上接收,随即退出,至上书房接待荫上将,略谈,始散。公事毕,回家,接梁师傅信,为催经费事。晚,给姑奶奶写信道寿禧。

初十日(1月3日),未进,大风。

十一日(1月4日),进内。同耆大人至中堂宅略谈,至盈大夫处贺年,并代请至世宅,午后同治大人拜范总长、达次长、张次长。

十二日(1月5日),午后至管理处,领一月薪金六百元。晚,增旭谷来谈交通汇款事,将所存之交通银行存银折交其带回,旭谷为其令郎德昌嘱托愿在管理处当差,已面允之。

十三日(1月6日),进内。午刻王爷来电话,令明早赴府办事。晚,至世中堂宅谈公事。张叔诚来。再截至五年十一月分,共欠给优待经费二百五十一万七千〇六十六两。

十四日(1月7日),早,进内。至王爷府办公事。午刻至徐中堂宅陈述世中堂求设法转属拨款借款事,徐中堂令给国务院信催款,并令找陈澜生商议借款事,晚至世中堂宅陈述一切。至东兴楼,四哥请叔诚便饭。回家,接到世中堂送来冯副总统谢函一件,宗室某呈请赏差呈一件,应请王爷阅看。

十五日(1月8日),差人至陈总长处问一两日何时有暇,前往谈话,回云三两日内总长尚欲来谈,如不能时再电请前往,只得稍待再去。午后张叔诚来辞行,余送至车站。晚,邓君翔来谈售债票事,交来伊致徐又铮信底一件,暂为存查,君翔允往见任振采商办借款事。徐中堂送来白鱼一尾,哈什马一包。

十六日(1月9日),早,进内,蒙恩赏福寿字,明日谢恩。由内至梁节庵处,未遇。接邓君翔来函,云交通行借款事可望有成，当覆函再恳其玉成矣。发天津谢函。

十七日（1月10日），早，进内，在养心殿谢恩，找奏事处给徐中堂代奏谢恩。见润贝勒，属开阿哥之名。见梁师傅，属转达胡慈谱明晚往见事。回家，钟三爷来谈中堂请议员事，邓君翔来谈借款事。接梁师傅信，知民国拟拨给两个月经费，当覆一函，将梁函及邓函送请世中堂阅看。晚，焰公来。崔子良来谈，给耆大人电话告知拨款事。

十八日（1月11日），早，上召见，进内，与耆大人同至永和宫见四位主位，为年节交款事，当将不办债票及催款可拨两个月经费及借款事均说明。散后即至陈总长处晤谈，陈云现已预备拨给两个月经费，当将年节用款甚多，拟向交通银行借大洋五十万元，以应急需一节说明，请其向该银行商定，陈允可，属由本府去一公函，答以即办公函送部，一切恳其关照云云。至庆云楼请福子昆、增旭谷拟公函一件，请中堂阅过，即送财政部。至梁节庵寓一谈，始知胡慈谱订于廿日十一点前候谈。

十九日（1月12日），进内，王爷到。回家致梁师傅一函，送去渠借用交通票二百元。午后至管理处。至宪兵营同乡会议，拜魏君肇文。回家，魏君来谢，晤谈，送伊书三种。

二十日（1月13日），早，至三水会馆保安寺街拜胡慈谱，晤谈许久，托其随时代催经费并借款事，如有回信，速为见覆。至圆通观拜龙宝卿，名佐才，晤谈许久，并给余看相，云明年恐有灾难，宜信佛修养，以化解之，容再详谈，订于廿三日请晚餐。进城拜崇荫轩。

廿一日（1月14日），早，进内。午后胡慈谱来谈，陈总长拟与中国银行代为商借，部中尚有覆函。全公来。袁俊亭来，为王汝贤备价领地事。至世中堂宅谈公事。王爷来电话，令转告世中堂请客事。晚至世中堂宅谈公事。

廿二日（1月15日），早，至庆府拜寿。午后至那宅豫备请客事，徐中堂、世中堂到，所请议员到者一百七十馀人。徐中堂宣言请将优待条件加入宪法，以为保障，永远有效等语；汤议长化龙答词，大意可用制定宪法手续规定优待条件，永远有效，我辈可担任云云，座中全体鼓掌。徐中堂遂举杯称谢，此会尚为欢畅，可望达到目的，诚可庆幸。余报告年节拨给经费及商办借款事，徐中堂云我曾给段总理信，属其多拨经费，如有不敷，再由内务府向银行商借，今已办有头绪，甚好，略谈即散。余与耆大人给吴局长世湘道谢，此事吴君甚为出力也。是日上赏银两、尺头。

廿三日（1月16日），进内，谢恩后，同耆大人至王爷府报告请客事，并陈明赵太太、凌福彭求赏福寿字，梁广照求赏福字，并拟请赏给荫昌福寿条一件，王爷允准。午后至管理处，晚，请崔子良、龙保卿、索荫轩吃饭。回家，世中堂送来李相国遗折一匣，令呈递，又送来财政部信一封，为借款事。

廿四日（1月17日），进内，王爷到，将财政部信呈阅后，交银库司员赴中国银行接洽借款事，午后崔大人来谈，银库司员来谈。至泽公府赴约。

廿五日（1月18日），进内，谢赏衣料恩，午后至管理处。晚，瑞裕如来谈，为递呈拟进内行礼事。接邓君翔来函，为报告已转达任振彩不向交通银行借款之事，明日拟覆函道谢。

廿六日（1月19日），早，进内，带匠，世中堂亦进内。晚四点至世中堂宅商办年节发款之事。

廿七日（1月20日），早，进内，谢赏荷包恩于养心殿。午后至管理处。早间令老秦赴津。

廿八日（1月21日），进内，王爷到，谢赏貂皮、荷包恩。晚，银库送到八月节饭银三百元，年节饭银六百元，十一月津贴银六百元,又锡洁庵送到二月分月薪六百元,又会计司交到饭银四百两,合洋五百五十馀元。

廿九日(1月22日),早,进内,上赏"大吉"、"宜家受福"春条二件,荷包一个。上档房交到八月节饭银二百元,年节饭银四百元。姨奶奶寿辰,给银十元,另年节用加给十元。

民国六年丁巳(1917)日记

[正月]

丁巳元旦(1月23日),元旦举笔,书龙虎字,大吉大利,萱堂馀庆,棣圃增荣,迁善改过,守身允恭,战兢匪懈,敬慎有恒。

卯刻出行,进内,先随中堂至养心殿谢恩,先跪安,中堂口奏新春万喜。巳初随同王爷、中堂至太极殿行九叩礼,次换貂朝衣、朝冠、不带嗉貂褂,至乾清宫甬道上行三跪九叩礼,礼毕,仍换蟒袍、补褂、黑皮冠至板房稍息。造办处堂郎中递八月节饭银三百两,年节饭银三百两,合银洋八百卅七元。散后同耆大人至庆王府、涛贝勒府、醇王府、那王府贺年禧,至北宅祠堂行礼,至杨宅拜年,至荣寿公主府口回叩新禧,至世中堂宅叩新禧。回家,佛、祠堂行礼,至各院贺新禧。

初二日(1月24日),左齿肿痛,牵及耳根,服养阴清肺汤,稍愈,请龙宝卿来看,用符及符水并汤药治之,有效。请曹巽轩来诊,开方未服。

初三日(1月25日),早,服曹巽轩方,请曹先生复诊,仍用散风消肿之剂。礼官处函送入门执照礼节单。

初四日(1月26日),因服散风之剂,浮肿愈甚,急服养阴清肺汤二剂,有效。晚请孔医士来诊,服西药,有效。

初五日(1月27日),进内,王爷、中堂到。至王府贺寿喜。晚,请孔医士来诊,仍服西药,有效。

初六日(1月28日),蒙恩赏黑、红墨各一匣,明日应谢恩。

午初至公府入宴,看戏五出,先退出。回家更衣,至景宅襄题。回家,张叔诚由津来拜年,送给衣料二件素缎大衣料一件,青缎有花马褂面一件,御笔福寿字一条,又赏给周二四元,晚饭后叔诚至朴三太太处暂住。是日申刻庆王爷仙逝,闻信之下,伤如之何。

初七日(1月29日),早,进内,谢恩,散后至庆府吊唁,说明送经五日。遇江宇澄,谈及该衙门三位及禁卫军治鹤卿拟办进奉,属代为陈明。至醇邸请安谢步。往看张叔诚,略谈。回家,值大爷妈、老秦与二格妈口角,以致老秦一时气闭,用开关之药吹之始醒。晚,请孔大夫来看,云尚无妨,留给疏泻之药。接姑奶奶来信,当复一函,明早发。

初八日(1月30日),早,进内,王爷、中堂到,为庆邸恤典事,皇上派伊、陈、朱师傅来,与王爷说毋庸特予谥法,当即照办。午后至管理处,交办预计书覆文事。晚,至庆邸。接醇王府来电,令明日未初至府,有话说。

初九日(1月31日),未初至醇王府,中堂已先到,随同中堂见,为庆邸谥法事,王爷拟予谥,于十四日内务府具奏时办理,并令毋庸在筹备处议礼节事。散后顺路拜客,晚,请叔诚在东兴楼便饭。

初十日(2月1日),进内,谢恩,皇上在养心殿召见绍英、世中堂、耆大人三人。上云"庆亲王将大清国都卖了,对不住列祖列宗,毋庸予谥。"世中堂对云:"内务府应照例奏请应否予谥。"上云:"你们可向王爷说明毋庸予谥,如予谥,应用'墨、灵、幽、厉'等字。"世中堂对云:"奴才等即与王爷说明。"遂退出,世中堂拟于明早十点至府回事。是日叔诚回津。

十一日(2月2日),早十点至府,随同世中堂及耆大人见王爷,世中堂说明昨日召见世某等三人,皇上说奕某对不住列祖列宗,不能给他谥法,你等可与醇王爷商量毋庸予谥等语。王爷问应如之何,中堂云既如此说,只得遵照办理,好在将来总会知道是皇上主意,王爷云只好如此办理,不过是亲王无谥法,面子上稍差耳。遂均退出。拜西城客。晚,刘聚卿来谈债票入股事,答以容与世中堂说明可也。

十二日(2月3日),早,进内,午后至管理处挑缺,顺路拜客。

十三日(2月4日),早,进内,巳正随同行礼,黑皮冠、蟒袍、补褂、红朝珠,行礼毕。午初大总统派范总长来致贺,予念答词;次副总统派田献章来来致贺,予念答词;次江朝宗等五人觐贺,礼毕,在上书房接待专使,略坐即退。世中堂谈庆邸谥法事,涛七爷曾向醇王爷说仍以有谥法为合宜云云,只得听信办理也。予陈说刘聚卿所谈债票事,中堂云仍以听部中回信为妥,遂散。晚,回拜睿王爷。至吴宅行情。见邓君翔谈债票事,君翔云如部中回信有承认之语,伊可代为设法办理。

十四日(2月5日),进内,王爷到,先至养心殿见皇上,为庆邸予谥事,已说明,即至尚书房,令呈递请予恤典折,钦奉谕旨,予谥曰"密",按谥法,思虑详审曰"密",追补前过曰"密",系援照理密亲王谥法也。是日闻皇上微有欠安,敬阅药方,盖受外感兼停滞也。

十五日(2月6日),进内,见朱师傅询患,皇上服药甚效,仍须调理,改于廿二日入学矣。

十六日(2月7日),进内,散后略拜客,即回。

十七日(2月8日),午后拜客。至管理处。陈仲骞来谈,托转达松公事。

十八日(2月9日),进内,午后至管理处。

十九日(2月10日),进内,王爷、中堂到,午后至庆府说谥法恤典事,晚,新丰楼请客。

廿日(2月11日),大风,未出门。

廿一日(2月12日),进内,带匠,永和宫赏饭吃,给伺候饭人卅元。散后拜吴辟疆,晤谈。回家,张八爷来,同至东兴楼便饭。

廿二日(2月13日),右腮肿痛,未出门。

廿三日(2月14日),服养阴清肺汤,稍好,请孔大夫来诊。

廿四日(2月15日),进内,王爷、中堂到,散后即回家,腮肿见愈。

廿五日(2月16日),未出门,静息一日。晚,敬诵弥陀经一通。

廿六日(2月17日),午后至耆大人处谈公事,至管理处,至世中堂处谈债票合同事,回家,邓君翔来谈,伊走后给世中堂电话,告明已与君翔接洽,至合同应添入者即可添入另缮矣。

廿七日(2月18日),巳刻至礼邸谕祭,并自行上祭。至朗贝勒处略谈,属查六额驸赐第事。至中华饭店请客。散后同四哥至纫兰女史处求看流年,据云丁生戊土,本年尚为平安。回家接邓君翔信,为售债票事,当将原函送请世中堂阅看。全公爷来谈。钟老爷来谈债票合同事。

廿八日(2月19日),进内。午后至管理处。回家接邓函,为报告植边银行拟将债票入股转押事,将原函送呈世中堂阅看。

廿九日(2月20日),进内,王爷、中堂到,中堂请王爷看汉记公司合同,王爷不以为然,令用一件合同载明债票四百万之数。晚,安君请德昌饭店。回家,接邓函,称渠已见世中堂,备悉一切,甚为浩叹,只得遵照王谕办理云云。

卅日(2月21日),拜锡洁庵,请授孙辈读书。拜龙宝卿,晤谈修养内外功事。至管理处。晚,钟捷南来,为公债修改合同事。

二月

初一日（2月22日），进内。午刻钟捷南来谈修改合同事。午后至庆府上祭,送库,振大老爷托查庆邸辛亥年报效之款三次数目,并公债票数目事。晚,梁师傅请晚餐。

初二日（2月23日），巳刻至庆府谕祭,拜副总统,至毓宅行情,回家,内务府送到文职二品五成俸银柒拾柒两伍钱,七二折合洋一百零七元六角三仙,当即进呈廿元,下馀家中分用,另记于上。①

初三日（2月24日），进内。至世中堂宅说明初四日赴公府筵宴事,午后至吴幼舲处供饭。晚,钟三爷来谈。

初四日（2月25日），午初至总统府,随同筵宴,见大、副总统后随同照相。② 回家,荣子衡来见,为益龄乌步事。

初五日（2月26日），午后至管理处。

初六日（2月27日），进内,王爷到,世中堂请看合同,奉王爷谕,按四成吃亏太甚,可从缓办理。王爷回府,中堂令钟捷南往告邓君翔。至毓五爷处晤谈,将所钞上赏六额驸房间公事交给。

初七（2月28日），午后至管理处,接邓君翔致中堂函一件。

初八日（3月1日），进内,副总统派索团长代表致谢,皇上在养心殿见。予将邓函请中堂阅看,中堂令钟捷南往告邓君翔未便再回王爷云云。散后至承泽园致祭,因庆邸暂停放该园也。

初九日（3月2日），巳刻至顺王府赐祭,午后至管理处。

初十日（3月3日），早,王爷、中堂到。午后至邓君翔家一

---

① 此处天头补书:"进呈廿元,五太太十元,姨奶奶十元,东院大、二爷屋各廿元,本院大奶奶廿元,二姑娘十元,良格一元,计加添四元。"
② 此处天头补书:"系容光照相馆,应买一张。"

谈。至溥宅行情。晚,请范静生、陈澜生总长、张远伯、赵健秋次长、吴向之局长、胡慈谱秘书、吕寿生司长、王小宋厅长、张仲卿、王芸阁、瑞裕如诸公于六国饭店,共用款一百元之谱。

十一日(3月4日),早,寻找自记孝定景皇后事略,因清史馆索取以备作传也,令人钞妥交耆大人转交,又找出先君行状令人钞写,以备交清史馆之马通伯采取作传也。

十二日(3月5日),进内,耆大人到,钟洁南谈邓君翔来函,仍为债票之事。散后,四哥至耆寿民处,请渠看宋明画件,拟求其代售也。午后至管理处。拜邵厚甫晤谈段总理赴津事。晚,敬观大悲咒,拟敬谨受持读诵,以免罪过而修福德,务须诚信有恒为要。

十三日(3月6日),午后至管理处,领三月份月薪六百元。晚诵大悲咒。

十四日(3月7日),早,进内。回家诵大悲咒。至杨宅供饭。晚至福全饭馆,世中堂、继大人请,世中堂谈徐中堂所谈债票之事。回家接邓君翔来函,亦为债票事,渠自求奎乐老之姨太太运动府中,想此举更不得法也,此事中堂亦甚活动,予自应固守缄默,以免负责而少愆尤,是为至要。是日在聚珍堂得明板《楞伽会译》一函,《大方等大集经》一函,殿板《小学》一函,共八元,《小学》实为儒门正宗,二经实为释典法宝,均堪宝贵也。

十五日(3月8日),进内,王爷、中堂到。回家,诵大悲咒。午后至管理处。取自照肖像,寄赠慕韩侄一张。

十六日(3月9日),诵大悲咒。午后至管理处。至溥宅供饭。晚,敬阅《楞伽经》数页。是日闻增三爷逝世,嘱三爷前往为其办事,约计须百两之谱,已将款交三爷矣。

十七日(3月10日),早,进内。回家,诵大悲咒。

十八日(3月11日),早,诵大悲咒。午后出门。晚,邓伯成来谈。对过大悲咒音释。钟洁南来,接邓君翔信,皆为债票事。

十九日(3月12日),早,进内,王爷到,中堂将钱能训干臣所交之办理债票入股条款呈王爷阅看,王爷令中堂与徐中堂商酌办理。予与中堂云如必欲入股,可照有限公司办法,声明应有限制,以免日后赔累。中堂尚以为然,令钟洁南转告邓君翔债票事须从缓办理,因有议员误会也。回家,诵大悲咒。

廿日(3月13日),早,诵大悲咒,午后至管理处。

廿一日(3月14日),早,进内。回家,诵大悲咒。复王芸阁信一件,为费世勋托派差事。①

廿二日(3月15日),早,诵大悲咒。午后至管理处考排长。

廿三日(3月16日),进内,回家,诵大悲咒。

廿四日(3月17日),进内,王爷、中堂到。至泽公府贺寿喜,午后至管理处。晚,诵大悲咒。五太太赴天津。

廿五日(3月18日),诵大悲咒。晚,管理处科长、科员公请。接天津亲家太太来信,留五太太多住几日,当回电话商定廿八日晚车回京。

廿六日(3月19日),进内。晚,赵次山先生请晚餐。至管理处。

廿七日(3月20日),至麟宅行情。是日《公言报》登陈、介购债票事。

廿八日(3月21日),早,进内。午后至马通伯处,未遇,留年谱一部,行状一件。回家,瑞二爷来,刘仲鲁来,为高赓恩递遗控事。晚间张叔诚送五太太回家。

廿九日(3月22日),叔诚来,四哥约其至中兴茶楼便饭,饭后余至管理处挑缺,拜袁次长。

---

① 此处天头补书:"是日政府宣布与法国断绝邦交。"

闰二月

初一日(3月23日)，进内，王爷、中堂到。是日叔诚回津。

初二日(3月24日)，午，范总长、袁次长请西餐于中央公园，饭后至庆邸交公文底，略谈。

初三日(3月25日)，早，进内。午后至岳云别业公请张仲卤。

初四日(3月26日)，龙宝卿先生来谈，留便饭。至管理处。

初五日(3月27日)，早，进内。是日收到补领十二月分津贴六百元。

初六日(3月28日)，进内，王爷、中堂到。

初七日(3月29日)，慈亲略受外感，服午时茶橘红朴花水。余左脚觉肿痛。

初八日(3月30日)，未能进内，求中堂在上告假，未能履地，请盈大夫来诊，据云系脚气，给药水，令每次服卅滴，外用红洗药洗之。自是日起未能诵咒。

初十日(4月1日)，请李雅臣来看，给洗脚药粉及擦药水，不甚见效，用三黄宝腊敷之，微轻。

十一日(4月2日)，请龙宝卿来看，龙先生当用烧酒画符并擦脚画之，复令用所馀烧酒加醋少许和在一处，用川三七研汁擦脚，并令每日吃符水一道，觉有效。晚，请客，四哥陪之，余略见即回。是日陆督军来拜。

十二日(4月3日)，午请龙先生复看，仍用符酒画之，有效。

十三日(4月4日)，四哥至澄怀园收工。晚接姑奶奶来信，云晚间看物模糊，尚会臣诊治，微效。

十四日(4月5日)，清明，家中多赴先茔祭拜，予是日脚痛略好，未能前往。

十五日(4月6日)，请龙宝卿先生治脚，仍用符酒画之，有效。管理处送到四月分月薪六百元,给大奶奶廿元,以备买吃食用。

十六日(4月7日),差人至龙先生处取符及药面敷脚,有效。是日未能进内。

十七日(4月8日),公请陆督军,因脚未大愈,未能前往。

十八日(4月9日),见愈,五太太等往澄怀园看视,仍用紫洗药洗脚。是日剃发梳头。

廿日(4月11日),增二大人请,辞谢。中堂电话令多养几日。

廿一日(4月12日),未进内。陆干卿请,辞谢。

廿二日(4月13日),崔子良来谈,云东陵中大道后开垦须伐树,现有人欲用该处橡树作枕木,出价收买,余云此事似须知照内务部,因该部原案有红青桩森林均不准砍伐之令,子良尚以为然。窃思后龙森林但能保护,总须注意保护为要。福子昆来商公事。

廿三日(4月14日),早,诵大悲咒。午后世中堂来看,略谈公事。

廿四日(4月15日),良格腹泄,请曹先生诊视,服药有效。

廿五日(4月16日),进内,至筹备处挑缺,至王府拜客。午后刘仲鲁来谈,为高宅祭文、碑文事。发天津信。

廿六日(4月17日),进内,王爷、中堂到,将邓君翔来函请中堂阅看。

廿七日(4月18日),未进内。晚,至江大人处晤谈,为领房屋事。

廿八日(4月19日),午后至管理处。晚,世中堂请。

廿九日(4月20日),进内,中堂到。晚,福子堃等十位由宪法会议处旁听回,据云王谢家、荣厚、李振钧、克希克图诸君提出优待皇室条件,经国会第一次公决后永不失其效力,以为保障等议案,同会四百馀人均起立表决,均无异议。闻日后尚有行文、政府知照本府之手续云。

三月

初一日(4月21日),至管理处。

初二日(4月22日),拜客,至龙先生处,未遇。

初三日(4月23日),进内,王爷、中堂到。晚,会同袁大人在东兴楼请客。

初四日(4月24日),早,同四哥至澄怀园一观,午后至管理处谈何绪振事,又托鹤清、承侯求差使事,已允诺。

初五日(4月25日),进内,耆大人到。午刻至汇丰,属邓君翔换存据,马菊如所存一万九千一百九十九两,并年四厘之利亦加入,仍存该行,改为马延续名下,共一万九千九百两,存一年,按年息五厘,此存据已交竹铭妥存矣。承佩先来见,告明陈列所之事,送给现洋十元,以备购置衣服之用也。接君翔电话,云财政部允于月初之二、三号续拨给经费十万元。

初六日(4月26日),进内。

初七日(4月27日),午后至管理处挑缺,交承侯名条。

初八日(4月28日),进内,王爷、中堂到。东院大姑娘过礼,订于四月廿一日申刻迎娶。老秦由津回。

初九日(4月29日),四太太生辰,送吃食四色,洋银廿元,早间拜寿。午后梁师傅来谈,陈杏聪来道谢。

初十日(4月30日),午后至龙宝卿处面谢,并送玛瑙烟壶一个,随洋烟一壶。至管理处。

十一日(5月1日),早,进内,午后至袁俊亭处拜寿。银库送到正月分津贴六百元。接天津信二封,请满大夫给大奶奶看视。

十二日(5月2日),早发天津覆信一封。午后至管理处。杨亲家太太来见,仍请满大夫来看,见愈。

十三日(5月3日),进内,王爷、中堂到。回家接公府礼官处函称,奉大总统谕七号游园会,请前往,拟覆函现患感冒不克前往。接中堂电话,订于十五早十点至泽公府。

十四日(5月4日),卯正三刻接天津张宅电话,云姑奶奶于本日早六点钟生得一子,一切吉祥,当回电贺喜,给亲家太太、大姑爷写信道喜,派孙禄晚车赴津,并带去食物六色。午后至管理处,复礼官处函,云现患感冒,游园会不克前往,缮妥即发。回家接中堂电话,云改于十六日晚四点至泽公府会议公事。

十五日(5月5日),金蕴卿请看戏。晚饭接五太太来信,均好。

十六日(5月6日),进内,引看女子带排。午后张姑爷来,询悉一切均好,甚慰。至泽公府会议一和公司办枕木事,世中堂云可回明醇王爷毋庸办理也。晚,四哥率二姑娘由天津回,云姑奶奶处均好。

十七日(5月7日),请叔诚在东兴楼早餐,午后至管理处。

十八日(5月8日),进内,王爷、中堂到。回家,庆王爷来请本月廿三日巳正三刻至府点主。

十九日(5月9日),五太太由天津回,云姑奶奶处均吉。是日为八格格三周年,在延寿寺念经一日。

廿日(5月10日),进内。午后至恩艺棠处晤谈。

廿一日(5月11日),进内。午后瑞裕如来谈世戒轩事。

廿二日(5月12日),午后至清史馆见馆长赵次翁,谈先公列传事。至管理处,拜索荫轩晤谈。

廿三日(5月13日),午初至庆府襄题庆密亲王神位,礼毕,留吃便饭,并送礼物四色。

廿四日(5月14日),早,进内,王爷、中堂到,午后至管理处。

廿五日(5月15日),派孙禄赴津,送大姑金镯、镶嵌篇簪小坠一对、金表、珠钳、银口盂一对。

廿六日(5月16日),早,进内,午后至管理处。

廿七日(5月17日),未出门,接索团长来信,为存廉事。

廿八日(5月18日),进内。耆大人交来吴君昌绶所刻孝定景皇后事略,因系余所纪,送给十本。致赵次山馆长信,为所托宝芹事已转致索团长矣。

廿九日(5月19日),未出门,看阳明先生年谱、论学书,令人感发透彻,当研究实践为要。

卅日(5月20日),进内。

四月

初一日(5月21日),进内,王爷、中堂到。

初二日(5月22日),午后至管理处。约延经吃饭,因伊欲回奉也。

初三日(5月23日),至管理处。晚在中央公园请客,闻得段总理免职,并派王士珍为京津一带临时警备总司令,江朝宗、陈光远为副司令,人心甚为摇动。当给总队官电话,令其加意防备。

初四日(5月24日),进内,带匠,中堂到,上赏饭吃,至长春宫谢恩,午刻回家。见崇荫轩,略谈警备事。

初五日(5月25日),进内,同至长春宫谢恩,蒙上赏画团扇一柄,进呈慈亲使用,系松鹤寿意也。

初六日(5月26日),进内,同至储秀宫谢恩,王爷到,中堂面禀一事。晚,龙先生来谈。

初七日(5月27日),进内,带匠。

初八日至初十日（5月28日至30日），进内，带匠。

十一日（5月31日），进内，王爷、中堂到。是日四位主位召见王爷，为澍大爷家务事，复召见世中堂。又闻民国各督军因争改宪法，已有七省独立，皖豫鲁并有起兵北上之说，人心惶恐，中堂与予及耆大人均在内署中值宿。

十二日（6月1日），索团长报告李慕斋由徐州归，云张少轩督军允许来京担任调停，各处军队均暂缓来京。世中堂令内奏事处在上言语说明张督军来京调停，各处军队暂不来京，现在京中无事，今日即退出矣。因醇王爷令未初至府，遂由内赴府见王爷，王爷云：主位因载澍事大申饬我，说我受载澍贿赂，我自当差以来一文贿赂亦未受过，何以如此说我，实不能当了，你们三位给我办折辞职。中堂及予与耆大人再三言说：王爷当以皇上冲龄为念，且时局多艰，若王爷辞职，世某等无所禀承，亦只得辞职，现在王爷欠安，可暂休息几日。王爷云：载澍之事已有旨意，不能再改，我不能再向瀛贝勒说了。世中堂允向瀛四爷说明此事，缓商办法，王爷始允俟大愈再为进内，遂退出，各人回家。予因左手腕肿痛，请张医来看，并用艾立曼氏通用药水敷之，有效。①

十三日（6月2日），左手见愈。申正至中堂宅，见吉林委员许君，为皇产局清丈地亩事。润贝勒至中堂宅问询王爷辞职事，略谈，均散。

十四日（6月3日），早，福子昆、增旭谷来谈，持刘聚信，并云邓君翔给中堂信问端节需款若干，中堂云须用八十万元，予告二位云本署致李、杨次长信即可缮发矣。铁先生来函，为继续租房，暂减房租三成事，当复函照办矣。

---

① 此处天头补书："利亚药房有艾立曼氏通用擦药水，一元一瓶。"

十五日（6月4日），进内，皇上欠安，略愈。至中堂宅拜寿，午后至管理处。

十六日（6月5日），进内，耆大人到，令刘坦达至长春宫请问上安，回云皇上亲自吩咐今日见好，敬聆之下，忭慰实深。

十七、八、九日（6月6、7、8日），进内。

廿日（6月9日），进内。

廿一日（6月10日），进内。东院大姑娘喜事，一切吉祥。

廿二日（6月11日），进内。

廿三日（6月12日），进内，王爷、中堂到。

廿四日（6月13日），小姑奶奶回门，一切吉祥。午后拜客。

廿五、六日（6月14、15日），进内。

廿七日（6月16日），进内，辰刻张少轩将军进内请安，上在养心殿召见，赏御笔匾、对各一件。随同觐见四员二班，由内务府大臣带见中军董玉岭、第一路统领陈德修，营务处汤玉麟、采访营管带傅民杰，上赏福字各一张，当时谢恩。张将军谈及已见黎总统，请将皇室优待条件加入宪法，即用命令宣布云云，闻之甚为欣慰，从此可望优待稳固，并可息谣言而免嫌疑，实为幸事。是日蒙恩赏大卷二件，银一千两，又赏内人五十两，明日进内谢恩。

廿八日（6月17日），进内，在养心殿谢恩。午后至齐宅认亲。拜张少轩将军。

廿九日（6月18日），午刻张少轩将军来拜，晤谈。龙先生来谈。托锡洁庵支七月分月薪六百元。

五月

初一日（6月19日），接财部来函，云前后拨给五十万元，世中堂订于申刻看节款各单。今李顺交太监、苏拉等赏。申刻至中堂宅，中堂批定节款用四十八万馀元，本府津贴拟放三个月之数。

初二日(6月20日),进内,王爷到。托宝虞臣代恩公拟请荫图片底,派人送至恩宅,请其从速办理。昨借到文溯阁《慈湖遗书》三匣十二册,拟托人照钞。午间张亲家太太派人来送礼,并来函贺节喜,应复。荣月帆来谈,为恒利事,答以世中堂所拟办法。送龙先生礼四色。收洋平果一筐。

初四日(6月22日),进内,回拜桐二爷。回家发天津信。晚收到银库送来阳历三、四、五月三个月津贴,又端阳节饭银六百元,共二千四百元,交三爷二千一百元还节账,补呈四哥二百元,留一百元备用,因节款不敷,亦交三爷使用矣。

初五日(6月23日),膳房送到上赏粽子一盘,又永和宫回事人送来上赏菜点一桌,奶果一桌,午后福子昆送来上驷院饭银二百元。

初六日(6月24日),进内。卯初刻,世杰之妻生得第四子,一切吉祥,曷胜庆幸。杨府亲家太太来照料,此次系请美国女医熙大夫收生,甚为妥协。给大奶奶银洋廿元,以备自买食物之用。阅政府公报,李仲宣总理已于今日到任矣。

初七日(6月25日),进内,王爷到。午间王爷通电话,为伦贝子奏补官缺事。张亲家太太差人来送礼物,姑奶奶来信贺喜,当写回信交来人带回致谢。恩公父子来,交到荫照托办事。①

初八日(6月26日),第四孙洗三之期,亲友来贺喜,午后散去。

初九日(6月27日),进内,世中堂到,为澍大爷之事请见四位主位,见,二刻下来,令给忻贝子、澍大爷信,明日进内,预备主位召见,遂散。午后至徐国俊处贺寿。至国务院拜李总理,未见。晚,世中堂打电云明早属给忻贝子告假,因痢疾不能进内,

---

① 此处天头补书:"五月初九系阳历六月廿七号。"

并云上若问中堂,即云受暑未上来,明日进内照办可也。

初九日①(6月27日),进内,四位主位召见,为忻贝子、澍大爷事,散后至王爷府、中堂宅说明召见事,申刻随同世中堂、泽公、瀛贝勒至王爷府会议,未得要领,世中堂拟暂为从缓之法。

初十日(6月28日),进内,王爷未到,上召见中堂,闻中堂下来云仍申前议,明日中堂拟告假十日,亦是暂缓之意。②

欠汇丰五百两正。
本月廿三日巳正三刻庆府请点主。
欠大爷妈一百五十元,东院大爷又代借一百元,欠何一百元,老太太现洋五十元,借已还。借姨奶奶廿元,又一百元。
乙卯年年节节例单:
进呈先五十元,后进五十元,四老爷先呈百元,后送百元③,四太太卅元,二姑娘十元。三百四十元。
四老太太正月月例廿两,年节例廿两,共合洋五十六元,又另送六元,又节例钱七十千,老婆赏廿千。约七十元。
五太太正月月例,年前发,年例卅元;
姨奶奶,同前,年例十元,二爷十元;
大爷、大奶,同前,年例八十元,另给大爷廿元;④
大、二、三格各年例十元,交大爷手。约二百〇五元。

---

① 初九日重出,而内容有所差异,不知何故。
② 以下诸事为本册末尾所附杂记文字。
③ "四老爷先呈百元,后送百元":两处"百元"旁均添有"二"字。
④ 此处天头补书:"大爷、大奶奶节例五十元,另给大奶奶买吃食廿元。"

以下日记第二十五册①
兢业斋日记

宣统九年五月十三日②(1917年7月1日),卯刻六点,张少轩大帅率文武员弁进内,呈递请复辟奏折,并饬随员代拟上谕等件。见内阁官报。上召见张帅及文武随员毕,醇王爷亦到,遂阅所拟上谕,旋见张帅,接洽一切,商定派张帅为议政大臣,办妥后上赏饭吃,在尚书房早餐。忆自三年十二月廿五日辞位,六载于兹,一朝光复旧业,固为可喜,然而后患方殷,尤为可惧,不可不持敬慎危惧之态度也。事毕,王爷、张大帅等均散,随同世中堂、耆大人在内住宿。此事于事前并未接张帅来信,昨晚亥刻醇王爷闻外间有此消息,令张文治给予送信,予即至世中堂宅报告,复至王爷府谒见请示,后进内值宿,同世中堂、耆大人静候。是夜未能安睡,戒备守卫,以待天明接洽云。

十四日(7月2日),早,王爷、张帅到,仍在尚书房办事。上召见武官,由予与耆大人带见,上均赐坐,办事后散,已午刻矣,仍住宿。

十五日(7月3日),早,王爷、大帅到,改在军机处办事,闻黎总统已于昨日赴日本使馆居住,张帅拟与日本使馆交涉,中堂令予回家一看,午后回家。

十六日(7月4日),早,进内,王爷、张帅到,办事后中堂回宅,与耆大人住宿。

十七日(7月5日),早,王爷、张帅到,闻陈师傅云天津段启瑞已为总司令,誓师北上,见《指南报》。张帅与王爷说明现已

---

① 日记第二十五册,封面题:"兢业斋日记,廿五,内有记载张少轩六年七月一日复辟事,应妥存起。此本有关历史。男世良谨志。"
② 此处天头补书:"中华民国六年七月一号。"

派队南往,已有人出而调停,然豫备战事在所必需也。张帅巳刻即散,回至张宅,有军事会议。王爷午刻散,耆大人回宅,予与中堂住宿。

十八日(7月6日),早,王爷、中堂到,张帅亦到,闻有卯刻开仗之说,晚闻有小败之说。王爷、中堂、予与耆大人均在内住宿。是日有徐中堂辅政之旨。晚间世中堂与徐中堂电话,求其调停。

十九日(7月7日),早,王爷请张帅至尚书房谈话,闻张帅有明日辞职之说。巳正,有飞艇一架自南苑飞来,抛下炸弹三枚,一在花园鱼池,一在储秀宫隆福门外,一在景运门内东南方,此弹炸伤二人,一侍卫承恩,一伊师傅轿夫,掷毕飞艇向南飞去。敬懿皇贵妃召见,问飞艇事。下来,在右门见王爷,随同至诗本谈话,中堂亦到,涛七爷亦到,并请四位师傅来谈。王爷令予至吴辟疆处,嘱其代为接洽,以停战为要,令陈师傅找王聘卿,梁师傅找梁崧生说明,总以不再来飞艇为要。余往拜吴辟疆,接洽后即回,回时遇康南海,略谈。王爷出,与南海谈话毕,南海辞去。陈师傅先回,云已见王聘卿及江宇澄,已属陆锦前往南苑,不令飞艇再来矣。梁师傅回,云因梁崧生起来甚晚,已至日本馆请日本钦差函致南苑,阻止飞艇再来矣;又见黎总统,据黎云事已至此,如皇室早为斡旋,尚可补救,我届时必有公论,迟则无及矣。梁老师与陈老师、朱老师、世中堂同至王爷前说明,王爷云,即派寿民同梁师傅至日使馆与黎总统接洽,二人回云,未见着,已与该代表晤谈,属其转达矣。

廿日(7月8日),早,张少轩差人来云:大帅今日不上门,求世中堂代为回明王爷。世中堂接徐中堂回电云,时局至此,惟有保护圣躬为最要,且当典学之时,未便再为召见,必当设法维持等语。世中堂当拟回电,请王爷看过即发。王爷请王聘卿至尚书房谈话,内阁之事属其偏劳,并求其维持大局。王云:但是士珍能力甚小。世中堂云:我已接徐中堂来电,亦担任维持,所望大家维持,能维持到何处便维持到何处也。是日张少轩、雷朝彦、张镇芳、袁大化均辞职,奉旨允准矣。王爷令内奏事在皇上前说明,今日可毋庸召见。散后,同世中堂见王聘卿,据王聘卿云:此事转圜之法,下面邀求不如上面先自行宣布,所谓被动力不如原动力也。世中堂云可回明王爷请示聘卿,散后世中堂回明前事,王爷云:此事似无不可,在皇室本无成见,惟须俟徐中堂来京,再为发表为妥。世中堂云俟明日再告知王聘卿。午后接家信,均安,慰甚。是日飞艇未来,足见已经阻止矣,并闻张少轩已往英使馆暂住,前敌之兵,均已退回城内矣,王聘卿已设法劝少轩之兵出城住扎,但未知有效否。晚间涛贝勒来劝王爷明日必须宣布共和,嗣又有电话来催,王爷令予给王聘卿、江宇澄电话,告以今已有旨,令即日宣布共和,属二公即行转达。二公皆云似不必如此之急,明早进内再为面商可也。又据副队官何绪振报告,今夜外来兵队欲围攻定武军,并有段总司令电嘱吴总监、江宇澄、王聘卿三人维持北京秩序,并保卫皇宫,因此警察厅传知保安、消防队妥慎守卫云云。当与世中堂、耆大人说明传知各门,今夜各门不准开启,明早迟开,严查出入为要,此夜尚为安静。

廿一日(7月9日),早,江宇澄、王聘卿、陈师傅均至尚书房,与王爷谈拟旨宣布之事,议定内阁拟底,明日宣布。中堂、王爷均回去。中堂给徐中堂写信一封,令钟捷南赴津,请徐相来京调停。午后令广忠买麻袋一千二百条,以备装土挡塞前三门门洞及各处门洞。涛贝勒来电,为内阁拟底事,令电达世相原拟之稿二件,以完全之一件为妥,当令宝虞臣电达世宅,俟中堂睡醒代达。晚,世中堂仍进内住宿。

廿二日（7月10日），早，王爷到，王聘卿未来，陈大人持许继香拟底给看，甚为妥协。惟朗贝勒云此事既然我们要办者，全由张少轩所为，今彼已辞职，我们似无宣布之必要。王爷令明早请王聘卿来商酌办理，若能俟徐中堂来宣布更妥。唐鸣盛转达张少轩派来之刘某云，此时不便即宣布共和，现经六国公使出而干涉，可俟徐中堂来再为商办，令予达世中堂知道。四位皇贵妃召见世中堂，为国体事。耆大人云：朗贝勒所说从此虚下，不必再为宣布之语甚为有理。予云：我们现在情形，虚下之法尤为适用，但须请王爷向王聘卿说明，我们已经口头声明，宣布赞成共和，即无降旨宣布之必要，如必须用旨意宣布时，俟三两日内徐中堂到京，再酌核办理可也。适奉王爷召，即往见，亦为宣布之事，即将朗贝勒所陈面述，王爷尚以为然。回寓，钟捷南由天津回，述说徐中堂所云：一俟段总理到始来，一严察禁门，一由世相函致内务部，一毋庸着急，一张少轩及军队现状，一张、雷被捕。晚，王爷接张帅来函，不令宣布赞成共和，颇有恫吓之语，王爷令电约王聘卿明日进来。

廿三日（7月11日），王聘卿、陈师傅交来改订内务府致内务部文底，王聘卿云徐、段皆以从缓宣布为宜。是日王爷回府。予至吴世兄处属其代拟公事，顺便回家，将管理处交来之阳历八月分月薪交四哥收存，申刻至吴世兄处取稿，进内，请世中堂阅，尚以为然。闻张大帅又派员见中堂，阻止宣布之事。晚，接捷南电话，云世相已回，说徐相国云所拟谕旨底稿不甚妥，即不便办谕旨，可由内务府办公事知照内务部，捷南又云风闻夜间有开战之说。

廿四日（7月12日），早三点钟后，闻正南、东南有枪炮之声甚烈，世中堂、耆大人同来，对坐静听，院中时有流弹飞过，因将鸭绒褥挡在窗间。午间见空中有飞机二架在东南旋转，并有枪击西华门之声。禁卫军官来商议,西城墙上暂挂白旗,并写布告云,查禁城内现有内务部保安队、消防队、护军警察队、禁卫军在此守卫,现已抱定宗旨,不论如何围攻,决不擅发一弹,以免危及皇室,务请贵长官诸位缓其攻击,是为至祷云云。此布告交白团附转送北海司令处,晚间,西面即行停击,四钟后枪炮之声停止。嗣接外间报告,张少轩已赴荷兰使馆,其住宅已经自焚,其兵丁均至警察厅,令其缴械,给资回籍等语。世中堂令堂上老爷至乾清门,说明外间现已安靖,请上放心。是日仅一餐稀粥,其惊恐危险之状况可想也。

廿五日(7月13日),早,随同世中堂给四位主位、皇上请安,均召见,陈述昨日之事,请醇王爷进内,办妥内务府所奉谕旨一道,并缮就公函一件另有稿致内务部,此函系写阳历七月十一日送交王聘卿转发。所拟之谕旨,先已请主位、皇上阅过后,复随同醇王爷、世中堂、陈师傅及耆大人请见说明,皇上说"我年幼,请王爷与他们商量办理",四位主位云"所拟旨意甚好,此事我们本来不知,说明并非我们之意,甚好"。午饭后世中堂因腹泻回家。晚间接索团长报告云,今晚北海内有模范团与十三师密议云,康有为在宫内藏匿,欲会同进宫搜查;又有说皇室尚在观望,有今晚围攻禁城之谣等语。予与耆大人甚为着急,当令副队官何绪振将保安队分队长文昆约来一谈。文分队长云,吴总监曾奉段总理之电,令其保护皇室,此信恐不确。因请其明早持予之片至吴总监处,请其转请附近军队长官保护皇宫,勿令兵丁侵犯为要。夜间尚为安静,至四点始眠。

廿六日(7月14日),早,陈师傅来,留早饭,属陈师傅至江宇澄处,求其转请附近军队长官保护皇宫,勿令兵丁侵犯,陈师傅云即往面陈。文分队长回云,已见吴总监及江宇澄转达,并有江自写一片,后面写"准保无事"。未刻四位主位召见,问外间之事，予与耆大人奏陈，据江朝宗云准保无事，并云段总理今日已到京，秩序当更见安谧。上问公函已交到否，对云已交王士珍转交民国内务部矣。申刻世中堂进内，仍腹泄，予拟胃苓汤加减一方，请试服。中堂令予可回家一看，予即借中堂之车回家，见慈亲及合家均为安好，实深庆幸，并闻附近之人家颇有受伤者，诚可畏也。

廿七日（7月15日），早，进内，中堂云泄见好，昨日已给段总理一函，求其保护，彼处云尚有复函也。禁卫军团副白汝光及三营营长来云，今日午后两点钟段总理派王建忠原名天纵，甫旭九及田献章旅长来团，欲进内检查有无定武军之辫子兵在内，予云此事诸位尽知，实无其事，可否出具切结，交王总稽查带去，说明并无其事。四位云俟来时与之说明，如能不进内更好，当至中堂处说明办法，中堂亦以为然。午后接禁卫军来函，云段总理派王总稽查来禁城检查有无定武军人及军械等，现已由汝光等力阻伊进入城内检查，情愿出具印结，担任城内决无此等事实之责，并由田旅长复力为担保，伊始放心，团、营长各出结，由王稽查持去等语，此事即为了结，盖因该团之关系也。是日耆大人回家。

廿八日（7月16日），王爷到，闻徐中堂午间可到，世中堂先散，拟候徐中堂接洽。午后至冶鹤清处略谈，同至段总理处递片，未见。复进内，接世中堂来函，已与徐中堂接洽，徐中堂允为竭力设法维持，阅之慰甚，当与寿民同覆一函，交来人带回。是日管理处行文内务部函，托吴总监转为投递。

廿九日（7月17日），早，至班房，见陈、朱师傅略谈，润贝勒到，钟捷南送来吴世湘诸公代为修正之公函稿，令缮妥，候世中堂到，送交国务院秘书厅，随即缮就。中堂由醇王府回，即令笔帖式送往。中堂接段总理复函，云应视力之所及以尽保护之责，重承谆属，敢不勉旃云云。早饭后中堂回宅，令夏顺回，送西瓜十个给四哥,禀函一件。

卅日(7月18日),早,中堂差人送来田旅长信一件,为该军事。是日即六年七月十七日,奉大总统令:"据内务部呈称,准清室内务府函称,奉谕前于宣统三年十二月二十五日钦奉隆裕皇太后懿旨,因全国人民倾心共和,特率皇帝将统治权公诸全国,定为民主共和,并议定优待皇室条件,永资遵守等因,六载以来,备极优待,本无私政之心,岂有食言之理。不意七月一号,张勋率领军队入宫盘踞,矫发谕旨,擅更国体,违背先朝懿训,冲人深居宫禁,莫可如何,此中情形,当为天下所共谅,着内务府咨请民国政府,宣布中外,一体闻知等因,函知到部,理合据情转呈等情,此次张勋叛国矫挟,肇乱天下,本共有见闻,兹据呈明咨达各情,合亟明白布告,咸使闻知,此令。"大总统印,国务总理段祺瑞署名。奉此命令,即为此事之结束,兹特照录以备观览。午前十三师派人来取该兵等所存物件,当派护军会同保安队、禁卫军交清,尚有欠少绒毯、雨衣等件,商定俟该师开单再为置办补给也。未正,三位皇贵妃召见,予与耆大人进内。上问近日与民国接洽情形,据实面奏。敬懿皇贵妃云:明日行礼人不必多,如侍卫等,可毋庸行礼。对云:明日应即传知。上赏西瓜十枚。

六月

初一日(7月19日),王爷、中堂及王、贝勒等均到,巳刻随同至敬懿皇贵妃前行礼,上赏饭吃。饭后,三位皇贵妃召见中堂、予及耆大人,为优待条件,令转求徐中堂维持,又为禁卫军赏项。中堂对云:可照前次所赏之数减半,由外面备款赏给,作为主位赏项。上允照办。退出,见索荫轩,告明请再撤出一连事。予同中堂先散,回家。

初二日(7月20日),早,拜谒徐相国,晤谈许久,谈及优待条件之事。据云现正与新学家研究办法,以备将来谈判云。进内,闻禁卫军又退出一连。见耆大人,略谈,耆大人即回家。敬懿皇贵妃令奏事处传谕给醇王爷、世中堂送信,令明早进内。午后司法科高科长诸位来画公事,接陆军部来文一件,为准补护军校事。

初三日(7月21日),醇王爷进内,随同王爷至太极殿,敬懿皇贵妃召见,为挪移书房事,庄和又为索崇仁请赏王久成及陈光远之母事,上令问世相可赏否。上赏饭吃,随同王爷至养心殿见皇上,王爷说可在养心殿或长春宫作书房云云。上云俟与师傅商酌再定,遂退出。上略欠安,已令朱师傅诊视矣。王爷令予至世相处问赏项事,予往见世相,世相云似可从缓,王久成却无妨,若赏军官,而军官甚多,岂能普及,似不甚便,可在上[前]说明,如索再问,可告以俟与世某商酌再定。又与世相谈及前发之十万支票可否索回,世相云未便索回,恐有不便之处也。余回家。

初四日(7月22日),进内。四位师傅见皇上,下来云,已向上说明暂在养心殿读书,老师在体顺堂暂作休息之所。予云:主位令告明老师,今夏可毋庸放暑假,每日早间可一位师傅上来讲论。师傅已允照办矣。予与寿民请见,已刻敬懿、庄和皇贵妃召见,说明书房事,又说明世相云索崇仁所说之事可从缓,如伊再说,可传知俟世某出来再斟酌。上云即可照办。予住堂上。

初五日(7月23日),出班,是日为第四孙满月之期,亲友来贺,略备菜果接待。未刻至治鹤清处,会同往拜汤济武总长,回家后大雨。

初六日(7月24日),进内,中堂到,禁卫军军需官来见中堂,云索荫轩因病免职,由冯总统电派翟殿元代理团长,并云借款之事,本团可入销者入销,其馀之款,将来归索荫轩归还,只得照允。问中堂何日可开东华门,中堂云俟东面大墙砌妥,三五日后即可开矣,当即转致清史馆周养庵矣。

初七日(7月25日),王爷、中堂到,闻梁师傅有涉嫌疑,检察厅将起诉,世中堂已转达梁师傅矣。予与寿民因东面大墙已砌妥,由内奏事处在上头言语,今日即行退出,不在内住班矣。上云:知道了。今日天气阴雨,即不召见也。见福子昆,谈及明日午刻开东华门,应函达清史馆、教育部二处,并派警长稽查,事毕回家。闻初八日徐中堂回津。

初八日(7月26日),大雨,未出门,内人病,请曹先生来诊。

初九日(7月27日),进内,耆大人到,巳初回家,内人见愈,仍请曹先生来诊。接管理处知会云,领到七月分经费七千三百九十六元,可为管理处仍旧之证。

初十日(7月28日),进内,与陈师傅略谈,回家阅《公言报》所云,优待条件问题拟俟国会召集时再行决议,所有优待费悉照从前规定一一给与,得段氏为之维持现状,故一时尚无危险之可言等语,此问题似在缓议之列也。

十一日(7月29日),进内,王爷、中堂到,回家,因敬懿皇贵妃千秋,派太监来,赏银二百两,又赏内人银五十两,应明日谢恩,明日应进内随同谢恩,当将二百两开发饭菜等款矣。给世中堂通电请示,回电云明日不谢恩,因上不令谢恩也。

十二日(7月30日),早雨,未进内,管理处来画公事,总队官呈请将八月警饷照常开放,其前借之一个月饷银,俟银票价值如常,粮价稍平,再为按月扣还,当批准照所拟办理矣。

十三日(7月31日),进内,见耆大人、陈师傅,由电请示中堂谢恩否,回电云明日在内商量。是日,梁师傅奏请开去差使。

十四日(8月1日),进内,中堂到,商定上已传知不令谢恩,即可不叩谢矣。中堂令堂上预办如意,以备致贺之用,因冯总统今日到京,不日即应新任,应请派员致贺也。晚间醇邸来电话,问冯总统到否,当由电禀复已到矣。本日奉大总统令:任命治格为蒙藏院副总裁。

十五日（8月2日），早被马蜂螫于顶门，急用花露水擦之，尚效，因思蜂伤易治，邪伤难防，所以应常存戒惧，以防非止妄，庶可期危者使平也，凛之慎之。是日未能出门，阅报，知东海已来京也。

十六日（8月3日），进内，王爷、中堂到。回家后接王府电话，令未初二刻至府。届时至府得见，为问询中堂所云优待条件有何见闻事，对云系闻江宇澄所说，此时尚无提议，据徐中堂云俟政府议及，必为尽力维持也。

十七日（8月4日），巳刻汤总长来答礼，一切礼节如前，午初散。晚间，醇王爷电询早间礼节如何，对云与每次一致。

十八日（8月5日），雨，致鹤卿电，云今日不至管理处，回电云今亦不赴该处矣。

十九日（8月6日），因左足不得力，养息一日。

二十日（8月7日），早，治鹤卿至管理处，来电，予亦前往商办公事，订于廿四日申初再至该处，即改为晚衙门矣。

廿一日（8月8日），早，进内，王爷、中堂到，闻中堂见徐相国，据徐云冯总统宗旨仍系维持皇室，并无变更也。中堂令堂上给梁卓如写信，为请其筹发款项以济要需事。午后锡洁庵送来八月分月薪六百元，内扣还前借之一个月之薪一百元，分六个月扣完，计交到五百元，当交三爷开发月例，尚欠下月初十应发之款三百元也。嗣后进款日少，宜思节俭之道为要。

廿二日（8月9日），未进内。

廿三日（8月10日），进内，世中堂到。

廿四日（8月11日），申初，至管理处。

廿五日（8月12日），因腹泻未进内。

廿六日（8月13日），进内，王爷、中堂到。闻世中堂云，前日见冯总统,意旨甚好,并闻金次长给送信,拟于本星期内拨给经费十万元云。

廿七日(8月14日),未进内,拜英参赞哈尔定,晤谈。

廿八日(8月15日),进内。

廿九日(8月16日),进内,上开学。是日领到经费十万元,系七月分之款。

卅日(8月17日),午后至管理处。

七月

初一日(8月18日),进内,王爷、中堂到。晚,银库送到六月分津贴六百元,交三爷。

初二日(8月19日),未进内。是日王天纵、翟殿林会同至端门查看炮位,令总副队官会同前往。

初三日(8月20日),进内。至那宅贺喜。

初四日(8月21日),未进内。

初五日(8月22日),午后,至管理处,治大人到。

初六日(8月23日),王爷、中堂到。午后至鄂宅看视,因鄂宅二姨太太故去,应照拂姑娘之事。

初七日(8月24日),早,耆大人来,托代向汇丰借款三千元,午后至该行见邓君翔,已允照办,半年期,计六个月,每月八厘行息,予作保证人,并有耆宅高阳合记合同作押。

初八日(8月25日),早,进内,耆大人到,交给致邓君翔介绍信一封。

初九日(8月26日),早,进内,耆大人云借款事已办妥矣。

初十日(8月27日),午后至管理处。是日大奶奶寿辰,给衣料二件,手绢二块,现洋廿元,面给上赏福字一张,上赏世杰之妻衣料二件。

十一日(8月28日),王爷、中堂进内。晚间二姑娘由天津回,叔诚同来,四哥同予接至车站,同回家,吃饭后,叔诚住北宅。

十二日(8月29日),内人生辰,蒙上赏实纱二卷,饽饽果品八盒,亲友来祝寿者数家,有晚饭后始散者。

十三日(8月30日),进内,中堂、耆大人到,午后至管理处。

十四日(8月31日),午后至世中堂宅,看均釉花盆四个,中堂云沈吉甫云可出价四万两,穆姓出价四万元,拟售六万元,当可办到也。

十六日(9月2日),王爷、中堂进内。

十八日(9月4日),进内,至管理处,治鹤卿到。

十九日(9月5日),四老太太寿,送寿礼十四元。锡三爷来,送来月薪,除扣还外共交五百元。

廿日(9月6日),发月例。至管理处挑缺。

廿一日(9月7日),进内。交三爷三年公债票一千元,兑换现洋五百七十元。

廿二日(9月8日),世中堂请陪徐中堂。请盈大夫给顺格看病。

廿三日(9月9日),进内,王爷、中堂到。顺格见好。

廿四日(9月10日),未进内,晚,曹大夫来给二格看,用清肺火之药,有效。徐容光来谈,为官炭库事。

廿五日(9月11日),午时姨奶奶生得一女,一切平安。顺格见好。未初至赓宅,代为会商家务,会同裕大老爷及张福将赓宅房契十三张、地契廿六张,送至怡和洋行,收于原存铁柜内。该行经理解之瞻经手,立给存据单一纸,予代为收存,其铁柜钥匙交裕大老爷收存,回家,将怡和所开收据存于书房铁匣内,妥存为要。是日至管理处,治都护到。曹先生今日来诊,云顺格见好,可无妨矣,慰甚。

廿六日(9月12日),进内,中堂到,同至醇王府拜寿,递帖未见。此次系太福晋寿辰,送筵酒、桃面票。

廿七日(9月13日),进内,见朱师傅,请给顺格诊视,午后三点钟来诊,开方,服药有效。

廿八日(9月14日),进内,王爷、中堂到,因初三日庄和主位寿辰,赏银二百两,赏内人银五十两。是日至朱宅回拜。

廿九日(9月15日),进内,中堂令奏事处在储秀宫言语谢恩事,上传语:可不必上来了。散后至世中堂宅,看均釉花盆廿个,中堂云约可售十二万元也。请朱师傅、姚铁臣给顺格看病,脉象渐好,服姚先生药有效。

八月

初一日(9月16日),请姚先生给顺格诊视,服药有效。覆天津信道谢。收到银库送到七月分津贴六百元,内存。

初二日(9月17日),进奉果点八盒,此次用票。

初三日(9月18日),雨,辰初进内,随同至庄和皇贵妃前行礼,赏饭吃。

初四日(9月19日),进内,中堂到,午后至管理处。晚沈吉甫请。蒙上赏二百两,因主位千秋也。

初六日(9月21日),进内。晚,增寿臣请。

初七日(9月22日),进内,中堂交进售宋瓷花盆二对,合洋元票八万馀元。

初八日(9月23日),辰正进内,巳刻随同王爷、中堂至重华宫行礼,上赏饭吃,每人赏给伺候饭者四元。

初九日(9月24日),巳刻奉派至公府致祭冯总统继配周夫人,见冯总统,握手道谢,云不胜感激之至。蒙上赏中秋节赏一千元,明日谢恩。

初十日(9月25日),进内谢恩,并复命,令奏事言语,午后令赵苏拉代售《图书集成》事。未刻至司法科,会同至公府致祭冯总统夫人毕。回家,锡泉老爷来谈开垦事。

十一日(9月26日),老秦回,得悉天津大水,英租界已水深至四五尺矣。午后至世中堂宅同看节账,共用款卅五万馀元,不过择要而已。

十二日(9月27日),进内。至增寿臣处瞧看,问询水患事。

十三日(9月28日),进内,王爷、中堂到。管理处本月经费已领到,告知可于节前开放。晚,内务府送八月津贴六百元。

十四日(9月29日),午至管理处,领到本月月薪六百元,又福子昆交到上档房饭银二百元,交三爷还理节账,并发家中节例,约用二千二百元之谱。晚,收到银库送到饭银六百元,除节用外,交三爷,以备廿日发月例之用。

十五日(9月30日),进内,上赏西瓜一个,果一盘。午后看书半日。晚间望月,口占一首云:"欣逢花好月圆时,皎洁光华人鲜知。今古万年无量寿,贞明未始有盈亏。"

十六日(10月1日),至管理处,给治鹤卿通电话,为天津赈捐事。

十七日(10月2日),进内,永和宫赏银二百两,因千秋也。

十八日(10月3日),进内,谢恩。发九月份东院月例。

十九日(10月4日),进内,王爷、中堂到。造办处交午节饭银三百两,合洋四百十六元,秋节饭银一百五十两,合洋二百八元,共六百廿四元,交四哥给发澄怀园修工一百元。

廿日(10月5日),早,至管理处,商办捐赈三百元事。

廿一日(10月6日),进内,中堂到,散后给王子铮道寿喜。

廿二日(10月7日),进内,随同王爷、中堂行礼,上赏饭吃,回家看《龙溪集》。

廿三日(10月8日),早,至管理处。晚,邓君翔请。

廿四日(10月9日),雨,看书,未出门。

廿五日(10月10日),进内,中堂到。是日为二姐弥月之期,锡闰生、熙隽甫来贺喜。

廿六日(10月11日),晚,至世中堂宅,中堂交办上售花盆之事,福子昆亦来谈此事。

廿七日(10月12日),进内,王爷到,端康皇贵妃召见,为扎彩匠陈文元于昨夜将乾清宫锁损坏,被太监扭获,复又逃逸,中秋节前毓庆宫后库曾失去旧玉一百馀件,此事外边应从严惩办。退出,即告知营造司多老爷桂速令头目将陈匠役缉获,并告护军队长等严查出入禁门之人,并严行查缉。回家后接第一队电话,已将陈文元缉获,送交司法科严讯,旋经崇辅臣科员来云,讯据陈文元供称,伊系下班之人,既无临时门证,不能进门,实无进内行窃之事,不无疑窦,容再掛问,以期得其真相。晚,邓君翔来云,已同人至中堂宅,复看花盆,公商可以留买,拟加价五百元,共作价现洋六万三千五百元,属电达世宅,令其将花盆取去。当即电达增幼轩,令其取去,回电云即可照办。邓君翔即往世宅取物,订于明早令福子昆至汇丰取款。

廿八日(10月13日),进内,与耆大人说明花盆之事。至管理处。午后福子昆来见,已将所售之款取来银条一张,计单开现洋六万三千五百元,按七六二,合中行钞票八万三千三百卅三元,订于初一日将钞票取来存库,初二日早间交进,另有清单一张交予收存,以备呈阅。又托子昆打听正金之事。

卅日(10月15日),进内,中堂由西山归。

九月

初一日(10月16日),早,至中堂宅,交汇丰所开售价并换票清单,午至公园,同乡请陪齐振岩。

初二日(10月17日),进内,中堂到,交售瓷器款。至醇王府贺喜。拜齐省长。至朗贝处谢步,接王世兄来函,据云王少谷先生所欠之款,现代置垦务公司地二百馀亩,每亩每年可租银二元,问应如何办理。四哥云:可求陈尧斋兄代为经理接收之事,按原欠系漕平银四千两之数也。

初三日(10月18日),进内,随同世中堂带匠,上赏饭吃,同至长春宫谢恩,未初回家。

初四日(10月19日),进内,带匠,赏饭吃,上传谕毋庸谢恩,王爷到。四哥赴津。

初五日(10月20日),进内,随同带匠,上赏饭吃,同至储秀宫谢恩,交彩票价款卅元。四哥来信,到津均吉。

初六日(10月21日),进内,随同带匠,上赏饭吃,同至重华宫谢恩。晚,四哥回家。

初七日(10月22日),进内,随同带匠,上赏饭吃,至永和宫谢恩,还堂上伺候饭赏四十元,还贡费。

初八日(10月23日),进内,耆大人到。

初九日(10月24日),进内,随同至永和宫带匠,至毓庆宫带匠,至养心殿谢上赏洋绉恩。散后拟致王鲁民覆函一件,内称承示奉先师遗命,前借之款拟以垦务公司三千元股票作抵,现已分地二百一十亩,招租,每亩年租二元,领有分地字据及租地租约一节,自应遵照办理,此事拟求陈卓甫就近代领,代为经理,即请移交云云。并请四哥致陈尧斋信,托其转致陈卓甫世兄代为经理云。

初十日(10月25日),未进内,至耆宅给耆太太贺寿。

十一日(10月26日),进内,晚,会同世中堂在东兴楼请客。

十二日(10月27日),早,至管理处。

十三日(10月28日),进内,王爷到。至徐相国处贺寿,送四菜四点。至铁宅贺寿。早间与世相谈及圆明园租垦事,中堂尚以为然。

十四日(10月29日),未出门,酌拟垦务公事稿。午后梁师傅来,谈及陈师傅廿三日正寿。

十五日(10月30日),进内,将垦务公事稿交锡老爷缮写。

十六日(10月31日),进内。至耆宅贺。世中堂谈公债票事。早间五太太赴津。

十七日(11月1日),午后至管理处挑缺。

十八日(11月2日),王爷、中堂到,中堂说明债票事已通过。

十九日(11月3日),早,至管理处。

二十日(11月4日),早,进内,署名处司员未到,仅玉全一人在内。晚,金子铮、福子昆请东兴楼,已属子铮转告署名处,令诸位早到,以免贻误也。晚,接姑奶奶来信,云五太太廿四日早车回京。发下月月例。

廿二日(11月6日),进内,耆大人到。

廿三日(11月7日),陈师傅七十寿,蒙恩赏匾对、福寿字、寿歌折篦、古画二轴、玉器二件、旧玉一匣、珊瑚朝珠一盘、寿佛、如意、尺头、银两等件。余送寿对一付,文曰:"学至从心山川比寿,功昭懋德日月合明。"寿幛、筵烛四色。陈师傅请晚饭,申刻前往拜寿,饭后归家。

廿四日(11月8日),进内。早车,五太太归家,叔诚送来,留饭,定于明早请至东兴楼吃早饭。晚,徐中堂请。

廿五日(11月9日),进内,王爷、中堂到。中堂说大总统说租地变价、陵地开矿两事,王爷不以为然。中堂又云总理说皇上出洋留学之事,王爷云可从缓商,遂散。王爷通电话,令未正到府,予届时至府,王爷传见,问中堂所说三事,未审总理所说之事有取销优待之意否,予云并无是说,不过闲谈谈及此事,中堂尚以为然,惟云恐主位不肯令上远离,且须俟圣学较深之时,先在京学习外国文字,然后始能议及出洋留学也。王爷又谓总统所说两事均不能办,一恐于风水有碍,一恐有人责备将皇产售卖,于理不甚合宜也,予唯唯,亦未敢进言也。晚,陈宇春请吃饭。是日请叔诚在东兴楼吃饭,四哥请伊看戏。

廿六日(11月10日),早,至北宅看叔诚,闻叔诚晚车即回津也。晚,庆王、江宇澄、继子寿、增寿臣、吴静潭请在瑞蚨祥西栈晚餐。

廿七日(11月11日),未出门。

廿八日(11月12日),早,进内,锡张五爷谈圆明园事,至管理处。晚,沈吉甫来谈,为盛杏老夫人捐赈代请荣典事。

廿九日(11月13日),进内。

卅日(11月14日),早,进内,中堂到。拜章嘉佛,晚,金蕴卿请。

十月

初一日(11月15日),进内,迓神。至王府贺喜。拜吕敬宇。午后邓君翔来谈,为债票事。

初二日(11月16日),进内,王爷到。午后,给伦贝子拜寿。晚,王京兆、金蕴卿、李荫之、熙隽甫、孟觐侯、福子昆、赵汇川七位在瑞蚨祥西栈公请,余先散。至世中堂宅,晤谈总理辞职及财政部总、次长致本府公函事,一为债票,一为支票事。银库送到九月津贴六百元。

初三日(11月17日),早,至管理处,见子昆略谈。又至汇丰见邓君翔谈债票事,闻梁云总理允为办结,据梁总长云可办成矣。又谈支票事,嘱转达世中堂,余即至世中堂处说明。午后至醇王府给王爷谢步。晚,徐容光来道谢,明日不克到矣。

初四日(11月18日),进内,中堂到。晚,东兴楼请客。

初五日(11月19日),子厚侄生辰,给银四元。午后朗贝勒来，托恒圻事。晚，邓君翔来电话，又送来信一封，为明日派人赴部事。接王云阁来函，云派世勋为工务科中缮写，月薪廿元云。

初六日（11月20日），未进内，午刻至中堂宅，为邓君翔来函派人领俸票事。

初七日（11月21日），进内，接中堂函并财政部公函一件，当即加封送交钟捷南处。晚，钟捷南来谈，已将公债票送至财政部，取有回信，明日可领六厘公债，系会同至中国银行承领也。

初八日（11月22日），进内，王爷、中堂到。至福宅拜寿。

初九日（11月23日），早，至管理处，派恒圻、宗彝、王益三为学习科员。回家，赵常森来取洋板《图书集成》，代为变价现洋二百元。晚，钟捷南、福子昆、恩绍安来云，所换六厘公债票已领到，交汇丰银行邓君翔妥存矣。三位去后，邓君翔来云，债票之事已办讫矣，如见世中堂可提及告菊老数目及往见梁任公事。

初十日（11月24日），进内。至杨亲家太太处拜寿。

十一日（11月25日），未出门。

十二日（11月26日），午前，至世中堂宅请客。

十三日（11月27日），进内，世中堂到，耆寿民到，谈公事，有多事之处，日后当以缄默寡言为要，如有良心上不容不说之言，再为谨慎出之，是为至要。至管理处。

十四日（11月28日），未进内，家中恭叩寿喜。

十五日（11月29日），王爷、中堂到。是日慈亲寿辰，天时和暖，张叔诚来祝。

十六日（11月30日），早，庆王爷、江将军来祝。给张亲家太太覆函道谢，定于明日请叔诚看戏吃饭。

十七日（12月1日），早，至管理处，午后请张叔诚、周立之看戏，在东兴楼晚餐，叔诚晚车回津。

十八日（12月2日），早，进内，世中堂到，午后拜客半日。

廿一日(12月5日),辰初进内,是日祭奉先殿,由醇王爷代诣行礼,予走前引之差。

廿二日(12月6日),四哥六十正寿,巳刻拜寿,予拟寿联云"清净修心自求多福,孝友馀庆天锡大年",并进银一百元,烟壶一个,玉皮玉佩一件,汉瓦砚一件,墨盒一个,衣料二件,是日用素菜,约用五十元之谱。

廿三日(12月7日),予寿辰,蒙恩赏银三百元,衣料二卷,进内,至养心殿先给皇上谢恩,次行三跪九叩礼,上云汝福寿久长,面赏御笔福寿字一条,当面谢恩,又蒙四宫皇贵妃赏银一百两,尺头四件。回家行礼。醇王爷赏如意一柄,筵酒、桃面票四张。

廿三日(12月8日),早,进内,由内奏事言语给四宫主位谢恩,未召见,遇陈师傅,略谈时事,退出。至醇王府递帖叩谢。是日张叔诚回津,予送至车站,晚间通电,戌刻到津也。

廿五日(12月9日),大风,未出门,午后龙先生佐才来谈,送灵符一张,谓可避水火兵险云,拜而受之。

廿六日(12月10日),早,至管理处,会同治鹤卿拜钱干臣总长,晤谈,顺路拜沈冕士次长。回家,午后拜客。

廿七日(12月11日),进内,王爷、中堂到。

廿八日(12月12日),午,于志昂次长来拜,晤谈,午后拜冯敏卿,请明日来诊。

廿九日(12月13日),雨雪,午刻派马车接冯敏卿给四哥诊视,据云肝郁化热,开方服药,有效。福子昆、钟捷南、增旭谷来谈部给经费五万期票,可取十万,俟取出即将要款开放也。

十一月

初一日(12月14日),四哥服药见好,惟左肋觉凉,当加云苓四钱,陈皮一钱五分,煨姜一片,意在利湿兼制馀药之寒性也,仍服前方,加入三味服之,有效。晚,仕学馆、师范馆学生公请于桃李园。

初二日(12月15日),进内。请冯先生给四哥诊视,见愈,仍服前方,加木瓜一味。

初三日(12月16日),进内,锡老爷请回明中堂事。

初四日(12月17日),至管理处,拜客。令三爷至汇丰用支票支取一百两备用。

初五日(12月18日),进内,王爷到,世中堂因气喘未到。申刻陈、伊师傅请。晚,银库送十月分津贴六百元。

初六日(12月19日),请冯敏卿来诊,四哥见愈,冯开方系补肾柔肝和肝之剂,服之有效。

初七日(12月20日),进内。至世中堂处问病,据云见愈。午后至管理处挑缺。福子昆交上档房饭银一百元。求治鹤卿转致荣书章函,为恩公转托事。回家,令三爷由汇丰用支票支取一百两,又加廿元票,共发东院月例合现洋一百五十元。晚,张叔诚来,留便饭。

初八日(12月21日),请张八爷、张九爷在庆云楼便饭,叔诚晚车回京。

初九日(12月22日),冬至。进内,回家祠堂上祭。午后单束笙来,交到铁路还本之款现洋三百卅八元,又票一百元有零,还本分期证券一张,存铁匣内。晚,崔子良来谈,交公事二件,一炭窑事,一回乾木植事,属请世中堂看,并属回明王爷,伊拟往见也。为叔诚撰寿联一付,求人写妥,联语云"儒行尚仁温良为本,洪范锡福寿富所先",并识云:"寿居五福之先,犹仁为四端之首也;圣人言仁者寿,其在斯乎?丁巳仲冬,叔诚贤婿二十初度,因撰此联,以抒祝忱云。"

初十日(12月23日),请冯敏卿给四哥诊视,见愈,开方,加枣仁一味，据云可多服几剂。

十一日（12月24日），进内。至世中堂宅，说崔子良所谈公事，并锡泉拟办垦务事。中堂云可令伊等向太监自为接洽妥协，再为递呈请批，继良曾提此事，亦如此告知也。晚，锡泉来，当将中堂之话告知，令其转告刘某自为接洽可也。

十二日（12月25日），至天津，给叔诚道寿喜，暂住一日。

十三日（12月26日），早车回京，午后至醇王府请见王爷，晤见，王爷云改于廿日进内。晚，朱老师请晚餐。回家，邓君翔来谈。

十四日（12月27日），早，进内。至中堂宅，晤谈君翔所谈事。叔诚由津回京，同八爷来，留便饭。晚，邓君翔来谈债票事。

十五日（12月28日），午，至世中堂宅晤谈君翔所属转达事，送世宅如意喜礼一份。

十六日（12月29日），请冯敏卿给四哥诊视，据云再服数剂可收功矣。在东兴楼请冯敏卿、张八爷、张九爷便饭。回家，崔子良来谈兰阳森林事，并言大总统云此事应问皇室有何办法，如有办法，总以皇室自办为宜等语，属转达世相云。叔诚晚车回津。

十七日（12月30日），进内。回家邓君翔来谈，请伊至世中堂处详谈一切，午后君翔又来，属达世中堂二语，当至中堂处转达，并述崔子良所谈事。至马宅行情。晚，接世中堂来信，为公债事。

十八日（12月31日），早，耆大人、福子昆、钟捷南来，将中堂交来之大总统函给看，令二位拟底答覆。余与耆大人同至醇王府，回明总统来函世中堂拟覆之意，复同至世中堂宅晤谈已经回明王爷之事。回家，锡洁庵送管理处月薪五百元，扣一百元，共六百元，交发月例。

十九日①(1918年1月1日),辰刻,至总统府递片贺年禧,至汤济武处贺喜,至世中堂宅贺喜。回家给四哥诊脉,肝脉微数,耳中不甚清爽,因将冯方何首乌改为女贞,并加丹皮一钱,以清肝热,减去葛根,加生谷芽一钱,以健脾消食,服之有效。派人至外国熟人处送片贺年。

廿日(1月2日),大总统派钱能训来答礼,世中堂未来,余念答辞,接待来使,午刻散。奎五爷来,托办荫生事。发西院月例。

廿一日(1月3日),午刻,请冯敏卿给四哥诊视,开方和肝扶脾、滋补肝肾之剂。午后至多谷四爷处行情。世中堂差人来,持财政部来函给看,看毕封好,交来人带回,函中大意拟派人会同本府将债票盖印"皇室私产,不得转移为他人所有"戳记云。

廿二日(1月4日),四哥服药有效。午刻钟老爷、恩老爷来谈债票事。午后锡老爷来谈,刘子厚印连奎已与卢首领说明,卢首领肯为担任,余云此事须令卢首领向中堂说明,然后再为递呈,俟批准后三面再为接洽,订立合同云。晚,增二爷作寿,请吃晚餐。

廿三日(1月5日),进内。午后两点至内务部茶会,闻钱总长云大总统本月七号寿辰,即阴历廿五日,当至世中堂宅,属门房俟中堂睡醒回明,以便电请醇王爷派员致贺。晚间堂上来,请看致国务院函底,知已派涛贝勒矣。

廿四日(1月6日),进内。午刻,银库四位来家,谈债票覆财政部公函事。晚间闻总统府挡驾,涛贝勒即不前往矣。

廿五日(1月7日),早,差人至公府送名片挂号,给大总统贺寿喜。至管理处,治鹤卿到。

---

① 此处天头补书:"民国七年一月一日。"

廿六日(1月8日),王爷、中堂到,中堂回王爷所办债票之事现已全数换回,已面见大总统说明不用盖戳,但须由中堂函致财政部声明,如将来必需动用债票之时,先向该部报明,再向中国或交通两银行商议押款,此外不得将债票落于他人之手云云,即为办结矣。

廿七日(1月9日),请冯敏卿给四哥诊视,换方,服之有效。余喉间肿痛,请诊服药,未愈。

廿八日(1月10日),余服养阴清肝汤,略愈。

廿九日(1月11日),余又受感冒,服冰糖菉豆白菜头草节汤,微汗稍愈。

卅日(1月12日),请曹巽轩来诊,服药有效。

十二月

初一日(1月13日),请巽轩来诊,服药有效。左脚微肿。

初二日(1月14日),用红药洗脚及用白药水擦之。

初三日(1月15日),因脚未愈,未能进内,求耆大人转为呈回告假一日。二少爷因还债向竹铭借六百元,即可了清矣。

初四、五、六日(1月16、17、18日),脚痛仍未大愈,仍用红药水、白药水治之。

初七日(1月19日),左脚大指仍痛,敷白药水,稍好。竹铭交存现洋四百元,暂为挪用,发东院月例一百三十元,又发厨房一百六十元,还永裕一百四十元也。

初九日(1月21日),未能进内,求中堂代为告假。

十一日(1月23日),增宅喜事,令竹铭去。四哥服巽轩之药已三剂,未见愈,明日再请诊视,改方调理。

十二日(1月24日),请曹巽轩给四哥诊视,改用柔肝养阴利湿之剂,服之甚效。

十三日(1月25日),四哥见愈,仍服前方。晚间明妞夜啼,盖受风将出疹也。

十四日（1月26日），请曹巽轩给四哥及明妞诊视。是日阅报，有总统晚车赴津之说。

十五日（1月27日），进内，王爷到，中堂到。闻冯总统已于昨晚十点赴津矣。回家，曹巽轩来诊视，四哥服药见效，照方再服一剂，给明妞另开一方，清热解表之品。

十六日（1月28日），请曹巽轩给四哥诊视，又给小妞诊视开方。午后拜客，耆、梁、增三处。蒙恩赏福寿字。

十七日（1月29日），早，进内，谢恩。见翟懋亭团长住石碑胡同，闻冯总统今午回京。至管理处。回家，见四哥服药有效，照方再服一剂。明妞愈。

十八日（1月30日），请曹先生给四哥诊视，略改前方，据云入春恐有变端，闻之甚为恐惧，应敬谨保卫，拟得便请朱师傅来诊，代为斟酌为要。

十九日（1月31日），进内，王爷、中堂到。未刻至汇丰见邓君翔，借现洋一千元，立一字据，言明按年六厘行息，随便归还，此款为年节及月例用项也。邓云卢司长云，俟该总长离署，可将府函交回，该函并未入号也。又云已向部中代为要求，年款大约可给经费六十万内外，君翔拟向盐业、交通两银行代为说项，借三四十万元，以敷一百[万]元之数，甚为关切也。回家，闻四哥吃饭半碗，吃粥半碗，精神尚好，照昨方再服一剂。是日祥格由天津回京，接姑奶奶来信，张宅并送年礼等物。

廿日（2月1日），进内，带匠。散后至朱老师宅，请给四哥看病。至泽公府道喜。回家，曹巽轩来诊开方。午后朱师傅来给四哥诊视，拟方补养肺脾兼和肝利湿清热之剂，服药有效，四哥吃粥、饭各半碗。

廿一日（2月2日），早间四哥气分觉弱，未能下地，又请朱师傅诊视,开方建中气、清肝利湿之剂,因请德医狄博尔诊视,服西药,未服中国之药,服所用药水,能进稠粥,精神亦佳。

廿二日(2月3日),星期,狄医士未来,明早十时来诊。是日服药,进粥五次,饮食尚好,精神亦觉见好。曹巽轩来诊,云四世伯脉象如昨,气虚仍有湿热也。午后见铁先生略谈,求其转托狄君也。

廿三日(2月4日),早十时,狄大夫来诊,病情大致如昨。

廿四日(2月5日),早,四哥气弱,自谓服狄大夫药不见效,仍令请曹先生,当给曹通电,少时即来诊,据云气分太弱,仅一成希望,开方服药尚为平和。又请尚会臣来诊,开方服药,亦尚平安,惟气弱不能进食,甚可危也。

廿五日(2月6日),丑刻闻四哥气微,予即趋视。四哥云:我欲行矣,惟慈亲在堂,未能尽孝,是为憾事,望越千尽心侍奉,家中之事,望多为分心照料一切,汝善为修行,将来尚可西方相见。余云:侍亲理家,是应尽责任,愿将来西方相见,即请念佛往生为要。四哥即合掌念佛,直至气微始止,气息奄奄,至卯刻气绝。鸣乎痛哉,五十余年手足,一旦死别,伤如之何。惟念老亲在上,亦不敢不节哀顺变,以慰亲心也。即刻敬办后事,于是日未刻入殓,廿七日接三,停放十七日,念经六日,请定梁节庵题主,耆寿民、瑞裕如襄题,曾经令世良承继为嗣,系写世良承祀也。因方向不宜,暂在阳宅停放,俟夏间漆饰,明年己未年始能安葬也。先公诗云"凄凉只影鹡鸰悲",今亲历斯境,真苦况也。惟有敬谨侍亲持家,以继先兄之志,是为至要。①

---

① 以下诸事为本册末尾所附杂记文字。按至"二层楼上,已移回矣",皆用笔圈起。

欠款应记数目：

欠汇丰五百两正，又四百两，共计九百两正，原存一百两，共借八百两。

欠何姐一百元，欠老秦一百二十元，欠姨奶奶一百元，又十四元，已还。

欠竹存现洋四百元，又东院大爷、欠姨奶奶一百元。

支过管理处月薪六百元，计一个月之数。

张宅住天津法租界华丰大楼，大来饭店傍十三号，潞河张公馆，二层楼上，已移回矣。

欠款附记：

福子昆代借一千元，义顺号，无利息。

前欠汇丰支票取约八百两，又字据借一千元，按年六厘息，随便归还。

欠竹铭存四百元，欠姨奶奶一百元，欠四老太太……又支过管……①

---

① 以下数字残。

民国七年戊午(1918)日记

以下日记第二十六册①

[正月]

戊午年元旦(1918年2月11日),卯刻出行,进内,世中堂到,随同至养心殿。尚有耆大人、堂郎中同往。在皇上前跪安,中堂云"皇上万事如意",兴,行一跪三叩礼,谢赏春条、荷包恩,面赏延恩春条,又行一跪三叩礼谢恩,退出。同至上书房,候醇王爷到,办事毕,随同至太极殿,在四位皇贵妃前行三跪九叩礼,又行一跪三叩礼谢赏荷包恩,退出。以上服色系染貂冠、红朝珠、白凤毛蟒袍、补褂。敬候上升乾清宫,换朝衣、朝冠、不带嗉貂褂、红朝珠、荷包、手巾。同至乾清门内甬道上行三跪九叩礼,礼毕退出,仍换蟒袍、补褂。至醇王府递双合页光名大帖贺新禧,至荣寿公主府口回叩新禧,给麟公爷递光名双合页大帖道新禧。因在公主府,是以递双合页大帖,交回事处也。

回家,写元旦帖云:元旦举笔,书龙虎字,大吉大利,萱堂徐庆,枫陛延恩,栋家继志,立道修身。

昨晚银库送到三个月津贴一千八百元,年节饭银六百元,上档房福子昆送饭银五百元,除还年帐外,尚馀一千元也。

初二日(2月12日),早,祭财神,未出门。晚,族人马延喜

---

① 日记第二十六册,封面题:"敬畏斋日记,廿六,民七戊午年元旦至九月三十日。孙延煦谨志。"

甫子元来见。

初三日(2月13日),早,进内,回家,庆王爷、冒君广生来奠,孙仲诚来帮缮各件,谈及王占元督军退至孝感矣。①

初四日(2月14日),梁节庵先生来看。发陈尧斋信。送醇王爷寿礼。如意一柄,酒席、桃面票。与杠房张掌柜略谈,属其节省办理。接天津姑奶奶来信,均好。

初五日(2月15日),进内,王爷、中堂到。堂郎中交造办处饭银三百两,合银元票四百十六元。会计司钟捷南交饭银二百四十两,按七钱二合现洋三百三十三元四角。至醇王府递帖叩寿喜。回家,是日拈花寺唪经,耆寿民转请定宝瑞翁襄题,明日送请帖,并请宝老爷镛、樾老爷兴届期导引。

初六日(2月16日),醇王爷来道谢,并派人送祭席一桌。蒙恩赏端砚一方,朱墨一方匣。是日派人送讣及经单,肃邸差人送经一棚,祭席木兰纸锞。

初七日(2月17日),进内,随同伦贝子至养心殿谢恩,因初九日孟春时享在斋戒期内仍穿常服貂褂、挂珠,退出,至醇王府谢步叩谢。是日家中送库,来客甚多,张叔诚来,晚饭后往北宅住。

初八日(2月18日),晚,杨时百、张叔诚来。戌刻祭星。

初九日(2月19日),世慕韩侄来京,送经三日,随楼库等件。未刻马岵庭来书写神主。蒙恩赏一千元,因万寿也。

初十日(2月20日),早,进内,谢恩,先回,候梁师傅、宝瑞臣、瑞裕如到点主,瑞鼎臣、张八爷由天津来京。

---

① 此处天头补书:"附记:四哥于年前十二月廿五日卯刻逝世,临终口念佛号,盖往生净土矣。接三后,于本年正月初六日起经计停放十七日,因方向不宜,暂停阳宅内,明年可办葬事也,拟挽联一联云:'净土励清修,莲池往生归极乐;人间多憾事,棠华萎谢不胜悲。'"

十一日(2月21日),送库,礼王、睿王、涛贝勒、朗贝勒、伦贝子、泽公、世中堂、赵次帅、陈、朱、梁、伊师傅及内务府司员、亲友、同族等均来致祭,晚,请四哥神主供于东院。

十二日(2月22日),辰刻,四哥发引,予送至铁塔换杠,回家。四太太、五太太率大、二侄、竹铭及大、二孙、二侄妇、女均送到茔地,张叔诚送至茔地。慕韩侄定于明日晚车回奉天。

十三日(2月23日),卯刻进内,候至巳初三刻上升乾清宫,随同在甬道上行三跪九叩礼,系穿白风毛补褂、黑皮帽、红朝珠、蟒袍。巳正二刻,总统遣大礼官黄开文来致贺,随带卫侍武官四员,予与寿民导引,世中堂念答词,觐见毕,江将军及李长泰甫阶平统领等六人为一班,予与寿民带见毕,均至上书房用酒点。醇王爷到,见专使黄锡臣,问候大总统,称谢毕,王爷至东屋坐,专使略谈始散,遂均退出。随同中堂至东屋办早事毕,同散。予至东兴楼请张八爷、张九爷、慕韩侄便饭。回家,蒋性甫来看,晤谈。接马祜庭代拟函稿。晚,接黄章京电话云,电灯处宁委员在内演电影,共师徒三人也,九钟后演毕退出。

十四日(2月24日),良格感冒咳嗽,请姚铁臣来诊,开方清解化痰之剂。令三豹赴先茔上祭。晚,二爷请看东院月例单,除南园房租五十元抵用外,仍应交现洋二百廿六元,已令三爷照发矣。

十五日(2月25日),良格服药见效,照方又服一剂,明姐感冒,照曹先生之方服一剂,疏解化痰清热之剂也。令三爷供祠堂元宵,给张亲家太太及叔诚发道谢信。三爷将素事帐结清,共用现洋二千壹百元之谱,除收分金合现洋四百馀元外,由义顺银号借现洋壹千元,系福子昆经手代借,并无年限利息。由家拨用纸币壹千馀元也,义顺之款只得徐筹归还也。

十六(2月26日),早,进内,耆大人到。午后姚铁臣来给大、二爷、小姐诊视开方,均妥。

十七日(2月27日),大、二爷均愈,小姐喉间微肿,照原方加入养阴清肺汤之意调理。

十八日(2月28日),早,进内,中堂、耆大人到。晚,四太太交来元高房山画手卷、倪云林手卷各一匣,扇面两册,又字画九卷,以备待价而沽,籍以为还帐之用。

十九日(3月1日),进内,王爷、中堂到,中堂找四宫首领说圆明园之事,据云该处之地前交租四百元,今有人欲种此地,可每年交租三千元,向有之随费照旧,令各首领回明四宫主位可否办理。永和宫刘成平云已回明,上云多交租固然好,但不知何人承租,中堂云系本内务府人承租,其馀三宫首领云已回明主位,甚喜悦,可照办。中堂欲找济老爷良说此事,予云此事系锡泉之弟张锡智与刘德昆欲办,即请找锡泉问询可也。午后锡老爷泉来家,予告明此事仍以锡、刘二人出名为妥,至于拟入股者,可三面自行商订也。

二十日(3月2日),早,锡老爷来谈租地事,锡洁庵来画公事,高科长、崇辅臣来画公事。晚,酌定四哥履历,以便求人作传也。

廿一日(3月3日),早,进内,带匠,锡老爷将租地之呈呈中堂阅定,令其于廿五日携带进内,以便呈王爷阅看。至吴辟疆处道谢。晚,将所拟定四哥履历交延康,令其往求邓伯成作传。

廿二日(3月4日),至管理处。回家,魏家胡同公爷来谈鄂宅家务,属荐家人①。接耆大人来函,为借款展期属达君翔事,当给邓君翔作函,明日发。

廿三日(3月5日),早,发邓函,当奉函复,既承函嘱,自应

---

① 此处天头补书:"拟(见)[荐]刘禄。"

遵办，即刻电达耆寿民矣。请张医来看，左手肿痛，开洗药方，令照方燻洗。是日锡师老爷来开学，大、二孙入学。魁伯实来晤谈，托传伊族人英全充巡警事。廿五日满月祭，已令三爷届期前往也。

廿四日（3月6日），左手见愈，给铁宝臣作函道谢。午后锡三爷交来管理处薪水六百元，当交三爷清还浮欠三百卅元，仍存二百七十元，存账房。晚，接梁师傅信，为刘聚卿请赏匾额事，外信一函，嘱交世中堂阅看。闻作舟侄云，风闻奉天军队有由廊房北来之说，时局如是，必须随时敬慎防维是要。

廿五日（3月7日），进内，王爷、中堂到。中堂请王爷看刘、张承租园地呈一件，王爷阅后，略问，中堂答覆，王爷散后，中堂将原呈交堂上云，此事照准，但该园太监调回当差一节，应令伊等自行向宫内首领接洽求恩，以便将该太监等调回也。中堂谈及外边谣传又将办复辟之事，已与诸位老师谈及，请诸公无事时作文章一篇，以便真有人言及此事时，预备对待推却也。并拟访徐中堂一谈，属其便中吹嘘皇室实无人希望此举之意也。散后拜瑞鼎臣晤谈。

廿六日（3月8日），早，至管理处，闻奉军已至廊房。晚，前商部友人公请，已辞谢矣。

廿七日（3月9日），早，进内，朱师傅、耆大人谈时局可畏事，散后至继宅行情。

廿八日（3月10日），早，四哥神主前上祭行礼，脱孝。午后拜客，至泽公府看内务部抄件。

廿九日（3月11日），早，进内，耆大人到。午后拜客，早间，耆大人谈及王船山云唐太宗谓不贪天方转之机，不用人浮动之气，诚为至言。

卅日（3月12日），至西城拜客，晚，广济寺方丈现明请晚饭。现明会圆光,由徐霨如家老夫子周先生看光,予问先兄得往生净土否,周先生看见有四句云:"认得菩提路,平时发至心。临终蒙接引,夙世善根深。"玩词意,似已往生矣。

二月

初一日(3月13日),进内,王爷、中堂到。金子铮带见刘连魁、张锡智,为承租圆明园地亩致谢事,午后,锡老爷泉同刘、张二位来家晤谈,令三爷与彼等相见,并将所拟合同底暂留,代为酌订也,晚酌订合同及办事细则,交三爷暂存。

初二日(3月14日),署中送到春俸一百零七元六角,进呈、分送讫。① 午后拜客,至鄂宅谈荐刘禄,订期令刘禄前往事。

初三日(3月15日),进内,耆大人到,谈及申屠君预言冯将退,徐将接,三月后发现某事,三年后将有外国干涉内政之事。此等预言原不可尽信,但所言四月恐有扰乱之事,诚为可虑,不可不敬慎防维也。散后拜客,早饭后未出门。

初四日(3月16日),早,拜客,未刻至管理处挑缺。

初五日(3月17日),进内,顺路拜客。午后醇王爷召,即赴府,系问时局如何,谣传渐息否,当据近闻以对。回家增尹大爷来谈,函达管理处已逐鲁魔出庙,从宽免究事。本日有命令:高祖佑晋给三等嘉禾章,福启晋给四等嘉禾章。

初六日(3月18日),甲子,给良格停乳。银库送来本月俸银六百元,交三爷开月例等项之用。闻是日四钟,前敌克复岳州。

初七日(3月19日),进内,王爷、中堂到。陈说徐中堂荐英

---

① 此处天头补书:"附记:进呈老太太廿元,四太太十元,给二姑娘十元,给五太太十元,给姨奶奶十元,给西院大奶奶廿元,给良格五元,给东院大奶奶十元,给二奶奶十元,共一百〇五元。"

文教习丁嘉立具有深意,当此时局,似宜早办,请王爷与中堂商酌办理,王爷云稍缓再定,散后回家。

初八日(3月20日),王爷电召,午后一点半至府谒见,王爷问丁嘉立事,谨据所见闻以对,王爷云须回明主位再定,予云请王爷再与中堂、师傅酌订,总以详审为宜,退出。至世中堂宅请看梁师傅信,为崇陵风水墙工程要款事,中堂云先给五百元,下馀俟与梁师傅说明再付,略谈时事,回家。

初九日(3月21日),午后至管理处挑缺。

初十日(3月22日),午后出城拜客,至锡文诚公宅吊唁。

十一日(3月23日),进内,世中堂到,回家接光裕如来信,当覆一函致谢。

十二日(3月24日),晚,毓五爷请看梅花,晚餐。

十三日(3月25日),进内,王爷、中堂到。晚,王叔鲁请晚餐。

十四日(3月26日),晚,徐容光来谈,为打听是否售珠事。

十五日(3月27日),早,至世中堂宅晤谈徐容光打听事,中堂云并无其事,谈及请丁嘉立事。是日请姚铁臣给慈亲看病,受感冒咳喘也,服药有效。晚,增瑞堂将军来见,晤谈。

十六日(3月28日),早,进内。回拜增将军。至管理处见冶鹤清,托竹铭差使事。

十七日(3月29日),午刻至盆儿胡同岳云别墅祭张文达公,见张仲卣、王叔衡、杨时百诸君。闻长沙已于昨日克复,时局或可望结束也。

十八日(3月30日),早,至管理处。

十九日(3月31日),早,进内,王爷、中堂到。发西院月例。慈亲咳嗽未愈,又服姚先生药一剂,用前方也。

廿日(4月1日),慈亲服药见愈。找出字帖数件,拟变价筹款也。晚,曹巽轩请晚餐。

廿一日(4月2日),早,进内。慈亲仍嗽,饮食较少,拟明日请姚大人再来诊治。竹铭交到现洋六百元,以备垦地入股之用也。徐蔚如送来《印光法师文钞》一本,所著净土法门等论甚透彻也。

廿二日(4月3日),慈亲早起见愈,未请姚君。至耆寿民处送去字画等件,求其代为转售。内计九件:宋拓法华碑、兰亭、圣教序三册,成亲王书两种计三册,刘石庵手卷一件,高宗御笔两件,倪云林手卷一件,共九件也。寿民允为代办。至梁、岳宅贺喜。

廿三日(4月4日),进内,翟团长至护军室晤谈,为修房用款事,属转达世中堂,约用现洋二千九百馀元也。

廿四日(4月5日),清明,赴先茔祭扫,系四哥六十日,烧船桥等件。世中堂通电,因车夫乐德山酗酒滋事,送司法科看押。管理处送到月薪六百元,系阳历四月分。

廿五日(4月6日),进内,王爷、中堂到。因搭天棚恐有威险,中堂率余与寿民请见主位,陈明时局尚在不靖,请本年缓搭天棚事,上云可毋庸搭矣,遂退出。慈亲咳嗽有痰,服姚先生陈方一剂。

廿六日(4月7日),早,给恩、赵宅贺喜。晚,公请商部旧同事五十馀位,杨杏城新到,亦列请。每人分现洋十元〇五毛,当付讫。

廿七日(4月8日),早,进内。各处贺喜。晚,施省之、沈吉甫请晚餐。

廿八日(4月9日),未出门,请姚铁臣,值渠回家未来,因照姚留陈方减紫苑,加白芍、牡蛎二味,以潜阳却痰和肝,服头煎有效。接梁节庵来信,为工程索款事。

廿九日(4月10日),进内,耆大人到。至中堂宅,回明(良)[梁]师傅因风水墙修工领款事,中堂令问明究用款若干再为发给。至德国医院看梁师傅,见愈,并问修工用款事,梁云前领之捐款五千元,当发给遐小鹏种树款四千元,发给徐全本一千元,嗣由内务府又领修工银五百元,原估定风水墙工程系现洋一千八百元,此次拟再请领修工款五百元,下馀再说可也。余唯唯。小妞感冒,请曹先生来诊。

三月

初一日(4月11日),至管理处,交益信、熙钧二员,派在总务科学习科员。午后曹先生来给小妞诊视,散风清热化痰之剂。

初二日(4月12日),进内,中堂到,与中堂说明西陵围墙工程梁师傅请再发五百元,中堂首肯,已告银库照发矣。圆明园佃户递呈为愿租种园地事,中堂告以该佃户等商定交租若干再为酌夺云。

初三日(4月13日),大风,未出门,耆大人来,属为其公子作媒事,与志赞西结亲也。三妞仍未大愈,因拟一方,照曹方加减,试服之。

初四日(4月14日),进内,王爷、中堂到。给慈亲取药一剂,理气化痰和肝之陈方也。晚,张叔诚来京,留晚饭。

初五日(4月15日),请叔诚午饭。晚,至车站接朱桂辛晤谈,问候即回。

初六日(4月16日),早,至叔诚处,遇于赞武世兄,略谈。至朱桂莘处晤谈。至怡园给庆邸道寿喜,晤谈。至姜翰卿处谢步。明晚拟请张八爷、张九爷、同二老爷、于少爷便饭。

初七日(4月17日),午,同世中堂请姜翰卿,散后至中央公园欢迎朱总长。晚,请张八爷、张九爷、于赞武便饭。

初八日(4月18日),早,进内,耆大人到,散后至徐相国家送行。午后拜张九爷、于少爷。

初九日(4月19日),未刻,至汇丰见邓君翔,代五亲家太太换存据,均改为五厘行息矣,存据交竹铭收讫。

初十日(4月20日),进内,王爷、中堂到。继、增大人请早饭。见江宇澄,谈刘世昌诉(颂)[讼]事,或令其私和,或送交大兴县办理。散后至崇辅臣处谈刘世昌事,属其转达高保卿。回家,庆王爷来道谢。银库送到本月津贴六百元,当交三爷入账矣。是日竹铭赴津张宅道谢。

十一日(4月21日),早,耆寿民来送三代帖、庚帖,属于十三日酉刻送至志六爷家,换回女家三代、庚帖。午后至袁俊亭处道寿喜。二区巡警来,令将履历添写参议院选举单内,即照办。写明:某名,京兆大兴县人,护军都护使,曾任财政部首领。梁师傅来函,因崇陵风水墙工程属转达世中堂领款,当将原函送交世中堂处。

十二日(4月22日),雨,未出门,慈亲痰阻气机,过一小时始愈,夜间得睡尚好。

十三日(4月23日),早,进内,酉刻至志赞爷处送耆宅门户、八字帖即三代、庚帖也,换回志宅三代、庚帖,送交耆寿民处,亲事已有成局。

十四日(4月24日),早,至管理处。至赵闰生处拜寿。

十五日(4月25日),早,至极乐林,贡王办周年。午后至崇嵩生处行情。看张叔诚。晚,刘聚卿请晚饭。

十六日(4月26日),进内,王爷、中堂到。是日引看三旗女子,照料放牌,令司法科办稿,将刘世昌与张达全因争地诉讼一案函送大兴县归案办理。

十七日(4月27日),午后,至管理处挑缺。马峃庭来谈。

十八日(4月28日),进内。至毓璋公府道谢。午后邓三爷来谈股票利息事。瑞二爷来,托办荫生二件。

十九日(4月29日),午,请叔诚在德昌西餐。给龙宝卿一函,辞明日饭局。晚,接姑奶奶来信,云鹏格见愈,慰甚。发东、西院月例,先仅现用者,馀俟月初再发也。

廿日(4月30日),雨,晚,崇辅臣请便饭。

廿一日(5月1日),早,进内,耆大人到。午后管理处挑缺。

廿二日(5月2日),延经来,云世戒轩求函达慕韩侄转托缓还借款事,当作函交延经寄去。

廿三日(5月3日),进内,中堂到,王爷因欠安,改于廿六日进内。告银库一事,为查明上在前大清银行存款事,中堂又令银行设法办理交通行支票事。

廿四日(5月4日),未出门。

廿五日(5月5日),先兄三满月,四嫂率二姑娘、良格赴先茔致祭。管理处送阳历五月月薪六百元。

廿六日(5月6日),进内,王爷、中堂到。午后至管理处,治大人到。戌正,世杰之妻生得第五子,一切吉祥,曷胜庆幸。杨府亲家太太来照料,请美国女士熙大夫收生,甚妥协,送给洋银卅元,给大奶奶廿元,以备自买食物之用也。

廿七日(5月7日),未出门,昆章京泰电告李长发招待王师长延桢事。李坦达亦来电,当答复,盖欲同游御花园,因甄询并未往游也。

廿八日(5月8日),进内,带匠,随同中堂至长春宫谢恩,奏明上欲骑马事。上赏画扇一柄,赏饭吃。奉敬懿皇贵妃谕:四月初四日交出瓷器,令中堂转售备用。接陈尧斋兄覆信,为皖省地租,寄来一单,应存以备查,并应覆函道谢及问税契否。

廿九日(5月9日),进内,辰刻带匠,世中堂先散。至王爷府为某借债票事。蒙庄和皇贵妃赏饭吃,巳刻退出。

四月

初一日(5月10日),进内,辰刻带匠,重华宫赏饭吃,并赏折篦一柄,龙字一卷,随同世中堂谢恩。是日带乌林。

初二日(5月11日),雨,进内,敬事房传出挂兑一日,明日带匠。晚,陈遇春请。

初三日(5月12日),进内,带匠,中堂到,同至永和宫谢赏饭吃,复至养心殿谢恩,得赏洋绉二匹,折篦二柄,香串等一匣,随同中堂至太极殿请见主位,奏明大总统借债票三百万元事,上俞允,退出。回家,宪大爷来见,谈及天津租房事。

初四日(5月13日),至管理处,科长已散矣,遂回。给陈尧翁写信复谢,为皖省地租事。另有信稿。

初五日(5月14日),王爷、中堂到,那王未到。嗣后如约该大臣等,须用公启,毋庸由电话传达,以免舛误也。中堂云,午后至总统府,为借债票事。未刻至耆宅取如意荷包,至志六爷家放定,至志宅见志六爷,交定礼后道喜,遂回。至延寿寺,因四哥百日,念经送库后回家。

初六日(5月15日),早,至宝瑞臣处贺喜。至岳云别业公祭张文达公,见陈君任中,交现洋一元,系公祭集款也,行礼后先回。耆寿民来道乏。张叔诚由津来京,到舍晤谈,明晚回津也。梁节翁来道谢,求节翁写字一条,顺便带去。

初七日(5月16日),进内,耆大人到。回家,耆寿民将求售之字画等件送还,未办妥也。

初八日(5月17日),午后至管理处。至多宅行情。

初九日(5月18日),右脚微痛,未出门。钟三爷来谈公事。

初十日(5月19日),脚略愈。马祜廷来送来张知生圈点《楞严经》二本,以便照圈也。晚,过朱《楞严》一卷。

十一日(5月20日),进内,王爷、中堂到。据银库云,中堂已接冯总统函,为借债票事,当拟覆函,明早交索崇仁,其票亦随函送交也。散后回家,晚间交耆大人处手卷、册页各一件,拟在茹古号售洋百元也。

十二日（5月21日），因右脚未愈，未出门。接银库知会，增旭谷已将元年六厘公债票三百万元，计三千张，面交索崇仁收讫，应由索荫轩转交总统府也。

十三日（5月22日），未进内，静养一日。三妞种花，尚好。

十四日（5月23日），进内，耆大人到，将茹古斋交价洋一百元交来，带回交三爷归账矣，晚银库送来津贴本月分六百元票，亦交三爷入帐矣。是日圈点《楞严》一卷。

十五日（5月24日），雨，未进内，至中堂宅、麟公府、溥宅三处拜寿。是日圈点《楞严》第五卷竟。

十六日（5月25日），早，进内，中堂、王爷到，中堂向王爷说明，据吴士湘云总统借款，徐相不愿，王揖唐之党甚恐其失败，欲从中阻止，惟事已成就，亦难挽回也。但本府前未闻知各情，但知借款，不知党争内容也。此事应守中立，切毋多言，日昨议论已有失言之处，戒之。嫌疑之间，应以敬慎远祸为要。看经半卷，仍照张知生圈点本圈点也。

十七日（5月26日），星期，未出门。晚，瑞裕如来谈，报告吴达泉所说事。是日圈《楞严》第六卷，敬阅"观世音菩萨得道耳根圆通彼佛教我从闻思修入三摩地"一段："初于闻中，入流返闻照性为入流亡所，所入既寂，动静二相了然不生，如是渐增闻所闻画，能闻与所闻俱尽，即人无我也。尽闻不住，不住于空，即能觉空法无我也。觉所觉空，所觉与能学俱空，已证人法二无我也。空觉极圆，空所空灭，觉极圆，则所空灭，空极圆，则能空亦灭，所空灭，法空也，能空灭，空空也，俱空不生，然后可谓之生灭既灭也。生灭既灭，寂灭现前，忽然超越世出世间，十方圆明，获二殊胜"云云。夫人空法空而又空空，凡属生灭者皆已灭尽，则不生不灭，寂灭之性，乃得现前，故返闻法门，自度度人，诚为此经之纲领也。

十八日（5月27日），进内。回家,钟捷南来谈节款,拟借廿万元,及致财政部公函事,又谈王揖唐至中堂宅谈债票事,又邓君翔至中堂宅谈债票利息事。午后,治鹤清电话云国务院方处长属伊转达,嘱赞成将公府所借债票取回事,答以中堂若商议及此,当然赞成,否则只得成事不说云。晚,圈点《楞严经》。

十九日（5月28日），早,世中堂来道乏,谈及债票事。

廿日（5月29日），午后,至管理处,治大人到。

廿一日（5月30日），雨,未进内。醇邸来电话,令未刻至府,届时至府请见,王爷问债票及令催债票利息事,当据所闻以对。

廿二日（5月31日），进内。同耆大人至中堂宅谈债票事。钟捷南来,亦为报告债票事,同看拟售之瓷器。

廿三日（6月1日），进内,王爷、中堂到。

廿四日（6月2日），早,圈点《楞严》毕。至桐二爷处行情。至岳云别业公聚,议经费事。

廿五日（6月3日），五孙延绥弥月。午后至管理处挑缺,谈支一个月月薪事。

廿六日（6月4日），进内,中堂、耆大人到。午后江宇澄电询龙将军欢迎会请陪客去否,答云前往,晚赴约。

廿七日（6月5日），未出门,午后叔诚来谈。锡洁庵送来阳历六月月薪六百元,又支一个月月薪现洋六百元,拟定分五个月扣还也,当交三爷,先将家中月例、节例用此款支出也。

廿八日（6月6日），早,进内,中堂到。午刻回家办理节例事。钟捷南来,谈债票取息拟于七日早间发致财政部公函,八日库员持票赴部取息也。

廿九日（6月7日），午后至桐宅行情。晚,请叔诚在东兴楼便饭。早间派老秦赴津送节礼。

卅日(6月8日),进内,王爷、中堂到。是日上乘马,御前大臣四位均照料,甚为吉祥。中堂交进售卖瓷器洋元票八万七千元,银库取到公债息银卅万四千八百八十七圆三角,中国支票一纸,又领出经费四十万元,除还账外,其经费尚存卅二万五千元。午后管理处挑缺。拜徐中堂,因中堂欠安,未会。

五月

初一日(6月9日),上午三点日食,至五点馀复元,在地平下,且阴雨,未及见也。蒙上赏节赏一千元,明日谢恩。是日叔诚赴津。

初二日(6月10日),进内,谢恩。申刻至中堂宅看端阳节账,计交进十四万二百元,还款八万七千二百七十元,共放月款、季款、节款共四十五万四千五百卅一元,通共约用洋六十八万二千元。计入款:部发四十万元,借中行廿万元,交行十万元,共入七十万元,除用尚有馀也。

初三日(6月11日),进内,交应用节赏讫,中堂到,为上驷处备用处节赏及步军统领、禁卫军师长、团长赏各给瓷瓶、盘事。晚间接银库知会云,债票息银据中行声明准于明日照付也。家中因还账不敷用,向姨奶奶借用现洋二百元,许以每月给二分息,计洋四元也。

初四日(6月12日),带二、三孙至万生园闲游。福子昆来云,债票息银已取来存库,并送上驷处饭银票二百元。银库送来一个月津贴六百元,端节饭银六百元,当交三爷择要还账。

初五日(6月13日),赴王少农兄处拜寿。午后随侍慈亲至公园游览,合家均往,信可乐也。回家,接天津来电,姑奶奶有信将生产,五太太夜车赴津。

初六日(6月14日),进内,王爷、中堂到,随同中堂至太极殿见四位主位,陈明债票利息除还中国银行外,应交进廿万四千八百八十七圆三角。至齐宅拜寿。午后至承泽园供饭送库。

初七日（6月15日），进内，随中堂至长春宫交债票息款，上有喜色。午后至管理处挑缺。

初八日（6月16日），因脚痛未出门，用腾药方，有效。方列后：川羌二钱，红花二钱，乳香二钱，血竭一钱，甜瓜子二钱，当归一钱，土虫二钱，没药二钱，木瓜四钱，骨碎补二钱，防风二钱，白芷三钱，荆芥穗二钱，木别子二钱，自然铜二钱，重者加透骨草二钱。引用葱头十个，烧酒三两，食盐二两。此药串末用布包，将引和入水，煎好，兑烧酒，再用布二块轮流腾之。专治跌伤，浮肿作痛，筋骨受伤诸症。

初九日（6月17日），脚痛见愈。

初十日（6月18日），进内，中堂到，同至筹备处挑缺。堂郎中交造办处饭银一百八十两，合银票二百五十元，交三爷二百元，补发东院月例，付电灯费廿元，付澄怀园零用廿元。

十一日（6月19日），未出门，崇辅臣送到代售明人画册三百元，当还永裕一百八十元，交老秦寄交五太太廿元。将元高房山尚书画手卷交竹铭托辅臣代售。程慎钦来会，送来中孚制药公司药品数种。梅先生印光远，甫斐漪来谈。

十二日（6月20日），进内，王爷到，中堂因众议院投票未到。回家，杨亲家太太来，并送吃食。是日二格妈偷漱口碗事，令二格暂移四太太屋住。

十三日（6月21日），雨，未进内。

十四日（6月22日），早，增二老爷请吃早饭。回家，因为二格妈每晨骂人，令其暂为回家，俟五太太回京再为办理。

十五日（6月23日），足痛，未出门。夜间梦一位活佛法身约三尺许，予拜谒，面承指示毕，见一观世音神牌，梦中有惟愿实证观世音名号之意，醒时自作偈言曰："佛身非大小，面命幸传心。口授无为法,荷担观世音。"盖近日供佛观经,颇解义趣,蒙佛启迪,应从《楞严》第五卷观世音菩萨得道耳根圆通证入为要。十五日晚,姑奶奶来信。

十六日(6月24日),进内,因皇上欠安,均上去请安,上赐座,赐茶,请问毕退出。问朱师傅萧新之住处,据云曾为御史印丙炎,甫新之,住潘家河沿,现在行医也。

十七日(6月25日),未出门。

十八日(6月26日),进内,王爷、中堂到,闻得皇上大安,已上书房矣。

廿一日(6月29日),进内,中堂到。

廿二日(6月30日),足未大愈,未出门。拟送梁师傅六十正寿寿联一付,求时百代写,联语云:"腹有三壬,是寿者相;岁周六甲,为天下师。"

廿三日(7月1日),午初二格妈来取物件,将伊之物件已经取出,不料伊在套间用剃头刀将脖项划伤,当将其扶出,幸未大伤,仅在皮肤有一小口子。嗣令孙媒暨本区巡长将其带走,伊自己不愿成讼,同至孙媒家去。伊对媒人云,令媒人同本宅一人将伊送回家中,作为无事,适遇老秦回京,伊即同媒人送二格妈回家,并由巡长取具二格妈德氏、孙媒孙志声甘结一纸,当即完结,如日后再生枝节,不与绍宅相干等语,小事化无,实为幸事,不可不随时敬慎也。老秦回津,写家信一件。

廿四日(7月2日),午后至管理处。

廿五日(7月3日),进内,王爷、中堂到。散后至泽公府晤谈。午后奎五哥来谈,为斟酌谢恩事。钟捷南来谈,为债票毋庸知照财政部事。

廿六日(7月4日),早,至广济寺拈香,施送香资廿元,见邓伯成,同见达法大师,悟谈甚洽。至成端甫处行情。是日蒙敬懿皇贵妃赏二百两，又赏五太太五十元，当交三爷补发月例及煤铺欠款。是日进奉两盘四匣，大爷、大奶奶共进奉八盒，均赏收矣。

廿七日（7月5日），进内，随同至长春宫谢恩，退出，上交下赏禁卫军六百元，八旗护军二百元、三旗护军一百元，当交堂上分给矣。午后锡洁庵送阳历七月分薪水六百元，当交回现洋一百元，补还所支月薪，分六个月扣清也。接姑奶奶来信。交李顺卅元，令其明日送给刘坦达，因其跌伤，作为送给吃食也。是日叔诚来京。①

廿八日（7月6日），午后至管理处。晚，王三哥请。发天津信一封。

廿九日（7月7日），早，请于大爷、叔诚便饭。

六月

初一日（7月8日），进内，随同至长春宫给敬懿皇贵妃行礼，赏饭吃，饭后回家。马三来回澄怀园事，计售麦九石，赏伊二元。

初二日（7月9日），邓伯成先生来，同至老墙根谛闲大师处晤谈，所论甚平实也，其弟子仁山，江籍人，亦颇通禅理也，谈毕，携良格至公园吃茶点，回家。

初三日（7月10日），进内，世中堂到。叔诚晚车回津，送给果品四色。晚，竹铭交到售高房山手卷五百元，交三爷还账，尚存一百元也。

初四日（7月11日），右手中指因碰伤肿痛，至儒拉大夫处看视，擦膏子药，略愈。

初五日（7月12日），至儒拉处看视，儒大夫用小刀开一小

---

① 此处有夹页："八月月例壹百八十元，七月麸子三十二元，六月米银五十六元，水费三元，车捐四元，共用洋二百七十五元。"

口,出血,用棉布裹之,见愈。

初六日(7月13日),未进内,求中堂为告假一日。是日张叔诚生第二子,一切吉祥。

初七日(7月14日),早至儒大夫处看视,伤痕已合口,擦膏子药,伊令星期三再诊。是日令竹铭赴津贺喜。

初八日(7月15日),至梁师傅处拜寿。

初九日(7月16日),进内,耆大人到。发天津信。

初十日(7月17日),早至儒拉处看手,稍愈,令过四五日再看。

十一日(7月18日),进内,王爷、中堂到。午刻五太太由天津归,叔诚送来,当日回津。送姚大人纱料二卷,扇一柄,菜四色。

十二日(7月19日),是日漆饰开工,令三豹去看视。晚,至陈镜蓉处取治牙痛药水。至江西会馆听谛闲大师讲《圆觉经》一段,卷五认回颠倒为实我体,至其心乃至证于如来毕竟了知清净涅槃皆是我相,盖妄相无性,本非实有,菩提无得,无法可得,若证相不忘,即是法我,故说有我,此段甚细。所谓破除微细惑也,甚矣忘我之难也。下云若能归悟刹,先去贪嗔痴,法爱不存,心渐次可成就云云,庶可入清净觉矣。

十三日(7月20日),早间慈亲腹泻,服金衣去暑丸二丸,见愈。用治牙疼药水,上牙见愈。午后至管理处。回家,银库送本月津贴六百元,交三爷备发月例等款也。

十四日(7月21日),进内,中堂到。上放暑假,七月初五日开学。中堂送来致曹润田函稿一件,阅后转送耆大人处。福子昆送来上档房饭银一百元。

十五日(7月22日),至祠堂行礼。张八爷来谈。

十六日(7月23日),晚,会贤堂请客,共用票四十元。

十七日（7月24日），进内，王爷、中堂到。

十八日（7月25日），世中堂请徐东海于会贤堂，作陪客。

十九日（7月26日），早至彭宅贺寿。晚六点，梅斐漪请六味斋素餐。

廿日（7月27日），进内，午后至管理处。

廿一日（7月28日），未出门。

廿二日（7月29日），至儒拉处看手，请曹大夫给二爷看。

廿三日（7月30日），进内，王爷、中堂到。

廿四日（7月31日），拜世仁甫、王久成。

廿五日（8月1日），进内。至拈花寺求全朗大师指楞严咒字音，回家敬诵一通，以后拟有暇即敬诵也。

廿六日（8月2日），敬诵楞严咒一通，念佛五珠。

廿七日（8月3日），诵咒念佛。

廿八日（8月4日），晚，奎五哥请。

廿九日（8月5日），进内，王爷、中堂到。晚，锡洁庵送管理处月薪六百元，内扣还支薪一百元，计收五百元，交三爷。已扣二百元。

卅日（8月6日），午后，至管理处。

七月

初一日（8月7日），祠堂上祭，未出门。

初二日（8月8日），早，进内。晚，荣七哥请便饭。

初三日（8月9日），未出门，三六桥来谈。

初四日（8月10日），至熙贝勒府谕祭。

初五日（8月11日），进内，中堂到。

初六日（8月12日），午后拜周子廙。伊师傅求写字一条。

初七日（8月13日），进内，王爷、中堂到。中堂令银库给曹总长、吴次长写信，催发支票款项事。予因王爷、中堂谈及议院拟举徐中堂为大总统,请王爷发言属徐中堂,如被选举,勿庸固辞,王爷尚以为然。告世中堂如见徐中堂时,可代为说明也。回家五太太告予借妥一百元事,又拟初九赴津。

初八日(8月14日),午后,管理处挑缺。

初九日(8月15日),进内。五太太赴津,晚车回。请姚铁臣给慈亲诊视,据姚先生云肝胃不和,开方和胃理气之品,又给四孙看,云有食滞,略受外感,开方和解化滞之品也。

初十日(8月16日),进内。大奶奶寿辰,给廿元,并给喜绸、翠镏子。进内,中堂到。慈亲服药平和,见愈,四格痊愈。

十一日(8月17日),姑爷、姑奶奶由天津来,给五太太祝寿。晚,银库送到津贴六百元。

十二日(8月18日),五太太六十正寿,蒙恩赏如意一柄,福寿字一份,衣料四件,银一百两,给太监回赏八元,又四元,又车费六元。是日至会贤堂过生日,接待宾客,予同良格先回。

十三日(8月19日),进内,王爷、中堂到。给叔诚道乏。

十四日(8月20日),早,增二大人请陪徐中堂,散后拜客。

十五日(8月21日),丑刻院中榆树折下一大枝,早间令木厂清理,幸未伤房屋。至先祠上祭。午后,至世中堂处谈徐中堂属转达支票事,又谈崔子良所拟伐除回乾树株事。

十六日(8月22日),进内。午后至世中堂宅行情。拜客。晚请大姑爷、大姑奶奶在东楼便饭。慈亲腹泻三次,晚稍愈。

十七日(8月23日),早,送姑爷、姑奶奶于车站,回拜崔子良,回家慈亲见愈。

十八日(8月24日),至鹤松亨及文宅贺喜。回家,因五太太正寿,将家中皮衣售价四百元,交三爷了理急需账目,馀俟秋节再为归还。晚姑奶奶来信,均好。

十九日(8月25日),进内,王爷到。耆大人为二姑娘提亲,信侯之子也,回家禀明慈亲及四嫂,尚为愿意。午后至世中堂处行情。

廿日(8月26日),开月例,先发二百廿元也。因雨未出门。

廿一日(8月27日),进内。回拜泽公晤谈。至耆大人处告明提亲之事家中均愿意,托其作伐,听信办理。

廿二日(8月28日),早,出门拜客,午后检皮筒、皮衣计八件,交三爷转售。

廿三日(8月29日),进内。午后至世宅行情。

廿四日(8月30日),早,耆大人送信宅八字帖、门户帖来。午后至管理处。

廿五日(8月31日),三爷云所售皮筒等件可售五百元之谱,尚可将浮欠各款归还也。庆王爷来晤谈。荣七哥来谈。致单束生一件,为铁路股本事。

廿六日(9月1日),早,进内。至王府拜寿。拜邓先生,同至卧佛寺见达法大师谈许久,大师说偈言数章,另记之。请阿弥陀佛坐像一尊,请经数卷。见张克臣居士。回家看《证道歌》。

廿七日(9月2日),早间令三爷请来阿弥陀佛像一尊,供奉于南书房。午后至世中堂宅行情。回家,锡三哥送来月薪六百元,因秋节将近,未扣一百元也。

廿八日(9月3日),进内,谢储秀宫赏银二百两恩,随同在庄和主位前叩头,上交下赏禁卫军三百元,八旗护军二百元,三旗护军一百元,共九百元,当交堂上分给。回家,耆大人带领官箴侯来相看,为二侄女提亲也,人甚沉静,当将门户、八字帖及二侄女像片均交耆大人带回矣。午后至管理处,为近日外间谣言甚多,暗中应防范也。铁先生来信,为伊友人温君、卫君借住事,已复函允其借住也。

廿九日(9月4日),未刻钟捷南来电话,已经议院四百廿馀票选出徐东海为大总统,秩序甚平靖也,此公才望甚好,当可挽救大局也,慰甚。给梁大人、铨大人道谢。回,酉刻耆大人来电话,云信候送信,合婚甚吉,即可一言为定,拟十一日放小定云。

八月

初一日(9月5日),进内,世中堂、耆大人到。① 散后,同耆大人至新选大总统徐公处道喜。至耆大人处,更求其作大宾,为有侄女定亲,十一日放定也。午后至管理处挑缺。三爷取到售皮筒现洋五百元,了理欠款,将敷用也。

初二日(9月6日),早,至醇王府,随同中堂请见,办年事,散后至庆府拜寿,堂上送到秋俸,家中分用共一百七十元六角三仙。

初三日(9月7日),进内,巳刻随同行礼,赏饭吃,王都统子云进内。午刻回家。

初四日(9月8日),进内,荣惠主位召见,交下赏禁卫军、护军等九百元,当交堂上分给。蒙上赏二百两,又赏内人五十元,传语不谢恩。世中堂来电话,即毋庸谢赏矣。酉刻,在六味斋请客,十位果席九元,零共用现洋十五元。所请之客马通伯、梅斐漪、王书衡、袁觉生、杨时百、邓伯诚、陈正友、徐蔚如、马峼庭、孙仲诚,皆有学问讲内典之益友也。

初五日(9月9日),托锡洁庵向管理处支一个月薪水六百元,午后交到现洋六百元,以备节用。

初六日(9月10日),进内,散后至耆大人处道寿喜。午后庆王爷来会谈。

初七日(9月11日),午后至管理处。

---

① 以下至本年九月三十日日记,影印本佚,据《绍太保公年谱》补。

初八日(9月12日),早,进内。至重华宫行礼,散后发家中中秋节例。

初九日(9月13日),早,至王府请安,问疾,据回事者云近日见愈。晚,接银库知会,部中发给四十万元,已由银行借三十万元云。

初十日(9月14日),早,进内,谢上赏一千元恩。中堂到,因中堂略有腹泻,故于十一日申刻看节款账。

十一日(9月15日),申刻至世宅看公事,此节部发四十万元,借三十万元,还借款十五万元,共用五十四万七千元之谱。

十二日(9月16日),巳初,着燕尾服、佩勋章至徐总统宅,贺受证书喜。午后,给五族银行贺开幕喜。至耆宅道乏。

十三日(9月17日),早,至王府,随同回事,世中堂散至徐总统宅,为已经面奏奉旨劝令速为就任事,中堂前往告知云。晚,为宝山事给福志通电,属其转达该营者矣。

十四日(9月18日),早,进内,看上赏禁卫军师长及步军统领等瓷瓶、盘,见第二营营长,为宝山分辨事。晚,银库送到饭银及本月津贴中钞一千二百元,交三爷还账。

十五日(9月19日),早,诵《金刚经》。午后请慈亲至丹桂茶园看戏。是日,福子昆送到饭银四百元,交三爷还账用二百元,仍存票二百元,以备二十日开发月例之用。

十六日(9月20日),早,至恽宅谕祭。午后未出门。

十七日(9月21日),早,进内,金子铮交到造办处饭银一百八十两,合中钞二百五十元,蒙端康主位千秋赏二百两,合中钞二百七十六元,又赏内子五十元,共计入中钞五百七十六元,当交三爷备二十日发月例二百六十元,又还南永裕二百元,清,宅下馀一百十六元,以备请客零用之需。午间世中堂、继大人请会贤堂陪客。申刻,信怀民来家认亲,略谈,甚欢洽,订于明日未刻回拜云。晚,叔诚来宅,住于宅。

十八日(9月22日),早,进内,给永和宫三位主位谢赏,散出,至王府贺喜。午后看叔诚,未遇。未刻至新亲家认亲,见大、二亲家老爷,二太太及二竹。回家,念咒念佛,觉累,即早息。

十九日(9月23日),给醇邸送如意八宝一匣。午后梁师傅来谈,中堂电话,令明早九点至府。

二十日(9月24日),早,至醇王府,随同中堂见王爷,为四爷命名事。

二十一日(9月25日),进内,拣选官缺。散后,至会贤堂公请姜翰卿,至金子铮家道寿喜。回家,正目宝山告长假赴津谋事,送给票洋二十元。

二十二日(9月26日),早,进内,随同至永和宫行礼,上赏饭吃,散后回家。

二十三日(9月27日),未出门,脚微痛,休息一日。

二十四日(9月28日),早,家祭冥寿,至祠堂行礼。午后至管理处,无事即回家。

二十五日(9月29日),晚,会同世中堂、继大人、增大人请客。

二十六日(9月30日),进内。

二十七日(10月1日),进内,中堂到。

二十八日(10月2日),午后至管理处。

二十九日(10月3日),早,家祠上祭,未出门。

三十日(10月4日),早,进内。

九月

初一日(10月5日),早,祠堂行礼,诵《金刚经》,念佛。午后锡洁庵送到月薪六百元,内扣一百。晚,陈、伊二位师傅请吃饭。

初二日(10月6日),辰刻带匠,赏饭吃。至敬懿皇贵妃前谢恩,上传语世太傅,问冯总统所借公债事究何人归还,以免无着云云。散后同耆大人至中堂宅陈述一切。晚,梁大人请吃饭。

初三日(10月7日),早,带匠,储秀宫赏饭吃,谢恩,散后至东兴楼,请于大爷、叔诚吃饭。

初四日(10月8日),进内,带匠,重华宫赏饭,谢恩。回家腹泄数次,服胃苓汤,见愈。

初五日(10月9日),带匠,永和宫赏饭吃,谢恩。上令告知世中堂,徐总统寿辰事。散后看叔诚,感冒已愈。

初六日(10月10日),未进内,至总统府递片,给徐大总统贺到任喜,徐公已回宅矣。

初七日(10月11日),进内,随同世中堂在皇上前跪安,上赐坐。中堂问上大安,上云已渐好。问话数语,退下。巳刻大礼官黄开文来答礼,(公)[予]①念答辞,一切如礼。回家,徐蔚如、陈正友来谈。

初八日(10月12日),进内,敬懿皇贵妃召见,问债票事,问给徐总统寿物事,债票利息事,退出。至江宅,给江大人贺寿喜。午后,大姑爷来谈。

初九日(10月13日),午刻,姜汉卿请早餐。

初十日(10月14日),进内,端康皇贵妃召见,为徐总统生辰事,刘回事承平说煤炭折银事,(公)[予]答以可与王宝义斟酌办法也。至王府,给三侧太太拜寿。见世中堂,谈早间召见等事。请经数部。

十一日(10月15日),至管理处。

十二日(10月16日),进内,张总管说明煤炭不折事。送徐

---

① 《年谱》中称绍英为"公",移入日记时酌改回"予"。

总统如意一柄,收下。

十三日(10月17日),早,至总统宅贺寿。

十四日(10月18日),进内,总统派黄礼官答礼。至醇王府,呈回应办早事,世中堂到。

十五日(10月19日),请姚铁臣给慈亲看症,受感冒不能食,肝胃有热,开方服药,微效。接陈尧斋函,并寄到皖地分地及租地字据等件。

十六日(10月20日),请姚先生为慈亲诊视服药,未能见效。

十七日(10月21日),慈亲未服药,略用甘凉之品,搬汗,尚平和。晚,梅撷云昆仲来谈。

十八日(10月22日),请萧新之来诊,慈亲已大解,略进食物。新之云可用菊花茶及贝母末蒸梨调理。

十九日(10月23日),请萧新之来诊。

二十日(10月24日),晚,慈亲又出汗,略食粥、杏仁茶。

二十一日(10月25日),早,进内。请姚铁臣,未能来。

二十二日(10月26日),午,陈树千给慈亲诊视,据云外感已解,宜服石膏、生地露、清肝胃热之剂,开方服二剂,甚效。世中堂来谈。至总统府谢给二等文虎章,递帖挂号。晚,王士贤甫赞卿送到达法大师语录一本。

二十三日(10月27日),请陈树千来诊,有效。

二十四日(10月28日),进内,世中堂、耆大人到。

二十五日(10月29日),请陈树千来诊,服药有效。

二十六日(10月30日),进内。午后陈树千来诊,服药甚效。

二十七日(10月31日),午后,陈树千来诊,服药见效。

二十八日(11月1日),请陈树千来诊,服药见效。

二十九日(11月2日),三爷至澄和园售稻二十七石,合洋一百八十九元。

三十日(11月3日),进内。

以下日记第二十七册日记①

敬慎录

戊午年(1918年)元旦(2月15日),开笔书云:元旦举笔,书龙虎字,大吉大利,萱堂馀庆,枫陛延恩,栋家继志,立道修身。是年得赏春条,系"延恩"二字。

正月初六日(2月16日),上赏端砚一方,朱墨一匣。初七日进内谢恩。

正月十三日(2月23日),万寿,上升乾清宫,冯总统遣大礼官黄开文来致贺,又江宇澄、李阶平等六人为一班致贺,予与耆大人带见。

二月初二日(3月13日),领俸一百零七元六角,家中分用。②

三月廿六日(5月6日),戌正,世杰之妻生第五子,一切吉祥,请美国熙大夫收生,甚为妥协,送给洋银卅元,给大奶奶廿元,以备自买食物之用也。

四月初三日(5月12日),随同中堂至太极殿请见主位,奏明冯总统借债票三百万元事,上俞允照办。

---

① 日记第二十七册,其封面题:"敬慎录,廿七,戊午十月初一日起,至己未年民国八元旦,孙延翯谨志。"按本册前数页系民国七年元旦至九月三十日摘要。

② 此处天头补书:"附记:呈老太太廿元,四太太十元,给二姑娘十元,五太太十元,姨奶奶十元,西院大奶奶廿元,良格五元,东院大奶奶十元,二奶奶十元,共一百〇五元。"

五月初六日(6月14日)，随同中堂至太极殿见四位主位，陈明债票利息除还中国银行外，交进廿万四千八百八十七圆三角。原数系三十万四千八百八十七元三角。

六月初六日(7月13日)，大姑奶奶生第二子，一切吉祥。

七月十二日(8月18日)，五太太正寿，六十岁，蒙上赏如意一柄，福寿字各一件，衣料四件，银一百两，给太监回赏八元，又四元，又车费六元，是日在会贤堂待客一日。

廿九日(9月4日)，未刻接钟捷南电话，已经议院四百廿馀票公选徐东海为大总统，秩序甚平靖也，此公才望甚好，当可挽救大局也。

八月十一日(9月15日)，耆大人送来荷包、如意一匣，给二侄女放小定，系与信侯作亲，许与信侯之子官箴侯爵也。

八月十二日(9月16日)，徐总统受证书，前往致贺。

九月初六日(10月10日)，徐总统到任，至公府递片贺喜。

九月十三日(10月17日)，至徐总统宅递片贺寿，于十二日送如意一柄，收讫。

九月十五日(10月19日)，接陈尧斋来函，并寄到皖地分地及租地字据，已覆函道谢矣。

九月廿一日即阳历廿五日(10月25日)，奉大总统令：绍英给予二等文虎章，此令。

廿二日(10月26日)，至总统宅，递帖致谢。

九月廿九日(11月2日)，三爷至澄怀园售稻廿七石，合现洋一百八十九元，拟备十月寿辰之用也。

本年日记本已写满，另换此本继续登记，其以前要事应记者择要略记于前，以备省览云。

十月

初一日(11月4日)，早，祠堂上香行礼，读诵《金刚经》、

《楞严咒》,念佛。闻队兵吉升事。内人率子侄辈赴先茔祭扫,上灯始回。

初二日(11月5日),慈亲见愈,早餐尚好。午刻至伦贝子府拜寿,晤面,略谈即回。午后瑞裕如来谈。晚诵咒念佛,进呈慈亲寿辰备用现洋五十元。锡洁庵送交管理处现洋六百元。内扣去现洋一百元,还支款也。

初三日(11月6日),进内,中堂到,堂郎中回明圆明园租地事,接姑奶奶来信。慈亲饮食不多,服陈树千旧方一剂。令广堃持帖见翟懋亭团长,为撤队兵守卫事,回云翟尚欲来谈可毋庸撤,另派正目接管等语,只得照办也。子厚五十正寿,送给棉袄、绵马褂各一件,酒席票、现洋十元。

初四日(11月7日),未出门。慈亲见愈,早餐加增,晚食百合半碗,小酥饽饽两枚。

初五日(11月8日),进内,王爷、中堂到。泽公至上书房,说东陵红桩外树木事,散后至西值房,与白连长谈托其派正目或副目事。回家给子厚侄送寿喜。白连长派副目铁顺来认差,给回片道谢。是日慈亲饮食见好,起居亦尚安适。

初六日(11月9日),进内,带乌林乌林,满文"币帛"也。至治大人处,面托保荐竹铭及杨四爷事。慈亲饮食尚好,惟未能大解也。午后邓君翔来谈。杨四爷来送履历。

初七日(11月10日),申刻,至陈列所,会同治鹤卿至居仁堂赴茶会,为欧战协济团捐款事,各给劝捐册一本也。由公款内提现洋二百元作为公共捐助。慈亲已大解二次,饮食尚好。

初八日(11月11日),进内,中堂到。散后给福子昆拜寿。午后陈介卿来电话,为借那中堂花园事,当差人借妥,于十一月十六号请张巡阅使、孟都军也。

初十日(11月13日),至治鹤卿处,为杨四爷、竹铭保荐事。

至各处拜寿,贺喜。

十一日(11月14日),进内,耆大人到。

十二日(11月15日),收拾各屋,预备寿辰事。

十三日(11月16日),进内,王爷、中堂到。

十四日(11月17日),早,家中拜寿。晚,因北海万佛楼失慎,至神武门外护军二队,通电总队官,令其注意稽查。翟懋亭团长亦来,令十六师注意守卫。俟火势消减,九点回家。

十五日(11月18日),慈亲寿辰,接待来宾一日,天气甚好,慈亲尚喜悦也。

十六日(11月19日),进内挑缺。至耆大人宅贺喜,该处订于十二月初三日申刻迎娶也。

十七日(11月20日),进内,中堂、耆大人到,散后拜客。四老太太送给洋银五十元,江绸二件,为予作寿也。

十八日(11月21日),拜客。

十九日(11月22日),进内,王爷、中堂到。

廿日(11月23日),至管理处。回家,饭后受风,腹痛呕吐。

廿一、二日(11月24日、25日),请陈树千诊视,服药稍愈。

廿三日(11月26日),予生辰,早,进内,至养心殿给皇上行礼谢恩,面赏福寿字条一件,上云:"汝福寿绵长。"天语吉祥,莫名感悚。在四宫主位前言语,叩头谢恩,未召见。此次蒙上赏衣料二卷,银三百元,主位赏四卷、一百两。至祠堂行礼,家中行礼。亲友来祝,因病未能酬应。晚,请姚铁臣来诊,服药甚效,病加于小愈,宜敬慎之。

廿四、五日(11月27日、28日),未出门,请姚君来诊,改方有效。

廿六日(11月29日),进内,王爷、中堂到。散后择要拜客,即回,适姑爷、姑奶奶在家便饭。晚,因关吉升考取宪兵营学兵,请作保证介绍人,当代求杨子襄君作介绍人,予作保证人,书名签押,以成就此人云。

廿七日(11月30日),午,叔诚来。订于晚在东兴楼请姑爷、姑奶奶吃饭,明日晚车回津。晚,在慈亲前借用现洋廿元备用。内务府送本月分津贴六百元中钞,交三爷收讫。

廿八日(12月1日),早,进内。至叔诚处谢步,送行,未刻姑奶奶回津。予至宪兵司令部,同乡因会馆事会议。拜客数家。

廿九日(12月2日),午后拜客,因雇马车,讨借现洋十元,前后共借卅元。发天津快信一封,给亲家道谢。

十一月

初一日(12月3日),早,进内,中堂到。随中堂至醇王府,为送张巡阅使、曹都军物品事,又总统荐英国教习事。是日换貂帽貂褂。

初二日(12月4日),锡洁庵送来月薪六百元,本月未扣,交三爷开月例等项之用。

初三日(12月5日),进内,中堂到,为缴回物事,公债取息事,聘英文教习事。

初四日(12月6日),至管理处,治大人到。至邓君翔处晤谈。

初五日(12月7日),王爷、中堂到,随同中堂至长春宫,交公债息,洋元票廿一万四千八百八十七圆,又陈说送物品未收,拟给御书匾额事,又聘请洋文教习事。回家后商议售钿子事。陈介卿来电,借那宅花园,张巡阅使于初七日请客,当派人向绍幼琴借妥,电告陈介卿矣。

初六日(12月8日),进内。

初七日(12月9日),午前,将珠钿交刘长森代售。午后至管理处挑缺。福子昆交饭银一百元。晚,张雨亭请,会同杨子襄说送给匾额事,张雨亭云:已有人说过,予已推辞,日后再说罢。嗣见张斌舫在座,与伊接洽此事,伊云:伊亦曾说过,张雨亭不肯受,据云不在乎此等语。斌舫又云明春二月张寿辰,似可酌送也。

初八日(12月10日),早,进内。至府见醇王爷,回明拟送匾额,张雨亭推辞不要事。王爷云告知中堂即可不送矣。至中堂宅说明一切。著大人来,请十二月初三日巳刻带谢妆事。午后至管理处挑缺。

初九日(12月11日),晚,赵次山、熊秉三请东兴楼晚餐,座中有贡王、英敛之、陈仲恕,为香山学堂慈幼局拟藉该处房租,作为办事经费之计,英敛之略谈及之,世中堂唯唯,未赞一词也。

初十日(12月12日),进内挑缺。赵长森来,为售钿事,将钿送回。

十一日(12月13日),午后至管理处挑缺。赵长森来,交翠佩二件,令其转售。

十二日(12月14日),午后至总统府,会同那王、涛贝勒、润贝勒、江宇澄诸位共十三人,见大总统,要求旗俸米折及旗饷酌放现洋事。是日奉军孙司令送来大洋八十元,容当转交。①

十三日(12月15日),进内。看梁师傅,稍愈,尚须调养也。是日为大姑爷生辰,令延康赴津,送给衣料、鞋袜、筵酒、桃面六色,并致函贺寿喜。晚,延康回,云姑奶奶处均好。

十四日(12月16日),进内,王爷、中堂到。浮借宋姐现洋六百元,言明如长用,每月给利息二分,已交三爷还账矣。派孙禄代张巡阅使送那宅家人赏项四十元,巡警、保安队各廿元。

---

① 此处天头补书:"所送之八十元系张巡阅使给予那宅家人四十元,保安队廿元,巡警廿元也。"

十五日(12月17日),诵《金刚经》一卷,《楞严咒》数次。祠堂行礼。

十六日(12月18日),进内。会同耆大人至徐宅致祭。与作舟商售观音寺房之事。

十七日(12月19日),雨雪,未出门。中堂进内。是日为弥陀佛圣诞,供平果,焚香行礼,敬诵《弥陀经》、《往生咒》,看《宝王三昧》数页。① 一时信心清净,愿念佛生西而得戒行,向四义须留意为要。午后孙仲诚来谈,指地字押款事。大姑爷来道谢。

十八日(12月20日),请大姑爷在东兴楼便饭,用现洋十四元。

十九日(12月21日),进内,至管理处。

廿日(12月22日),未出门。午后恩绍安来谈债票公函事。

廿一日(12月23日),进内。

廿二日(12月24日),进内,王爷到。午后至管理处,将杨四爷、竹铭之执照等件送交治大人收讫。晚,至增宅贺寿喜。

廿三日(12月25日),至庆府,给五亲家太太贺寿喜。访邓伯成晤谈。吴向之来谈。

廿四日(12月26日),进内。午后至铁先生处晤谈。晚,与东院大爷、大奶奶说拟卖观音寺房间事。赵长森持去翠别子二方代售。

廿五日(12月27日),午后至管理处,治大人到,派毓邠为总务科学习科员。

廿六日(12月28日),晚,赵长森送回喜字翠别子一块,已交四太太收讫,其翠桃别子已代售二百四十元,现洋交来,当赏伊二元,其馀二百卅八元交三爷,登二姑娘喜事账矣。此款可暂

---

① 此处天头补书:"拟每年此日持斋一日。"

为借用。送给三爷寿礼拾元,另送衣料一件,果席一桌可也。

廿七日(12月29日),进内,耆大人到。

廿八日(12月30日),早,曹老爷来给小妞诊治,服药有效。午,至杨杏城先生追悼会。晚,至三爷处道寿喜。

廿九日(12月31日),早,进内。① 晚,姜成云观音寺售房之事已议妥,卖价现洋一千四百元。当告明子厚、作舟云拟提一千元,借助二姑娘喜事之用,将来由南花园售出时,提出二成项下归还。作舟以为作舟之女聘资缘馀园历年修工,曾经四哥备款修理,故应俟将来提二成款归还修工之款也。其馀四百元分给子厚、作舟各二百元,二人尚均愿照办也。先付半价,俟交房时银房两清也。

三十日(1919年1月1日),即阳历初一日②,早,至集灵囿递官衔红帖,给徐大总统贺年,又至冯华老宅贺年,给英使馆朱大人、哈尔定、巴参赞递片贺年,给法国医院大夫、姑奶奶贺年,汇丰银行熙总办贺年,均递片。

十二月

初一日(1月2日),进内,徐总统派黄开文来答礼致贺,已正到,予念答辞,王爷到,世中堂未进内。午后至荣七哥处拜寿。晚,子厚、作舟来云售房之事已办,先付价八百元,当交给二人各一百元,代子厚还姨奶奶一百元,下馀五百元,交三爷入喜事账矣。

初二日(1月3日),未出门,张八爷来,交姜成介绍费十五元,又存八元。

---

① 此处天头补书:"是日,锡三哥交到月薪六百元,系十二月分,交三爷讫。"
② 此处天头补书:"中国华民国八年元旦。"

初三日(1月4日),至志宅、耆宅贺喜,并带领谢妆。未刻,至内务部赴茶会。

初四日(1月5日),进[内],耆大人谢恩,赏如意、二百元也。

初五日(1月6日),午后至管理处。

初六日(1月7日),进内。耆大人来家道谢。接大礼官处来函,大总统约于阳历十一日茶会。

初七日(1月8日),午后至管理处办稿函复礼官处,遵于十一日届时恭赴茶会也。

初八日(1月9日),早,诣雍和宫,拈香毕,进内复命,王爷到。

初九日(1月10日),午刻,贡王爷、治二爷请陪客。至彭同九处拜寿。至世中堂宅晤见,为觐见朝专使是日忌辰,商议明日进内请改期事。

初十日(1月11日),雪,进内,令内奏事在皇上前言语,十一日忌辰,请改期觐见事,上改于十五日觐见,当即令广苏拉给那王爷通电告知,并令堂上给中堂、耆大人送信告知改期事。午后三点至陈列所,会同治大人至公府赴茶会,大总统云"早来了",予唯唯,看戏《空城计》一出,先散。是日,大姑奶奶寿日,竹铭赴津预祝云。

十一日(1月12日),未出门,午后马祜庭来谈。晚,敬阅周子《通书》一通,窃见主静存诚之学,以迁善改过,谨几克已为要,应果确勉力焉。赵长森取珠钿代售。

十二日(1月13日),大雪,未出门。钟捷南到,谈年款事。

十三日(1月14日),早,进内。晚,王芸阁来,交履历一扣,属便中托龚总长。看邵子诗数首。

十四日(1月15日),午后至管理处。晚,接周缉之来电,报告袁前总统夫人逝世。

十五日（1月16日），进内，王爷到，呈明周缉之来电，请示是否派人，王爷即派英十（七）[六]日赴津致祭，回家略为收拾一切。陈树千来[为]慈亲诊视，据云胃热，开方清胃降逆之品，给五格看视，云系瘟疹之症，开方清解之剂。晚诵《金[刚]经》一卷，念佛十念。

十六日（1月17日），早车到天津袁宅，代表皇室致祭袁府于太夫人，见袁大公子，略谈，劝勉节哀保身之意。彼处请周缉之、言次长作陪，并备酒席接待。予辞出，至姑奶奶处、陈尧斋兄处一谈，晚车回。蒙上赏福寿字。

十七日（1月18日），进内，覆命并谢恩。托袁大人托涿县事。午后至世中堂宅晤谈，因园租送案事，江托买地事。晚，至公园请客。

十八日（1月19日），请陈先生给四、五格诊治，略见愈。午后陈德聪来晤谈。接姑奶奶来信。

十九日（1月20日），早，进内，耆大人到。午后至怡和行，会同魏家胡同姑娘，提取铁柜移存汇理银行，系孙晋卿经手，每年租费廿元，已先付清，其执据及柜钥匙均交姑娘收存矣。

廿日（1月21日），魏家胡同姑娘来。

廿一日（1月22日），进内，王爷到。永和、长春宫召见，为送徐总统礼物事，又催交年款事。散后至世中堂宅，商订送匾对、衣料八件。

廿二日（1月23日），进内，属奏事处在永和、长春宫言语送总统礼物事，得赏票洋一千元。

廿三日（1月24日），进内，谢恩。耆大人交来信宅选定二姑娘喜事吉期，系己未年三月十八日庚子成日吉时上轿，宜用申时拜堂吉,喜神西北方,贵神正北方,娶送亲忌寅午戌年命。①

廿七日(1月28日),进内,谢赏貂皮、荷包恩,是日王爷到。回家,右脚痛肿,即暂休息也。廿七日前日日进内。

廿八日(1月29日),给邓君翔信一封,为借汇丰银行现款一千元事,年息六厘,随便归还,并亲写借字一纸,交锡洁庵送去,旋由洁庵带回信一封,云已照办矣,并带回现洋一千元,交三爷办年事。锡三爷又送到二月月薪六百元,亦交三爷归年事账内矣。

廿九日(1月30日),世中堂派人来云,即令管理处巡警缉传增泰事,即刻交办。

卅日(1月31日),接副队官电话,已将增泰缉获,当令知送交司法科看管严防,优待为要。晚,银库送来三个月津帖一千八百元,上驷处送到四百元,均交三爷归年事账内矣。②

---

① 此处天头补书:"已托耆大人回信订妥。"
② 本册日记此后又附有民国八年正月初一至初五日记,附录于此:"己未年元旦,未能进内,求耆大人在王爷前告假一日。上赏春条、荷包,领回。会稽司送到饭银四百两,折合现洋五百馀元,交三爷归账矣。醇王爷来道年喜,并晤看。是日已令人持帖贺年矣。初二日,耆大人来谈。午后银库送来饭银六百元,交三爷归账,据三爷云前后所交之款除清还年账外,尚馀一百馀元,年事居然了清,非始料所及,诚幸事也。初三日,长春宫派卢首领来看,因不能下床,未敢请入卧榻相见,甚不安也。初四日,刘坦达来看,彭同久来看,均晤谈。近日连服姚铁臣药三剂,甚为见效也。初五日,立春,书云:春书龙虎,大吉大利,萱堂馀庆,枫陛承恩,常存敬慎,立德守身。是日未能进内,令顺子给卢首领送江绸袍褂料一套,伊收讫。闻王爷十三日到也。晚,崇三爷来,为送案事,世中堂属压一日再送,即令遵办也。"

中国近代人物日记丛书

绍英 著 张剑 整理

绍英日记

下

中华书局

民国八年己未(1919)日记

以下日记第二十八册①

[正月]

己未元旦(1919年2月1日),因有小恙未能进内,求耆大人在王爷前代为请假一日。蒙上赏春条二件,荷包一个。是日子刻银库送来三个月津贴一千八百元,上驷处送来饭银四百元,会计司送来饭银四百两,折合现洋五百馀元,均交三爷归入年节用款帐矣。醇王爷惠临,贺年问疾,感悚之至。是日令人至王府,持帖贺年。此次年节用款甚为竭蹶,且身病未能行礼,可畏之至。《孝经》云"节用守身",宜敬念之。

初二日(2月2日),耆大人来谈。午后银库送来饭银六百元,交三爷入账,据三爷云年前借到汇丰银行现洋一千元,又管理处二月分月薪六百元,并初一、二日所交之款,已将年账还清,尚馀一百馀元也。

初三日(2月3日),蒙敬懿皇贵妃派卢首领来问疾,因足痛不能下床,未敢请入相见,甚抱不安。

初四日(2月4日),彭同久来看,晤谈。自初二日请姚铁臣来诊,服药三剂,甚效。

初五日(2月5日),立春,书春帖云:春书龙虎,大吉大利,

---

① 日记第二十八册,封面题:"敬慎录,廿八,民八己未年元旦至九月廿九日,孙延霱谨志。"

萱堂馀庆,枫陛承恩,常存敬慎,立德守身。令夏顺进内,至卢首领处睄看,送给江绸衣料一套,已收讫。是日醇王爷寿辰,昨日送礼,本日派人持帖叩寿喜矣。晚,崇辅臣来谈,为送案事,已请示世中堂,令压一日再送,已令遵办矣。初五日请姚公来诊改方,服之有效。

初六日(2月6日),蒙恩赐红、黑墨一匣,乾隆丁巳、乙卯年制也,耆大人带信,可毋庸谢恩。是日长春宫派王回事来看,并赏食物,令内人见,并代为向上谢恩也。晚,世中堂派于大爷送来美国丁参赞公函及增泰伪造公函,私立合同等件,并拟将其伪造公函送司法科备案,余阅看后属于大爷回明中堂,丁君函称令于三日内送还此项函件,至送还时务须覆丁参赞一函,辨明一切均系增泰伪造诈骗为要,至奏参该员俟管理处送案知照本府时即可据以参办,参办后即与该员断绝关系也。于大爷遂辞去。又给中堂电话,属将使馆送来要件可用照相法拍照存查也。

初七日(2月7日),时间觉痛,仍服陈树千前方及敷药,略效。司法科来回公事,所有董增泰、嵩祺诈骗一案已送交地方检察厅矣。

初八日(2月8日),蒙庄和主位赏菜点八色。

初九日(2月9日),荷蒙皇上恩赏壹千元,交三爷换现洋以备廿日月例之用。

初十日(2月10日),未能进内谢恩,应俟假满请安时一并叩谢也。

十二日(2月12日),足疾仍未愈,不克进内,派人至世中堂、耆大人处求在王爷前说明请假一日。

十三日(2月13日),万寿,未进内。

十四日(2月14日),请假十日,奉旨:赏假十日,钦此。

十五日(2月15日),晚,管理处请发给刘翔云购地基执照一张，两处地基价二千馀元，当告以此事余不知，俟病好出来再为斟酌办理。按此事不应如此办理，一则财政部有公事，各处不得卖出官产，二则应先请内务部核准始能办理，因本处属于内务部，不能越俎迳行也。

十六日（2月16日），造办处金子铮等诸位来回公事，为送案事，并交到饭银一百七十两，合纸币二百卅六元也。请张辅臣来按摩，尚平和也，又请陈树千来诊，开方清热利湿之剂。

十九日（2月19日），又蒙庄和主位赏饽饽菜品四盒，令内人向上谢恩，并见派来太监，陈述感谢之意。

廿一日（2月21日），请时子和来诊，用西药外治。

廿二日（2月22日），午，世中堂来看，晤谈一切，又江宇澄来谈。金王大老爷、福邵二老爷、钟三老爷来见，晤谈公事，予云圆明园佃户之事必须请律师辩论，诸位尚以为然。请中堂示，已照办，请傅绍儒律师代理此案，于廿五日出廷也。

廿四日（2月24日），续请假十日，奉旨：赏假十日，钦此。应至二月初四日满假也。

廿五日（2月25日），蒙醇王爷亲临看视，予在厅房敬候迎见，王爷情意殷殷，何胜感悚，惟有尽心职守，忠诚自励，以期报答于万一耳。是日铁迈士回国，送伊表一件，又烟一卷，盒一个。

廿六日（2月26日），大总统派人来请宴会于四照堂，写知单当写明因病不克趋陪，敬谢，并交官衔大帖致谢矣。此局均系皇室旧人，昔曾同聚诸公也。

廿七日（2月27日），又请时子和来诊，已请四次，外用洗药、敷药，内用利湿活血止疼之药，甚效，右足已能履地，饮食已食饭一碗矣。涛贝勒、刘大人体乾，甫健之于二月初四日请晚餐，系陪西洋英文教员庄士敦君，如不能去，应辞并避帖为要。

廿八日（2月28日），见愈，请陈树千诊脉，尚平［和］，仍服时子和西药。彭同九来看,晤谈。宝虞臣来见,略谈公事。

廿九日(3月1日),请时子和来诊,改服健脾利湿清血热之药饼。

二月

初一日(3月2日),见愈。交管理处三月分都护使月薪,暂按八成支发,其馀应发之款仍按十成放给,俟声叙理由,接部文后再定办法。

初二日(3月3日),领春俸一百七元零,进呈慈亲廿元,四嫂十元,给二姑娘十元,五太太十元,姨奶奶十元,西院大奶奶廿元,二爷五元,东院大奶奶十元,二奶奶十元,共一百零五元也。

初三日(3月4日),请时子和来诊,云已愈矣。

初四日(3月5日),申刻,请四哥灵柩安葬于先茔八先兄之次,家中人均去,未请慈亲前往,予因足疾未克前往,实抱不安也。

初五日(3月6日),病痊,请安,皇上未召见,端康主位召见于永和宫,问足疾情形,是日并蒙赏吃食,已谢恩矣。退出,至醇王府请见,给王爷补行拜寿并叩谢,略问病情,即退。至耆大人处晤谈,至中堂宅,未晤。午后高科长来谈公事,曹巽轩来谈。

初六日(3月7日),出门,拜庄士敦先生,晤谈。拜刘健之,未晤。

初七日(3月8日),晚,公请庄志道、刘健之、倪丹丞、许季湘、朗、洵、涛、润贝勒于六国饭店,尚欢洽也。

初八日(3月9日),进内,王爷、中堂到,请中堂在上言语,初九日绍英带班。回家,叔诚来谈。

初九日(3月10日),进内带班,令太监言语请安,上传谕毋庸跪安,即可随同带班。一点半钟庄教习来,即随同朱师傅同上,至三点半钟下来,即同退出也。

初(九)[十]日(3月11日),午后至管理处,交世中堂所属贾祺派差事,拟为学习科员。散后,回拜江大人、伦贝子、宝大人,即回家。

十一日(3月12日),接耿恩顺电传,据太监云,奉上传谕,本日放学,明日照带上学,令转达庄先生。先由电转达,次派李顺至北京饭店,见庄先生面陈。庄先生云,十二日系应休息之日,何以仍上学。李顺云,上如此传谕,各位老师均已送信矣。庄先生云,我明白了,交回名片一个。午后至公府给大总统道谢,递官衔片,未请见。至陈师傅处晤谈,陈师傅云,逢二应休息,载在合同,拟面为奏陈,以后不便逢二上学,以示信约,予云甚好。

十二日(3月13日),午刻进内带班,见陈、朱师傅,一点半钟庄先生到,随同上班。闻讲地理有失言处,以后务宜谨言,当想念金人三缄其口也。

十三日(3月14日),早,进内,带匠。散后至中堂宅贺喜,中堂令在上言语,赏给张作霖匾额事,并令造办处先将匾架裱妥,裱好交唐鸣盛寄奉也。回家,申刻,信宅送如意来,并通信订于三月十八日申时迎娶,忌寅、午、戌三相娶送亲堂客,喜期在迩,亟应办理一切也。

十四日(3月15日),因带匠,上赏尺头一对,进内,在毓庆宫谢恩。午后带班,令奏事言语,请赏张作霖匾额一方,因伊生辰也,交下"永享利贞"匾额一方,当交造办处装裱,拟交唐鸣盛寄奉也。是日庄先生移居,散后至伊新居晤谈,尚欣悦也,略谈即回。

十五日(3月16日),至宝湘石兄处供果,至奎五哥处道谢。

十六日(3月17日),王爷进内,令向古物陈列所斟问得胜瓷樽事,如系得胜开国记念,令商议提回。至毓庆宫早餐,未刻带班。

十七日（3月18日），午后治鹤卿来谈得胜樽事，又谈徐又铮拟租圆明园事。

十八日（3月19日），进内，世中堂到，说明得胜樽及拟租圆明园事。吴辟疆来谈。晚，与三爷商同拟入同善分社事，候马祜庭电话，再订日期。

十九日（3月20日），午，进内带班。晚，洵、润、朗贝勒同请于东方饭店，与庄先生作陪也。

廿日（3月21日），未出门。

廿一日（3月22日），早，江宇澄来谈莲花池地租事，为叔诚托在天津省长署谋一差使，已允代为函托。晚，庄先生请西餐于六国饭店。

廿三日（3月24日），进内，至毓庆宫带班。

廿四日（3月25日），左足踵瘇痛，夜不得眠。

廿五日（3月26日），早，请时子和来看，在足踵开一小口，略微见血，仍用药水、膏子药，略效。

廿六日（3月27日），求耆大人替带班，请时子和来看。

廿八日（3月29日），请时子和来看，将左足（肿）[踵]用小刀刺开，放出脓血粉子，觉疼痛大减，夜间得睡，盖粉瘤子因磨发作也。①

廿九日（3月30日），请时子和来看，又放出粉子血少许，据子和云，再有几日，生肌长肉，可望痊愈也。

卅日（3月31日），请时子和来看，又出粉子少许。午后，耆大人来看，请耆大人转禀王爷现在患病情形，尚须续假几日，并求转达新亲十七日先送木器事。

---

① 此处天头补书："自廿八日请假五日。"

三月

初一日(4月1日),请时子和来诊,据云见好,令用药水熨之,拟再请假十日,当可痊愈也,已办折,于初三日呈递。

初二日(4月2日),请时子和来看,据云已用棉拭净,即可生肌矣,俟后日再看。张叔诚来略谈。是日还宋姐一百元也。

初三日(4月3日),请续假十日,奉旨赏假十日,应十二、三日满假请安也。给世慕韩写信,告明二姑娘喜事。福子堃来谈公事。

初四日(4月4日),早,见愈,端康主位派牛回事来瞧看,见,说明病情,请上放心,俟假满再为谢恩。午后,世中堂来看,略谈公事。令竹铭代为请客。

初五日(4月5日),竹铭代请客。闻审查委员会已呈准合格者五百馀人,竹铭、杨四爷均系荐任分省任用也。

初六日(4月6日),清明,已交三月节。请时子和来看,据云外症见愈,可封口矣。竹铭请客已毕,约八十家也。

初八日(4月8日),请时子和来诊,已封口矣,仍用膏子药敷之。

初九日(4月9日),四嫂六十正寿,预备酒席等事,乘小轿至东院贺寿喜。单束笙来电话,要苏路证券,以便寄至上海代为办理,当令孙禄送交,取有回片存据。是日蒙荣惠主位赏食物,派焦回事来看,接见,属代陈叩谢慈恩,容俟假满再为面谢也。锡洁庵送到月薪四百八十元。内扣公债一百廿元现洋也。

初十日(4月10日),左足能履地缓步。令三爷至瑞裕如处托其借款,晚,裕如通电话,明日未刻来家商办。接慕韩侄来信,寄来汇票大洋一百元,给二姑娘妆敬也,应复。

十一日(4月11日),请时子和来看,据云大致痊愈。午后瑞裕如来谈,托其向盐业银行岳乾斋借款二千元,以孙河地契作押,裕如已允代办矣。晚,银库送二月津帖六百元,交三爷归账。

十二日(4月12日),世中堂来电话云近日无事,可多调养几日,再为销假,当通电内务府堂再续假五日,应十八日请安也。午后瑞裕如来,云已与岳乾斋商妥,在北京盐业总银行借到现洋贰千元,订明每月玖厘息,每百元每月九角息。准于阳历七月十七日本利清还,中保人世辉山、瑞裕如,立押券人绍越千,以孙河村西马泉营东北等处种地二百一十亩地契一纸连同验契执照作抵押品,办此押款以济眉急,容再筹款归还也。地契另钞一纸收存,计日应阴历六月廿日到期。

十三日(4月13日),续请假五日,奉旨赏假五日,谨拟十七日请安。是日令大爷妈赴津给大外孙作寿也。

十四日(4月14日),午后叔诚来谈,云晚车赴津。

十七日(4月17日),请安,未蒙召见,因足疾体恤,不令跪安也。至醇王府,至世中堂宅晤谈,晚在馀园请支客,饭后即散。①

十八日(4月18日),早十点发妆,申初喜轿到门,耆大人带谢妆,福子昆、杨四爷、子厚、竹铭均官衣送亲,一切吉祥,是日来贺之亲友甚多,予至晚间左膝肿痛不支,即解衣安息。

十九日(4月19日),午刻全公府姑奶奶、墨宅姑奶奶、宪二奶奶、五太太赴筵席,四太太至信宅开箱,一切均好。②

廿日(4月20日),因足上肿痛虽已见愈,尚不能行走,求世中堂在王爷前言语,未能进内。令良格至信宅接姑奶奶回门。

廿一日(4月21日),卯刻二姑奶奶回门,午刻二姑爷到,一切如礼,均吉祥也。给耆大人写信,求分神带班也。

---

① 此处天头补书:"是日三爷至盐业银行办借款事。"
② 此处天头补书:"是日请时子和来看,用药尚效。"

廿三日(4月23日),早,与耆大人通电,订于明日入值。

廿四日(4月24日),早起,早餐后巳刻进内。

廿五日(4月25日),午刻进内带班。

廿六日(4月26日),二姑奶奶回家,单九期也。请时子和看足疾,据云无妨,仍用膏子药敷之。叔诚来谈。

廿七日(4月27日),进内,王爷到,至养心殿带匠,长春宫赏饭吃。本日宗人府因恽宝惠等捐款五千元作为工厂经费,世杰捐纸币一千元,钦奉谕旨:赏加二品衔等因,钦此。该款系世杰自备,尚有向日之诚也。

廿八日(4月28日),早,进内,带匠,储秀宫赏饭吃,随同中堂谢恩,长春宫赏团、折扇各一柄,不令谢恩。散后至江宇澄处晤谈,为张叔诚家与开平矿务公司地亩纠葛事,开具节略交宇澄,求函托省长公署,免滋扰累事,宇澄已经首肯矣。午后叔诚来谈,云晚车回津。

廿九日(4月29日),进内,带匠,重华宫赏饭吃,赏折扇二柄。

四月

初一日(4月30日),进内,带匠,永和宫赏饭吃。请曹大夫给良格看。

初二日(5月1日),进内,带匠,上赏衣料四件,扇二柄,香串一匣,至养心殿谢恩。回家,曹巽轩来给良格看视,风疹已出,仍用清表之剂,略效,尚须加意调理。

初四日(5月3日),进内,王爷、中堂到。请曹巽轩给良格诊视,服药甚效。信侯爷来认亲、道喜,略谈,甚洽。锡洁庵送月薪四百八十元,交三爷存。

初五日(5月4日),请曹巽轩给良格看,服药后见大便,食饭半饭碗,甚好。午后大、二侄交来售东观音寺房价五百元,二侄领应分给之一百元,此事已办完,此款归二侄女喜事用也。二侄婿来,略谈,人甚明白。晚,作舟因左腰生疽,气闭不醒,急服白糖水,醒后服矾蜡丸一钱,食藕粉半碗,急请陈树千来诊,开方护心散之意,另服小金丹。闻曹润田家失慎,系大学生所放,因青岛问题也,时事如斯,真可畏也。

初七日(5月6日),进内。二姑奶奶双九回家。

初九日(5月8日),午后至江宇澄处,为叔诚托照拂事,并令叔诚往江宅晤谈,谈后在东兴楼便饭。至管理处,至二姑奶奶家道喜。

初十日(5月9日),进内,王爷、中堂到。晚,内务部钱总长、于次长邀在传心殿晚餐,请各省警界诸位也。

十一日(5月10日),给大姑奶奶写信一封,嘱转送竹铭覆容仁甫一函。晚,拜客几家。

十三日(5月12日),至管理处。张叔诚来。

十四日(5月13日),进内。张叔诚来。

十五日(5月14日),进内。给世中堂拜寿。张叔诚来。

十六日(5月15日),进内,王爷到。永和宫召见王爷,闻系因上用款较多,责罚带班太监也。

十七日(5月16日),至管理处。至江宇澄处,为叔诚托关照事,至长安饭店见叔诚,略谈。

十八日(5月17日),进内,中堂到,挑缺。午后,二姑奶奶回家,住对月。金子铮来,为工厂捐款拟请奖事。

十九日(5月18日),至邓伯成处略谈,谈及有相事皆妄,无相理原实,事理本应碍,凡夫自扰之,即华严事理无碍法界之意,邓先生亦以为然。回拜崔子良总镇印祥奎,未遇。

廿日(5月19日),雨,未出门。三爷赴河南。

廿一日(5月20日),进内。至世中堂宅,为世杰求中堂代陈愿在乾清门当差事,中堂神色之间不甚以为然,但已应允代为陈请矣。午,叔诚来,谈及回津拟见荣仁甫,当给荣四爷写信一封,求其关照叔诚之事,将信交叔诚寄津。至管理处。晚,银库送来三月津贴六百,交五太太存,以备节用也。①

廿二日(5月21日),王爷请庄先生,邀作陪。请姑爷、姑奶奶吃饭。

廿三日(5月22日),进内,王爷、中堂到。闻学生因青岛之事仍在会议,颇堪注意,恐其扰害秩序也。②

廿四日(5月23日),午后至管理处。

廿五日(5月24日),早,进内,耆大人到。散后至梁师傅处一谈,见其病势稍好,右足仍不能行动也。至增二大人处道喜,略谈。午后世中堂来略谈。晚,看经一段。

廿六日(5月25日),至增将军处道谢。至卧佛寺,与张净如先生晤谈。周二来寄到张宅禀底一件。

廿七日(5月26日),早,令竹铭持张宅禀底往见容仁辅,晤谈,给张叔诚覆信一封,交周二寄津。午后公请庆邸,用现洋卅三元。

廿八日(5月27日),进内,谢恩,此次节赏纸币一千元。午后至中堂宅商办本府节事。

廿九日(5月28日),午后至管理处。

五月

初一日(5月29日),进内,王爷、中堂到。钦奉谕旨:世杰着加恩赏给乾清门头等侍卫,钦此。天恩高厚,感悚莫名,拟明

---

① 此处天头补书:"交五太太存票五百,现一百六十元,以备节例之用。"复以墨笔勾去。

② 此处天头补书:"天津姑奶奶来信。"

日谢恩。

初二日(5月30日),率世杰进内谢恩,未蒙召见。散后至醇王府叩谢,至世中堂宅谢栽培。锡洁庵交到月薪四百八十元,交三爷归节用。晚,崔子良来谈。

初三日(5月31日),银库增旭谷诸位来,谈及由部领出之四十万元已取来,并借妥廿万元纸币,均存库矣。

初四日(6月1日),进内,适徐大总统派王兰勋春园、田承恩锡三来,进呈皇上文具一匣,漆盒一对,食品八盒,鲜花八盆,回送徐总统瓷瓶、盘各一对,福寿字二件,回赏王、田二人各八十元,予侯王、田二人回去,始散。将竹铭履历交御前大臣处。午后,银库送来四月津贴六百元,端节饭银六百元,交三爷还账用,又由三爷转借现洋五百元,每月二分行息,随便归还也。

初五日(6月2日),端阳节,膳房送来上赏粽子一盘。三爷往各处分送节账,除已还者,尚欠五百元之谱,内有二姑奶奶喜事欠款约五百元也。午后至延寿寺给锡宅上祭,与和尚略谈即回。晚,上档房送到饭银三百元,当交赓大爷入账矣。

初七日(6月4日),进内,王爷、中堂到。造办处交饭银三百两,折合洋四百十六元,交三爷手,补还节账等用。给天津铁大人写信道谢。是日闻提署拘留学生百余人于译学馆,非好事也。

初九日(6月6日),进内。

初十日(6月7日),至管理处。

十二日(6月9日),进内,王爷、中堂到。午后带领良格及大、二、三孙至公园一游。

十四日(6月11日),进内。

十五日(6月12日),至管理处。醇王爷电召,令于四点二刻至府,届时至府见王爷,问大总统辞职事,当据所闻以对。晚至真武庙,在铁面大士前拈香行礼,因是日神像塑成也。

十六日(6月13日),进内,挑缺,中堂、耆大人到。

十八日(6月15日),进内,王爷、中堂到。

十九日(6月16日),午后至管理处。至瑞二爷处贺寿喜。

廿日(6月17日),进内,耆大人到。

廿一日(6月18日),光裕如送到陈尧斋兄来信一封,并代取地租银一百四十馀元。

廿二日(6月19日),左膝觉肿痛,董先生来,用火酒画符并用外国药水熨之,有效。

廿三日(6月20日),巳刻至管理处挑缺。是日得雨。

廿四日(6月21日),早,进内。官姑爷来。

廿五日(6月22日),进内,王爷、中堂到。巳正章嘉佛请吃饭,同席有王统领懋宣、黄心泉、王督办恩浦,应拜王统领。

廿六日(6月23日),早,至管理处挑缺。晚,赓福来,嘱其代求那王给竹铭分班事。

廿七日(6月24日),早,蒙敬懿皇贵妃赏予二百两,合洋元票二百七十七元,赏内人五十元,赏大爷、大奶奶各廿元,均交账房还办进奉外,尚有馀款,交三爷三百元换现洋,发东院月例也。

廿八日(6月25日),进内谢恩,退出。至芬大人宅谕祭。晚,孟大人省吾来谈。

廿九日(6月26日),回拜孟大人。拜邓伯成,晤谈。

卅日(6月27日),给伯诚写信,为校金经事。

六月

初一日(6月28日),进内,随同行庆祝礼,上赏饭吃,每人给伺候饭人四元。

初二日(6月29日),午后至奉天会馆随同开会,俟表决会章,先散。晚请慕古海德、哈尔定英两参赞,系周冠卿印伯英,青年会干事出名。

初三日（6月30日），进内。接青年会信，为游园办免半价票事，当答覆。

初四日（7月1日），早，至公署挑缺。

初六日（7月3日），进内，耆大人到。

初七日（7月4日），进内，王爷、中堂到。至继宅拜寿。

初八日（7月5日），进内，中堂到，储秀宫召见中堂，为内殿要款事。午后至信二爷家拜寿。

初九日（7月6日），竹铭住班。

初十日（7月7日），作《金刚经赞述序》一首。

十一日（7月8日），进内，至管理处挑缺。

十二日（7月9日），早，梁师傅来谈。叔诚由津来。

十三日（7月10日），进内，王爷、中堂到。午请叔诚在东兴楼便饭，托其至汇理银行商押款事，申刻叔诚来云，孙晋卿已给盐业银行通电，商定可付利转期，拟托瑞裕如代为办理也。

十四日（7月11日），给熙三爷祝寿。至瑞裕如处，托其代办借款转期事。

十五日（7月12日），早，进内，耆大人到。午后诵《金刚经》一卷，拟定《宝光禄公事略》。

十六日（7月13日），早，至袁觉生处晤谈，送去列传、碑文、诗集等件，求其速办合传事。

十七日（7月14日），令辉山至盐业银行付息三个月，共五十四元，言定转期三个月，应至阴历八月廿四日到期。

十八日（7月15日），进内。锡三爷送到月薪一封。

十九日（7月16日），进内，王爷、中堂到，长春宫主位召见中堂，令与王爷商议自明日初伏起放暑假卅日。中堂当由电话与王爷商定，并至养心殿在皇上前奏明，并令钟三爷给庄先生送信,令堂上给三位师傅通电云。二姑奶奶回信宅。令老秦赴津,给叔诚一函。是日,发西院月例。

廿日(7月17日),早,至公署挑官缺。

廿一日(7月18日),大雨,未出门。

廿二日(7月19日),至那园,给邓君翔祝寿。

廿三日(7月20日),进内,耆大人到。

廿五日(7月22日),进内,王爷、中堂到。给叔诚写信。

廿六日(7月23日),早,张叔诚来谈,未出门。老秦回。

廿七至廿九日(7月24日至26日),因足病未出门。

七月

初一日(7月27日),请董先生画符医治。

初二日(7月28日),进内,王爷、中堂到。足疾见愈,用烧酒熨之。

初五日(7月31日),进内。至福子昆、梁师傅处道喜。银库送到五月津贴六百元,交三爷入账。

初六日(8月1日),雨,延经来,住书房。

初七日(8月2日),由姨奶奶经手向宋姐浮借现洋二百元,交三爷开月例用。

初八日(8月3日),进内,王爷、中堂到。

初九日(8月4日),晚,至奉天会馆欢迎张师长、景惠甫叙五、韩少将。

初十日(8月5日),大奶奶寿辰,给洋廿元票。

十一日(8月6日),早,进内,耆大人、朱大人到。

十二日(8月7日),内人寿辰,应酬一日,蒙长春宫赏衣料二件,果品四盒,储秀宫赏果品一桌,重华宫赏衣料二件,次日派人谢恩。

十三日(8月8日),未出门。

十四日（8月9日），进内，王爷、中堂到。①

十五日（8月10日），家祭。

十六日（8月11日），进内。

十七日（8月12日），锡三爷交来月薪纸币三百八十元。

十八日（8月13日），进内，王爷、中堂到，议及庄先生致李季皋信事，商订暑假展期十日。

十九日（8月14日），王爷进内，中堂到，为溥杰、溥佳伴读事。

廿日（8月15日），王爷电召，未初至府，见王爷，问出洋事，并云敬懿主位令展期开学，中堂云须与庄先生商量，不甚以为然，可告中堂知之。即至中堂处说明，中堂颇有感慨云。

廿一日（8月16日），进内。晚，王爷电话问告中堂事。

廿二日（8月17日），出城拜客。杨时百来谈，托代售琴谱事。

廿三日（8月18日），至涛府，给溥佳阿格谢步，给那相拜寿。

廿四日（8月19日），进内。至洵府、增宅贺喜。

廿六日（8月21日），至王府拜寿，至拈花寺，为念佛堂捐款事，至朱宅拜寿。

廿八日（8月23日），进内，王爷、中堂到。二少爷代卖太白樽一件，现洋三百元，给大、二少爷各十元，给赓大奶奶十元，其馀开月例，还零用。交大少爷画六件，嘱其代售。

廿九日（8月24日），处暑。

闰七月

初一日（8月25日），进内，中堂到。陈列所失物，系工兵普

---

① 此处被勾去数字："令三爷找陈玉春办事。"

喜所窃,已人赃并获矣。

初二日(8月26日),午后至管理处,治大人到。

初三日(8月27日),进内,上于是日开学。五太太于本日晚车赴津。

初四日(8月28日),售出珊瑚如意一对,价银三百元,交三爷还账等用。

初五日(8月29日),王爷到,中堂感冒未到。

初六日(8月30日),早,邓先生来谈,谈及念佛堂捐款每人月捐一、二元。

初七日(8月31日),进内,耆大人到。

初八日(9月1日),二姑爷来,托官筠事。

初九日(9月2日),进内。卯初刻,大姑奶奶生一女,由电话告知,当回话道喜。午后借姨奶奶五十元,暂归日用。明日令孙禄赴津送礼,并寄贺函云。

初十日(9月3日),张勋臣督军上将闰月生辰,寄纸索诗,因作七绝一首书寄云。附记贺诗:"闰月欣逢揽揆辰,云龙海鹤倍精神。留侯功业汾阳福,更祝椿灵五百春。"大姑爷来,留饭,未允,据云明日回津也。

十一日(9月4日),进内,王爷到,中堂因气喘未到,令在王爷前请假四、五日。庄和主位召见,赏莲子、扁豆二小碗,不令谢恩,为此次千秋传令免进食物,又催交进内殿款项,以备赏项及中秋之用也,退出。午后,至中堂宅,说明上交之事,中堂拟廿日后由汇丰提出十万交进,即云外借之款也。又圆明园上诉之事,中堂已令宝虞臣交徐师拟底矣。孙禄回京。

十二日(9月5日),早,至庄志道处,未遇,送给《朱子性理吟》、张知生集各一部。至梁老师家略谈。

十三日(9月6日),进内,耆大人到,代增瑞堂办遗折呈递。

荣惠主位召见，为催交款事，令交三万元，交至本宫，并提及园寝工程暂缓事。午后刘灿甫来拜，晤谈。马通伯先生谈及《易经》以有光者为阳，成质者为阴，乾坤两卦及诸卦言光明者（其）[甚]多，其即《大学》明命明德之旨欤。借去杨慈湖《己易》一本，崔师训《大成易旨》四本。

十四日（9月7日），收到颐和园交来津贴四十元有零，给五太太信一封，寄去十元，为给增宅上祭事。

十五日（9月8日），进内。午前念《金刚经》一卷，午后看《易系辞》，窃维继善成性之旨，易知简能之道，圣人之参赞，贤人之谨几，忧悔吝者存乎介，无祇悔者不远，复乾以惕无咎，震以恐致福，危者使平，易者使倾，大抵天人一体，不已不息，不贰不离，是以忠信进德，骄泰失业，所谓生于忧患，死于安乐也。作《易》者当殷之末，其有忧患之心乎。盖操心危，虑患深，静存天理，动合时宜。故曰："自天佑之吉，无不利也。"当间时重理旧业，自明峻德，悔过自新，其在斯乎，宜敬念之。

十六日（9月9日），看《训蒙》、《性理吟》百首，较高子所刻本多六首，拟增补之。与锡洁庵谈及玄关，即两目中间，所谓山根者，盖中有二窍，乃肺气交通之处也，拟静坐闭目注视山根，以试静功何如。至管理处，治大人到。

十七日（9月10日），王爷到，中堂未到。

十八日（9月11日），五太太回京，叔诚送来，留便饭。接署中知会，十三日可领廿万元。

廿日（9月13日），进内。借姨奶奶四十五元现洋，发大爷院月例。

廿一日（9月14日），看庄子《齐物论》，教人无我，拔去爱根，默识真宰。"莫若以明"，盖言明命明德，本明之良知也；"和之以天均"，谓天然均等，了无是非之相；"和之以天倪"，谓天理端倪,实有公是公非之端;至于无始无无始,盖言无极之真,老子所谓"玄之又玄,众妙之门",皆言大道之原也;末言物化,盖人我两忘,大而化之也。又看《养生主》,重在缘督以为经,盖循理守中,即养生之旨,末云火传无尽,盖言天命无息,生生不尽之理也。兹记其大略,应实体之。

廿二日(9月15日),午后至管理处,治大人到。

廿三日(9月16日),进内,中堂到,耆大人到。至袁俊亭处,为官箴托事。

廿四日(9月17日),晚,收到六月分津贴六百元,交账房。

廿五日(9月18日),进内,王爷、中堂到。

廿六日(9月19日),锡洁庵送到阳历八月分月薪现洋一百廿元,票三百六十元,内刨去公债票一百廿元,交三爷入账矣。找镜古堂段掌柜来看书,拟出售,开中秋节例也。

廿七日(9月20日),早,至海会寺照料增简悫公谕祭事。文友堂来家看书。蒙庄和皇贵妃赏二百两,合票二百七十七元零,赏内人五十元,赏世杰夫妇各廿元,此四十元交内办果点进奉用,其馀均交账房矣。

廿八日(9月21日),进内,谢恩,庄和皇贵妃召见,交下赏九百元,内禁卫军即十六师六百元,八旗护军三百元,三旗护军一百元,退出,交堂郎中照案分给。回家,延大少爷鸿侪同带经堂王掌柜来看书,抄本《五百家播芳大全》、《宋碑传琬琰集》各一部,元刻《宋学士集》一部,《乐府诗》一部,共订价现洋一千元,当将书取去付价讫。送给鸿侪卅元,赓大爷廿元,实收到九百五十元,除还应发应还各款外,馀三百九十元交三爷收存,以备中秋节家中节例之用也,过节后应实行节俭之策为要。

廿九日(9月22日),午后至管理处。

卅日(9月23日),进内,耆大人到。接延经来信,拟入文官考试,求代为报名,并找同乡官保结,当即令赓爷代为报考,复求杨子襄、安瀛澄出结盖章矣。鸿侪来,令其明日来办理续售书籍事,姑令带经堂一看,以便待价而估也。

八月

初一日(9月24日),大少爷来,续售书十四种,明日定局。午后至海会寺增将军处上祭。

初二日(9月25日),进内。至庆府拜寿。回家,大少爷来,同吃便饭,午后与带经堂定局,售现洋五百元,当给大少爷廿元,赓大爷十元,还永裕七十元,还姨奶奶卅五元,又零用五元,仍存三百六十元也。蒙荣惠皇贵妃赏二百两,合二百六十元,赏内人五十元,以上入款均交账房矣。领秋季俸一百○七元,进呈廿元,给四太太十元、五太太十元,姨奶奶十元,东院大奶奶十元、二奶奶十元,西院大奶奶廿元,给良格五元,小妞一元,共九十六元,仍馀十一元。

初三日(9月26日),进内,随同至储秀宫行礼,赏饭吃,退出,即回家。左手腕略肿,用时子和之白药水熨之,见愈。

初四日(9月27日),午后钟捷南来,交到邓君翔给中堂信,内称节款四十万元已经李次长允许,伊又代为邀求十万元,尚未说定也。当将原函交捷南带回,并求捷南转达吴局长代恳极峰事,捷南已首肯转达也。鸿侪来,为代售《安阳集》事。

初六日(9月29日),午后至奉天会馆东三省联合会开会,举张景惠君为会长,奉天举刘恩格副会长,吉林举齐忠甲副会长,黑龙江举翟△△副会长,评议部长王乃斌,副秦华,干事部长陈兴亚,副安海澜,上灯散。

初七日(9月30日),进内,端康皇贵妃召见,为催款事。至耆大人处拜寿,午后至管理处。回家,钟捷南来谈,索竹铭名条二纸,为转达吴局长事。晚,取出存单一纸,储蓄行存现洋廿五元,十月初八日到期。交良格暂存。

初八日(10月1日),进内,随同至重华宫给荣惠皇贵妃前行礼,赏饭吃,交堂上三次吃饭赏项票洋十二元。

初九日(10月2日),家有冥寿,上祭,诣祠堂行礼。发中秋节例及赏项等项。派孙禄至天津张宅送礼。晚,杨子襄请在石头胡同又一村晚餐,同座世仁甫、张雨田、齐印忠甲、张芷青、安瀛澄、张奎臣在警厅当差、张揆一,又蒙藏院一位李静生,又一位陈瀛洲。①

初十日(10月3日),申刻,至世中堂宅,随同看秋节账单,约用六十万元,另备交进五万元,事毕回家。大少爷来,取去书九种,拟转售也。

十一日(10月4日),进内,王爷、中堂到。散后至陈雨苍兄处贺喜。至陈君树千处看病,左肘肿,仍用前方治之。

十二日(10月5日),增二大人来。

十三日(10月6日),耆大人来谈节款事,当给福子昆电话,为交款事。午后至增、恒大人处道喜。晚,子昆来谈交进八万事。

十四日(10月7日),早,至张宅谕祭。见袁俊亭,云官筠已派在左翼当差,令其明早至袁寓,当令孙禄至信宅告知矣。午后陈树千来看,云略好些,略改前方治之。午后刘坦达送上赏一千元,当交三爷破票,以备开赏,约剩三二十元也。锡三爷送半个月月薪,俟节后领款再补发半月之款也,银库送七月、闰七月津贴一千二百元,饭银六百元,交三爷还节账用。

十五日(10月8日),进内,谢恩,御前大臣、中堂、师傅均到。回家,上档房福邵二老爷送到端节饭银三百元,中秋节饭银

---

① 此处天头补书:"初九日请陈树千来看,肘上红肿。"

二百元,交三爷补还账用,除还外尚欠一百四、五十元也。敬诵《金刚经》一卷。派人送交杨先生《琴学丛书》,价十二元。此节尚从容,幸甚。

十六日(10月9日),未出门,拟就庆辰征文启一件。

十七日(10月10日),进内,永和宫交下赏八旗护军二百元,当交讫。永和宫赏二百两,又赏内人五十元,世杰夫妇各廿元。

十八日(10月11日),进内,随同至端康皇贵妃前谢恩,王爷、中堂到。金子铮交造办处饭银二百四十两,合洋三百卅三元,回家交三爷讫。是日至定振平处贺喜。至增培圃家晤谈天津租房事。

十九日(10月12日),阅报,阳历十号国庆日,大总统命令:绍英、治格等均给予一等大绶嘉禾章。至马宅求改寿启事。时穆参赞请①。

廿日(10月13日),进内。至总统府道谢。至古物陈列所,与治大人谈荣安拟递呈事。

廿一日(10月14日),至汇理银行求孙晋卿转达盐业银行展期事。至李雅臣处求看目疾。

廿二日(10月15日),进内,随同至永和宫,在端康主位前贺寿。是日刘恩鸿甫锡三②、张景惠甫叙五、王乃宾甫恩圃进内贺寿,均赏饭吃,并赏画、福寿字,另赏张巡阅使烟壶一对,画一卷,鼻烟一匣,福寿字。奉天会馆送到三省联合会公函,举为名誉会长,张叙五、刘鲤门、齐迪生均盖章。

廿三日(10月16日),至管理处,为荣安递呈请办学堂事,

———

① 此处天头补书:"同座有朱锡三、刘佐卿。"
② 此处天头补书:"刘系张巡阅使代表。"

治大人到。拜张司令，晤谈，人甚朴实。至奉天馆，张司令请晚餐。

廿四日（10月17日），竹铭筹款，将盐业银行之二千元借字及孙河地契纸均撤回，并由竹铭垫付利五十四元，当将契纸同三爷收讫，并告知三爷张罗售地，即将所垫之款偿还。昨晚福子昆送到荣安递呈请办学堂事，今早拟一批交锡洁庵，连同原呈交治大人酌夺办理，治大人亦以为然，已照办矣。鸿侪来，代售《二范集》一部，售价三百元也。折合票六百元。

廿五日（10月18日），进内。回家，将售书之六百元交锡洁庵归还管理处，计前欠一千五百元内，以六个月应发债票七百廿元扣抵外，又欠领月薪一百捌拾元，今交还六百元，共合抵还一千五百元之数，应帖水若干，以月薪抵补，以清完为限云。李顺领东安、武清租账，于明日前往取租。

廿六日（10月19日），午后至桐宅拜寿，至庆府贺喜观剧，饭餐后回家。

廿七日（10月20日），午后至管理处看十营用款账。晚，马通伯先生改就庆辰征文启。吉升来禀求函致陈介卿司令准其暂请长假，并求交下文凭寄奉事。

廿八日（10月21日），进内，王爷、中堂到。回家作函致陈介卿司令，为吉升事。

廿九日（10月22日），午后至管理处，治大人到。

卅日（10月23日），进内，中堂到，辰刻带匠，赏饭吃，巳正回家。庆邸来道谢。

九月

初一日（10月24日），进内，中堂到，随同带匠，赏饭吃。回家诵《金刚经》一卷。张八爷来，福子昆交到荣安声复，呈应酌办法。

九月初二日（10月25日），进内，带匠，中堂到。午后至管理处，与治大人商议，令知十营章京复查十营馀剩之款是否无存，据实声覆，以凭批驳荣安并函知内务部。接陈司令函，为吉升请长假事。

初三日（10月26日），晚，随同中堂请庄先生诸位，中堂因气喘未到。

初四日（10月27日），进内，带匠，永和宫赏饭吃，上赏灰纺绸二匹。午后至管理处，为荣安事。

初五日（10月28日），午后至花厂买花，备送庄用。

初六日（10月29日），早，增请吃饭。至杨时百处求写寿屏事。至松华斋印请帖。申刻至奉天馆公请徐敬宜事。托王树臣代吉升请假事。

初七日（10月30日），进内。回家，于珍君甫济川来拜，晤谈，询问官房是否出售，答以并无出售之意也。买妥花马一匹，价现洋一百廿元也。

初八日（10月31日），早十点至庄先生处拜寿，遇刘健之，索香妃小照，又索小猫，庄先生拟于廿二日请游西山。午后至管理处领薪水馀零一百八十元票，换现洋九十元。至江太太处贺寿。

初九日（11月1日），进内，王爷到。散后至中堂宅睄看，未请见。午后出城，至松华斋裱红冷金笺廿条，拟求人写。拜刘健之。至新丰楼同耆大人请客，均到。求那王为二姑爷派差事。延康由澄怀回，所收稻米廿八石四斗，除留细米四斗外，共售现洋二百四十六元，每粗米一石，合八元八也，交三爷开月例用。

初十日（11月2日），收到颐和园售票津贴四十六元零，弥补零用。午后刘健之来谈。出门，至耆宅贺寿，吴宅道喜，至长春寺行情。见吴秘书长面托竹铭差事。

十一日（11月3日），进内，荣安递呈，将伊交司法科。午后至管理处。

十二日（11月4日），午后至管理处。晚，奎五哥请。

十三日（11月5日），进内。至总统府贺寿，至袁珏生处求作寿文，午后出城拜客。本日晤曾毅斋先生，住门楼兴安会馆。

十四日（11月6日），进内，荫（长）[昌]来答礼，余念答词，王爷到。散后至奉天会馆欢迎鲍廷九督军，至管理处与高科长谈荣安事。回家叔诚来，至福全便饭。

十七日（11月9日），进内，耆大人到。

十八日（11月10日），感冒未出门。荣安事办训令一件。

廿一日（11月13日），早，进内，永和宫召见，为要款事。至中堂宅说明求说寿辰事。

廿二日（11月14日），庄先生请游西山，申刻归。

廿三日（11月15日），早，进内，王爷、中堂到。中堂向王爷说慈亲正寿，请赏匾额、福寿字事，蒙王爷允准，中堂令奏事太监在上前言语，并在四宫主位前言语讫。中堂令银库交内殿各宫煤款二万两，又交永和宫给皇上做衣服银五千元，明日交进。午后至管理处。回家令林文茂送诗集至晚晴簃。

廿五日（11月17日），进内，那王带领呼图克图觐见。

廿六日（11月18日），晚，大少爷来，云季振宜沧苇朱笔校勘明板《资治通鉴》一部，后有翁中堂跋语一页，此书已经冯君耿光给价现洋三百廿元。① 予云现因手中无款，无以开放月例，只得售之，即令大少爷取去，殊可惜也。

廿七日（11月19日），早，袁珏生送所撰寿序一篇，笔墨甚佳，当即拜谢，午后至宝瑞臣处请书官衔称谓，书就，至管理处，

---

① 此处天头补书："此书计十六函，一百卅本。"

治大人到,出城至杨时百处求书。

廿八日(11月20日),早,进内。马通伯、姚仲实、姚叔节送来寿序四幅,写作俱佳。彭同九来,请十月初八日办喜事。晚,大少爷送来书价三百廿元,给伊廿元,其三百元交三爷开月例用。二姑奶奶回家,住六日。

廿九日(11月21日),早,松华斋送寿序来,当校妥,属该铺转送杨君处缮写。午后至管理处。

此本已竟,十月起另记一本云。①

移记新本内:欠汇丰支票,多取约八百两之谱。又丁巳十二月十九日借现洋一千元。又戊午十二月借现洋一千元,按年六厘息随便还,有字二纸。欠义顺号一千元现洋,子昆代借。欠姨奶奶二百元,月给利四元,又欠一百元。欠三爷代借五百元,每月二分行息。欠宋姐六百元,拟庚申正月还,月给利洋十二元也。借盐业银行二千元,捌月廿四日到期。

庆辰先拟征文启筹款。求袁觉生办传送诗。送先公诗集于公府。欠管理处一百六十元现洋。

此本记满,另记一本。

以下日记第二十九册②

仁寿录

本年正月初五日立春,曾书春帖云:春书龙虎,大吉大利,萱堂馀庆,枫陛承恩,常存敬慎,进德守身。再录于此,宜敬念之。

---

① 以下诸事为本册末尾所附杂记文字。
② 日记第二十九册,封面题:"仁寿录,廿九,己未十月朔日记起,民八己未年十月初一日至民九庚申年五月初四日,孙延礼谨志。"

十月

初一日（11月22日），早，进内，王爷、中堂到，商定堂郎中缺以钟凯奏补。回家，给慕韩侄写信一封，为戒轩侄欲领地承租事。至祠堂行礼。荣月帆兄来谈，可转借一千元，半年期，届期务须归还为要，言定与辉山侄接洽办理，初五六日可办也。至西安门外将校研究所拜姚仲实、姚叔节，晤谈，二公善作古文，兼通内典，有道之士也。谈及八识为识体，予云八识能转即为大圆镜智，六识属意，七识名为传送识，似儒家慎独之独字，先儒云独是意之起头处，有传送之能力也。归而思之，此说亦有未当。李二曲先生谓独即一念之灵明，其尊无对，故云独也，即良知也。盖佛经言意，指分别之意见而言，即传送识虽为意之初起，尚未转为平等性智，属不好一边言，至《大学》所云诚意，乃格致后心体已明，所发之意自无不善，意之起头处谓之独，初念皆善，属好一边言。同一意实自有区别，不可浑而为一，且儒释本源处虽属一致，其名字原不能强同也。兹特记出，随意谈论，甚有失言处，戒之。至陈太保处晚餐，并求陈、朱师傅照拂上赏匾额事。

前本日记已经写满，继写此本，以仁寿题签，寿为五福先，犹仁为四端之首也，圣人云"仁者寿"，其在斯乎。十五日慈亲九十正寿，拟在会贤堂彩觞庆祝，因题签为《仁寿录》云。

初二日（11月23日），午后欲往伦贝子府道寿喜，行至西堂子胡同，因车夫挞马，以致覆车，即雇洋车回，幸未受伤，惟自反德薄能鲜，不克诚身，受此番警戒，惟有常存敬慎，以期自立于不败之地，是为至要。钟捷南来，留话委件已办妥矣。

初三日（11月24日），进内。晤钟捷南，据云大总统拟赠匾对等寿物，闻之欣幸惶悚之至。退出，至继二大人处借台毯。至熙隽甫处，如公府送寿物时，求其招待来人，隽甫允之。至吴秘书长处道谢。午后至管理处。晚至福全，荣七哥请。

初四日(11月25日),未出门,戒轩回沈,二姑奶奶回信宅。
初五日(11月26日),进内,耆大人到。拜客。延玺来京。
初六日(11月27日),早,至唐贝子府行情。王府来电话,改于十二日进内。

初七日(11月28日),早,进内,钟捷南到。午刻辉山至荣七爷家,借到朴新甫现洋一千元,每月一分二厘行息,半年期,以涿县地契作押,世善甫出名借款也。晚,请荣七爷诸位便饭。领到管理处月薪,将前欠该处之款还清,所借朴宅之款专备寿辰用也。

初八日(11月29日),早,王爷电话,令将本府具奏筹拨宗人府之款摘由开单,送府批妥,先行传知宗人府遵照,当即电达堂上当差人员照办矣。出门拜客。

初九日(11月30日),进内,钟三爷云已与吴秘书长接洽,送寿物少来人矣。午后陈树千来给三格看,据云胃经有滞,开方调胃之剂。

初十日(12月1日),早,拜客。晚,请袁珏生诸君素餐。李顺取地租回。四太太分给世良六十五元,交三爷还厨房用。

十一日(12月2日),早,进内,闻钟三爷云,大总统派代表王将军怀庆于十五日午刻至会贤堂祝寿,十二日早派内卫官一人送寿物六色,匾、对、如意、瓷瓶、衣料、鲜花篮。散后,电请定鹤松亭总镇、袁峻亭总镇、瑞裕如都统、熙宝臣四位接待。午后至会贤堂察看。电托治鹤卿,为杨时百事。

十二日(12月3日),早,至王府办事,中堂、耆大人到。回家,闻知大总统派内卫官长送来匾一方,文曰"陶规郐福",对联一副,文曰"黄玉腾辉赍仙券,红梅吐萼报阳春",上款"越千五兄之尊慈老伯母曹太夫人九秩寿言",下款大总统名,如意一柄、麻姑献寿瓶一件、衣料二件、鲜花花篮一个,共六色。荷蒙谦光下逮,优礼有加,感佩之至。送给内卫官长茶敬廿元,抬夫每人一元,给大总统双合页大帖一个,写"护军都护使绍英鞠躬敬谢",交来人带回。即将匾送交懿文斋裱妥,十四日送至会贤堂。文许二老爷送来衣料票四张,值洋五百元,已辞。邓伯成送来无量寿佛一尊,诗二首,《弥陀经》一本,寿幛一件。彭同九送来诗一首,均可感也。

十三日(12月4日),早,进内。上交下赏绍英之母寿佛一尊,御笔匾一面,御笔福寿字一张,匾文曰"金萱笃祜",如意一柄,蟒袍面一件,银六百两,奉派奎珍于十五日早晨送寿物。荷天恩之高厚,实感戴以难名,惟有矢慎矢勤,尽心尽力,以期仰答鸿慈于万一也。午后至文老爷昭处谢步。至会贤堂收拾寿堂,挂屏等事。接奉醇王爷函称:偶抱采薪,未克躬祝,专函奉贺绍宫保太夫人九旬大庆,虔维寿高康健,弥膺多福,谨上九如之祝,惟希将鄙忱代陈是祷,诸祈鉴察。荷蒙王爷谦光下逮,吉语致祝,感戴莫名,应往叩谢,俟谢恩后前往可也。

十四日(12月5日),天津姑奶奶来。至会贤堂陈列一切,晚饭后归家。①

十五日(12月6日),早巳初,迎接天使奎大人珍赐寿,礼毕,即至会贤堂。午刻迎接大总统代表王将军怀庆来祝寿,礼毕,早餐后始回,随带卫侍武官四员,随来有马队、军乐队。是日演斌庆社一日,宾客甚多,颇有应接不暇之势。天气甚好,早间伺候慈亲乘气车来,晚十点半仍乘气车回家,精神甚好,尚欢喜也,庆幸之至。

十六日(12月7日),进内谢恩,未召见。至王爷府面见叩

---

① 此处天头补书:"十四日,四宫主位赏福寿条一件,如意、衣料八件,银四百两。"

谢。午后至总统府叩谢,投帖代达叩谢,因天气稍晚,未请见,托承宣官俟有暇通电,再来请见面谢。晚,彭同九请晚餐。

十七日(12月8日),未进内,中堂进内。

十八日(12月9日),拜客,晚,增大人寿臣请。

十九日(12月10日),早,进内,王爷、中堂到。未刻至总统府,见大总统敬谢,三鞠躬,让坐略谈,退出。回家,姑奶奶喉间肿痛,即服养阴清肺汤治之,盖内有伏热,外受感冒也。

廿日(12月11日),姑奶奶请时子和来诊,用刷药,有效。拜客。

廿一日(12月12日),早车赴津,至张亲家太太家、铁宝翁、袁行翁、陈尧翁各处道谢,晚车回京。

廿二日(12月13日),腹痛,频频大解,请陈树千来诊,服药有效。

廿三日(12月14日),进内,八钟前至内,至养心殿,在皇上前谢恩行礼,面赏御笔福寿字,此次蒙赏大卷二件,银三百元,又蒙主位赏衣料、银一百两,均由奏事处代陈谢恩行礼,未召见。储秀宫主位召见,交下太监王源忠名条一纸,令交司法科严办。因此人懒惰,交在掌礼司当差后,屡与储秀宫太监寻隙讹索也,退出,当即令景排长带警至掌礼司传此人,以便办理也。回家,祠堂前行礼,给慈亲行礼,家中行礼后,子侄、儿媳、姑奶奶、孙等均叩祝,亲友多来祝者,子、侄、婿均来祝,晚餐后始散。

廿四日(12月15日),早间拜客,午后至增大人处贺寿喜,晚餐后始回。大姑爷回津,令三格往送。

廿五日(12月16日),早,进内。回家,增旭谷来,为太监王源忠未能传到事。请陈树千看病,因咳嗽右肋痛,并给五格看肺热有痰也。派人至袁俊亭处送官芳名条一纸,二姑爷属转托也。

廿六日(12月17日),午后拜客。晚,增二大人请,商定十一月初五日六点,予请诸位在福寿堂晚餐。

廿七日(12月18日),进内,令储秀宫首领言语王源忠逃走事,王源忠即李耀亭。首领郭寿亭、又其次董万和,因王源忠与何来喜寻隙,故交令惩办王源忠也。

廿八日(12月19日),姑奶奶回津,三爷送往。拜客半日。

廿九日(12月20日),进内,王爷到。王爷令至毓庆宫请问皇上赏溥杰、溥佳、毓崇穿带嗉貂褂事,予即往请示,先跪安,次赏坐,面奏一切,皇上令办旨意,即退出,回明王爷办谕旨,并请四宫阅看谕旨,阅毕始用宝。中堂交来张敬尧因生辰得赏御笔匾对谢恩电一件,令请王爷看,已请阅矣。此次赏匾对,内务府并不知也。

卅日(12月21日),午后拜客。

十一月

初一日(12月22日),早诵《金刚经》一卷,至祠堂行礼。福二、增大老爷来谈银库事。晚,邓君翔请在新迁楼房内晚餐。

初二日(12月23日),冬至。早,进内,耆大人到,午后拜客。

初三日(12月24日),早,醇王爷电召,即往见,为端康主位传赏张仲元督办、佟文斌协办,清察管理太医院,每月各赏给月例一百两。传此二人在药房值班等谕,王爷令办内务府口传奉旨云云,钦此。传知该员等遵照并留记载,不必另行办谕旨也。当即进内,交内务府人员办理。午后至管理处,顺路拜客。

初四日(12月25日),早,进内,耆大人到。至增大人处拜寿,顺路拜客。晚,世中堂来电,明早不进内,嘱在王爷前告假。

初五日(12月26日),进内,王爷到。午后至德国医院看梁师傅、张八爷。晚,福寿堂请客。

初六日(12月27日),雪,未出门。

初七日（12月28日），七点福子昆来电话，云锡庆门外蒙古奏事处失慎，即刻备车前往。至神武门，闻苏拉云已经救灭，随起随灭矣，心始放下。即至该处看视，焚坏一间，拆毁一间，福子昆、钟捷南、董翔舟均在该处，并有护军、消防队、禁卫军亦在该处，已毕事矣。即让董翔舟至景运门外值房暂坐，予旋同捷南至板房找奏事处太监，在上陈明已经救灭矣。耆大人到，商办奏底，明日具奏，并开各项出力单，以备请中堂酌赏也。醇王爷电询情形，即由电陈明，令子昆与鹤卿电商，函达田总长，函谢吴总监。午初回家，请曹先生给小姐看视腹痛，开方疏导之剂。

初八日（12月29日），早，接内务府堂上电传云，皇上手腕微肿，令绍英带蒙古医生看视。当即回电，令福子昆传练达医生看视，即命驾进内，耆大人到，会同带领医生长春、松贤至毓庆宫看视，幸不甚重，松贤略为按摩，下来开方，系舒筋活血定痛之剂，事毕退出。午后回，拜王丹揆。

初九日（12月30日），进内，会同耆大人带领医生至毓庆宫看视，添传荣志、文举二医生同看，比昨见愈。退出，同耆大人至中堂宅谈公事。晚，接福子昆电话，云领出皇室经费廿万支票一张，又管理处已领到十一月经费。

初十日（12月31日），进内，带蒙古医生，王爷至毓庆宫看视，窃幸上手肿已经康复，传语明日即勿庸带医矣。蒙恩赏衣料二件，并赏医生四名二百元，商定十二日谢恩。午后至冯代理总统府送三，闻停放卅五日，七日一送库也。大少爷交到售翠佛头三百元。

十一日（1920年1月1日），早，至集灵囿递官衔帖，给大总统贺年禧。请曹先生给小姐看，已见愈矣。

十二日（1月2日），早，进内，大礼官黄开文来答礼，余念答辞，礼毕回家。颐和园档房送来津贴十三元零，银库送来八月分津贴六百元,交账房发还各款。给大姑爷写贺信一封,令三格明早赴津。

十三日(1月3日),午后至恒利贺喜,给诚宅拜寿。

十四日(1月4日),早,进内,闻梁师傅逝世。奏事处云端康主位召见,即至永和宫,系为款项事。退出,至梁宅吊慰。至世中堂宅陈述永和宫因给上办衣服要款事,中堂云可再交票五千。午后至奉天会馆。晚,安瀛澄请。家中电话云南苑十五师有变,市面铺户已有上板者,当即回家。钟三爷差苏拉来云,接警厅电话,已探访明确,系十五师与第九师在南苑小有冲突,已经和平了结云,闻此信后始休息。

十五日(1月5日),早,苏拉来电话,云上召见,即命驾进内,同耆大人至毓庆宫。上面谕梁师傅逝世,谥号可用"文忠",赏银三千元,汝等可至王爷府说明,即办谕旨。当即遵谕至王府,请见王爷,拟定谕旨。复进内,请皇上暨四宫主位阅看谕旨后传知各处。回家,午饭后至内务部茶会,见田焕亭总长,饮酒暨加非、茶少许,即至奉天会馆,给宋铁梅先生贺寿看戏,至晚饭后始回。

十六日(1月6日),至梁宅送三,回接邓君翔信,为向耆大人索还债款事。

十七日(1月7日),进内,王爷到,见耆大人谈汇丰索债事。午后至那王府祝寿。

十八日(1月8日),王爷由电话谕令,奉省地价汇到仍交王府转交。午后至庆邸祝寿。见邓君翔,谈耆寿民欠款事,据云可缓,又云旧欠经费已与李鄞侯说明,可先开明所欠数目,与部核对清楚再为设法,并谈年款事必当为力,可先转达世中堂伊尚欲趋谈云。

十九日(1月9日),进内。午后给屠静山贺喜。至世中堂宅晤陈邓君翔属转达事。晚,大、二少爷来,取回北宅房契,即交清,闻已卖出价贰万元也。当嘱令将所售之款妥存,以备筹画生计为要。

廿日(1月10日),午后至总统府茶会,回家左肋觉痛。

廿一日(1月11日),请陈树千诊视。晚,大少爷来云北宅房已售出,先交半价,伊交来四千五百元,求代为收存,交三爷存铁柜。

廿二日(1月12日),请盈大夫诊视,服药稍愈。晚,二少爷来,暂借伊现洋贰千元,交三爷手,开发月例,用六百元还福子昆,代上钱粮并使费等项四百元,存一千元,以备年用。

廿三日(1月13日),稍愈,请盈大夫来看。

廿四日(1月14日),早,盈大夫来,令贴膏药,送来洋膏药一贴,贴之略效。请曹巽轩来诊,开方服药,有效。耆大人来看。大少爷来说欲买韩苏拉之房也。

廿五日(1月15日),进内,王爷到。

廿六日(1月16日),午,宋铁梅请。未刻至醇王府禀见,王爷询问外间近日复辟谣传甚大,有所闻否,对以谣言甚多,毫无根据云云。晚间王茂萱请晚餐。张叔诚来道谢,送四菜两点心。是日在王宅见邓君翔,谈及耆宅欠款可缓期云。

廿七日(1月17日),早,进内,耆大人到,钟捷南面陈、伊赴公府接洽事。陈树千来看五格,见好。

廿九日(1月19日),蒙储秀宫庄和主位赏绍英之母果品一桌。

卅日(1月20日),进内,由内奏事在储秀宫言语谢恩,未召见。未刻至冯府公祭。晚耆、志、金三位请。

十二月

初一日(1月21日),进内,王爷到。午后给荣七哥拜寿。

初二日(1月22日),长春宫敬懿主位赏菜点。张八爷来。狄大夫来看。

初三日(1月23日),进内。午后涛贝勒来,为李经迈讨领人参,属明日言语讨领。

初四日(1月24日),进内,属奏事袁太监言语讨人参事,皇上召见,问李经迈之妻讨人参事,交下人参二两六钱,令堂上司员送至涛贝勒府。回家,三六桥来,为王永江为谈国桓之父谈广庆请开复事,属禀明王爷可否,再为遵办。晚,王丹揆请于西站食堂西餐。

初五日(1月25日),进内,王爷到。散后至中堂宅,同耆大人谈公事。午后回拜三六桥,告明谈事可行。晚,商部同人请晚餐,顺路拜廉惠卿。

初六日(1月26日),午后至管理处。晚,大少[爷]来说馀园事。

初七日(1月27日),未刻至冯前代总统府致祭。晚,大少爷来。售出衣镜一对,价现洋四百七十五元。明日应送广济寺香资现洋五十元,圆广寺香资票四十元。本日交增旭谷手徐恩元地租廿元。

初八日(1月28日),进内。晚,在长安饭店请客。本日送广济寺五十元,圆广寺四十元。

初九日(1月29日),午刻至奉天馆开欢迎会,欢迎呼伦贝尔公爵等取消自治,及东三省厅长诸君。至彭宅拜寿,至陈师傅处贺喜。晚,至内务部见田总长,谈管理处改缮事,鹤卿夫马费事,总长之意管理处应维持,夫马费可照办。

初十日(1月30日),午后至管理处,与治都护谈公事。

十一日(1月31日),早,进内,王爷到。长春宫召见,为催款事,年前需纸币十万元,明正须交十万元,又传令告知世相,王爷交永和宫地价似应交内殿,可否由世中堂与王爷一说。当对曰:奴才传知世某。遂退出,至世中堂宅晤谈。

十三日(2月2日),早,王爷来信,为赏麟公在紫禁城内骑马事,令即日发表。当给署名处电话,遵照办理,午后王爷又来电话,对云已发表矣。是日大姑娘来。晚,田总长请西餐,在传心殿。晚间服陈树千所说之方,杏仁茶、骥制半夏。颐和园交到十元,买零物用也。

十四日(2月3日),早,进内。午后给任觊枫祝寿。将大少爷所求之事履历一扣交三六桥转托王恩溥矣。回家,大少爷来,本日大少爷借给魏家胡同姑娘现洋三百元,月利一分行息,即面交姑娘也。

十五日(2月4日),祠堂行礼。

十六日(2月5日),立春,蒙恩赏御笔福寿字。

十七日(2月6日),进内,王爷到,至养心殿谢恩。晚,大少爷来云馀园有人给价一万三千元之说。是日,为提署借雁翅楼房屋事复袁大人电话。

十八日(2月7日),未出门,田总长来谈。

十九日(2月8日),晚,大少爷来谈,馀园有给价一万五千之说。晚,接姑奶奶来信。

廿日(2月9日),早,进内,永和宫召见,为催款事,已刻养心殿带匠。晚,张叙五司令请西餐,见潘次长、吴秘书长道谢年款分心事,吴谈经费拟提议搭现事。

廿一日(2月10日),午后至朱师傅家求诊。至王府贺格格弥月之喜。至中堂宅商办年款事。

廿二日(2月11日),进内,王爷到,上召见,为赏良揆朝马事。

廿四日(2月13日),进内,上召见,问谈国楫请安事,带领谈国楫,召见。带匠。

廿五日(2月14日),四哥忌辰二周年,未刻请神主入祠,附于勤直公之侧。晚,治大人来谈管理处事,是日交进年款及欠交月例等款。

廿六日(2月15日),早,进内。因带匠得赏,谢恩。带匠。永和宫召见,为萨满妇人加给款项事,又云作衣服之款仍不敷用,如有款时尚须交进也,午初退出。至江宇澄处贺寿喜。回家,接江大人来函,为张文治办铅矿垫用款三万馀元,拟向皇室索款,诚怪事也,当将原函及单送请世中堂阅看。

廿七日(2月16日),进内,谢赏荷包、貂皮恩,王爷到。涛贝勒说一事,为天津李善人欲捐三千元,可回赏瓷器一件,春条一件,当回明王爷照准,令俟捐款时可交内殿,并言语讨领物件。大总统进奉书二部,洋文打字机一件,漆笔架一对,果点八盒,文、武承宣官送来,本日上回送瓷瓶、盘各一对,福寿字一条。

廿八日(2月17日),进内,谢恩。找内奏事言语,大总统收到物品,给皇上叩谢,当经袁奏事太监言语讫。午后银库司员来云,昨晚领到财政部发给新亨支票六十万元,又借妥廿万元,年款已可敷用矣,明日可放款。会计司文老爷彩送到地租饭银四百两,按七钱二合现洋五百五十六元,当交三爷手,另送三爷四十元,计应入津贴等项三千元,上驷处饭银四百元,年款可敷用也。恽公符来晤谈李善人捐款事,拟明年万寿前交进也。

廿九日(2月18日),大、二爷来云馀园房已售妥,价现洋一万六千元。予云:四叔院应提修理费二成三千贰百元,予不用此款。大、二爷云每月月例敷用,煤米仍须由予供给。予云:汝二人可自办,我此时亦甚困难,不能照办也;大、二奶奶复来陈说,予亦照前言答复也。午后银库送来年节饭银六百元,四个月之津贴二千四百元,均交三爷手还年账用。晚,中堂交来李长泰进奉裁料一件,令明日进内代为进呈也。

卅日(2月19日),早,进内,耆大人到,找内奏事袁太监进呈李长泰进奉事,当蒙赏收,蒙上赏予春条二件,"赐福"一条,"视履考祥"一条。闻堂郎中、钟老爷云,致总统公函,为皇室经费改以元计,及拟要债票并酌加现洋事,已交国务院矣,已刻退出。午后福子昆送来上驷处饭银四百元,交三爷备用,本年年节尚敷用也。晚,锡洁庵送来管理处月薪,合八成现洋四百八十元,交三爷存。

民国九年庚申(1920)日记

庚申年正月

元旦(1920年2月20日),写元旦帖云:元旦举笔,书龙虎字,大吉大利,萱堂馀庆,枫陛承恩,常存敬慎,修养身心,元善则亨,利在永贞。

辰初进内,先同耆大人至养心殿给皇上跪安,面奏云皇上万事如意,谢皇上赏,叩头谢恩,退出。至上书房,王爷到,令办旨意。乾清门侍卫有挑补御前者,有升等者,世杰亦蒙恩挑补御前头等侍卫,应明日谢恩。随同王爷给四位主位行礼毕,巳刻随班朝贺毕,带庄士敦给皇上贺年、谢恩。造办处司员交饭银二百四十两,合银元票三百卅三元,应提三百元交五太太以备应用。由内退出,至庆、醇王府贺新禧,至涛贝勒府、老公主府、泽公府、世中堂宅、耆大人宅贺新禧。回家,至祠堂行礼,佛堂行礼,慈亲前请安贺新禧。

初二日(2月21日),进内,随同在养心殿谢恩,午刻带乌林。散后顺路拜年,至北宅祠堂行礼。醇王爷来回拜,明日应谢步,庆邸来,略谈。

初三日(2月22日),雪,未出门。恽公孚送来信一封,随有李士珍学士呈一件,进呈之现洋三千元票一纸,当复函俟明日代为赍呈,再由本府发给正式收据,令人送呈世中堂阅看,看毕仍交回。

初四日(2月23日),进内,将李学士呈及银圆票交内务府堂，发给正式收据一纸，令人送交悝公孚处。退出，至醇王府贺寿禧，顺路拜客。午后至管理处，略谈月薪及顾问事，顺路拜客。

初五日（2月24日），进内，王爷到，为李士珍学士代进现洋三千元，当蒙赏收。上赏匾一方，福寿字各一件，乾隆年蓝花瓷瓶一件，当由堂上笔帖式送交悝公孚转寄矣。午后拜年。

初六日（2月25日），早，进内，蒙恩赏乾隆年朱墨一匣，据陈师傅云，上令毋庸谢恩。回家，接悝公孚送来李学士请代奏谢恩呈一件。

初七日（2月26日），大雪。

初八日（2月27日），进内。午后刘健之来谈，送李文忠函稿一部。

初九日（2月28日），申刻至公府茶会，至奉天馆给张师长宗昌之太翁拜寿，给史康侯之尊慈拜寿。回家，接世中堂电话，令明上言语总统叩谢事。是日蒙恩赏一千元票，明日谢恩。

初十日（2月29日），进内，王爷到，随同那王在养心殿谢恩，由奏事处言语大总统给皇上叩谢。回家，休息。

十一日（3月1日），午后至贤良寺，给吴宅上祭。见邓君翔，略谈。出城拜刘健之，略谈。回家，接醇王爷来函，令办谕旨一件。

十二日（3月2日），早，进内。大总统派王春元、童承宣官送来进呈礼物，瓷寿字一件，如意一柄，衣料八件，《元史》一部。令署名处遵办谕旨一件，为赏蒙王带嗉貂褂及赏戴花（领）［翎］事，缮妥送府呈阅，阅后发表，俟十八日补行钤宝。散后至西城行情两处。回家，闻大姑爷来拜年。堂上送来赏张作霖宋人画手卷花卉草虫一卷，乾隆款瓷瓶二对，福寿字各一张，交三六桥转寄。晚，曹巽轩来。

十三日（3月3日），早，进内，黑皮冠、白凤毛褂、蟒袍、红朝珠,巳刻随同世中堂行礼,此次行礼者连外来者有一百八十馀员之多。大总统派黄锡臣大礼官来祝贺,予敬念答词。庄士敦为一班,江、王将军、治都护、唐鸣盛、王家瑞等为一班,又章嘉佛与其他呼图克图为一班,在养心殿恭祝,礼节尚为整肃,午初退出。回家,大姑爷来,请在福全馆吃饭,伊明日回津,送大姑爷衣料二件,送姑奶奶、小孩荷包各一件,给大鹏貂鼠一件。

十四日(3月4日),早,进内。在养心殿召见,交下名条一纸,传语志锜赏朝马,广寿、盛瀛、爵善均赏给乾清门二等侍卫。予对云:即办旨意,奴才至王爷府回明,再为传旨,俟王爷来时补行用宝。退出,即缮旨意二道,请上阅过,即同耆大人至王爷府请见,请看谕旨,王爷云可以照办,事毕,令署名处呈世中堂阅过,给御前大臣处行文并钞旨一道,给志大人送去也。同耆大人至朱师傅家略谈,面请明午在新丰楼早饭,饭后同游厂肆。又给二姑爷写信,约于明日小聚云。

十五日(3月5日),午初请三、朱、袁、耆大人、刘健之、二姑爷惠孝,同在新丰楼午饭,饭后同游厂肆,晚回家。

十六日(3月6日),早,进内。

十七日(3月7日),未刻山左王非尘先生来看相,此人甫非尘,名孔明,耆大人亦来看相,并令良格及诸孙看相,大致尚好。

十八日(3月8日),进内,王爷、中堂到。午后至管理处。

十九日(3月9日),午后至醇王爷府,王爷问债票、清厘木厂账目之事,当据实以对,请王爷在内各宫中不便道及,王爷尚以为然也。

廿日(3月10日),未出门,黄大人诰来见,略谈。

廿一日(3月11日),进内,带匠。荣惠皇贵妃召见,为妃园寝修工择日事。予与耆大人当对云:今年正向不甚相宜,应下去与世太保斟酌再为酌定。上云如今年不宜,只可明年再为动工也。退出，同至中堂宅说明，中堂云廿五日再为在上言语方向不宜，只得从缓也。

廿二日（3月12日），午后至管理处。

廿三、四日（3月13、14日），因右腮肿，求时子和治之，有效，未出门。

廿五日（3月15日），进内，王爷到。

廿七日（3月17日），王爷电召未初至府，午后至府，王爷问霍伦川开垦事，令明日至府办理清明致祭派员事。蒙恩赏大、小普洱茶二团，传语毋庸叩谢。

廿八日（3月18日），进内，中堂到，同至府办理早事。上召见黄诰，命予带见。退出，即随同至府，中堂禀明王爷磨盘山铅矿张文治索款事。午后至奉天馆，给同乡刘鲤门贺寿禧。见王茂萱谈倚虹堂不克出租，请伊婉言告之。九点回家。

廿九日（3月19日），午后至管理处。

二月

初一日（3月20日），进内。

初二日（3月21日），领俸一百零七元，进呈廿元，给四、五太太、大、二奶奶各十元，姨奶奶十元，西院大奶奶廿元，良格小妞六元，共九十六元，仍存十一元。午后醇王爷来电话云睿王请假，可问他能上陵否，以便改派。当与睿王爷通电，已出门，即往该府晤谈，据云实病不能前往。当即由电话禀覆，请示何日改派。王爷令初三日至府改派云，遵即电知署名处遵办，并由堂上笔帖式禀知中堂、耆大人明日赴府。晚，在东兴楼会同公请商部旧同事，共三桌，每人分用十壹元七。

初三日（3月22日），随同世中堂至王府同见王爷，办改派谕旨讫。回家，午后世中堂来谢步，吴辟疆来谈。

初四日（3月23日），午后至张宅看姑奶奶。至杨时百处晤谈,求代写字。

初五日(3月24日),进内,王爷、中堂到。晚沈吉甫之太夫人寿,其同人请至那家花园晚餐、观剧。

初六(3月25日),午后至管理处,治大人到。至沈宅拜寿。是日三爷至同善社,求准【准】予入社。

初七日(3月26日),进内。午后三爷口传静坐法。

初八日(3月27日),至章嘉佛处送行。至姚铁臣家看病开方服药。晚,在东书房静坐卅分。

初十日(3月29日),进内,王爷到。至礼王府行情。至朱师傅处劝慰,因其令兄逝世也。至大公主府谢步。

十一日(3月30日),未刻,至管理处挑缺。晚,奎五哥请。

十二日(3月31日),午刻,至大总统府赴约,同座涛、朗贝勒、世、陈太保、庄先生、增、耆大人,未刻散。

十三日(4月1日),早,进内。午刻增二大人请。晚,朗贝勒请赏梅。

十四日(4月2日),早,进内。皇上召见绍英、耆龄,为朱益[濬]予谥事,上云拟用"文贞"二字,令与王爷商定。对云王爷十五日进内,即请商定。遂退出,见陈太保略谈。

十五日(4月3日),进内,王爷、世中堂到。

十六日(4月4日),进内,那王爷到。

十七日(4月5日),清明,赴先茔祭扫。

十八日(4月6日),至管理处挑缺。

十九日(4月7日),进内,钟老爷到。午间子厚、作舟侄来云,现将馀园之房卖与杨稚鸿,价银现洋壹万陆千元,给四哥院提二成银三千二百元内二千还四哥院账,二百元交四太太收讫,除去花费及税契外,每人分得六千馀元。据云每月月例及煤米均可敷用矣,本月再发给一个月,下月即可毋庸发给矣。二人欲送予一千元,当即辞却,未收也。

廿一日(4月9日),王爷、中堂进内,午刻散值。

廿二日(4月10日),未刻奉天会馆开幕,并团拜演戏,予至会馆,将挂匾,已开戏矣,略坐即回家。晚,陆世叔来谈,为太师母八十寿辰,系四月十四日办寿,已求陈太保求皇上赏给匾额一方,属见陈太保再为提及也。是日交竹铭一千元还中孚银行,系去年正庆借款也。

廿三日(4月11日),晚,祥义请。

廿四日(4月12日),午后王爷由电话令给奉省办复文并催款。

廿五日(4月13日),早,进内,见堂郎中略谈。

廿六日(4月14日),至张仲卤处贺喜,拜邓、周先生。

廿七日(4月15日),早,进内。午后良席卿来谈吉林垦务事。四合、霍伦垦务,官代征收;鸥梨厂垦务,荣文祚与齐姓办。又森林系景方昶调查,已逾限,尚未定妥办法。席卿盖醇邸令其来谈也。

廿八日(4月16日),早,进内,王爷、中堂到。与中堂谈钓鱼台事,钟捷南拟先函询美参赞丁嘉立是否租此处房屋,俟有回音再为转达王茂萱可也。

廿九日(4月17日),进内,至管理处,治大人到。

卅日(4月18日),未出门,与作舟谈售地事。

三月

初一日(4月19日),进内,耆大人到。

初二日(4月20日),至增旭谷家贺寿喜。

初三日(4月21日),早,进内,钟捷南谈公事。晚,锡洁庵来,送到管理处阳历二月分月薪六百元,又一月分补二成银一百廿元,共现洋七百廿元,交三爷归帐,并分送二少爷及赓五爷各十五元。

初四日(4月22日)，早，江宇澄来谈，为朱东海事，据云朱东海曾向公茂洋行借款，已办结，由朱东海卖汽水项下归还矣，现有陈道源，广东人，欲在玉泉山内另递呈办公司，将从前之股东取销，系王茂萱介绍也，江将军不以为然，属转达世相，如陈递呈不便批准，令其向将军接洽，与江将军同来再为商办可也。晚，陈师傅请。

初五日(4月23日)，进内，王爷、中堂到。晚，保久山请。

初六日(4月24日)，午后至管理处挑缺。晚，恽公孚请。

初七日(4月25日)，进内，耆大人到。

初八日(4月26日)，早，恩启甫先生到馆，午后至奉天会馆，举三省董事。

初九日(4月27日)，四嫂寿辰，进奉廿元票备赏，良格进呈花四盆。

初十日(4月28日)，进内，耆大人到。

十一日(4月29日)，午后给袁俊亭贺寿。晚，接邓君翔函，称旧欠经费仍以两计算一节业已通过，渠已见世相详陈矣。

十二日(4月30日)，进内，王爷到，与耆大人商酌，令钟捷南至中堂宅回明。此次办理索还旧欠经费所用花费，须回明王爷为要。晚，东兴楼公请刘幼苏、李子栽两顾问。与治鹤清谈管理处加薪事。

十三日(5月1日)，公府游园会，未去。晚，袁大人电话云，王茂萱属打听紫竹院能租否，余云俟与世中堂说明如何之处，再为奉告可也。

十四日(5月2日)，进内。午后一点袁俊亭来谈，为王茂萱拟租紫竹院事，予云俟回明中堂再为回复。晚，至徐蔚如处致祭。回至东安市厂一观电影，可谓电光石火，令人觉悟，所谓一切有为法,如露亦如电,皆梦幻也,若无为法,乃是真常不变之法,所应荷担者也,可不勉哉。是日收到售票津贴九十七元零,还账用讫。

十五日(5月3日),午后至王府,王爷斟问孝钦显皇后曾发给四恒银号款项并未归还,令转达中堂查询有无收据,以便商办,并云有江宇澄、王子明、庆小山帮忙,如能办到,亦是好事。当至世中堂宅说明此事,并说及王茂萱欲租紫竹院事,中堂云容当问明司房有无收据,再回王爷,王茂萱事亦俟回明王爷再定。晚,荣七哥请福全便饭。与冶鹤清商定十六日午后三点至陈列所商办公事。

十六日(5月4日),早,进内,选看女子,带牌。申刻至陈列所商办加薪公事。是日王云阁来见三爷,说明魏太太工厂事容缓,尚来面商办法。

十七日(5月5日),未出门,叔诚来。

十八日(5月6日),早,进内。午后至管理处商定公事。晚,请张八爷、张九爷。

十九日(5月7日),钟三爷来,交来财政部公事,覆准经费,自八年六月以前作两计算,自八年七月一日以后照元计算,以债票一半国库券一半归还也。

廿日(5月8日),进内,王爷、中堂到,说定王将军租紫竹院事。

廿三日(5月11日),进内。晚,洵六爷请晚餐。

廿四日(5月12日),进内,王将军来道谢,谈及已递呈,求转达中堂速为批准廉惠卿来谈四恒欠款事。晚,庄先生请晚餐。

廿五日(5月13日),晚,王三哥、王十哥请,廉南湖请,同座有王子明、江宇澄、庆小山、王铁珊、许君大理院有差。又刘幼苏请。

廿六日(5月14日),早,进内,王爷、中堂到,是日至养心殿带匠,长春宫赏饭吃,会同谢恩。

廿七日(5月15日),带匠,储秀宫赏饭吃,并赏团扇一柄,会同谢恩,中堂未到。

廿八日(5月16日),带匠,中堂到,重华宫赏饭吃,并赏乾隆御笔扇一柄,随同谢恩,又赏上书匾一方"辉焕相华"。

廿九日(5月17日),带匠,永和宫赏饭吃,中堂未到。

四月

初一日(5月18日),进内,王爷到,世中堂到。① 晚,至会贤堂公同请客。

初二日(5月19日),进内,随同世中堂谢恩。

初三日(5月20日),段、王、吴、王请在传心殿陪客。

初四日(5月21日),早,进内。午后至筹备处会商清理四恒欠款事。

初五日(5月22日),借上银洋十元,应先归还。

初七日(5月24日),王爷、中堂到。至奉天馆欢迎会。至洵贝勒府拜寿,送燕果席、酒票。

初八日(5月25日),持斋,诵《金刚经》一卷。姑奶奶、叔诚来。

初九日(5月26日),进内。

初十日(5月27日),借到童宅现洋壹千元,当付四月分息银十元,写给收条一纸,言明如用此款时先期付信,以便归还,此款系五太太经手,将款交三爷八百元,又零用一百元。晚,李静生、崇辅臣请。

十三日(5月30日),进内,王爷、中堂到。晚,孙赞尧请。

---

① 此处墨笔圈去"养心殿谢恩"五字。

三爷回奉天,送给票廿二元也。

十四日(5月31日),晚,请同乡于又一村。

十五日(6月1日),进内。至世中堂宅拜寿。接天津陈大人信,应复函。

十六日(6月2日),颐和园送到售票津贴八十九圆四角八仙。厅房刘孚失去,应速为寻访。

十七日(6月3日),至筹备处,江将军、庆小山到。

十九日(6月5日),进内,王爷、中堂、江将军、庆小山到。

廿一日(6月7日),东院四格定亲,家中贺喜。请时子和给二孙看病,外感兼目疾也。

廿二日(6月8日),进内,中堂到,放四月警饷。

廿三日(6月9日),邴敬如请。发四月分月例款。

廿四日(6月10日),齐迪生请。

廿五日(6月11日),进内,王爷、中堂到。王爷交下涛贝勒条陈整顿颐和园章程一件,令酌核办理。午刻至奉天会馆欢送宋铁梅、张叙五、邴敬如三位。

廿六日(6月12日),至管理处,电达治大人修功由皇室自修事。

廿七日(6月13日),早,进内。庄和主位召见,为李炳如即王源忠诉讼何景仙事,上问何景(云)[仙]不能赴审判厅,应如何办。当对云:即云何某现在告假,未在内,即可将原票退还,由内务府转复管理处,一面另由管理处传王源忠到司法科讯办。上允照办。晚,江宇澄来函,并送来致警察厅公函一件,令加盖名章,因世中堂已先盖章,只得盖章,将原件交来差带回。此事欲令警厅传四恒商人并调取该号账目以便追索欠款,恐不易办到,不过看压力如何,并反动力如何耳,未必能如愿办妥也。既在内务府当差,不能不附署盖章也。

廿八日（6月14日），午后至管理处，见高科长，谈王源忠应传讯事。申刻至世中堂宅商办端节放款事，约需八十万元也。
廿九日（6月15日），进内。

五月

初一日（6月16日），诵《金[刚]经》一卷。
初二日（6月17日），至涛七爷府拜寿。看姑奶奶。
初三日（6月18日），进[内]，王爷到，得端节赏一千元票。
初四日（6月19日），进内，随同中堂谢恩。接银库知会，部库放款八十万元支票已取出，将交进款及赏项、护军饷银均已放讫。差人送到正月至四月分津贴二千四百元，又端节饭银六百元，共票三千元，交三爷办理节事，将敷用也。①

欠外账略记：
欠汇丰支票多取之数，约八百两之谱。
丁巳年十二月十九日借现洋一千元，戊午年十二月借现洋一千元，按年六厘行息，随便归还，系邓君翔手事，俟有款应还，有亲笔字二纸。
欠义顺号一千元现洋，福子昆代借，并无字据，无利息，俟有款归还。
欠三爷代借现洋五百元，每月二分息，无限期。
欠姨奶奶三百元，月给利共六元，又欠二百元，共五百元，利八元。
己未十月初七日借朴宅现洋一千元，每月一分二厘行息，半年归还，明年四月初七到期，荣七爷作保，外有涿县地契一纸作押，世善甫出名也。
己未十一月廿二日暂借二少爷现洋贰千元，庚申二月十九

---

① 以下诸事为本册末尾所附杂记文字。

日交三爷还壹千元。

庚申年四老太太胡氏年八十四岁,七月十九日丑时生。①

以下日记第三十册日记②

庚申年日记

庚申元旦(1920年2月20日),书云:元旦举笔,书龙虎字,大吉大利,萱堂馀庆,枫陛承恩,常存敬慎,修养身心,元善则亨,利在永贞。

二月初六日(3月25日),辉山代为求准入同善社。应用功不息。

三月初八日(4月26日),恩启甫先生到馆,系锡洁庵荐。

三月十九日(5月7日),钟捷南来,云财政部已经覆准,本府经费自八年六月以前作两计算,自八年七月一日以后按元计算,拟以债票、国库券各一半归还旧欠也。

四月初十日(5月27日),借到童宅即桐翰卿家之款现洋壹千元,当付四月分息银十元,写给收条一纸,言明如用此款时先期付信以便归还,此款系五太太经手也。

十九日(6月5日),进内、王爷、中堂、江宇澄、庆小山均到,为四恒陈欠内帑事,同回明王爷办公函致警察厅,请求办理也。

廿一日(6月7日),东院四格定亲,家中贺喜。

廿五日(6月11日),王爷交下涛贝勒条陈整顿颐和园章程

---

① 此处天头补书:"请又一村,拟回请张炳焱、陈兴亚、杨书升、安海澜、杨乃赓。"盖皆杂记也。

② 日记第三十册,封面题:"庚申年日记,三十,民九庚申日记,元旦至四月廿七日简记,五月初四至七月廿九日较为详。"按元旦至五月四日皆择要简记,内容第二十九册日记中皆有,今将简记部分以楷体出之,以示区别。

一件,世中堂令交该园查核。

廿七日(6月13日),进内,庄和主位召见,为李炳如即王源忠诉讼何景仙事,已饬司法科传王源忠矣。晚间江宇澄来函,并送来为四恒事致警察厅公函一件,令署名盖章,见世中堂已经照办,亦照办矣。

五月初四日(6月19日),进内,因得节赏,随同那王、中堂、诸公谢恩。接银库知会,所有部库放给经费八十万元支票已经取出,先将交进款及赏项并护军饷放讫,并送来正月至四月四个月津贴二千四百元,端节饭银六百元,共票三千元,交辉山易现洋料理节事。

初五日(6月20日),夏节。王爷来电话,令至张巡阅使处,代表皇室问候到京均好,当即前往。据该处回事处云张巡阅使因腹泄尚未起来,不能见客,随来诸员亦均出门,当嘱其代为说明,即不请见也。至奉天会馆给王爷府电禀:已经前往,未能见着,嘱该回事人代为陈明也。回家,带领良格等至南纸铺买纸笔,并至中央公园一游。

初六日(6月21日),接姑奶奶回家。慈亲受暑吐泻,服金衣去暑、六合定中各一丸,晚间愈,食黄糕、薏米粥。

初七日(6月22日),进内,钟三爷到。

初八日(6月23日),未出门。

初九日(6月24日),进内,王爷、中堂到。造办处交到饭银二百两,折票洋二百七十八元也。

十二日(6月27日),进内。至醇王府请见,为覆奉天省长公函事。

十五日(6月30日),进内,王爷、中堂到。送三六桥寿礼四色,贺寿函一封。

十七日(7月2日),进内,太监何景先补递呈一件,为与王

(忠源)[源忠]即李炳如诉讼事。

十八日(7月3日),颐和园送来津贴六十一元七角。

十九日(7月4日),早,进内,耆大人到。

廿[日](7月5日),早,至世中堂[宅]商议还工程欠款事。午后至庆邸贺喜看戏。管理处送到一个月月薪,交三爷归帐。

廿一日(7月6日),进内,王爷、耆大人到。

廿二日(7月7日),午后至管理处。

廿三日(7月8日),早,至治鹤清处晤谈。至醇王府请见,王爷问段、曹将有战事,谨据所闻以对。耆大人来,会同至世中堂宅,晤商在内住班事。

廿四日(7月9日),早,进内。至朱大人处拜寿。晚饭后五点至内务府公所住班。

廿五日(7月10日),早,永和宫召见,问时事如何,谨据所闻以对,长春宫主位赏银二百两,又赏慈亲衣料二件,扇二柄,念珠一串,赏内人五十元,赏世杰夫妇各廿元。

廿六日(7月11日),进内,王爷到,随同至长春宫谢恩。上赏禁卫军七百元,护军四百元,共一千七百元,比每年多加二百元,当领下交堂上分给。是日住班,见丁巳夏五所寄存佩刀光芒如昔,因成七绝一章,以为记念云:"韬光三载少人知,拂拭尘埃善护持。独有一般无对处,鸾刀迎刃岂容丝。"回家,马岵庭来晤谈。

廿七日(7月12日),进内。

廿八日(7月13日),住班,王爷电谕照上次赏守卫之十六师与护军。

廿九日(7月14日),进内。

卅日(7月15日),进内,皇上召见,问民国战事。至十六师公所,见翟团长。

六月

初一日(7月16日),进内,随同王爷至长春宫,在敬懿皇贵妃前行礼,赏饭吃。回家,孙慕韩来谈,为其老太爷请谥法事,可从缓再办,又谈西路战事及铁路、电线均断,外国人已向外交部交涉矣。

初二日(7月17日),进内住班,饬知总队官宣布戒严令,在内住班。

初三日(7月18日),上召见绍英、耆大人问时事,谨据所闻以对。午后钟捷南来云,吴世湘令转达皇室,可拟一宣言书,辨明并无复辟思想等语,渠已回明中堂并拟一稿,令予同捷南赴醇王爷府回明办理。予云此事仅据报纸所载,辨驳不易,措词恐着痕迹,更易挑剔矣,予不甚赞成,且赴府呈回王爷设或不以为然,诸多窒碍,至所拟之稿亦未说明了,可否回明中堂仍以用口头语在外交团辨明,俾众皆知较为妥善也。捷南当即至中堂宅回明,尚以为然也。

初四日(7月19日),住班,上召见,端康主位召见,皆问时事如何,谨据所闻以对。

初五日(7月20日),早,耆大人进内,同至书房见三位师傅,询明与庄先生分班进内事。已刻回家,见官报,昨日已有停战命令矣。暂借姨奶奶五十元现洋,交三爷归日用账以备零用。

初六日(7月21日),住班。

初七日(7月22日),王爷到,永和宫召见王爷,为要债票并索欠上廿万款项事,令至世中堂宅说明,俟时局稍定从速办理,散后即往中堂处说明也。

初八日(7月23日),早,进内。回家早餐,晚住班。

初十日、十二日(7月25日、27日),均住班。

十三日(7月28日),进内,王爷到,夜间治鹤清住宿。

十四日(7月29日),住班,是日奉命令惩办十人,一体严缉,依法讯办,乱事已略作结束矣。

十五日(7月30日),辰刻至朗贝勒、三大人处谢步,回家见四老太太病重,请志悌庵来看。

十六日(7月31日),卯刻四老太太仙逝,在厅房办事,停放七日。午后进内住班,接王将军电话,云收束军队已竣事,请放心。

十八日(8月2日),进内,住班,中堂到,五点上召见,令糊饰昭仁殿顶棚事。

十九日(8月3日),王爷到,早卯初上召见,问黎明时有炮声,系何处,对云已派人调察,系步军统领衙门军装库炸药因天热自行爆炸,并无别情,上令覆察,即派广忠前往查看,据其报称各情,缮片奏闻。是日进匠。

廿日(8月4日),进内,住班。是日张巡阅使、曹经略使到京。

廿一日(8月5日),出班,回家接王爷电话,令与世中堂商酌给二使送燕果席,明早即送,并令明日即毋庸住班矣,又令在皇上前言语给二使送吃食事,又令明日令予至张巡阅使处,如见着,可云上派代表问候之意,见不着即可不必矣。当与世中堂酌定送二使燕果席每桌价洋六十元一桌,令宝铺、增煦二位廿二日送去,均收下,回话道谢。

廿二日(8月6日),辰刻四老太太发引,三爷送下,即日安葬。送走后予进内,并至张巡阅使公馆一拜,因时在早间,未见。至中堂宅道谢。

廿三日(8月7日),进内。回家与三爷了理素事账,共用现洋三百六十元之谱。蒙长春宫主位赏吃食数色,不令谢恩。

廿四日(8月8日),立秋,进内。

廿五日(8月9日)，早，进内，王爷、中堂到，蒙皇上召见，为明裔朱侯每月赏银五十元事。午后王爷通电云，张雨亭要至皇室，令备面赏事，当至中堂宅说明，由中堂交堂上缮单呈阅。

廿六日(8月10日)，进内，缮单送王府呈阅，令照单预备，当交内奏事呈上阅单留览。

廿七日(8月11日)，进内，上召见绍英、耆龄，问张作霖进内事。拟加赏腰刀一把，系乾隆四年制，名"月刃"，令换天青绦带，并谕云如张进内即赏，否则即不必矣。同至王府回明，王爷甚以为然。

廿八日(8月12日)，进内，库伦外蒙各部落王公觐见，进呈九白五分，上回赏有加，一切妥协。午后王爷电谕云，闻今日蒙古觐见，内有一人未能随班进内，令斟酌，令其补见亦可。当问明蒙古奏事处，云此人系协理台吉，因无安折、贡品，故回明那王，未令随班，即给王府通电禀知云。

廿九日(8月13日)，进内。

七月

初一日(8月14日)，进内，王爷、中堂到。

初二日(8月15日)，至那兰王府谕祭。

初三日(8月16日)，进内，重华宫召见，令传知中堂，由售瓷器之款内交进现洋票八千元，并云给皇上定做玻璃灯，要前存之玻璃、楠木，当至中堂宅说明，中堂拟于初八日交进。

初四日(8月17日)，进内，耆大人到。午后至奉天会馆公请张巡阅使诸位。请姚大人给慈亲看视感冒，据云感冒已愈，略用清解之剂。

初五日(8月18日)，进内，陈师傅、耆大人到，闻庄先生回京。

初六日(8月19日)，未进内。午后王爷交来为加恩赏蒙古王公、呼图克图等翎支等项谕旨底一件，令即缮写，今日宣布，初八日补用宝。当令署名处缮写后请王爷、中堂阅看，并钞录一件送交那王爷，并行文御前大臣处。晚王爷来电话问询此事，对以已缮妥送府呈阅矣。

初八日（8月21日），王爷、中堂到，永和宫见王爷，令将民国元年六厘公债票一千十六万二千九百十元即交内殿收存。

初十日（8月23日），大奶奶廿九岁寿，赏给现洋元票四十元，衣料二件，金戒指一个，花露四瓶。

十二日（8月25日），早，进内。本日内人寿辰。晚，继大人请。

十三日（8月26日），午后拜客，晚与世中堂、耆大人公请陈太保、庄先生、刘健之等于会贤堂，庄先生交来《海潮音》一本，暂为借看。

十四日（8月27日），王爷、中堂到。午后至王府，王爷令至世中堂处说债票事。

十五日（8月28日），祠堂上祭，午刻约叔诚早饭。

十六日（8月29日），早，进内。午刻周志辅、邓伯澄请素餐。至润贝勒府贺寿。

十八日（8月31日），早，进内。午，荣七哥请。（晓）[晚]，梅先生请。

十九日（9月1日），早，进内，王爷、中堂到。是日商部开彩。

廿日（9月2日），请姚大人给慈亲诊视，据云肝热上升，用逍遥散减柴胡、薄荷，加川贝、桑叶、龟板，方尚妥洽。晚，毓琴孙电话，言及有山东人王文治、王德山父子者在北上门东放鞭一挂，口称来贺复辟，有小车一辆，车上系伊父乘坐，并有小红旗四面，被十六师团拿去，拟送第一区也。

廿一日(9月3日),早,进内。午后至奉天会馆张巡阅使谈话会,张入席演说毕,遂散,盖明日回奉云。是日颐和园送到八月分津贴廿九元五角。

廿三日(9月5日),请朴新甫、荣七哥吃饭,因脚痛,令竹铭去。三大人、治大人来谈。

廿四日(9月6日),午后请梅撷云、斐漪、许季上、周志辅、马通伯、孙静庵、邓伯澄、熙隽甫素餐。

廿五日(9月7日),脚略愈,进内,王爷、中堂到。接杨君来函,给治二爷信并送杨函,据云可无事矣。

廿六日(9月8日),未出门,治大人来谈。还桐宅五百元。

廿七日(9月9日),进内,谢恩,王爷、中堂到。

廿九日(9月11日),进内,早间太监宋世长刃伤太监张元寿,宋已逃走矣,皇上、端康皇贵妃召见,令严拿宋世长重办,又派陶敬安、黄进福会同严拿,当派排长等随同办理矣。①

欠外账略记:

欠汇丰支票多取之数约八百两之谱:丁巳年十二月十九日借现洋一千元,戊午年十二月借现洋一千元,以上二款系邓君翔手事,有亲笔字各一纸,按年六厘行息随便归还。

欠辉山代借现洋五百元,每月二分息,无期限。

己未十月初七日借朴宅现洋一千元,世善甫出名,每月利息一分二厘,应庚申中秋归还,荣七爷作保,外有涿县地契一纸作押。

欠姨奶奶现洋五百元,月给利息八元,浮借五十元,又浮中钞三百元。②

---

① 以下诸事为本册末尾所附杂记文字。
② 此处天头补书:"借二亲家太太五百元现洋,一分利。"

暂借二少爷现洋一千元，无利息。

暂用竹铭现洋一千元，无利息，己未十一月廿二日借。

欠义顺号一千元现洋，福子昆代借，并无字、无利息。

暂借宋姐六百元现洋，又欠现洋一百五十元，每月三元息。

拟售孙河地归还要款。

以下日记第三十一册①

敬慎日记续录

庚申元旦书云：元旦举笔，书龙虎字，大吉大利，萱堂馀庆，枫陛承恩，常存敬慎，修养身心，元善则亨，利在永贞。

八月

初一日（9月12日），早，拜佛，读诵《金刚经》一卷，念佛三数珠。慈亲略愈，饮食略进。是日雨，未出门。

初二日（9月13日），早间因痰中带血，未进内，内务府送来文职二品俸银五成，银七十七两五钱，合洋元票一百七元六角三仙，进呈及分给家中外，下馀十一元六角三仙。②又管理处交来一个月月薪六百元，内八成现洋，二成中钞，交三爷入账。晚，姚大人来给慈亲诊治，云脾肾过亏，竭力调治，又给余诊，云有湿热，尚无妨也。重华宫初八日千秋，蒙赏慈亲缎衣料二件，赏余二百两，赏五太太五十元，赏大爷、大奶奶各廿元，除将大爷、大奶奶之四十元交五太太另办进奉外，均归账使用矣。

---

① 日记第三十一册，封面题："敬慎日记续录，卅一，庚申年，八月初一日起，民九庚申年八月初一至除夕，民十辛酉年元旦至二月廿九日，孙延耇谨志。"

② 此处天头补书："进呈慈亲廿元，分给四、五太太各十元，大奶奶廿元，姨奶奶十元，二丫、小妞共六元，东院大、二奶奶各十元，共九十六元，下馀十一元。"

初三日(9月14日),早,进内,随同至储秀宫庄和主位前行礼,赏饭吃,饭后退出,回家。是日未正,世杰之妻生得一女,一切吉祥,实深庆幸,给大奶奶备赏现洋廿元。

初四日(9月15日),未出门,请姚铁臣给慈亲诊治,据云脉症均好,再服药几剂可大愈,实深庆幸,给予诊视,亦见痊可。大姑爷由津来,在家便饭。

初五日(9月16日),钟捷南来谈公事。晚至塔王处拜寿,饭后即回。

初六日(9月17日),进内。至耆宅贺寿,代陪天使,上赏匾文系"服政承庥"四字,陈师傅送对文云"渐苍松柏凌寒色,长抱重霄捧日心",予送寿诗云"翰墨驰声少壮年,祇今柴阆共班联。德随时懋精神健,齿并秋高节概坚。北极同瞻天自近,南山上颂福无边。金风荐爽多嘉候,露湛丹霄润绮筵。"晚,请叔诚便饭。

初七日(9月18日),早,耆大人来谈。午后,朴心甫二老爷邀吃饭听戏。

初八日(9月19日),进内,随同行礼,重华宫赏饭吃。午后熙三大人请。

初九日(9月20日),王爷来电话,为债票事。

初十日(9月21日),早,进内,耆大人到。午后至中堂宅,说明王爷所说债票事。

十一日即阳历九月廿二日(9月22日),大总统令:任命薛之珩为都护副使,此令。闻此公系提署参议也。晚,治鹤卿来谈,渠已递辞呈云。

十二日(9月23日),早,锡洁庵来谈公事,送到阳历九月月薪六百元,交三爷发节例用。晚,增旭谷来谈节事,已回明中堂本节先交进节款及欠发之五、六、七三个月应交之款,约须廿万元,其馀各款俟领到部款再办也。

十三日(9月24日),薛大人松坪来拜,未会。晚,增旭谷来云交进款已回明中堂,明早交进也。

十四日(9月25日),早,进内,王爷到。薛副使请安,在板房晤谈,人甚精明,是日到任。银库司员云交进之款已经交讫矣。永和宫主位召见,云所交内殿六万元不敷开赏,令再交四万元,已令钟三爷回中堂办理矣。回拜薛副使。回家,午后四点半至世中堂宅商办节事,结算共用六十万元之谱,部中是日放给五十万元,已领出,下欠之款暂为挪垫应用也。晚,银库送到五、六、七三个月津贴一千八百元,交三爷易现洋,以备还账之用也。

十五日(9月26日),进内,闻上欠安已好,随世中堂至诗本屋见朱师傅开方,系平肝养心之剂,遂退出。上赏银一千元,交三爷破零,以备赏给太监、苏拉之用也。杨子襄来谈,已面订聘请子襄为本管理处名誉顾问,应办公函聘请也。晚,景介卿来谈张总长借传心殿请客事,予属转达科长,给子襄办公函事。此次上赏节赏一千元,三爷已分妥备赏,明日送往也。

十六日(9月27日),进内,随同谢恩。午后福子昆送到上档房七成五款项下饭银中钞三百元,交三爷易现备用,略谈管理处公事,请其斟酌办理。晚,涛公爷请托转达中堂借款事。

十七日(9月28日),至管理处。

十八日(9月29日),早,进内,王爷、中堂到,随同谢恩。至衡亮生处拜寿。

十九日(9月30日),午后至管理处,薛都护到,谈本处公事。

廿日(10月1日),早,进内,耆、朱大人到。

廿一日(10月2日),至庆府、汉王府贺喜。薛大人至管理处。晚,颐和园档房送到津贴洋五十五圆,已交三爷入账矣。

廿二日(10月3日),进内,随同至永和宫行礼,赏饭吃,与三六桥、薛松坪、王少甫同席。造办处交节款饭银二百两,合中票二百七十七元,交三爷入账二百七十五元,除还永裕,仍存一百五十元。①

廿四日(10月5日),早,至护军值房,候薛大人谢恩,晤谈,因左足微痛,先回。

廿六日(10月7日),早,进内,与钟捷南略谈。午后学生许承岳甫经伯来见。

廿八日(10月9日),早,进内,王爷、中堂到。午后至管理处见科长、科员谈公事。

廿九日(10月10日),午后至朱师傅处略谈。拜张叙五,未晤。给三大人送行,三大人云九月十六日系王恩溥五十生辰,属转达世中堂在上说明,希望邀恩赐寿也。

卅日(10月11日),早,进内。

九月

初一日(10月12日),至耆大人处,问进奉事。

初二日(10月13日),早,进内。永和宫主位召见,为萨摩及油上妇人要款事。午刻至奉天会馆公请张都统,为王恩普正寿事,有多言处,戒之。

初三日(10月14日),午后至管理处。孙女满月。

初四日(10月15日),早,进内。王爷、中堂到,蒙恩赏黄马一匹,赏世杰马一匹。

初五日(10月16日),进内谢恩,内奏事处传毋庸谢恩,世中堂云即可遵谕不谢也。晚,薛大人至管理处,前往晤谈公事,姑听其斟酌一切,不必计较,如有大出入,亦不可不详审商办也。

---

① 此处有夹条云:"十一月分大人应得售票津贴三十二圆三角,又随封三圆二角三仙。"

初六日（10月17日），进内，带匠，中堂到，蒙长春宫主位赏饭吃，饭后至养心殿看视后始散。至永和花厂买西番莲八盆，并检《起信论疏会阅》一部，计十本，送庄先生，已收，以旧历初八日系庄先生寿辰，故为之寿云。赵长森云，鼓楼大街之房已说定价洋现洋一千五百元，不管花销，已属其代为办理。

初七日（10月18日），进内，带匠，耆大人到，蒙储秀宫主位赏饭吃，饭后至殿上看视毕，退出。未刻至管理处，薛都护到，派秦豫铭为科员，张庆荣为总稽查，又代管理处借现款三千元，并无利息也。予先散。晚，冯阁臣来见，略谈。

初八日（10月19日），早，至拈花寺看传沙弥戒。锡洁庵送到半个月月薪，交三爷归账。

初九日（10月20日），进内，带匠，蒙端康主位赏饭吃。刘承平云太监米不敷用，予云外边亦无款，未免言之过直，嗣后可毋庸如是，即云转达中堂可也。午后给万公印本端祝寿。至松华斋装匣。上赏洋绉二匹，明早谢恩。

初十日（10月21日），早，进内，中堂、耆大人到。晚，至观音院听圆瑛大师讲《楞严经》破除识阴一段，阿赖耶识合见分、相分、自证分、证自证分而成云云。大师又云作《金刚经》工夫应由"应无所住而生其心"作去，又讲"见犹离见，见不能及"，谓见精不能及见精以上之真常也。九点半始回家，本寺方丈名觉先，亦晤谈也。

十一日（10月22日），午后至管理处，薛都护到。

十二日（10月23日），早，进内，送徐总统如意一柄，午后至府递大帖贺寿喜。至邓先生、许先生处晤谈，阿赖耶识系如来藏之不善者，如来藏有十种，其善者即佛之藏性，其不善者即阿赖耶识也，经云依"不生不灭，与生灭和合"为阿赖耶识，盖"背尘合觉"，依"不生不灭"而为正遍知，"背觉合尘"，与"生灭和合"

而为颠倒妄想,故转识成智,只要觉悟。所谓"不患念起,只患觉迟","知幻即离,不作方便,离幻即觉,亦无渐次"也。《楞严经》云"理则顿悟,乘悟并销",亦此旨也。然信解修证,理应并进,上智顿悟顿修,其次顿悟渐修,要以实信实修为本也。

十四日(10月25日),进内,大总统派荫昌答礼,世中堂未到,予念答辞,回家看经。

十五日(10月26日),进内,王爷到。回家,祠堂行礼,诵《金刚经》一卷。孙河地户来交租,因年成不佳,暂交三成之二。

十六日(10月27日),午后至王恩溥处贺寿喜,至卧佛寺请经《起信论疏会阅》一部。

十七日(10月28日),早,进内。午后至管理处。

十八日(10月29日),午后至管理处,薛大人到。

十九日(10月30日),早,进内。午后景三爷来,交到袁大人信一封,为请拨官房之事。令三爷至澄怀园售米十二石,按粗米九元四角一石。

廿日(10月31日),早,进内,中堂到。散后至庄先生志道处贺寿喜,午后信、增宅贺寿喜。发月例。

廿一日(11月1日),未刻至管理处挑缺。

廿二日(11月2日),早,进内,王爷、中堂到。因说提署请拨让官房事,有多言处,虽因提署与皇室感情宜顾,尚有时受该署保护之处起见,奈王爷既不以为然,即不必多言,言之亦无益,且于己身有损,或受影响也,应敬畏慎言为是。《易》曰"危者使平,易者使倾",慎毋慢易,以自取倾覆也,宜敬念之。晚,读马通伯《周易费氏学》,大旨以乾发光而坤成质为主,以乾知太始,坤作成物,即光质之昭著也。应敬读体之于身,庶可寡过自新也。

廿三日(11月3日),早,请钟捷南来谈提署请拨房间事,捷南尚能明了此事,嘱其见申大人时善为说辞,以免有伤感情也。是日言语屡有过失,应力为谨言慎行为要。午后看叔诚,未遇。

廿四日(11月4日),早,进内,至陈太保处贺寿。晚,看方植之先生《大意尊闻》,敬阅数页,皆诚敬进德修业要语。英年至六十,始解从前之虚浮,未能平实进修,是以不知此书立言之切近笃实,曷胜愧悚。幸近阅内典,以期心性清净,再能切实由一念不欺处作去,庶几人禽有别,寂照无碍,以期不愧不怍,不欺暗室,或可免罪寡尤,收之桑榆,应时时敬念之。年来时势不佳,家运顿否,可畏之至,尤应时时危惧,悔过自新,以期有否极泰来之日,一阳来复之几,是为至要。

廿五日(11月5日),至世中堂处贺喜。

廿六日(11月6日),早,进内。午后至管理处,薛大人到。晚,请于大爷、大姑爷在福全便饭。

廿七日(11月7日),晚,赵长森来言广聚丰现已说定价现洋一千五百元,其铺底倒价由买主自办也,俟定期立契过价云。

廿八日(11月8日),立冬,松华斋送来呈进之物,成亲王书一册,陈香泉书一册,纯羊毫笔廿支一匣,端砚二方一匣,外有书四种,清、汉《性理精义》各一部,《执中成宪》一部,《秦汉书疏》一部明板,又《古文约选》一部。晚,王茂萱将军请晚餐。接管理处知会,领到十月分经费。

廿九日(11月9日),早,进内。晚,锡三爷送半个月月薪三百元。

十月

初一日(11月10日),早,进内,王爷、中堂到,托钟捷南代缮贡单。回家,请姚铁臣给慈亲诊视,因饮食过少,精神倦怠,姚云尚无病象,惟年老气分略有下注之象宜用六君子加减调理,服药有效,饮食较好。

初二日(11月11日),给伦贝子贺寿喜。

初三日(11月12日),早,进内。王爷电传要列圣朱批,对云俟明早进内查询再为送府也。晚,治鹤清请。

初四日(11月13日),进内,中堂、耆大人到。告明钟三爷奉王爷谕,提取朱批送府阅看事。午后至管理处。

初五日(11月14日),早,邓三爷来谈。午后至朱师傅处,请阅进奉单,并求转达陈太保事。

初六日(11月15日),午后至陈太保家晤谈,求分心为赐寿事。晚,赵长森来说广聚丰售房之事。

初七日(11月16日),早,进内,王爷、中堂到。是日,进主位库缎衣料二件,绣花飘带二副,缎马褂料二件,怀挡二方,进皇上书四种,册页二匣,①笔一匣,砚二方,另有单,均蒙赏收矣,因本年六十正寿,应进奉也。

初八日(11月17日),将珊瑚、蓝晶朝珠各一盘、金镯一付,典当二百五十元,向姨奶奶借一百元,共三百五十元,以备广聚丰倒铺底之用也。

初九日(11月18日),早,进内,耆大人到。赵长森来,送来乾泰号退字一纸。

初十日(11月19日),早,世中堂进内。午后至管理处,某人在薛都护前递匿名信,言公署保人事,德纯做账事,薛都护令张总稽查访查此人,再为核办云。姜成赴地方审判厅,因冯姓未到,改于十五日过堂办理。

十一日(11月20日),早,进内,锡洁庵来谈管理处事。

十三日(11月22日),早,进内,王爷、中堂到。午后至中堂

---

① 此处天头补书:"计开《性理精义》一部,《执中成宪》一部,《秦汉书疏》一部,《古文约选》一部,成亲王书一册,陈香泉书一册。"

宅商办用印文事。

十四日（11月23日），早，同世中堂、耆大人至王爷府商是否用印文事，令与江将军商办。锡三爷来谈管理处薛都护派人查办事。

十五日（11月24日），慈亲寿辰，蒙四宫主位恩赏衣料、吃食等件，永和宫衣料四件，食物八盒，馀三宫赏衣料各二件。亲友均来贺寿，慈亲因微有欠安，未能多见客也。是日姜成往办售房事，云展限一月再办也。

十六日（11月25日），早，进内。请姚大人给慈亲诊视，服药略愈，泻已止矣。

十七日（11月26日），慈亲饮食精神略好。午后拜客。晚，叔诚来便饭，云明日回津。

十八日（11月27日），午后拜客，至管理处。

十九日（11月28日），早，进内，王爷、中堂到，未刻回家。

廿日（11月29日），午，天津大姑爷、大姑奶奶来。午后至管理处，薛都护到。本日借老宋现洋一百五十元。

廿一日（11月30日），早，进内。慈亲赏四十元银锭十对，大姑奶奶送百元，均交三爷收。

廿二日（12月1日），早，醇王爷来，予给王爷行礼，王爷还礼，稍坐即回。是日，亲友送礼者甚多，另有帐登记。申刻至管理处挑缺，因荣安递禀兵丁索饷，薛都护甚怒，将何绪振、景继撤差，令科长传荣安究问何人（逐）[主]使，意在问明惩办云。慈亲赏荷包一个，内有如意、银钱等件，又八两多银一包，银盒一个，令予保存，并祝以将来亦至百岁云。

廿三日（12月2日），早，进内，至养心殿给皇上行三跪九叩礼，面赏御笔、福寿字，谢恩，又行一跪三叩礼，退出，至长春宫给主位跪安，行三跪九叩礼，面赏如意、针黹、福寿字、尺头等物，又行一跪三叩礼谢恩,退出。至王府给王爷叩头,适王爷出门未见。回家,天使荣铨送到上赏寿物:佛一龛,御笔匾一面,文曰"耆年锡羡",御笔对一副,文曰"律身常准名臣录,受祉还赓寿母诗",如意一柄,尺头四件,银一千两,接送天使,叩谢天恩如礼,主位赏寿物:佛一龛,福寿字、如意、尺头、银四百两,皇恩高厚,愧悚实深,惟有忠诚律身,勤慎供职,以期仰答高厚鸿慈于万一耳。余回家时先至祠堂行礼,次给慈亲叩头,各亲友来贺者甚多,送礼者亦甚多,另为登记。内人率姨奶奶及大奶奶为找韩景文戏法,四嫂率良格为找八角鼓以待客。午后未刻,大总统派代表熙钰来祝,并随带稽察外卫等八人,留饭,饭后始散,接待如礼,大总统先送寿物:如意、金漆寿星、松鹤瓷瓶、江绸袍褂料。晚九点即休息。

廿四日(12月3日),早,进内,具折谢恩,未召见。回家,午后未正,至公府见大总统致谢,略谈,让茶即退出。是日,请姚大人给慈亲诊视,据云略受感冒,开方清解之剂,服药见好。

廿五日(12月4日),早,进内,王爷、中堂到,谈及大总统云抵押债票事,午初退出。

廿六日(12月5日),请姚大人给慈亲诊视,据云感冒已解,馀热未净,开方服药,有效。

廿七日(12月6日),早,进内,拜客,午后姚大人来诊,云慈亲脉象见好,开方清热生津化痰之剂。

廿八日(12月7日),午后至管理处,薛都护到,商妥景继与绍荫互相对调当差。慈亲略食米粥,精神见好。

廿九日(12月8日),午后至西城拜客。

卅日(12月9日),早,进内。请姚大人给慈亲诊视,据云见好,惟馀热未净耳。晚,锡洁庵来,送到十一月月薪六百元,八成现洋,二成中钞,均交三爷入账矣。

十一月

初一日（12月10日），早，进内，王爷到。敬诵《金刚经》一卷。

初二日（12月11日），早，进内，中堂到，上召见中堂，为陈设变价及售地事。午后至管理处。

初三日（12月12日），早，大姑奶奶回津，令三爷送去。是日慈亲食物较少，拟明日请姚大人来诊。

初四日（12月13日），午后至管理处，薛大人到。三爷代表写字，将鼓楼西房产一处售出，先交半价，共售现洋一千五百元。

初五日（12月14日），早，进内，皇上召见绍英、耆龄于毓庆宫，为运取陈设事，退出，同耆大人至中堂宅陈述一切，中堂拟于初七日办理。

初六日（12月15日），午后接堂上电话，云皇上令找能治疗毒外症者带进诊视，当至世中堂宅商定请德医狄博尔进内诊视。五点狄大夫到，同耆大人带至养心殿看视，据云系内症血热，当留外敷膏子药一盒，令敷于手指患处，遂退出。

初七日（12月16日），进内，王爷、中堂到，午初狄大夫到，随同世中堂带至养心殿诊视，见愈，用寒暑表在口中试验，热度平和，据云热不甚大，如服药可用消食药饼服之，定于初九日早十点再来诊视，遂退出。昨日接袁行南来函，为给陈尧斋请恤事，系李钟岳将函寄来，此人甫岱云，系安徽八都湖垦地收租总办，见面略谈，今日与世中堂商定可令袁公等递呈，由内务府代奏，如何之处，俟奉旨再为专函复陈。本日办祭幛一端，交李岱云寄津也。晚戌时，地动，人觉眩晕，挂灯动转。

初八日（12月17日），未出门。

初九日（12月18日），早，进内，巳正随同世中堂带狄大夫至毓庆宫诊视。

初十日(12月19日),早,曹巽轩来道谢,请给慈亲诊视开方,未服药,本日饮食稍好。

十一日(12月20日),早,进内。午后姚大人来,给慈亲诊视,云见好,开方清补之剂。晚,请叔诚便饭。

十二日(12月21日),慈亲服二煎药,精神见好。

十五日(12月24日),进内,王爷到,令至世中堂宅问陈设单事,散后同耆大人至世中堂宅问询,中堂云并未见此单,俟十九日王爷来再为回明可也。

十六日(12月25日),足痠疼,未出门。

十七日(12月26日),请时子和诊视用药,未见大效。

十九日(12月28日),复请时子和来诊,内用服药,外用洗药白药水、刷药红药水,有效。

廿日(12月29日),未能进内。

廿一日(12月30日),请假五日,赏假五日。廿五日满假。

廿二日(12月31日),早,钟三爷来谈公事。午至慈亲前请安,略见好。晚,锡三爷送到补交欠领薪水三百元,计现一百廿元,票三百元。

廿三日(1921年1月1日),甲子,中华民国元日,差人至集灵囿送官衔片,挂亲到号,给大总统贺年喜,差人给各机关送贺年片,给庄先生土敦,甫志道差片贺年。是日大风,新年气象不甚佳也。早间给慈亲请安,请服姚先生陈方一剂,加生牡蛎三钱,因近日多话,盖神气不能收摄,是以用牡蛎潜阳益阴,兼能去疲,服之尚平妥也。

廿四、五日(1月2日、3日),未出门,足疾见愈。

廿六日(1月4日),请安,王爷到。端康、敬懿主位召见,催月款、年款、煤火加添交进款,并言中钞兑现事,下来与耆大人、银库司员说明,令请中堂示办理。回家请慈亲进药一煎,气分略弱,因饮食少也。给三爷作寿,现洋廿元,衣料一件,酒席票各一张。

廿七日(1月5日),天津李岱云印钟岳来谈,并交袁行南信一封,为陈尧斋先生请予谥事,当复一函,托岱云寄津。

廿九日(1月7日),早,进内。回家请慈亲服姚大人药,加牡蛎,是日饮食尚可,精神亦佳。

卅日(1月8日),午后至管理处,薛大人到。

十二月

初一日(1月9日),早,进内,端康主位召见,为海甸养花园换地事,又寿皇殿西墙外拟令花匠养花事,又提年款应早为筹办事。是日银库交进一月款并放各款事。请朱师傅给慈亲诊视,开方服药,稍为见好。

初二日(1月10日),照昨方服药,夜间吐痰,未能安眠。

初三日(1月11日),未能进内,仍请朱师傅来诊,开方服药,稍愈,惟仍不能食,晚间食莲子数枚,米汤少许,夜睡尚安。醇王爷差人瞧看,送菜点,甚可感也。

初四至初八日(1月12日至16日),未进内。慈亲服朱师之药,尚平安。

初九日(1月17日),进内,王爷到。永和宫主位召见,为运陈设及催问年款事。至朱宅亲请来诊,午后四点朱师来看,开方六君[子]加川贝、麦冬、竹茹、枳壳之类,服之平妥,仍不能进饮食,并觉发燥也。

初十日(1月18日),请曹巽轩来诊,用蛇胆、陈皮,治痰甚效,但不能进食,仅服米汤耳。

十一日(1月19日),又请巽轩来诊,据云气分、阴分均弱,热痰又盛,只得先用轻松之品,以疏通中焦,俟有转机再为设法调治。服药虽有小效,而饮食仍不能进也。

十二、三日(1月20、21日),病情渐重,服药无效,徒唤奈何,延至十四日子初一刻竟弃不孝等而长逝矣。六十年鞠育之恩,一朝见背,悲痛何极,只因应以慎办后事为重,不敢不节哀尽礼也,呜呼,痛哉!即请至西院上房停放妥协,以候入殓也,酉刻入殓,见慈亲面目如生,并现金黄色光彩,其为念佛生西或升天堂之征验欤。敬谨入殓封妥,举哀办理诸事。

十五日(1月23日),世中堂、陈太保来,求世中堂见王爷代陈降服,虽系六十日孝,拟再请假穿百日孝,中堂首肯,明日进内陈明一切云。

十六日(1月24日),钦奉谕旨:总管内务府大臣绍英现在丁忧,伊母曹氏着加恩赐祭一坛,并赏银二千圆治丧,由广储司给发,钦此。又钦奉谕旨:绍英现在穿孝,总管内务府大臣着伊克坦暂行署理,钦此。早间醇王爷亲来上祭,并用矮奠,劝慰有加,感泐之至。午刻四宫主位派太监赐祭,并赏银五百元,当时换青常袍褂、顶帽向北叩头谢恩,感上恩之高厚,实感愧之莫名。晚间来客甚多,酉刻送三,悲痛之至,焰口散时已十一点矣。

十七日(1月25日),将管理处印钥交延明,送交福科长送交薛都护查收;并属办公函致内务部,请假一个月事。英二爷来云,番经已定妥,经价现洋一百七十元。朱老师来唁,已请定襄题,拟订于廿五日未时成主,令沈苏拉至耆大人宅,请转达陈太保定期,以便具柬恭请也。

十八日(1月26日),起经。耆大人回电,陈大人定于廿五日未刻成主,当令三爷备柬恭请也。蒙庄和主位赏吃食果品,求来人替说谢恩。圆广寺来转咒。本日接管理处知会,致内务部公函请假,已于阳历一月廿六日发行。

廿日(1月28日),晚,大总统送来挽额一方,云"礼宗是式";对联一副,云"懿德曾闻高戚里,仙徽定识领清都",前衔伯母，后衔光名，当交护军都护使官衔白片一个，回云叩谢，又交写谢帖一张，敬使现洋四元。增旭谷来，送来造办处饭银九十五元，交三爷入日用账矣。

廿二日（1月30日），送库，未能送出，因脚肿未愈。早间世中堂来谈放款拟改八成事。

廿三日（1月31日），早间大总统送来书二部，《悦云山房诗文集》一部，《宋中兴群公诗》一部。未刻请项君镇方书主，孙仲诚作陪。晚，赵次山先生来慰问劝导。银库四位老爷来谈署中年事。

廿四日（2月1日），番经起经，英二老爷来照料。掌礼司来云，谕祭事已奏准，商订日期举行，告以俟与耆大人商妥再为奉告也。

廿五日（2月2日），申刻陈大人、朱大人、耆大人到点主，一切吉祥，送礼均收讫。

廿六日（2月3日），刘坦达送来上赏荷包，又赏一千元，内现洋七百元，又票三百元，计折现洋二百二元二角，拟令赵长森明早进内请示耆大人应否言语谢恩，如毋庸言语，即可不必言语也。

廿七日（2月4日），巳刻上派耆大人来赐祭，一切照章预备。送耆大人衣料、活计、燕席、金酒，增尹大老爷、连王七老爷各送给燕席、金酒，其馀各员酌送六元、四元、二元，分别送给。晚，钟三老爷来谈饭银事，余云银库之饭银六百元应送伊大人查收，余不便承领也。

廿八日（2月5日），送库，来客甚多。马岵庭交来清史馆传稿，系勤直公暨先严大、二老爷、先兄九、十一兄合传也，并有廉老太爷传，据云马通伯先生嘱转交较阅后交还，拟钞录一通，此项合传既成，列入清史，诚幸事也。晚，绍怀亭来，送到管理处一月分月薪六百元也。接福子昆电话，云已由部领到支票五十万元，期票十万元，须卅日往取也。

廿九日（2月6日），发年例四百五十馀元，晚，银库送来九、十、冬、十二月月例二千四百元，交三爷开年账之用，又送饭银六百元，原封送还，告以应送署任伊大人处，俟面见银库诸公再定可也。

卅日（2月7日），令三爷还账，素事一千馀元，年事二千五百馀元。午间福子昆送来上档房饭银三百廿元，交三爷三百元入账，本节除还帐外尚存三百元之谱，以备明正办事之需，诚为不幸时之幸也。

民国十年辛酉(1921)日记

辛酉正月

元旦(2月8日),辰刻向南阿弥陀佛像前焚香行礼,至东院天地桌前行礼,回至慈亲灵前行礼毕,敬诵《金刚经》一卷。未刻至账房与三爷商议诸事。

初三日(2月10日),起经。慕韩侄送经五日。

初四日(2月11日),晚,三七日放焰口一坛。内务府电传上欠安,朱师傅、耆大人进内,已见愈矣。闻说朱大人云可用青果熬水,代茶饮之。

初五日(2月12日),闻林文茂云,初七日早十钟大总统派荫大人代表致祭。晚,增三爷来上祭,送来造办处饭银合洋二百九十元三角,交三爷入素事账矣。现明方丈送中峰国师三时系念一坛,绕灵念佛三次,仰藉良因,定资善果。

初六日(2月13日),大、二姑奶奶来家。慕韩侄由奉天来,送经五日,随楼库一份,祭果、祭席、木兰全份,奠敬百元。

初七日(2月14日),巳刻大总统派代表荫卫侍武官长昌致祭,行三鞠躬礼,送燕果席一桌。四宫主位派太监公祭果桌一桌,予换青袍褂,行三跪九叩礼谢恩。是日送库,来客甚多,天气尚好。

初八日(2月15日),早,辰刻发引,步行至东四牌楼,护军管理处设立路祭棚,薛都护率领本营官员公祭,均送至东直门始回,各亲友送者甚多,均步行至东直门,三钟前至茔地安葬。五福堂李先生定向,癸丁略兼子午,与左昭穴原向一致也,予监视添土,当日与地平相等,盖砖一层,派警兵等看守。

初九日(2月16日),午后至茔内看视一次,东边月台已齐。

初十日(2月17日),辰刻至墓前上祭,叫(木)[墓]门瓦匠已开展月台西面,计展出一尺四寸,与东边平均一致,约本日可齐也。巳刻回家,闻得万寿,上赏银一千元。又初九日大总统令:任命世杰为正黄旗汉军副都统,此令。此诚慈亲永安后吉祥之征也,当令顺子至张六爷处,托伊请示中堂应否进奉,张六爷回电云据中堂云可进奉,但无须缮写贡单、贡签也,即托其代办一切。又与耆大人通电,打听世杰应否在皇室请安,回云他人既均请安,似应照办也。当给内务府堂上打电托办请安折,晚间堂上送折来看,定于十二日呈递也。此次大事,蒙恩赏并所得奠敬,约可敷用,诚幸事也。

十一日(2月18日),左手腕肿痛,用药熨之。

十二日(2月19日),世杰请安,未蒙召见。请张老爷来看左手,略见好。

十三日(2月20日),万寿,令世杰进内行礼备差。左手见好。

十四日(2月21日),慈亲逝世一月之期,四太太同二爷前往茔地上祭,余因左手未愈,未能前往也,歉悼之至。

十五日(2月22日),早,管理处奎老爷来画公事,系标阳历廿二日,因请假一个月已满矣。申刻福子昆来送管理处印钥,即接收,托子昆一切偏劳。因有湿痰咳嗽,请时子和来诊看开方,令取药水开胃化湿之剂,外取刷药一瓶,治肿痛也。是日手足稍愈。

十六日(2月23日),午刻,世杰到副都统任。福子昆派人将黄马拉回喂养。

十七日(2月24日),五太太率良格移回上房住。

十八日(2月25日),五太太同三爷赴先茔,因慈亲逝世卅五日之期,焚化纸伞五柄。晚,钟捷南来谈,奉省张、冯来函云陵寝森林有被人让与日本人砍伐等事,请派人查办,世中堂之意俟王爷进内再商办法。又谈李、郑给陈大人公函请设筹备大臣并保荐金梁事,又谈曹督军派兵将东陵口子门守住,不准砍伐森林,并有质问之说。所谈之事均不易办。予云自到内务府以来,遇事禀承中堂办理,中堂并非不办事,实有碍难着手之处,予之宗旨只有跟着中堂办事,不敢为皇室生事,致蹈危机也。捷南亦以为然,尚知本府内容也。

十九日(2月26日),早,大总统传见世杰,回云已见,并令劝予节哀,及素事未能亲到,派荫昌代表致祭等语,仰见大总统俯念旧交,格外关照,甚可感也。

廿日(2月27日),午,张叔诚来见,据云明早回津。接钟三爷来函,云廿六日召见群起,为大婚之事,系拟与那邸联姻也。英二、福二老爷①来见,晤谈公事。时子和来诊,仍用去湿之剂。马怙庭来送行述稿及谢函稿。

廿一日(2月28日),午后三爷至广聚丰交房,此房售银一千五百元,当日房银两交,此款补助素事之用,其售房单契三爷另钞一底,存于三爷处以备查考也。

廿二日(3月1日),左膝下骨节上微肿而痛。

廿三日(3月2日),请时子和来诊,据云须用油药散之。三爷来请看素事用款单,共用四千七百馀元,入分金一千元,蒙恩赏二千三百馀元,以售房房价一千三百馀元补还,下欠之款均已清完,若连人送经、送烧活等项计之,约实用五千元之谱。是日

---

① 此指英二老爷、福二老爷。

归还桐宅现洋五百元,此款已经还清也。

廿五日(3月4日),请时子和来诊,用药水熨之,较前有效。颐和园送二月分津贴廿八元七角。

廿六日(3月5日),闻本日在太极殿召见醇王爷、内务府大臣、师傅、近支王公十人为大婚事,系那王府姑娘。又值年旗今日会议,派代表德纯。晚间德老爷来云,财政部拟给旗饷七成,每月按四次分放,各旗邀求两次放给,尚未定准,订于廿八日各都统赴部,再为面商办法也。

廿七日(3月6日),耆大人来谈。

廿八日(3月7日),中堂来看,交下荣惠主位赏三百元,令遇便谢恩。予请示两个月孝满请假谢恩事,中堂云,孝满可先请假廿日,再续假廿日,假满再为具折谢恩,以便当时进内叩头较为妥协,当谨遵办理。谈及郑、李来函事,召见大众筹议大婚提亲事。请时子和来诊,据云已见愈,仍宜服药调理。晚,银库四位来谈公事。

廿九日(3月8日),晚,二姑爷来看。

卅日(3月9日),午后,绍怀亭送来二月分月薪六百元,并云所欠汇丰三千元,即拟由地价项下归还云。

二月

初一日(3月10日),晨在佛前焚香行礼,读诵《金刚经》一卷,念佛一数珠。

初二日(3月11日),内务府送来春俸五成俸银七十七两五钱,折洋一百七元六角三仙。蒙端康主位赏家做吃食数色并粥饭,当向上行一跪三叩礼谢恩。万太监来看,照常送给车资。此次俸银分送多给五太太十元。午间大姑爷来看。

初三日(3月12日),福子昆来云,初六日启行赴奉出差,请交下手书,令室科员代理照料公事,当书八行一纸云"现在福科长出差，所有总务科应办事宜着室科员暂行代理"，交福子昆给薛都护阅后同意，再为发表，标阳历十四日也。令李顺还张六爷代办进奉银六十五元。

初四日(3月13日)，检点各处谢函。

初五日(3月14日)，钦奉谕旨：所有各衙门应行裁减归并之处，着派那彦图、载泽、溥伦、载润、载涛、毓朗、载瀛、世续、陈宝琛、伊克坦、朱益藩、绍英、耆龄悉心筹画，随时妥议具奏，请旨办理等因，钦此。内务府堂上笔帖式曾广龄来回事，托伊转告堂上代办请假折一件，十四日呈递，自十四日起请假廿日，并告明先看奏底再为缮写，晚间送来奏底，不甚妥协，尚须酌改再缮。堂郎中饬笔帖式钞送曾经奏裁略节一件。

初六日(3月15日)，晨，宝虞臣来，托伊将请假奏底交署办理，自十四日请假廿日。午，曹巽轩来给姨奶奶及小妞诊视，开方清解化热之剂。晚，堂上将请假折缮妥，敬阅交回。本日发谢函一百廿件。

初七日(3月16日)，姨奶奶及小妞略愈。予因小腹左旁生一小疖，请时子和来看，用膏子药敷之，有效。

初八日(3月17日)，曹先生来给小妞及其母诊视，见愈。

初九日(3月18日)，刘健之来谈。崇辅臣来谈公事，初拟送出，继因恐该犯人等按照条例太重，拟再商自办之法。

初十日(3月19日)，午，崇三爷来商公事，令其给高科长带信商酌自行办理之法。晚，钟三爷回公事，定拟将该排长斥革，该太监拘留十日，应否斥革应行内务府核办，原告太监从宽免究。

十一日(3月20日)，黄文斌帮办来，令其派人赴太庙接任排长之差，并不许已革之排长及太监复回原处，以免滋生事端。

十二日(3月21日)，晚，大姑爷、姑奶奶来京。

十三日（3月22日），先慈六十日，侄辈除服，在茔地焚船桥。

十四日（3月23日），请病假廿日，奉旨：赏假二十日，钦此。拟初四日续假廿日。午，陈卓甫印超衡来见，送来安徽八都湖地租二百四十元，随帐一纸，交三爷入账矣。晚，叔诚来，留便饭后回于宅。

十五日（3月24日），早，令侄等敬诣祠堂大祭，予至先慈神主前上香行礼，敬诵《金刚经》一卷。午给景介卿电话，为民治司派差役进内住宿事。叔诚来吃早饭。令李顺至天津陈宅取先兄寄存物件，取回皮箱二只，内存旧画字纸等件。

十六日（3月25日），早，巳刻姑爷、姑奶奶回津，竹铭送至车站。午后会计司来画行文簿，盖因伊大人已交卸署任矣。

十七日（3月26日），财政部放半个月旗饷。雨雪。

十八日（3月27日），福子昆回京，接慕韩来信。

十九日（3月28日），墨大哥、二姑爷来看。

廿日（3月29日），二姑奶奶回。发月例。

廿二日（3月31日），荣惠主位赏吃食六色，派人来看，向上谢恩。晚大、二少爷来。

廿四日（4月2日），四太太病，请曹先生来看，系湿热也。大姑爷来。颐和园送来津贴四十元零四角。

廿五日（4月3日），大总统命令：因有复辟谣言，着地方官一体严查造谣生事之人，缉拿惩办。有此命令，此等谣言或可稍息也。

廿六日（4月4日），钟捷南来云，世中堂令伊来商，见昨日命令，拟令人至公府声明致谢关切之意。是日请旃檀佛照像一尊，敬谨供奉。敬阅《楞严》二卷。

廿七日（4月5日），清明，令侄辈赴先茔祭扫。荣七哥来谈。敬阅《楞严》二卷。

廿八日(4月6日),早,世中堂来看,谈及内廷之事颇为可虑,应遇事慎微为要。令竹铭请大姑爷早饭。①

廿九日(4月7日),读经二卷。晚,叔诚来谈。电灯局要灯费四十五元,暂缓付给。

此本日记已经写满,移写另本,曰敬慎斋日记,自辛酉三月初一日记起。②

欠外账略记:

欠汇丰支票内多取之数,约八百两之谱,又丁巳年十二月十九日借现洋一千元,又戊午年十二月借现洋一千元,以上二款系邓君翔经手,有亲笔字各一纸,按年六厘行息,随便归还。

欠辉山三爷代借现洋五百元,每月二分息,无期限。

己未十月初七日借朴宅现洋一千元,系世善甫出名,每月利一分二厘,荣七爷作保,有涿县地契一张作押。应先还。

欠义顺号一千元现洋,系福子昆代借,并无字据利息。缓还。

暂借宋姐现洋五百元,无利。又借宋姐现洋一百五十元,每月二分利。应先还。生辰用,又借一百五十元。

五太太转借桐宅五百元现洋,每月一分利。应先还。

公中借用竹铭现洋一千元。

暂借二少爷现洋一千元。

以下日记第三十二册③

---

① 此处天头补书:"读经二卷。"
② 此处天头补书:"应妥存备查。"以下诸事为本册末尾所附杂记文字。
③ 第三十二册日记,封面题曰:"敬慎斋日记,卅二,辛酉三月初一日起,至九月初十日止,上卷。"

敬慎斋日记

中华民国十年四月八日即辛酉三月初一日(1921年4月8日)。

三月

初一日(4月8日),早起念佛,诵《金刚经》一卷,《大悲咒》三遍,至慈亲神主前供茶行礼,午后看《楞严经》二卷,此经已看一通,敬维我佛慈悲,为一大事因缘度人,发真归元,明心见性,发宣常住真性,勅选耳根圆通,教人转识成智,背尘合觉,止观双修,寂照妙证。又为说《佛顶神咒》,令人诵持,其功德不可思议,惟当虔心信持,庶可蒙佛加护,修道证果,俾灾难消灭云。

初二日(4月9日),闻王爷、中堂上门,无要事。

初三日(4月10日),阅报,见粤省举孙文为总统,又为民国乱机,真无可如何也。

初四日(4月11日),具折续假二十日,奉旨:赏假二十日,钦此。拟于廿四日销假,并具折谢恩。午后接杨先生来函,为乾泰之房呈报转移,经厅批驳,属清理缪辖事。

初五日(4月12日),午后赵长森来,令其见金巡长,商办天增木厂董雯、董岚呈报请阻止卖房,清理缪辖事。辉山云二少爷索还欠款,当告以现在实无力归还,俟周转开时再还也。

初六日(4月13日),宝虞臣来,求伊访傅绍儒代办售房缪辖事,并托其带信办谢恩折、安折事。是日大风霾。晚,姜成由右三区领出京师警察厅批一件,批云:呈悉,饬查该一百十三号房一处原系乾泰粮店堆房,倒租与天增木厂,现因倒价问题,原业主尚未与该木厂铺掌董姓接商妥协,显有纠葛,未便遽予核转,此批,十年四月十一日。

初七日(4月14日),钦奉谕旨:三月初七日午时,庄和皇贵妃薨逝,王大臣至几筵前仍素服等因,钦此。申初,予由电话请示世中堂可否销假,中堂云素事已略有头绪,现在穿孝未满百日,可从缓销假也,应即遵办。晚,宝虞臣来,送来傅绍儒代拟呈底一件,甚妥,并云可暂缓呈递,拟托子昆先转托陈区官传该木厂董姓开导,如能就范,可略润色,如彼邀求太过,只可递呈办理。予即求虞臣转达子昆,求其转托陈君,如何之处,候虞臣信再定也。

初八日(4月15日),又接杨录青来函,催办乾泰堆房纠葛事,当拟一函稿,明日应复一函。另有函稿。

初九日(4月16日),午刻致杨录青覆函一件,有回片。内务府堂上办安折、谢恩折,恭阅后令于廿日呈递。

初十日(4月17日),大奶奶住家。晚,宝四爷来,将傅绍儒先生所拟呈底及警察厅批取去,转交陈署长建侯阅看,如何之处,候信办理。

十一日(4月18日),因西院廿日月例应发一百九十馀元,现无进款,当银三百元,红、蓝朝珠各一盘,当二百五十元,金镯一付,当五十元。交三爷,备发月例二百元,还账房垫款五十元,还厨房五十元。应进之款均因金融紧急不能领到,只得暂为设法也。晚,接管理处知会,已领到支票,阳历廿日支取也。

十二日(4月19日),早,宝四爷来,送来呈底,据云陈建侯区长云即可缮递,伊当接洽办理,遂令薛金子缮妥,令姜成赴京师警察厅呈递也。

十三日(4月20日),奉旨交出太监四名,因盗款,交司法科审讯。高科长来,交来刘玉山所交账一本,据云金银款未动,可否先照账将款接收再为讯究,当由电话回明世中堂,回电云款已交出矣,令明日再为斟酌可也。醇王爷由电话谕令销假,即定于十四日销假,计持服八十九日,约欠十日,既奉王谕,不敢不遵照办理,以仰答上恩也。即行礼,剃头除服,电达内务府堂,令明日递折也。

十四日(4月21日),早,进内,请安谢恩,皇上因即往书房,未蒙召见,端康、敬懿皇贵妃召见,略问储秀宫太监窃盗事,并蒙温语垂询病体大愈,感佩之至。退出,至醇王府请见,叩谢,并回明讯问太监事。至世中堂宅请见,叩谢,略谈公事,即回家。

十五日(4月22日),早,诵《金刚经》一卷,《大悲咒》三遍。因感冒咳嗽,未出门。

十六日(4月23日),早,蒙皇上召见,先跪请圣安,谢恩。上问所交太监讯问如何情形,当对以太监刘玉山呈出款项帐一本,与交出之单数目大致相符,尚无别项情形。上云如无别情,将来不用他们就得了,复垂问你现在已大愈了,对云近已大愈,遂令下来。已将此节与世中堂说过矣。是日选看女子,午刻放排后退出,至耆大人处道谢,略谈即回。

十七日(4月24日),早,进内,王爷、中堂到,商定所交司法科太监即可结案,俟革退后再为释放。午后,马祜廷来晤谈。

十八日(4月25日),早,拜庄先生晤谈。午后至世中堂宅议事,掌礼司拟定事宜等件,顺道拜客。

十九日(4月26日),早,进内,端康主位召见,为挑补厨茶役事,并问交出太监结案事。未刻至醇王府,耆大人已到,会同请见王爷,为此次交出太监未能与主位接洽妥协,即行交办,疑是老师有所进言,予与耆大人云不知此事,王爷云日后汝二位应帮我维持各宫感情,予等对云应随时维持,如有应回王爷之事,必随时呈回也。退出,顺路拜客,回家,管理处来画公事,知致内务府公函已于今日发行矣。

廿日(4月27日),早,进内。接司法科公函,请查明太监经手银钱物品有无短少,当交敬事房转呈上览,无说,张总管云银钱物品均无短少,即交堂上办复函。未刻至公府谒见大总统道谢,略问储秀宫失款之事,当据实答覆,并谈及部发经费事。

廿一日(4月28日),早,进内,王爷到,午初同至慈宁宫行礼,散值已午正矣。大姑爷来。晚,景介卿来,送还树价廿四元,据云杨、李所长均不令收价,只得道谢也。

廿二日(4月29日),午初至京兆署见孙保滋大京兆,为奉移事托其关照,饬知各县派员役督饬照料,当蒙慨允照办矣。至世中堂宅晤谈,函复管理处请示释放太监事,遇钟捷南呈回公事,事毕回家。

廿三日(4月30日),早,进内,耆大人到,会同至王府回事,为园寝飨殿工程事,王爷交谕磨盘山办矿之款先发一半,其馀一半陆续发给,令同中堂说。当对云此事下面已商议办法,俟商定后即可发款矣,将来作为租出,归承租人办理。又谈及翟团长拟议派兵守卫园寝事。公事回毕,退出。至殷总监处道谢,并托关照售房准其核转事。回家,给钟三爷通电,告知王爷令发办矿款项事。

廿四日(5月1日),午后拜客,顺至刘先生处谈命,刘云,今年分已运至壬辰,运尚佳,可立些事业,至七十三四岁即应退处家中,寿至八旬云。

廿五日(5月2日),进内,皇上召见,永和、长春宫召见,为所交太监事。午后两点至王府回事。拜邓先生,遇因是子蒋先生,略谈,住铁匠胡同。回家,闻狄大夫来给五太太看脚,张八爷、张九爷均来照料。二格感冒发热,为开一方,桑菊饮加减。

廿六日(5月3日),早,进内,带匠,同耆大人给敬懿主位谢赏饭恩,言及太监事,俟皇上交谕再办也。用饭后同至养心殿看视毕,退出。回家,二格见愈。颐和园送来津贴七十九元三角,系四月份。

廿七日(5月4日),早,进内,带匠,耆大人到。敬懿主位赏饭吃，未令谢恩。端康主位召见，为元年公债事，近见公债局登报，应按四成换给新公债票，如逾限恐即无效，令斟酌明白，以便更换，当对云一俟酌定办法即行言语，以便办理。又为米不敷用，令多交事，退出，即告明钟捷南，属其至世中堂宅回明，再定办法。回家，李石臣来谈，为拟设工厂事。

廿八、九日（5月5、6日），带匠。

卅日（5月7日），进内，皇上召见，为太监事，巳刻演礼，午初公祭，世中堂到。晚，醇王爷来电话，问送曹、张果席事。

四月

初一日（5月8日），进内迓神。至时子和处看手症。

初二日（5月9日），进内，王爷到，办事后大祭行礼，回家。手肿见愈。

初三日（5月10日），马延喜甫子元来谈议员事。

初四日（5月11日），进内，端康主位召见，为令将景仁宫灰土运出事。巳刻同怡王恭行恭肃皇贵妃加谥礼，一切妥协。是日内务府领出银五万元。

初五日（5月12日），进内覆命，怡王、耆大人到。

初六日（5月13日），未刻至醇王府，令拟一奏底请将太监暂行撤去，听候分拨当差。又至世中堂宅，为太监事。

初七日（5月14日），进内，王爷、中堂到，辰刻恭肃皇贵妃初满月礼，酉刻至世中堂宅，为素事放款事。

初八日（5月15日），持斋一日，诵《金刚经》一卷。

初九日（5月16日），进内。午后管理处送来四月份月薪六百元，交三爷还日用款。

初十日（5月17日），进内，伦贝子、世中堂、耆大人到。

十一日（5月18日），卯刻进内，醇王爷在恭肃皇贵妃前奠酒三爵，众随同行礼，即刻奉移。王爷、中堂送至西河沿，至上书房办事。予与耆大人随同涛七爷步行至上大杠之处,俟涛七爷奠酒起杠后,予先至东直门官厅,候至杠到,随同步行至关乡铁塔始回。护军官兵百名均送至铁塔,左、右翼总兵、殷总监均送至城外过桥官厅前相见,称谢。行至铁塔巳正二刻也。此次步军统领衙门、警察总厅派出兵警沿途护送,甚整肃,时雨初晴,天时亦甚佳也。

十二日(5月19日),进内,重华宫主位赏吃食数色,派人来看。

十三日(5月20日),进内,属内奏事言语给荣惠主位谢恩。退出,至齐照岩总长处贺喜,晤面略谈,值有客来,即退出。至广济寺焚香拜佛,因寺中现办水陆道场也。二姑奶奶回信宅,大姑爷来家畅谈。

十四日(5月21日),午后至管理处。拜陈建侯署长。至世中堂宅贺寿喜。

十五日(5月22日),进内,世中堂到,泽公传主位谕:所有大婚事宜添派涛贝勒、绍英二人。世中堂云,俟十八日王爷进内时回明,再为传知。本日睿王三十正寿,前往贺寿,并送筵酒、桃面票四色。敬诵《金刚经》一卷。

十六日(5月23日),未出门。

十七日(5月24日),进内。钟捷南交公计司饭银四百两,按七成合现洋三百八十八元八角八仙。端康主位召见,为大婚事,令于四月内商定;又债票按四成折换,应与民国交涉;又景仁宫修工,或由内自行修理,将修工之款交进;又应交之米令多交事,均应转告世中堂办理。午后拜客,拜会耆大人略谈。

十八日(5月25日),进内,王爷到。午后一点半至王府,奉谕令见世中堂,订于廿五日未刻至府会商大婚事,即往见中堂说明,给各处信。回家,涛七爷来回拜,晤谈。

十九日(5月26日)，午后三时，王、曹、张巡阅使公请晚餐，即至奉天馆，因有戏先回。

廿日(5月27日)，邓先生来，略谈。齐总长来谈银行招股事，并先送来信及银行章程、认股证书一封。

廿一日(5月28日)，早，进内，钟三爷到，晤谈公事。回家琳公爷来谈公事。耆大人来回拜。至曹宅拜寿。至增寿翁处，见四爷谈招股事，属其转达云。

廿二日(5月29日)，午，增寿臣来谈，属为存四爷托谋入银行办事。

廿三日(5月30日)，早，进内，耆大人、钟三爷到，谈公事。午后刘健之来晤谈。

廿四日(5月31日)，未出门，看视换凉窗竹帘。午后，王子元、顾永顺二位来见，为天增木厂铺底事，送来木厂董姓倒字两张，言明了结无事，如再有事有二位承管，当道费心，二位谈毕即去。遂将白字两张及房折呈底等件包在一处，存于柜中，以备存查云。

廿五日(6月1日)①，早，进内，王爷、耆大人到。世中堂请假十日。未刻至醇王府，随同与议大婚之事。王爷令将相片四张及姓氏、年岁单送给世中堂阅看②，问中堂以为何如，若无说，即饬缮单，于廿七日早送府，廿八日王爷进内，令诸位均于廿八

---

① 此处天头补书："是日令姜成给杨录青送信，辘轳事已解决了结矣。"
② 此处天头补书："计三家：贡王之女，良说之女，锡珍家二位，共相片四张。"整理者按：据《金启琮谈北京的满族》："我曾祖溥楣公额尔德特夫人是吏部尚书锡珍的姐姐，而楣公弟溥芸公的八格格毓文又嫁锡珍的孙子文绚。"结合下文可知，当时四张相片锡珍家有两位，即端恭之女文绣和文绚之女，其他两位一是良说之女，一是贡王之女。

日早九点至尚书房,预备请见主位,说明此事,请看相片,以便商订云。

廿六日(6月2日),颐和园档房送来津贴银九十二元零,当交三爷卅二元,内存六十元。午后至于宅看叔诚。至管理处,福、高科长到,公事毕回家。

廿七日(6月3日),午刻同耆大人至醇王府送缮写清单及相片,王爷甚喜悦。晚,张八爷、张九爷来,便饭后同去。

廿八日(6月4日),早,进内,随同至太极殿,呈递相片、清单,上留阅,令传姑娘进内,均未敢遵照,恐该家属不令进内也,王爷定于初四日进内。至东兴楼请张八爷、张九爷早餐。晚,叔诚、二竹来,留吃便饭。

廿九日(6月5日),接洵贝勒信,为恒宅姑娘进内恳请恩赏,以便预备事,当与耆大人通电,会同至府面回王爷,奉谕暂可不提,俟问到再为代恳可也。晚,王爷电传令告耆大人,暂时勿庸与良二爷说令姑娘进内之事,转达涛贝勒照办为要,当由电话告明耆大人矣。

五月

初一日(6月6日),进内,耆大人到。长春宫召见,催节款,对云已有头绪,俟领到尽前交进,并问议婚事。午后至管理处,昨接管理处知会,领到五月经费支条一万一千四百四十六元。

初二日(6月7日),早,至涛贝勒处拜寿,午间银库及堂上诸位来商公事,约须六十六万零,属诸君明日取款,初四日早晨交进,诸位首肯,即至中堂宅回明,请示一切云。

初三日(6月8日),进内,大总统派文、武承宣官送皇上书籍、食品等物。永和宫召见,催节款,并云煤不敷用,令与世中堂商议加给煤斤,退出,回家。

初四日(6月9日),进内,王爷、耆大人到,所有交进之月例、节例等款已于今晨交进矣。永和宫主位召见，云本日交进内殿之六万仅敷本节之用，过节仍须交款，以备长春宫寿辰之用；又所有储秀宫应交之二千可照常交进，三宫分用；又本宫煤不敷应用，应照原传之数交差。对云俟世某病愈，即应传知，退出。因恒宅姑娘进内恳求恩赏，以资制备一切，已回明醇王爷，由内务府预备四百元，听候王爷电话，再为送交洵贝勒处转交。回家，接奉王爷电话，令先送交洵贝勒二百元，当给堂上通电，先送交增旭谷二百元，属其转交矣。奉到上赏一千元，交三爷分包太监等赏。银库送到正、二、三、四等月津贴共两千四百元，又饭银四百八十元，当交五太太收柜一千五百元，交三爷共一千三百八十元，连前次交三爷之六百廿元，本节共用二千元之谱，计节例六百元，还账一千四元。

初五日（6月10日），进内谢恩，未召见。回家，午后福子昆送到上档房饭银二百四十元。

初六日（6月11日），早，同耆大人至府请见醇王爷，为洵贝勒来信事，谒见，将原函呈阅。奉谕现存之二百元亦可送交洵贝勒处转交恒宅，可言明将来传一人或二人进内，听信为要。退出，即属增旭谷将二百元送交洵邸，并言明听信进内也。回家，增二大人来，送交入股款二千元，属代交农商银行筹备处，并交一名条，系管理处书记属为补实，只得与子昆商酌照办也。晚，醇王爷电话，令一两日内至永和宫主位前，言语恒宅姑娘二人均可进内云。

初七日（6月12日），早，进内，请见永和宫主位，言语醇亲王令言语恒家端恭之女、文绚之女，经洵贝勒与该家属说知，均可进内，奉谕二人进来有伴亦好，拟于初十后再传进内。又问二千两、添煤斤之事,对云俟世①略愈,再为传知,即退出回家。给醇邸通电话,回明已经言语讫。早饭后至世中堂宅瞧看,因中堂午睡,未请见。午后造办处延保送来饭银一百八十五两四钱四分,合现洋二百五十七元五角。本日杨先生印梯甫录青来电话,属派人同赴右三区完案,即令姜成同往。晚间姜成回来,云右三区已奉总厅公事,准其转移结案矣,将来由总厅行文市政公所,杨先生即可税契也。此事系中人王老爷宝义、顾老爷永顺从中说合,将天增木厂倒字二张要出作为无事,缘该木厂董姓受人诈骗也,赏姜成四元以资津贴。

初八日(6月13日),代增宅至交通银行交股款二千元,领有收据,即函送增大人收讫。杨芷青来谈,托其转荐存尧生事。午后至管理处,交增镛、荣祐照实缺书记发薪事。

初九日(6月14日),早,进内,耆大人到。至贡王府道寿喜。叔诚来谈。

初十日(6月15日),进内,王爷、耆大人到,奉王爷谕,六月初一日敬懿皇贵妃千秋,改为七月十九日,令传知各处,已交堂郎中照传矣。属辉山至荣七哥处还朴宅款壹千元,已还清,将契纸取回收妥矣。晚,金蕴卿请在泰丰楼晚饭。

十一日(6月16日),未出门,晚,二姑爷同九、十姑娘来,留饭。

十二日(6月17日),二姑奶奶回家,大姑爷回津。

十三日(6月18日),早,进内。回家,接内务府堂来电,云永和宫主位明早八点钟召见。接奉醇王爷电话,明早进内。

十四日(6月19日),早,进内,醇亲王来,随同至永和宫,三位主位召见,为大婚之事,令王爷及绍英见徐总统再为求亲,并

---

① 此处空格避讳,指世续。

令告明世中堂,退出。至世中堂宅,见中堂说明。午后钟三爷派人来云,明日下午三点钟可见,请王爷明日届时至公府晤谈,当由电话禀明王爷。奉谕,令予明日两点钟后至府,同车前往,即应遵办也。

十五日(6月20日),辰刻至祠堂,敬谨将高祖神主等位神主移奉于楼龛,因山墙工程已齐也。敬诵《金刚经》一卷,《大悲咒》三遍。未刻至醇邸,随同王爷同车至公府,见大总统,为大婚议亲事,大总统婉言辞谢,并云如作亲,于维持皇室反有窒碍,是以不敢遵办,诸希原谅。王爷云,大总统所论甚有道理,将来一切仰仗维持,如办大婚时尚求帮忙云云。遂辞出,大总统送上车,予即至世中堂处一谈,并说明泽公因工程要款事,中堂云可先筹二万元拨给,略谈即回。耆大人来,同至朱师傅处赴约,定于廿日在会贤堂请客还席。

十六日(6月21日),未出门,作舟病,晚稍愈。

十七日(6月22日),早,进内,耆大人到,午后至管理处,回家,二姑爷来。

十八日(6月23日),早,进内,随同王爷请见三位主位,说明至公府见徐总统提亲之事,总统不肯,并云将来大婚时必帮助一切等语,主位尚欣然。王爷又单请见,说明端恭之女在教养局织袜,常在街上行走,似不甚洽当。奉主位谕,此次所进相片均可发还,即作罢论。王爷令给诸位信,订于廿四日午后两点在筹备处会议,即将相片交还,令诸位再为访察相当者,俟八月再为在主位前言语商酌办理,以昭详慎。回家,王爷饬人将相片四张送来,即刻收妥,以便届期交还也。看《中庸四记》一通,当以诚身慎独为要,有人问司马温公"尽心行己之要,可以终身行之者,公曰其诚乎,问行之何先,公曰自不妄语始"。若温公之教人,可谓得其要矣。①

廿日(6月25日),早,进内,遇洵贝勒略谈。晚,会贤堂请客,与陈、朱师傅谈议婚事。

廿一日(6月26日),早,至醇王府,同耆大人将议婚相片、姓氏单等件交还,回明王爷现在师傅所说情形,似应从缓商议为妥。奉谕:廿四日,仍可传主位谕令诸位寻访有相当者再为言语,以昭慎重云。晚,请陈建侯、治二爷于东兴楼。

廿三日(6月28日),进内。晚,志赞希请晚餐。见朱师傅,谈及醇王福晋进内与皇上议婚之事,亦主从缓再为采访,以昭慎重云。

廿四日(6月29日),未刻至筹备处,诸位均次第到,传述醇王爷奉三宫主位谕,令诸位分心采访,若人家有年貌相当姑娘,知根底者,会同进内言语,限至八月或十月均可,大婚大典应详慎选择,以昭慎重云。诸位复经讨论,俟议论终结均散。

廿五日(6月30日),进内,王爷到,报告昨日会议之事,王爷尚以不交下相片为是,因尚在未定,应俟定局始能交下也。

廿六日(7月1日),早,至时子和医院看脚疾。晚六点,增大人请在庆和堂便饭。

廿七日(7月2日),颐和园档房送到阳历六月售票津贴六十四元六角,赏给良格妈夏布衫洋四元。

廿九日(7月4日),进内,耆大人到,长春宫主位召见,说明议婚之事,并云寿康宫存有花园陈存瓷铜等器,另有均窑花盆,拟交出变价交内殿,以备千秋公用。令告知世中堂后,订日查看取出也,拟初二日与中堂说明办理。

---

① 此处天头补书:"系刘忠定公所问,后行之七年,始能存诚无妄语,非易事也。"

六月

初一日（7月5日），诵《金刚经》、《弥陀经》各一卷，《大悲咒》五遍。

初二日（7月6日），进内，世中堂销假，与耆大人同言长春宫令售物事及议婚事。接陈弢庵太保来函，为袁行南拟买屋事。

初三日（7月7日），早，进内，王爷、耆大人到。永和宫传见，为景仁宫工程令查看事。覆陈太保信，为天津售房之事。

初五日（7月9日），早，进内，同耆大人偕张崇禧至寿康宫见王首领，会同看视瓷、铜器，选出铜器三件，瓷器廿六件，令张崇禧送至世中堂处请中堂阅看办理，交堂上开一清单存查。至吴世兄处，未遇，函恳代拟寿诗事。收到管理处阳历六月分月薪六百元。

初六日（7月10日），出城，遇徐蔚如，谈佛法事。

初七日（7月11日），早，进内。至增玉圃处谈天津售房订期交清事，至继二大人处拜寿。

初八日（7月12日），接吴北江函，代作寿序一篇，当交松华斋发缮。

初九日（7月13日），早，进内，耆大人到。回家给陈三哥办寿礼。晚，接王叔衡函，要殿板万年历书，又接徐蔚如送到新刻经四种。

初十日（7月14日），晚，庆邸请晚餐。

十一日（7月15日），早，进内，王爷到，中堂请假十日，见陈太保谈售房之事。

十二日（7月16日），辰刻，永和宫主位召见，为宫女秀云等二名于十一日早逃走事，有涉嫌疑之太监胡荣珍交堂上送交司法科讯问。午后至管理处。

十三日（7月17日），未出门，良格受暑。

十四日(7月18日),早,接姚大人给良格诊视,服药有效。给力轩宇送信一封,为拟订津房契约稿,请其改订事。

十五日(7月19日),早,进内,耆大人到。良格服药甚效,午后曹巽轩来诊,服药亦甚效。诵经《金刚经》一卷,《弥陀经》一卷,《大悲咒》五遍。

十六日(7月20日),早,永和宫主位召见,为寻找宫女事。退出,见黄章京文斌,知已访得该女子等下落,只求宽恩,中人始敢举出。因与说明定可宽恩,令其赶紧寻找。至世中堂宅说明此事,中堂云既如此,即可令该家属领回,并可写信更正报中所登之语;又谈及交出陈设大价仅五千三百元,可便中回明毋庸变价,俟主位千秋前由外另筹款项交进;又谈国库券之事。回家,黄文斌来云,已将该女子用马车接往唐小山家,请明早进内说明,以便饬家属领回,以免日久不便也。予云即可照办,并令其给会计司带信,明早在内商办也。

十七日(7月21日),早,进内,耆大人到,永和宫主位召见,为宫女秀云、玉梅已经找着,请示奉谕交该家属领回,前交出之太监胡荣珍拟即斥革,俟革后即可释放。退出,即同耆大人至筹备处传齐宫女秀云、玉梅及该家属,由该旗佐出具领回图片,即令领回,向上谢恩。又令堂上办一信稿致内务部声明此事,饬令报馆更正。回家,醇王爷送给莲房四捆、藕四枝。与高科长通电,俟内务府公函,再放太监胡荣珍可也。

十八日(7月22日),王爷到,永和宫主位召见,为奖励护军事。长春宫主位召见,为交售陈设,商人给价不多,拟请交回,至千秋前用款应由内务另筹款交进,上允照办,并云大婚之事仍应由外边访察,以备选择,将来即多留一人亦无不可也。午后至管理处,接内务府公函,即令司法科将胡荣珍释放,总队官请将队长记过,长警等分别记革、记过,均照拟办理。内务府奉世中堂谕,奖给三旗巡警等六十元。

十九日(7月23日),早,至陈玉苍三哥处拜寿。拜力老爷、徐蔚如,未遇。

廿日(7月24日),早,进内,钟三爷到。午后与力轩宇通电,据云候津信再为送信。增二大人来谈,为存四爷银行位置事。熙三大人来谈梵音事。徐蔚如先生来,送给佛像刻经处书目,谈甚畅,有道之士也。

廿一日(7月25日),雨。晚,增二大人请会贤堂。

廿二日(7月26日),午后至邓三爷家贺寿。

廿三日(7月27日),早,进内,回家,左足肿,微痛。

廿四日(7月28日),请时子和诊视。

廿五日(7月29日),雨。王爷电谕改于廿七日进内,令将孟秋大祭改遣开单送府,当电知署名处照办。晚,王将军请晚餐。三爷回,云先茔之地已登记丈量,多馀百亩之谱,已报垦矣,此事经慕韩侄代为办清,可一劳永逸矣。

廿六日(7月30日),晚,会贤堂请客,王将军、殷总监诸位均到。

廿七[日](7月31日),早,进内,王爷到,永和宫主位召见,为景仁宫工程用款五千九百馀两,交下一单令看,对云此单仍请交由王宝义代领,自应陆续发款,以符世某所拟由外边垫修之议。上允可,略问世相病,对云近日稍好,即退出。至世中堂宅睄看,未请见。晚,会贤堂请客。

廿八日(8月1日),早,钟三爷来谈公事。未初时子和来诊,将左足肿处划开,略出脓血,尚不致甚痛,夜得眠。

廿九日(8月2日),未刻时子和来诊,又放出脓血,尚须续诊。

卅日(8月3日),未刻时子和来诊,见愈。颐和园送来津贴五十元四角。交三爷一百元转交作舟,月例尚欠四十元,应补。

七月

初一日(8月4日),时子和来诊,云见好,明日可留药,不必来也。三爷得储蓄彩五百元。

初二日(8月5日),钟、增老爷来谈公事。

初三日(8月6日),进内,王爷、耆大人到。

初四日(8月7日),未出门。

初五日(8月8日),立秋,雨。

初六日(8月9日),进内,王爷到。永和宫见王爷,为大婚事,拟十三日王爷来再定期,令大众从速采访。又提满师傅觅人事,予与耆大人对王爷云似可从缓,以免外人注意也。长春宫召见予与耆大人,为千秋交款事,言及每次千秋用二万六千两之谱,予云俟筹画妥协,拟初十日交进,退出。与福子昆商议拟于初十日交六万元,令其转达捷南,便中回世中堂,以便办理也。回家,请时子和来诊,据云将次就愈。

初七日(8月10日),曹老爷给良格、五格诊视开方,服药有效。晚,福子昆请。

初八日(8月11日),良格、五格均照方服药。至吴北江先生处拜寿,未晤。

初九日(8月12日),请曹老爷给良格、五格看视,服药有效。午后至世中堂宅晤谈。

初十日(8月13日),早,进内,是日交进六万元。

十一日(8月14日),接慕韩侄来信,寄到祝敬百元。请时子和来诊。

十二日(8月15日),至时子和医院诊治。是日五太太寿辰,来客尚不为少。

十三日(8月16日),丑时,世杰生得第六子,一切吉祥,仰承先公馀荫并蒙神佛垂佑,惟应力行善事,以冀家有馀庆。管理处送到阳历七月份月薪六百元,交三爷入帐矣。庄先生来谈,有失言处,应思敬慎补过为要。

十四日(8月17日),早,至耆大人处。回拜庄先生,晤谈,尚为欢洽,送其董题影印宋元画一册,伊送余西山照相片五张,山桃一包。至农商银行贺喜。蒙敬懿皇贵妃赏银二百两,赏内人五十元,赏大爷、大奶奶各廿元,除交内人四十元给竹铭二人办贡品外,均交三爷入账矣。

十五日(8月18日),进内,谢恩,长春宫主位交谕荣惠主位千秋尚欠一万二千馀元,令届期交进,只得对云容再张罗交进,拟月底交进也。退出,至时子和处看足疾。回家,至大奶奶屋看新生之子,面上丰满,鼻高丰下,甚有福气,庆幸之至。

十六日(8月19日),至润邸拜寿,谢客。

十七日(8月20日),足未愈,未出门。

十九日(8月22日),进内,随同至长春宫行礼,俟赏饭,饭后回家。请狄博尔君来看足疾,用药水、膏子药外治。

廿日(8月23日),请狄君来,足肿痛处出脓少许,订于明日复来,旋用刀圭。

廿一日(8月24日),未刻狄君来,用麻药后将足间肿处用刀划开,将肿处之脓除去,甚为得法。

廿二、三、四日(8月25、26、27日),均请狄君来诊。

廿四日(8月27日),耆大人来谈公事。

廿五日(8月28日),增老爷、樾三爷来谈公事。

廿六日(8月29日),请狄君来看,据云见愈。

廿八日(8月31日),请狄君来看,据云见愈,膝间肿亦见消,可望渐愈也,幸甚。

廿九日(9月1日),园档房送来售票津贴五十一元八角五仙,交三爷五十元入账。

八月

初一日(9月2日),请狄君来看,据云甚好,可望渐愈。钟三老爷来谈公事。

初二日(9月3日),署中送到秋俸一百零七元,照常分用。叔诚来吃早饭,明日回。

初三日(9月4日),请狄大夫来看,见好。

初五日(9月6日),请假五日,应初九满假。请狄大夫来诊,见愈。借姨奶奶大洋五十元。

初六日(9月7日),重华宫主位赏吃食八色。大姑爷来京,大姑奶奶差周二来看,送来鸡鸭果点等物,转送狄大夫少爷果点两色。

初七日(9月8日),钟捷南来谈中秋及债票公事。

初八日(9月9日),重华宫千秋,求耆大人转达内奏事处言语叩寿喜。大姑爷来。福二老爷来谈中秋及管理处公事。

初九日(9月10日),耆大人来谈公事。请狄君来诊,据云见愈。叔诚回津。

初十日(9月11日),请续假十日,奉旨赏假十日。醇王爷差人来看。署中诸公来回公事。马祜廷来看。接薛都护来函,为雍和宫后官地有人备价认领,其价约在千元以上,拟将此款津贴护军十营公署员弁之用。当求祜廷函复,承示谨悉,深佩荩筹,自应遵照办理云。

十一日(9月12日),因腰疼,请狄大夫来诊。

十二日(9月13日),六格满月。腰见愈。

十三日(9月14日),钟三爷诸位来谈公事。晚,子垫电云,已由财政部领出四十万,明日尚可商办十万元也。本日收到管理处八月月薪六百元,交三爷开节例用款矣。

十四日(9月15日),福子昆诸位来谈公事,属回中堂,可将师傅月薪仍放三个月,本署五成津贴亦可发放也。晚,增旭谷电云,已由部将十万支票领出矣。此节部中共放五十万元。上赏银壹千元,亦交三爷归节款用。

十五日(9月16日),早,勉力拜佛,诵《金刚经》、《弥陀经》各一卷,《大悲咒》三遍。内务府堂上人来回公事,知本署津贴已照放矣。亥刻银库送来五、六、七三个月津贴一千八百元,又八成之一半饭银二百四十元。福子昆亲来,送到上档房饭银一百六十元,交三爷还节账一千六百元,又备发东、西院月例三百四十元,连本节节例六百元,节款共用二千二百元之谱,除用尚存五百元,交内收存备用。晚间接署中知会,本节共入由部领出四十万元,又期票十万元,外借亨记二万元,共五十二万元,共放出各款共五十二万元。①

十六日(9月17日),请狄君来看,据云见愈。

十七日(9月18日),早,永和宫主位赏予二百两折洋二百七十六元,赏内人五十元,赏大爷、大奶奶各廿元,其四十元交五太太办进奉,交内存三百元,连前共存八百元交三爷,回赏银廿四元。造办处延保送来饭银七十五元五角,留备零用。

十八日(9月19日),早,本府问几日请安,告以廿日请安。午后叔诚来。

十九日(9月20日),午,耆大人来谈。午后二姑奶奶回家。朱大人来看。朗贝勒来看,谈郭筱簏正寿寿物事,已向朱大人谈过,求于廿八日以前交下也。晚,狄大夫来看,左足收口平复,计自上月十九日请诊治理一月,甚为得法,真西医中之良医也,豫备明日入值。

---

① 此处天头补书:"本节加赏江成、李顺、孙禄、金子各二元,沈顺一元。"

廿日(9月21日),早,进内,请安,未蒙召见,端康主位传谕廿二日毋庸上来行礼,可多调养几日等谕,恩至厚也。至王爷府请安,至世中堂宅睄看,至耆大人宅晤谈后回家。

廿一日(9月22日),午,叔诚来看。午后醇王爷通电话,谕议婚事,及问现已痊否,回禀云现已收口,惟皮肤尚嫩,再过几日即可照常,并说明廿二日行礼不进内,王爷亦云可毋庸前往也。

廿二日(9月23日),堂上司员送拟致奉省副都统函底,略改一语。晚看《坛经》,教人顿悟自性,转识成智,真法宝也,宜常诵读受持也。

廿三日(9月24日),叔诚来看。

廿四日(9月25日),晚,请叔诚便饭。

廿五日(9月26日),早,拜客四家,未下车。午刻闻王爷进内,申刻闻太福晋、福晋均进内,想是为议婚之事,尚须探询也。

廿六日(9月27日),进内,至养心殿带匠。端康皇贵妃召见醇王爷等十人,为革医士范一梅事与皇上意见不和,哭诉一切,王爷率众人叩头,请主位不必生气等语。上云你们下去罢,遂退出。至毓庆宫,皇上又召见,云我因永和宫近来遇事自专,我本不应给伊请安。洵贝勒对曰,皇上所说固然甚是,但是由来已久,自可照常。上亦无说,即云嗣后折奏亦应给我看看等语。退出后,即请王爷传谕奏事处,自明日起将奏折请皇上先看,一面开具事由单,请王爷批回,再请上阅后传旨,如有拟谕旨之事,先将谕旨请皇上看后再为用宝,王爷尚以为然,即传知奏事处照办也。

廿七日(9月28日),进内,至长春宫带匠,上赏饭吃,不令谢恩,早饭后退出。晚,王茂萱将军差副官张炳城甫炎亭来云,现拟在园中挖河,恐于澄怀园稻田有碍,欲在原有之小沟加以疏通,系属两便之举,问询可否办理。余因已经将睡,未见,答以可照办,如于本园有窒碍之处,可将水沟略为曲折,亦无不可云。

廿八日(9月29日),早,进内,带匠,重华宫赏饭吃,谢恩,吃饭后退出。回家,令竹铭至澄怀园查看王将军新挑之沟,在本澄怀园之西向南,绕至稻田之南向东,仍由暗沟入圆明园河道也。尚无大碍,惟稻田以南须叠坝以御水耳,彼既欲挖沟,未便阻止以招怨,惟须想日后保全地基之策为要。

廿九日(9月30日),永和宫带匠,奉传谕赏饭吃,毋庸谢恩,带匠后即退出,未吃饭。回家,奉电话,王爷改于初三日上门云。

[九月]

初一日(10月1日),进内,王爷、洵、涛贝勒均进内,为醇王福晋于廿九日亥时薨逝,朱、陈、伊大人均到,随同王爷先见皇上说明,上甚悲痛,随同慰劝。上云即刻前往,议定乘气车至府,礼毕即还宫。随同王爷率众人至主位前说明,主位甚伤感,当办谕旨一件,敬备杏黄陀罗经被送往。皇上即日诣邸,成服行礼,余在神武门内敬俟上还宫,始散值。

初二日(10月2日),早,进内,上召见,问王府办事款项事,对云现已预备一万圆,今日送府,上云此数未必敷用,对云先交此数以备临时应用,已回明王爷,所用款项俟奉王爷吩咐再由内务府筹备,遂退出。即饬银库司员将所备之一万圆送府。午后会同耆大人至府见王茂萱将军,据云奉大总统谕,属伊转达奉慰大皇帝节抑哀伤,保卫圣躬为要,并派地方长官在府常川照料,属代为口奏。答以明日即应代奏云。

初三日(10月3日),奏事,系奏典礼事宜,同耆大人请见,上召见,已成服矣,即将大总统之意代奏,上问接三之日情形,即奏明,退出。至王府见王爷,办旨三件,交署名处请上阅,无说,先为传交。余至姚先生家求诊治咳嗽,开方,即刻取药煎服,有效。国子监同宅报称老亲家太太病故,当令马车接内人即刻前往也。颐和园档房交到应得津贴六十五元四角。

初五日（10月5日），进内，具奏典礼事宜，至王府回事。晚，皇上亲临内务府堂要报，并通电要报，即令人同敬事房太监出神武门找报几种无妨碍者交进，仍传令将前欠之报补进云。

初六日（10月6日），早，进内，同耆大人请见，上在无逸斋召见，陈明奉移致祭礼仍请派员恭代，并述王爷云如亲临，仍照上次临时现传可也。上允准，即缮旨呈阅，无说。同朱、陈、耆大人赴府见王爷，为看报事，王爷令随时进言维持，如有违碍之报，仍不得交进，馀者尚可交进也。退出，同至会贤堂请刘建斋便饭，余与耆大人作主人也。

初七日（10月7日），进内。上召见陈、朱师傅，已知《顺天时报》所载福晋暴薨事，经师傅分别解释，上尚未过于着急，当请二位师傅随时劝慰。余与耆大人同至府见王爷禀明，并陈明各报似无须检察，可全数交进。王爷云仍须察看，如有大相违碍之报，仍不便交进，当告知钟三爷遵办。

初八日（10月8日），早，进内。陈、朱大人到，上召见朱、陈大人，下来云今日皇上之气稍平，惟甚怒永和宫，有日后不认此宫之语，亦不再往请安云。午后至王府见王爷，谈及本日师傅召见情形，俟送库后回家。

初九（10月9日），早，敬诵《金刚经》、《大悲咒》。午后拜朱、陈大人、刘建之。

初十日（10月10日），早，进内，陈、耆大人到。是日为竹铭夫妇卅岁双寿之期，略备酒筵接待来宾，甚为欢洽云。

此后本年日记，用下卷登记。①

---

① 以下诸事为本册末尾所附杂记文字。

贡王五十寿辰，上赏对文："介圭敛福绥松漠，洪算承庥益艾龄。"

家中欠款记略：

浮借二少爷现洋一千元。

公中借用竹铭现洋一千元拟系售孙河地还，庚申年十一月初三日。

浮借姨奶奶现洋七百元，每月给利十二元。又浮借四十元，有款先还，又浮借五十元。①

浮借宋姐一百元，欠大爷妈赏五元，四太太存款一千元，一分利，每月付利十元。②

六月十一日农商实业奖券开彩　河南票06210。③

应记事：

拟保寿险六千元，每年约需六百元。

拟售孙河之地、八都湖之地，均可待时变价。八都湖之事将来可托陈尧斋大人之世兄陈卓翁办理，现住南京。又办理此地堤工委员李钟岳甫岱云，此人住安徽，亦可托之。

辛酉二月领俸一百〇七元，四太太十元，五太太、大奶奶各廿元，姨奶奶十元，二爷、小妞共六元，东院大、二奶奶各十元，共分给八十六元，下馀二十一元。

欠账记略：

辛酉年十二月廿一日托荣月帆兄借义顺裕一千元。六个月期，有地契一件作押。

欠汇丰银行支票内多取之数，约八百两之数。又丁巳年十

---

① "又浮借四十元，有款先还，又浮借五十元。"此十六字用笔勾去。
② 此段用笔勾去。
③ 此段用笔勾去。

二月十九日借该行现洋一千元。又戊午年十二月借现洋一千元。以上二款系邓君翔经手,有亲笔字各一纸,按年六厘行息,随便归还。

己未年十月初七日借朴宅现洋一千元,系世善甫出名,每月付利一分二厘,有涿县地契一张作押,荣七爷经手作保。应先筹还,已还清。①

欠辉山三爷代借现洋五百元,每月二分利,按月付息,无期限字据。

庚申年十一月廿日浮借宋姐现洋八百元,每月廿日一分五行息,计十二元,无期限字据。此笔已还。②

浮欠义顺银号现洋一千元,系福子昆代借,并无字据利息。此笔可缓还。

浮借老秦五十元,辛酉八月十日。③

以下日记第三十三册④

敬慎斋日记下卷

阳历十月初十日为民国国庆日。

旧历九月初十日(10月10日),早,进内,陈、耆大人到,略谈即退出。是日竹铭夫妇卅岁双寿,改于本日在家接待来宾,内外宾客甚多,外宾均请至东兴楼晚餐,此次给二人御赐福寿字各一份,银元各五十元,衣料各二件,竹铭加给上赏墨一匣,玉皮带板一件,勤直公用过翡翠翎管一件,大奶奶加给首饰二件,银烟

---

① 此段用笔勾去。
② 此段用笔勾去。
③ 此段用笔勾去。
④ 日记第三十三册,封面题:"敬慎斋日记,下卷,卅三,辛酉九月初十日起,此本记至民十辛酉年除夕,孙延礌谨志。"

卷槟榔盒二件，以抒国恩家庆，豫祝福寿双全之意云。

十一日（10月11日），早，至王府，同耆大人照料初祭礼，礼成回家。

十二日（10月12日），早，进内，王爷来，先至养心殿见皇上，慰问，闻上亦劝慰王爷，情意甚洽，见后王爷至尚书房办事，并令内奏事太监言语给三位主位请安，均问王爷好，未见。敬观此次王爷进内，气象甚佳，可望转入顺境也。本日派人送徐总统如意一柄，已蒙收入，因明日系寿辰也。

十三日（10月13日），早，至公府，给徐总统贺寿。午后荣七哥来谈。

十四日（10月14日），午后至王府公祭，散后至同宅行情。

十五日（10月15日），进内。至曹巽轩处晤谈。

十六日（10月16日），午刻，至王府照料大祭。

十七日（10月17日），早，进内，钟捷南到。回家，增三爷来谈寿皇殿裱工事。

十八日（10月18日），接侍卫处隆启等信一件，又公函一件，系该厅名义，未收，系为以债票抵还欠款事。溥公爷来谈西陵公事。晚，送庄先生寿礼《王阳明集要三编》一部，花八盆，送礼回，云系卅一号寿辰也。

十九日（10月19日），早，进内，同耆大人至王府办旨意三道，奉王爷谕先发表，补用宝。见王爷欠安已愈，尚咳嗽耳。晚，刘健之请晚餐，陈、朱大人谈内庭应开源节流事。

廿日（10月20日），早，同耆大人预备召见，上问民国交经费事，对曰现在已经催过，惟因内阁不稳，财政部无人办事，尚未拨给，闻本日靳云鹏到阁，或可有信。又问因筹备出洋，应预筹经费，耆对曰若临时用款，世中堂云可随时筹备，问能筹若干，对云几十万尚可筹措，上云那些不敷用，言及售物之事，问由园运回之陈设能售若干,对曰闻所存陈设均系常行之件,不过值数十万。又问古物陈列所所存之物可以变价,对曰所存之物初由奉天、热河运来时,世中堂曾与民国商议,由商会估定价银约三四百万,记不甚清,因民国无款付价,又不肯令中国国粹流入外国,恐其民国不愿变价,上云彼既不能交款,又不令我们变价,似乎无理,如不肯售与外人,可售与本国之人,你们可告知世某与徐某商办等语,对曰应告世某设法交涉,遂退出。见陈太保陈明上意,陈太保以为此事尚须斟酌,恐民国财政如此窘迫,言之亦无效果,予与耆大人亦云诚然,请太保授课之馀斡旋其间,恐此事不能办到,太保允之。遂与耆大人同至世中堂宅见面,备述一切,中堂云今民国财政困难,办非其时,徒然无益,不如请上将宁寿宫所存陈设交出变价,请将老师派上办理此事较为有益,但须与王爷说明,并须在主位前言语,方可办理,须俟王府办完素事,再为举办。中堂又云王府之事仍须备款,可于发引前请示王爷续用款若干,以便筹措等语。中堂神气觉劳,即同退出,与耆大人商酌明早先进内与陈太保接洽,再定办法。接天津电,云姑奶奶有生产信,五太太于午后赴津。本日申正三刻姑奶奶生得一子,均吉。

附记商会估计古物陈列所数目,陈设共估银四百零六万六千零四十七元三角,奉天一百九十八万四千三百一十五元,热河二百零八万一千七百三十二元三角,提回陈设应撤五十五万四千九百零七元,下应有银三百五十一万一千一百四十元零三角,再治都统格原来文之估计数系五百馀万元,与此数不同,自应以彼来文为准。

廿一日(10月21日),早,进内,见陈太保,备陈见世堂所议之办法,请陈太保斡旋,以便请见覆陈一切,俟陈公由书房下来,又来谈,据云已经代将实情陈明,上尚无说,拟于明早同耆大人请见,面陈一切云。午后张叔诚来,订于明日请其早餐。①

廿二日(10月22日),早,进内,同耆大人请见,先将治格及总理段呈稿并取回物品应撤价银数目单钞录呈览,上召见予与耆大人,即将世中堂所陈现在民国财政窘迫,不便即索物价,可将宁寿宫所存陈设暂为变价,并请上多派人会同办理,可将师傅派入,上云容再与师傅斟酌,俟府中事毕,可先将内存陈设先为变价,另款存储,但出洋游学之说暂可勿与王爷说明,予与耆大人对云是,遂退出。至陈大人宅预贺寿喜,至东兴楼请叔诚便饭后回家。接赵次翁来函,为周玉帅恤典事,当覆函,云惟予谥一节,因内务部曾有公文申明,予谥之典应行废止等语,能否办到实不敢定,究应如何特褒以示优异之处,容再奉闻。晚,钟三爷来,为周玉山先生恤典事,据云大总统之意应先将学界反对予谥,不能再办情形声明,嗣后如众情同声请求时再为酌夺,予即云顷覆赵大人函已声明学商各界反对此事,应俟遗折到日,再请王爷酌定办法,捷南甚以为然。

廿三日(10月23日),午后至王府、各旗公祭。

廿四日(10月24日),早,进内。午后史家胡同大爷来,为天津房屋转售之事,答以应代为觅主转售,俟有机会即可办理。

廿五日(10月25日),接贡王来函,为拟留天津房屋事,当将原函给宪大爷阅看,宪大爷来云即托转达贡王,可云此房系合资所办,总以早付现款为妥,余允为转达商办。是日未出门,钞慎独语录数条。

廿六日(10月26日),进内,王爷到,世中堂请派署印钥,奉谕:赏假一个月,并赏人参二两,所请派署印钥之处,着毋庸议。回家接署名处电话,内奏事传出赏溥侊朝马,当办谕旨一道,送

---

① 此处天头补书:"本日接袁云台电报,为周玉老逝世事。"

府呈王爷阅后,请上阅过,传知该府。午后至王府供果一桌。晚,内人由天津回,云姑奶奶均好,叔诚受感冒,由电话问候,回云稍好,食粥半碗,容应写信问询也。

廿七日(10月27日),午后贡王来谈,为拟留天津楼房,属与宪大爷商定,当对以已与宪大爷通过,惟须会同派人赴津,与新津公司接洽妥协,再写契约,照通行手续办理也。贡王又云雍和宫物品似可由皇室自行处置,蒙藏院可以接着代为办理,对以俟与那王、醇王说明,酌定办法,再为与该院接洽也。晚,德老爷纯送来九月分月薪六百元,交三爷入账,据德老爷云,本月月薪系由中行暂借,俟部中交到再为扣还也。刘坦达来电话,明早长春宫主位召见,答以明早进内。

廿八日(10月28日),早,进内,敬懿主位召见,令交自鸣钟款,又云每年冬令交内殿办煤银计两万两,约两万六千馀元,有款时交进,又问及陈设变价之事王爷知道否,对云已与王爷说过矣。退出,皇上召见余与耆大人,为明早赴府事。退出,同耆大人至王府见王爷回明,请王爷令气车明早进内。回家,恩八老爷来谈,孙静庵来谈,为周玉帅请予谥事。二姑奶奶回家。

廿九日(10月29日),早,进内,涛、洵贝勒、泽公、陈大人均到,报齐,辰正随同上乘气车,至王府叩奠,予与耆大人执壶盏递与泽公转递三奠,上见太福晋后还宫。钟捷南持邓君翔给世中堂信一封,给予与耆大人看,为掉换债票事,订于俟府中事毕先回王爷,再开会议决定办法。

卅日(10月30日),丑初二刻至王府,俟金棺出堂后,予与耆大人先至西直门大街路祭棚恭候,王爷率二爷到,略饮奶茶。王爷云初三日后再送府一万元,以备素事之用,如有不敷再为示知。当告银库郎中暂借一万元,于初三日送府。俟大杠到,叩奠三奠,王爷道谢,升马车随行,予与耆大人出城,至京兆尹、步军统领、警察厅路祭棚,地方长官诸位均在该处。王爷到,俟杠到,公祭毕,予与耆大人见王爷后回至家中,已卯初三刻矣,略为休息。午后孙静安来,为周玉老予谥事,赵次山先生来,亦为周玉老予谥事,次翁意见以为内务部既有案据,自系碍难办理,实属老成之见也。晚有髣髻山幼丁张延瑞呈诉有人拆房售卖情事,又有该处千总禀三件,言语支离,恐系挟嫌妄控,将该兵送交司法科讯明核办。

十月

初一日(10月31日),早,进内,耆大人到,呈递奏片,为补交自鸣钟款一千四百两事,前后共交五千两正。至庄先生处贺寿喜。回家,孙宅来电话,欲同龚总长来,答以赴茔地未回。

初二日(11月1日),早,至伦贝子府贺寿喜。至孙静安家,少顷,龚仙舟来,谈及渠昨见总统,为周玉老请谥之事,渠云俟遗折递上,可请批在折上,毋庸宣布,讣闻亦不刻入,仅书于神主上,以了此事,既可免人间言,亦可偿周某素愿,总统甚以为然。渠求总统转达皇室以便照准,总统云此事世中堂曾派内务府司员来说,问应如何办理,仍可由该司员转达世中堂代禀王爷,请求照准等语,渠求转达世中堂,再派该司员赴公府一问,以便接洽。予云自应转达,当至世相处晤谈此事,中堂云只得照办,可告钟捷南再至公府一问,略谈即回家。给捷南通电话,已出门。少顷捷南来,告知此事,伊云顷总统府令赴府,想为此事,即应前往一询,云杨子襄来谈,亦为此事,齐总长令伊来说明,与龚仙舟所谈相同也。至睿王府行情后回家。

初三日(11月2日),早,进内。至王府请安。至赵次翁处晤谈,遇萧君①,共谈周玉老请谥之事。回家湖园档房送来津贴

---

① 此处天头补书:"萧印大镛,甫少亭。"

银六十九元八角,当付账房五十元,尚存十九元。接上海愚园路游存卢康南海来函,通候介绍南海弟子徐君勉印勤来见,未会。

初四日(11月3日),午后醇王爷来道乏,降舆,会晤,言及周玉翁请谥之事,王爷尚为许可云。庄王来谈,为伊正寿进奉之事。至管理处见福二爷,略谈公事。回拜徐君勉,未遇,至市厂,买供品平果十五个,回家,王广福来说明伊代办汉王进事。

初五日(11月4日),早,进内,王爷到,说明周玉山制军递遗折事,世中堂已派钟凯至总统处问此事如何,回云若批在折上特行予谥,外间毋庸宣布,当可无碍,请王爷斟酌办理。王爷云,即可照办,奉旨予谥"慤慎",并赏给陀罗经被,诚特恩也。并说明债票事已经函达财政部,至今未覆,若过对换之期恐即无效,请示可否先为掉换,一面与该部交涉。奉王爷谕,可在上边说明可先掉换,当请见皇上说明换债票事,并将内务府给部中函稿及邓文藻给世中堂函稿钞录呈览。奉谕即行掉换,可将元年债票领出办理。又说明陈设变价之事已禀明王爷,先为清理陈列,另造清册,以便招商估价,按件分估。奉谕:明日即可开手办理,派总管等眼同清理,予与耆大人退出。至王府谢步,至赵大人处,未遇,留话,说明公事,送交孙宅。回家,孙静庵来,将所奉谕旨交其带回转寄。午后贡王派李管事来,说收买天津楼房事,回云俟拟妥买契底,即至王府商办也。

初六日(11月5日),进内,会同耆大人及堂郎中等至宁寿宫见刘总管得寿及张总管谦和,开殿门看视由颐和园运回之陈设,启开三桶,当告明所有瓷、铜、玉、雕漆各为一册,分列册中,并在物件上粘签列号,以便检查,如开看后,即陈列前殿,各归各类,以便办理。予与耆大人先散,令郎中等会同办理。予至朱师傅处问疾,据云尚未起来,已能吃稀饭矣。回家宪大爷来,因天津楼房已卖与贡王,将字据缮妥,宪大爷签字盖章,予为中人,亦签字。晚，李管事来，将贡王府应交之房价现洋四千元交来，即将卖契及于野之租地合同一并交清，并将于野致新津公司声明转移信函给李管事看，此事已经办清，其款交四太太转交于野云。

初七日（11月6日），午，宪大爷云已将房价收到，予云致新津公司函已于今早邮寄矣，此事已经办结矣，大爷道谢而去。少顷，四太太云宪大爷持去房价银三千元，给四太太一千元，交出生息，予即交三爷收存，可按每月一分利生息，如提用时随时可提也。徐君勉先生来谈，此君系康南海弟子，颇有热心。据云民国现在道德、法律、清议三端均无，恐不能立国，并云南海之意，皇上急宜出洋游学，以免南方革党来时，有种种危险也。予云此节上甚满意，惟阻碍尚多，须及时疏通也。徐云在京尚住一半月也。

初八日（11月7日），耆大人进内，通电话，明日申初，带同眼医进内配眼镜。午后钟三爷通电话，所有公债票须即刻送交公债局掉换，过期即有误抽签矣，当电告赶紧办理。至福宅贺寿禧。

初九日（11月8日），进内，带乌林。汉王正寿，上交下寿物，派荣铨送往，当即点派内务府四员随同送往。午后至景运门外候眼医，三点协和医院郝大夫偕中国李大夫到，余与耆大人同至毓庆宫见庄先生，随同大夫进殿，郝大夫用眼镜请上试用，并详细看视。拟先配眼镜两件，一用看远，一用看近，俟眼镜配妥，尚须进内请带用合式否，先期由庄先生给信，以便会同进内也。事毕，给王爷通电话，说明配镜之事，遂退出。回家，接邹大人嘉来令侄送来邹公遗折，属代为呈递，拟于十四日代递也。

初十日（11月9日），早，上召见，即进内，会同耆大人至养心殿，蒙召见，问配眼镜事，收拾陈设事。面奏明俟将二百馀桶开毕,可先分类招商估计,再办别项陈设,上以为然,问毕退出。至杨亲家太太处贺寿喜,至汉王府贺寿喜。回家,毓五太太来见过,提魏家胡同姑娘亲事。宝瑞臣大人来谈,为老太太八十正寿求恩事。① 晚,至福全馆会同请银库四位,谈结束八年公债事,问邓君翔国库券办妥若干,以便筹备年关用项事。

十一日(11月10日),未出门,接天津电话,云叔诚尚未愈,请狄大夫往天津诊治,派孙禄午后赴津看视。

十二日(11月11日),早,进内,蒙召见,为所配眼镜稍缓试验事。退出,至庄先生处说明,如眼镜配成,听信再为试验。至杨子襄处,谈王恩溥太夫人寿如有公份,请附入,杨云如有必照办也。午间王府来电话,王爷令明日进内言语,请上赏曹锟正寿扁对,用宝后,觅妥便于十九日前寄交保府巡阅使接收。当对云一半日在上面言语,遵照办理。

十三日(11月12日),早,进内,陈、朱师傅到,余与耆大人会同商酌送曹巡阅使扁对之事,师傅之意,以为未过百日不便书扁,不如赠以物品。当给王府通电话,请示王爷可否送物品四色,王爷允可。余与耆大人请见,上召见,言语王爷云十月廿一日系曹锟正寿,可赏给物品四色,寿佛一尊,如意一柄,乾隆五彩瓷瓶一对,库缎八卷,上允准。退出,外边办买如意、缎料,由内讨领寿佛、瓷瓶,拟派福子昆送交北京曹巡阅使办公处寄去也。老秦由津回京,云叔诚见好。

十四日(11月13日),早,进内,王爷到。回家,恩二太太来,为诉讼请托事。申刻汪大人印学谦,甫吉斋来谈,系马兰镇总镇。至狄大夫家晤谈,据云张叔诚之病尚无危险,但须多为调养耳。问狄大夫能再去津一看否,彼云如请伊去,星期四即十八日

---

① 此处天头补书:"老太太系兆佳氏。"

可去，听信前往，并令狄太太、少爷、小女出见，甚亲切也。回家，恩公大爷来，交到略节一件，当给高科长通电话，求其关照，已允许矣，明日可将略节送交。给大姑奶奶写信一封，交老秦寄去。本日五太太赴津眊看，明日回京。

十五日(11月14日)，早间先慈冥寿，上祭行礼。晚，五太太由津回家。

十六日(11月15日)，进内，耆大人到，同至宁寿宫看陈设，大致小件者均已陈列，告以今日收拾毕可暂停顿，以便开单支配，先招商估价云。

十七日(11月16日)，早，进内，同耆大人至毓庆宫，上召见，云午后两点半钟配眼镜，又问陈设事，又云奉天地价如解到时可交内殿，对云应回明王爷，现在尚未解到。退出，与陈太保略谈。午后两点复进内，同郝大夫、李先生、周先生云章，系精益眼镜公司人至毓庆宫见庄先生，会同至殿上给上配眼镜二付，价七十馀元，光甚合式。退出，郝大夫云不要马钱，拟设眼科医院，请上提倡捐款，伊甚希望也，答云容与上说明，再为报命也。是日中、交银行午后均未开门。回家，邓先生及其弟念观来谈，留晚餐。

十八日(11月17日)，早，进内，同耆大人至毓庆宫见陈太保，说明拟邀丛兆丹鉴别陈设事，陈太保甚以为然。请见，上召见，言语郝大夫不要马钱，拟请捐助眼科医院款项之事，上云可捐一千元。上问债票抽签事，对云中签者廿万有零，俟取来时再请示办法。退出，与钟三爷略谈公事。

十九日(11月18日)，因足微肿，未出门。

廿日(11月19日)，早，进内，见钟三爷，谈及已约定丛兆丹代为鉴别，伊已首肯矣。耀老爷益来谈电灯公所索款事。

廿一日(11月20日)，右足微痛，未出门。午后将耀老爷所交手篇交堂上笔政转交钟三爷,先放一个月款,按八折之数也。

廿二日(11月21日),未出门,午后高科长来谈,为恩二爷托事。

廿三日(11月22日),余之生辰,蒙恩赏银三百两,衣料四件。早间进内谢恩,因上有服,且受感冒,未见。王爷到,为邹嘉来毋庸予谥事请见,上召见,即将近来未便予谥之处详陈,上云可从缓再办。又说明徐树植认买鸣鹤等园二处,可否赏给,上云徐树植系徐总统之子,即可赏给也。退出,回明王爷,令内务府给徐总统写信说明赏徐树植,当即告知钟捷南照办矣。回家,蒙三宫主位赏银一百两,衣料二件,至佛前行礼,至慈亲神主前行礼,家人均未令行礼,因有服也。午后,润、涛贝勒来道寿喜,并属饬都虞司调查网户地亩数目租数、坐落地方,答以即应调查,其馀来宾均未见也。

廿四日(11月23日),进内谢恩,令奏事处言语,三宫均未召见,至王府谢赏。

廿五日(11月24日),进内,世中堂奏请派署掌管印钥,奉旨赏假一个月,毋庸派署。奉王爷谕先行交传,初一日补用宝。是日东院因三、四格于十一月办喜事,本日过礼,家中均贺喜。晚,钟捷南送交世中堂署名木戳一件,世中堂因病不能署名,令余代办,余属堂上派人立署名簿一本,随事摘由标日,以便稽核。

廿六日(11月25日),拜客。

廿七日(11月26日),早,进内,午后代署名五件。

廿八日(11月27日),午,银库司员请东兴楼,与邓君翔接洽,君翔交一清单,即将清单交银库查核矣。

廿九(11月28日),至景宅行情,午后至管理处。

十一月

初一日(11月29日),早,进内,蒙上召见,为裁撤膳房之事,余与耆大人对云即应遵照办理。王爷到,即将此节回明,并回明王懋宣认买海淀地亩事,拟给价二千五百元,王爷允许照准办理。泽公奏石券工程告竣,催索欠款一万五千元,答以赶紧筹措。本日奉旨派查三园陈设,候园中人员来京再定往查之期。

初二日(11月30日),早,进内,丛兆丹来鉴别陈设等件。蒙召见予与耆大人,为裁膳房厨役、太监事,当商定先交进五千元,自初三日起由总管令野意厨房接办。

初三日(12月1日),早,进内,见福子昆,本日交总管五千元,属其核实节省办理。予与樾三爷商订,初五日卯刻赴园查陈设。回家,泽公来谈工程款项事,顾侍卫来谈膳房善后应办事。晚,张叙五请,与薛松坪谈本处应领经费,属其注意接洽办理。

初四日(12月2日),午,顾侍卫来谈膳房善后事。至管理处告子堃借款事,又令银库接收膳房银器事。三园档房送来津贴廿八圆八角三仙。

初五日(12月3日),卯正二刻,同堂上六员赴颐和园,辰刻到园,至仁寿殿及配殿查看所存陈设,收存尚属妥协,又至静明园查看正殿所存各件,并无短少。差毕,缮折单,又附片一件,定于初七日覆奏。在玉泉旅馆晚餐,余顺道至汤山温泉沐浴一次,酉正回家。二少爷来,同吃晚饭。

初六日(12月4日),午前耆大人来谈公事。午后至奉天会馆三省联合会开会,为太平洋会议满洲为日本殖民地一节应力争事,当举定起草员六人拟稿。

初七日(12月5日),早,进内,具奏查看陈设事,耆大人到。至宝宅拜寿。回家刘健之来谈,陈太保通电话,为现存收藏《实录》金柜事。王爷通电,要历代职官表六套,令派人至静明园提取事。初六日夜间得一梦,记于后。

附记梦一则:初六日夜,梦见黑夜之际,月到天心,忽于月中降下玉石方墩一件,约一尺许,落于上房院中。细看石上刻有八吉祥花纹,云螺、伞盖、花罐、鱼长之类。院中又有大鱼缸一座,水中有声,似有鱼跃,恍惚之间已醒,心中甚觉清凉。因思月到天心,乃陶诗清景,八吉祥纹乃佛足所现,月明鱼跃,可见造化昭著之机。清净无为,尤为我佛修行之本,其天诱厥衷耶,其佛示之教耶。复见天心,夙佩知几之学,色相具足,深仰见性之文。是宜荷担菩提,顾视帝则,藉以上报四恩,下持一念,庶克下学上达,希贤希圣也,可不勉哉。

初八日(12月6日),进内,王爷到,予与耆大人请见,上召见,为膳房之事。回家,溥公爷来谈西陵地亩事。邓君翔来谈年节拟将八年公债作抵押品,为皇室借款,其借债名义仍令财政部担任也,如能不用押品更妙,但不敢预定也,其款约五十万元之谱。又云元年公债中签之款,俟取齐电告银库听候提取可也,惟谈及直奉不和,年内恐生变故,诚令人惴惴也。

初九日(12月7日),午后至管理处,拜客,福子昆云,应交之鸡肉票及应放折价之款均已交讫。

初十日(12月8日),早,进内,午后三点进内,会同耆大人带狄大夫至养心殿,给皇上看手指微疼,大夫拟用膏子药敷之,并请饭后吃消化药,以期多进饮食,当令堂上派人取药交进。

十一日(12月9日),午,永增军衣庄介绍该东家封永修欲进内看视,拟售之陈设,予云俟出售时再由永增送信也。午后耀老爷益、宁帮办鸿恩来,云上令安设专线电话事。晚,保二爷、荣七大人、奎五大人请晚酌。

十二日(12月10日),早,进内,至王府回事后复进内,与陈太保谈安设电话事,晚,请客。

十三日(12月11日),早,进内,王爷到,王爷与三位师傅在皇上前说电话事,已说定毋庸安设矣。敬懿皇贵妃召见,为派总管至东陵恭肃皇贵妃园寝上祭事,又要冬令应交之煤款二万两,可交一半,折银元交进。退出,闻谦和总管被革回家,醇王爷由电话问谦和因何事被革,对云外边云因其素日不听差务,革去总管,仍食钱粮为民,王爷仍令打听内容如何,再为禀闻。丛兆丹、陆芝田来谈,为售陈设事。

十四日(12月12日),未刻给王府通电,禀知打听张总管休致,系因设立野意厨房,伊有把持专利之意,他人等在上前言说,是以被逐出也。闻得张源福原品休致,准其为民,勿庸止退月例银一百四十两,其每月钱粮廿三两亦勿庸止退。阮进寿放为大总管,邵兴禄放为二总管,刘金顺放为八品带班,其阮进寿等所食钱粮勿庸另行添给等因。午后恩老爷泰来见,将世中堂名章交来,云遇有钤章之件,属代为钤用也,当接收,存于中堂名戳包内矣。

十五日(12月13日),早,进内,见耆大人略谈公事。因左足踵微肿痛,略有脓血,请狄大夫来诊,仍用黑膏子药敷之。

十六日(12月14日),夜梦不安,足征天君不能清泰,当从一念入微处用功,务令念虑清净,不为私利所转,以遏私欲于将萌,是为至要。午间醇王爷通电话,云本日张巡阅使到京,令于明日送燕果席一桌,当令内务府堂上照办,由福子昆于明日午前送往。至那王爷、保久山处贺寿喜。

十七日(12月15日),午,堂上来电话,云送张巡阅使之燕席已收讫,致谢,当由电话回明醇王爷。午后给慕韩侄写贺寿信,并寄去衣料二件,由邮局寄去。令竹铭代拜张巡阅使,留官衔片。

十八日(12月16日),午,营造司来回公事。

十九日(12月17日),早,进内,王爷到。午后王府来电话,令打听曹巡阅到京,送燕果席一桌。发西院月例。接大少爷来信，求托慕韩代为谋一枝栖，以资餬口，容当函托也。

廿日（12月18日），早，给慕韩侄写信一封，托为鸿侪谋差事。

廿一日（12月19日），早，进内，同陈、朱师傅、耆大人至宁寿宫看陈设，商定先估地字号玉器陈设，提出马宝、犀角、宋砚、册页，预备交进。是日子厚侄为延康、延祉二人完姻，在聚寿堂办事，予因有服未到。回家，知叔诚夫妇二位来京，当往看视，送吃食六色。晚，庄先生请于东园晚餐。

廿二日（12月20日），辰初至神武门，陈太保、朱大人、泽公爷、涛贝勒、耆大人、庄先生均到，陈太保与泽公爷、涛贝勒先至养心殿见皇上，谏止赴西山游玩，闻陈太保至以去就争，始得停止。予与耆大人至内务府板房办公事后退出，当此曹、张二使均已来京，内阁总理辞职，新阁尚未成立，若皇上随便出游，恐有嫌疑，且有幸灾乐祸之态度，实非避祸全身之道也。幸已中止，既钦佩皇上之纳谏，亦甚佩陈太保之忠直敢言也。回家，三、四少爷、三、四少奶奶新婚拜见，一切吉祥。晚，宝大人请晚餐，厨人为郑大水，系福建菜，别有风味也。

廿三日（12月21日），未出门，晚十一时由堂上来电话，令请狄博尔同进内，当即通电约定狄博尔即刻进内，至神武门耆大人到，会同至养心殿。狄大夫给皇上诊视，狄大夫云系有火，留下眼药一瓶，开方取药水清火之剂，药饼润下之品，据云无妨，退出已两点矣。

廿四日（12月22日），早，进内，耆大人到，由内奏事言语，上云今日甚见好，仍服朱师傅药，即不召见矣。陈师傅到，略谈。予与耆大人至王府见王爷，回明欲往西山，已经陈师傅谏止事，说明世中堂明日满假，请示王爷可否由上传令毋庸具折续假，病愈即行请安，王爷云可照拟办理。又请派给民国贺年，派润贝勒前往，并说明次日答礼穿常服貂褂。又元旦令穿补褂一日，即遵谕停止花衣，万寿亦可照办，应由掌礼司拟奏底，奉旨后交传，以便遵照办理，拟明早进内言语，再为发表也。午刻梅先生光远、吴先生璆请素餐，同座有佛教会会长清海大师，字悟真，号静波，海州起法寺住持，有宝华山慧居寺住持光悦字德宽。回家大姑爷、大姑奶奶来，饭后回西城象来街。

廿五日（12月23日），进内，与耆大人请见，上召见，言语派润贝勒给民国贺年，并答礼时穿常服；又世中堂满假，请旨传令毋庸具折请假，病痊即行当差；又请看招商估价章程，并请俟办理后赏给太监等恩赏，均蒙俞允。退出，闻长春宫召见洵贝勒，想系为议婚之事也。午后世中堂宅通电话，为奉旨毋庸具折请假，病痊即行销假当差，由内务府堂缮折谢恩事。内务府送来奉省三陵图照片三张，应敬谨收存。

廿六日（12月24日），南苑继纲、吉增老爷来回事，令查南苑真武庙有人私卖古物，有无其事。

廿七日（12月25日），早，进内，与陈太保略谈，钟捷南到，商办公事。回家，械仲芃诸位来谈恭肃皇贵妃奉安事，增旭谷、联厚山来谈拟订宝录、圣训礼节事，福子昆来谈管理处放饷事。

廿八日（12月26日），早，进内，耆大人到，商办公事。至薛都护处贺寿喜，未会。晚，接管理处知会，薛大人代为借到永丰银号现洋四千元，本处凑垫五百元，已将十月、十一月分由排长至警兵饷银全数发放。戌正狄大夫请晚餐。

廿九日（12月27日），未出门，午初大姑爷、大姑奶奶来。请曹巽轩给明格、小妞诊视。午后接奉醇王爷电话，令给总理、总长信，以催经费，对云即应办理。晚，高科长来谈。

卅日（12月28日），大姑奶奶来。耆大人来信，明日不进内，因感冒未愈也。

十二月

初一日（12月29日），早，进内，王爷到，往见敬懿皇贵妃，谕令传知各处，明年元旦毋庸行礼，当告明堂郎中交传矣。王爷要岁费二万三千元，已告知银库筹备送往。回家大姑爷、大姑奶奶来。溥公爷来电话，云明午后来谈，为西陵垦务转行直隶咨文事。查阅报，载有皇室售物，内务府索费一条，当令钟三爷拟函致内务部、警察厅更正。晚，管理处送本年十月分薪俸六百元，交三爷入账备用。

初二日（12月30日），未出门，大姑爷、大姑奶奶、张八爷来。

初三日（12月31日），早，进内，与钟捷南谈撤销蕴宝斋事。午后涛贝勒谈二事，一某商天利厂讨陈欠事，商人安毓梅、安锡九为欠领光绪廿五、六年岁修颐和园内外各工，计欠银二十一万二千九百两；一系七品苑丞连全、园户陈恒山、郭文和因颐和园内稻田、蒲苇、莲藕、捕鱼各项意欲承办，拟照常交粳米四十石，交悦春园花洞蒲子一千三百捆，苇子一百捆，每年进上莲蓬十次，每次十绺，捕鱼每五日交进每宫五尾之外，由馀利项下例年交宫内银八百元，分六腊月交，又交本园堂档房每年五十元等语，属查明声复，拟查明开具略节交回也。钟三爷来说招商之事，耆大人拟登报招商，因思既撤去丛兆丹所说两商号，又要登报招商，若登报普通招商，必限定不准某两家来看，恐人质问，且变更办法亦须在上前言语，允准方可变更办法也，容与耆大人面商也。

初四日（1922年1月1日），早，进内，陈太保至板房略谈皇上亲事，前拟定之某姑娘似可取销，另为选择也，王爷令再为会议，如有相当之姑娘可提议也。又提陈田故，请恤事，又谈实录馆拟保奖事，又谈招商估价可约宝瑞臣、袁觉生二人帮同办理，予云容与寿民商办。退出,至耆大人处晤谈,寿民拟登报招商,容由堂上拟妥广告,再与师傅商酌,并须在皇上前陈明变通办法,俟商人估定价值后,再约宝、袁二位复看如何可也。

初五日,即一月二日(1月2日),命令调任殷鸿寿为都护副使,此令;任命薛之珩为京师警察厅总监,此令。接银库知会,给醇王爷送岁俸二万三千元。请曹先生给良格诊视,送曹先生狐坎筒两件。

初六日(1月3日),接天津电话,张亲家太太于子时仙逝,派老秦赴津送首饰等物。午后曹巽轩来给良格、五格诊视,均见愈。申刻拜殷都护晤谈甫献臣①。至薛松坪处贺喜。

初七日(1月4日),早,进内,大总统派荫昌答礼,予念答辞,耆大人到。午刻请慕韩侄早饭。是日殷献臣来,晤谈后往管理处到任。晚,管理处送到十一月月薪六百元,已交三爷入帐矣。

初八日(1月5日),早,进内,蒙上召见,与耆大人陈明招商登报事,退出,见陈太保,请酌定招商估价条件。至王爷府,请派恭进《实录》前引王及捧书侍卫,其馀奏事各件均请王爷拟定缮写谕旨,先发表,初十日补用宝。回家蒙上赏粥菜,给来人二元。是日内人率竹铭赴津,至张亲家太太处行情。晚,曹先生来诊,给四太太、良格、五格各拟一方。世中堂宅来电,令代为言语徐总统得赏腊八粥谢恩事。接外交部来函,为一月六日游景山事。

初九日(1月6日),午后陈太保来谈,为保奖事。三点至内务部茶会,见薛松坪,谈东直门外某太子坟有人要购置事。散后至管理处,见殷都护,略谈即回,回家,闻成山有递禀事。

初十日(1月7日),早,进内,王爷到。是日世中堂等奏进

---

① 此即殷都护使之字,名鸿寿,字献臣。

《实录》首函,全书告成,钦奉谕旨:世中堂授为太傅,陈太保加太傅衔,宝大人、郭大人均加太子少保衔,在事官员纪录二次,其馀在馆各员准其照案请奖,午刻由宗室、侍卫捧书至乾清宫东暖阁,皇上焚香行礼,阅看书籍毕,仍捧书出,用黄亭抬至内务府堂暂为尊藏,俟十六日再请至皇史宬尊藏也。回家,慕韩侄来辞行。翟团长来谈事,有人要租圆明园地建盖公园,每年给租银六千元,先给卅年租十八万元,所有园中地户、太监该商担任安置,予答以大总统曾要租此地建房开展览会,未能办妥,当时云俟后再说,是尚未解决,今欲办此事,必先在总统处通过,始能商办,且须俟世中堂病愈说明此事,请醇王爷酌定,始能商办也。翟团长略谈直奉不和,将来恐有冲突也,患难未了,诚可惧也。

十一日(1月8日),送世中堂如意贺喜,亲往贺喜,未见。王爷来电话,问初一日元旦毋庸行礼已传否,当对云已令堂郎中传知,再用正式通传可也。王爷云陈太保之事,令见皇上陈明,准其移奖予谥,陈太保所得太傅衔毋庸撤销,明早可拟旨至府呈阅也,予对云即应遵谕办理。

十二日(1月9日),早,进内,请见皇上,说明王爷云陈师傅多年老臣,遇事甚尽心,伊恳恩给伊曾祖予谥,可照准,所请撤销太傅衔,可毋庸撤销,上允照办,予与耆大人至府拟谕旨一道,请王爷阅定,交署名处带回,呈上阅后,先为发表。回家,未刻至管理处挑缺,殷二大人到,同在公署挑缺。散后至陈太傅处贺喜,遇耆大人,订明早进内办庄先生所奉恩旨事。回家闻延昶到。

十三日(1月10日),早,进内,陈太傅谈及上令拟旨赏庄士敦二品顶戴,仍照旧教授,并赏给带嗉貂褂一件,当拟旨一道,请阅后,至王爷府请见,办旨三道,交署名处带回,请上阅后发表。并令堂上派人钞送旨意,并送貂褂,代办谢恩折,请庄先生订日谢恩。回家,未刻请先慈神主入祠,与先严、嫡母合椟,上祭毕,出门拜庄先生、刘大人。

十四日（1月11日），系先慈一周年之期，在拈花寺念经一日，亲友来者尚多。晚，回家。

十五日（1月12日），早，进内，王爷到。适钟粹宫东配殿因烧香失慎，急至该处，带领三旗帮办黄文斌将天花板窗户拆下，督率用水浇息，起烟之处尽用水浇之，移时，皇上来看，看后即回书房。办早事后，午刻始散。阮总管传上令交进一万元，本日交五千，明日交五千，已由福子昆接洽办理矣。

十六日（1月13日），早，进内，至内务堂上同耆大人瞻仰《实录》首函①，俟陈太保诸位行礼后，至门外跪送，派海、广分队长率警兵廿名送至皇（室）[史]宬照料。予至朗贝勒府贺寿喜，至宝大人宅贺喜。

十七日（1月14日），赴天津张宅行人情。

十八日（1月15日），辰刻四嫂因痰喘溘逝，伤如之何，赶办素事。

十九日（1月16日），早至荣七哥处，求其转为借款一千元。晚，至耆大人处谈公事。

廿日（1月17日），早，徐总统带信，于是日早六点半传见，当会同耆大人见大总统，为世中堂病重，嗣后内务府大臣未便添人之事。

廿一日（1月18日），早，至王府办早事，将徐总统之语禀知王爷，尚以为然。至世中堂看视中堂，病已沉重，至申正寿终，适步军统领、总监、京兆尹均到。回家，堂主事将内务府印钥送来，当敬谨收妥。

廿二日（1月19日），早，进内，蒙上召见，予与耆大人说明

---

① 此处天头补书："穿蟒袍、补褂。"

徐总统云毋庸添派内务府大臣事,上甚以为然,并交谕中签之廿万有零令交进,对云即应遵办。退出,至府见王爷,办世中堂故恩旨事。又钦奉谕旨:总管内务府印钥着绍英佩带,钦此。当办谢恩折,明日谢恩。晚,与耆大人公请邓君翔及银库四位,商办年节事,伊已应允代为筹办矣。

廿三日(1月20日),早,进内谢恩,未见,同至筹备处监视开标。与陈大人谈上买花炮事,鞭炮万不可放,应请谏止为要。晚,至世宅行情。

廿四日(1月21日),早,进内,带匠。办复内务部函一件,为皇室私产碍难拨作救济旗民之用。蒙醇王爷赏给如意一柄贺喜。是日为家四嫂成主礼成,一切吉祥。银库请钤章五联单四件,自府字一百五十九号至府字一百六十二号,当即钤章交回。郎中连吉派人送交颐和园印钥一件,敬谨收存。

廿五日(1月22日),早,进内,上召见,令将中签之款廿万零交进,用外国银票,又交下唐明盛呈递昌平县境内马厂地一千馀顷有人呈请查明收回呈一件,随章程一件,交增三爷调查交款之事,已告明钟捷南矣。见陈太傅,商定照旧进奉递如意事。九点,宝、袁大人到,会同鉴定陈设等件。饭后至王府谢赏,至麟公府上祭。回家,吕寿生来谈,为该部拟代为整顿官房等项,接济旗民生计事,当告以并无可整顿筹款之处,属伊转达高总长,即不另行覆函矣,寿生并至四嫂灵前行礼后辞去。

廿六(1月23日),早,进内,带匠,午后至内务堂看年账。

廿七(1月24日),早,王爷到,会计司交地租饭银五百五十六元,交三爷入账五百元,馀取现备用。午后来客甚多。①

廿八日(1月25日),辰刻四嫂发引,于未刻至先茔,与四哥

---

① 此处天头补书:"廿七日,蒙派管理公主府家务。"

合葬,李先生云方向、时辰均吉祥也。晚回家,蒙上赏节赏一千元。闻二姑奶奶回家后,伊家待遇不佳,极应注意。因姨奶奶卅正寿,给伊五十元备用。晚,银库送来五个月津贴三千元,中秋五成饭银二百四十元,年节十成饭银四百八十元。

廿九日(1月26日),早,进内,请见,上召见予与耆大人,言语售物品事,谕及格者二万馀元可变价,又言语交进十万元事,奉谕俟明年仍要外国银票,今年毋庸交也。上问马厂事,对云此事宗人府曾办过,因不易着手中止,必须查明始能办理,否则无有凭据,地方官亦不肯帮着办理也,上令再查,对云俟查明再为言语。退出,至薛总监处拜会,因《燕都报》、《平报》载有西太后小说,侮辱先朝,殊失尊重之道,令护军参领玉山在总厅递呈请饬该报馆更正,薛允照办。回家办年节事,管理处送到十二月分月薪六百元,交三爷兑现,存以备用。

卅日(1月27日),办理年节还账、送礼等事。因左脚肿痛,请狄大夫来看视,暂为休息一日。福子昆来,云内务府年节已办齐,由邓君翔担任,用交通支票取出四十万,又该行借给廿万元,俟明正再为核明结账。又送来上档房饭银八折计三百廿元,应妥存备用。①

泽公工程东、西陵祭款,已放一万元,添煤款两万。
本府放款事,大仓米价,自鸣钟,太监欠一月款。
赴府致祭事,府中经费事。②
现办公事:以上二项应会同师傅、堂郎中等公议。
节流法:应彻底澄清,请上裁定;开源法:公债、售品两项。
壬戌正月初五日醇王爷四十正寿,拟送如意、寿画新套、寿

---

① 以下诸事为本册末尾所附杂记文字。
② 以上自"泽公工程"起,均用笔勾去。

联、寿烛、鸳鸯缎衣料、活计换穗、燕席、寿酒,共八色。

查明公债现存若干,可换得若干;世中堂对于公债意见如何,应问明;问国库券转售数目,以便结算。①

问恒利事有无头绪;催营造司查案有无确据;令钟三爷结来公债账目。②

宜开会议,议定再请裁定。③

邓三爷等处亦可择约。

查前次封价。如商号择约来看,内派总管等专人随同经理,此次应先酌定规则。④

查前次拍卖规则。

宁寿宫钥匙,应收存一匣,按日封锁,用一总钥匙。专派人带。⑤

觅前次由园运陈设单;觅前次派统筹谕旨。

应记要件:款项账目已在上卷后登记备查。

公事随思随记。⑥

---

① 此段用笔勾去,天头补书:"已告明。"
② 此段用笔勾去,天头补书:"已告明。"又补书:"公债事,元年者已换,八年者已换。"
③ 此段用笔勾去。
④ 此段用笔勾去。
⑤ 此段用笔勾去。
⑥ 此六字分两行:左三字为"公事随",右三字为"思随记"。右侧有注:"用满(方向)",括号内字原为满文,译作"方向",提示此六字须从左往右按满语书写方向念。

民国十一年壬戌(1922)日记

以下日记第三十五册①
壬戌七月

初一日(1922年8月23日),辰刻进内,办公事。退出,见高科长谈公事,为公保曹巽轩事,求保卿转托关照。回家,至祠堂行礼,佛前焚香行礼,诵《金刚经》一卷,《往生咒》三遍,念佛五百馀声。午后叔诚来,同至公园一游,回家晚餐。

初二日(8月24日),早,念佛,午后看《性理吟》。

初三日(8月25日),早,进内,王爷到,蒙召见,说泽公欲赎东陵森林,须卅万,拟用债票作押借款,对云此项债票现在汇丰抵押,不能提出,上云既如是只可从缓。又谕云拟裁太监,对云可从容办理,语毕,予与耆、宝大人均退下。王爷及陈大人又见皇上,说明太监可从缓办理,已照办矣。见陈、伊大人略谈。午后至筹备处会议大婚礼事。朱大人到,谈杨云史所谈之事,并商订汪子建回京约聚谈事。回家,接堂上电话,明早长春宫召见,想为千秋要款之事也。念佛五数珠。

初四日(8月26日),早,进内,长春宫主位召见,为千秋令交进两万六千两,对云拾四日交进。午后至管理处,赵大人到。

---

① 日记第三十五册(第三十四册佚),封面题:"日记本,卅五,壬戌年七月初一日至十二月十二日。"另纸又题:"日记,卅四册丢失,失民十一年壬戌元旦至六月杪,孙延焘谨志。"

宗人府定老爷来云钊公现在丁忧，所有祭祀各处应请改派员，定于初六日具奏，并交奏底，告以初六赴府恭办谕旨，以便赶紧行文也。

初五日（8月27日），未进内。上召见耆大人，交下汇理收据三件，已交福子昆会同堂上办理矣。拜杨云史，未晤。

初六日（8月28日），进内，王爷到。皇上不令给长春宫千秋用款，予与耆、宝大人商酌请师傅说项，仍以送给为宜，否则恐有枝节，诸多不便也。

初七日（8月29日），早，进内。午后至管理处。晚，请客。

初八日（8月30日），早，进内，同涛贝勒、朱大人、耆大人请见，为大婚典礼事。午初至筹备处，涛、洵贝勒、醇王爷均到，与宝、朱、耆大人同见王爷。奉谕有太监王春来、张全茂二人给王爷及洵、涛贝勒写信，肆口谩骂，殊出情理之外。当令传缉该太监等，未能传来，定于明早进内说明办理。

初九日（8月31日），早，王爷及洵、涛贝勒均到，与耆、宝大人及陈、朱师傅见皇上说明其事，上云可由内传该太监问讯，或伊等本人写信或他人陷害，必须彻究惩办，遂退出。据陈、朱大人云，所有长春宫千秋应交之款可交两万两，其零六千两之数即可云借不出来，不能交进也。在书房早餐，候至午正后回家。

初十日（9月1日），早，进内，闻朱大人云今日始传王、张两太监。

十一日（9月2日），早，进内。大姑奶奶由天津来京。收到售票津贴六十五元。

十二日（9月3日），早，进内。五太太生日。

十三日（9月4日），早蒙召见，为太监王春来、张全茂二人未传到，可毋庸查拿，令禀明王爷，即退出，王爷到，说明其事。午后至王府，王爷云今早上云，王太监等二人系有同事太监陷害,可毋庸斥革也。又云江宇澄说骆、李议员议案已为皖议员李振钧打销矣,可由皇室派赵尔巽、王士珍二人加以名义,令其随时帮同交涉,予云此事似有不便之处,恐民国疑忌,反不相宜,王爷尚以为然。王爷又云,有燕京大学翟牧师请将圆明园之太湖石作为送给该校,彼愿报效银廿万元,每年交五万元。予云王爷如愿办此事,须先在上前说明,其次须与民国地方官商妥,以免民国出而阻止,因翟洋人名誉甚劣,前在海淀私买官地,已经送交提署办理,尚未办清,且民国之人俱想着园中石块,一经皇室说明送与洋人,恐招反对也。王爷云,可由内务府派人往查该园石块有无私买情事,此事可暂缓办理也。退出,见张斌舫,又说此事,盖张之介绍也。至筹备处,涛贝勒到,云荣宅定于十月十三日迎娶,甚为相宜,公事毕,均散。

十四日(9月5日),早,蒙召见,为王、张两太监事,上云系有人陷害彼等,即可毋庸革退,如其进内销假,即可照常放入,遇便见着袁得亮时可告明二人并无罪过,毋庸捕拿。又问长春宫千秋用款已交否,对云已交两万两。又云令成做《图书集成》之夹板,用樟木成做,语竟退出。见耆大人略谈。晚,请大姑奶奶晚餐。①

十五日(9月6日),早,大姑奶奶回津。祠堂秋祭,诵经念佛。午后张八爷来。管理处送来八月分半薪三百元,交账房。出门,给耆大人谢步。接王爷电话,云惠王福晋仙逝,令明早进内言语,请降旨赏给二千元,应得恤典该衙门查例具奏等因。又接江宇澄电话,云总统府要请皇室王公及内务府大臣,并云渠已与涛贝勒接谈一切矣。是日戌时延经病故,当交给三爷六十元先为办理后事,同族之运不佳,甚可危惧,应常存敬畏为要。

---

① 此处天头补书:"本日毓五太太来,略谈大婚礼节事。"

十六日（9月7日），早，进内，令内奏事太监言语，请旨赏给惠王福晋恤银二千元，办谕旨一道，呈览后令署名处送王府请阅，无说，先发表，补用宝。蒙敬懿主位赏二百两，赏内子五十元，世杰夫妇各廿元。未刻至宝大人宅，会同耆大人及甘承之、张松臣二人，至汇丰银行见邓君翔，言明金器镶嵌多者另存，其馀各件核定成色，换成条金，以便易银，令甘、张二人明日到行磨勘金件也。君翔云此次秋节用款，大婚用款，伊可暂为挪借，当即面谢关照也。

十七日（9月8日），早，进内，同至长春宫谢恩，谕云此次欠交之六千两俟经费交到即应补行交进，予对曰是。退出拜客，回家，大姑爷来。同内人赴香山一游。午后至润贝勒府行情。至管理处。①

十八日（9月9日），早，进内。晚，叔诚来，是晚回津。

十九日（9月10日），早，进内，王爷到，随同至长春宫行礼，赏饭吃。散值，至忻贝子府贺寿。晚，黎大总统邀晚餐。

二十日（9月11日），腹泻，未出门。

廿一日（9月12日），早，进内，王爷到，重华宫召见，为千秋令于八月初一日交款二万六千两事，对云现仅能挪借二万两，俟民国发给经费再为补交，请主位令内殿传谕交进此款，以便筹办云。是日辰刻竹铭之妇生得一子，一切吉祥，庆幸之至，应存挈挈为善之念，严戒损人利已之心，以期天神垂佑也。申刻钟捷南、福子昆来回公事，所开大婚木器数目过多，令其将内费分开，以期将数目减少也。燕京大学校长司徒雷登来见，为大、小南园彼校拟请将地段让给，答以此地曾经司法衙门判定现在租户永久耕种，不能夺佃，且前者学部、商部皆要用此地，均已婉言谢

---

①　此处天头补书："本日至袁俊亭处晤谈，可毋庸拿小王三之事。"

绝,故此时实难让给也。略谈即辞去。

廿二日(9月13日),未刻至法华寺开办满蒙协进会,到者卅馀人,讨论会章毕,即散。至庄先生家,约晚餐也。回家,闻王爷来电话,为改派瀛贝勒事。

廿三日(9月14日),早,进内,告奏事太监转告敬事房廿五日祭寿皇殿改派瀛贝勒事。高科长来谈公事。见唐小山,谈奉天房产事。午后筹备处会议,议定大婚典礼如有来贺喜及进物者,回赏概以物品为限,可说明奉旨如此办法,预为宣布云。

廿五日(9月16日),早,进内。午刻公请汪子健、孙子涵二律师于会贤堂,志赞希谈上海遗老所谈事。

廿六日(9月17日),早,进内,至王府给太福晋贺寿,至子昆处谈换易金条以便变价事,午后至史宅、润贝勒府行人情。夜梦似有自求解脱地狱之意,现在当官之困难实与地狱相近。应俟大婚后急流勇退,两差同辞,以解此难,知足不辱,知止不殆之语,宜三复之,宜作固穷安命工夫也。颜子之贫不改其乐,菩萨教人往生极乐,《乐学歌》云"人心本自乐,自将私欲缚,私欲一萌时,良知还自觉,一觉便消除,人心依旧乐。"宜敬念之。

廿七日(9月18日),午后至孙子涵处贺寿。稻田厂人来递呈,未收。

廿八日(9月19日),早,进内,同至王府回事。给庆王**谢步**。

八月

初一日(9月21日),早,进内,未刻至法华寺开筹备会。

初二日(9月22日),早,进内,具奏大婚奉迎日期。奉旨着于十月十三日丑时奉迎,九月廿四日巳时大征,九月初二日巳时纳采。本日函致国务院转呈大总统,并咨行内务部查照。晚,钟捷南及银库四位请晚餐,座中有邓君翔、耆寿民、宝瑞臣,商议中秋节用款约须五十万元，邓君翔担任借给，并云大婚用款亦可帮同筹措也。钟捷南谈制办木器用款大致已定，尚须磋商也。本日领俸银七十七两五钱，折洋一百七元六角三仙，照每次分用办理也。

初三日（9月23日），午后至筹备处，据钟捷南云恒利号起诉，请追内务府欠款，审判厅已票传派人辨诉矣。是日发张帅函，告明大婚喜期也。

初四日（9月24日），早，进内，荣惠主位赏银二百元，赏内子五十元，赏世杰夫妇各廿元。晚戌初二刻奉内廷电话，令同狄大夫进内看病，当乘气车至狄大夫家，稍候即回，同至东华门内右门。稍候，开门，候信，即刻召入诊视，皇上心跳、微烧，据医士云略受感冒，令至医院取药，开胃之白药水、解表之黑药水、药面子三种，开单说明用药之法，回家已十一点矣。

初五日（9月25日），早，进内，耆、宝大人到，令奏事者言语给皇上请安，问今日带狄大夫否，回传谕云明早十点进内带狄大夫诊视，即令堂上人给狄大夫送信，请明早进内诊视也。钟三爷来谈，拟请上赠某珍玩事，当与耆大人至王府回事，王爷已出门，俟回府，予复往见王爷，回明赠某珍玩事，王爷甚以为然，照准办理。应俟明日进内说明办理也。

初六日（9月26日），予与耆大人请见，蒙召见，说明通函寄物事，上允准，午后交下烟壶一个，蓝表一对，又表一件，即交续昌转交钟三爷转寄。未刻，上令租气车同往伊师傅处看病，伊公已舌短不能言矣，看毕即回，富连瑞同去。袁大人到北上门侍班，并云拟添派骑车队四名在北上门伺候，以便上偶然外出，令其随侍保护也，予云甚好。由内退出，至满蒙协进会，见耆、宝大人说明前事，即回家，早餐已申刻矣。蒙上通电话，问见袁大人告明所租之车不准饬令封闭已经转告否，对云已面见说明，令其遵办矣。王府来电话,要岁俸及另款。

初七日(9月27日),早,王爷来电话问伊师傅事,盖已于初六日戌刻仙逝矣,闻堂上云上传语耆大人赏给伊某陀罗经被。本日银库将王爷岁俸及另款送交讫。晚傅俊山来谈,托其转达司徒雷登澄怀园系上赏之园,未便售让,峻山云彼如肯出重价,似亦在可商之数,予云如何之处再商可也。

初八日(9月28日),早,进内,王爷到,随同至荣惠主位前行礼,赏饭吃,饭后办公事。退出,赴伊大人宅奠唁。至毓五爷处问病,略谈。回家,庆王爷来家谢步。

初九日(9月29日),早,进内,为伊师傅赐恤事,同赴王爷府请见,办旨意,缮妥交署名处送内呈览后宣布。至惠王府祭果。

初十日(9月30日),早,赴继子寿处,托其调停恒利起诉事,允为说项。午后至管理处,赵都护到。挑缺后回家。

十一日(10月1日),早,永和宫召见,催节款,要生辰款。至堂上,会同耆、宝大人看中秋节帐,拟定由汇丰借五十万元,将敷节用,大约交进廿四万馀元,其馀分放节款也。

十二日(10月2日),湖园送来津贴六十八元六仙。

十三日(10月3日),早,进内,阮总管说节款事,告以交进内殿八万元,再交二万元,实无力再交,如上问及时,属其代陈困难情形,伊已首肯矣。午后至筹备处,涛贝勒到,朱、耆大人到,商办大婚事。本节向汇丰借五十万元,民国财部给十万元,计现洋、兑换券各五万元,将敷节关之用,日后若无善后办法,皇室之事实无法维持矣。

十四日(10月4日),早,进内,王爷到。申刻同朱大人、涛贝勒、耆大人至卫戍司令部见王将军,为大婚奉迎经由路(限)[线]出入东华门之事,托其关照也。齐统领到,亦托其关照也。

同耆大人至会贤堂食点心。电约典礼处续老爷,令缮奉迎经由路(限)[线]单二件,发送齐统领、薛总监信二封,均为大婚奉迎出入东华门托关照事。晚,回家,管理处送来七月分薪俸六百元,上赏节赏二千元,银库送来五月、闰五月、六月津贴洋一千八百元,又中秋节饭银四百八十元,共入四千八百八十元,交帐房开节赏、节例、还帐,共用三千六百元,还零用卅元,仍存一千二百五十元,交五太太存柜,应樽节动用也。

十五日(10月5日),早,进内谢恩,未令叩谢,三宫主位传于明早九点见醇王爷、涛贝勒、绍英与耆龄,盖为大婚之事也。回家诵《金刚经》一卷,念佛五念珠,神佛垂佑,节关已过,公私尚顺,惟时事日非,节后必须力求谨身节用之道,以谋持家保身之计。一俟大婚礼成,急速勇退,庶免罪戾也,应敬念之,不可怠忽也。

十六日(10月6日),早,进内,随同醇王爷、涛贝勒及耆大人见三宫主位,为大婚之事,另记一单,交典礼处查明办理。造办处交到饭银七十二两四钱八分,合银元一百元六角,上驷处交到饭银一百六十元。午后江宇澄来谈蒋雁行钩结议员,欲诈取皇室银款,有给款一百五十万元,可不提议取销优待之语,宇澄已托同乡某结合数人劝令骆、李议员无形取销矣,盖凭空居功之意也。又云伊欲领表章库对门之房及地基,答以此处已经洵六爷托宝瑞臣商办,业经大致就绪,予即不便参预也,彼云尚欲找瑞臣商议,即辞去。晚,洵六爷请英国艾公使,请陪客,席散即回。接王将军回信,为大婚奉迎路线事。

十七日(10月7日),永和宫主位赏二百元,又赏内人五十元,此二款交三爷,以备予夫妇二人制办杉木寿材之用,借用"寿康"二字之意也,又赏世杰夫妇各廿元,交内人另存。本日交三爷本院月例二百零一元,又公中二爷经手月例一百廿元,给大奶奶满月备赏廿元,二姑奶奶银首饰用银十八元。堂上送到徐总统公函一件,内称询问大婚用款事,应覆。午后至管理处,赵都护到。酉刻奉上电召,令带狄大夫进内诊视,即电邀狄大夫同进内诊视,因受风喉左微痛也,当派人取药开单,将药交进后,八钟二刻退出。回家,大姑爷来,闻姑奶奶略有不适,请内人于廿日后赴津一看也。

十八日(10月8日),早,进内谢恩,未令叩谢,由内奏事言语给皇上请安,请问已大安否,回语云已好,毋庸带狄大夫也。回家,叔诚来,是日晚车回津。

十九日(10月9日),诚占《灵棋经》,问皇室大局安危,占得阴谩卦,象曰:"动而有悔,退保其贞。"诗曰:"逢时多难战兢兢,戒谨当知履薄冰。要识前程危与险,不笼风里一枝灯。"又问自己进退休咎,占得将败卦,诗曰:"孤阳微兮,群阴盗兮,力既殚兮,将不可髦兮,慎兮慎兮,宜自保兮。"所占不吉,实堪危惧,应慎之又慎,宜自保守,一俟大婚礼成,急速退守,是为至要。午后至管理处,赵吟舟到,因典礼处发执照事,甚不谓然,予云仅可商办,俟定期会商时再为商议可也。

廿日(10月10日),早,进内。申初英国爱公使同郝参赞到,至大内瞻仰皇上,令备茶点,甚优待也,酉刻始退出。是日第七孙满月之期,朗贝勒夫人来贺,略谈大婚事。

廿一日(10月11日),接商公衍瀛来函,云东省放地地价可拨借廿万元,应函覆道谢,此函交来人转给耆、宝大人阅看。涛贝勒来电话,云王将军定于廿三日至筹备处会商大婚事宜,并令转致朱、耆、宝大人,赵都护,均请廿三日午后两点钟至筹备处会议,已转达诸位矣。

廿二日(10月12日),早,进内,随同至永和宫行礼,并蒙端康主位召见醇王爷、陈、朱大人,予与耆、宝大人,为大婚后例应移出别宫居住,询问应如何办理。王爷云今昔情形不同,似可仍旧不移也。赏饭吃,饭后退出,赵都护西服便衣行拜跪礼。午后至管理处,为大总统令晋给一等大绶嘉禾章,重复,函致国务院秘厅声明,请查核办理云。

廿三日(10月13日),早,进内。午后至筹备处,王将军、提署三堂薛总监、车司令、赵都护均到。王将军云奉迎可出入东华门,并可挂彩绸,届期可派马步队照料,略谈均辞去,涛贝勒议事后与朱大人先散。堂郎中回事,彩绸一项需银四万馀两,予云此事尚须设法核减,皇室如此艰窘,似宜回明王爷再办,以免皇上责备也,候捷南回信再为商办可也。耆大人与涛七爷商定公办进奉一份,内有《通志堂经解》一部,用予旧存之书,容当送交典礼处以便装订也。

廿四日(10月14日),午刻将《通志堂经解》交堂上取去装订。午后至管理处,赵都护到。至耆大人宅,钟三爷云涛七爷差福姓来见,并云天和承办后邸之彩绸棚价银,涛七爷已定,以后有关大婚用款之事应回明涛七爷,以便上问时回明数目等语。耆大人云一定不用天和,至办事用款不能均回涛七爷,福子昆云后邸之棚可托荣仲泉自办,由内务府发款较为妥协。予云甚为赞成,即可进行办理也,又云彩绸可用一半绸一半布,以期核减也。谈毕遂回家。

廿五日(10月15日),早,进内。午后至醇邸第,奉谕加封太妃,拟于九月中旬举行。又令查皇后初见皇上行礼、淑妃初见皇后行礼礼节有奏案否,如无奏案,拟令朱大人面奏,请皇上传敬事房如何行礼为要。又令覆奉天函,请商云汀转催地价。又令廿八、九日预备汽车随驾赴庙。又商大婚加恩事,另记于后,不令宣布云。又云纳采持节,应骑马至神武门,乘汽车至后邸,将近下车,再持节前往。至聂宅贺寿。曹宅贺寿,见曹巽轩,略谈。至墨宅。回家。陈太傅、朱少保衔、庄头品顶戴、绍太保衔、耆少保衔、宝花(领)[翎]、袁太子少保衔、朱聘三头品顶戴、郭头品顶戴，应问有无。

廿六日(10月16日)，午，赵吟舟来，同拜孙总长，未遇。午后继二爷来，云继子寿订于廿九日在会贤堂聚谈。

廿七日(10月17日)，进内，王爷到。派于廿九日赴公府给黎总统贺寿。请王爷看纳采物品。同朱、耆大人至荣宅，会同涛贝勒看视一切，荣仲泉请便饭。回家，庆邸来谈纳采礼节事。是日(钜)[锯]去将回乾之椿树。

廿八日(10月18日)，早，进内，午后至管理处，赵大人到。

廿九日(10月19日)，早，至公府，代表给黎总统贺寿喜，九点至府，致贺礼成，略坐，见黄、蔡大礼官、王总理、孙署总长、汪伯棠、孙慕韩诸君。午刻内人由天津回，闻姑奶奶大愈，叔诚同来。申刻至广慧寺给醇邸福晋上祭。晚，会贤堂请继大人，谈调处恒利事。

九月

初一日(10月20日)，进内，奉派致贺覆命，巳刻荫总长昌来答礼，予念答辞。演纳采礼。至袁大人处贺寿喜。晚，继大人通电话，云恒利事，据该铺掌云，俟与东家商议再给回信。钟捷南来，谈疏通承办典礼公事。

初二日(10月21日)，辰初进内，王爷到，祗候吉时，届随同行纳采礼，礼成，随同庆王覆命，至醇王府见王爷贺喜，一切甚吉祥也。晚，杨△△、沈学范、李光荣、景△请晚餐。

初三日(10月22日)，午后至典礼处会议公事。本日致慕韩侄信一封，为延闿谋差事。

初四日(10月23日)，早，进内，蒙召见绍、耆二人。上云《顺天时报》所登婚礼之怪象一则有无其事，对云架彩一事尚在未经核定,所登全属子虚。又云英文快报登载此次婚礼须用五十万,并有太监需索内费之语,此次务须樽节核实,严查弊端,不准给太监使费,以免物议,对云应随时樽节,核实办理。退出,回家。午后请耆大人、钟三爷来商此事,当拟堂谕一件,派营造司掌帮印、制造库总管等查找六合棚铺,令其核实勘估,开具做法、价目清单,呈堂核定,务期樽节核实,以期仰体崇尚俭德之至意,交堂郎中即缮堂谕办理。接继大人转致恒利回信,当交回片,云俟三两日有暇即应趋谈也。此次核定架彩价值,拟令司员等于典礼处堂齐时,呈请涛贝勒核定批准为要。

初五日(10月24日),巳刻至伊大人宅谕祭,陈太保在彼陪客。谈及架彩登报事,予云如将来估价过多,拟请撤下几处,多用软彩较为节俭也。回拜马子元,未遇。①

初六日(10月25日),早,进内,见耆、宝大人谈公事,回家槭中芘、增旭谷、增仲修、增五爷来谈公事,催诸位速传六合棚铺,令其核实开具做法、价目单,以便酌定办法也。

初七日(10月26日),早,带匠,长春宫主位召见予与耆、宝大人,予言语册立日尚应预备冠服送往后邸,已允照办矣。主位云拟将乾隆窑壶芦瓶一对交出变价,并令先为看视,予等退出,同往看视,瓷器虽好,但恐所值有限也。

初八日(10月27日),早,带匠,王爷到,涛贝勒未到。上召见,为大婚用款不准过卅万事,且云如超过此数,不能付款,予与耆、宝大人唯唯而退。令典礼处办堂谕,所有关于大婚用款已核定、未核定均限于三日内报典礼处,以便豫为概算,再定堂齐会议办法也。与耆、宝大人商酌拟订期往见王将军、聂统领,商议运出金器事。接邓君翔来函,报告所有金器,除另留之物外,均

---

① 此处天头补书:"本日,继大人来谈恒利债务事。"

已代售，又代售出两种债票，结清，除还该号借款外，尚存五万有零，又尚存两种债票三百卅馀万元也，此函交银库收存，以备考核。

初九日（10月28日），早，进内，至重华宫带匠，主位提问自鸣钟款项事，对云俟有款即应筹给。巳刻予先退出，至王懋宣处晤谈，请其看邓君翔信，说明拟运出金器交汇丰作押，以便筹备续借大婚用款。懋轩云，此事须将车司令约来，与伊商议，或令伊派员会同守卫队查看，以免生疑误会也，又云或给保洛致函达知。予云，如车司令能担任其事，似可毋庸达知保洛，以免疑度大内所存宝器甚为宏富也。王尚以为然，言明俟抄清单再为送来，听候解决覆信，再为运出器皿，以免误会。临行又致拜恳之意，王使尚肯维持也。辞出，至聂将军处晤谈此事，亦甚关照，颇以王使办法为然也。晚，带领子女、小孙等至东华旅馆楼上晚餐，履行重九登高之意也。

初十日（10月29日），进内，带匠，永和宫赏饭吃。大爷、大奶奶双寿。

十一日（10月30日），进内，带匠。午后至管理处。晚，王将军来电话，订于十三日午前十一点在北上门会商公事。晚，钟捷南来谈大婚搭棚等项公事。

十二日（10月31日），午前宝虞臣来谈，属其找傅律师研究恒利诉讼事，又查明奉迎礼有无堂帘事。增旭谷来谈涛七爷令找义顺棚铺事。未刻至朱大人处晤谈彩绸始末事，并箭厅搭棚价目过大，拟与涛贝勒说明另拟办法事。拜李佳白，谈发起列名事。拜颜总理，已启行赴五台山矣。

十三日（11月1日），早，进内。聂将军、王将军、薛总监、车司令各派代表至守卫队公所，与内务府代表福子昆、增旭谷等接洽，同至内务府银库查看金器第一、末一箱，遂订于明日运往汇丰银行。未刻至北府,王爷交下奉天解到地价小洋廿万元,折合大洋十二万馀元,当留府一万元,还张文治磨盘亏欠之款一万元,其馀十一万馀元交内务府归典礼处入账,令即覆函寄奉。至筹备处见涛贝勒、朱、耆大人,架彩之事已定六合棚铺,其价银一万八千五百元,又定箭厅内外家具赁用木器等项及支搭彩棚一座,共价银……①两,较比天贵减少五千馀两,其天贵所估之堂帘、乐器穗、妃宅喜棚,令司员等另估,再为核定。事毕回家,还二姑奶奶廿元,已还清矣。

十四日(11月2日),派孙禄进内送外交部公函,并告堂上转达福子昆,本日运送金器多派几位照料。颐和园档房送来售票津贴八十九元七角四仙。午刻接福子昆电话,云所运之金器已运至汇丰银行,一路平安,此项金器运出可给皇室多增款项,以补亏空不足之需。此事幸有王懋轩帮忙转达车司令庆云,始能办到,众人皆视为寻常事,殊不知亦非容易也。

十五日(11月3日),早,进内。王爷到,办理太妃加上位号谕旨,并随同至太极殿贺喜。令继兑山、定友三代傅律师接洽研究与恒利诉讼事。午后唐王爷来,为伊子求赏差使事。

十六日(11月4日),午后至管理处,赵都护到,同至撷英饭店请何次长兰孙及陈列所诸位。

十七日(11月5日),早,进内。得见昨日命令,赵都护副使免职,任命端绪为都护副使。当至端仲纲处,未晤,至赵吟舟处,已出门。回家,奉内廷电谕,请狄博尔进内看病,当即电请狄大夫,会同至养心殿看病,据云系受感冒之症,开方取药水进之。予请宝大人等候取药,予先回家,因钟捷南要来谈话也。穆俊升来谈赵都护示意令予代为疏通,且云王将军可接着办理,应否至

---

① 此处留空待填。

总统府说项，尚须酌办。钟捷南来谈徐总统进奉两万元，传语此次有遗老进奉，不可赏给官衔、顶戴之类，以免又有间言，诸多不便也。徐云外面如有人欺侮，我必设法保卫，里边必须一切谨慎，自立于不败之地也，大婚礼应力求节减，仍须向财政部索款，不可自为放弃也，所论均有道理，自应遵办也。又谈本署公事，耆大人亦来，共谈多时始散。耆大人为其世兄当差之事，云已求过王爷，请赏给乾清门侍卫，能给二等方妙，令予代陈，对云自应代恳也。瑞裕如来谈，为春寿选日求赏事，又打听宝大人之小姐相貌性行如何，要议婚也。晚，同二侄女在东华饭店晚餐。

十八日（11月6日），早，进内。晚奉宫内电话，令带同狄大夫进内诊视，即至狄大夫家，会同诣内诊视，盖胃中消化力稍弱，外感尚未净也。当开方取消化药面进呈，回家已亥正二刻矣。

十九日（11月7日），早，王爷到，午后马桐轩来晤谈，为张旅长海鹏拟进奉一千元事。

廿日（11月8日），早，进内，同耆、宝大人至内务府堂批定各司处大婚礼用款，概算可在卅万元数目之内。退出，至王将军处道谢，至耆大人宅贺喜。回家，接继大人送来恒利来函，仍欲索还全数欠款，好在此事已委托傅律师于廿一日会同定友三、济兑山至审判厅辨论矣。又接京兆清查地亩局局长郭钟韶送来函底，为拟代征代解内务府地租事，应将此函交署存查，此事应俟内务部来函，再为设法议驳也。

廿一日（11月9日），早，进内，王爷到。因王爷送穿杏黄蟒袍，同耆、宝大人至王府贺喜，送王府如意一柄。

廿二日（11月10日），未进内，王爷来道乏。

廿三日（11月11日），早，进内，照料演礼，礼毕堂齐，给王爷谢步。

廿四日（11月12日），王爷到，巳刻行大征礼，随同至皇后邸照料,礼毕,荣仲泉留早餐。散后拜汪吉斋,未在京。

廿五日(11月13日),早,进内。

廿六日(11月14日),午后荣仲泉请晚餐。见哈云裳,谈及黎总统拟送喜敬两万元,随绸缎等物。本日见胡阁丞嗣瑗,谈及陈筱石领衔共报效两万四千元。

廿七日(11月15日),早,进内。上召见,问奉天汇到之地价廿万小洋,对云已回明王爷,令归入典礼处备用;上云此款应存,以售公债之款办喜事,对云因现在用款,已经动用,将来拨帐亦可;上要外来报效之款,令取到者即随时交进。退出,令堂上先将张少轩报效之一万元交进也。王爷通电,令派人问候冯检阅使,提明欲送食物,说明如彼不拦阻即可送给食物。当电告福子昆前往问候矣,回云如送食物必收,当令堂上办四十元果席一桌,于明日送去也。至管理[处],端大人到。收到七成十一月分月薪四百廿元,已交三爷入账矣。

廿八日(11月16日),早,进内。送冯检阅使果席已收,当电禀王爷,令往问候。午后往拜,据云已赴南苑,未晤,留话说宣统皇帝令来问候,代为回明可也。至筹备处,涛贝勒到。商云汀自东三省来,代表进奉致贺,并携有东省来函,汇到进呈之款共三万元,另有进奉物品八分,均于明日呈递也。养心殿通电,令传狄博尔进内看病,戌刻同狄大夫给上诊视,盖胃中之气不降,有停滞不消化,是以气道升降不顺,当取白药水服之,俟将药交进,始回家。

廿九日(11月17日),早,进内。至坤宁宫看视后回家,定友三及同事四位来谈招待办法。

卅日(11月18日),早,进内。午刻带狄博尔给上诊视,已见好,惟仍觉畏寒耳,开方用药饼,系清补血分之品。午后未能至管理处,增二大人来谈,为其二少爷拟在宗室工厂捐款,请奖给主事或笔帖式之事；又云某日递如意贺喜，属由电话通知；又伊进奉电灯事；又为铁珦托派差事。安瀛澄来谈，为世大人进奉事。银库送来阴历七月、阳历六月分津贴六百元，交账房讫。

十月

初一日（11月19日），早，进内，王爷到，钦奉谕旨：现届举行大婚典礼，允宜酌加懋赏，绍英着赏加太保衔等因，钦此。受恩愈重，报称愈难，实深愧悚，惟有量力答报，相机尽职而已。堂齐散后，回家诣祠堂行礼，明日联衔谢恩，由陈太傅领衔也。

初二日（11月20日），早，进内谢恩，未蒙召见，退出。至王府叩谢贺喜。午后至庆王府晤谈，为奉迎正使差务事。给伦贝子贺寿喜。回拜商云汀、严伯玉、庄志道。晚，刘君承干、汪君钟霖、李君之鼎来见，三位系南省代表庆贺并进银款。

初三日（11月21日），早，进内。上召见，为贡桑诺尔布补授御前大臣事，耆、宝大人赴府请王爷拟旨，先发表，后用宝。予与涛贝勒、朱大人至长春宫、储秀宫、坤宁宫看视，均大致齐备矣。饭后看典礼处公事，退出，至涛贝勒府谢步。回家，温大人、世大人来谈，胡先生来见。

初四日（11月22日），早，至后邸演礼，荣大人留早餐。饭后至王府谢步，至伊宅行情。回拜世大人，未遇。

初五日（11月23日），进内，晚请孙慕韩、严伯玉诸公晚餐。

初六日（11月24日），进内，带匠，上召见，为赏陈伯陶朝马事。晚，带狄大夫进内诊视，系胃有停滞作痛，取药水、药面治之。

初七日（11月25日），早，进内，王爷到。退出，午后冯阁忱派处长高鹏飞来见，冯公报效经费五千元，属为代进，已交晋老爷照办矣。晚，孙慕韩来谈代催经费事，外交团欲来庆贺事。

初八日（11月26日），早，至王府，为溥侊派差事，见王爷回事毕,午后至筹备处,朱大人、涛贝勒、耆大人、宝大人到。饭后进内,随同看演电灯。晚,袁大人请。

初九日(11月27日),早,进内,午刻回家。接电话,黎总统送喜礼一份八色,龙凤双如意、龙凤银制元盒、龙凤银制花瓶、龙凤彩花烛台、织金闪缎八端、红缎锦绣喜幛、红缎绣花喜联、红缎绣花喜幔,当即交进矣。晚,李佳白差人送来银花插一件,属为呈进,容请涛贝勒看后再定。

初十日(11月28日),进内。

十一日(11月29日),晚,公请客后进内,候至丑刻,迎淑妃进宫,差毕回家。

十二日(11月30日),早巳刻进内,随同行册立礼,晚进内。十三日子刻皇上升乾清宫,遣使奉迎,寅初二刻凤舆进至乾清宫落轿,予与耆大人照料,捧册宝安奉于交泰殿,俟礼毕,在值房稍息。

十三日(12月1日),午后,大总统派大礼官黄开文来致贺。

十四日(12月2日),早,进内,给王爷贺喜,那王领衔在皇上前言语贺喜,太妃前言语贺喜,未召见,十点二刻入园听戏。是日涛贝勒至公府答礼。

十五日(12月3日),午初,西洋十三国、日本一国前来贺见,男女宾共二百一十六人,在乾清宫西暖阁见,皇上、皇后同见。在乾清宫中殿设果点、香宾酒请外宾立食,皇上让酒,用英语致谢外宾,尚欢洽。梁大人敦彦、联大人芳、庄先生士敦同照料,醇王爷亦来举酒致谢。午正皇上升座,穿蟒袍、补褂者四百数十人行礼;民国文官大礼服一班,武官大礼服一班,均行三鞠躬礼,亦有廿馀人。礼毕,入园听戏。

十六日(12月4日),早,上召见,为戏赏事,言语黎总统送贺礼二万元,奉旨赏给极贫救济会作为赈款,令开行礼人名单,退出,王爷令办旨意一道,钦奉谕旨:现在大婚礼成,恭办典礼大臣等勤慎周详,自应量予恩施,载涛着赏给御书福字一方,匾额一方,并交宗人府从优议叙,朱益藩、绍英、耆龄均着各赏给御书匾额一方,并交该衙门从优议叙,其馀出力员司等准其择尤保奖,钦此。钦遵,于本日联衔谢恩,奉旨"知道了,钦此"。本日入园听戏,递行礼人名单。

十七日(12月5日),早,进内。至王府回事,涛贝勒亦到,与耆、宝大人面商公事。晚,朱大人请晚餐。

十八日(12月6日),早,王爷驾临,谕云现在大婚礼成,皇上亦甚明达,予拟退处养老,毋庸照料公事,对云王爷虽然应有此举,但请不可坚持,缘时局多艰,因应诸事,关系重要。王爷云如不能照所说办理,必须有旨意说明,尚可仍旧也。谈毕王爷进内,予即进内,王爷见耆、宝大人,复说其事,均云此事尚须大众会议详加考虑,请王爷今日不可提议。王爷允可,陈、朱师傅来,大众商议拟先由两位师傅奏陈,再定办法也。未刻回家,增二大人来谈,为定秀辞电灯公所差使事,又托保奖事。晚,洵贝勒通电话,为赵八爷进奉拟求恩赏事。本日收到湖园津贴四十元零,交三爷入账矣。

十九日(12月7日),早,上召见,问王爷欲退之事。先拟令向王爷说请悉仍其旧,又云可毋庸赴府陈说,既是王爷欲退,可请王爷暂为歇息,以免劳神,亦可藉以练习办事。对云皇上如有意见,可与师傅商量商量。上云既是向来大婚后应亲自办事,即可毋庸商量也。又面奉谕旨,赏给宗族工厂四千元,由外库发给。退出,同耆、宝大人至陈师傅、朱师傅处说明,请二公疏通其事。晚,涛贝勒通电话,已与梁崧生赴各使馆答谢。

廿日(12月8日),早,进内,带匠,撤天地香亭、架彩、灯只。见涛贝勒,谈及所有此次外交团来贺,在事出力各员应回明王爷,请加恩赏赉开单,拟于明早赴府。回家,拜客。晚,王爷来电话,问前日所谈之事如何,对以已请二位师傅便中向上说明情形,再赴府回话,明早尚拟赴府回事也。护军管理处送来阳历九月分七成月薪四百廿元,已交三爷入账矣。

廿一日(12月9日),早,同耆、宝大人到王府呈回招待外交团诸人请加恩事,开单请王爷阅定,王爷问及前日所谈欲退之事,对云已与二位师傅说过,尚未与上说明,俟说定再为禀复。退出,至会贤堂会同请客,照相后回家。由刘坦达送来恩赏尺头二卷,银三百两,因廿三日寿辰也,应俟二十三日谢恩行礼,缘廿二日系忌辰也。

廿二日(12月10日),早,进内,十五日外交团贺、见在事出力人员醇王爷令开单一件请加恩,并有张绍曾之父张汝封寿辰、请赏福寿字单一件,一并交内奏事呈览,奉谕照办,当缮谕旨一道。庆宽着在紫禁城内骑马等因,呈览后送王府阅看,先发表,补用宝。陈、朱师傅云王爷欲退之事已在上前说过,请仍旧为宜,尚以为然,奉谕云俟王爷说时,必说明应仍旧办理也,属予与耆、宝大人至府回明,以便请王爷早日进内。即至府回明,王爷云廿四日进内。予回家,给陈大人通电话,告明王爷廿四日进内。叔诚由津来京祝寿。涛贝勒来拜寿,畅谈,去后予出门拜黄大人诰,晤谈,闻黄公于明日启行赴粤也。

廿三日(12月11日),寿辰,进内,行礼谢恩,未召见,回家至祠堂行礼。饭后至筹备处,朱、陈大人、涛贝勒、耆、宝大人均到,商订回赏、回赠物品之事,至子正始散。本日王爷惠临,蒙三位太妃赏银一百两,衣料四件。

廿四日(12月12日),早,至王府、涛贝勒府谢步。进内。王爷到,面见皇上,说明应办公事仍请王爷多帮几年,照旧办理。蒙召见,为皇后、淑妃之女教习盈姑娘、陈姓每日进内应备椅轿事,问及款项之事,令于年内办清,催售债票清还账目,不令随便借款,对云奴才与耆、宝某遵谕办理。午后至筹备处,接续办理商订回赏物品等事,朱大人、涛贝勒、耆、宝大人均到,事毕,晚回家。①

廿五日(12月13日),进内,午刻带乌林,公事毕,顺路拜客,回家接王九成子云电话,寄送曹巡阅使物品已交到,领有谢帖,应交内务府云。琳公、全公来谈。现明和尚送来寿礼一份,内有绣无量寿佛一尊,经一部,银牌佛像一尊,经架一件,食品四色,谨领,供奉于双榆堂。

廿六日(12月14日),拜客,晚,至赵宅谈赵八爷加衔拟捐事。

廿七日(12月15日),早,进内,带狄大夫给皇上诊视,因右手食指尖作痛,又微受感冒,开方内服药饼,系补血之药,外敷膏子药,系治冻疮之药,又取奶子粉,系服食补益之品也。晚,醇王爷通电话,明日朗贝勒递遗折,可上府商办也。

廿八日(12月16日),早,进内,朗贝勒递遗折,同耆大人至府办恩旨,缮妥请王爷阅后,复进内,将谕旨呈览,无说,先发表,补用宝。退出,至朗贝勒府吊慰。回家,晚高科长来谈公事。

廿九日(12月17日),早,进内。

十一月

初一日(12月18日),早,进内,王爷到,请看回赏物品单,王爷看定后呈览,给王爷送特等纪念杯一座,大金盒一对,给涛贝勒送特等纪念杯一座,大金盒一个。至筹备处,与耆大人、钟

---

① 此处天头有补书:"本日福老爷启、锡老爷泉交到办买膳品饭银二千元,当与耆大人商定照收,交内宅存。"又有补书:"原开由上年十一月起至本年闰五月八个月之数。"

三爷商保案事,又商两次内费及戏赏等款应由祥义一成节省项下抵补,未便开支公款事。至涛贝勒府请见,说明赵八爷及良格捐款事,七爷已允照办矣。回家王子云来谈,送曹寿物,交谢帖一纸,又谈张汝封请赏匾额事,应俟其来函,再为回明王爷请上赏给。晚子初二刻上通电话,为于太监拨在寿安宫当差事。

初二日(12月19日),早,看大婚奏销款目单,交广堃给涛贝勒送呈二件,一赵世泰捐工厂五百元事,一世杰代弟世良捐五百元事。并现洋一千元,领有收据。涛贝勒送来王九成信一件,为张绍曾代其父求赏匾额事,应回王爷代为请求赏给。午后钟捷南来谈,为邓元[彭]提议案事。

初三日(12月20日),早,进内,耆、宝大人到,谈及邓元[彭]提议案并无人连署,据恩永春、乌泽生云仍宜镇静为要,彼等必随时照管也。议定仍请议员诸位招呼一切,研究办法,一面催送曹、吴诸要人物品,以便求伊等关照也。午后至王府,醇王爷问邓元[彭]之事,据现在情形禀明,王爷云应随时留意,并催应送要人物品,以便派人送往,托其关照也。略说沈增植故,求恤赏事,王爷云应与老师说明,现在未便予谥也。退出,至广济寺拜佛,见现明和尚,交其香资五十元。至管理处。晚请管理处诸位及端仲纲、彬敬斋二位,听仲纲口气,有曾听(志)[治]鹤清说彼在管理处时,由皇室所支之款尚存积若干云云,似另有阴险之谋,应随时留意为要。

初四日(12月21日),早,进内。

初五日(12月22日),冬至,蒙召见,要纪念杯四种,大、小金盒各一个,即取来交进。晚,杨鼎元、温义[夫]、朱汝珍、胡嗣瑗请晚饭,谈沈子培先生请予谥事。

初六日(12月23日),早,进内,宝大人到。午刻带狄大夫进内,因上患感冒,开方用药水、药面治之。银库送来八月分津贴六百元，交三爷入帐。晚，李振翁请涛贝勒，谈及王爷云沈君予谥可传旨毋庸写旨意用宝，以守秘密为要。

初七日（12月24日），早，进内，王爷到，沈曾植递遗折，钦奉谕旨赏给陀罗经被，赏银二千元，赏匾一方，照一品例赐恤等因。赵世泰报效宗族工厂经费，蒙赏给二品衔，世杰代弟世良报效工厂经费五百元，世良蒙恩赏给护军参领衔，当此之时，尚荷顶戴荣身，欣幸之至。公事毕，至涛贝勒府递大帖称谢，并代赵世泰、世杰等递禀二件，呈请代奏叩谢天恩。回家，派人给赵八爷送奏底、恭录谕旨，并说明已代为递呈，呈请代奏谢恩矣。午后赵八爷来叩谢，嘱其至洵六爷、涛七爷处叩头，八爷云即往叩谢也。给上海农商银行陈卓甫写信一封，令辉山侄寄去，并将八都湖地契据带往，托卓甫代为转售，以便变价清还债款也。晚，请邓君翔及宝、耆大人、钟捷南、银库三位，略谈催售债票事，并订于十一日未刻同至该银行查看金器，以便分别存售也。

初八日（12月25日），午后至梅裴猗处晤谈，据云四川议员孙镜清拟提议案，云皇室违法，应取销优待等因，梅不肯连署，并劝其毋庸提出，孙尚未决定如何办理。当托梅君随时维持解释为要。晚，涛贝勒通电话，即报告有此一事，并代杨四爷恳求报效工厂款项，请赏护军参领衔，涛贝勒允许，嘱见王爷说明刘世珩拟报效三千元，求赏二等侍卫事。晚，与大、二爷说明拟售广兴园后身房六间，接济二人用款事。

初九日（12月26日），早，进内，见朱、陈、耆大人，谈孙镜清议员欲提议案，为皇室背叛民国，取销优待事，朱大人在上前陈明，上令阮总管要此议案稿，当即交阮总管呈交。予与耆大人至王府谢栽培，至朗贝勒府供饭。回家。至管理处，端大人到。晚，接总队官处电话，云上乘轿下处失慎，幸未成灾，令将该处官役交司法科。是日大少爷来，求给慕韩写信。

初十日（12月27日），早，进内，宝大人到，会同酌订朱聘三所拟致巡阅使信稿。醇王爷惠临，明日应往谢步。午间涛贝勒通电话，为良弼请赏匾之事。给慕韩写信贺寿禧，并为鸿侪谋事，交鸿侪寄奉。

十一日（12月28日），早，至王府回事。午后会同耆、宝大人至银行，与邓君翔谈售化金两事，年关用款事，君翔允借四十万元。晚，涛贝勒请，将杨四爷报效工厂五百元并呈代交，求赏杨耀曾护军参领衔，涛贝勒允为照办。是日辉山启行赴沪农商银行见陈卓甫，托其代办八都湖售地事。

十二日（12月29日），未进内，午后姚大人来给六格诊视开方，清解之剂，今日见愈。

十三日（12月30日），早，进内。午刻至会贤堂请客，涛贝勒谈孙武欲要圆明园地作学堂事，此事不能照办，应开略节交涛贝勒答复也。所请之客多系大婚礼庆贺来京者，计开：汪大人钟霖甫甘卿、刘大人承干甫翰怡、李大人之鼎甫振庚、胡大人嗣瑗甫琴初，又晴初、温大人肃甫毅夫、杨大人鼎元甫吉三、柯大人劭忞甫凤孙、朱大人汝珍甫聘三、袁大人西印东垣。

十四日（12月31日），未进内，副都统程源铨来谈。安徽人。

十五日（1923年1月1日），进内，王爷到。典礼处具奏大婚典礼共用银二十九万一千七百五十六元，钦奉谕旨"知道了，钦此"；又奏保出力人员缮单呈览一折，钦奉谕旨"着依议"；又堂郎中钟凯赏给头品顶戴；又郎中增德之子候补笔帖式存祥以员外郎补用，"着依议"等因，钦此。世杰蒙恩赏给头品顶戴，应明日谢恩。闻宝大人云议员李燮阳提出议案取销优待，追究复辟之事，已有卅七人连署，恐欲列入议事日程，当即回明王爷。晚间同耆、宝大人至王懋轩处送交回赏一分。匾一方，大金盒对，福寿字各一方，特等银杯一件。又赠曹巡阅使物品一分。匾一方，大金盒一对,画一幅,特等记念银杯一件。托王懋轩寄去。请懋轩看李燮阳议案,托其设法维持,伊已允为设法代托王兰亭、刘京兆尹转属议员等维持也,且云将来尚须属参议院掌笔之议员将优待条件加入宪法,以为永久保全之计,谈毕退出。同至福全馆晚餐,嘱钟捷南赴津报告徐总统,请为设法督催王懋轩速为设法维持也。十钟回家。

十六日(1月2日),早,民国派荫昌来答礼,予念答词。散后至宝大人宅,与乌泽声、恩永春、恩石峰共议应付李燮阳提案事,议定设法劝阻缓提议案,以便设法维持。

十八日(1月4日),进内,涛贝勒到,谈应付李燮阳事。是日封淑妃,照料一切。

十九日(1月5日),进内,支配回赏物件事。晚,同涛贝勒至王将军处议李燮阳提案事,懋轩云已给曹三爷去信属其维持,并云应由满蒙协进会会同蒙古提议抵制,散后同涛贝勒至福全馆,请耆、宝大人同来会议,议定分途进行,找通法律者代拟理由书,以备开会提议。

廿日(1月6日),早,进内,请朱大人属孙润宇代拟理由书稿。晚,福全请客,蒋梅生云议员李纯修、张书元又提议案请取销优待条件,当托蒋君代为疏通云。

廿二日(1月8日),进内,王爷到。晚全公、虞际唐请,是日阿公赏差使。

廿三日(1月9日),晚,给胡晴初送行,求题图册,送陈筱帅墨一匣,求其寄去。

廿四日(1月10日),进内,与耆、宝大人商改致谈铁隍信稿。

廿五日(1月11日),早,进内,因得赏记念杯、福寿条,谢恩,未召见,午后会同耆、宝大人至北府回事。晚,刘翰怡请。

廿六日(1月12日)，早，进内，交堂上缮致谈铁隍函，并办代奏刘承干拟办修工补树事宜折。晚，公请刘翰怡、汪干卿、商云汀诸位，谈公事。本日庄先生来谈英国人邵先生拟租南园房屋事，已定局矣。

廿七日(1月13日)，午后至盐业银行见岳乾斋，为良格存现洋一千元，周年八厘行息，立存银折一个，交姨太太收存。

廿八日(1月14日)，早，进内，与鸿老爷谈门神库掌办冯煜欲直接领款事，令其与棫仲芃商办，并与耆大人一谈。耆大人云，此事只得仍旧办理，如有饭银，可存堂专备公用，亦是或一道也。是日上召见耆、袁大人。与福子堃通电话，请伊与张斌舫一谈，王爷手尚存有公款八千，请示作何用项，以便登帐也。午后温大人来谈，求其题《梦迹图》。昨，铁大人大爷来见。

廿九日(1月15日)，拜客，午后鸿大爷、宝张三爷来谈门神库掌办冯煜不应直接领款事。晚七点带狄大夫进内诊视，九点回家。

卅日(1月16日)，早，进内，耆、宝大人到，令奏事处言语给皇上请安，回云今日见好，令明日午初带狄大夫进内也。晚，王爷由电话传语，前由奉天汇到之款尚存府中八千元，另有用项，前次未经声明，特此告知，即可出帐并函复奉省也。又与涛贝勒由电话说明，门神库冯煜所禀欲直接领款之事已与耆大人说明，并令鸿司员与棫掌印司员接洽，不可待掌办人苛苦。惟因手续之故，实未便交该掌办直接办理，现在已由汇丰将应用之款取来，即可早日发放，以免盼放款之人误会，又有间言也。七爷尚以为然。

十二月

初一日(1月17日)，进内，王爷到。午后鸿大爷、增五老爷、小继三爷、宝张三爷来谈公事。晚至管理处，端大人到，见陈少卿。至荣七哥处拜寿。

初二日（1月18日），未出门，上用九千元备粥果赏，言明初三日交与耆大人，由电话谈议员与蒙古对待事。奉大总统令，世杰给予二等大绶嘉禾章，系张将军广达所保也。

初三日（1月19日），早，进内，带狄大夫给上诊视，甚见好，用补血药饼，系菜蔬所制也。膳后召见绍、耆二人，谕云所交之九千元存内，至腊八粥赏可从俭裁撤也，对云遇事徐为核减，自可节省也。午后耆大人送来江聪致朱聘三信一封，为李燮阳拟撤议案事，均甚赞成随时设法也。至管理处见福子堃，略谈。

初四日（1月20日），至管理处。大总统送匾一方，文曰"老成硕望"。

初五日（1月21日），进内，宝大人到。蒙召见，为遗失册页，交出太监卅名，放其回家不用也。

初六日（1月22日），早间携世杰至公府递官衔帖，给大总统致谢，挂号未见。至继二大人处谈恒利事，请其调处。至张勋伯处晤谈道谢。至袁二爷处，为刘煦说求充办事员事。午刻荣仲泉请。回家，内务府司员来谈公事，管理处送来阳历十月分七成月薪四百廿元。晚，涛贝勒通电话，为门神库掌办冯煜不肯领款事，欲按稿面之数领七成五，未能说妥，有欲起诉之说，对云我们已经交饬掌印等秉公办理矣。

十二日（1月28日），继二爷、鸿大爷、存四爷来云，已由本库存储另款项下发给冯煜二千元，以资补助矣，冯已具领领讫矣。

此本记毕，在癸亥年日记中续记。①

家中欠款记略：

----

① 以下诸事为本册末尾所附杂记文字。

浮借二少爷五百元,已还清。

浮借姨太太现洋七百元,每月给利十二元。又暂借一百元。四月廿五日浮借姨太太四百元,已还。

公中借用竹铭现洋一千元。

又姨太太代借二爷妈三百元,每月给利六元。又浮借五十元。

应记事:

拟售八都湖之地,均可待时变价,以备还债之资。

八都湖之事现经陈卓甫在南边农商银行办事,住南京。代为取租,每年寄京。又办理此地堤工委员李钟岳甫岱云,此人住安徽省,亦可托之。

俸银一百〇七元,五太太、大奶奶各廿元,姨太太十元,二爷、小姐各六元,东院大、二奶奶十元,共八十二元,馀廿五元。

欠账记略:

欠汇丰银行支票多取之数约八百两之谱,又丁巳年十二月十九日借现洋一千元,又戊午年十二月借现洋一千元,以上二款均系贴补过年之用,经手人邓君翔,有亲笔字据二纸,每年六厘行息,随便归还。①

辉山三爷代借现洋三百元,每月二分利,按月付利,无期限字据,又代借二百元,每月二分利,三爷手有账记之。共五百元。②

福子昆代借义顺银号现洋一千元,系给四老爷办理素事之用,并无字据限期,可从缓筹还也。③

---

① 此段用笔圈起,天头注:"壬戌十二月十七日还清。"
② 此段用笔圈起,天头注:"癸亥正月初三日还清。"
③ 此段用笔圈起,天头注:"癸亥四月初三日归还。"

交朴宅契纸事①，澄怀园女工厂查明房间税契登记事，将来请假事。

---

① "交朴宅契纸事"六字用笔圈起。

民国十二年癸亥(1923年)日记

以下日记第三十七册①

癸亥正月元旦举笔,书龙虎字,大吉大利,公私顺善,身心安泰,循理守分,敦仁博爱。朱子云:"君子乐循理,故心常舒泰。"②按守分者,安义命知时命之谓也。韩文公云:"博爱之谓仁。"按仁者以天地万物为一体,故云博爱。敦仁复礼,所谓天理常存,仁心恻怛,仁者人也,人之道也,宜敬念之。

八月

初一日(9月11日),早,进内,至宁寿宫查陈设,午正退出,耆、宝、荣大人均到。午后增二大人来谈,为给四太太请匾事。晚,增仲修来谈,为银库事。接商筠汀来信,云奉省节前可汇十万小洋,盐馀事不宜办,又云椿大爷之孙女二人在奉尚好,约须下次进京也。

初二日(9月12日),早,进内,午后家祠行礼,至庄先生处晤谈,至庆府拜寿。回家,闻醇王爷来电话,为赏张勋陀罗经被事,当给荣大人通电话,饬库提取经被发出,即刻寄津。

---

① 日记第三十七册,封面题:"癸亥八月后日记,卅七,民十二癸亥八月初一日至除夕,孙延矞谨志。"另纸题:"日记,卅六册丢失,失民十一壬戌年十二月十三日至除夕及民十二癸亥年元旦至七月秒,孙延矞谨志。"

② 按此似为二程语录,原文为"君子循理,故常舒泰"。

初三日（9月13日），早进班，请耆大人至汇丰，会同庄先生接待英公使夫人看视物品，予与荣大人至宁寿宫看陈设。晚，醇王爷通电话，为张少轩递遗折事。

初四日（9月14日），早，蒙召见，问张勋恤典，对云王爷云俟何日递遗折，即进内与师傅商办。令备汽车赴北府，予与宝大人随往，申正还宫。回家，增仲修来谈售金招商事。接日本使馆来函，云已达该国政府，令其致谢，希代奏，应俟代陈后函覆也。客岁十月十六日因大婚礼成，奉旨赏给匾额一方，文曰"执义守中"，今裱妥，敬挂于中厅，应顾名思义，勉力集于义执厥中为要，盖随时集义守中，庶几近之。

初五日（9月15日），进内，永和宫召见，为要两节另交款项事，对云现在本节应交之款尚在无着，如有法可想，不敢请主人为难。又云本年正庆，皇上欲传戏庆祝，现在外边不安靖，且无款项，可毋庸传戏，对云正庆十年一次，本应庆祝，惟民国之现状不定何时扰乱，似以俟安靖之时补祝。又云宁寿宫、四所内存有物品，将来查到该处时可陈明，以便派人取回，对云可在皇上前说明，将来查到时再办。又云慈宁宫有收藏银祭器，将来可交外边保管也。旋蒙上召见，交下膳房核减单一纸，令照办，已交锡老爷与厨役商办矣。昨接日本使馆芳泽使臣来函，云该国政府电饬转致感谢之忱，属为代奏，当将原函呈览矣，尚应函覆。商云汀来谈一切，另记待办。同宝大人至宁寿宫查看陈设，一点退出。

初六日（9月16日），早，进内，同耆大人见陈大人，谈张少轩恤典事。圆明园郎中吉堃报告见有人拉运太湖石等语，当函致提署三堂，请禁止保护事。退出，给耆大人贺寿喜，未会。

初七日（9月17日），早，张少轩递遗折，王爷、陈、朱师傅均到，皇上召见，会议恤典事，其应否予谥折，令于初九日具奏，盖有予谥之意，王爷不甚以为然，虽有所陈说，奈不能补救何。退出，同耆大人至宁寿宫查看陈设毕，予至内务堂值班，据晋、益主事云自廿六日起至八月初六日止，共化炼金一万六千五百两二钱二分，经天宝、汇泉鉴定成色，共合十足金一万一千七百八十六两一分、七十四两七钱六分。① 是日夜间巡查，八旗排长、警兵误岗，当由电话告知总队官等查办云。

初八日（9月18日），巳刻随同王爷至重华宫行礼，回明王爷化金一万一千七百馀两，拟俟金店三家投标，价多者即可办理，王爷准照拟办理。行礼后至板房，增三爷呈回金店以汇泉给价较多，当令回明各堂，令汇泉具结承办，如过限期不能交款，罚银一万两。退出，至庄先生处交物品价目单，属其转达英公使夫人留用何件，均可不必拘定也。又托庄先生向西餐厨役商定每分合银几元，令其退让，以便定局，庄先生允之。回家，瑞裕如来谈金两事，如汇泉不能办，岳乾斋愿承办也。

初九日（9月19日），早，进内，具奏张少轩恤典事，（记）[请]旨。钦奉谕旨：张勋着加恩予谥"忠武"，钦此。同至北府回明醇王爷，其馀加恩之处如追赠太保之事，从缓再办。蒙召见，为膳房之事，又御前他他、内殿他他每月月款、新陈应领数目，令开单呈览；又节赏瓷器改赏新画扇子；又挑定慎德堂瓷方瓶一对，赏给赈济日本幼童会作为头彩之用，加函饬送。退出，同耆大人至宝华殿行礼。回家，增仲修差人来云金两已交汇泉领讫矣。晚，庄先生来谈西餐厨役事，景山卖票事，英馆欲买物品事。

初十日（9月20日），进内，呈递御前他坦、内殿他坦用款从前与现在比较单，并代奏徐公谢恩事。增仲修云汇泉已交卅万，

---

① 此指天宝鉴定为"一万一千七百八十六两一分"，汇泉鉴定为"一万一千七百七十四两七钱六分"。

存于亨记,十二日交齐。午后至增宅贺喜,张斌舫来,交到奉省解到地价银小洋五万元,折合大洋三万二千馀元,奉王爷谕令,由此款内提洋二千元送交北府。

十一日(9月21日),早,进班,将奉省汇票交仲修讫。午后会同在内务堂看节帐,约需四十九万四千六百七十九元,幸有化炼金价五十万元有零,尚可度过节关也。皇上通电,要管理处审讯苏拉二名,供词已令抄录呈进矣。

十二日(9月22日),早,交进十六万六千七百元,连昨交进之四万元,共交进廿万元有零。退出,午后至瑞裕如处谈,托其与岳乾斋商办汇丰所存物品可否购买事,交单四件。

十三日(9月23日),感冒,未进内。王将军令任副官通电话,云皇上昨日给将军通电话,因将军赶国务院会议,又拜客,回寓已夜间两点钟,是以未敢通电惊动,属进内询问有何事项,传知可也。当给耆大人通电,请耆大人在内陈明,移时,广仁老爷来云,顷由耆堂请示传语俟见面再说等语,交来孙慕韩信一件,为上海遗老赞成函致张雨亭拨给盐馀事,并有拟推胡晴初为代表赴奉之意,好在局外之人公函请求,与本府尚无关系也。又因恒利索债事,令余拜程总长一托,容日可前往也。刘坦达送到上赏二千元。晚间银库送来三个月津贴一千八百元,饭银四百八十元,本节还帐至二千五百元之多,应大加节减为要。

十四日(9月24日),早,进内,王爷到,回明节事。

十五日(9月25日),早,进内,宝、荣大人到,荣大人谈及此次请领经费,王少甫代催朱作舟,甚为帮忙,拟送给六百元,予云即可照办,作为秘密费可也。是日进班,管理处领到经费六成五,照成数分放,领到月薪三百九十元,交内务府堂二百五十元,以为交日本赈济会之用也。

十六日(9月26日),早,耆大人接班。造办处交到饭银七十六元三角,系按四分送给也。此次中秋节共放款卅五万三千七百五十两零,合洋五十万元有零,幸有化炼金价收入洋五十万零二百卅十元零,始克敷用,民国仅给经费六万元,以后用度甚为难继,真无办法也。节后拟售金器约合十万元,以备日用,应看民国国事如何,以定进止,是为至要。

十七日(9月27日),未进内。永和宫赏银二百元,蟒袍一件。

十八日(9月28日),早,进内,谢赏银元恩,耆、宝、荣大人均到。

十九日(9月29日),进内值班,午后蒙在永和宫召见,为廿二日千秋传戏一日事,对云端康皇贵太妃曾令陈明外间时局不靖,且亦无款,可毋庸演戏。奉上谕云现已说明太妃令演戏一日,对云应即遵办。回至内务府堂,即告知堂上人员传庙首余庄与武总管商定办法,仍传富连成班,再传食钱粮名角等随同演唱,传营造司支搭布棚。当给醇王爷通电话,禀明传戏之事,奉谕即可传办,并令照大婚赏戏时开写赏戏衔名单,于明早呈览后传知,并给耆大人通电,约明早商办一切。

廿日(9月30日),耆、宝、荣大人到,共请见。蒙召见,陈明商业学校拟代售万寿山游园券二万张,未便照允,蒙赏给经费一千元;又中乐会学校求赏给九百元,以便开学,已蒙允准照赏矣。传戏事陈请少传外角,唱戏人足可敷用,仍令照原单传办。退出,告明堂郎中办法。回家,晚,衡亮生来,为运动赏戏听事。瑞裕如来谈,为岳乾斋交回金器单,并云如买至十万之数总算得价,可以出售,伊等现无用项,即不估价云。

廿一日(10月1日),进内,与耆、宝、荣大人谈拟售金器事,至漱芳斋看搭棚挂灯事。

廿二日(10月2日),辰初王爷到,办事后随同至永和宫,行礼后入座听戏,亥正二刻戏止。拟订戏赏共七千九百馀元,开单呈览,事毕退出。

廿三日(10月3日),进内值班,午刻戏赏单交下,传旨照赏,即交升平署分送,惟加赏杨小楼、梅兰芳、余叔岩衣料各四件。

廿四日(10月4日),出班,耆大人到。给宝大人通电话,所存金器银行不留,即可找赏奇斋办理。午后宝大人回电,已与该号说明,定于明早取货之后即可付款,惟汇丰拟留之物品尚未说定,余云明日可由该号与银行商量办法,令增仲修从中调和办理,庶可妥协也。当由电话告知仲修,明日看光景办理可也。湖园档房送到售票津贴洋四十八元五角五仙。

廿五日即阳历十月五号(10月5日),因手腕痛未出门。酉刻接曹巽轩电话,云现已选出曹巡阅使为大总统,当由电话禀知醇王爷。内务府堂笔帖式来,云昨日上买金钢钻二枚,价洋一万三千馀元,令外边付价。本日增三爷赴汇丰办理出售金器事,系经宝大人找赏奇斋介绍,价洋十万元,尚为得价也。

廿六日(10月6日),未进内,奉王爷电话,令拟电贺曹大总统,办妥呈览后即日发行。

廿七日(10月7日),早,进内值班,宝、荣大人到,令堂上缮妥贺书底,呈览后发缮,以备应用。

廿八日(10月8日),耆大人接班,略谈公事,即退出回家。因左手腕肿痛,自明日起请假五日,以便调理。本日移住西南院屋。

廿九日(10月9日),蒙上赏假五日。午后接润贝勒电话,云明早七点曹大总统到京,九点就任,令将贺书送交,当给内务府堂通电,即行送交矣。耆大人来看,略谈公事。出售金土事,为圆明园石块函达聂统领事,恒利事,应办函事。

九月

初一日即双十节(10月10日),早八点半,至新华门递官衔片,给大总统贺喜,未至怀仁堂觐贺,因手肿不便穿西服也,午后接总统府礼官处来电话,明早九点钟大礼官黄开文进内答礼,属转行知照,当即电知由内务府办理一切矣。请姚大人来诊,据云肝热甚盛,宜用清热利湿之剂,照方服药,有效。

初二日(10月11日),午诵《金刚经》一卷,此经以"应无所住而生其心"一句为宗,以"通达无我法"为要,宜敬念之。又照方服药一剂。午后宝大人到,谈孙慕韩为盐馀由奉天拨给皇室经费,拟与政府接洽事,予云本府仍应处在局外,任令遗老办理可也。又谈恒利债务事,已与法部及张直卿谈过,可由本府函致国务院,仍候领到经费再为拨还事,应俟该院来函,即可据函办理也。又谈接洵贝勒来函令接济燕京报馆事。荣大人亦来谈所有皇室经费,据张直卿云可按月量为拨给,较为有着,可酌减数目等语,予云前者按月拨给廿万元,按月请拨则可,未便自减数目,致令所领之数日见其少也。亦谈恒利事,与宝大人所谈大致相同也。钟捷南来谈,问予续假否,予云若日见全愈,即不续假也。堂上来电话,皇后千秋传用一万元,已传银库。

初三日(10月12日),午后商云汀来谈。

初五日(10月14日),假满请安,进内,值班,带匠。午后皇上至宁寿宫,予与荣、耆、宝大人均往,同查陈设。

初六日(10月15日),太极殿带匠后,退出。至醇王府递帖请安。

初七日(10月16日),早,进内,王爷到,予至储秀宫带匠,荣、耆大人至宁寿宫查陈设。午后接堂上电话,上传盖大夫进内诊视。

附录初五日在内敬阅《玉皇本行经》,偶有解悟之处,因书偈言数语：

天无心而成化，圣无为而成治，佛无为而宏法，士毋意而修心。先天本来无妄，后天偶尔妄作，但应转妄为真，复其无为本位。复即业障本空，不复应还宿债，诚修一切善法，善法并非有作。是谓必有事焉，是谓勿忘勿助，三教本无二法，天人只是一致。右偈既然信解，即应受持为要。

初八日（10月17日），早，进内，值班，带匠。

初九日（10月18日），出班，查陈设，至寿皇殿瞻仰圣容，张总管请饮福吃肉。

初十日（10月19日），早，进内，带匠，蒙恩赏江绸大卷二卷。买得红马一匹，价二百元，又赏项十元。

十一日（10月20日），早，进内，住班，至宁寿宫查陈设。

十二日（10月21日），早，王爷到，回明派钟捷南赴津，托徐总统转属王将军向曹总统陈请催拨经费及维持一切事，王爷尚以为然。当令广仁转告捷南代达云。回家接奉上传电话，欲往景山，令眷、荣大人随住，当由电达内务府堂上速为转传一切，去后旋闻未刻即还宫矣。

十三日（10月22日），至增宅贺寿喜，见聂伟臣，谈拉石块事。

十四日（10月23日），进内，带匠。午后至钱宅行情。

十五日（10月24日），进内，值班，永和宫差太监催交款。

十六日（10月25日），出班。午后至王府，醇王爷交谕，有已裁太监三百卅十馀名求恩，令调查有实在寒苦者遣散回籍，并知照地方官弹压遣回，对云容调查明白再为遵办。将聂宪藩之信呈阅，奉谕此次只可令其拉运，以后仍须拦阻也。回明。闻朱师傅云溥佳为东陵木植公司赎回事，由上前领出珍珠手串三挂，嗣闻杰二爷云，有运动赞成其事，许以金钢钻之事，上甚怒，令其将原物交回,现已交回矣。不过如此办事,破财尚是小事,恐招出枝节,诸多不便,闻有不久欲开去伴读之消息,如能少进内,亦是息事之道也,王爷尚以为然。回家,接陈卓甫来函,已将八都湖之地售出,汇到地价二千四百元内中原有四哥一半之款,拟拨还欠款二千元存于盐业银行生息,归良格名下可也。旋经商妥,用此款收买孙河地二顷有零,价洋四千元,内由地价内扣税契、收地、纳粮等项,用过一千元,应找付三千元,交大爷子厚、二爷作舟二人分用也,既免此地(买)[卖]与外人,亦可于良格名下添此产业,以为将来生计也。每年若租上租,可租三百八十元或四百元之谱,此事属辉山侄办理写字过钱等事,此地契原系四哥名下,今归良格名下,父业子受,即可毋庸再税红契也。晚十点接奉天内务府来电,为军队拟占用奉天宫殿,请电达张保安司令及省长,免予占用,以资保存事。

十七日(10月26日),早,蟒袍、补褂进内,在右门内向北给皇后行礼祝寿。令堂上拟电奉天张保安司令及省长,垦请免予占用宫殿事。

十八日(10月27日),因东院大爷景况甚苦,与作舟及辉山商定,将孙河之地原系八老爷之产二顷有零作价四千元售出,所得之价因税契收地、报粮升科等项用款系四老爷所垫,作为一千元分给良格承领,其馀三千元交子厚、作舟各分一千五百元,均愿如此办理,当由辉山作中人,子厚、作舟写字一纸,当日过银办理清楚。此地作为世良之产,原契本系四老爷之名,今归良格所有,父业子受,即可毋庸税契矣。此三千元之款系用出售八都湖水田地价一千四百元,姨太太交来一千六百元也。再北宅大少爷前欠姨太太六百元已由予代还也。

十九日(10月28日),早,东院大爷、大奶奶、二爷均来见,说明售地之事已经办清,尚为满意。是日进班。

廿日（10月29日），宝大人、耆大人到。因王将军欲进鹿二只，请见，蒙上召见，陈明王怀（鹿）[庆]拟请回赏之事，上允由内找物四件赏之。退下。与耆、陈、宝大人谈内务府财政匮乏，拟请回明醇王爷开御前会议事。晚奉醇王爷电话，为查太监事。三爷将子厚、作舟所立孙河地亩售地白字一纸交来，当交姨太太收存，其红契仍在账房铁柜中收存，三爷均知之。本日王将军进鹿四只，已蒙上赏收矣。

廿一日（10月30日），早，进内，带匠撤灯，耆、宝、荣大人到。因渠姓领官房之事呈请核减房价，予云向无如此办法，如不愿领，只可仍作为租用亦无不可，荣大人不甚满意，然公事自有一定办法，亦不能迁就也。午后送庄先生寿礼佛手、香圆各两盆，《经海一滴》一部。本日五太太赴津，至大姑奶奶家暂住。

廿二日（10月31日），早，进内，王爷到，公同回明民国财政支绌，不能多拨经费，若至年底用款，须数十万，实无办法，可否请王爷召集会议妥议办法，以免临时贻误，且致各衙门责怨也，应请王爷便中与皇上商议变通之法，长久之计，以期足敷少数经常用度，以免将来用度无着也。王爷首肯，但无切实办法也，在我辈预为陈明，以免临时受责备也，奈何，奈何。退出，至庄先生家拜寿，此次系十月卅一日寿辰，送花四盆，书一部，志道先生尚欣然也。本日王将军因上赏周杯汉尊铜器二件，嘉庆瓷洗子二件，函请代奏谢恩，已代奏矣。晚，邓君翔来谈，为渠君领买官地请减价事，商订原价不减，交款可酌搭库券也。

廿三日（11月1日），早，进班，荣大人到，会同查陈设。二姑奶奶回家。

廿四日（11月2日），出班，耆、宝大人到。至增宅拜寿。湖园交到津贴四十二元一角九仙，给赓大爷医药之资二十元，轿夫皮衣赏十六元，复上海农商银行陈卓甫世兄一函，致谢代为售地事。

廿五日（11月3日），午后至管理处，为杨四爷派名誉谘议事。

廿六日（11月4日），早进班，耆、宝大人到，午后会同宝大人查陈设。

廿七日（11月5日），早同耆、陈、宝大人到御花园，适恭遇皇上至延辉阁，当在院中跪安。午初，日本芳泽公使同参赞一员、议员五员先至延辉阁，稍坐饮茶，即至绛雪轩见皇上，是日陈大人、耆、宝大人均到，系穿常服。因捐助日本赈灾，代表国民致谢，入坐问答，甚为浃洽。谈毕留用茶点，游园，遂同退出，至延辉阁用茶点、香滨酒，叙谈甚洽，内有陈太傅之亲戚刘长邺作通译，语甚熟悉，尽欢而散。回家，银库送来七月分津贴六百元，已交三爷入账矣。

廿八日（11月6日），王爷进内，耆、宝大人均到。

廿九日（11月7日），进班，蒙召见，为内殿查账事，应第一日查内殿，第二日宁寿宫。

十月

初一日（11月8日），巳初皇上亲诣宁寿宫行礼，会同侍班。午后至王爷府，为荣欲辞差事，当陈明一切，请王爷慰留，尚以为然。退出，至庆云楼与全公晤谈公事。会计司送来崔各庄官地廿亩执照一纸，此地已经领购，共用银卅九两六钱，系马世良出名承领也。

初二日（11月9日），进内，同至景阳宫将瓷器格加封，手卷柜、册页柜加封，与荣大人略谈。退出，至伦贝子府贺寿喜。午后至江宇澄家略谈，因欲借右翼公署，答以本处留备放饷之用，碍难外借也。

初三日（11月10日），早，进内，会同至内殿前库查看珠宝。

初四日（11月11日），值班。

初五日（11月12日），王爷到。晚，瑞二爷请荣三爷，谈售品事。

初六日（11月13日），进内，荣、宝大人到，会商王子云买物品事。

初七日（11月14日），拜邵竹琴，未遇。晚，公请邓君翔。

初八日（11月15日），进班，同耆大人查宁寿宫陈设。荣三爷通电话，云王久成欲买瓷器雕，已说明可找物品，先呈览再定。

初九日（11月16日），晨，上通电，为八旗赈款两万元能否照上年办理，对云外面现在无款；上云荣源所陈之事如办妥，可由此款拨发。又云所裁太监虽已赏银，其老而贫苦者应设法养赡，对云若另赏贫而老者，恐众援例求恩，甚难普及，宜作特别办法，俟臣等遇有此辈设法赈给可也，上允照办。同耆大人至内殿查看朝珠等件。晚同宝大人请邵厅长、蒋枚生诸位，将钞来恒利号分十五年还款约底请邵君阅看，邵云当设法开导该商，或照此办理，或议用债票归还，容再商订，意间甚肯帮忙也。

初十日（11月17日），①给杨亲太太贺寿喜。晚，商云汀请福全馆，谈星尼贝子租地事。

十一日（11月18日），早，进内，王爷到，同耆大至内殿查朝珠。午后给庆小山贺喜。晚，接大姑奶奶来信，一切均好，复信一封，明日交周二寄津，给四格作一生日寿物，并寄。

十二日（11月19日），住班，蒙召见，为王九成甫云欲买物品事，上令将人字号瓷器呈览，遂会同至宁寿宫提进一百馀件，留十四件，馀均交下。

十三日（11月20日），早，见陈太傅，略谈售物品事，同耆大

---

① 此处勾去一句"拜邵竹琴厅长"。

人至内殿查看朝珠等件。回家,二姑奶奶于晚间回家。管理处送到月薪二百十四元五角六分,外代垫书记用洋八十五元四角四分,应得五成之数,共三百元也。

十四日(11月21日),晚,庄先生请。回家宫内来电,为请盖大夫事,当电达堂上遵办矣。

十五日(11月22日),早,进内,会同荣、宝大人至宁寿宫找瓷器及人字玉器。

十六日(11月23日),早,进班,会同宝、袁大人估定瓷器价值,计瓷器三万九千馀元,玉器三万五千馀元,二共七万五千五百馀元。

十七日(11月24日),所有二次捡拾之金质,十三家金店投标,其最多之数系十万零五百元,三日内交款。陈、耆大人到,略谈。晚,公请东、西陵总兵及全公等,略谈公事。奉上通电,为内随侍元姓偷银元事,令交司法科拘留两个月。

十八日(11月25日),早,进内,同耆大人查宁寿宫陈设。接银库知会,已由堂上领出所售金价十万零五百元存库矣。王子云至内务府堂看瓷、玉器,云明日再同人来覆看。晚,润贝勒通电话,为公府贺寿事。

十九日(11月26日),值班,王久成甫子云至内府堂看瓷器,与拟购之物品不符,即作罢论,彼云渠与荣大人说明可也。

廿日(11月27日),早,王爷到。午后五太太由津回家。申刻至裴韵珊家贺寿,至崇宅行情。是日应送曹大总统寿礼物品,由王子云代为接洽,已照收矣。

廿一日(11月28日),早,进内,在诚肃门侍班,午后至新华门递官衔名片,给曹大总统贺寿喜。晚银库送到八月分津贴六百元,交三爷四百元备用,内存二百元。

廿二日(11月29日),蒙恩赏寿物、银三百两,大卷衣料二件。晚,叔诚来家,接天津电话,大姑奶奶于午刻生得一女,一切吉祥。

廿三日(11月30日),予之生辰,进内行礼,谢恩,蒙恩赏大卷衣料二件,银三百两,御笔菊花一幅,袁励准题诗云"金风玉露泛秋光,花国芳菲殿晚香。自有延年真寿相,南山山色对青苍。"又蒙三位皇贵太妃赏大卷衣料四件,银一百两,受恩深重,报称愈难,惟有勉竭驽骀,尽心效力耳。又蒙醇王爷亲临,涛七爷亦来面贺,处此时世,尚能如此,已属受福逾格,亟应改过迁善,以迓蕃厘,是为至要。

廿四日(12月1日),为世良十岁寿辰,伊兄世杰为其召影戏演唱一日,尚有亲友家小孩来祝者,颇有佳趣。此子之资质尚能读书,惜因时局多艰,请师不易,恐致贻误,拟俟时局就绪,急为之延请名师教诲,以期成就为要。是日拜客一日。

廿五日(12月2日),进内值班,与耆、宝大人会同批定去年年底公账。因右膝肿痛,拟自廿七日请假五日。

廿六日(12月3日),下班,请姚铁臣、时子和来诊治。

廿七日(12月4日),请假,蒙赏假五日,荣竹泉来看。

廿八日(12月5日),请盖大夫来看,用药油外敷,尚为有效。

卅日(12月7日),略见愈,宝大人来谈。请姚大人来换方,服之有效。

十一月

初一日(12月8日),荣大人得赏带嗉貂褂。拟自明日续假五日。

初二日(12月9日),因胲①疾未愈,续假五日,蒙恩赏假五

---

① 胲:《集韵》"踵酢肥厚,胲疾"。

日,应于初七日销假也。

初三日(12月10日),见愈,东院四少奶奶生得一女,于今日洗三,赏给银四元。二姑奶奶回家,给……①

初四日(12月11日),耆大人来看,略谈公事。

初五日(12月12日),巳刻治二大人来谈,为朱启钤拟进石印《四库全书目录》一册,原件交来,拟于初七日代为进呈,又谈陶湘借看《营造法式》一书,请渠来函陈明,以便照函办理也。淑妃因初八日寿辰,赏绸缎衣料二件,又赏内画轴二件。

初六日(12月13日),荣七哥、增寿臣、三六桥来谈。

初七日(12月14日),病痊,请安,未召见。王爷到。宝大人交来信一件,系孙慕韩交来,为遗老拟函请张司令作霖将奉省盐馀拨归皇室经费事。窃思此事原是慕韩为主动之人,津沪遗老皆赞成其事,惟直、奉尚在议和未定,孙慕韩之总理尚未通过众议院,似以稍迟举行始能有效。容与瑞臣商酌,转达慕韩可也。午后高科长、绍怀廷来谈公事。增三爷来谈将前次所批王宝义请放款之呈交来,据云此呈可存宅,不必交下,若交下时恐所请领之款既有案据,王宝义又邀求照领,不甚便也,当将原呈收下,存查可也。

初八日(12月15日),休息一日。

初九日(12月16日),进内住班。左足肿痛。

初十日(12月17日),出班。用药油擦之,有效。

十一、二日(12月18、19日),未出门。

十三日(12月20日),进内住班。

十四日(12月21日),出班,足痛渐愈。与耆、宝大人谈公事。

---

① "给"以下留空待写。

十五日（12月22日），未出门，闻午刻上至王府，未刻回。

十六日（12月23日），冬至，天气晴和。

十七日（12月24日），进班，会同请见，为年节筹款事。同耆、宝大人至泽公府，泽公云前领之债票五十万售得廿万元，前存于华比银行，令移存于华昌银号，该号之铺掌郑鼎臣，曾代向曹四爷接洽，约月内可有回信，约定先交卅万元，郑暂代垫十万元，其馀仍须设法筹款卅万元。耆大人云此款如所商之事无信，年节须提用，泽公尚以为可。但看此事由银行移于银号，又是北洋直属之银号，盖已入于天丰益公司及直属银号范围中矣。回至内务府，与荣大人一谈，荣不以为然，商定俟与王爷说明，再为公同复命云。上召见，为庄先生来函送回木质佛像，令申饬警官事。午后，王奏事传谕云，上令诸本住班之司员可退出另住，即令退出，在内务堂暂住，并令奏事处请示遵义门锁钥交何处，令交殿上，已饬遵办矣。

十八日（12月25日），早，耆大人到，略谈公事，出班。午后，刘坦达来，云上将伊逐出，因差错误也，予云可暂听信，旋经堂上送来敬事房传出奉旨革退刘太监事，此事之内因亟应调查为要。

十九日（12月26日），进内，王爷到，回明见泽公之事。俟王爷走后，予与三位大人请见，蒙召见，说明先将泽公所存之廿万提回，以应年节急需，俟有款再为补上可也，上允照办，并令将所估之陈设价四万馀元者出售变价云。退下，同耆、荣大人至泽公府见泽公，说明先为提款之事，泽公云已差人至津询问，如有成局，即可接续办理，否则即将款提回，须十一月底听准信也，谈毕遂回家。

廿一日（12月28日），住班，与荣大人略谈。

廿二日（12月29日），出班，耆、荣大人到，谈公事。晚，恩绍庵来谈邓君翔云,如年节设法筹款,惟金、珠两项尚可筹办,然须在十五日以前办妥方能办理也。

廿三日(12月30日),因臂痛未进内,闻钱锡霖进内,为警犬采访失去戒指之事。荣大人令堂上通电报告,云拟于廿六日午刻请客,已送请帖矣。

廿五日(1924年1月1日),进内住班,收到管理处送来月薪三百元,外借垫用一百廿元。

廿六日(1月2日),巳刻大总统派荫昌答礼。午刻请涛贝勒便饭,为星尼贝子地亩事。接到湖园送津贴十四元三角零。

廿七日(1月3日),未初至王府见醇王爷,问泽公提款之事,又催一万元岁俸。回家,涛贝勒令于天水、尹起荣、李文举、王锡嘏来见,告以订期在筹备处晤谈一切,至于应交出之公事,可交贝勒爷转送本府为要。泽公府差苏启来云,明日苏启赴津提款,约须初十日办齐也。

廿九日(1月5日),进班,见荣大人谈公事。

十二月

初一日(1月6日),王爷到,同耆、宝大人请见,蒙召见,说明泽公已派苏启赴津提款事,拟请将库存册宝抵押借款事,呈阅涛贝勒信,为王将军传述曹总统拟购瓷铜玉雕漆大件物品事,拟见王将军后说明手续数目交款等事再定办法,但必须敷衍办理也。退出,回家,商云汀通电话,云十一日奉天张司令娶儿妇,应行情应酬也。晚,至荣宅拜寿。敬诵《金刚经》一卷。

初二日(1月7日),申初二刻,至王将军处晤谈,为曹总统欲请物品事,意在送给廿件,三两日听信。至耆大人处,晤陈太傅一谈。晚,槭、恩老爷来谈与孙荩卿、岳乾斋商议借款事。

初三日(1月8日),早,进内,令银库将库存金钟送至汇丰行以作抵押之品。午后与耆、宝大人至醇王府,回王将军所谈请领物品事，王爷令在皇上前说明，可以照办。回家，岳乾斋来谈押款事。

初四日（1月9日），进班，会同耆、宝、荣大人请见，蒙召见，说明王将军为曹总统请领物品事，上允准照办，并云如再有陈请，可令其至陈列所提取，未便屡次请领也。退出，与同人商定将由慈宁宫提出之册宝送交汇丰作抵押品计七千馀两，并将银库所存之无字之废册宝送交岳乾斋之银行变价计不足五千两，即令械仲芘、恩少庵送去。午后回云，初六日邓君翔来家晤谈办法，是日二位至盐业银行，与乾斋办理变价之事也。未初皇上同皇后、淑妃至北府，予随同前往，俟同人三位均到府，予回署，申正还宫，予侍班后即回内务府堂住班。

初五日（1月10日），忌辰，巳刻皇上至奉先殿、寿皇殿行礼，予侍班后，至宁寿宫找物品，又与耆大人至内务堂找物品后回家。午后接张昆山处长电话，催问寻找物品事，商定明日呈览后，约昆山会同本府之人将物品送至总统府。汪干卿来见，送乾嘉人写《阿弥陀经》一部，并谈西陵修工之事，将寿民所托梁文忠茔地拟购地事，属干卿转达虞公问可否办理，干卿允为转达。李新吾来晤谈。

初六日（1月11日），王爷到，将送总统府之物请阅后呈览，无说，派堂上笔帖式六人会同张昆山副官长送至公府收入，领有收据，送给敬使二百元，据云尚有正式公函致谢。

初七日（1月12日），至志六大人、醇王府贺喜，午后回，拜汪、郑大人。

初八日（1月13日），进内，住班。

初九日（1月14日），早，见陈大人，谈内务府公事。将卫戍司令部致谢公函呈览，留中。回家，午后张斌舫来，送来奉天致王爷信一封，银票大洋一万二千五百馀元，王爷留用二千一百元,其馀一万零四百馀元交内务府。晚,械仲芃、恩绍庵送来盐业银行折一扣,内存金价银十二万馀元,其折暂存上屋柜中,当将奉天地价及原函交械、恩二位带回交库。本日耆大人交来泽公所交天津来函二封,内称所事有成,令筹办二次款项,语甚狡赖,大致提款不易也。此函俟初十日后应请王爷阅看。

初十日(1月15日),晚,拜程总长,未遇。六点在福全馆公请邓君翔,谈押借卅万元事。

十一日(1月16日),午刻实业学堂同学学生公请。午后至花旗银行提取银五百元,料理月例等款。至盐业银行取息八十元,原本一千元,系二爷之款,仍存该行,周息八厘。大少爷病于奉省,拟派兴儿往接,需用川资六十元,暂向姨太太借用,日后再为归还。①

十二日(1月17日),早,进班,见荣大人,同至内殿查物品。午后接邓君翔来函,准抵借卅万元。

十三日(1月18日),早,陈、耆大人到,谈公事。将刘崇纶所估物价单呈阅,共估价四万元,奉传谕令将物品呈览,已饬堂上遵办。未刻到王府,传见,问李燮阳将提议案事,又问郑大人来京事,当禀明一切,并将年事禀陈,及将来如胲疾不愈,尚拟请假,求王爷准其在家养病,就是王爷恩典。王爷云,近日我亦在被动之列,我之话上亦不肯听从,但是越千无病时将来还要帮着办理,对云但能支持,必应效力也。晚,王巡阅使差人给世杰送委任状,派为卫戍司令部谘议。本日章嘉佛来拜两处,明日均应回拜道谢。

十四日(1月19日),早,至延寿寺,因慈亲三周年诵经设位,率领合家供饭毕,至棍王府请客。见陈太傅,谈刘先生购物

---

① "日后再为归还"一句涂改为"日已经归还"。

品事，又谈醇王爷邀至府问登报及郑大人事。

十五日（1月20日），进内，王爷到，发致日本公使贺函，回明年节筹款事。事毕，至城隍庙行礼，拜王将军，递片道谢。

十六日（1月21日），进内住班，午后管理处挑缺。

十七日（1月22日），谢赏福寿字恩，会同查库后回家。醇王爷来，为李燮阳又欲提案取销优待事，拟俟其提出列入议案时，应在政府府院陈明，求其维持，以资补救。上通电话，令刘崇纶明日将物品取去，当电达堂上遵办。

十八日（1月23日），午后至王府谢步。陈大人来晤谈，为刘崇纶购买物品已经定局，价值三万八千元也。

十九日（1月24日），早，进内，陈大人与同事三位均到，谈售品事，当饬堂上司员知照地方警厅，以便明日起运。请问圣安，稍愈，午后召德医盖大夫诊视，亦云见好。晚，邓君翔电询如再借款，可先告知，答以如泽公所提之款无着，尚须费神代筹也。

廿日（1月25日），进班，午后带盖大夫诊视。

廿一日（1月26日），王爷到，回明泽公来函提款无成，尚须略提金器押借款项事，王爷允准照办。午刻随同陈太傅至日本馆见芳泽谦吉公使，贺喜。

廿二日（1月27日），早，进内，耆、宝大人到。商业学堂校长汪君来拜，送来记念杯一件，聘为该学董事执照一件，又求题跋《三经笺注》，附书一本，容当代为题之，并应送给小照一件。午后全公夫人来，为全公拟借款事。

廿三日（1月28日），进内，蒙召见，说明泽公提款之事未能办理，只得略觅金器押借款项，请将金塔二件及金壶盏等件取出备用，上允准，令交庄先生代售。退出，即将金塔及壶盏找出，送庄先生处托其代售，庄已出门，未留，仍存库。

廿四日（1月29日），进班，带匠，与庄先生说明先将金器送交汇丰押借款项，俟明年再请庄先生约同洋商赴银行看视议价，庄允照办，即将金器送交汇丰，约可押借七万元之谱。晚，王爷通电话，令明日一点半至府议事。

廿五日（1月30日），耆大人到，略谈公事，回家，未初至王府，见王爷、朱、陈、宝、荣大人，均为涛贝勒欲辞职之事。回拜汪俊臣校长，送相片一件，书二部。至江宇澄家拜寿。

廿六日（1月31日），早，进内，王爷到，涛贝勒递辞职折，王爷先见皇上说明其事，朱大人上去，将该折呈上。奉王爷谕，拟旨慰留，当拟妥呈王爷阅定，缮写呈览，并电召涛贝勒进内。少顷涛贝勒到，同王爷见皇上，辞职事已毋庸议。请添派随同看守照料天津所存书籍字画等件，派出溥锐、溥钟、世杰三人，王爷令三人晚间至府。予与涛贝勒说明每年所垫之款应由内务府付款，涛贝勒云每年所用不过一千元之谱，予云先送明年及垫过一年所用之款，如有不敷随时拨给可也。令奏事太监说明，带匠得赏尺头，谢恩，未令上去。至内务府堂，饭后会同商定年节发款之数，尚须续借四五万元，拟在盐业银行商议浮借，共计用六十万元之谱。俟政府拨给优待经费，拟备明正万寿交进之款。事毕退出，本年二节敷衍度过，实为徼幸之事，后难为继，真无办法，只有知难而退之一法也。

廿七日（2月1日），鸿老爷来交会计司地租饭银四百两，按八成五合银三百四十两，计洋四百七十二元二角，交赓大爷取来，以备家中发年例之用也。午后访刘先生占算，拟于正月十八日请假。晚，恩绍安来谈银库事，汇丰共借四十万元，令绍安核实计算，即不再为借款也。岳乾斋来，为张馨庵拟进奉一千元之物品事，答以俟与同事人商酌，再为回覆也。

廿八日（2月2日），进班，见荣大人，御前大臣均到，请看夜间出门门牌，与泽公谈公司事。

廿九日（2月3日），出班，同至王爷[处]，为陈太傅重赴鹿鸣办恩旨事。回家，王爷通电话，为永和宫斟询年节交款欠放一月，又本宫特别应交之款，对云特别款因款项不敷，无力交进，至欠一月之款，俟有款时即应补交，王爷允为转达。予与耆大人通电话，告明此事，应筹款补交也。蒙上赏二千元。银库送到九至十二月四个月津贴银二千四百元，又饭银四百八十元，当交三爷二千四百元还帐，又还姨太太廿元，宋姐卅元，仍存四百卅元。湖园送来津贴十二元八角。

卅日（2月4日），早，进内，会同谢恩。回家，奉王爷电话，令补交永和宫特别应交之款内先交两千元，已饬银库照交，禀复王爷矣。宝大人通电话，告知已领到部发经费三万元，拟拨还赈款一万元，答云即可照办，其馀两万元维持临时年节用款可也。晚，管理处送来七成月薪四百廿元，交内收存，次日福子昆送到中秋节、年节八成饭银各一百六十元，除提用廿元外，交内收存。①

陈弢庵太傅邀饮于钓鱼台，赋此志谢："钓鱼台畔远嚣尘，君子居之比渭滨。秩秩亭轩三径古，森森松柏四时春。名园雅集多嘉客，宸翰留题希世珍。拜谢主人招饮意，同游化宇乐天真。"

应记账：

欠竹铭垫洋壹千元。欠姨太太二百元，二爷妈一百元，共三百元，月付息六元。浮借宋姐四十元，已还。浮借姨太太六十

---

① 此处有夹条："一月分大人应得售票津贴十二圆六角九仙八厘，又随封一圆二角六仙九厘八毫。"以下诸事为本册末尾所附杂记文字。

元。浮借姨太太一百元、姨太太浮存三十元。又借宋姐卅元。①

　　养心殿宫内上用电话,东局一四五六;宫内,又南局三四六九;永和宫,南局九八六。

---

① 除"欠竹铭垫洋壹千元"外,其他均用笔圈出,意为已还清。

民国十三年甲子(1924)日记

以下日记第三十八册①
甲子正月

元旦(1924年2月5日),举笔,书龙虎字,大吉大利,俭德避难,悔过自新,日新不已,诚意正心,敬事三宝,力行四箴。

丑刻接神,卯刻出门,辰初进内,辰正前予与耆、宝、荣大人至皇上前跪安,予跪云皇上新年万喜,蒙赏"迎祥"春条一件,"安和"春条一件。辰正至诚肃门侍班后至尚书房,王爷到。庄先生偕同英、美、荷兰各公使夫人及盈太太、邵太太、柯姑娘等十一人至尚书房暂坐,专候瞻礼。随同醇王爷至太极殿,在三宫主位前行礼。巳正皇上升乾清宫受贺,随同行三跪九叩礼,系朝服,行礼毕,换蟒袍、补褂,事毕退出。回家早餐后至北府及公主府等处贺新喜。回家,福子昆来回云,上驷处事已办妥矣,挡驾未见,将信留存。

初二日(2月6日),进班,汪大人进内谢恩,陈、荣大人到。有三旗护军那银阿递禀控告三旗分队长白庆锡及排长等偷盗药库朱砂、雄精等物,当将禀交三旗总办唐名盛讯明再为核办。有老爷庆交造办处饭银八十二元。晚七点,上通电话,令传盖礼恩医士来诊,当即电达,八点盖大夫到,九点请脉,上觉头晕声重,

---

① 日记第三十八册,封面题:"甲子年日记上,卅八,民十三甲子年元旦至七月十七日,孙延蘅谨志。"

据云受寒,可用药水调治,当取药水交进,子时传朱大人进内诊脉,三点始退出。

初三日(2月7日),早,耆大人到,略谈公事,午刻退出。回家,晚,唐小山来谈那银阿之事,讯问无有头绪,请交司法科讯办,即令唐小山派人将那银阿原禀及原、被告送交司法科讯办矣。

初四日(2月8日),拜客一日。

初五日(2月9日),早,进内,王爷到,回明万寿借款事。上受感冒略愈。午后至王府递双合页大片叩寿喜。回家接杨先生圻信,并银票一百元,属代办万寿进奉。

初六日(2月10日),进班,晚,带盖大夫给皇上诊视,略觉气滞,无别症也。

初七日(2月11日),出班,邓君翔来谈。

初八日(2月12日),因感冒未赴公府茶会,至张直卿处贺寿。

初九日(2月13日),忠信堂请客。恩少庵来云,已与盐业银行商妥借五万元,八厘月息,两个月期限,请钤章,予与耆、宝大人均盖名章。予求朱大人诊视,开方解表降浊之剂。

初十日(2月14日),进班,谢恩。

十一日(2月15日),奉电谕,午刻赴北府,当饬豫备汽车,午正跟随至北府,予先回家,荣、宝大人随同还宫。

十二日(2月16日),早,进内,王爷到。奉旨郑孝胥赏戴花翎,着在懋勤殿行走;又萧炳炎着在南书房行走等因,先发表,补用宝。回家,商云汀来谈,交来朴仁山之侄案件一包,拟请高科长阅看,商酌办法。

十三日(2月17日),辰初进内,上诣寿皇殿行礼,同端仲纲在神武门侍班,巳刻在乾清宫随班叩祝,礼毕。大总统派荫昌致贺，予念答辞，并带领吴巡阅使代表钱秉鉴致贺及民国将军人等十馀员致贺。

十四日（2月18日），进班，蒙召见，问三旗巡警报告盗卖药物事，据实奏陈，又谕云郑孝胥奏陈拟印《四库全书》事，可与伊及商务印书馆接洽，又云孙宝琦、吴佩孚之回赏俟备齐再为交下，对云稍迟亦可，请从优。遂退出，与陈大人略谈。

十五日（2月19日），夜间闻上受感冒，派袁奏事传语，令拟派人恭代行礼，当请派泽公恭代行礼，述旨后传达各处。耆、宝大人到，令内奏事代陈请安。至南书房见郑大人谈印书事，郑云可先令印书馆拟订条件，再请核定，至民国地方官可由印书馆自行运动后，再由皇室行公事，以期妥洽。午后至蕉岭会馆拜会郑大人，晤谈皇室之事，应会同切实核减，伊愿赞成其事，并拟在上前陈明，属不可请假，总以公同拟定办法为是。晚，钟捷南来谈公事。

十六日（2月20日），至耆大人处谈，请派会同筹办内务一切事宜事。

十七日（2月21日），因脚痛未出门，郑大人送来题梦迹图诗二首，钟三爷派人送来筹备处核减公事一包。

十八日（2月22日），请盖大夫诊视，用药油外敷，内服药水、药饼，均有效。

十九日（2月23日），耆大人来看，晤谈，陈大人甚以请派郑公会同筹办内务府一切事宜为然，闻王爷初一日进内，可会同请派也。午后接郑苏戡来函，介绍商务印书局经理高梦旦、孙壮晤谈，交来印书式样二纸，领印办法十二条，并邀求将《四库全书》一次运沪，对以俟会商始能定议，并属其在民国官厅接洽妥协再为正式具呈，以便由内务府发行公事，以期周妥云。适堂上来回公事，当缮一函，将交来之件送交耆大人阅看矣。是日请假五日,蒙恩赏假五日。

廿三日(2月27日),恩绍安来谈已往汇丰接洽借款事,邓君翔已允借款,惟须有相当之抵押品耳。接邓君翔来函,内务借款之事即可照办,惟请将抵押物品早为交给,俾有交代云云。

廿四日(2月28日),续请假五日,蒙恩赏假五日。早间荣大人来看,谈邹医进内看病事。午后耆大人来函,为春俸借款事,当复一函,并将君翔原函附寄一阅,请属绍安拟致汇丰函底,缮妥送交该行,以便办理。晚,王爷通电问病见愈否,薛金已由电话据实禀陈矣。高科长来谈公事。

廿六日(3月1日),宝大人来看,晤谈。恩绍安来,将所拟信稿阅看,致银行邓君翔暂借五万元,容后再将抵押品补交,告以甚妥,即可缮发矣。

廿七日(3月2日),巳刻上由电谕,令于廿八日进内,并云恩姓欲租玉泉山,可毋庸租给,驳之可也,对云遵谕办理。

廿八日(3月3日),早,进内,王爷到,荷蒙加恩,钦奉谕旨:绍英加恩授为太保,钦此。又钦奉谕旨:特派郑孝胥为总理内务府大臣,畀以全权,以资整顿,钦此。又钦奉谕旨:特派金梁为总管内务府大臣,钦此。荷天恩之高厚,实感悚以莫名,惟有敬谨随同设法整顿,以期公事可有办法,庶可仰答鸿施于万一云尔。晚,郑苏堪来,谈甚畅,此公兴致勃勃,可谓勇于任事也。收到湖园二月分售票津贴十九元。

廿九日(3月4日),进内,谢恩,住班,上谕令办旨意,为唐铭盛事,赴府见王爷,叩谢栽培,回明唐铭盛事,用宝后回署。

二月

初一日(3月5日),郑、梁大人谢恩,予单衔具奏,请派郑孝胥佩带内务府堂印、印钥事,蒙召见,令办谕旨:内务府堂印、印钥着郑孝胥佩带,钦此。又请旨赏耆大人乘坐暖轿,荣、宝、梁大人乘坐二人肩舆，均蒙允准。办妥旨意，赴府请阅后发表。午间将内务府堂印、印钥交郑大人佩带，当经接收讫。午后王爷驾临贺喜，并赏如意等物，见王爷当面谢赏，略谈公事。商云汀来见，略谈。拜陈太傅，见面，略谈。见济煦，谈及代奏谢恩事。晚拜郑、梁大人。至忠信堂赴约，醇、庆王爷、洵、涛贝勒请陪客，定于初五日晚七点在会贤堂请同座诸位。

初二日（3月6日），进内，郑、金大人、宝、耆、荣大人均到，予与宝、耆、荣大人请见，为张作霖正寿事，拟找抵押品事，上允照办。退出，至王府谢步，回。耆、荣大人至会贤堂定菜。至公主府拜寿。回家，汪大人来谈，耆大人、济煦来谈。内务府送来文职头品伍成俸银玖拾两，七二折洋一百廿五元，初次承领头品俸，皇恩高厚，应敬念之。①

初三日（3月7日），因足痛休息一日，未进内。

初四日（3月8日），进班，荣、郑、金大人到，略谈公事。上交下赏张司令寿物，令堂上赶配木匣座子，约初六日可得。

初五日（3月9日），郑、金大人到任，略谈公事。午刻回家，家祠大祭行礼。晚，会贤堂请客，王爷因感冒未到，公送四菜四点心，席用燕菜各吃。王将军与涛贝勒云，郑苏[堪]曾与晤谈，大致拟变卖皇产，恐又似裁太监，用外随侍，并无好处也。又云予已将钥匙交出，恐有灰心之意，其都护使一差于守卫甚有关系，不可任用汉人也。予云承教，自应在皇室效力，只要上不驱逐，必当效力也。菜尚好，尽欢而散。宝大人云闻上拟裁十分之七，未免太过，贡王有话，如銮舆卫、御前大臣处若裁减太过，恐

---

① 此处天头补书："领俸一百二十五元，给五太太廿元，大奶奶廿元，姨太太十元，二爷、小姐各六元，东院大奶奶十元，二奶奶十元，共八十二元，除用，仍存四十三元。"

有解体之虞也,予云姑听郑之方针如何,自应先请王爷核准也。窃思此事应听总理大臣作主,未便多事,以招怨尤也,以敬慎为要。

初六日(3月10日),午后两点至筹备处,同人均到。

初七日(3月11日),午后至筹备处。

初八日(3月12日),午后至筹备处。

初九日(3月13日),早,进内,王爷到。午后至筹备处,至管理处,商定予垫护军饭银一百廿元。至狄大夫处,见狄大夫、太太及其儿女。

次韵郑苏堪总理内务府值宿之作:"数载值庐日,尝观鹤在阴。枢机思慎密,善信欲深沉。芝草商山秀,图书洛水寻。近臣钦圣学,敬胜格天心。"因后四句离题较远,另改一首:"起舞鸡初唱,嘉占鹤在阴。枢机思慎密,善信欲深沉。往事殷勤述,新猷次第寻。经纶知素裕,不负济时心。"

初十日(3月14日),午后至筹备处。晚,荣三爷、蒯若木请晚餐。

十一日(3月15日),早,进内住班,午后至筹备处。

十二日(3月16日),出班,午后至筹备处,郑大人问现在汇丰之抵押品如备齐款项,能否赎回,对云还款即可赎回。闻郑之言,似闻有先入之言,宜注意焉,日后公事宜听总理主持为要。

十三日(3月17日),午后至筹备处。

十四日(3月18日),午后至筹备处,至嵩祝寺。

十五日(3月19日),进内,郑总理请见,蒙召见,谕以每年岁用不得过五十万元,能减更好等谕。午后郑大人至筹备处宣布,并云昨晚晤邓君翔所谈之语。据郑大人云,拟觅一银行,将所有房产及陈设等件托其代为整理拍卖,由本府派人监督其事,暂令银行垫款,俟售出物品归还,有馀存行生息,如能所入之息可敷应用,便有成效矣。但君翔不敢担任,此项办法亦不易有成,且减至五十万亦非易事,只得随同筹办,不可参以己见,致滋咎戾也。散后至嵩祝寺供饭。回家,毓将军逖因派三旗护军总办章京来见,拟请代奏谢恩。邓君翔来,谈与郑大人晤谈之事,以为所谈之事一时恐难就绪,不易办到也。

十六日(3月20日),午后至筹备处。

十七日(3月21日),进班,午后至筹备处。

十八日(3月22日),出班,至王府回早事,耆大人同去,午刻赴忠信堂增寿臣之约,未刻至筹备处。管理处恩禄领去借款二百元。

十九日(3月23日),早敬诵《普门品》《大悲咒》《观音咒》各一卷,因观世音菩萨圣诞日也。午后至筹备处。

廿日(3月24日),午后至筹备处。晚王处[长]、申参谋长、张副官长等十七位公请,在京汉食堂西餐,闻厉科长云军警饷有信,约三日后开放也。

廿一日(3月25日),早,王爷到,谕令日后有公事大家商议,未便另递条陈,若单衔条陈,倘有不合之处何人负责等语,盖指金息侯曾递条陈,他人不知也。午后至筹备处。

廿二日(3月26日),至筹备处,晚间商云汀来谈。廿二日早约耆、商、宝大人早餐,午后同至筹备处,略议裁减之事。晚,叔诚来,住厅房。

廿三日(3月27日),进班,奉电谕,随同赴北府。午后接恩永春电话,为租房事。

廿四日(3月28日),出班,午后至筹备处,晚看电影。

廿五日(3月29日),至筹备处。晚间赴北府,王爷交下函底一件,系三旗护军致陆军部之函,为请开复唐铭盛差务事,令将函底给同事诸人阅看,暂守秘密,应设法防维为要。又令办记旨,改派溥琳公行礼,并告明毓逖也。

廿六日(3月30日),早,进内,给诸位看陆军部所抄函件,均谓宜与王懋轩接洽,属其设法制止。午后同耆大人至王将军处晤谈此事,王云可将富连瑞找来,告知令其暗中防范,如有不法行为,立即惩办,并传人警告唐铭盛,令其安分,免干咎戾也。并略谈派唐查地之事,王云伊欲敲我竹杠,未敲成即获咎,此人曾从彼当差,因不可用,遂不用也,至查地之事,如必须会同查看时我即给信,以便会同办理也。谈毕,遂回家。

廿七日(3月31日),早,进内,与众说明见王懋轩之事。午后王爷来电话问交查抄函之事,当据实禀明,王爷尚以为然。

廿八日(4月1日),进内,公同开核减清单。闻端五爷去职事。

廿九日(4月2日),进班,金、郑大人到。

卅日(4月3日),同至北府,将缮妥之单呈王爷阅看,奉谕内务府大臣留四员,每员每月津贴四百元,又太妃千秋用款应归临时用款单内开列,每位千秋原数应用二万元,告明银库发给,东陵祭品用款一千元。

三月

初一日(4月4日),早,杨子襄请。晚,张大人英麟世兄请。陈太傅谈郑先生所述太皇太后有款曾交英商开银行事,但事无确据,不知确实否,容晤谈后再为设法调查。

初二日(4月5日),早,进内,郑大人云已在大陆银行借款,拟将汇丰抵押之金件取出,当令恩绍安与邓君翔通电话告知,答云君翔明日赴沪,只得俟伊回京再办,订于午后邓至郑大人处面谈定夺。晚,邓来谈一切。

初三日(4月6日),早,进内,郑大人到,略谈,惟内务部拟行文禁止古物运出禁门之语,似不应即为宣布,恐有不实也,慎之慎之。给杨云史写信一件，送交郑让于寄去。午后熙宝臣来谈，尚为和平明白，系程总长保荐也。

初四日（4月7日），巳刻服部先生来谈，送日本文玩器二件，面订初九日午正在东兴楼聚，系予与郑大人公请。午后一点半至北府见王爷，谕令改钊公等奏请伐除东陵树株变价修理便门之谕旨，大致便门应核实估修，所请伐树变价之处着毋庸议云云。问所递核减之单有无窒碍，对云尚无大碍，但实行不易，尚未筹出有着之款也。退出，至管理处见熙宝臣。王爷通电话，云闻洵贝勒说吴秋舫云，内阁已议决《四库全书》不准运出等语，只得告知苏堪暂为缓办，否则若令民国驳回，甚无谓也。当给苏堪通电话，请伊转告印书馆明日暂停工一日，容见面再为详谈也。

初五日（4月8日），进班，王爷到，请看内务部拟干涉运售古物咨文，商定由郑大人拟底驳覆。金大人云若自立博物馆，即无内务部来咨之事。予云恐我欲自办，民国又来交涉交彼办理也。金大人云遇事自己无主意，人家有办法尚不以为然，是为荒唐，甚可笑也。

初六日（4月9日），出班，郑大人将咨复文底拟妥，交予给陈大人阅看，并请王爷阅看，均无说。

初七日（4月10日），金大人递条陈，请见，不知何事。将复文底缮正，交奏事人呈览，谕令照行，即于本日行文矣。

初八日（4月11日），未进内，前实业学堂学生郑启聪字穉岚，系广东宝安人，广州伯捷洋行银公司代表，据伊云孝钦显皇后曾交银公司总办博兰德英国人银一百万作为股本，是以该公司取名为英法支那银公司，伊曾闻博君云有此股本，近年该公司生意发达，获利数倍等语。予云此事应托人函询有无其事，再拟办法，缘事隔多年，该合同恐难寻觅也。如有其事，外国人当不致失信也。

初九日（4月12日），早至服部先生处，送小瓷瓶一个，《论语解》一部，《尚书后案》一部，送伊夫人金戒指二个，花丝葛衣料一件，午刻与郑大人公请服部先生。陈、朱老师谈及金大人弹劾众人之事。晚，岳乾斋请。

初十日（4月13日），早，进内，与陈大人谈。郑大人到，将王永江给三六桥之信交陈大人请上阅后，可否加恩赏给内务府大臣职衔，清理奉天皇产事务，陈师傅允为转陈。同郑大人至板房，金大人到，谈恒利诉讼可否还款，抑或任其封产，商妥先付还二千元，交宝虞臣转交。陈太傅谈及金大人弹劾之事，上意亦不甚以为然也。

十一日（4月14日），进内值班，王爷到，定于十五日为核减事开御前会议，又令咨行宗人府开具贝勒、贝子公衔名清单送府，已发公函咨文照办矣。

十二日（4月15日），早，带排引看三旗女子。回家，至郑大人处贺寿喜，未见。晚，端大人来谈。

十三日（4月16日），早，进内，午后郑大人来谈，郑让于已回，并有吴使请代奏致谢信函，又有吴使致孙总理一函，为维持皇室之事。

十四日（4月17日），早，进内。

十五日（4月18日），早，进内，王爷到，御前大臣、宗人府銮舆卫堂官、洵贝勒、陈、朱师傅均到。上交下朱谕一道，大意每年只用五十万之谱，令王大臣等设法核减云云。大家随同醇王爷至养心殿，召见。上云民国不给经费，入款无着，不得已而为核减之举，甚望帮同核减，分别具奏，众云节流固不可缓，开源亦应举行，庶克有济。提到热河地亩，金梁保冯恕甚好，如办此事，必能有益，上谓世中堂、内务府大臣办理不善，房地多有送人者，诸事未能整顿,此时亟应办理也,语竟均退出。回家,王爷通电话,问召见三多何事,对云闻欲令其至奉省办理放垦地亩之事,可以收入大宗之款,并有赏内务府大臣衔之说,系郑大人所保也。

十六日(4月19日),早,进内,王爷传来电话,令办谕旨,派公溥多、毓彭守护东陵,以后以一年为任期等因,当即缮写谕旨一道,呈览后发表。王爷由电话询问退还赔款应就此款内索还古物代价应如何办理,对云大家之意即请洵贝勒与该政府吴总长等接洽,王爷云可令郑大人见洵贝勒商酌办法,对云应即转为达知也。

十七日(4月20日),早,进班,本日上派三多办理奉天内务府皇产事,宜派商衍瀛会办,拟旨请王爷阅看,先发表。会同金大人查内殿物件。

十八日(4月21日),出班,与耆大人查宁寿宫物品。

十九日(4月22日),进内,王爷到,与郑大人谈息侯人不安分,应劝告之,监督之,不可姑息,以免因私误公也。

廿日(4月23日),早,至汇丰见邓君翔谈还款事,据云三两日先开单,五月一号可办清矣。午后三六桥来谈,据云商云汀明日进内谢恩也。

廿一日(4月24日),进内,金、郑、荣大人到,与郑大人谈汇丰事。

廿二日(4月25日),商大人来谈。

廿三日(4月26日),进内,同事五位均到。王爷召予至府,即往见,王爷问近日公事,略为据实禀陈,王爷问岁俸事,对云现在无款,须俟借到多数之款,即应提议送府。王爷令告寿民转达,师傅告知庄先生少见外国人为妥,谈毕退出。回家,见恩绍安,谈汇丰结账事,并属其核对所存物品单是否相符,过细一看为要。熙宝臣来谈王懋宣所谈清理皇产事,对云现在郑总理主持一切，予未便越俎代谋，好在王将军与皇室感情甚好，必能一切帮忙也。宝臣云拟见苏堪一谈，探听其宗旨何如也。

廿四日（4月27日），王爷进内，本日奉朱谕：着派金梁清理热河皇产事宜，钦此。是日住班，夜间带盖理恩进内，至储秀宫诊视。

廿五日（4月28日），金大人进内，请见，未召见，欲递折请开缺，陈大人劝止，予亦劝之。晚在东兴楼公请三、商大人、多、彭公爷。是日未刻宝大人之太夫人仙逝。晚，耆大人通电话，谈明日拟与总理赴府事。

廿六日（4月29日），早，商大人来谈。本日闻有朱谕，谕金大人因热河事务重要，是以特派前往等语。午后至宝大人处行吊，接内务府堂上电话，云蒙恩赏给宝大人之太夫人匾额，并赐祭一坛。晚，与大姑奶奶在中兴便饭。

廿七日（4月30日），早，进内，与郑大人谈及宝大人拟支两个月津贴一千二百元，允为照支。金大人谈及伊奉朱批慰留，拟俟冯公度来时尚欲请开缺云。耆大人因大陆银行单合同底条款太苛者六条，第三条该行可自由拍卖押品，第四条应照纯金减至七折抵押，第六条房产抵押应照过户手续办理，第七条银行自由变卖，不受内务府定价之拘束，第十条不变卖押品，亦须照数给与手续费五厘，第十二条不能转期，据云如不将合同修改，即不便签名盖章，郑大人允与该行商改正式合同云。

廿八日（5月1日），早进班，同郑大人查养心殿库中物品。是日恩绍安至汇丰银行提取抵押物品送交大陆银行，其欠款即由大陆银行拨款照还矣，从此两清，予与同事诸人经手之事已经结束清楚矣。此次郑大人与大陆、实业银行所借之款第一批之数五十五万元，除还汇丰外，尚馀七八万之谱，其抵押即用汇丰前后两次提出之金器，另有清单；尚拟第二批借款廿五万元，即以古玩等物作抵押云。

廿九日（5月2日），出班，荣、郑、耆大人均到，郑大人云金大人即不进内矣，应办之奏稿可注差。予与耆大人查内殿库物品。堂上人云接金大人电话，《北京日报》所载金梁参劾国丈一节并无其事，应更正，已由金大人出名更正矣。

卅日（5月3日），早，进内，耆、荣大人到，与陈太傅略谈大陆银行借款合同事。陈太傅云有应驳处必须驳之，好在此事郑大人已允与该银行磋商，当可修正妥协也。与耆大人查陈设物品，自正月至三月卅日已过春季三个月，郑、金大人到任已将两月，郑已借妥大陆、实业银行之款五十五万元，将汇丰之借款还清，抵押物品提出转交大陆银行收存，旧日经手款项之事略有结束矣，此后如何办法，应听新总理主持，我辈自应帮同办理，惟于大局有窒碍之处，亦不能不略为陈述，以免后患，是为至要。金大人多行不义，现已将往热河清理皇产，暂不进内当差，亦可谓作一结束矣。惟现在民国之新人责言甚多，甚不易办，自应以勤慎镇静为要，不可任意妄动，纷更自扰，必须立定脚跟，谨言慎行，以期有济也。

四月

初一日（5月4日），进内，王爷到，郑大人将修正之合同底交阅，内中惟有一条云如到期不能还本还利，该银行得自行拍卖抵押物品，有馀交回，不敷照补等语，均谓届变价时应会同内务府办理，以昭核实，郑大人云此合同须今日缮妥，大众盖章，因明日大陆之经理即欲出京，必须今日签字，至应修正此条条文，可另函声明，届时应会同本府办理，亦昭核实等语，令该两银行覆准，即将此覆准之函作为附件存案可也。于是将合同单底缮正呈览，交下无说，令再钞一份呈上，即饬缮妥呈递矣。郑大人与予及耆大人商办本府中央集权，用少人办多事之法，拟由堂上分设四科,曰总务、曰文牍、曰会计、曰采办,当派定每科司员四人,由堂郎中总司一切,福启帮办堂郎中,其笔帖式等员应令该司员等保荐酌派,每月酌送夫马费,拟堂郎中一百元,司员八十员,拔用之笔式六十元,笔帖式约三四十元,定于初三日办堂谕发表。晚六点,银库鸿老爷持缮妥合同二份、致银行信一件,合同郑大人已盖章,予即盖章,名章印在郑大人名章之次。印妥,交鸿老爷持回,请耆、荣大人盖章,再交银行经理盖章,以便将合同分存,各执一份,即为借款成立之据,以后即照合同进行,应运出物品若干,须足敷抵押之数,仍可由银行用款廿五万元,此大致办法,端节在迩,急于筹款,只得迁就办理,以维现状也。大姑奶奶请在东兴楼便饭。

初二日(5月5日),早,至敬宅谕祭。午后章嘉佛来谈,托代奏谢恩。鸿老爷来谈,大陆、实业行合同已办妥,各存一份,附函亦送交矣。邓君翔来谈拟致郑大人函,说明取回之金器成色重量,将来拍卖时如他处定价低,仍可售与该行,予云此事俟将来拍卖有信时,可给君翔信,再为致函声明,以免有痕迹也,君翔尚以为然。定于十一、二日请君翔及该行余、汤、庄君等晚餐,容与耆大人商妥再为定座送帖可也。晚,郑大人通电话,云现在消息不好,明日赴南苑见冯检阅使,属予预备带乌林之差,并云分科派人堂谕须拟妥发表,予唯唯。惟派差单尚在郑大人处,须索此单以便办理也。

初三日(5月6日),早,进班,见陈、耆大人,始知昨日洵六爷、涛七爷来告密,民国总统手谕,派冯玉祥、薛笃弼、聂宪藩、薛之珩等与清室交涉,查明古物保存之事。王爷到,同陈、朱大人访赵次珊,托其疏通。晚,陈、朱大人访孙慕韩,亦托其维持,均尚肯与维持。

初四日(5月7日),见陈、朱大人谈昨日之事,属告知王爷不可张皇,应急脉缓受,俟彼有何消息再筹应付之方。未刻会同耆大人见王爷,陈述一切。回家,接朱大人电话,云赵次老已见程总长,谈得甚接洽,订于明早十点在庆和堂会商办法,已通知各处矣。

初五日(5月8日),巳刻至庆和堂公请赵次珊会议,饭后同次珊至北府见王爷。次珊云,昨见程总长畅谈,彼云彼等是善意,因宪法有保存古物之条,是以请清室保存古物,彼等拟派十人,请清室派十人,会同商议清查办法,若清室能自行确定保存古物办法,我辈亦可遵办,语气之间似有转环之意,将来能打销此事更好,否则须将清册给彼一看,分析清楚,以免实行查看较为妥协。赵次珊明日赴津,须初九、十日回京,再为听信拟定如何办法,再为答覆程总长也。王爷改于明日进内,请陈、朱大人等至上书房会议,刻已通知各处矣。

初六日(5月9日),进班,王爷到。王爷云,日后凡有应行民国之公事,有关系者必须两位师傅与内务府大臣斟酌妥协,再为发行,以免有窒碍之处。我在内廷照料,所为保皇上安全,否则予将急死,言之落泪,望诸位注意为要,俟初九、十日赵次珊回京,看民国之消息如何,再定答覆之语可也。晚,又与予通电话,又申明早间所说之意,盖恐郑大人复文有激烈之处,以致民国反对,诸多不便也。

初七日(5月10日),出班,郑大人到,请见。予与陈、耆大人略谈,先退出。至洵贝勒府贺寿,至汪吉斋处晤谈东陵树株,请其设法保护。

初八日(5月11日),进内带匠,郑大人云,曾恳上允其仍回懋勤殿行走,上云过节再说,暂可照常办理核减之事。予云俟赵次珊回京,民国查办之事解决,再为开单筹备运物,至分科派人之事亦宜稍缓。郑大人意间尚欲急进,只得虚与委蛇,总以暂缓为妥。回家，岳乾斋来谈，因到期之款如欲归还，即可遵办，对云已经到期，暂为清还，以昭信用，日后如有奉恳借款之处，仍祈关照为祷，岳君允为帮忙，并云将来候信商办可也。

初九日（5月12日），因脚痛未出门，午间赵大人来电话，云将由天津回，已见程总长，谈及如皇室有保存办法，由赵大人函致该总长说明保存办法，便可取销前议，订于初十日午后一点在筹备处会议后，至王府回明应如何办法，以便答覆前途也。当给郑大人通电话，由内务府转达各处。午后大姑爷、大姑奶奶来京。

初十日（5月13日），进班带匠，未正至筹备处，赵大人来，与两位师傅及内务府大臣四人会议保存古物之事，赵云已见程总长克，据程云只要皇室有确当保存古物办法，给赵公一函，赵再据此函转为函达该总长，彼即复赵一函，便可停止前议进行之事。赵云不过皇室总宜筹一办法，将来宣布于众，以为实行保存之证明，便可相谅于无形也。众均以为然，遂散。给王爷通电话，禀知一切。

十一日（5月14日），早，王爷到，郑大人与陈、朱大人拟致赵大人函稿，俟请王爷阅后再为缮发。回家，岳乾斋来谈内务府押借款项八十万元之事，尚肯办理，惟于抵押之物品，恐将来不敷本利之数。予云，向来普通办法如不能偿还本利之时，若将物品变价，有馀交回，不敷照补，如此注明即可无窒碍也，岳君尚以为然。且云如节款不敷，另有借款，可多付些抵押物品，以资补助。对云如续借时似可照此办理也，此事有成，本府端节之事庶可少有接济也。晚，管理处送到三月分七成之七月薪二百九十四元，内有垫发秦秘书、张稽察等补薪八十二元，实交来二百十二元。

十二日（5月15日），进内，永和宫带匠，赏饭吃，荣大人到。

十三日(5月16日),进班,得赏春纱二件,扇二把,川椒器二匣,又赏散(食)[氏]盘拓片一件,由内奏事言语谢恩,未蒙召见。盐业银行送来借款八十万合同底一件,并无折扣,月一分行息,无手续费,一年期限,即用在大陆、实业银行所押之金器等件作为抵押,将来如须变价时应会同内务府办理,有馀缴回,不敷照所欠之数另行偿补,所订六款尚为和平。晚,荣大人进内,将此底给看,言明俟明早与郑大人说明,即可进行办理也。

十四日(5月17日),郑大人到,说明盐业借款之事,即令堂上照缮合同二份,清单二份,以备与该银行办理也。郑大人谈及见张乾若,张拟联合数人,如孙总理、顾总长、高泽畬、吴秋舫,或由皇室再邀几人,如赵次珊、陈师傅、郑大人等,①会同商议由各国交还之赔款提出一千万元,作为购买古物之需,由皇室交出古物及非古物等件,共估计凑成此数,将此款存于外国银行生息,所得之息金,一百万或八十万元。即将此息金拨作皇室日用之需,不得动本,由税司安格联担保其事,此诚永久之计也。陈、耆大人与予闻言均甚赞成,将来由陈、郑二公奏明皇上,如以为然,即可进行,惟古物陈列所已经估价之物价,当然一并讨还,似宜提议也。给三六桥、商云汀写一公函,为催问端节汇款事。本日金大人请见,未召见。午后至宝大人宅行情,梁大人宅行情。回家,二姑奶奶来,为外甥阿格看妈妈要走之事,予甚劝之,令常姐送二姑奶奶回家,以便劝说一切也。

十五日(5月18日),早,奉电谕召见,当即命驾进内,因李经迈已召见,俟其下来,奉谕现已无事,毋庸见也。与朱大人略谈。午后南书房诸位请,与涛贝勒、荣大人略谈公事。

十六日(5月19日),早,因脚痛敷药,未出门,诵《金刚经》

---

① 此处天头补书:"王聘卿、柯凤荪似可加入。"

一卷。午初跟随上往北府，申刻回家。

十七日（5月20日），进班。

十八日（5月21日），王爷到，郑大人回王爷改组事，奉谕似可节后再办。银行借款事，郑大人云卓定谋已给谭打电报，俟复电回再办。

廿日（5月23日），管理处补送二成月薪一百廿元。

廿一日（5月24日），早，奉电话召入内，在储秀宫召见，谕云欲往颐和园，令给王懋宣通电话，因懋轩在海淀暂住，给卫戍司令部副官长张国文甫艺樵通电话，云上欲往颐和园一看，属其转达王将军饬知该各处地方官照料。说毕，郑大人亦到，同退出，电传汽车十馀辆报齐，上同皇后、淑妃同往，予与郑、耆大人随行守卫，富、穆大人亦随行，十一点三刻至颐和园。庄先生随同上乘船至龙王庙，又由水门至玉泉山，仍乘汽车还宫，五点到，予与郑、耆大人退出。是日卫戍司令部副官长张国文、十三师参谋长程侍㙾甫敬臣、中军副将鲍维翰、宪兵连长某均到园备差。申敬轩略谈星期三程总长欲邀醇王爷、洵、涛贝勒、内务府大臣会商保存古物事，大致斟问如何办法，至古物付价一节有欲用债票之意，冯焕章并有用所生之息，不能动本金，如动本金，须民国认可始能办理之说，该总长等所议并不一致，闻颜总理、吴总长、聂统领尚均是好意帮忙也。

廿二日（5月25日），早，进内，郑、荣大人到。午后熙宝臣来家，云程总长会议，伊亦旁听，大约仍是给赵大人去信再邀会商也，但云谈到欲邀会商之时，诸位已然先走几人矣。晚，二少爷来，云北宅大少爷欲伐茔地之树，当给赵芳信一纸，告知不准办理，如擅自办理，定将大少爷及买树之人一并送官惩办，并令转告大少爷遵照为要。

廿三日（5月26日），进班，郑大人、耆大人到。

廿四日(5月27日),出班,召见郑大人,问节款事,谕令采办贡品不必由内办理,当即商定派多荫、锡泉、继纲敬谨采办,已办堂谕矣。耆大人到,查看陈设。郑大人订于廿六日请民国总长诸位及赵大人、陈大人,为谈古物变价用缴还赔款付价之事,虽系郑大人已与人商订不便更改,但不候赵大人回函,即与程总长直接面谈,未免手续稍乱。荣大人不愿列衔,公同议妥,仍令司员在请帖中列衔,回明荣大人如有事不到,亦无不可也。

廿五日(5月28日),早,进内,郑、荣大人到,午正至胡惺吾家早餐。

廿六日(5月29日),午后至赵大人家略谈。晚在海军联欢社公请高督办、颜骏人总长、顾总长少川、程总长仲渔、张总长乾若、张远伯间谈,一晚未谈公事,尚为和洽。

廿七日(5月30日),早,王爷到,令恩绍安至银行接洽借款事。本日钦奉谕旨,派温肃、世杰驰往东陵查办事件,据实奏闻等谕。午后至汪总镇吉斋处,与多、彭公会商东陵禁止私伐树株等事,汪云俟殷本浩蓟榆镇守使到京,即可与彼商办调换队伍事,大致议有头绪,遂散。王爷通电话,为端节款项事。

廿八日(5月31日),早,进内,蒙召见郑大人及予,为节款事,采办供品事,又司房裁人事。郑大人说明节款尚须用物品抵借事,问东陵之事,据实奏闻。退出,至花旗银行提用一千五百元,以备过节之用。晚,至宝大人家晤谈。

廿九日(6月1日),早,进班,郑大人到,同查抵押品之陈设。晚,回家,看良格受暑,服痧药见愈,即刻回署。

五月

初一日(6月2日),内务府看节帐,除已于今日交进十八万馀元外,尚须廿万元之谱,拟用物品抵借,于明日办理。回家,良格见愈,五太太回京,闻姑奶奶见愈,开发家中节例及赏项。

初二日（6月3日），进内。

初三日（6月4日），进内。未刻至王将军处晤谈端节拟用物品向银行借款事，请其派人照料。懋宣云，前者曹总统未来之时，予即可主持，并向地方官接洽，现在总统既来，拟至公府向总统陈明后，即向地方官接洽，如不能见，可先写信一函，说明一面代为接洽，一面先行向银行商办借款，并可与岳乾斋先通一电话，庶可不误节用，但不知究能办到否，明午后可听信也。又谈将来皇上往颐和园，以少去不住为要，便中可代为奏闻也。又谈温大人与世杰往东陵查办，将军可给该处垦植局局长何必山一函，托其关照，并拟派淮军马队九名随同前往。又交还紫竹院执照一张，属将漏未写入之地一顷馀亩添写照内，予云可另换执照，俟缮妥再为交还也。又谈保存古物之事，以缓为妙，谈毕遂行。至赵大人处，托其交办曹元忠批入儒林传事，赵允为交办。回家，今日服巽轩之药，良格见愈。晚间上来电话，为法馆通电话，越南总督欲至宫内参观，并未预先见信，是以并未预备，令给该馆电话告明，阻止勿来。当即电达该馆，答云系与外交部约定，进东华门游前面各处，并未欲往宫内，告以既是往前面游览，即可前往也，该馆尚云谢谢。当给内务府堂通电，令住班老爷至奏事处，请内奏事代为陈明，回电云已陈明，无说。恩绍安来谈借款事，予将见王将军之事告明，令其转达郑大人明日午后听信也。高科长、绍科员来谈，已经领出警饷七成之数，尚敷开放也。荣三爷来电话，谈及见王懋宣之事，彼甚以为此事不定能办到否，予云王将军既愿如此办理，亦不便阻止其进行也。

初四日（6月5日），早，进内。午后申刻，王将军电邀一谈，当往晤谈，王云已经会议，程总长云，所云抵押物品向银行借款一节，但能用作抵押之品，不能处分变价，须将与银行借款合同送来一验等语，既彼云如此，只可将合同送给一看，再为订日运送物品，予云自应照办，略谈即回。银库送来三个月津贴，又饭银四百八十元。

初五日（6月6日），进内，与郑大人、荣大人谈公事。

初六日（6月7日），早，进班，郑大人令发表分设四科堂谕，并拟于次日请假十日，盖欲退回懋勤殿行走，不愿在内务府大臣之任也。予属其向陈大人云，可请派朱师傅为总理，庶可维持本府公事，郑大人尚以为然。并属其见王叔鲁接洽，每月由税务处任拨数万以为皇室经费，虽允为接洽，但若不在其位，未必肯出大力也。午后至管理处，见熙宝臣谈拟请其送借款合同给程总长一阅，熙允代为办理。晚，接家中电话，管理处送来归还垫款一千零廿五元，交三爷收讫。

初七日（6月8日），早，郑大人请假十日，王爷到，予与耆、荣大人回明端阳节事，并说明若郑大人不在内务府当差，请王爷酌度可派师傅一位在内务府办理公事，否则实不易维持也，王爷尚以为然。上召见荣大人，令其找王将军、聂大人、薛总监进内，有要紧话谈，盖欲说明派郑大人并非他人之意等语，荣大人拟至王将军处约其进内，但彼若不来，只可作罢论矣。陈大人下来略谈郑大人请假之事。回家接熙宝臣电话，云已与程总长由电话接洽请看合同之事，程云如此办理尚可转转面子也。予云岳乾斋尚欲与程总长接洽，一半日听信，俟将合同立妥再为送阅也。良格略感风寒，饮食较前尚好，仍服巽轩之药也。

初八日（6月9日），未进内，午后接汪吉斋电话，云已与殷镇守使议决将东陵之兵调至汤山驻扎，另派一连保卫地方也。晚，岳乾斋来谈借款之事，尚可办理，似可毋庸过忙，程总长当然自找下台之办法也。

初九日（6月10日），约恩绍安来谈借款之事，程总长有合同所列俟限满如不能还本利，可说明由民国政府代为备款赎回物品,此节似有未便,属绍安与郑、荣大人说明如何之处再为答复。晚间绍安来谈,据云此事熙大人已与荣大人说明,可由内务府请王将军派熙大人进内查看物品,查看后告明程总长,即无须验看合同矣,予云如此甚好。当由电话请荣大人赴王将军处,托其派熙查看物品,荣允为前往接洽云。晚,郑大人来电,云本日召见,奉谕分科采办供品之事现在即可实行,令传知该科人员遵办也。请时子和给良格诊视,据云系毛肠炎,须至医院开病即可痊愈,因气分太弱,未便照办,仍请巽轩诊治也。

初十日(6月11日),请假五日,蒙赏假五日。早,巽轩来改方,甚妥,服之有效,腹痛已止,食粥两半碗,仰蒙神佛保佑痊愈,幸甚,务应诸恶莫作,众善奉行,以期仰答神恩作善降祥,是为至要。午后给内务府堂通电,文老爷孚接电,当由电告郑大人云奉谕采办供品之事,现在即可实行,可转告堂郎中转饬遵办,如有应说公事,可迳往郑大人宅回明也。晚,荣大人通电话,已与王将[军]接洽,王派熙大人十一日进内查看宁寿宫物品也。

十一日(6月12日),熙大人进内查看一箱,与荣、熙大人通电话,须与王将军接洽,派人照料始可运出物品,因王将军赴园说明,始能起运也。

十二日(6月13日),近两日良格服曹先生之药甚效。晚,恩绍安来,请看盐业银行合同,予云此事求王将军接洽,王将军因程总长云抵押物品则可,若处分变卖则不可,王将军答云确是抵押,今程总长虽不看合同,而合同之内容仍应按照普通抵押借款办法为妥,不可在合同上说明此时即欲会同银行售品变价等条款,若照此写明即欲售品变价,我即可不盖章,以免对于王将军失信,日后即不好再托人办事也,可请与乾斋说明为要。恩绍安即往乾斋处说项,旋由电话告知,已与乾斋说明照上次合同办理矣。醇王爷通电话,令转告多、彭公,俟接洽妥协,速为请训赴任,当即电达请彭公遵照办理矣。

十三日(6月14日),恩绍安来,云合同即照普通抵押借款办理,予云即可盖章照办也。

十四日(6月15日),接第一队电话,云王将军、警察厅、车司令均派人来查看运出物品,抽查一箱,本日申正运至东交民巷盐业银行库房存储。

十五日(6月16日),进内请安,并进班,蒙召见,令办买猪、羊肉各五百斤,饼一千斤,赏给三旗、八旗护军等食用,并给守卫队送去肉面折价,又赏给队长、队兵等每名一元,共计二千三百馀元也。

十六日(6月17日),出班。端康皇贵太妃至志宅给志老太太贺寿。耆大人接班,略谈公事。

十七日(6月18日),早,进内,缮写交温肃、世杰谕旨一道,为东陵查办事,请览,无说,先发表。至北府见王爷,禀明郑大人续假十日,请王爷注意与上说明添派朱老师在内务府办事,以维大局,否则不易维持也,王爷尚以为然。至志宅拜寿。午后至郑大人处略谈,其意若会同办理内务府之事则可,倘不开去总理大臣之职,即拟请假开缺也。至温大人处送行,未晤。

十九日(6月20日),卯刻世杰启行,予进内,王爷到。

廿日(6月21日),予进班,陈大人至内务府堂略谈。

廿一日(6月22日),耆大人接班。回家,曹巽轩来诊,良格见愈,惟饮食不易消化,盖肠病尚未大愈,仍宜慎之为要。申刻随同至北府。

廿三日(6月24日),进内。午后至北府,王爷问询郑大人请开缺事。申刻王将军来谈,有人在公府报告闻皇室又售品事,予云并无其事,王云可回明王爷知之,又谈紫竹院执照事,予云俟调查明悉即照缮,亲为送交,尚为满意也。

廿四日（6月25日），进内，王爷到。郑大人请开缺,奉旨允准,仍在懋勤殿行走,并着会同筹办内务府核减事宜,并派朱大人益藩会同办理内务府事宜,派绍英佩带内务府印钥等因。对于王爷声明,将来如病体不支时,尚祈王爷施恩赏假开缺等因,王爷云,不可令我着急,我若急死,亦无好处。对云不敢让王爷着急,但若病情不能支持时亦无法也。语近激烈,实由于公事直无办法,只得看日后维持到何地步再作斟酌,嗣后亦不必再有如此失言之处也。本日内务府将印钥送来收存。

廿五日（6月26日）,进内,值班,谢恩,佟济煦至内务府堂上略谈公事。

廿六日（6月27日）,早,宝大人请开缺终制,钦奉谕旨,赏假百日穿孝,所请开缺着毋庸议等因。予与耆大人至府,略谈本府为难情形,王爷尚知大概也。午间上至北府,予接电话即至北宅,随同皇后还宫后,回家。给朱大人通电话,已出门矣。

廿七日（6月28日）,早,进内。午后至朱大人家谈内务府公事。至熙宝臣处贺寿喜。郑大人来谈。

廿八日（6月29日）,早,进内。温大人、世杰进内请安,递覆奏查办事件折。接奉电谕,令办谕旨一道,并云十一点至北府,令备汽车。午初随同至北府见王爷,奉谕令办旨意。午后随同上至荣宅,饭后还宫。晚,与耆大人公请岳乾斋、朱虞生诸位。

廿九日（6月30日）,早,进内,办谕旨一道,至北府呈回后,请上阅,无说,先发表。给增五爷补祝,回家。

卅日（7月1日）,早,进班。

六月

初一日（7月2日）,出班,耆、荣大人到。是日八孙弥月。

初二日（7月3日）,未进内,接耆大人电话,补请志六大人,送帖。

初三日（7月4日），早，进内，王爷到。

初四日（7月5日），进班，陈太傅来谈。

初五日（7月6日），出班，耆大人到，谈及魁世兄所述，徐东海属告知我辈不可萌退志，要尽心忍辱，以维大局，如有用其帮忙之处必当尽力也。老辈关心皇室，我辈自应尽心维持也。午后醇王爷通电话，云组织银行保存房产之事，上甚以为然，日后如再有人要领房间之事，只可婉言谢之，否则即再为奏陈，亦必不能邀准也，令于明日大家研究办法为要。

初六日（7月7日），闻泽公明白回奏，奉王爷电谕可留中，毋庸办旨意。晚，请客陈、朱师傅、郑、温大人、志六大人、佟老爷，公议哈同拟办银行事，两师傅注重用人，郑大人拟用皇室房产抵押三百万元作为股本，志六大人云似未便拟定确数较为活动也，此事尚待研究，听志大人信再为会商可也。

初七日（7月8日），早，进内，荣大人请安，耆大人请假五日，上召见泽公、郑大人、荣大人。午后给王将军送紫竹院执照，当面交给，尚为满意也。

初八日（7月9日），早，进内值班，与郑大人谈公事。

初九日（7月10日），卯刻奉电谕，略有不爽，派载泽恭代，遵即传知各处。荣大人接班，谈近日公事，此次查办私垦地亩之事，渠不甚许可，盖因未照原递之呈赞成其事也。午后汪干卿来谈。

初十日（7月11日），王爷到，奉谕：金梁请假，久未到差，着即开去差缺，钦此。又奉谕：冯恕着加恩赏给内务府大臣衔，清理热河皇产事宜，钦此。又面奉谕旨，沙滩之御马圈赏给王毓芝等因。当日由荣大人转达聂将军矣。

十一日（7月12日），雨，未出门。

十二日（7月13日），早进班，耆大人假满请安，略谈公事。

十三日(7月14日),早出班,郑大人到,上召见,问及东陵垦地之事,郑对云可与直隶省长交涉,如不能将私垦之人驱逐,只得就垦熟之地划定界限,不准越界,并派人守定界限,准其免租守界,但须与直隶商订妥协始能开办;并云曾与予说过此事,甚为同意,尚欲召见询问也。午后至管理处,领放七成薪饷,领到月薪四百廿元,已交三爷开发月例矣。晚,商大人来谈公事。王永江请三代一品顶戴事,升大人三节赏项事,每节四百元或六百元之谱,又上海王秉恩请赏散(事)[氏]盘事。本日拜宝二大人,谈张八爷、张九爷诉讼之事。

十五日(7月16日),跟随上往北府、涛贝勒府、荣宅、庄先生处。

十六日(7月17日),早,进内,上往洵贝勒府、陈大人宅,复出城,至西山旅馆晚餐后,至朗润园,还宫已八钟矣。

十七日(7月18日),进班,王爷到。

十八日(7月19日),出班,与耆大人查陈设。

十九日(7月20日),未进内。上买汽车用洋八千六百元,又令交进五百元。

廿日(7月21日),进内,荣大人到。上至北府。

廿一日(7月22日),跟随上往颐和园,少坐,复至西山旅馆,登山,晚九点始还宫。予至君翔处贺寿。

廿二日(7月23日),进内值班,与佟继先谈李燮阳事。

廿三日(7月24日),出班。晚,张八爷来见。岳乾斋来谈拟将金器分别变价事。

廿四日(7月25日),蒙召见,为令林葆恒甫子有办理房产事,令与该员接洽,因请示仍令哈同办否,奉谕即无庸令哈同、姬觉迷办,因姬觉迷人荒唐且欲专权,恐有不便之处也。午后三点见林子有于通惠公司,并见郑大人、陈大人,郑大人令转属姬开几条条款,再为请旨定夺,究令何人办理也。

廿五日(7月26日),奉电谕,令进内跟随至北府,至北府,令请克、盖大夫给太福晋看乳间肿症,六点馀还宫。王爷差人送来清华学校给涛贝勒信一封,为拟购圆明园作扩充学堂之用,日后当有函致内务府,再与朱、耆大人会商办法可也。

廿六日(7月27日),早,进内,跟随上往北府,见涛贝勒,恭送还宫后,至朱大人处略谈公事。邀朱大人会同萧新之明日午后两三点钟至北府,已得朱大人认可,并给北府通电达知云。

廿七日(7月28日),王爷到,是日进班。给涛七爷电话,为请将关帝庙作工厂用奏折留中事。

廿八日(7月29日),出班。

廿九日(7月30日),未进内。致张姑爷信一件。袁珏生来谈,属借津贴事。

卅日(7月31日),进内。晚六点至会贤堂请客,与姬觉弥谈整顿房产事,伊属开单,以便往查,再定办法,与朱、耆、荣大人谈盐业银行所说金器分别变价还款事。

七月

初一日(8月1日),进内,随从上至北府,回家敬诵《金刚经》一卷。

初二日(8月2日),随从上至颐和园,四点回,途中遇雨,六点还宫。

初三日(8月3日),进班,上召见予与荣大人,交下珍珠串两挂又十一包。暂在内务府值房。

初四日(8月4日),巳刻荣大人到,荣大人属予将手串二挂带回,其馀归荣存。巳正敬懿主位召见,为十九日千秋要款事。问交若干,对云皇上令交几千,奴才云现虽无款,多则交一万元,少则交八千元,容俟借妥即行交进。主位云至迟十四日交进,予云俟在皇上前说明,即可遵照办理。主位云汝可传知醇亲王及各府、各大臣,均毋庸进奉,对云遵即传知。退出回家,大姑奶奶来。三点予至邓三爷家,托其将手串二挂代为估价,伊云暂存该处,初六日听信,只得照办也。

初五日(8月5日),王爷到,公同回明岳乾斋所说先将一部份金器变价还款事,并将单呈阅。所有抵押之物除金钟另存外,馀共估价四十万元有零,王爷阅过云,即可办理,并回明俟将物品价值办妥后,开具清单再为恭呈御览。王爷令与朱大人会议东陵开垦、办理警察等事,对云即应会商。属内奏事说明,请示敬懿主位千秋交进若干,奉谕交进八千,不敷之款俟有款再为补交,应即遵办。晚,冯公度先生请,王将军在座,并谈及八月节筹款之事,求其帮忙云。

初六日(8月6日),进内,耆大人到,与朱大人会商东陵及清华学校事,并说明请赏给哈同夫人寿物事。午后回家,大姑奶奶回津,二姑奶奶回家。晚,邓君翔来,交回手串二挂,据云给价三万六千元,若卖用主,或可至四万云,又谈金钟变价事,可拟价再为商办,盖有洋商欲购买也。

初七日(8月7日),进班。

初八日(8月8日),出班,宝大人销假,荣大人到,谈售珠之事听信再办,仍将手串二挂交予暂存。午后上至北府,因有事未能随往。三六桥、殷五爷来谈银行代售金器事,六桥谈东省黄瓦厂等项事及冯都统所管地租应设法事,该处学校请拨地应驳事,又某都统办理交涉不善,可请停其职务,毋庸派人事。

初九日(8月9日),早,耆大人来谈,为古八爷所管公事。恩绍庵来谈盐业复函金器变价事。鸿、继老爷来谈会计司、钱粮衙门房间宜保存事。

初十日(8月10日),进内。

十二日（8月12日），王爷上门，请看盐业银行复函。

十三日（8月13日），进班，会同荣大人请见，陈明盐业银行复函金器变价事。

十四日（8月14日），出班，随同至颐和园。晚，哈同先生请晚餐。

十五日（8月15日），祭奉先殿，侍班毕，荣大人传知上要二万元，令荣大人、郑大人交王将军、冯检阅使各一万元作为赈款，先向盐业银行借款，该行不肯再借，只得在上前陈明，容在别处借妥再为陈明。上令晚间奏陈，当令恩绍安至汇丰借二万元，月支利息九厘，随便还，先将款交来，容日再补办借约也，此事邓君翔尚重交情也。申刻荣大人送来手串二挂，大珠串廿二串，属找人估价。将一万元票交荣三爷转交王将军。邓三爷来，将手串二挂、大珠串廿二串交其持去找人估价，订于十八日交回也。

十六日（8月16日），早，进内。郑大人通电话云，已与冯系参谋等人探听，现在该营工兵防河用款系政府发给，无须他处接济，所拟交之一万元自可停办矣。荣大人云其交王将军之一万元赈款已交王将军转交高督办矣，下存之一万元，留备荣惠太妃千秋之用可也。

次韵郑苏堪二首："幸依宸座近天光，月旦何须论短长。领取新诗忠爱意，始知通德是贤良。""礼存周德未曾衰，象着云雷济险危。若论经纶天下事，舍公之外尚其谁。"

七月十七日（8月17日），进内，随从至颐和园，惟汽车行走过速，恐有危险，所幸已平安还宫矣。接商大人函一件，为奉省地租事。

十八日（8月18日），跟随至哈同处。

十九日（8月19日），住班，随同给敬懿主位行礼。王爷到，办理公事。

廿日(8月20日),随同至颐和园,赏西餐,同座用饭。

廿一日(8月21日),会同荣大人说明珠串共售八万元,上允准,即与荣大人面交邓三爷,取回收条一件,暂存。是日上言及内务府之事,颇有责言,不必尽记也。①

应记事:

拟于正月十八日请假十日。求耆大人接班,假满再续。

应俭德避难,急流勇退为要。②

嗣晤郑苏堪,谈次甚为契合,彼不令请假,据云内务府之事必应帮同办理,若请假则一切事均不接洽矣。只得勉为其难,看事机如何再定进退可也。

五月廿四日钦奉谕旨:内务府印钥着绍英佩带,钦此。奉命之下,愧悚奚如,幸派朱大人会同筹办内务府事务,又有郑大人会同筹办核减事宜,只得勉力随同筹办,看事如何再定行止也。

暂记账:

欠竹铭垫洋壹千元。

欠姨太太五百元,自六月廿六日起给一分四厘息,每月付息七元。

兹于四月初一日借宋姐五百元,给一分四厘利,每月七元,自四月起息,随便还,系发月例等项之用也。

养心殿宫内上用电话,东局一四五六;宫内,又南局三四六九;永和宫,南局九八六。

以下日记第三十九册③

---

① 以下诸事为本册末尾所附杂记文字。
② 此处天头补书:"暂缓,应俟裁减办理就绪,即可求退也。"
③ 日记第三十九册,封面题:"甲子年日记下,卅九,民十三甲子年七月初一日至除夕,孙延焘谨志。"七月初一日至廿一日日记与前文有重复。

甲子年日记下

*七月

七月初一日（8月1日），进内，随从上至北府。回家，敬诵《金刚经》一卷。

初二日（8月2日），随从上至颐和园，申正回，遇雨，六点还宫后，回家。

初三日（8月3日），进班，召见予与荣大人，交下珍珠手串两挂，又廿二串，令变价。

初四日（8月4日），巳刻荣大人到，商议招商估价事。敬懿主位召见，为十九日千秋要款事。问交若干，对云上令交几千元，拟交进八千元，令于十四日交进。回家，大姑奶奶来。予至邓三爷处，托其将手串二挂代为招商估价，伊云暂存该处，初六日听信。

初五日（8月5日），王爷到，公同回明岳乾斋所说拟先将一部份金器变价还款事，并将清单呈阅，除金钟另存仍作抵押外，其馀金器共估价四十万五千馀元，王爷阅后云即可办理也。晚，冯公度请晚餐。

初六日（8月6日），进内，耆大人到，与朱大人会商东陵及清华学校事，午后回家。大姑奶奶回津。晚，邓三爷交回手串二挂，据云给价三万六千元，若售与用主，可至四万元云，又谈及如金钟变价时定价若干先与该处说明，尚拟留用也。

初七日（8月7日），进班。

初八日（8月8日），出班，宝大人销假，殷五爷来谈代售金器事。

初九日（8月9日），早，耆大人来谈古八爷所管之公事，鸿、继老爷来谈会计司、钱粮衙门房间宜保存事。

初十日（8月10日），早，进内。

十二日（8月12日），王爷上门，请看盐业银行来函，为金器变价事。

十三日（8月13日），进班，会同荣大人请见，陈明盐业银行来函，呈览，上云即可照办，退出。

十四日（8月14日），出班，随同至颐和园。晚，哈同请晚餐。

十五日（8月15日），荣大人传知上要二万元，为给赈款，先向盐业银行商借，该行不肯再借，只得向汇丰银行浮借二万元，该行允可，即将支条交来。申刻荣大人将手串二挂，大珠串廿二挂交予，属招商估价。予将支条一万元交荣大人转交王将军，系属赈款，其馀一万元交恩老爷转交郑大人，询明交给冯检阅使作为赈款。据冯军参谋长云，该军作工系民国发给款项，无须赈款也，郑大人未收此一万元，仍交银库备用也。邓三爷来，将珠串交伊持去招商估价，订于十八日交回也。

十六日（8月16日），早，进内，荣大人已将一万元交王将军转交高督办矣。

十七日（8月17日），进内，随同至颐和园，惟汽车行走过速，且在园乘用洋筏子，均恐有危险之处，所幸尚平安也。

十八日（8月18日），午后随同至哈同处。

十九日（8月19日），住班，王爷到，办公事后，随同给敬懿主位前行礼，赏饭吃。是日阴雨。

廿日（8月20日），与耆大人随同至（懿）〔颐〕和园，赏食西餐。

廿一日（8月21日），会同荣大人说明珠串共估价八万元，上允准，即与荣大人将珠串同交邓君翔，取回收条一件，暂存，写明珠价八万元，俟由沪汇到再将收条换回也。是日上言及内务府之事，责备办理无效，既未能核减，又不能开源，如增租催租等事。并云每节必用物品抵押借款，何所底止，将来有何办法；对云如能裁减至王府规模,将局面撤去,似可核减之处甚多,譬如王爷府中起居饮食亦不致甚苦,用人既少,浮费亦少也。上云莫非将尊号撤去;对云并非如是,虽然极力核减,依旧尊严,不过核减用度而已。上云嗣后如有应核减之处,可开单请旨;对云应请乾纲独断,自能实行大减也。秋节之事上令将节赏裁撤,亦不必另行交进,只将所欠月例等款发放,馀俟过节有钱时再为发给也。遂退出。

廿二日(8月22日),早,进内,随同至香山碧云寺,熊秉三预备膳品。

廿三日(8月23日),午后,至朱大人处晤谈前日召见之事,议定节前暂将所欠月例等款开放,馀俟节后再办,并拟于节后会议将应减之款大加核减,请旨办理。

廿四日(8月24日),早,进内,修改答覆大宫山质问案公事。午刻,道阶、庄先生、于先生、现明请申初至福佑寺欢迎许司令,见赵馆长、王聘卿。赵云据高泽畬谈及程克出面干涉保存古物之事,大家多不以为然,现拟每月由财政部筹给经费三万元,另由缴还赔款内拨三百万元生息,每月亦可得三万元,每月约给六万元,再能加以节俭,或者可敷应用,请皇室将历代相传之古物交出若干件,归民国保存,如尚不能敷用,亦可令其加筹若干。予云俟公同商酌后呈回王爷再为陈明,如何之处,容再面谈可也。许司令到,共谈赈务之事,切属许司令代恳张雨帅捐助云。予因入此筹赈会,写明捐助五十元,容再送交也。

廿五、六日(8月25、26日),进内,与陈、宝大人谈赵次翁所说事。

廿六日(8月26日),随从上往北府。

廿七日(8月27日),因左手肿痛,未进内。请姚铁臣诊治。

廿八日(8月28日),请假五日,蒙赏假五日。

廿九日（8月29日），醇王爷派耆大人来看，并告以应预筹节事，订于初三日给耆大人通电，初四日请安后，与陈、朱大人会商节事。醇王爷通电问节事，将召见上谕不愿抵借款项，节事实无办法略为陈明，奉谕与朱大人商议办法，对云俟会议后赴府回话也。因李筱农先生教导儿孙等颇尽心，教以进德，拟七绝一首赠之："感君善诱语循循，秋水为文不染尘。德性尊崇学业广，孔门家法藉传薪。"又和秋日感怀元韵："静坐沉吟思渺漫，时艰身弱宦情阑。苍松晚节凌云汉，丹桂新秋湛露团。虚室月明愈朗澈，值庐天近恐高寒。择师幸遇延平叟，童子循循侍杏坛。"

八月

初一日（8月30日），斋戒，忏悔一日。耆大人来谈，云王爷令来看，并问节事若何。适接王爷电话，要岁俸一万元，对云日前召见问及节事，不令抵押借款，英等亦无办法。王言可与朱大人商办，对云俟商议如何，再赴府回话。

初二日（8月31日），鸿老爷来谈秋俸之款已经取到矣。荣大人来谈。李先生贺诗一首云："仰公家学自循循，愧我无才步后尘。更有感恩知己处，焦桐特识爨中薪。"

初四日（9月2日），进内，假满请安，与陈、朱大人会议。朱大人云，奉谕令将节款开单，明日呈览，面为核定。当饬银库开单，会同核妥即可发缮，退出，至耆宅。回家，邓君翔来谈先开期票事，十四日期，俟明日与荣大人商酌如何再办可也。岳乾斋来谈，送来来往折一个，并无支票本，与伊谈节款仍祈帮忙，彼云俟贵府拟定办法再为商酌也。管理处交到六月分七成月薪四百廿元，已交三爷入账矣。

初五日（9月3日），早，进内，与朱大人请见，蒙召见，呈递秋节用款单，钦加删改，未能看完，谕令明日再为呈览。申刻余焕章来，交到汇丰期票八万元，十四日、廿四日期各四万元，当收下,将前取之收条交回,俟明日会同荣大人将期票呈递可也。

初六日(9月4日),进内,会同荣大人将售珠价银八万元期票八张呈交,上收入,尚有喜色,并谕云,午后俟朱师傅进内,汝若不觉累,仍可同见递单,如汝觉累,令荣源同见亦可。荷蒙天恩高厚,受宠若惊,应益加谨慎,以期无过为要。午后随同至北府、荣宅,酉刻回宫。晚,醇王爷通电话,要岁俸,对云俟将节用清单阅毕,若令借款,如借到款项,先将王爷岁俸送呈可也,并将珠价期票已经呈交回明矣。

初七日(9月5日),住班。

初八日(9月6日),早,随同在荣惠太妃前行礼后,随从上至北府,午后还宫。是日至北府、荣宅贺喜。

初九日(9月7日),早,进内,随从上至荣宅,皇后五点还宫。

初十日(9月8日),早,同朱大人请见,蒙召见,准其在宁寿宫寻找次点瓷玉物品以便抵押借款,并陈明永增买废铜、锡事,上云给价一万元有零,尚不为少,并将上批定应裁应减各单交下,谨领出交银库暂存。令撤去总管内务府大臣住班,当办记旨一道发表。请者、宝大人寻找物品。并与熙宝臣一谈,属其转向程总长说项,以便运出物品也。令护军参领撤班,留司钥长值班,即由管理处令行该参领等遵照矣。

十一日(9月9日),早,进内,石丛桂君到,会同看瓷器,请其估价。耆大人来,略谈寻找瓷器之事。宝大人接王爷电话,令修改前次赏洵贝勒之谕旨,添荒山、寺园等项,既经奉谕,自应照办也。与石君订于明早仍来估价。午后罗大人来拜,晤谈。接恩绍庵电话,订于明日午后三四点钟岳乾斋进内看视瓷器,大致可先令银行看过所用抵押之物,再为呈览也。宝大人接熙大人电话,运物之事程总长已委托熙大人查看,且云看后即可运出,此事尚为顺手也。

十二日（9月10日），早，进内，荣大人到，属荣大人转达王巡阅使运物之事，已与程总长说明，可以照准运出，求王派人照料，荣大人允为转达。盐业来人看物估价。

十三日（9月11日），早，进内，午初熙宝臣到，会同看视运出物品，盐业亦来看物估价，事毕将物品开单呈览，留瓷器七件，馀均交出。当开一单，交熙大人转请程总长看视。晚间熙大人通电，已与程说明，程云须补一公函，熙云节前恐赶办不及，或者过节再为补行办理，明日先将物品运出，以便押款，程已允可矣。予属宝臣请程总长给薛总监电话告知此事。晚间，予与薛通电，告明于明日午后一时启运，并属转达王将军，求将军派人照料，且云已由内务府开具清单送将军阅看，并由聂伟臣转达矣。是日岳乾斋来商借款之事，允借廿二万元，连浮借之五万元共借廿七万元，求其多借三万，伊云看光景如能多为张罗更好，否则即照廿七万元之数也。已定于明日午后一点运物，并令恩绍安取款办理一切也，又云与外人说只可说借五万，其馀俟节后再为续借，以免招人有不满意之处，予唯唯，此节公事甚紧，只得先为择要办理也。

十四日（9月12日），早，王爷到，回明节事。是日皇上在养心殿宴客，座中王爷及宗族诸位，并庄先生、上书房、南书房诸位，荣大人亦在数，惟予与耆、宝大人向隅。现在内务府堂司各官异常劳苦，上总以为本署仍前舞弊，有深恶痛绝之意，吁，如此困苦，天实为之，谓之何哉，亦只有决定速退之一法也。与宝、耆大人将节款之办法商定，交银库照办，即退出。回家，管理处送来阳历七月分四成九之七月薪，交三爷暂还节账，馀俟津贴送到再办可也。

十五日（9月13日），与银库恩绍安通电，请诸位偏劳，复电云王爷岁俸昨日已送,今午已将各宫之三个月月例送呈矣。申刻银库送来四、五、六三个月津贴一千八百元,又中秋饭银四百八十元,当交三爷一千八百八十元还帐。本节节例家中用五百九十六元,太监、苏拉赏三百四十元,还账二千六百四十四元,共用三千(三)[五]百八十元之谱,所用过多,将来若不当差,可先撤帐房,给三爷找一相当差使,一切大加裁减,下乡务农,或可节俭度日也。

十六日(9月14日),因足痛,未进内,耆大人请假五日。上要现洋五百元,已交进讫。二姑奶奶带阿格回家。

十七日(9月15日),闻吴巡阅使有今晚到京之说,当由电话请醇王爷示应否照送燕果席接风,奉谕照办,当派宝镰往送果席。接堂上电话,本日上要银洋二千三百元,要款无度,应付为艰,自应请朱大人代为陈明,否则实无办法也。本日请王仲华先生为占一卦,以问进退出处究应如何,断曰《既济》之卦,变为《需》卦,此时不能遽退,尚无危险,若要退守,须至十一月或可办到也。按《既济》《象》曰"君子以思患而豫防之";六二爻辞"妇丧其茀,勿逐,七日得";注云:"九五居既济之时,不能下贤以行其道",故二有此象,"茀,妇车之蔽,言失其所以行也。然中正之道,不可终废,时过则行矣,故又有勿逐而自得之戒。"《需》之《象》曰:"需,须也,险在前也,刚健而不陷,其义不困穷矣。"九二爻辞:"需于沙小,有言终吉",象注曰:"需于沙,衍在中也。衍,宽意,以宽居中,不急进也。虽小有言,以吉终也。"注:"刚中能需故得终吉,戒占者当如是也。"谨按:此卦当既济之候,不能言退,但应思患豫防,守中正之道,以期自得,更应宽缓居中,不急进行,以期敬慎不败,徐图退守也,慎之念之。此即《既济》、《需》卦之精义,易教危者使平之要道也。至于十一月可退,尤应注意,盖至年终实无办法也,早为退守,以免咎戾,是为至要。

十八日(9月16日),早,进内。陈、朱大人、宝、荣大人均到,略谈,节事虽了,尚欠数万,应徐图办法也。告知银库交永和宫八千元,上用二千三百元。退出,至耆大人处一看,略谈,请其假满请安为宜。

十九日(9月17日),未进内,午后拜郑大人,晤谈赴河南解释与东三省毫无关系事。拜吴巡阅使,留片未晤。拜柯世兄,略谈,据伊述吴巡帅语有四十五日可战至奉省之说,气甚盛也。至管理处,与熙欲都护略谈。宝虞臣云早间送吴巡阅使果席已收,并接见,属致谢云。

廿日(9月18日),进内,陈、朱大人、宝、荣大人均到。

廿三(9月21日),进内,荣大人到。回家,右手肿痛。

廿五(9月23日),请假五日。

廿六(9月24日),上派邵兴禄来看,为严申门禁事。

廿七(9月25日),王爷派人来看,赏吃食六品。

廿八(9月26日),晚宝大人来看,畅谈。

廿九日(9月27日),缮折续请假十日。

卅日(9月28日),蒙赏假十日。午间耆大人来畅谈。张叔诚来,暂住。晚上通电话,为闻得曹总统夫人欲进宫来看事,令询问确否,当电询,未来,盖传言之误也。上令病愈即销假,应俟手愈即可销假也。

九月

初一日(9月29日),耆大人通电话,云王爷初四日进内,略谈公事。

初二日(9月30日),午后恩绍安来,云由盐业暂借二万元,发放临时款一万元,交宝大人还账一万元。

初三日(10月1日),闻叔诚云王将军受伤,回津养伤,十三师已经退散矣。晚宝虞臣、绍怀亭来回事,令由总务科派人至神武门稽察出入人等,以昭慎重。

初四日(10月2日),闻得王爷改于初六日上门。

初五日(10月3日),内务府司员来谈公事。

初六日(10月4日),晚,陈太傅来看,据云已在上前说明,节后仍未将账还清,现已备悉将来应如何办理,似可放手做去,对云似须候吴巡阅使出京,再为设法筹措款项也。

初七日(10月5日),耆大人来谈公事,堂郎中来。

初八日(10月6日),有、继老爷来谈挂灯事。

初九日(10月7日),病痊请安,陈大人及宝、耆、荣大人均到。至王府请安谢赏。午后至盐业银行见岳乾斋,言定因皇后千秋浮借一万元。至邓君翔处晤谈,托其找人看瓷器估价之事,邓允诺。至管理处。回家,高科长来谈盘山一案,拟明日送审判厅查核办理,以便结束。

初十日(10月8日),为世杰夫妇生辰。予进内,午后带领世良、世明至吉祥园观高腔剧,在中兴楼便饭。

十一日(10月9日),午后至陈大人处晤谈,遇罗叔蕴、王静安。至王仲华处谈命,云已年不佳,六十九岁以前应退守,寿可至古稀云。给上诚占一课,《雷天大壮》变《雷泽归妹》,断曰:"宜退守,不宜妄动。"自占一课,《山天大畜》变《山泽损》,断曰:"宜照常进行,不宜退,并无危险。"十一、十二月内尚有顺利之事也。按《大畜》:"利贞,不家食,吉,利涉大川。"《彖》曰:"大畜,刚健笃实,光辉日新。其德刚上而尚贤,能止健,正大也;不家食,吉,养贤也;利涉大川,应乎天也。"《象》曰:"天在山中,大畜。君子以多识前言往行,以畜其德。"九三"良马逐,利艰贞,日闲舆卫,利有攸往"。今得此占,应刚健笃实光辉日新其德,而多识前言往行以畜其德,再能艰贞日新,则庶乎利有攸往也,宜敬念之。晚,熙宝臣来谈,伊明日赴津给徐公祝寿也。

十二日(10月10日),进内,王爷到,银库将应交皇后千秋之款交进,计八千元九百两,又足金九两折价交进。午刻回家,杨云史来谈,云一两日吴巡阅使即欲出京,至前敌指挥一切。熙宝臣通电话,总队官胜禄来见,均为请发警备臂章事,俟熙大人回京即可请领也,已令总队官开单多请领卅馀件,以便给三旗应用。

十三日(10月11日),进内,告明总队官应领八旗、三旗臂箍事。见陈太傅,略谈,闻吴巡帅已于昨夜四点出京云。

十四日(10月12日),晚,约叔诚在东兴楼便饭,看电影。

十五日(10月13日),进内,寿安宫有窃物之事,当会同三旗、八旗总办队官、孙首领等查验,属孙首领先在上前陈说情形。晚,大总管传,奉旨寿安宫即刻派人看守清查,将物品入册,内外各库如无人看守,即派人妥为看守,查明覆奏等谕,明日当进内遵照办理。是日至管理处,熙大人到,托其转达内务部为东陵添练警察事。总队官报称警兵拾得佛像六张,令函送内务府查收。

十六日(10月14日),早,进内,耆、宝、荣大人到。接税务司来函,报告已拨经费一万事。闻永和宫主位病势沉重,甚为可虑。晚,衡量生请晚餐。

十七日(10月15日),早,进内。会同耆、宝大人在右门内为皇后千秋叩寿喜,行礼。

十八日(10月16日),早,进内,荣大人到,略谈公事。

十九日(10月17日),王爷到,为东荒局带领兵站人员在东陵地方砍伐树株,以充军前柴薪之用,该守护大臣阻止不住,派郎中博尔庄武持函来京,属设法维持。王爷谕令由内务府给大总统公函,恳请饬下军需总监曹锐电饬东荒局,即行禁止,以符优待等语,并给国务院公函,正式请大总统查照办理。当即开具略节,往见熙宝臣言明,并将致大总统函一并交宝臣交王兰亭转呈,并属速为饬下办理,又定于明早九点会同耆、宝大人往见颜总理,托其关照一切云。

廿日(10月18日),早,会同耆、宝大人见颜总理,据云即至国务院商发电禁止,谈及东陵警察拟改由护军管理处派拨,彼甚赞成云。

廿一日(10月19日),早,进内。晚廿二日丑正一刻,上通电话,云端康皇贵妃已薨逝,令速进内办理一切。遵即前往,荣大人已到,奉朱谕:派载涛、朱益藩、绍英恭办端康皇贵妃丧礼,钦此。黎明醇王爷到,办谕旨二道,涛贝勒、朱大人、耆、宝大人均到,商办一切,找徐博士选择定于廿二日戌刻殓入,十月廿三日奉移,停放卅一日,是日巳刻请至慈宁宫安放。晚,会同涛贝勒、朱大人看视殓入,喇嘛转咒后即退出。

廿三日(10月21日),早,进内,至慈宁宫看视,早祭尚为整齐,耆、荣、宝大人均到,商妥拟向岳乾斋接洽,暂借两万元以应急需。午后殷铁庵来谈,说定先借两万两,俟续借十万时即为扣还。玉瓷器等物变价之事,仍须各找古玩商人估买,以明公开投标之意,免人误会进谗云。福子昆来谈上驷处裁并之事,堂郎中差人来云已与吴秋舫关说,托其关照赞成民国拨款之事,业经允诺,至借用大车之事,须派员至该部接洽云。

廿四日(10月22日),早,进内,王爷到,彭公爷来函并咨文,内称东荒局近两日伐树,已至一万馀株,王爷令耆、荣、宝大人见颜总理,属其再行电询该局并立即停伐,并令荣大人属熙宝臣找天津政务厅长速为设法发电禁止,当经三位分途前往。予与朱大人请见,蒙召见,说明冬令煤火事,已允照办。又请示汽车应移外收存,并黄久奎与开车二名每月各赏给津贴四十元,擦车人二名每月各赏给津贴廿元。又阴阳合历,今年除夕与旧历差一日，应照阳历更正。奏闻事陈明后，予先退出。午后堂上人来云，国务院已拟电达吴使禁止伐树事。又接熙宝臣电话，云伊已见荣、宝大人，问予知此事否，答云王爷因予现恭办典礼事宜，特令二位属宝臣维持。彼云前见曹四爷，据云此事伊并不知，可迳达政务厅转致前途阻止为妥等语。宝臣拟赴津一行，前往商酌办理云。

廿五日（10月23日），早，玉队长来送信，云北上门开来冯军两营，并有炮队、机关枪连驻扎，臂章有白圆光，上写"誓死救国，真爱民，不扰民"字样，街巷均有兵把守，禁阻行人，不知何故。予令其先回，严守神武门，豫备土口袋以备合门使用。予即先往郑大人处晤谈，郑大人亦不知其详，惟云已见冯军告示有停战议和之说，属其探听消息，随时报告。予即进内，蒙召见，问系如何情形，谨据所知奏闻。上欲将守卫队调入禁城之内，对云似可缓调，因冯军尚守秩序，未便有所更动，恐其随入，或生疑忌，诸多不便，此节似可从缓再议，上尚以为然，令在内照常住班。适陈师傅来，上云此时我们只宜静守，俟彼等诸事平靖，再筹备日用筹款之事也。予先退出，晚，上复召见，问现在外面情形，据所闻以对。复召见荣大人，予与荣大人均在内住班。

廿六日（10月24日），王爷到，师傅及内务府大臣均到。是日大总统令停战，各守原防，其有抗令不遵者仍当强行制止，以期促进和平等语；又吴佩孚着免去本兼各职，又特派吴佩孚督办青海垦务事宜等令。盖因冯检阅使退回原防，通电出示促进和平，故有此令也。耆大人住班。

廿七日（10月25日），早，进内，与熙大人商妥现在京城军警均改用冯军臂章形式，管理处护军警察亦应一律更换，当致薛次长甫子良一函，陈明本处警察亦应一律更换，以归划一，即希查照，并由本处照式制办，以备应用也。

廿八日(10月26日),早,进内。

廿九日(10月27日),早,进内,住班,晚与涛贝勒晤谈公事。

十月

初一日(10月28日),王爷到,闻陈大人云,吴使已到天津,意图反攻,萧、齐之兵已北上,大有南北纷争之势,京城有派胡军留守之说,且闻高碑店、杨村之两路已经开火。时局纷扰,宜思防维危险之计,容当妥为商议也。早间受寒腹痛,服痧药,用支锅瓦熨之,见愈。

初二日(10月29日),早,进内。闻陈、耆大人云,议定由罗叔蕴找慈善会带同洋兵游街,添中一队,游行中一区,以资保护云。又临时庄先生进内照料。又至不得已时请日本来兵保护,此不过筹备之意,亦难豫定也。惟合门用土口袋堆住之一法,尚堪救急也。午后至管理处,闻警厅总监已换张璧,提署已取消,改为旅部,由刘廷鑫至署取印,并宣布由伊改编游缉队为一旅,将犯人均开放,盖另行改组也。竹铭夫妇率二、四、七孙及孙女均至法国医院暂避,闻避入租界者甚多,盖秩序稍乱,均有戒惧之意也。

初三日(10月30日),早,进内,蒙上召见,为守卫改编事,召郑大人给冯系通信,属毋调往他处,以资守卫皇室。晚,富大人来谈,已在提署会议,守卫队拟改编为团,并不更动他调等语,大致妥协,可不调动矣。

初四日(10月31日),早,给庄先生道寿喜,进内住班,郑大人到,会同请见,蒙召见,陈明守卫队暂不调动事。晚,王爷通电话,为守卫队及东陵有匪人伐树事。

初五日(11月1日),阅报,见有徐谦季龙发议两项:一不用总统制,一清皇室得罪民国,应驱逐惩办等语。宜思抵制之方,一由外交疏通,一由奉张主持公论,一属冯使和平主持,应合群思众议,相机因应也。晚至管理处,熙都护到。

初六日(11月2日),早,进内,阅报,见张之江、李鸣钟覆徐谦电云,扫帝制馀孽,吻合冯总司令清廉政府之宗旨等语,吁,足畏也。午后玉队长通电话,云守卫已由冯军饬缴枪械矣,应注意焉。接富大人报告,曹总统已出府住参谋部,闻三两日段合肥来京云。又闻英国人云吴使已由津浦路南行矣,看此光景,可望和平解决也。

初七日(11月3日),进内,至袁俊亭处打听守卫队消息,袁令至王铁庵处晤谈,为守卫队事。至北府回王爷,令与涛贝勒往见王聘卿,托其关照一切,允为设法。适宝二大人、恽公孚亦到,王公甚为关切也。

初八日(11月4日),进班,恽公孚通电话,明午在涛七爷处会谈一切。晚,上召涛贝勒进内,告假未到。

初九日(11月5日),午刻鹿钟麟司令、张总监璧率队警进内,云奉大总统令,二人与清皇室商订修正优待条件等因,并附有五条条件,一如各报所登记,且云限于三点钟请上出宫,否则兵警愤愤不平,伊等恐弹压不住,并欲请见,当面说明。予云可将公事交来阅看,阅毕,对云此事自应和平解决,可由我辈陈明再为回答。适荣大人亦到,予即持所交公事请上阅看,朱大人、荣大人、耆大人均在旁,又(王)[朱]大人汝珍、王大人国维亦在旁,公同商议,请旨定夺。奉谕既已如此,只得允许。皆云电请醇王爷来商议,移时王爷到,亦同意,令办覆函,公拟函稿致国务院,另有函底。大致有此次条件及善后办法应由双方商妥交换,以资信守等语,请上阅定,缮交二人。鹿司令要玉玺,复经请示,准将檀香、青玉宝各一方交二人领回。三钟时,予随从主人乘坐汽车至北府,皇后、淑妃均同至北府,荣大人亦跟随同往。鹿司令、张总监送至北府,面见主人,陈明此后既永远废除尊号,即与国民平等,上对云我已明了,共和国自应如此。鹿司令、张总监皆鼓掌称赞,握手而去,遂派军警保护,甚为严密云。上与后妃均平安入府,奉上命,予与荣大人均住府,泽公爷、涛贝勒、忻贝子、佳三爷亦均住府。予因痢疾,夜间大解二三十次,明早只得回家医治也。是日郑大人偕川田东医前来看视后归去。陈大人、庄大人、杨大人、柯大人均来看视。今日之事实非意料所及,茫茫天意,不知究竟何如,但以天理上观察,如能将来得保安全,未始非不幸中之幸。时局日新,人心日坏,不知何时重见天日,良可慨也。

初十日(11月6日),早,回家医治。接到内务府知会,奉谕派载润、绍英、耆龄、宝熙、罗振玉与善后委员会委员会议。

十一日(11月7日),早,至筹备处,与鹿司令、张总监、李石曾、易培基等开谈话会,议定:一遣散雇工,一搬运应用物品,一画区加封,一补取印玺,本日办三条,其加封事另期办理。

十二日(11月8日),早,奉王爷电谕令进内,力疾前往,与宝大人商办公事,发给堂上零用一千元之谱,八旗护军菜钱三百四十元,奏事处饭食小洋二百元,运出房产租库房折存于交民巷保存,将各项银库借约及堂上要紧公事等件均运出。申刻鹿司令、李委员长订于明日未刻开会,四钟回家。

十三日(11月9日),午刻至筹备处,未刻,同事五人会同至善后委员会,因未到齐,开谈话会,一遣散人问题,酌再出十八人,一加封问题,即日双方加封会同办理,一两位太妃出宫问题,缓为开导疏通,以便早为移出。闻罗大人云,外交方面对于修正优待问题尚有讨论,奉方亦恐另有主张云。散后润贝勒、耆大人赴北府。晚,接佟继先电话,已加封者养心殿、乾清宫,明日拟分五班接续办理云。

十四日(11月10日),病体渐愈,先至北府见王爷、涛贝勒,次见主人请安。上略问现在情形,谨据所闻以对。上谓两位太妃早晚必须出宫,应请示住何处,以便预备,对云俟请示后再为覆陈。遂退出,进内,荣惠、敬懿二位太妃均召见,商问迁移之事,荣惠太妃似有暂移西宫之意,敬懿太妃则云须俟端康灵柩奉移后始肯移出,至地点尚未定准也。晚,鹿司令通电话,云日前与荣大人言语间略有不合,荣谓民国军警限制自由,鹿云实系保护之意,如塔王府曾有晚间军人乘用汽车撞门之事,此不可不防也;又有学界之人谓此次修正条件过于和平,应用剪草除根之办法,此亦不可不知也;日后可请阁下每日常至办公处略谈,以期随时接洽,以免误会,予即允诺。鸿大爷来谈公事,予令其将所欠皇室经费数目开一清单备考,又谈内殿西配殿尚存银十馀万两,将来应议提出应用云。适回来时路遇宝大人,云往冯公度处,因冯将由津回,有所报告,将偕往北府去,想是预报佳音,甚盼望也。

十五、六日(11月11、12日),至北府。

十七日(11月13日),至北府,蒙召见,陈明荣惠太妃明晚移住西宫。退出,同耆、宝大人至老公主府,说明两位太妃借住西院房屋之事,已允借用,公主属为转陈随时加以资助云。

十八日(11月14日),早,至筹备处,朱、耆、宝大人均到。敬懿主位召见,问现在情形,令廿日早进内,退出。闻内务府堂印及公事为委员会扣留,与宝、耆大人商议,予至帅府胡同见鹿司令,说明印信如不发还,可否将印角错去一角,即可作废,以完手续,又公事如不发还,可由内务府编一目录,以便随时提取,恐有需用之时也。又提议内殿西库提款之事,又说明八护三旗之事,请求发给一月之饷,以安众心,鹿司令允为商办云。晚,玉队长通电话,云今晚神武门未合闭,因国民军派队进内驻守,以便换班也,八旗请明日至管理处,答以现病不克前往云。

十九日(11月15日),至北府,蒙召见,问近事。

廿日(11月16日),早,鹿司令来电话,约至委员会谈话,当约耆、宝大人同往,晤谈提款事,明日午刻办,说明奉移用旧罩不用执事,说明搬出须略用木器,须派人夫进内,均可照办也。两宫主位召见,定于廿五日移居,共用汽车八辆也。是日三、八旗护军均退出,至先农坛改编,已由丁营长、段营副带兵一连进内接收矣。奉大总统令:护军管理处着即裁撤,此令,应办收束公事,以便报部也。至筹备处商办公事后,同耆、宝大人至北府,蒙召见,将现在之事陈明。见王爷,说明瑞裕如已故,奉谕赏银二百元。退出,至瑞宅致唁后回家。商云汀来谈,闻张公之意甚佳云。

廿一日(11月17日),早至筹备处,未刻鹿司令到委员会,予与耆、宝大人前往晤谈,会同至永寿宫西库提银十万零一千馀两,又有散碎金锞、洋钱等件无多,前库提出一万馀两,二共约十一万五千馀两,交盐业银行运至该行暂存,容俟会同平兑,再定办法也。上令提衣服等件,均已照办矣,此次鹿司令尚为帮忙也。晚,回家,与高科长通电话,令其将护军管理处印信送家保存。儒二爷来谈,为愿请二位主位住该府事。

廿二日(11月18日),早,至筹备处,至委员会,见沈兼士先生,说明两宫太妃今日运出银两三万零,金如意六柄,请验过放行,沈允诺。予回至筹备处,与耆、朱、宝大人商议此次所提之款约十六万元之谱,大约还账、放一个月津贴及司员夫马费须用八万之谱,其馀一半或可交进也。会同至北府,蒙召见,说明提款之事,上本欲发商生息,因陈明尚须将浮借之款归还,因而中止,应俟办清后再拟办法也。并拟请赏公主一千元,三、八旗护军各一千元,回明王爷,赏邵总管、孙福茂各一百元,郭立山苏拉五十元。朱师傅云南书房等处可发一个月津贴,至司员夫马费可由大家商订发给也。回家,闻管理处现无日用之资,交竹铭四十元,明日送交李科员交科暂用。又闻德老爷纯通电,部中放给一个月二成五之饷,尚欲来家晤谈也,晤谈后定于明日放款。

廿三日(11月19日),辰初前进内,敬懿太妃召见,赏点心吃。同耆、宝大人照料端康主位金棺,约九点启行,奉移出神武门,(门)[至]柳树井换大杠,惟欠执事耳。午正至广化寺安位,供饽饽桌,涛贝勒奠酒,大众随同行礼,派笔政二人、太监九人住守,又有该区警察驻守。事毕,同涛贝勒、朱大人至北府销差,陈明一切。晚间八旗警兵因领饷误会,竟将德章京纯殴打,当时送区惩办,并闻明早有聚众前来之说。当给董祥舟电话,托其派警照料云。

廿四日(11月20日),至北府,蒙上召见,令给皇后、淑妃取物件,交下一单,又云令交进一万元。退出,至筹备处见罗、陈、耆、宝诸公,闻太妃定于明午后三点出宫,已通电北府,请涛七爷饬令汽车于明午后两点后至神武门,至欲取之物件已与委员会说明,订于廿六日午后一点提取,亦属涛七爷代陈也。与鹿司令通电,恳其派兵保护,因护军聚众欲来家滋扰,鹿司令允即派人弹压。饭后予先回家,始知护军已为警厅解散,国民军之韩旅长已带兵前来保护,因已与警厅接洽,即回司令部矣。晚,岳乾斋来,为代领部款事,又谈汪子建事。

廿五日(11月21日),早,至筹备处,恩绍安交来由盐业银行取来之一万元纸币及财政部文一件,内称放给十月份经费四万元等语。即携至北府呈交一万元,上照收。请示部放经费是否承领,上云既系十月份之经费,即可照数承领,可交盐业银行生息,照一分行息,一年期,俟办妥将存据交进。事毕,退出。至筹备处,俟至申初,同耆、宝大人至神武门,备妥汽车八辆,请两宫主位乘车出宫,该处军警尚排班致敬,并未检察。鹿司令、李会长均在委员会,予与耆、宝大人送至大公主府。上派涛贝勒来请安,陈、朱太傅及懋勤殿、南书房、内务府诸人均请安,两宫略为问话,即均退出。予与朱大人及派在委员会中四人均至福寿堂,请汪子健印有龄律师研究豫备对待委员会办法,汪云应先定大纲,以便逐条讨论,亦须有力者帮忙协助,庶克有济。适接家中电话,云李会长送来聘书一封,与众研究,均将聘书避回,写一公函一并送回,明日午后一点至筹备处办理。

廿六日(11月22日),午后一点,至筹备处缮写公函,避回聘书五封,送交清室善后委员会。是日段执政到京,润贝勒前往欢迎。

廿七日(11月23日),早,至筹备处,恩绍安交来盐业银行存据一封,共四万元,一年期,周息一分。至北府,会同宝、耆大人将存据交上收讫,陈明拟送二位主位各一千元零用,蒙上允准,应即备妥送呈也。至段执政处递名片,未见。晚,高科长诸位来谈,将结束移交公事办齐,拟于明日移交云。自本日起因足疾未出门。

廿八日(11月24日),早十时,段临时执政就职,午后两点张总司令作霖到京。是日申刻,段执政派荫昌至北府答礼,清室送段、张燕果席各一桌,均收讫。

卅日(11月26日),鹿司令通电话,北府今日换班,守卫之兵暂留一排云。

十一月

初一日(11月27日),早,鹿司令通电话,云已呈回段总管,将北府之兵全撤,交代警察守卫矣。

初二日(11月28日),闻上至大公主府睄看。

初三日(11月29日),申刻接北府电话,云本日两点多钟上至日本使馆,闻系陈师傅、庄先生同往,先至德国医院,移时郑大人来,同至日本兵营,候日使至,遂请住于后楼。王爷、涛贝勒来,劝令回府,不允,即住该馆。闻段执政虽不以然,尚云暂避亦好,惟张雨帅甚不以为然,颇有责备亲贵之语也。予因足疾不愈,且闻上已外出,即至德国医院暂住,一面养病,亦可就近趋往日馆也。邵厚甫、邓君翔来看。

初四日(11月30日),午后恩绍安来谈,托取款事。

初五日(12月1日),午,耆大人来,备述近日情形,始悉真相,闻上意既住使馆,暂不回府也。与耆大人谈,管理处在恒记借款一千八百元之事,可否由内务府代还,耆大人云好在因公用项,不妨融消也。荣大人于昨晚移住医院,亦来晤谈。玉队长山由日本馆来报告伊随同上往使馆之事,予甚为奖劝,且云如有因公用款之处,可告明堂郎中佟继先,即可办理也。本日托恩绍安持盐业来往折暂取一千元,以备垫付管理处零帐及住医院之费也。晚,管理处高科长、绍科员等来画交代公事,订日交代,予交绍科员三百六十元归还零用之款,俟部中发款再为归垫也。闻政府有逮捕贿选科员之说,恐又有一番纷扰也。交医院八日费用一百廿元。出院再为结清。

初六日(12月2日),闻张雨帅已于昨晚赴津矣。午后鸿大老爷来谈内务府用款事,据云耆大人传语上用五千元,又交进两宫太妃各一千元。予云荣大人前因上用,由银行借洋二千元,亦可拨还,又护军管理处曾由恒记借洋一千八百元之谱,已与耆大人说明,可由内务府暂为代还也,鸿大爷允为照办。晚,绍怀廷来谈公事,属其速为交代为要。岳乾斋来看,略谈,并道谢忱,伊云公事总以法律解决为妥,甚为中肯。玉章京祥来谈,已在上前陈明予之病情,俟大愈即前往请安也。

初七日(12月3日),午刻大、二爷、小妞、姨太太来,申刻携大爷至日本使馆,蒙召见,上云现在诸宜敬慎,以免为人轻视,对云危者使平,易者使倾,为《易》理处患难之道,今上能敬慎,庶几安不忘危,天道必使至平安之途,不致有倾覆之虞也。并云在日馆甚为安全,不可静极思动,又思他往,总以大局既定,始能移动也。言毕退出。回医院,因左胺受累疼甚,未能履地,应静养也。

初八至十三日(12月4至9日),均因胺疼未下地,中间耆、宝大人来谈,为致内务部公函有"修正五条清皇室不能承认"之语,予云必须请醇王爷看过函稿,始可发行,甚有关系也。继闻阅后改为"清皇室不能视为有效",语较和平也。

十三日(12月9日),午后皇后来看荣大人病。晚,绍二爷来谈公事,交回三百五十元,据云办理交代甚为难也,明日拟请宝虞臣来商办法。

十四日(12月10日),宝虞臣来谈,属其办交代事。

十七日(12月13日),未刻回家调理。

十八日(12月14日),荣寿公主薨逝,奉醇王爷电谕,商赏银事,嗣闻赏六千元。

廿二日(12月18日),绍科员、凤鸣、崇俊等将管理处印信文件、东、西分公署及箭厂四处白契六张,均交内务部警政司,领有回函及收据,代垫官欠零帐三百六十元,交祥璋等暂还零帐。此处既经交代,暂为结束,惟该十营应领俸饷尚应代为设法转达陆军部,拟归值年旗代为造册承领也。近日请徐稚云诊治,有效。

廿三日(12月19日),大姑奶奶自津来看,晤谈,甚慰。

廿四日(12月20日),大姑奶奶早车回津。玉祥来谈,现在上已移住日馆东楼,闻陈、朱老师均住日本兵营书房,诸位照常值班,惟意见均不甚和也。

廿六日（12月22日），冬至，大吉。宝虞臣送来缮妥致陆军部一函，拟明日请熙宝臣阅后再发。①

廿七日（12月23日），午后给陆军总长一函，两人衔。为所有护军俸饷，可否恳请钧部转行值年旗通饬各该旗造册汇总承领之处，即请鉴核施行，俾得有所统辖而免遗漏之处，至纫公谊。本日岳乾斋来谈，将来所抵押之物品如民国肯代赎回，应一律赎回，不能择别办理，予甚赞成所论也。闻委员会之信系拟十八条。进内清查物品事。

廿八日（12月24日），耆、宝大人来谈公事，大家借支一个月津贴事，商、柯大人照上月送另支给堂郎中一百廿元，又商那王介绍南苑收租派人事，恒利欠款拟将年前欠交之四千元分两次交，阳历年前交二千元，阴历年前交二千元，又交傅律师三百元。鸿大老爷来，已告知矣。

十二月

初一日（12月26日），自本日起每月朔望持斋二日，以自忏悔，求免灾难也。

初三日（12月28日），鸿老爷送来八月津贴六百元。邓君翔来谈内务府陈欠经费，现与李赞侯谈及，俟过阳历年筹拟办法事，当即恳其分神办理，伊允为帮忙云。王爷府来电话，令筹备七千元送北府大书房。

初四日（12月29日），差帖至鸿老爷处，告知王爷要七千元岁俸事，令回各堂办理。送给岳老太太寿礼一份。本日耆大人来谈，与宝大人相处不洽，因宝大人往往单独请见言事，均不甚合宜也。又谈王爷云有姚君拟备款赎盐业所押陈设等件，予云一则岳乾斋曾云如有人要赎押品应一齐赎出，若择赎物品碍难

---

① 此处天头补书："本日晚，善后委员会来函，因久病未收。"

照办也，又所有押款之合同现在委员会扣留，不易取出，似此事不能即办也，可回明为要。

初五日（12月30日），恩大老爷、鸿大老爷来谈公事。

初六日（12月31日），午后孙先生到京，皇室送果席，收入。恩绍安来电话，云盐业银行声称财政部拨给十月分经费四万元，可否由行出据代领，若不领恐部中挪用，过阳历年即无望矣。予云可托银行代领存行，俟接到公函之时，在上前言明再入账可也，该行允为照办。

初七日①（1925年1月1日），令竹铭至执政府代予递名片贺年，日本馆共递名片九个拜年，交堂郎中代递，派李顺给英使、庄先生、狄大夫、盈大夫递片贺年。恩、鸿老爷来谈银库公事。

初八日（1月2日），腊八日，早吃腊八粥一碗。发致孙中山函一封，内务府大臣四人衔，为优待条件请其维持，以昭大信事，收讫。

初九日（1月3日），广、爵大人送来两宫太妃赏内务府大臣四人及堂郎中貂皮各十张、燕菜各二匣，传语毋庸谢恩，并传知年节用款饬令设法筹备。宝大人来谈南苑派人收租拟批事，予云须回过王爷再发表。宝大人又谈近来公事不易商办，优待条件之事，上甚坚持不能更动，众人附和者多，但毫无实力，但恐得罪政府，于事更无益也，所谈不为无见。但议事者只争虚面子，不顾事实利害，诚无法也。

初十日（1月4日），良格牙痛，服药见愈。马老爷来谈。

十一日（1月5日），早，锡虞臣来谈营造司宣统三年以前欠款工程等项五十馀万，计三单，曾请批过交银库，俟有款时酌量发给，以其均有原办稿件案据，不能停止发给也。予告明锡老

---

① 此处天头补书："阳历元旦。"

爷，此次开单，凡在宣统三年以前者均另开一单请阅，声明系以前欠款，不过因有案据，不能不开列，将来酌量成数发给，即可清结。锡老爷以为甚妥，可回耆、宝大人照办也。晚，绪昌老爷来，云南苑派人之事已回明醇王爷，公事似可毋庸请看，予云既系回明王爷，自可发表。当将派隆甫为总办、联堃为会办，堂谕标日，并将禀批标日。予云应即函知京兆尹、大兴县为要，以便新派之员进行也，续老爷云即当回明各堂照办也。本日为阳历五日，收到陆军部函一件，内称准函开护军管理处裁撤，恳将原有官兵按照待遇条件，应支俸饷照旧支给，可否转行值年旗汇总承领等因，所有两翼前锋、八旗护军参领及弁兵等已咨值年旗兼管矣，耑此布覆，即领勋绥，下署"陆军部缄"，此事办理尚为妥协也。

十二日（1月6日），午后恩、鸿老爷来谈公事，据云政府发给十月份二成经费八千四百元，是否承领，予云此款既声明每年五十万，分月应发之二成，当此大局未定之时，已经减成发给，自未便承领也。邓三爷来谈，已与李总长商定，可由内务府函致段执政，请求发给陈欠及已发之国库券未能使用之款，求其设法，以便度过阴历年关，俟代为拟稿酌定再办，但能属赵次山转托张雨帅代为函托尤为得力，予云但此层不定能办到否，当托赵次老代达也。晚，管理处之人员将总务科公事簿取回，有四位在家清理登簿，以便算清杂款，豫备对待他人误会滋生事端也。本日内务部接收司法科。

十四日（1月8日），午刻邓君翔来谈，并代拟致执政函稿一件，为请求阴历年关设法，或拨还陈欠经费，或将前发之国库券设法，或将现在经费提前拨给。且云已与李总长谈过，李允为帮忙，但李总长云：曾闻冯公度往段执政处谈及，欲豫支明年五十万经费，段甚不以为然，且云因彼等所定数目过少，本拟推翻另订，何以自己先为承认，李总长当即说明所欠经费及前发之国库券亦未发款，似须代为设法也。据君翔之意，此事应在上前陈明，总以由一方面进行为妥，免致彼方生疑，于事无益。予云此事容请耆寿民前往陈明，再由寿民往求吾兄进行，如愿由彼方办理，只可听彼办理，我们暂不过问也，邓甚以为然。晚间与耆大人通电话，将信稿送交耆大人处。晚间上派佟济煦来看，问何日销假，对云现在甫经履地，尚不能走路，须再养数日，如能走路，即应销假也。佟君略谈孙慕韩至使馆，所谈段公之意，似以自动的撤蕉尊号为宜，免致日后危险也。上意亦有默许之意，但与人云，如此办理，在宗室王公方面甚难对待也。佟又云，陈太傅之意，尚以不务虚名，宜求实益为是，其他则不然。予对佟君略谈冯公度之事，请其与太傅一谈也。佟云今日尚回使馆覆命，予云求替说谢恩，俟病痊即销假也，佟遂去。延少白来谈，现在四执事骨董房等处发生窃案，系养鱼工人勾结刘姓军人所为，尚在审讯中，可否由清室发言问询此事。予云当此时代，似以慎重为宜，不便即公然质问也，延尚以为然，遂去。内务府堂上送来致内务部公函，仍是为缴还聘书事，系润贝勒领衔五人公函，只得听之而已。

十五日（1月9日），接耆大人函，称君翔所谈之事已与羖、艾、瑞三公接洽，均以速办为然，请即发缮交邓君代投，俟邓君办有头绪再为上达等语，当致恩绍安电话，属其明早前来也。晚接委员会来函，问所有各银行抵押之款有无到期，即希见复等语，当以委员会为公事来函，各人不便接收，且养病月馀，总未出门办理公事也。

十六日（1月10日），早，接办事处送来孙文先生复函，大致谓张某复辟，故后，清室予谥，是以其复辟为有功，即有大眚，不能再向民国争论等语。将此信交堂上，请耆、宝大人阅看，前曾请毋庸予谥，未蒙采纳，竟因此而致败，亦可慨也。午刻恩绍安来谈,发缮致执政公函,为阴历年关请筹发款项事。殷铁庵来谈,昨日罗大人与佟郎中至行提存款十万元,殷云据乾斋之意此项存款尚未到期,且非原存之人来提,亦无执有存据,未便率行办理,来此告知此事。吉增老爷来回稻田厂之事,因年成不好,缓交一成,明年再为补交,准其照办。晚,堂上来回公事,内有善后委员会公函,问各银行有无到期之押款,如有务请示知,以凭接办等语,予云似可复函并无到期之款。又燕都报馆用二千元,据洵贝勒信云,已在使馆陈明,允准,予云此事似须斟酌明白,再为筹拨款项也。晚,醇王爷通电话,为姚某拟办赎物之事,令与耆大人接洽,可饬内务府司员转告姚姓不能办理事。

十八日(1月12日),早,恩绍安来,请看致段执政函,已缮妥,看后即交绍安送交君翔处也。给耆大人通电话,为章嘉佛欲至使馆事。

十九日(1月13日),发月例。

廿日(1月14日),银库等处司员来谈公事。世杰随同章嘉佛至使馆。

廿一日(1月15日),宝大人来电话,为寿皇殿看守之太监被宋营长传委员会话,令其移出事。

廿三(1月17日),巳刻至使馆,蒙召见,问内务府开出欠外单交民国否,对云暂时先向民国要陈欠之款,如不能付,将来只得将帐户对与民国,请其代为偿还也,前已函致执政,请求为陈欠经费曾付之国库券,及此后之经费,请其设法发给。上云此后经费一节我拟辞却汝等,今又索发,稍有不符,日后如有信稿,应先给我看过再发,对云前因将信稿请朱老师看过,彼云俟彼方有回信如何办理再为陈明。上不甚以为然,并云给孙文之函我即不知,以致接彼之覆函甚为无谓,各使馆均不以此信为然,朱师傅人过固执,予云嗣后诸事请上与陈师傅商妥再办为宜,凡事过犹不及,总以执中酌定为妥。上首肯,令下去,并云汝可多养几日再出来,余云实是皇上恩典,遂退出。是日闻上已亲笔函达段执政,辞去经费等项,即尊号亦有取销之意,此大致也,其详不得闻也。致内务部函,为退回聘书事,耆、宝二位甚为争论,予与罗叔(去)[蕴]商议,仍请袁珏生与庄蕴宽君接洽,如彼等先为声明,凡上之物品允为一概送出,亦可劝我等出席作为交换条件,袁已允为接洽,当将致内务部函及聘书交堂郎中暂存,候信再发。与陈、朱大人谈及明年万寿进奉,予云请二公酌定,或合办或单办,听信办理可也,谈及进书之事,予云我家藏《朱子全书》《正谊堂》二书,尚堪使用也。予同耆大人至斌升楼便饭,略谈近事。予至盐业银行与岳乾斋略谈,岳斋云年节如尊处有用款,不要客气,可派人持折来取也。晚,接邓君翔来函,为托其递信事,订于明晚晤谈。

廿四日(1月18日),至北府见王爷,面禀一切。晚,恩、鸿老爷来谈委员会请派人查公事函复缓期事。邓君翔来谈递公函事。张斌舫来说王府吉地工程要四千元事。

廿五日(1月19日),午,至汇丰见邓君翔,交公函后,至使馆请示见德王事,至章嘉佛庙回拜,属转达明午见德王事。回家,邓君翔来云,已见段执政代陈一切,段属其转达陈太傅:一所有修正条件事,可与梁秘书长接洽妥协,再为拟妥交来,以便提交会议;二愿劝宣统缓为出洋;三已催赶紧清查物品,如系古物自应归公,如系皇室之物,我应派人送回,如涉在游移两可者,可酌付代价;四如五十万经费不敷用,亦可议加,至此次所请者应交财部设法办理云。耆大人交来欠外账目册单,应妥存。

廿六日(1月20日),辰刻赴陈太傅宅晤谈一切,与太傅云如上欲出洋留学,必须修正条件大纲已定,庶不致无办法也,太傅尚以为然。至宝大人、杨所长处晤谈。

廿七日（1月21日），早，至使馆见上，跪安，问曰何时取物，对曰一点钟，宝熙去，俟宝大人到，会同请见。交奉天汇到之二万元，请示太妃年节用款，上谓由使馆派人送交，汝等可毋庸管矣。言及内务府之事，甚为申饬早经办理不善，此时不能再照从前浩费也，予云现在民国未给拨款，如无款一切只可停发也。又云王府园寝工程尚欠四千元，应否拨发，请裁夺，上点首云再定可也，遂退出。予同宝大人、恩绍安至东兴楼早餐后，予与宝大人至神武门内见龚总长、鹿司令，说明今日取物品事，龚总长云遇事随时接洽最好，以免有误会之处也。予与鹿司令谈寿皇殿张总管仍可令其在彼处居住，鹿云可毋令其入内，以免行窃之事也，予云可令其在外住，不令进内，似无妨碍也，鹿尚以为然，已允许照常居住矣。予因腿痛未能进内，请宝大人、堂郎中率领随员、苏拉进内取物，闻委员会之人均在里面等候也。予至三六桥处交上赏津贴之款五千元，属伊转达商云汀会同谢恩，略谈，回家。与耆大人通电，报告本日经过之事，订于明早至使馆晤谈也。

廿八日（1月22日），早，至使馆，交堂郎中五百馀元，令其入账备用。徐总统委倪君进呈二千元，点心一色，奉传谕由内务府致函道谢，当令堂上人办函致谢矣。请温义夫、胡晴初、李先生在东兴楼便饭后回家。鸿老爷来谈公事。

廿九日（1月23日），早，与耆大人通电话，谈年事。晚，恩、鸿老爷来谈年节公事，银库惟略存租款，商定补发书房老师等九月分津贴一个月，又各项口份等款，其馀只得俟过年再为筹发，本年所谓以不了了之也。闻佟继先电传云，上令伊送两宫太妃八千元，闻二位颇有不满之意，时势窘迫，真无如之何也。本年年节家中年例约用五百元，还帐约二千五百馀元，向盐业银行浮借二千元，借姨太太存款一千元，自明年元旦起撤去帐房，每月尚须用月例二百元,公中月例一百元,伙食一百元,米面尚不在内,已月需四百元之谱,真应设法节裁也。明年上出洋后应大加裁减,设法退归草野以度馀年,来日大难,应敬念之,敬慎不败之语,应时时念之。①

暂记账②:

欠姨太太五百元,每月给一分四厘息七月,又浮一百元,又八十二元,二共六百八十二元,二共每月利廿元。又欠一千元,每月给一分三息十三元,廿六日付息。

欠宋姐五百元,每月给一分四厘息七元,随便归还。

浮欠宋二百元,浮借姨太太五十元。

盐业银行浮支一千元。

养心殿宫内上用电话,东局一四五六;永和宫,南局九八六。

---

① 以下诸事为本册末尾所附杂记文字。
② 按此下帐目及电话号码均以笔圈去。

民国十四年乙丑(1925)日记

以下日记第四十册①

乙丑正月

元旦(1925年1月24日),举笔:书龙虎字,大吉大利,公私顺善,正心诚意,敬慎不败,慈祥恺悌。

辰刻出门,至日本使馆,便衣著靴,给皇上跪安贺新禧,再行三跪九叩礼,面陈皇上新春万喜,上尚欣悦。退出,同至大公主府,在两宫太妃前跪安贺新禧,再行三跪九叩礼。陈、朱老师面陈皇上,请太妃至使馆用膳,请示日期,订于十三日午初前往,膳后回府。退出,至北府给王爷贺年禧,至庆王府、涛贝勒府贺年禧。回家,在天地供桌前行礼,祖宗板子前行礼,祠堂行礼,家中人给予拜年。本日银库补发九月分津贴六百元,十月初九日上出宫后,即不应再发津贴矣,袁珏生已将九月之津贴支领,此次尚求发给,属为设法,只得访萧新之办法,作为借支云。

初二日(1月25日),因腿疼未出门。晚,章嘉佛来拜会,据章嘉云内、外蒙古,除东蒙即喀拉沁王所管之盟外,其馀均倾向皇室,我此次往接班禅佛藏中与皇室感情素日甚好,俟班禅到京,我必与其协商赞助皇室之法,语甚诚恳,并拟明日至使馆给上拜年,携杨王爷及锡林郭勒盟堪布罗桑色图前往,藉以面陈忱悃。

---

① 日记第四十册,封面题:"乙丑年日记,四十,民十四乙丑年正月元旦至三月十八日,孙延煦谨志。"

予云明日午初到馆，当令世杰前往伺候照料也。佛爷回庙后复来电话，云此次皇上万寿，届时已经出京，办进奉供品已赶办不及，拟备福寿金锭进呈，以表祝颂之忱，对云即可如是办理也。

初三日（1月26日），早，世杰至使馆照料，章嘉佛到，蒙召见，闻进呈寿辰金品，有所陈述云。晚，耆大人来电话，属派宝司员镛帮同堂郎中进内取物，二人分班前往，已电达办事处玉宽老爷转致虞臣矣。又与耆大人商订袁珏生索津贴，但十月分不能再发，只得作为暂为借支，已电知恩绍安照办矣。

初五日（1月28日），早，办事处见润贝勒、（王）[朱]聘三、王静安，略谈委员会出席事。至北府递大帖贺寿喜，遇章嘉佛同杨王爷见醇王爷，为往接班禅佛之事，有所陈述云。

初六日（1月29日），至祥义办理公同进奉之缎料四件。至陈太傅处，未遇，将初九日请帖留宅。

初七日（1月30日），早，至使馆，与耆、宝大人商议请派祭太庙王大臣等，请二位偏劳，至北府呈回矣。晚，颐和园司员来谈公事：一从前提署所提分之款，十一师宋师长拟继续提分，只得照办，其馀之款未便准其提分；二捕鱼公司拟停止给租，未便照准；一该园每月津贴不敷用，告以暂由该档房借用，俟旺月有馀再为归还也；又圆明园为燕京大学拉运石柱，十一师质问该园有无盗卖之事，据声称并无其事，令该园办公事报堂，以便发公函致十一师声明也。

初八日（1月31日），早，至使馆请见，派孟春祭太庙人员事。

初九日（2月1日），东兴楼请客，谈覆孙先生来函事，又公议委员会出席事。饭后至朱宅看进奉物品，陈太傅、耆大人均到，谈及陈拟与梁秘书长议修正条件事。晚，回家。

初十日（2月2日），早，至使馆，朱、陈师傅、耆、宝大人与予五人因上二旬万寿，进奉楷木如意一柄，《朱子全书》、《正谊堂全书》各一部，库缎四件，蒙赏收，回赏搭盘洋四元。着大人交来公用进洋四十五元。两宫太妃午刻至使馆用膳后回公主府。

十一日（2月3日），休息一日，闻堂郎中云，老师及南书房均得赏果品。

十二日（2月4日），早，至使馆，醇王爷到，饭后回家。本日世杰进灵仙祝寿花篮一对，赏收。晚，接值年旗公事，问管理处内阁存十处公事及官产应交代事，此事应与熙大人商妥函复及交内务部矣。

十三日（2月5日），八点至使馆，候至十点，随同在公使大楼下给皇上行贺礼，传谕一跪九叩，此次系皇后率淑妃先行礼，次王公世爵，次内廷大臣等，次内外大臣等，共到一百卅馀人。午后一点，上在大楼下公宴日本使馆男女客五十馀人，同座者有醇王爷、那王爷、贡王爷、洵、涛贝勒、杰二爷、陈太傅、刘骧业等，朱师傅因是日在家请客未入座，共用八桌。散后至朱宅，午餐。回家，颐和园档房人员来回公事。本日见那王爷、熙大人，谈及十营公事已移交内务部矣，应办覆函知照也。

十四日（2月6日），休息一日，令延明至宝虞臣处，托其办值年旗公函稿。

十五日（2月7日），早，至使馆，上交下赏张雨帅寿物四色，如意一柄，元狐一对，佛一尊，衣料四件，令商云汀寄去。与陈太傅略谈公事。

十六日（2月8日），未出门，张墨林等三人来索月例等款。

十七日（2月9日），早，至使馆。发覆值年旗公函一件，声明已将管理处公事移交内务部接收，并知照陆军部矣。本日将年前致段执政公函稿交陈太傅备查，为索欠款等事。

十八日（2月10日），未出门，恒炽老爷及恩绍安、继二爷来回公事，为制造库迁移物件等事。

十九日（2月11日），早，至使馆，见泽公爷、陈、朱大人，散时遇上同皇后至日本馆大楼赴约。予至公主府，蒙荣惠太妃召见，为已散之太监张姓有欲起诉讹诈之钞件交阅，大概有意讹诈未成，予请主位毋庸生气，俟该太监来时，即将伊交本段区署看管，再与理论办理。又云有传刘氏出名欲告爵善、爵信私与重华宫人窃出古物陈设古画等件，予云此事容与爵善商议办法，据云并有执政府军人黎姓至爵善家尌问等情。予退出，与爵善接洽，如彼能自行办结甚好，否则随时通电话，再为帮同办理也。至熙宝臣处行情。见邓三爷，谈及与财政部商办之事，俟有回信再为面谈。见胜章京，谈及覆值年旗公函已见着，以后有应商办之事，当与内务部交涉办理也。回家，闻景介卿、韩心斋来，云护军管理处公事正、杂款册簿大致检齐，订期可取出，存以备查，会计科检查人员恩禄、福顺、崇俊、荣佑等四人拟送给夫马费共六十圆，以为酬劳之资。此次交代管理处公事，予垫发零帐及杂费四五百元始克办结，所有交来公事应妥存备查，以备无知小人滋生事端，希图讹诈时有所查考也。人心险诈，不可不慎重将事也。

廿一日（2月13日），至使馆，与陈大人谈公事，耆大人亦到。

廿二日（2月14日），接耆大人信，为致张雨帅贺函事，当交办事处缮函，并代办寿幛一端，均交商大人寄去。

廿三日（2月15日），早，至使馆，会同朱、耆大人请见，蒙召见，请示本年春俸可否暂行停发，面奉上谕暂行停发等因，当令办事处办公函知照各署查照矣。又因张墨林辞差，奉谕即可令其撤差，所有广化寺照料，着令内务府堂上值班之员接差等因，钦遵照办。但张墨林尚在未走，大约听候发款也。是日崇俊等将管理处公事等件送宅，收存备查。

廿四日（2月16日），未出门，盘山总管曾荫来云，拟将东陵一带行宫字画、铺垫、木器等件运京，令予批准，告以此时大局未定，运送不易，且恐民国之人干涉，误以为私运，无法辩明，似可从缓，如必欲运京，应令该总管负完全责任。曾荫云，俟与该处千总商议，再来回话。恒炽来云上赏萨满妇人各四两，令由办事处发给，即行遣散，即令恒老爷转传遵照办理。又上要马三匹，令配妥洋鞍，送使馆备阅，并将下馀之马送馆阅看，惟其馀之马已饬变价，只得声明可也，明早应赴使馆。晚，王存信来索欠款，告以俟民国发款尽先发给。

廿五日（2月17日），早，至使馆，上召见，令会同荣大人至盐业银行提款。说明上用之马午后送来，其馀之马因喂养过费，上至使馆后亦无用马之处，已经裁撤矣。予退出，至德国医院见荣大人，会同至银行见岳乾斋，说明欲提款之事，岳云其款数目较钜，且未到期，又值委员会来函问三次借款之事，声称如到期者务须保留物品，俟与清室商定办法后再为商办等语，是以提款之事不能即办，本行须开会公议办法再议。予云如有少数用款，可否提用，岳云亦须商议后再给回信。予与荣大人复至使馆，见上覆陈一切，谕云存款与借款应分为二，不能浑作一事，对云是如此，但须俟该行公议后始能定局也。上云拉来之马二匹即留使馆喂养，其上驷处着即日裁撤，并令将房地产业契据查明开单呈览等谕，对云即应遵照办理。退出，派恒炽至办事处派总司诸位办理，拟一两日至办事处再为面交办理，总以简明不可遗漏为要。本日令赓大爷至工厂，开写西院房单数目，已经开来，尚须打听办法也。

廿六日（2月18日），早，至办事处，与耆、宝大人商办公事，宝大人云闻有改组内务府之说，因押售册宝之事不以为然，已拟派润贝勒、朱、景、温大人，因润贝勒不肯担任，始行暂停。彼时醇王爷亦到使馆，盖已参酌其事也，商定一两日内至府向王爷陈明请赞成免职，以免贻误大局也。散后至王仲华处占一课，占得《雷地豫》变《雷水解》，二爻动，据称求退可行，一两日进行，至二月初六日略有消息，十二日或可定局。又察看流年，正月稍有剥杂，二月逢冲即可化解，宜出外为佳，七月恐有疾病，本年大致尚平顺也。拜客，回家，晚，恩绍安通电话，云据邓君翔云与财部接洽之事，一两日内当有回音，容再来晤谈也。

廿七日（2月19日），鸿老爷来谈公事。申刻邓三爷送来财政部覆函一件，内称国库证券之事，已拟定由盐馀项下按月拨还廿万元，如有不敷，由其他款内拨付，其旧欠经费容再为筹办，业经执政批准等因，并代拟复财政部函稿一件，请知照汇丰银行，每月由内务府迳与该行直接办理等语。且云，俟君翔一半日见李总长，有何面谈之语，再为通电约会晤谈，以便交此信也。君翔去后，润贝勒来谈，一为龚总长约聚会事，予云如朱师傅不去，予亦不便前往；又谈前日上召见，为改组内务府事，王爷亦到，暂为劝止，润贝勒不敢担任，上云将来必须办理，陈师傅曾说内务府办理不善，现在又不赞成改组，不知何意也。润贝勒云，此事盖系罗公之意，而所拟之三位均甚躁进，予实惧与同事，只得自己设法摆脱也。晚，与耆、宝大人电话，订于明早十点至办事处，会同至北府。

廿八（2月20日），早，至办事处，查明汇丰所存国库证券二百六十馀万元。耆、宝大人到，同至王府见王爷，回明改组内务府之事，如上有意改组时，请王爷赞成其事。王爷亦甚为难，奉王爷谕云，汝三位可暂维现状，如再提时或可照办也。回家，汇丰来电话，请明日午初至该行谈话。

廿九日（2月21日），早，至汇丰行见邓君翔，谈国库证券事，据云已与鄭侯先生接洽妥协，该行现存之数为三百一十万之大数，贵府之数系二百六十六万馀元，若合二成部费，即照贵府原存之数所差有限，可作为并无费用，甚为直截了当，贵府如有经手之人，小费即可由彼所得之数内酌量拨给也。予想在彼应得之费既然敷用，在我原存之数并不短少，此事办得甚为干净，亦觉得冠冕，言之得体，已允照办矣。当至使馆，与耆、朱、宝大人请见，请上看明财政部覆函，尚为欣慰，并将本府覆财政部函稿呈览，谕令照发，又将十二月分四柱数目单呈览，留阅。退出，与朱大人略谈改组之事，日后若再提起，请毋庸谏阻为妙，朱大人已首肯矣。宝大人坚令赴内务部之约，已允明日同往矣。当将函稿交佟继先饬人照缮，旋经缮妥送来，拟明早交恩绍安送交汇丰转交，较为周妥。

卅[日]（2月22日），早，恩绍安来谈公事，将致财政部函交其于明日送至邓三爷银行请其转交。午初至宝大人宅，会同润贝勒、袁、柯大人赴龚总长之约。午正到，龚总长席间演说，请诸公通力合作，早将查点之事办完，至为盼祷。众无异词，彼方李石曾、易培基、沈兼士等到，汪精卫、吴敬恒、廉南湖未到，奉天加派二人杨大实亦到，此局大致为再开会时均请到会之意。

二月

初一日（2月23日），早，至使馆，见陈太傅，说明财政部复函已奉执政批定办法【法】，前发未还本之国库证券每月筹拨廿万元等因，查此项国库证券在汇丰原存三百一十馀万元，奏单结存之数系二百六十六万八千八百七十元，今与汇丰议定仍照奏单之数按月拨还，其所馀之数即可作为部费，尚不及二成之数，如此办理尚为公道，即可不必言及部费也。陈太傅云只可如此办理，即不必在上前陈述，以免误会。耆大人云，将来可作一局，请两位师傅及邓君翔一谈，说明其事，以明真相，日后无论何人接办，亦即明白内容矣。散后至开成素馆早餐，遇廉南湖先生及方方先生，予请二位便饭，谈及吴君敬恒作文登报之事，谓予侵款数百万，毫无事实，求廉先生为之辨护。廉云即请写信一函致廉先生，简明为自己更正，交廉登报可也，容再斟酌办理。回家，继老爷来回公事。

初二日（2月24日），早，佟继先电话，属赴使馆，即刻前往。至馆，始悉于昨晚十点钟，上已同日本警察赴天津日界，暂住大合旅馆，早间皇后、淑妃已同赤部参赞赴津矣。移时，陈、朱大人、耆、宝大人等均到，柯大人亦到，会议，议定予与耆、柯、宝大人同至执政府报告，并恳维持一切。陈大人晚车赴津，所有使馆所存物件即加封锁，暂派锡泉、恒炽住守，托日本使馆代为照料。旋由津来电话，叫外随侍四名、妇差一名，随带衣服、零用物品晚车赴津，已照办矣。予与三位见段执政，云昨见报端有引渡溥某明正典刑之语，甚为惊恐，宣统已同日本警官赴津矣。段云青年之人好行自由，只得听之，但是有我在京，不能听新党少年之人胡闹，可以放心。又云如清室物品应取者仍可取出，好在警备司令、内务长官不能不服从命令也。柯云，出洋游历经费仍请政府代为筹措，段云现在财政紧迫，容缓为筹画，如真出洋时，亦不能不代筹也。予云，上出京时令内务府照常办事，并求维持一切，段云我亦是旧臣，自应力予维持也，情意甚好。言毕退出，同至北府回明王爷。奉王爷谕云，未奉天津来信之前，汝三位仍应维持现状，均对云是是。退出，予与朱师傅通电，说明赴执政府所说之语，耆、宝大人同至公主府禀明太妃知之。予回家，接王爷电话，为班禅到京事。对云，已饬司员送给果席，并请贡王爷代为致候，但应送礼物尚在未办，王爷云现在局面不必送礼，可与贡王通电话告知暂不送礼也，当与贡王通电话，贡王云应代备哈达一方,先为致意,好在班禅不能就走,日后再为送礼可也。①

初三日(2月25日),午后叔诚来家,接世杰来信,知涛贝勒、陈大人晚车回京。晚至车站迎接涛贝勒,匆匆回府,未能见着,遇陈、温大人,请至斌升楼晚餐,谈及有上派润贝勒、绍英、宝熙、温肃、朱汝珍留京办理善后事宜,禀承王爷办理等谕,并有另函令涛贝勒帮办,此件约须明日早车寄京也。闻赴津之举,惟罗振玉一人知之,所租张园系朱汝珍代为租定,盖已付款也。上至天津暂住张园,省长杨以德及遗老均来请安,人才济济,未免有包围情形,惟望上能择善而从,敬慎将事,庶可济此屯难也。饭后回家。

初四日(2月26日),晚,至涛七爷府晤谈一切,顺路至章嘉佛庙晤谈,据佛爷云已见班禅佛,代递哈达,甚为欣慰,尚有送皇上哈达一方,容再送来呈进也。送给章嘉酒席一桌,收讫。昨奉上命送给班禅佛果席一桌,亦收讫,回送皇上哈达一方,尚在恩绍庵之手。本日锡彬、全钰、绪昌三人来云,办事处公事暂移在锡彬家收存,以免为他人索取,其上次办理债票、国库券奏稿存稿均为前堂郎中钟凯要去,已交伊收存。予云似可交汇丰收存,彼三人云闻邓君翔向捷南索此项稿件,是以要去,亦拟存于该行。予云如已交君翔,亦可容我见君翔时对明,交伊收存,以备日后查考。此事盖捷南另有藉此向银行要挟利益之意,人心险诈,真可惧也。此事仍应善以处之,必须办清为要。

初五日(2月27日),早,恩绍安来谈捷南提去稿件之事,绍安即往汇丰与君翔接洽。午刻章嘉来,将班禅送进之哈达交来,另有章嘉进上哈达一方,属为寄津,并云如有与班禅接洽之语,

---

① 此处天头补书:"初二日,上来电话,令陈、朱大人,又温、景、萧大人、堂郎中均赴津。"

章嘉佛可随时转达也。佛爷走后，予至朱师傅家，适耆、温大人在座，略谈天津之事。至宝大人处晤谈，将哈达三方交其寄津呈递。回家，晚，房产租库办事人来，云委员会带领军警将租折索去二百馀个，并将取来之银钱均持去，送至神武门内收存，并要其馀房折，当告知现在银行保存，须奉长官命令，始能交出等语。即令办事人于明早据实报堂，以便给内务部公函阻止也。

初六日（2月28日），早，延大爷庚来家，谈及总监有欲代为保管房折之意，以免为委员会持去，若再交出，恐不易也。予云，皇室房、地产，均于民国三、四年间，函行内务部造册，查照立案，此项房折现在华比银行保存，并非抵押，如若提取，须有内务部公事、执政命令，始能照办，否则公产私产尚未解决，未便即行交代也。庚云容将此意转达朱总监可也。延君庚去后，予至陈师傅处晤谈，请其在上前陈奏，总以优待条件定局再为出洋为妥，否则上若远行，恐即牺牲一切优待，各条均不能办到，恐尚不能如修正之五条，且私产将为人收没，将来一无所有，将如之何。且此时赴日，若待以皇帝之礼，必致民党之大反对，若待以平民之礼，岂不先自认取消尊号耶？若待解决后再为从容出洋，似觉有益无害也。并请陈明，将柯君凤孙加派留京办理善后事宜，以便与执政随时接洽，大有裨益。陈太傅均尚以为然，不知肯切实陈请否。又将盐业银行来函请阅，陈云似应据以函致内务部转行委员会查照也。辞出，至盐业银行，与岳乾斋谈款项事，岳云未到期之款未便即提，如在津用款可由天津分行暂借一两万元使用，予属其致津行一函，以便持函接洽，彼允照办，此节至津时尚须与荣大人一谈也。回家，办事处来回公事，云捷南由津来信，已令其侄将所提稿件交君翔矣。又房产租库已报堂，拟致内务部函稿一件，予略加修改，属其请耆大人酌后即日缮发，晚间接办事处电话，已照稿缮发矣。

初七日（3月1日），至宝大人处谈公事，润贝勒、袁、耆大人均到，朱大人派办事处人送来公事一包，尚应酌改。议定明早至北府回事，初十日至执政府请其维持也。宝大人寄回班禅藏文信一件，拟交竹铭请章嘉处代为翻译，已交竹铭照办矣。晚，恩绍安来云，岳乾斋云，三月十二日到期借款两批，如欲展期须付利二万二千八百元，拟请向上前陈明，前存之四万可先为提出，除付利外尚馀一万七千二百元，如天津有用项如在两万元之数，其透支之二千八百元可归来往折暂记也。又云借款之事应在执政府去函，安一根据，予云已经去函矣，现拟再致内务部一函，请转致委员会声明解释也。

初八日（3月2日），早，同宝大人至北府，见王爷回事，又往见涛贝勒，定于明日未刻同至执政府。

初十日（3月4日），未刻同涛七爷、耆、宝大人至执政府见执政，并递呈，呈报房产租库之事，说明请执政维持，允予维持。并见梁仲异，托其关照，其言语之间甚关切也。晚，见陈太傅，略谈，盖出洋可缓期也，闻十三、四赴津。

十一日（3月5日），早车赴津，先至大姑奶奶家早餐后，至上前跪安，面陈京中现在情形，并请示银行到期借款可否展期，奉谕到期再议展期之事，现在并无须提款也。上拟暂住天津，并不即行出洋，此诚好消息也。晚，请朱师傅、胡晴初、温义夫在松竹楼晚餐。

十二日（3月6日），早，赴张园，同郑苏堪同见上，赏饭吃，并亲手赐菜，天恩高厚。饭后退出。本日已陈明报纸诬卖石柱事，应回京声明登报，该委员会有意与内务府为难，如寻衅不已，只得赴津暂避，因不可理谕也，上以为然。郑大人亦云应暂避之，因彼不讲公理也，并陈明十三日回京也。拜铁大人，未遇，回张宅。

十三日（3月7日），辰刻启行，与大姑奶奶同车，至车站上车，九点馀开车，未初到前门车站，回家。闻张墨林曾来家云，委员会令迁移奉先殿，已回明耆大人矣，据此一事可知委员会进行未已，实不易商办也。派孙禄至吉老爷堃处，属其将圆明园石柱之事详细报堂，以便分析声明真相也。

十四日（3月8日），圆明园笔帖式存禧来回公事，令其至燕京大学，问明有无卖石柱事。奉王爷电话云，俟朱师傅到京，可会同至北府。

十五日（3月9日），午，宝二大人来谈。午后至汇丰行见邓三爷，谈国库券事，俟李总长回京，即可接洽办理，甚为关照，并云钟捷南已将前次公债稿二件已交该行收存也。至耆大人家，略谈近事。晚，接朱大人电话，订于明日未正北府会齐，当电达润贝勒、耆、宝大人，均于明日到北府请见也。

十六日（3月10日），《京报》登载反对优待同盟会议决，通电执政及国民军首领，谓万绳栻、康有为、罗振玉、绍英图谋复辟，请通缉等语，无谓之诬陷，只得注意豫防也。未刻至北府，会同见王爷，朱师傅交出三件：一宗庙陵寝派涛、瀛贝勒、泽公敬谨承奉，并在太妃前照料，一切与内务府商办；一派润贝勒、朱师傅管理内务府事务，所有善后事宜与内务府绍英、耆龄、宝熙会同办理；一派袁励准、柯劭忞、朱汝珍、罗振玉会同办理善后事宜。此记其大概也，原件存北府。奉王爷谕既经派定，自应维持现状，随时商办一切也。予云前往天津，已在皇上前声明现在报端时常诬陷，如京中无事，只得赴津暂避，否则倘有逮捕等事，于内务府面上颇不佳也，今《京报》攻击益甚，拟过日仍赴津一往，暂为趋避也，王爷默许。是日同至北府者润贝勒、朱、耆、宝大人也。

十七日（3月11日），午后邓三爷来谈，交一函底，应交恩绍安照缮,请诸同事阅后再发,为国库证券之事与该行办事之关系也。本日借宋姐大洋壹千元,按月一分五行息,于每月十九日给利十五元也。晚,内务府堂上景老爷纯来回,拟在银行寄存公事,定于明早往存,予将圆明园郎中吉堃禀一件、存禧结一件、翟博牧师片一纸交景老爷带回,交堂上暂存,俟傅律师拟来函稿,再为呈回各堂函致京师警察厅,为声明辨白并无人盗卖石柱之事也。

十八日(3月12日),闻民党有激烈进行之意,只得暂避,申刻至德国医院廿九号房间暂住,藉以调理胃病,先付帐房八十元,住毕再为清算。恩、鸿老爷来谈银库公事,将致邓君翔函底交缮,呈各堂阅后发行。晚,接朱大人函,订于廿一日午后两钟在筹备处面商公事。

十九日(3月13日),复朱大人一函,云订堂齐之事已传知矣。医院属过磅分两,系八十三磅零六。按每磅合十四两。午后锡老爷彬来云,送交寄存汇丰公事,已送交君翔,取有收条。晚,接办事处电话,天津要借款合同底,答云稍缓寄津;要《会典》等项书籍,容即寄津。

廿日(3月14日),午刻,恩绍安来谈君翔交十券之事,答以容与耆大人商酌办法,暂存该行可也。午后五太太等来。

廿一日(3月15日),未初至内务府办事处,润贝勒、朱大人及耆、宝大人、柯、袁大人均到,公议拟定给执政呈一件,为设立内务府办事处,并请刊刻关防,此稿已经亲见陈太傅面交,请与梁秘书接洽,可行再为缮写呈递。昨,耆大人由津回京,接到天津来函,内称敬启者,本月十四日行在办事处成立,奉谕:总务处着郑孝胥、胡嗣瑗管理,取支处着景方昶管理,交涉处着刘骧业管理,庶务处着济煦管理,钦此。孝胥等遵于即日到处任事,拟订办事暂行简章七条等因,相应钞附函达贵衙门查照,此致内务府。二月十九日。办事暂行简章：一本处分总务、收支、交涉、庶务，指派人员按日到处办理；一外来文件统交本处登号检看始行呈览；一如有应预筹或应变更重要之事，由本处集议决议，面请定夺；一在京内务府筹办善后各事应随时知照本处；一本简章自核定颁布之日切实遵行。内有无关重要二条姑从略不录。见陈太傅后仍回德国医院，带回内务府公事暂为保存。

廿二日（3月16日），早，耆大人暨恩、鸿老爷来商君翔代办库券之事，已商订办法，容与钟捷南接洽，并与宝大人说明，再为照办也。属二位至汇丰商议暂借款项，以应急需事。盐业应付讫利息二万元，零用尚须数千元。家中来人云良格喉痛，问方，当令服养阴清肺汤，午刻回家看视，服药见愈，家中小孩多有病者，请徐穉云看视。晚间回医院，阅看傅律师代拟致京师警察函稿，为声明无人售卖圆明园石柱，请转饬报馆更正，以昭核实事，尚为稳妥，容交内务堂照办也。

廿三日（3月17日），早，办事处文老爷来回公事，令其将傅律师函稿带回，呈回各堂，以便缮发。午回家，因良格未愈，请时子和来敷药，略为见好，内服养阴汤。办事处通电，云欧阳委员带领军警欲封办事处，属其稍候，请示执政府后再为办理。当给梁秘书长通电话，恳其转达执政，答云可先电达朱总监，再为代陈执政。旋接办事处电话，总监派延署长与欧阳委员接洽，经欧阳委员与会长商定，将办事处公事会同装一箱内，双方加封，由委员会携去云，将来解决时再会同启封，并派军警驻守矣。予电告办事处委员，明日应将本日经过情形呈回各堂，容再商议办法可也。

廿四（3月18日），早回家，小孩均见愈。午后至朱大人宅，与润贝勒及宝、耆、袁大人诸位会商，由宝大人访梁仲异，仍请设立处所，刊刻关防，以便照常办事。并订于廿七日午后两点半至北府,回清明派人致祭事。

廿五日(3月19日),回家住,闻五太太云蓝晶朝珠已售五百元也,此款交内收存。

廿六日(3月20日),未出门。

廿七日(3月21日),午后至北府,会同润贝勒、耆大人见王爷,派定清明由守护大臣致祭各陵,并陈明在执政府递呈,请关防事。致祭孙中山派宝大人前往,并赠鲜花圈一件。访商云汀,谈奉直地产事。见钟捷南,订于明早晤谈。回医院。

廿八日(3月22日),早,钟捷南、恩绍安来谈公事。午间宝大人来谈,另有意见,容与耆大人商议再定可也。延大爷来,云家中小孩均见好,即未回家。

廿九日(3月23日),早,至耆宅,与耆大人谈公事。午后酉刻耆大人云张园胡大人来电话,令明日早车会同商大人赴津,并携带两陵公事前往,商定予与商大人先于早车赴津,令锡老爷午后取齐公事,晚车赴津也。发初一日姨太太利息廿元,宋姐利息十元,自带二百一十馀元也,明日辰初前启行。

三月

初一日(3月24日),卯正三刻启行,同商大人赴津,午刻至熙来饭店住,未刻同至张园请安,为奉天来函拟为丈放陵地,派阎泽浦来协商事。酉刻阎来请见,上召见,予与商、胡、万大人同见。上意来函所议之件,甚为嘉慰,闻阎尚须晋京数日,俟回津时再为详议一切,并回津时尚愿再见阎某一谈也。退出。阎意可先写一复函,俟阎回奉时再将所议之事详陈,当由胡大人拟一函稿,作为内务府传述上意先为复陈云。晚,至英界见大姑爷、大姑奶奶,在彼处晚餐后回寓,写家信一封,即发。

初二日(3月25日),巳刻至张园,会同商大人请见,蒙召见,商大人将接到奉天拟接收陵寝地亩函稿一件呈览,大致谓现在无所隶属,只得由地方官派员接收等语,上令商大人函致三大人接洽商办。上问及盐业银行押款物品,到期可以变价,对云现在该行已接善后委员会来函,清室到期押款之物品不得变价,俟与清室接洽妥协始能办理等语,此时若即行变价,该委员必来干涉阻挠,而段执政又不能主持,是以恐不能办到,非不肯尽力办理,实有办不到之情形也。上已谅解,令与陈老师一说。予云现在奉省公函已经缮妥,交商、荣二人送交,晚间臣即回京,上允可。予退出,与陈大人说明银行之事,陈亦无说。与铁、袁大人略谈,二公同至熙来饭店一谈,铁大人云民国所欠经费急须设法,能索些公债,每年若有利息六十万元,由海关所馀或盐馀作为的款,由外国人安格联签字保证,如能办到,则皇室经费有着,诚为最要之事,如有头绪,我辈亦可托人向段执政请求也。予云回京必竭力进行也。午后大姑爷、大姑奶奶来,送至车站,四点上车,戌刻到家。

初三日(3月26日),午后,润贝勒来谈公事。

初四日(3月27日),巳刻至北府见王爷,回明由津回京,在津为奉天派阎泽溥来津接洽奉天皇产放地等事,曾办一复函,将函稿请王爷阅看,并回明商大人接奉天来信,云该省谓现在清室办事处无所隶属,令将所有陵寝、宫殿、产业、册档一律交代,由彼派员接收等语,此节经上谕商大人给三多写信暂缓交代矣。又回明请关防之事,执政批交内务部知照,而内务部拟发给钤记,由宝熙托梁鸿志再向执政说项,业经函达梁秘书长矣。王爷云,如不能办到,有钤记究胜于一无所有也。退出,回家,锡泉老爷来,云制造库又为委员会占房之事,拟将所存物件挪移,当交名片一个,令其访中一区署长延庚与委员会商办。晚,至福寿堂公请邓三爷、钟三爷、恩绍安、鸿博泉。与宝、耆大人谈公事,闻润贝勒、宝大人明日赴津,将三大人来函交宝大人寄津,以便与商大人接洽也。所有邓三爷经手之事,公议共计十股,五人某某共七股,钟壹股,锡六厘,福四厘,仁二厘八,昌二厘八,兴二厘,刚二厘,裕二毫,惠二毫,共为十股之数,已与邓君说明矣。内中凯字等二股将来由钟经手办理,其馀由五人内一人办理可也,姑记大略如此。

初五日(3月28日),早,宝大人差人送来梁众异信一件,内附龚总长信一件。内云内务府呈请一节奉执政批照办,已由内务总长饬司照办矣,当由电话禀明邸座。午间拜朱大人,未见,将梁函留阅,予回家经朱宅,将信送回,予加函给耆大人送阅,阅毕带回。

初六日(3月29日),晚五点,至北府与阎廷瑞总办见王爷,为奉天皇产交代之事。据云张雨帅又派副官马象琨来京,令其请见皇上,并请下一手谕,谕令冯副都统将所有陵寝皇产均交张上将军接收等语。予云皇室之私产可即交代,至关乎民国职权,清室不便谕令接管,因都统系民国所派,清室未便下谕令其将职权移交也。阎云可下一手谕,即云移交皇产之事,言语间可浑涵说之,俟伊回奉再为详细声明也。奉王爷谕,可与耆大人一商,如能同赴津一行,甚妥,否则有人同去即可,但所拟手谕须请老师斟酌妥协也。与阎督办说定,明日令马象琨前来接洽,以便商订赴津之事也,遂散,至耆大人处,订于明日晤商一切也。

初七日(3月30日),午刻马象琨来见,晤谈一切,订于初八日同至陈太傅宅接洽也。未刻至耆大人处,与润贝勒、陈、宝大人会商一切,陈大人于初九日赴津,即属陈大人带领马象琨请见也。

初八日(3月31日),接宝大人来函,为朱大人属更正《益世报》之事,惟阅本日《益世报》已经于"来函照登"内更正矣,下面写"清室驻京办事处",盖已由驻津办事处更正,且将"津"字误写"京"字,即不便再为更正,再则反觉重复也。当将此节由电话禀明邸座,奉谕即无须再办也。未刻与马象琨同见陈太傅,订于初九日赴津,初十日至张园请见,再议办法也。拜阎总办,未遇。至朱大人处,晤谈一切。至真光,略看南洋异兽电影,看见活麒麟多头,即外洋所谓"马鹿"者,诚见所未见也。回家,闻锡斌老爷来云,天津要东省奉天公事,已饬人找出,明日送津也。

初九、十日（4月1、2日）,未出门。

十一日（4月3日）,京师地方审判厅送来钞录副状一纸,原告刘遹嘉即刘庆馀堂,被告护军管理处绍〇,诉讼标的请求判令护军管理处按执照交地,并使原告得安全管业,如不能照办,请求解除买约,赔偿买价二千元,及自民国十年九月起按月二分之利息,并前次之原告诉讼费、律师费用等因,此件已求高科长代为酌办,如何之处再为办理。本日因不能进食,请徐稚云诊治,见愈。

十二日（4月4日）,早,竹铭往见傅律师,拟先推宕,因该机关已撤,如不能推,再为出而辨诉也。先交傅律师委任状一件备用。午后办事处送来天津办事处知照二件,初三日奉谕派万绳栻、温肃赴奉商议交代办法等因,又初十日奉谕复张上将军函一件,并谕知冯德麟、三多、商衍瀛各一件,大致云所有奉天之陵寝、宫殿、皇产,应将陵寝划出、照堂附近永远封禁外,其馀亟须丈放,着冯德麟、三多、商衍瀛分别交张上将军接收,至北京陵寝、财产应俟内务府将历年册档向民国索回再为呈核,饬拟办理等因。已由办事处呈各堂恭阅,自应钦遵办理也。惟索回册档一节,须俟委员会分别解决后,始能着手办理也。本日照昨药方服药一剂。大姑奶奶回家。

十三、四、五日（4月5、6、7日）,因病未出门。

十六日（4月8日）,陈太傅自天津回,交看上谕一件,为派陈太傅办理银行押物变价事,令予与耆、宝大人随时接洽等因。

陈太傅令予与耆、宝二人给该盐业银行写信，予云请属寿民办理，陈允诺，即赴寿民处接洽也。

十七日（4月9日），午至姚大人处看病。廉南湖约午餐，座中有吴稚晖，见面略谈，彼云前者登报所云实系误会，对不住等语，予云自幼读书尚知廉洁自持，实不敢妄为，彼尚听信，亦幸事也。回家，拜吴先生，未会。晚，接内务部来函，奉执政谕，催我辈委员五人赴会，以便会同查看古物等语，惟闻委员会已将我辈五人开除，尚须交涉妥协再为赴会，以期妥洽也。

十八日（4月10日），办事处送来内务部公函，内称查清室设立办事处，自为便于接洽起见，惟名称已商允改为"清室办事处"，其关防文曰"清室办事处之关防"，嗣后关于清室事件即由贵处接洽办理，相应函达查照等因。当请诸位看过，并请润贝勒定于十九日午后，在润邸商办一切云。①

暂记账：

欠姨太太一千元，接一分三厘，月息十三元；五百元，接一分四厘，月息七元。

欠宋姐五百元，每月一分四厘，月息七元；乙丑二月初一日又借宋姐二百元，每月一分五息，月息三元。②

岳乾斋所立盐业银行折曾经让借款项，并云以五千元为限，今已借过三千元矣，浮借并无利息，又借过二百元。

电话：

盐业总管理处，南局二六七〇。绍宅，东局一四三。王府书房，东局一二六七。

---

① 以下诸事为本册末尾所附杂记文字。
② 此段天头补书："宋名下每月初一日，付十元。"

附：绍英之孙马延霱跋（在第四十册后）

先祖绍太保公，自甲子年冬扶病侍禁中，忽值事变，随扈车驾出宫。仓皇颠沛，竟以忧劳况瘁致疾，遂饮食日减，气体日衰。乙丑春，力疾赴津叩觐乘舆，回京后遂卧病不起，三月十一日即不能食，延徐稚云、萧龙友诸医生诊治，未见愈，至十八日愈甚。手记写至该日为止，以后再不能作日记矣，故此本日记为先祖之最后一本日记。

先祖以乙丑闰四月十一日卒于新鲜胡同京邸，享寿六十有五，呜呼痛哉！遗折上，当日钦奉谕旨：太保、前总管内务府大臣绍英持躬恪慎，练达老成，由荫生起家，资倚畀，遽闻溘逝，轸惜良深。著加恩赏给陀罗经被，赏银五百圆治丧，派贝子溥伒即日前往奠醊，任内一切处分悉予开复，应得恤典该衙门查例具奏，用示笃念旧臣至意，钦此。

先祖世受国恩，以身许国，世局沧桑，迭经奇变，处之泰然，虽感触良深，未尝形诸辞色。生平服膺儒素，垂老衰病，犹编摩不去手。殁后家无长物，惟旧书数楹，日记若干册而已。

又吾家曾三遭劫难，第一回为民国元年壬子正月十二日，曹锟所统之第三镇兵变，我家被抢劫，损失甚巨；第二次是民国廿五年丙子十二月三日，我家之男女佣人串通盗窃物品后，为灭迹纵火烧毁房屋十三间（见河北省高等法院廿五年度上字第一三六号刑事判决书）；再一次则是一九六六年丙午那场史无前例的文化大革命了。历经三劫，尚能将先祖百年日记之大部份保存至今，但其中有些已被烟薰虫蛀，有的因潮湿板结，几乎成为书砖，揭不开页，经蒸揭挑裱，重新修复，实非易事。此先祖绍太保公日记尚能保存至今，可以说凝结了祖孙三代人之心血，是为记。

孙马延霱拜书。

附录：

绍英年谱简编

绍英（1861—1925），字越千，马佳氏，满州镶黄旗人。马佳氏系清代满洲八大姓之一，源远流繁。绍英一脉，始祖可追溯至明初马穆敦，率族居于嘉理库马佳（今黑龙江省东宁一带），遂以马佳为氏（马穆敦之弟格恩特衣仍留原籍）；马穆敦生子黑德莫尔根，即二世祖；黑德莫尔根生十九子，第三子名奇普图，即绍英一系支脉之祖（三世三祖）；六世诸祖率族人辅佐清太祖定鼎天下，遂致有清一代，勋贵不绝。绍英为三世三祖之第十四代孙，其祖升寅生两子宝琳、宝珣，绍英系宝琳幼子，因宝珣卒后无子，故以绍英继嗣。宝琳有妻董佳氏、曹氏，绍英系曹氏所出。

绍英一门多为显宦，其本人仕历亦显赫。光绪末曾以京师大学堂提调身份东渡日本考查学务；又曾任商部右丞，充高等实业学堂监督；擢度支部左侍郎，派充崇文门监督。宣统年间擢署度支部大臣，辛亥革命后，充任溥仪宫中总管内务府大臣，兼八旗护军营都护使之职，后特授太保。王国维有诗赞云："万石温温父子同，牧丘最小作三公。"（《题绍越千太保先德梦迹图》其二）至以汉初大臣石奋幼子石庆（武帝时期丞相，封牧丘侯）比类绍英。绍英平生事履，其子世杰、世良曾撰有《绍太保公年谱》四卷，近三十万字，但基本上是对绍英日记的直接摘抄，且字迹稠密，览之眉目难清。今据《绍英日记》、《绍太保公年谱》、《马佳氏宗谱文献汇编》等资料，举其纲目，汰其复沓，裁制为

《绍太保公年谱简编》，以便读者观览。谱中日期记录方式，民国以前皆先出以阴历，后括注以阳历；民国以后，先出以阳历，后括注以阴历，且阴历虽在旧年而阳历已入新年者，亦移于新年内记述（宣统三年例外）。

咸丰十一年（1861）辛酉，一岁

十月二十三日戌时，公生于北京东城朝阳门内新鲜胡同私邸。（据《绍太保公年谱》）

按：是年八月，其本生父宝琳（字梦莲）公先卒于家，嗣父宝珣（号东山）公在京翰林院供职。宝琳公有子五，绍勋、绍祺、绍諴、绍彝、绍英；勋、祺、諴为董佳氏出，彝、英为曹氏出。时绍勋（字桐荫，族排行八，又称八兄），官刑部云南司掌印郎中；绍祺（字秋皋，又字于寿，族排行九，又称九兄）咸丰六年进士，翰林院编修；绍諴（字葛民，别署云龙旧衲，族排行十一，又称十一兄）官工部郎中。曹氏初生女，许字大学士宝文靖公鋆从子景曾，未婚守节，得膺旌门之典；次生绍彝（字叙五，又称四兄）年甫三岁。

公之世系，《绍太保公年谱》卷首有简述亦可参考："公讳绍英，姓马佳，字越千，满州镶黄旗人。始祖讳马穆敦，居嘉理库马佳地方，因以为氏，国初来归。六世祖讳珂库噶哈，与伯兄赫东额历著战功，授为男爵，及入关定鼎，以战伤时作，留守休息，故世居陪都。高祖考讳德清，官盛京礼部赞礼郎，诰赠光禄大夫，晋赠振威将军，高祖妣辉霍氏，诰赠一品太夫人，晋赠一品太夫人。曾祖考讳罗多礼，官盛京礼部赞礼郎，诰赠光禄大夫，晋赠振威将军，曾祖妣韩氏、赵氏、陈氏，均诰赠一品太夫人，晋赠一品太夫人。祖考讳昇寅，官至礼部尚书，诰授光禄大夫，晋赠太子太保，赐谥勤直，祖妣宗室氏、张佳氏，均诰封一品夫人。考讳宝珣,官至兵部侍郎,诰赠光禄大夫,妣乌郎汉吉尔们氏,诰赠一品夫人。本生考讳宝琳,官至直隶省保定府知府,署理清河道,诰赠光禄大夫,本生妣董佳氏,诰赠一品夫人,曹氏,诰赠一品夫人。"

同治五年(1866)丙寅,六岁

公始识字。(据《绍太保公年谱》)

同治十年(1871)辛未,十一岁

公从恒焜学,恒字舒翘,正白旗蒙古人,咸丰甲子举人。(据《绍太保公年谱》)

光绪元年(1875)乙亥,十五岁

九兄绍祺代请张煜来家授读。张字朗轩,遵化鲁家峪东峪人。(据《绍太保公年谱》)

光绪四年(1878)戊寅,十八岁

叔父宝珣卒于山海关副都统任,无子,以公为嗣。是年公捐赞礼郎衔。

十一兄绍諴为公延请洪思亮来授读。洪字朗斋,安徽怀宁人,光绪丁丑科进士。(均据《绍太保公年谱》)

光绪五年(1879)己卯,十九岁

公又从王念祖学。王字少谷,安徽太湖人,光绪癸未科进士。(据《绍太保公年谱》)

光绪六年(1880)庚辰,二十岁

八兄绍勋卒。(据《绍太保公年谱》)

光绪七年(1881)辛巳,二十一岁

公折节向学,服膺宋儒之教,研治性理不懈。与田庚(字少白)、方铸(剑华)、马昌繁(字月樵)、孙传奭(字少鼎)、彭祖龄(字同九)五人为友,参研阳明、龙溪诸学说,结社讲肄,月有期会,讲习讨论,笔札甚多。(据吴闿生《马佳君传》、《马佳氏宗谱文献汇编》所载绍英传)

光绪八年(1882)壬午,二十二岁

公奉派恭修神路营房等工完竣,朝廷准其保奖。(据《绍太保公年谱》)

光绪九年(1883)癸未,二十三岁

公于是年六月,签分兵部。
九月,娶贝子绵勋之女为妻。(均据《绍太保公年谱》)

光绪十年(1884)甲申,二十四岁

二月,妻病卒,婚甫半年。(据《绍太保公年谱》)

光绪十一年(1885)乙酉,二十五岁

春,公移居于宅南之真武庙读书,预备科举。(据《绍太保公年谱》)

光绪十二年(1886)丙戌,二十六岁

正月,延朱延薰授读,延薰字舜琴,安徽太湖人,光绪己丑进士。公从学举子业。

二月,九兄绍祺卒,有子二人,世培、世楫。

九月,公大病,至光绪十四年六月始瘳。(均据《绍太保公年谱》)

光绪十三年(1887)丁亥,二十七岁

十一月,继娶觉罗氏,为都察院供职军机搭拉密三德(字匡九)之女。(据《绍太保公年谱》)

光绪十四年(1888)戊子,二十八岁

公自今年六月病始痊,精神目力尚不能如常,自此不能应举,一意当差。(据《绍太保公年谱》)

光绪十五年(1889)己丑,二十九岁

十一月,公奏补兵部笔帖式。(据《绍太保公年谱》)

光绪十六年(1890)庚寅,三十岁

从萨普学习满文。萨普,系曾任蒙藏院副总裁治格之叔。(据《绍太保公年谱》)

光绪十七年(1891)辛卯,三十一岁

正月二十九日(3月9日)子时,十一兄绍諴病卒,有子一人,世善。(据《绍太保公年谱》)

光绪十九年(1893)癸巳,三十三岁

公兼管海署饭银处差。(据《绍太保公年谱》)

光绪二十一年(1895)乙未,三十五岁

神机营保奏公,以主事遇缺即补。(据《绍太保公年谱》)

光绪二十三年(1897)丁酉,三十七岁

十月,神机营保奏公,以员外郎,无论咨留,遇缺即补。公遵例捐戴花翎。(据《绍太保公年谱》)

光绪二十五年(1899)己亥,三十九岁

十二月,公得神机营保奏,俟补员外郎后,在任以郎中遇缺即补。(据《绍太保公年谱》)

光绪二十六年(1900)庚子,四十岁

八月,德、奥、美、法、英、意、日、俄八国联军入侵北京,慈禧太后及光绪帝奔逃西安。公全家在京城家中暂避。(据《绍英日记》,以下凡仅据《日记》者不再注出)

十月,李鸿章进京议和,寓贤良寺,邀吴汝纶入都襄助。公奉肃亲王善耆之命来拜吴氏,一见倾心,公遂执弟子礼焉。(窦宗仪《李鸿章日谱》、吴闿生《马佳君传》)

光绪二十七年(1901)辛丑,四十一岁

正月至七月,公以候补员外郎身份在兵部捷报处公所当差验放饭银,公所设在柏林寺。

五月初一日(6月16日),四兄绍彝补授户部郎中。(据

《绍太保公年谱》)

五月十一日(6月26日),公被约充稽查左右翼公所提调。

六月三日(7月18日),张百熙派公巡察应修缮之皇室工程。

七月六日(8月19日),步军统领衙门咨调公与瑞澄等襄办一切事件,帮同办理警务事宜,又兼善后协巡总局事。

七月十一日(8月24日),庆亲王奕劻指示:"公事应以中国成法为主,其日本之警务章程,有可采者,亦应择善而从。"

十一月初五日(12月15日),绍彝任张家口监督,母曹氏随往。(据《绍太保公年谱》)

十二日(12月22日),承修跸路工程大臣保奏公以本部员外郎,无论题选咨留,遇缺即补,并赏加四品衔。(据《绍太保公年谱》)

光绪二十八年(1902)壬寅,四十二岁

是年公随吴汝纶赴日考察学务,归国后接办崇文门税关、兵部、大学堂、东陵等处事务。

清廷议复京师大学堂,吏部尚书充管学大臣张百熙举荐吴汝纶充总教习,吴辞不获,遂请往日本考察学制。(吴闿生《马佳君传》)

五月初一日(6月6日),公蒙管学大臣张百熙尚书指派,公与荣勋以大学堂提调身份随同吴汝纶赴日本考察学务。

五月十五日至六月二十日(6月20日至7月24日),公随吴汝纶分别在日本长崎、神户、住吉、大阪、京都、东京考察各类学校。

七月十八日(8月21日),随同将军毓朗归国。

七月二十六日(8月29日),奕劻命公在崇文门充当委差。

七月二十八日(8月31日),张百熙邀公充大学堂支应局提调。

八月初一日(9月2日),到税司,看视各项公事。是日,兵部派充则例馆总纂。

八月初三日(9月4日),张百熙正式任命公改充大学堂支应局提调。自此兼办税司、大学堂等事甚繁。

十二月四日(1903年1月2日),引见,得补员外郎实缺。

十二月初八日(1903年1月6日),公闻张百熙保其经济特科,考语有"清通简要,学有本源"之评。

十二月十三日(1903年1月11日),奕劻派公充工程处监督上行走。

光绪二十九年(1903)癸卯,四十三岁

是年公仍兼办税司、兵部、大学堂、东陵等处事务;八月,又添商部事务,十一月,授商部右丞。

正月十一日(2月8日),公母曹氏由张家口返京。

正月十五日(2月12日),兄绍彝由张家口返京。

正月二十二日(2月19日),兵部尚书裕德派公充任满档房总办。

三月二十日(4月17日),公遵例报捐,以知府双月在任候选。

八月十一日(10月1日),奉旨补授商部左参议。

九月初八日(10月27日),因办理崇文门税务征收逾额,经奕劻保奏以应升之缺升用,奉旨着照所请。

十一月初五日(12月23日),赏加二品衔。此因上月在堂子工程处督修,张百熙等保荐公加二品衔,本日吏部遵旨核议具奏,奉旨"依议,钦此"。

十一月十一日(12月29日),补授商部右丞。

按:《绍太保公年谱》谓该年初"荣相华卿派公会同管理学堂事务",误。《日记》该年正月十一日载:"晚阅邸钞,见荣华卿派会同管理学堂事务。"是指荣庆被派遣,与张百熙共同管理京师大学堂事务。

光绪三十年(1904)甲辰,四十四岁

是年公仍任商部右丞,兼办工程处、大学堂、崇文门税司等处事务;八月后,又常以实业学堂监督身份住学。

正月十五日(3月1日),大学堂移于进士馆,名曰"总理学务处"。

正月二十三日(3月9日),公见学务大臣孙家鼐、张百熙,谈实业学堂事,二公指示:该学堂常年经费三万金,每年可协济二万金,其一万金由商部筹补。

二月廿七日(4月12日),商部尚书载振派公充实业学堂监督,公辞之,不允。

三月初一日(4月16日),公具奏修撰张謇创办公司,卓著成效,请破格奖励。

三月二十一日(5月6日),公具奏派京卿庞元济总理造纸公司事。

八月十九日(9月28日),实业学堂学生入堂,公于是日以学堂监督身份住学。

九月初四日(10月12日),公赴兰阳工次查工。

九月初八日(10月16日),差竣回京。

十一月十八日(12月24日),四兄绍彝奉母赴山西汾州知府任,公送至正定始返京。

十一月二十二日(12月28日),公具奏周廷弼独办公司请

奖事。

十二月十二日(1905年1月17日),公具奏刘世珩请办贵池垦务公司事。

十二月十五日(1905年1月20日),实业学堂放学之期,公为学生演说。

十二月十六日(1905年1月21日),公辞退实业学堂不及格学生五名。

光绪三十一年(1905)乙巳,四十五岁

是年公仍任商部右丞、实业学堂监督等;八月欲出洋考察各国政治,因遭袭击受伤未果;十一月,兼署户部右侍郎兼钱法堂事务,又兼署商部左丞。

正月初十日(2月13日),商部总商会开会,公为演说官商一心、诚信相孚、集思广益之旨。

正月二十日(2月23日),实业学堂开学,公为学生演说进德修业、悔过自新之意。

二月二十二日(3月27日),为子世杰定亲,乃庆亲王奕劻第八女。

三月初一日(4月5日),在实业学堂演说尚志体仁之大意。

四月初二日(5月5日),商部遵旨会查路矿款项。

四月十四日(5月17日),受载振之命,公至天津谒见直隶总督袁世凯,谈卢汉铁路及借外债等事项。

五月二十九日(7月1日),接财政处知会,本日财政处点派公充提调官。

六月二十五日(7月27日),接谕旨,派公与镇国公载泽、户部侍郎戴鸿慈、兵部侍郎徐世昌、湖南巡抚端方共同出洋考察各国政治,此即清末著名的"五大臣出洋"。

八月二十六日(9月24日),公启行,甫登火车,遭革命党人吴樾炸弹袭击,公受伤七八处,惟左股较重,即至法国医院,调治甚效。

九月初五日(10月3日),由公左股取出炸弹钢子一枚。

九月二十六日(10月24日),公由医院归家。

十月初十日(11月6日),伤口平复。然自是足创终成疾,时有发作(《绍太保家传》)。

十一月十日(12月6日),奉上谕:"户部右侍郎兼钱法堂事务着柯逢时补授,仍着督办各省膏捐事宜,未到任以前着绍英署理。"

十一月十六日(12月12日),商部具奏,请派公兼署商部左丞,奉旨"依议"。

光绪三十二年(1906)丙午,四十六岁

是年正月公升转商部左丞。九月,转任度支部左侍郎。

正月二十八日(2月21日),公由商部右丞升转商部左丞,原商部左参议王清穆转右丞。(据《清实录·德宗实录》)

九月二十一日(11月7日),奉上谕:"度支部尚书着溥颋补授,左侍郎着绍英补授。"(据《清实录·德宗实录》)

按:本年官制改革,户部改为度支部。

光绪三十三年(1907)丁未,四十七岁

是年,公在度支部左侍郎任,七月,又兼崇文门税关副监督。

正月二十七日(3月11日),上谕令公估修惠陵工程。

二月初七日(3月20日),启行赴惠陵。

二月十一日(3月24日),差竣回京。

二月十四日(3月27日)，公蒙召见，问工程事件。又与奕劻谈部中丞参事、币制事、东三省筹款事等。

二月二十日(4月2日)，与奕劻再议东三省筹款事。

二月二十三日(4月5日)，至颜料库收放款。请工程处监督、监修，定于本月二十九日(4月11日)开工修理惠陵工程。

三月初四日(4月16日)，公蒙召见，催铸币事。又与度支部溥頲、宝熙、张允言、瑞丰等赴庆亲王府，议币制事。

三月二十八日(5月10日)，公加班，具奏请试铸七钱二分银币及奏办刷印造纸厂，又金本部请饬会议事，又复奏山东、奉天省请铸银币事，会议之件留中，馀均奉旨"依议"。

四月初五日(5月16日)，具奏准销粤西剿匪销案。

四月初七日(5月18日)，度支部尚书由载泽补授，溥頲改任农工商部尚书。

四月初八日，(5月19日)，公侄世善(字百先)病逝。

五月初九日(6月19日)，公至东陵，叩谒陵寝后，至惠陵验收工程。

七月二十五日(9月2日)，公奉旨任崇文门副监督，正监督为溥伦。

十一月初十日(12月14日)，北宅世善妻病故，公往北宅料理办事。

十一月二十一日(12月25日)，合葬世善夫妇于北山西茔地，并令侄世煜(字辉山)暂住北宅，照料一切。

十一月二十二日(12月26日)，接兄绍彝来信，知得保列卓异，将回京述职。

光绪三十四年(1908)戊申，四十八岁

是年，公在度支部左侍郎任。二月，与鹿传霖赴山西查案。

七月,交卸崇文门副监督差。

二月初一日(3月3日),奉上谕与协办大学士鹿传霖一起赴山西查办事件。事因归化城副都统文哲珲奏参贻谷败坏边局,欺蒙取巧,蒙民怨恨各款,故派鹿传霖与公前往确查。覆奏属实,四月有旨,将"绥远城将军贻谷著革职拿问,由山西巡抚派员押解来京,交法部审讯,监追治罪。文哲珲于库款亦有侵挪,且向亦阿附贻谷,听其苛敛,随同画诺,并着交部严加议处。"(据《清实录·德宗实录》)

七月二十五日(8月21日),"派恭亲王溥伟为崇文门正监督。学部右侍郎宝熙为副监督"(《清实录·德宗实录》),公之副监督当于此时卸任。四兄绍彝被保举回京引见亦在是月(《清实录·德宗实录》)。

九月九日(10月2日),"在任候补道山西汾州府知府绍彝、着以参议候补"(《清实录·德宗实录》)。

十月二十一日(11月14日),光绪帝崩于瀛台涵元殿,年三十有八,遗诏摄政王载沣子溥仪入承大统,为嗣皇帝,时年三岁。

十月二十二日(11月14日),慈禧太后亦崩,遗诏军国政事,由监国摄政王裁定。

十二月二十一日(1909年1月12日),"谕内阁:菩陀峪定东陵应修神路营房工程,着派绍英、耆龄敬谨估修。"(《大清宣统政纪》卷五)

宣统元年(1909)己酉,四十九岁

是年公在度支部侍郎任上,兼承修定东陵工程事务,极繁忙。

正月十七日(2月7日),公具奏估修神路、填砌隧道暨礼部、八旗、内务府营房工程钱粮数目折一件,清单一件,附片奏监

督等川资等款请由六分平馀项下动支片一件,均奉旨"依议"。钱粮数目共卅一万零四百廿五两四钱四分。

二月初四日(2月23日),度支部值日,定东陵工程处奏事,复至溥颋处谈农工商部交款事。

二月三十日(3月21日),公加班奏事,监国摄政王召见,问具奏清理财政事。

闰二月十四日(4月4日),监国摄政王载沣问公印花税事及派监理官事,令与监理官详细讨论。

三月初一日(4月20日),以恭修菩陀峪定东陵工程出力,赏公头品顶戴。

四月十六日(6月3日),监国摄政王载沣召见公,颇有奖掖之语。

六月二十七日(8月12日),本部具奏财用窘绌,举办新政宜力求撙节,以维大局一折。

六月二十八日(8月13日),兄绍彝补授民政部右参议。公窃思毋欺即慎独,是为学之入门,即为学之究竟;安分即循理安命之谓,忠信时习,尤为存心力学之要;会吃亏,即存厚让人之谓,为子孙者能如此存心力学,循理安命,自能积善馀庆,庶可为孝子贤孙也。

九月初四日(10月17日),抵东陵查工。

九月初八日(10月21日),返至京师。

九月二十七日(11月9日),复启行赴东陵。

十月初九日(11月21日),恭送孝钦显皇后神牌祔太庙,公随同行礼后返家。

十月十一日(11月23日),公因恭送神牌加一级。

宣统二年(1910)庚戌,五十岁

是年公在度支部侍郎任上,兼承修定东陵工程事务。

二月初四日(3月14日),奏调吴廷燮在度支部参议上行走,奉旨"依议"。

四月初一日(5月9日),至太庙陪祀。

四月初十日(5月18日),会议币制事。

四月十五日(5月23日),奏币制及处理旧银铜元事。

四月十六日(5月24日),度支部上币制兑换则例,诏国币单位定名曰圆,暂就银为本位,以一圆为主币,重库平七钱二分,另以五角、二角五分、一角三种银币,及五分镍币、二分、一分五厘、一厘四种铜币为辅币,圆、角、分、厘各以十进,著为定制。(据《绍太保公年谱》)

二十五日(6月2日),进呈银币式样。

五月十六日(6月22日),具奏纸币则例一折,又限制发行银钱票一片,均奉谕旨"依议"。

五月二十一日(6月27日),女工厂速成班毕业,发文凭,并设展览会,出售成绩品。公在厂照料一日。

七月十三日(8月17日),内阁奉上谕:"意普等奏恭修菩陀峪定东陵佛楼请派大臣勘估钱粮并开单绘图呈览一折,着派绍英前往敬谨查勘,钦此。"

七月十七日(8月21日),公启行往东陵。

七月二十二日(8月26日),巡查完毕返京。

七月二十三日(8月27日),公至工程处会商工事。拟定奏底清单,共估需工料银二万二千一百九十七两二钱一分九厘,比该处所估之数少二万七千三百馀两。

七月二十七日(8月31日),度支部与外务部堂官在政务处会议。

八月初二日(9月5日),公加班,具奏东三省拟借款二千万、会同外务部议准事,湖南拟办公债议准事,奏拨云南军饷五十万事,又奏拟将国家税、地方税章程同时厘定事,均奉旨"依议"。

八月十七日(9月20日),公具奏币制局开办事。

八月二十三日(9月26日),公加班奏事。

八月二十七日(9月30日),公具奏试办宣统三年预算事。

九月二十七日(10月29日),公加班奏事,为向美国借款事,奉朱批"依议"。

十月十八日(11月19日),购得藏经内零种六十八本,共作十函,公以为此皆佛祖法宝,应敬谨收藏,以备参阅。

十二月二十日(1911年1月20日),公至女工厂监视发文凭。

十二月二十五日(1911年1月25日),奉谕旨:"农工商部奏高等实业学堂五年毕业、监督绍英应如何奖励等语,绍英着交部议叙。"

宣统三年(1911)辛亥,五十一岁

是年,公在度支部左侍郎任上。九月二十六日又暂署度支部大臣。

正月初五日(2月3日),礼部具奏,庆亲王之第八女聘与公之子世杰为妻,应请照例授为郡君,其婿世杰授为郡君额驸,奉旨"依议"。

正月十四日(2月12日),公加班具奏试办宣统四年全国预算暂行章程及实行宣统三年预算办法各一折,均留中。

二月初一日(3月1日),世杰与八格格成亲。

三月十七日(4月15日),与外务部会奏借款事,奉旨"依议",于是由度支部尚书载泽签字,与美、英、德、法四国银行签署借款合同。

三月三十日(4月28日),接到农工商部咨文一件,内称接准吏部知照,宣统二年十二月二十三日,军机大臣钦奉谕旨,农工商部片奏高等实业学堂监督、侍郎绍英勤劳最著,应如何奖励等语,绍英著交部议叙等因,钦此。钦遵到部,绍英应给予寻常加一级。

四月初十日(5月8日),钦奉上谕,设立内阁、弼德院、军谘府,并简授总理大臣、协理大臣、各部行政长官、国务大臣、弼德院院长、副院长、军谘大臣等官。然责任内阁13名阁员中,满员9人、汉员仅4人,满员中皇族又占6人,时称"皇族内阁",舆论大哗。

四月二十五日(5月23日),公为办理节事,借用锡宅京足银三千五百两正,又借锡宅浮存利一百馀两。

四月二十八日(5月28日),又借锡宅京足银三千七百两,此节用款至七千馀两,公自警实为向所未有,一由于世杰喜事后之欠款,一由于平日之妄费,日后应力行节减为要。

闰六月十二日(8月6日),至载泽处,会议银行币制事。

闰六月十三日(8月7日),因新疆迪化饷银吃紧,公与载泽商定新疆准其暂发官票五十万,以应急需,俟协饷解到,即由监理官会同监视,将官票陆续收回,以保信用。丞参诸君不以为然,公以为边疆重要,兵丁哗溃堪虞,实不能不兼筹并顾也。

八月十三日(10月4日),因中秋还账不敷用,由锡宅存款项下暂借银京足银壹千二百九十七两四钱,又向汇丰银行借京平足银贰千两,通计此节用款至五千两之多,公自警嗣后务须力崇节俭为要。

八月十九日(10月10日),武昌新军起义,时局大乱。

九月二十六日(11月16日),袁世凯组阁为总理大臣,举严修为度支大臣,未到任前,派公暂署度支部大臣之位。

十月初九日(11月29日),至资政院议外债事,已付表决通过。

十月初十日(11月30日),公至内阁会议,告明借款通过事。续借法国六千万佛郎,约合银二千万两。

十一月初九日(12月28日),内阁具奏,请上召集近支王公会议大计。袁世凯云:"臣等国务大臣担任行政事宜,至皇室安危大计,应请上垂询皇族近支王公。论政体本应君主立宪,今既不能办到,革党不肯承认,即应决战。但战须有饷,现在库中只有廿馀万两,不敷应用,外国又不肯借款,是以决战亦无把握。今唐绍怡请召集国会公决,如议定君主立宪政体,固属甚善;倘议定共和政体,必应优待皇室。如开战,战败后恐不能保全皇室。此事关系皇室安危,仍请召见近支王公再为商议,候旨遵行。"复召见近支王公,俟王公见过退下,遂定召集国会之议,拟旨阅定后,总理大臣、国务大臣等署名。公窃思国事危迫已极,惟愿天心垂佑,期有转机,或定君主政体,或可以一战而胜,诚为天下幸福。否则共和政体恐不能办成,已召糜烂瓜分之祸,大可惧也。公至是犹存君主立宪之望。然次日,南方革命军各省代表十七人已选举孙中山为中华民国临时大总统矣。

十一月二十六日(1912年1月14日),公至内阁,总理大臣袁世凯云:"欲战则兵少饷绌,欲和则君主立宪宗旨难保,惟有辞职。"公自思时事危矣,既无力挽回,亦只有因病辞职,以免贻误大局,遂因感受风寒,自二十七日起请假五日。然袁系推诿而公为实情。

十二月初二日(1912年1月20日),公因病未愈续假五日。

十二月初六日(1912年1月24日),公奏请开去署缺,奉旨"署度支部大臣绍英因病请解职。得旨、再赏假五日。假满后宜即视事。毋庸开去署缺"(《大清宣统政纪》卷六十九)。

十二月十七日(1912年2月4日),奉旨"民政部右丞着绍彝补授",按绍彝此前当已由右参议转左参议。

十二月二十五日(1912年2月12日),南北议和,是日奉隆裕皇太后懿旨三道:一宣布共和政体,由袁世凯以全权组织临时共和政府(此即退位诏),一宣示优待等条件,一责成各长官毋旷厥官。至此清对中国之统治宣告结束,公慨然浩叹而已。

公本年纳妾孙氏,江苏吴县人(据《绍太保公年谱》)。

中华民国元年(1912)壬子,五十二岁

是年,公被授为清皇室总管内务府大臣。

2月18日(正月初一日),溥仪升乾清宫,一二品大员均在乾清宫门内行三跪九叩礼,照常作乐。公于日记中自书:"虽客腊廿五日奉诏旨宣布共和政体,臣民未免失望,然果能皇室之虚荣罔替,未始非国家如天之福。今袁项城已允勉尽临时总统之义务,其优待皇室条件必能有加无已,岂非大清帝国二百九十馀年深仁厚泽之报耶?况共和政体办理能否妥协,各国能否承认,尚未可知。将来皇上典学深纯,国民思念旧主,友邦推举贤明,未始不可由共和复归帝政,是在天演物竞,出于天理之自然,非人力所能逆料,惟祝国运亨通,苟全性命,获免瓜分,是诚五大族国民之幸福也。"盖犹对帝制眷眷于怀也。

3月13日(正月二十五日),清室授公为总管内务府大臣。

3月15日(正月二十七日),民国大总统袁世凯命令绍英开去度支部首领,委任周自齐暂行管理度支部首领事务,陆宗舆暂行管理度支部副首领事务。公如释重负。

3月16日（正月二十八日），清室任命公管理颐和园事务、御茶膳房事务、造办处事务。又派紫禁城内值年。

3月24日（二月初六日），公至颐和园档房到任。

3月26日（二月初八日），公至内务府堂、造办处、御茶膳房到任。

3月31日（二月十三日），又命公管理宁寿宫事务，圆明园精捷营、上驷院等处事务。

4月2日（二月十五日），公至上驷院到任。

5月6日（三月廿日），兄绍彝在津乔迁新寓，新居地名系英界先农里南街第一号马寓。

8月2日（六月二十日），阅内务府奏销单，计宣统三年应销银一百卅四万两，进款一百十五万两，借款四十五万两，另单交进等款二十五万。

9月11日（八月初一日），晚，醇亲王载沣（因病未到）、溥伦、世续等在那桐故宅公宴孙中山、黄兴、陈其美及国务院各员、参议院吴宗濂、汤化龙等，公在陪客之列。

9月22日（八月十二），蒙恩赏公在紫禁城内乘二人肩舆。

11月13日（十月初五日），随同首席总管内务府大臣（掌管印钥）世续赴载沣府回事，认为皇室所属各衙门应裁应并、应通盘筹画，以节经费。

12月27日（十一月十九日），是日因民国将天坛开放作为公园，请列圣神位供奉于太庙后殿，公随同世续前往看视。

中华民国二年（1913）癸丑，五十三岁

是年，公为清皇室总管内务府大臣；十一月，又兼管理两翼前锋八旗护军营事务。

1月21日(一九一二年十二月十五日),本日清室派公管理牺牲所事务。

2月22日(正月十七日),隆裕皇太后病逝。

2月28日(正月二十三日),总统袁世凯派荫昌为代表,读祭文致祭,总理、总长及各署人员二百四十馀员同来致祭,载沣接见称谢。

3月6日(正月二十九日),总统府军事处总长荫昌、陆军总长段祺瑞送来袁世凯致载沣公函一件,希望推尊瑾妃为四妃(瑜、珣、瑨系同治之妃、瑾为光绪之妃)之首,照管宫中一切事务。

按:袁世凯《致载沣书》云:"德宗景皇帝享国日久,遗爱在民,全国人民无不思慕。瑾贵妃侍德宗数十年,侍隆裕太后又历有年所,温恭淑慎,退迩同钦,如贵爵承旨晋封尊号,所有内廷事均归经理,教育皇帝必能尽心,民国政府人民必当欢欣承认。此外宫人,俱应听其约束,以专责成。傥有扰乱秩序之举动,无论何项人等,民国政府按优待条件有保护皇室之责,义难坐视。本大总统不得不协同筹画,以保安全。深盼宫闱主持得人,俾皇室永享尊荣之福,尚祈贵爵迅予施行。"载沣复书云:"……当即会商各王公大臣,征诸意见,佥以尊意筹画极为周详,应即遵照办理。现在宫廷皇贵妃均能维持大局,备极和平。"(《袁大总统书牍汇编》卷五)

3月8日(二月初一日),世续请公看清室答袁世凯信,大意遵照办理,并致谢忱等语。

3月12日(二月初五日),谕旨:瑜皇贵妃尊封为敬懿皇贵妃,珣皇贵妃尊封为庄和皇贵妃,瑨贵妃尊封为荣惠皇贵妃,瑾贵妃尊封为端康皇贵妃。

10月6日(九月七日),众议院选举袁世凯为正式大总统。

10月10日(九月十一日),袁世凯就大总统任于太和殿,各国使臣均承认致贺。

10月13日(九月十四日),袁大总统命令授给公和景丰二等嘉禾章。

10月29日(十月初一日),晚,梁士诒、任凤苞、叶恭绰公请世续、景丰及公,座中梁氏谈及皇室奉天热河所存陈设,拟由民国购买,其价拟照数付公债票,藉以保存公物。

12月13日(十一月十六日),德宗景皇帝、孝定景皇后大葬于东陵。

12月18日(十一月廿一日),至武英殿,见赵秉钧、朱启钤、治格,同看热河运来陈设金玉宝、瓷器、玉器等物,内务府、内务部、运解委员会同验收,加盖橡皮图章。

12月21日(十一月二十四日),见昨日袁大总统命令,任命公管理两翼前锋八旗护军营事务,公随即请示载沣,奉谕可以兼管。

中华民国三年(1914)甲寅,五十四岁

是年,公为清皇室总管内务府大臣,兼管理两翼前锋八旗护军营事务,并赏加太子少保衔。

1月1日(一九一三年十二月初六日),因系民国三年元旦,公向各处送片贺年禧。

1月13日(一九一三年十二月十八日),至武英殿,会同朱启钤验收热河铜器。

1月23日(一九一三年十二月二十八日),至武英殿查收奉天运到宝器六十箱;晚,增熙、继良来谈裁撤牺牲所事。

按:据秦国经《逊清皇室轶事》据故宫博物院藏溥仪档案辑录而成的《逊清皇室大事记》,民国三年元月十四日(阴历在本

年十二月十九日)"裁撤牺牲所,其事务归掌礼司管理",则公至此当不兼管此一事务矣。

2月6日(一九一四年正月十二日),奉谕旨:"绍英着加恩赏给太子少保衔,钦此。"

2月15日(正月二十一日),公至文华殿照料,收存奉天运到陈设六十箱。

4月14日(三月十九日),公之长媳八格格生一子后,血晕而逝。

5月25日(五月初一日),公至内务府看节款单,共需二十三万两之谱。

5月27日(五月初三日),公给三多写信,为认垦奉天皇室荒地事。

5月30日(五月初六日),公令世煜赴奉天调查兴京左近玛尔墩岭禁山之马家沟,计荒地六百馀亩;及迤西之杨家坟沟,计荒地八百馀亩;样子沟,计荒地二百余亩,为将来开垦之事。

7月9日(闰五月十七日),溥仪令裁减宫内官员,内务府原有官员一千零五十五名,裁去二百七十二员。上驷院、武备院、奉宸苑并入内务府堂管理,圆明园裁并颐和园管理(《逊清皇室大事记》)。

8月12日(六月二十一日),公与载沣等会同至端康皇贵妃等四位皇贵妃前陈明节省经费事,均说可斟酌核减。

8月20日(六月二十九日),酌定中堂世续每月薪水八百元,内务府大臣每员月支六百元,卿二员及合府司员年支津贴十万元。

10月11日(八月二十二日),公随同载沣至寿皇殿瞻仰有清十一代皇帝圣容,既深庆幸,又极感慨。

12月10日(十月二十四日),次子世良生,孙氏所出。

中华民国四年(1915年)乙卯,五十五岁

是年,公为清皇室总管内务府大臣,兼任民国内务部护军管理处护军都护使,奔波于内务府与管理处之间。

1月1日(一九一四年十一月十六日),溥伦贝子代表清皇室赴总统府贺年。公随同世续前往总统府,与大总统、副总统贺新禧,均递常行名片,穿常行礼服。回家,给各总长、国务卿等送片贺年,并给英使馆朱迩典、哈尔定、巴尔敦及中国、交通、汇丰、正金各银行送片贺年。晚,银库送一月津贴六百元,公自壬子正月到任,将及三年,此系初次领月薪也。

1月2日(一九一四年十一月十七日),民国派朱启钤致贺,答谢,巳刻皇上升乾清宫,觐见如礼。午后梁鼎芬来谈崇陵种树事。

1月6日(一九一四年十一月二十一日),与载沣商定梁鼎芬具奏种树事,其单开工饭钱,又备饭食,系重复也,应另核办理。

1月7日(一九一四年十一月二十二日),代梁鼎芬递奏折一件,图一件,为种树事,并与梁写信一封,为种树应核减经费事。

2月15日(一九一五年正月初二日),晚,邓高镜来谈修净土法。刻经处寄到经多种。

2月17日(正月初四日),晚,朱启钤总长来,谈改组护军事,留公事三件。

2月18日(正月初五日),公将原公事送交朱启钤,并声明内务府护军由管理处兼管。

2月22日(正月初九日),奉旨赏加一级。

2月23日(正月初十日),大总统袁世凯任命公为民国内务

部护军管理处护军都护使,治格为都护副使。

按:本年公布之《改组护军办法》和《内务部拟订护军执行清廷警察章程》,清室原左右翼前锋八旗护军及内务府三旗护军改由护军管理处管理,裁撤原有十营统领及内务府护军统领,一切旗务均归护军管理处办理。

2月24日(正月十一日),与世续晤谈,世续以为护军管理处有内务府人在彼处办事,诸事较易办理,毋庸辞也。

2月25日(正月十二日),载沣亦云可以兼充,将来公事容易接洽,并令告知治格,二人应按月随便住班,以便稽查。

2月26日(正月十三日),会同治格见十营正副参领,宣布各营统领虽经裁撤,而各营官兵公事一切照常,勉以勤慎当差。

3月1日(正月十六日),公着武官上等一级大礼服,由礼官、内务总长带领觐见袁世凯。

3月20日(二月初五日),午后至管理处,内务府派文荫、增煦、英绅、槭兴四君到处,会同办理内廷警察事宜,是日即派司法科接收慎刑司。

3月28日(二月十三日),至筹备处,商酌内务府应行裁并事宜。

4月20日(三月初七日),奉大总统策令:"绍英授为中卿,此令。"

4月24日(三月十一日),至管理处,内务部送到银质护军管理处之关防一颗,当即开用,行文内务部并办呈报启用日期。

5月16日(四月初三日),自本日起公始注释朱子《性理吟》。

6月11日(四月二十九日),进内,至内务府堂随同世续批节款,共需六十万元左右。

6月29日(五月十八日),袁大总统批令:"护军都护使月俸定为六百元,都护副使月俸定为五百元,馀如所拟办理,交财政部查照单存,此批。"系内务部呈酌定护军管理处每月各项经费数目也。公至此兼领内务府和内务部薪金,然食指浩繁,家计仍不足用。

9月28日(八月二十日),进内,查看旗兵,与世续谈内务府地租事。

10月5日(八月二十七日),为次子世杰之妇放小定,聘杨氏女。

10月21日(九月十三日),为袁总统太太寿辰,清室派公前往致贺。

10月23日(九月十五日),公见世续,闻袁世凯令江朝宗转达云,将来倘或国体变更,其优待条件并无变动,可请上面放心。至移宫一层,俟将来再议,但亦须上面愿移再移,拟至圆明园地方修建房间,以备移住等语。公闻之私心甚为欣慰。

11月16日(十月初十日),随载沣、世续请见四位皇贵妃,为提议溥仪大婚事。

12月1日(十月二十五日),公闻世续云:二十四日至大总统处提议联姻之事,大总统甚赞成,惟云须俟国体定后再为办理。

按:此处"国体定"指袁世凯欲登基称帝,变共和为帝制;至于袁氏与清皇室联姻,系何方先有此意,待考。溥仪《我的前半生》称"是袁世凯叫步兵统领江朝宗向我父亲同世续提出的,太妃们心里虽不愿意,也不得不从。"并引载沣十月初十日日记为证:"偕世太傅公见四皇贵妃,禀商皇室与袁大总统结亲事宜,均承认可,命即行一切云。"然载沣日记并未言明谁为提议方。

12月9日(十一月初三日),世续到,谈及梁士诒来授意其向清室请旨赞成袁世凯登基称帝事。

12月13日(十一月初七日),公至总统府总长办事处,随众至居仁堂与大总统致贺,袁大总统出而演说,接受帝制因不克推诿,勉励诸人协力维持国事,力图富强,毋负国民重托,并令筹备一切,不可糜费云云。晚总长朱启钤电约公至内务部,为调查秦玺应归新国保存,属转达世续斟酌办理。

12月16日(十一月初十日),清室饬交泰殿首领将宝谱取来一阅,皆先朝满汉文合璧宝,并无明以前之物,世续令公回覆朱总长。午后公至内务部见朱启钤,面陈并无旧玺云。该日袁大总统申令皇室优待条件,应附列宪法,继续有效。

中华民国五年(1916)丙辰,五十六岁

是年,公为清皇室总管内务府大臣,兼任民国内务部护军管理处护军都护使,10月10日(九月十四日),获民国二等宝光嘉禾章。

1月1日(一九一五年十一月二十六日),午后公至徐世昌处贺年喜。与陆国务卿、各总长、次长、武义亲王送片贺年,并与英、德国使馆及汇丰、正金、交通、储蓄各银行送片贺年。

3月8日(一九一六年二月初五日),奉谕旨:"总管内务府大臣着耆龄补授,钦此。"

3月13日(二月初十日),奉谕旨:"绍英管理雍和宫事务。"

3月25日(二月二十二日),奉旨将澄怀园赏给公作为私产,此园系在圆明园旁,旧日南斋翰林所住之处也。

6月6日(五月初六日),是日巳刻袁世凯病逝,副总统黎元洪代行中华民国大总统职权。

6月14日(五月十四日),载沣问张勋来电有意相助之事,公对以皇室宜镇静自持,不与闻外事,庶可远嫌疑,昭敬慎也,载

沣甚以为然。

  10月4日（九月初八日），奉谕旨："总管内务府大臣绍英著加恩在紫禁城内乘坐二人暖轿，钦此。"

  10月10日（九月十四日），黎大总统令："绍英给予二等宝光嘉禾章，梁鼎芬给予二等大绶嘉禾章，此令。"

  11月18日（十月廿三日），公生辰，溥仪面赏福寿字，上并谕云"汝福寿久长"，皇贵妃公赏尺头四卷，银一百两。公伏思受恩深重，报称愈难，惟有竭尽心力，以图报于万一。

  11月23日（十月廿八日），公奉谕旨派查三园陈设。

  11月30日（十一月初六日），公往颐和园查所陈设诸件。

  12月1日（十一月初七日），公至玉泉山，查看静明园、静宜园所存陈设等件。

  12月4日（十一月初十日），世续交来向民国请愿书底一件，公拟加入"应请加入宪法，永不变更其效力，以昭大信而垂久远，皇室幸甚，不胜盼切之至"数语，世续遂令添入。

  12月28日（十二月初四日），公进内，求见四宫皇贵妃，面陈因年节需款，世续与载沣商议拟将现存之公债票提五百万售出，每百万元折合实银四十万元，如售五百万元，可得现洋二百万元，溥仪允可。

中华民国六年（1917）丁巳，五十七岁

  是年，公为清皇室总管内务府大臣，兼任民国内务部护军管理处护军都护使。

  1月6日（一九一六年十二月十三日），公统计截至五年十一月，民国共欠给清皇室优待经费二百五十一万七千〇六十六两。

  1月15日（一九一六年十二月二十二日），清室请民国众议

员、徐世昌、世续皆到,所请议员到者一百七十馀人,徐世昌宣言,请将优待条件加入宪法,以为保障,永远有效等语。议会议长汤化龙表示可用制定宪法手续,规定优待条件永远有效。

1月30日(一九一七年正月初八日),商议为庆亲王奕劻恤典事。溥仪云毋庸予谥法。

2月1日(正月初十日),进内谢恩。溥仪在养心殿召见世续、公及耆大人三人,云:"庆亲王将大清国都卖了,对不住列祖列宗,毋庸予谥。"世续对云:"内务府应照例奏请应否予谥。"溥仪云:"你们可向王爷(醇亲王)说明毋庸予谥,如予谥,应用'墨、灵、幽、厉'等字。"十四日,经醇亲王载沣求情,溥仪降谕旨,予庆亲王谥曰"密",按谥法,思虑详审曰"密",追补前过曰"密"。

3月4日(二月十一日),公觅出己撰《孝定景皇后事略》,令人钞妥交耆龄转交清史馆,以备作传。又找出亡父行状令人钞写,以备交清史馆马其昶采用作传。

5月23日(四月三日),公闻前日民国大总统黎元洪宣布免去总理段祺瑞之职,府院之争白热化。公甚不安,令护军加意防备。

5月31日(四月十一日),公闻民国各督军已有七省独立,皖、豫、鲁并有起兵北上之说,人心惶恐,遂于世续、耆龄在内署值宿。

6月1日(四月十二日),公闻张勋应允来京担任调停。

6月16日(四月二十七日),辰刻张勋进内请安,溥仪在养心殿召见,赏御笔匾对各一件。张勋谈及已见黎总统,请将皇室优待条件加入宪法,即用命令宣布。公闻之甚为欣慰,以为从此可望优待稳固,并可息谣言而免嫌疑,实为幸事。

7月1日(五月十三日)卯刻,六点,张勋率文武员弁进内呈递请复辟奏折,并饬随员代拟上谕等件。

按:公此日自记曰:"忆自三年十二月二十五日辞位,六载于兹,一朝光复旧业,固为可喜,然而后患方殷,尤为可惧,不可不持敬慎危惧之态度也。……此事于事前并未接张帅来信,昨晚亥刻醇王爷闻外间有此消息,令张文治给予送信,予即至世中堂宅报告,复至王爷府谒见请示,后进内值宿,同世中堂、耆大人静候。是夜未能安睡,戒备守卫,以待天明接洽云。"可见复辟之事醇亲王及内务府事先并不知情。

7月5日(五月十七日),公闻陈宝琛云,天津段祺瑞已为总司令,誓师北上。

7月7日(五月十九日),巳正有飞艇(飞机)一架自南苑飞来,抛下炸弹三枚。醇庆王令公至吴闿生处,嘱其代为接洽,以停战为要,又令陈宝琛找王士珍,梁鼎芬找梁敦彦说明,总以不再来飞艇为要。公往拜吴闿生,接洽后即回。

7月8日(五月二十日),张勋、雷震春、张镇芳、袁大化均辞职。公与世续见王士珍,王云此事转圜之法,下面邀求不如上面先自行宣布,所谓被动力不如原动力也。

7月12日(五月二十四日),张勋逃荷兰使馆,复辟失败。

7月13日(五月二十五日),公随同世续进内请安,并请载沣办妥内务府所奉谕旨一道,缮就公函一件致民国内务部(函系写阳历七月十一日送交王士珍转发)。所拟之谕旨先请四皇贵妃及溥仪阅过,溥仪云:"我年幼,请王爷与他们商量办理。"四位皇贵妃云:"所拟旨意甚好,此事我们本来不知,说明并非我们之意甚好。"

按:据秦国经《逊清皇室轶事·掩罪匿迹》(紫禁城出版社1985年版),此函内容为:"本日内务府奉谕旨:前于宣统三年十二月廿五日钦奉隆裕太后懿旨,因全国人民心理倾向共和,特率皇帝将统治权公诸全国,定为共和立宪国体。……国体既定,无论全国士庶无敢撼摇,即朕躬以何能违异,六载以来,谨处深宫,不闻外事,与民国感情交孚,实为宗庙陵寝亿万年无疆之庆。乃本年七月一号黎明,忽有谋变国体之事,殊非初衷所能料及。骤闻之下,骇异殊深。数日以来,迭颁谕旨,进退群僚,均非冲人所闻知,宫禁情形,顿生隔阂。惟逊政以后,不预军权,武卒鸱张,莫由禁御,惟有暂守静默以待公论之明。宫廷本无欲利之心,讵有违约之理,此中情形,当为薄海人民所共谅。所有七月一号以后谕旨,自应一律撤销。"

7月17日(五月二十九日),世续接段祺瑞复函:应视力之所及,以尽保护之责,重承谆属,敢不勉旃云云。而代总统冯国璋亦发布总统令云:"据内务部呈称,准清室内务府函称,奉谕前于宣统三年十二月二十五日钦奉隆裕皇太后懿旨,因全国人民倾心共和,特率皇帝将统治权公诸全国,定为民主共和,并议定优待皇室条件,永资遵守等因,六载以来,备极优待,本无私政之心,岂有食言之理,不意七月一号张勋率领军队入宫盘踞,矫发谕旨,擅更国体,违背先朝懿训,冲人深居宫禁,莫可如何,此中情形当为天下所共谅,著内务府咨请民国政府宣布中外,一体闻知等因,函知到部,理合据情转呈等情,此次张勋叛国矫挟,肇乱天下,本共有见闻,兹据呈明咨达各情,合亟明白布告,咸使闻知,此令,大总统令。"(国务总理段祺瑞署名)

按:此令宣示中外,意味着清室可以免责,得已维持优待条件不变。

9月24日(八月初九日),巳刻奉派至公府致祭冯国璋继配周夫人,见冯总统握手道谢,云不胜感激之至。

11月9日(九月二十五日),因世续说起冯国璋建议清室租地变价、陵地开矿,段祺瑞建议让溥仪出洋留学,载沣表示从缓商议,并召公询问,段有否取消优待之意。公云并无是说,不过闲谈谈及此事。载沣又谓冯总统所说两事均不能办,一恐于风水有碍,一恐有人责备将皇产售卖,于理不甚合宜也。公唯唯,未敢进言。

中华民国七年(1918)戊午,五十八岁

是年,公为清皇室总管内务府大臣,兼任民国内务部护军管理处护军都护使。10月25日(九月二十一日),被民国授予二等文虎章。

2月6日(一九一七年十二月二十五日),四兄绍彝病逝,逝时云:"我欲行矣,惟慈亲在堂,未能尽孝,是为憾事,望越千尽心侍奉,家中之事,望多为分心照料一切,汝善为修行,将来尚可西方相见。"公云:"侍亲理家,是应尽责任,愿将来西方相见,即请念佛往生为要。"四兄合掌念佛而逝。

2月25日(一九一八年正月十五日),结清四兄绍彝丧葬费,共用现洋二千一百元左右,因款不敷用,公向义顺银号借现洋一千元。

3月7日(正月二十五日),世续与公谈及外边谣传清室又将为复辟之事,已请诸位帝师欲作文章一篇,以便真有人言及此事时,预备对待推却也,并拟访徐世昌一谈,属其便中吹嘘,皇室实无人希望此举之意也。

4月21日(三月十一日),二区巡警来,令公将履历添写参议院选举单内,写明某名,京兆大兴县人,护军都护使,曾任财政部首领。

4月26日(三月十六日),公引看三旗女子,照料放牌。

5月6日(三月二十六日),世杰之妻生得第五子。

5月12日(四月初三日),公随同世续请见皇贵妃及溥仪,

奏明冯国璋欲借债票三百万元事,溥仪俞允。

5月21日(四月十二日),接银库知会,增煦已将民国元年六厘公债票三百万元,计三十张,转交总统府。

5月25日(四月十六日),世续向载沣说明,据吴士湘云冯国璋借款,徐世昌并不同意,段祺瑞亲腹王揖唐欲从中阻止,惟事已成就,亦难挽回。公自思前未闻知各情,但知借款,不知党争内容。此事亦应守中立,切毋多言,嫌疑之间,应以敬慎远祸为要。

按:冯国璋代总统任内,与段祺瑞矛盾日显,国会选举及大总统选举在即,冯、段皆有意竞选总统而势均力敌,后来段祺瑞转而支持徐世昌竞选总统,徐世昌与冯国璋遂有竞争关系。冯氏借款为自己活动,段氏一党及徐世昌自然皆不乐意。《我的前半生》云:"在冯国璋总统任内,内务府世续让徐世昌拿走了票面总额值二百六十万两的优字爱国公券……徐世昌当上总统,这笔活动费起了一定作用。"对借款额度与借款对象的描述似均有误。

6月10日(五月初二日),与世续同看端阳节账,计交进十四万二百元,还款八万七千二百七十元,共放月款季款节款共四十五万四千五百三十元,通共约用洋六十八万二千元,计入款部发四十万元,借中行二十万元,交行十万元,共入七十万元,除用尚有馀也。

6月23日(五月十五日),公夜间梦一位活佛法身约三尺许,公拜谒,面承指示毕,见一观世音神牌,梦中惟有愿实证观世音名号之意。按公近年颇亲佛经,故有是梦。

7月9日(六月初二日),公与邓高镜同至谛闲大师处晤谈。

7月19日(六月十二日),公至江西会馆听谛闲大师讲《圆觉经一段》。

8月1日(六月二十五日),公至拈花寺求金朗大师指楞严咒字音,回家敬诵一遍。

8月2日(二十六日),公敬诵楞严咒一遍,念佛五珠。

8月3日(二十七日),公诵咒念佛。

按:公自四兄绍彝逝后,诵阅佛经之举日益增多,渐为常态,以下不细记。

8月13日(七月初七日),公因载沣、世续谈及议院拟举徐世昌为大总统,遂请载沣、世续嘱徐世昌如被选举,勿庸固辞。

9月4日(七月二十九日),未刻钟凯来电话,已经议院四百二十余票选出徐世昌为大总统。公认为徐才望甚好,当可挽救大局,慰甚。

9月15日(八月十一日),公与世续商议公事,知此节部发四十万元,借三十万元,还借款十五万元,共用五十四万七千元左右。

9月16日(八月十二日),公着燕尾服、佩勋章至徐世昌宅,贺受证书喜。午后给五族银行贺开幕喜。

10月10日(九月初六日),至总统府递片,贺徐世昌到任喜。

10月25日(九月二十一日),奉大总统令:绍英给予二等文虎章,此令。

10月26日(九月二十二日),公至总统府谢给二等文虎章。

11月26日(十月二十三日),公生辰,溥仪面赏福寿字条一件,并云:"汝福寿绵长。"赏衣料二卷,银三百元,四位皇贵妃赏衣料四卷、银一百两。

中华民国八年(1919)己未,五十九岁

是年,公为清皇室总管内务府大臣,兼任民国内务部护军管

理处护军都护使。10月12日(八月十九日),被民国授予一等大绶嘉禾章。

1月1日(一九一八年十一月三十日),公给大总统徐世昌贺年,又至冯国璋宅贺年,给英使馆、朱大人、哈尔定、巴参赞递片贺年,给法国医院大夫、姑奶奶贺年,汇丰银行熙总办贺年,均递片。

2月22日(正月二十二日),清室聘英国人庄士敦为溥仪英文教习。(《逊清皇室轶事》)

2月25日(正月二十五日),公病请假,载沣亲临看视,情意殷殷,公感悚莫名,自思惟有尽心职守,忠诚自励耳。

3月15日(二月十四日),公奏事请赏张作霖匾额一方,因伊生辰也,交下"永享利贞"匾额一方,当交造办处装裱,拟交唐鸣盛寄奉。

3月25日(二月二十四日),左足踵肿痛,夜不得眠,自此请假多日,至4月17日(三月十七日)始进宫请安。

4月27日(三月二十七日),恽宝惠捐款五千元作为工厂经费,世杰捐纸币一千元,奉谕旨赏加世杰二品衔。该款系世杰自备,公嘉其有向日之诚。

5月4日(四月初五日),公闻曹汝霖家被大学生放火焚烧,觉时事真可畏也。

10月3日(八月初十日),申刻至世续宅随同看秋节账单,约用六十万元,另备交进五万元。

10月12日(八月十九日),阅报,阳历十号国庆日,大总统命令:"绍英、治格等均给予一等大绶嘉禾章。"

12月3日(十月十二日),民国大总统徐世昌派内卫官送寿物六色、匾对、如意、瓷瓶、衣料、鲜花蓝,因十五日为公之母曹氏九十正寿。匾文曰:"陶规郗福",对联曰:"黄玉腾辉赍仙券,红梅吐萼报阳春。"上款"越千五兄之尊慈老伯母曹太夫人九秩寿言",下款署徐世昌之名。

12月4日(十月十三日),溥仪交下赏公之母寿佛一尊,御笔匾一面,御笔福寿字一张,匾文曰"金萱笃祜",如意一柄,蟒袍面一件,银六百两。醇亲王载沣亦专函奉贺。

12月5日(十月十四日),四宫皇贵妃赏福寿条一件,如意、衣料八件,银四百两。

12月6日(十月十五日),溥仪派使臣奎珍来祝寿,徐世昌派代表王怀庆来祝寿,其他宾客甚多,颇有应接不暇之势。

12月14日(十月二十三日),公生辰,溥仪面赏御笔福寿字,另赏大卷二件,银三百元,皇贵妃赏衣料、银一百两。

12月28日(十一月初七日),宫内锡庆门外蒙古奏事处失火,公即刻备车前往,至神武门闻火已救灭,始放心,即至该处看视,焚坏一间,拆毁一间。

中华民国九年(1920)庚申,六十岁

是年,公为清皇室总管内务府大臣,兼任民国内务部护军管理处护军都护使。

1月5日(一九一九年十一月十五日),梁鼎芬病逝,溥仪赐谥号"文忠",赏银三千元。

1月16日(一九一九年十一月二十六日),载沣询问外间近日复辟谣传甚大,有所闻否,公对以谣言甚多,毫无根据。

2月17日(一九一九年十二月二十八日),银库司员来云,昨晚领到财政部发给新亨支票六十万元,又借妥二十万元,年款已可敷用矣。

4月2日(一九二〇年二月十四日),溥仪召见绍英、耆龄,为朱益浚予谥事,溥仪拟用"文贞"二字,令公与载沣商定。

5月1日（三月十三日），王怀庆托人打听，欲租清室紫竹院之地。

5月7日（三月十九日），钟凯交来财政部公函云，优待经费自八年六月以前作两计算，自八年七月一日以后照元计算。

5月8日（三月二十日），说定王怀庆租紫竹院事。

按：王怀庆时任步军统领衙门统领，不久又兼署京畿卫戍总司令，长期负责维护京城治安。其虽云租借，清室却无力追还，延至民国十三年，索性将紫竹院赠给王怀庆作为私产。

6月14日（四月二十八日），至世续宅商办端节放款事，约需八十万元。

6月20日（五月初五日），载沣命公代表皇室问候张作霖到京均好，因张腹泄未能见客，公嘱回事人代为陈明。

7月8日（五月廿三日），载沣问段祺瑞与曹锟、吴佩孚是否将有战事，公据所闻以对。

7月18日、19日（六月初三、初四日），溥仪皆召见公询问时事，公据所闻以对。

8月4日（六月二十日），张作霖、曹锟到京。

8月11日（六月二十七日），溥仪召见绍英、耆龄，问张作霖进内事，拟加赏腰刀一把，系乾隆四年制，名"月刃"，令换天青绦带，并谕云如张进内即赏，否则即不必矣。

按：北洋直皖之争，徐世昌邀张作霖入京调停，6月18日（五月三日）张入京后反而亲直疏皖，险遭皖系徐树铮暗算，逃回沈阳后，直皖战争遂于7月14日（五月廿九日）爆发，7月19日皖系战败，段祺瑞辞职，张作霖于8月4日（六月二十日）再次入京。清室每次均有欢迎笼络之举。

8月21日（七月初八日），端康皇贵妃令载沣将民国元年六厘公债票一千十六万二千九百十元即交内殿收存。

按：民国元年六厘公债期限长达三十五年，难以发行，故债票仅印刷二千万元，用来酌抵各处欠款，并按期认付利息。载沣收入内殿的民国元年六厘公债票系民国六年兑换等额民国元年爱国公债票所得。

9月22日（八月十一日），徐世昌任命薛之珩为护军都护使副使。

9月25日（八月十四日），公与世续商办节事，结算共用六十万元左右，部中是日放给五十万元，已领出，下欠之款只好暂为挪垫。

10月21日（九月初十日），晚，公至观音院听圆瑛大师讲《楞严经》。

10月26日（九月十五日），诵金刚经一卷。

10月27日（九月十六日），至卧佛寺请经《起信论疏会阅》一部。

11月4日（九月二十四日），晚看方植之《大意尊闻》，觉是书立言切近笃实，皆诚敬进德修业要语，与所阅佛典相参证，以期心性清净，不愧不怍。

12月2日（十月二十三日），公六十正寿，溥仪派使者荣铨送到寿物佛一龛，御笔匾一面，文曰"耆年锡羡"，御笔对一副，文曰："律身常准名臣录，受祉还赓寿母诗"，如意一柄，尺头四件，银一千两；皇贵妃赏寿物佛一龛，福寿字、如意、尺头、银四百两。公自誓惟有忠诚律身，勤慎供职耳。

中华民国十年（1921）辛酉，六十一岁

是年，公为清皇室总管内务府大臣，兼任民国内务部护军管理处护军都护使。5月22日（四月十五日），被添派筹画溥仪大婚事。

1月22日(一九二○年十二月十四日),子初一刻,公之母曹太夫人弃世,公欲请假穿百日孝。

1月24日(一九二○年十二月十六日),奉谕旨:"总管内务府大臣绍英现在丁忧,伊母曹氏著加恩赐祭一坛,并赏银二千圆治丧,由广储司给发,钦此。"又奉谕旨:"绍英现在穿孝,总管内务府大臣着伊克坦暂行署理,钦此。"

1月25日(一九二○年十二月十七日),公将管理处印钥交延明送到福科长送交薛都护查收,并属办公函致内务部请假一个月。

1月28日(一九二○年十二月二十日),徐世昌送来挽额一方云"礼宗是式",对联一副云"懿德曾闻高戚里,仙徽定识领清都"。

2月4日(一九二○年十二月二十七日),溥仪派耆大人来赐祭。

2月5日(一九二○年十二月二十八日),马振彪交来清史馆传稿,系公之祖父昇寅、父宝琳、宝珣,九兄绍祺,十一兄绍諴合传,系马其昶嘱转交校阅,公拟抄录保存之。

2月12日(一九二一年正月初五日),大总统徐世昌派荫昌代表致祭。

2月16日(正月初九日),徐世昌任命世杰为正黄旗汉军副都统。

2月27日(正月二十日),接属员钟凯来函,云二十六日召见群臣,为溥仪大婚之事,系拟与那邸联姻也。

3月2日(正月二十三日),账房世煜请公看丧事用款单,约实用五千元左右。

3月5日(正月二十六日),公闻本日在太极殿召见载沣、内务府大臣、师傅、近支王公十人,为大婚事,系那王府姑娘。

3月14日（二月初五日），奉谕旨："所有各衙门应行裁减归并之处，着派那彦图、载泽、溥伦、载润、载涛、毓朗、载瀛、世续、陈宝琛、伊克坦、朱益藩、绍英、耆龄悉心筹画，随时妥议具奏，请旨办理等因，钦此。"

4月3日（二月二十五日），大总统徐世昌命令，因有复辟谣言，着地方官一体严查造谣生事之人，缉拿惩办。公思有此命令，此等谣言或可稍息也。

4月14日（三月初七日），午时，庄和皇贵妃薨逝。

4月20日（三月十三日），载沣电话谕令公销假，公即定于明日销假，计持服八十九日，约欠十日，既奉王谕，公不敢不遵照办理，即行礼剃头除服，电达内务府堂，令明日递折请安。

5月22日（四月十五日），载泽传皇贵妃谕令："所有大婚事宜添派涛贝勒、绍英二人。"

5月24日（四月十七日），端康皇贵妃召见，为大婚事，令于四月内商定。

6月1日（四月二十五日），未刻至醇王府，随同与议大婚之事，计三家：贡王之女，良说之女，锡珍家二位，共相片四张。载沣令公将相片四张及姓氏年岁单送给世续阅看，如无说，即饬缮单，于二十七日早送王府，廿八日共同请见皇贵妃，说明此事，请看相片，以便商订。

6月3日（四月二十七日），公同耆龄至醇王府送缮写清单及相片，载沣甚喜悦。

6月4日（四月二十八日），公随同至太极殿呈递相片清单，溥仪留阅，令传姑娘进内，公未敢遵照，恐该家属不令进内也。

6月5日（四月二十九日），接载润信，为恒宅姑娘进内，恳请恩赏，以便预备事，公当与耆龄通电，会同至府面回载沣，奉谕暂可不提，俟问到再为代恳可也。晚载沣令公告耆龄，暂时勿庸与良二爷说令姑娘进内之事,并转达载涛照办为要。

6月6日(五月初一日),敬懿皇贵妃召见,催节款,并问溥仪大婚事。

6月9日(五月初四日),因恒宅姑娘(即锡珍家二位姑娘)进内恳求恩赏,以资制备一切,公已回明载沣,由内务府预备四百元候命,载沣指示先送交载洵二百元,托其转交恒宅。

6月11日(五月初六日),晚,载沣电话,令公一两日内至端康皇贵妃处转达将让恒宅姑娘二人进内。

6月12日(五月初七日),公请见端康皇贵妃,转达载沣之语,系恒家端恭之女、文绚之女,经载洵与该家属说知,均可进内。端康皇贵妃谕示二人进来有伴亦好,拟于初十后再传进内。

6月19日(五月十四日),随载沣至端康皇贵妃处,三位皇贵妃召见,为溥仪大婚之事,令载沣及绍英见徐世昌总统再为求亲,并令告明世续。

6月20日(五月十五日),随同载沣同车至公府见徐世昌大总统,为大婚议亲事,徐婉言辞谢,并云如作亲,于维持皇室反有窒碍,是以不敢遵办,诸希原谅。载沣云大总统所论甚有道理,将来一切仰仗维持,如办大婚时尚求帮忙。

6月23日(五月十八日),公随同载沣请见三位皇贵妃,说明至公府见徐总统提亲之事,总统不肯,并云将来大婚时必帮助一切等语,皇贵妃尚欣然。载沣又单请见,说明端恭之女在教养局织袜,常在街上行走,似不甚洽当。奉皇贵妃谕:此次所进像片均可发还,即作罢论。载沣令公给诸位信,订于二十四日午后两点在筹备处会议,即将相片交还,令诸位再为访察相当者,俟八月再为在皇贵妃前言语,商酌办理,以昭详慎。公回家,载沣饬人将相片四张送来,公即刻收妥,以便届期交还。

6月25日(五月二十日),公与陈宝琛、朱益藩谈议婚事。

6月26日（五月二十一日），早，公至醇王府，同耆龄将议婚相片、姓氏单等件交还，回明载沣现在陈宝琛、朱益藩所说情形，似应从缓商议为妥，奉谕二十四日仍可传皇贵妃谕令诸位寻访，有相当者，再为言语，以昭慎重。

6月28日（五月二十三日），公见朱益藩，闻溥仪之母（醇王福晋）进内与皇上议婚之事，亦主从缓，再为采访，以昭慎重。

6月29日（五月二十四日），公奉载沣命，至筹备处传述三宫皇贵妃谕：令诸位分心采访，若人家有年貌相当姑娘，知根底者，会同进内言语，限至八月或十月均可，大婚大典应详慎选择，以昭慎重。

6月30日（五月二十五日），向载沣报告昨日会议之事，载沣尚以不交下相片为是，因尚在未定，应俟定局始能交下也。

7月4日（五月二十九日），敬懿皇贵妃召见，说明议婚之事。

7月22日（六月十八日），敬懿皇贵妃召见，云大婚之事仍应由外边访察，以备选择，将来即多留一人亦无不可也。

8月9日（七月初六日），端康皇贵妃见载沣，为大婚事，令大众从速采访。

9月16日（八月十五日），接署中知会，本节共入由部领出四十万元，又期票十万元，外借亨记二万元，共五十二万元，共放出各款共五十二万元。

9月22日（八月二十一日），午后载沣来电话议溥仪婚事。

9月26日（八月二十五日），午刻闻载沣进内，申刻闻醇王府太福晋、福晋均进内。

9月27日（八月二十六日），端康皇贵妃召见载沣及公等十人，为革医士范一梅事与溥仪意见不和，哭诉一切，王爷率众人叩头，请皇贵妃不必生气等语。溥仪又召见公等，云我因端康皇贵妃近来遇事自专，我本不应给伊请安，载洵对曰皇上所说固然甚是，但是由来已久，自可照常。溥仪云嗣后折奏亦应给我看看。公退出后，即请载沣传谕奏事处，自明日起将奏折请溥仪先看，一面开具事由单，请载沣批回，再请溥仪阅后传旨，如有拟谕旨之事，先将谕旨请溥仪看后再为用宝，载沣尚以为然，即传知奏事处照办。

9月30日（八月二十九日），醇王福晋（溥仪生母瓜尔佳氏）于亥时自尽而亡。

10月1日（九月初一日），公随载沣、载洵、载涛及上书房众师傅向溥仪说明瓜尔佳氏暴薨之事，并随同慰劝，未敢言自尽真相。溥仪甚悲痛，即刻乘洗车前往醇王府祭奠。

10月5日（九月初五日），晚，溥仪亲临内务府堂要报纸观阅，公即令人同敬事房太监出神武门找数种未有妨碍之报纸交进。

10月6日（九月初六日），公同朱益藩、陈宝琛、耆龄赴王府见载沣，商量溥仪看报事，载沣令随时进言维持，如有违碍之报仍不得交进，馀者尚可交进也。

10月7日（九月初七日），溥仪召见陈宝琛、朱益藩，已知《顺天时报》所载生母暴薨事，经陈、朱分别解释，溥仪尚未过于着急，公当请二位师傅随时劝慰，又向载沣禀明，各报似无须检察，可全数交进。载沣云仍须察看，如有大相违碍之报，仍不便交进。

10月8日（九月初八日），听朱益藩、陈宝琛云今日皇上之气稍平，惟甚怒端康皇贵妃，有日后不认此宫之语，亦不再往请安云。

10月19日（九月十九日），朱益藩、陈宝琛与公谈内庭应开源节流事。

10月20日(九月二十日),早,溥仪问民国交经费事,公对曰现在已经催过,惟因内阁不稳,财政部无人办事,尚未拨给。又问因筹备出洋,应预筹经费,耆龄对曰若临时用款,可随时筹备。问能筹若干,对云几十万尚可筹措。溥仪云那些不敷用。言及售物之事,溥仪问古物陈列所所存之物可以变价否,公对曰所存之物初由奉天、热河运来时,世续曾与民国商议,由商会估定价银约三四百万,记不甚清,因民国无款付价,又不肯令中国国粹流入外国,恐其民国不愿变价。溥仪彼既不能交款,又不令我们变价,似乎无理,如不肯售与外人,可售与本国之人,你们可告知世某与徐某商办。公遂与耆龄至世续处备述一切,世续云今民国财政困难,办非其时,徒然无益,不如请上将宁寿宫所存陈设交出变价。

10月30日(九月三十日)丑初二刻至王府,俟醇王福晋金棺出堂后,公与耆龄先至西直门大街路祭棚恭候,俟大杠到叩奠,三奠,公祭毕,公始返家,已卯初三刻矣。

按:本年9月,端康皇贵妃辞退太医范一梅,溥仪因长期对端康皇贵妃管教的不满,在陈宝琛和太监张谦和的支持下,与端康皇贵妃大吵大闹。端康皇贵妃无奈,遂于9月26日先后将溥仪生父载沣和溥仪祖母刘佳氏、生母瓜尔佳氏(醇王福晋、荣禄之女)叫至宫中申诉,次日又召见载沣、绍英等王公大臣哭诉,在祖母和母亲的百般努力下,溥仪勉强认了错,但瓜尔佳氏既在端康那里受了委屈,又感到溥仪不服管教,9月30日一气之下在家服鸦片自尽。当时载沣等人怕刺激溥仪,只说是患了"紧痰绝"急症而逝,并选择性地送进报纸,封锁真实死因,但溥仪还是从10月5日的《顺天时报》中知道了瓜尔佳氏自尽的消息,该日报纸第七版《某夫人死得可怪,含冤而去,九泉下恐不瞑目》一文载:"清室某王之夫人日前突然逝世,昨日接三,总统曾派荫昌吊唁致祭。乃据所闻,该夫人之死实在有些缘故,且该夫人确非因病身亡,实在是服毒而死。详细调查,与清室某贵人极有关系。某贵人年龄虽稚而位极尊,近来骄傲性成,种种行为,颇不理于人口。或云该夫人之死,因日前教调某贵人,致某贵人反唇相稽,遂一气而辞人世云。至其内幕如何,察访再志。"《我的前半生》(灰皮本)中说"我母亲的自杀,还是在死后多少日子由我弟弟对我讲了才知道的",明显记忆有误。全本《我的前半生》将之修正为"过了两天,传来了我的亲生母亲自杀的消息",定本《我的前半生》亦修正为"过了两天,我便听到了母亲自杀的消息",但却将端康皇贵妃召见溥仪祖母、母亲和王公大臣的顺序叙述颠倒了。

11月4日(十月初五日),公叩见溥仪,说明陈设变价之事已禀明醇王爷,先为清理陈列,另造清册,以便招商估价,按件分估。奉溥仪谕:明日即可开手办理,派总管爷眼同清理。

11月5日(十月初六日),公会同耆龄及堂郎中等至宁寿宫,开殿门看视由颐和园运回之陈设,启开三桶,当告明所有瓷铜玉雕漆各为一册,分列册中,并在物件上粘签列号,以便检查,如开看后即陈列前殿,各归各类,以便办理。

11月8日(十月初九日),午后公至景运门外候眼医,三点协和医院H·J霍华德(郝大夫)偕中国李景模大夫到,公与耆龄带进宫内为溥仪配眼睛,拟先配眼镜两件,一用看远,一用看近。

11月9日(十月初十日),溥仪召见,问公配眼镜事,收拾陈设事,公对俟将二百馀桶开毕,可先分类招商估计,再办别项陈设。

11月15日(十月十六日),公同耆龄至宁寿宫看陈设,大致小件者均已陈列,告以今日收拾毕可暂停顿,以便开单支配,先招商估价云。

11月29日(十一月初一日)，溥仪召见，为裁撤膳房之事，公与耆龄对云即应遵照办理。本日奉旨派查三园陈设。

11月30日(十一月初二日)，溥仪召见公与耆龄，为裁膳房厨役、太监事，当商定先交进五千元，自初三日起由总管令野意厨房接办。

12月1日(十一月初三日)，本日交总管五千元，属其核实节省办理。

12月3日(十一月初五日)，同堂上六员赴颐和园、静明园、静宜园查看收存陈设。

12月20日(十一月二十二日)，陈宝琛与载泽、载涛至养心殿见溥仪，谏止赴西山游玩，陈宝琛至以去就争，始得停止。公思当此民国内阁总理辞职，新阁尚未成立之际，若皇上随便出游，恐有嫌疑，且有幸灾乐祸之态度，实非避祸全身之道也，幸已中止，既钦佩皇上之纳谏，亦甚佩陈宝琛之忠直敢言。

按：据公日记，可俱见本年溥仪大婚进程。先是欲联姻那王之女，因故未果。次选出四人：贡王之女、良说之女、端恭之女(即文绣)、文绚之女，并递入相片由溥仪阅选，溥仪所选当为文绣，因此才有载沣认为"端恭之女在教养局织袜，常在街上行走，似不甚洽当"的反对之语。同时清室又命载沣及绍英见徐世昌总统再为求亲，当是欲求娶徐世昌之孙女，而为徐婉言谢绝。因未有理想对象，溥仪婚事暂时搁置。此与《我的前半生》中叙述初选四人中即有婉容，端康反对文绣，徐世昌想做国丈之说皆有所出入，《我的前半生》并不是一部严格意义上的个人回忆录，许多说法未可做为定论。溥仪婚事次年才得已完全解决，至于如何选择婉容为皇后，因公次年日记部分失载，未敢考定，他人所说，未足尽信。

中华民国十一年(1922)壬戌 六十二岁

是年,公为清皇室总管内务府大臣,佩带印钥,派管公主府家务;兼任民国内务部护军管理处护军都护使。11月19日(十月初一日),因溥仪大婚事,公赏加太保衔。

1月1日(一九二一年十二月初四日),陈宝琛至板房略谈溥仪亲事,谓前拟定之某姑娘似可取消,另为选择也,王爷令再为会议,如有相当之姑娘可提议也。

1月2日(一九二一年十二月初五日),民国政府命令调任殷鸿寿为都护副使,任命薛之珩为京师警察厅总监。

1月7日(一九二一年十二月初十日),是日世续等奏进《德宗实录》首函,全书告成,钦奉谕旨,世续授为太傅,陈宝琛加太傅衔,宝熙、郭曾炘均加太子少保衔。翟殿林团长见公,云有人要租圆明园地建盖公园,每年给租银六千元,先给卅年租十八万元,所有园中地户、太监该商担任安置;公答以大总统曾要租此地建房开展览会,未能办妥,当时云俟后再说,是尚未解决,今欲办此事,必先在总统处通过,始能商办,且须俟世续病愈说明此事,请醇亲王酌定,始能商办也。

1月12日(一九二一年十二月十五日),钟粹宫东配殿因烧香失火,公急至该处,带领三旗帮办黄文斌将天花板窗户拆下,督率用水浇息,起烟之处尽用水浇灭。

1月18日(一九二一年十二月二十一日),世续病逝。

1月19日(一九二一年十二月二十二日),奉谕旨:"总管内务府印钥着绍英佩带,钦此。"

1月24日(一九二一年十二月二十七日)公蒙派管理公主府家务。

1月26日(一九二一年十二月二十九日),公至薛之珩总监处拜会,因《燕都报》、《平报》载有西太后小说,侮辱先朝,殊失尊重之道,令护军参领玉山在总厅递呈请饬该报馆更正,薛允照办。

2月25日(一九二二年正月廿九日),清室派载泽、载润、溥伣、朱益藩、袁励准、朱汝珍、宝熙清查大内字画。(《逊清皇室轶事·逊清皇室大事记》)

2月26日(正月三十日),添派耆龄清查大内字画。(《逊清皇室轶事·逊清皇室大事记》)

3月11日(二月十三日),宫廷官报宣布"荣源之女婉容立为皇后"、额尔德特氏端恭的女儿文绣立为淑妃。(庄士敦《紫禁城的黄昏》第224页)

3月15日(二月十七日),设立大婚典礼处,派载添、朱益藩、耆龄与公办理相关事宜。(《逊清皇室轶事·逊清皇室大事记》)

4月28日(四月初二日),第一次直奉战争爆发。

5月1日(四月初五日),添派陈宝琛清查大内字画。(《逊清皇室轶事·逊清皇室大事记》)

5月6日(四月初十日),派陈宝琛、李经迈、耆龄、宝熙及公清理皇室财产。(《逊清皇室轶事·逊清皇室大事记》)

5月20日(四月廿四日),添派刘体乾清理皇室财产。(《逊清皇室轶事·逊清皇室大事记》)

6月18日(五月二十三日),第一次直奉战争结束,直系获胜。

7月24日(六月初一日),溥仪裁减内务府官员,由现额六百一十六员,裁去三百零八员。(《逊清皇室轶事·逊清皇室大事记》)

7月31日(六月初八日),任命宝熙为总管内务府大臣。

(《逊清皇室轶事·逊清皇室大事记》)

8月28日(七月初六日),溥仪不令给长春宫千秋用款,公与耆龄、宝熙商酌请溥仪诸位师傅说项,仍以送给为宜,否则恐有枝节,诸多不便也。

9月4日(七月十三日),载沣云江朝宗说骆继汉、李庆芳两议员提议取消清室优待议案已为皖议员李振钧打销,可由皇室派赵尔巽、王士珍二人加以名义,令其随时帮同交涉,公云此事似有不便之处,恐民国疑忌反不相宜,载沣尚以为然。载沣又云有燕京大学翟牧师请将圆明园之太湖石送给该校,彼愿报效银廿万元,每年交五万元,公云王爷如愿办此事,须先在上前说明,其次须与民国地方官商妥,以免民国出而阻止,因翟洋人名誉甚劣,前在海淀私买官地,已经送交提署办理,尚未办清,且民国之人俱想着园中石块,一经皇室说明送与洋人,恐招反对也。

9月12日(七月二十一日),公因大婚木器预计所需数目过多,令其将内费分开,以期将数目减少也。燕京大学校长司徒雷登来见,为大、小南园彼校拟请将地段让给,公答以此地曾经司法衙门判定现在租户永久耕种,不能夺佃,且前者学部、商部皆要用此地,均已婉言谢绝,故此时实难让给也。

9月17日(七月二十六日),公夜梦似有自求解脱地狱之意,自思现在当官之困难实与地狱相近,应俟大婚后急流勇退,两差同辞,以解此难,知足不辱,知止不殆之语,宜三复之。

9月21日(八月初一日),至法华寺开大婚筹备会。初二日,具奏大婚奉迎日期,奉旨着于十月十三日丑时奉迎,九月廿四日巳时大徵,九月初二日巳时纳采。

9月26日(八月初六日),上书房师傅伊克坦去世。

10月3日(八月十三日),午后至筹备处商办大婚事。本年中秋节款向汇丰借五十万元,公自思日后若无善后办法,皇室之事实无法维持矣。

10月6日(八月十六日),随同载沣、载涛及耆龄见三宫皇贵妃,为大婚之事。午后江朝宗来谈,蒋雁行钩结议员欲诈取皇室银款,有给款一百五十万元,可不提议取消优待之语。

10月12日(八月二十二日),午后至管理处,为黎大总统令授公一等大绶嘉禾章,与以前所授重复,故函致民国国务院秘书厅请查核办理。

10月13日(八月二十三日),堂郎中回事,彩绸一项需银四万馀两,公云此事尚须设法核减,皇室如此艰窘,似宜回明王爷再办,以免皇上责备也。

10月14日(八月二十四日),公指示后邸之棚所用彩绸可一半绸一半布,以期核减经费。

10月21日(九月初二日),公等为溥仪大婚行纳采礼。

10月23日(九月初四日),溥仪召见公与耆龄,云《顺天时报》所登婚礼之怪象有无其事,对云架采一事尚在未经核定,所登全属子虚;又云《英文快报》登载此次婚礼须用五十万,并有太监需索内费之语,此次务须撙节核实,严查弊端,不准给太监使费,以免物议,对云应随时撙节核实办理。

10月27日(九月初八日),溥仪召见,谕示大婚用款不准过卅万,如超过此数不能付款,公与耆龄、宝熙唯唯而退。

11月3日(九月十五日),谕旨将三位皇贵妃尊为皇贵太妃,公随同至太极殿贺喜。

11月12日(九月二十四日),公等为溥仪大婚行大征礼,并随同至皇后邸照料。

11月19日(十月初一日),奉谕旨"现届举行大婚典礼,允宜酌加懋赏,绍英着赏加太保衔等因,钦此"。公自思受恩愈重,报称愈难,实深愧悚,惟有量力答报,相机尽职而已。

11月29日(十月十一日),公等候至丑刻,先迎淑妃文绣进宫,差毕回家。

11月30日(十月十二日),公随同行册立礼。

12月1日(十月十三日),子刻溥仪升乾清宫,遣使奉迎,寅初二刻凤舆进至乾清宫落轿,公与耆龄照料,捧册宝安奉于交泰殿。大婚礼成。

12月4日(十月十六日),溥仪召见公,将黎总统送贺礼二万元,赏给极贫救济会作为赈款。又有谕旨:"现在大婚礼成,恭办典礼大臣等勤慎周详,自应量予恩施,载涛著赏给御书福字一方,匾额一方,并交宗人府从优议叙,朱益藩、绍英、耆龄均著各赏给御书匾额一方,并交该衙门从优议叙,其馀出力员司等准其择尤保奖,钦此。"按:赏公匾额文曰"执义守中"。

12月11日(十月二十三日),公寿辰,载沣亲来祝贺,三位太妃赏银一百两,衣料四件。

12月20日(十一月初三日),耆龄、宝熙与公谈及邓元彭提议取消优待案并无人连署,据恩永春、乌泽生云,仍宜镇静为要,彼等必随时照管也,议定,仍请议员诸位招呼一切,研究办法,一面催送曹锟、吴佩孚诸要人物品,以便求伊等关照也。

按:此次邓元彭提案,是因溥仪大婚引起的风波,邓云:"何物溥仪,不知自爱,生存于五色国旗之下,胆敢藉结婚之仪仗,特标榜其黄龙旗大皇帝之徽号,形似滑稽,事同背叛。"(天津《大公报》1922年12月3日)

12月24日(十一月初七日),世杰代弟世良报效工厂经费五百元,世良蒙恩赏给护军参领衔,公感念当此之时,尚荷顶戴荣身,欣幸之至。

12月25日(十一月初八日),公至梅斐猗处晤谈,又闻四川议员孙镜清拟提议案,云皇室违法,应取消优待等因,梅不肯连署,并劝其毋庸提出,孙尚未决定如何办理,公当托梅君随时维持,解释为要。

中华民国十二年(1923年)癸亥,六十三岁

是年,公为清皇室总管内务府大臣,兼任民国内务部护军管理处护军都护使。

1月1日(一九二二年十一月十五日),典礼处具奏大婚典礼共用银二十九万一千七百五十六元,钦奉谕旨"知道了,钦此。"又奏保出力人员,缮单呈览一折,其中世杰蒙恩赏给头品顶戴。公又听宝熙云议员李燮阳提出议案取消优待,追究复辟之事,已有卅七人连署,恐欲列入议事日程,公当即请载沣托王怀庆设法维持,王应允,并云将来尚须属参议院掌笔之议员将优待条件加入宪法,以为永久保全之计。公又至宝熙宅,与乌泽声、恩永春、恩石峰共议应付李燮阳提案事,议定设法劝阻,缓提议案,以便设法维持。

1月4日(一九二二年十一月十八日),是日封文绣为淑妃,公照料一切。

1月5日(一九二二年十一月十九日),晚,公同载涛至王怀庆处议李燮阳提案事,王云已给曹锟去信属其维持,并云应由满蒙协进会会同蒙古提议抵制。散后公同载涛至福全馆,请耆龄、宝熙同来会议,议定分途进行,找通法律者代拟理由书,以备开会提议。

1月6日(一九二二年十一月二十日),闻蒋梅生云议员李纯修、张书元又提议案请取消优待条件,当托蒋君代为疏通。

1月18日(一九二二年十二月初二日),奉黎大总统令,世杰给予二等大绶嘉禾章。

1月20日(一九二二年十二月初四日),至管理处,黎大总

统送匾一方，文曰"老成硕望"。

4月22日（一九二三年三月初七日），直鲁巡阅使吴佩孚五十寿辰，清至派福启送礼祝寿。（《逊清皇室轶事·逊清皇室大事记》）

6月26日（五月十三日），夜，建福宫德日新殿失火，次日晨始扑灭，延及延春阁、静怡轩、广生楼、中正殿、香云亭等六处。（《逊清皇室轶事·德日新殿大火》）

按：此次大火，据内务府报告，烧毁金佛二千六百六十五尊，字画一千一百五十七件，古玩四百三十五件，古书数万册。（《我的前半生·遣散太监》）

7月14日（六月初一日），裁撤宫内电灯局。（《逊清皇室轶事·逊清皇室大事记》）

7月16日（六月初三日），溥仪裁撤宫内太监，除留一百七十五名侍候皇太妃外，其馀一概遣散。当日即命公领护军将太监押送出宫。（《逊清皇室轶事·遣散太监》）晚九时许，公覆命已妥办。（溥佳《清宫回忆·裁撤宫内太监》，收入《晚清宫廷生活见闻》）

8月10日（六月廿八日），任荣源为总管内务府大臣。（《逊清皇室轶事·逊清皇室大事记》）

9月12日（八月初二日），张勋病逝。

9月6日（七月廿六日）起至9月16日（八月初六日）止，共化炼金德日新殿大火烧熔之金块金片一万六千五百两二钱二分，经天宝金店鉴定成色，共合十足金一万一千七百八十六两一分，汇泉金店则鉴定为十足金一万一千七百七十四两七钱六分。

9月17日（八月初七日），溥仪召公等会议张勋恤典事，盖有予谥之意，载沣不甚以为然，公亦有微词，奈不能补救何。

9月18日（八月初八日），回明载沣化金一万一千七百馀两,拟俟金店三家投标,价多者即可办理,载沣准照拟办理。属员增仲修呈回金店以汇泉给价较多,当令回明各堂,令汇泉具结承办,如过限期不能交款,罚银一万两。

9月19日(八月初九日),奉谕旨:张勋追赠太保,着加恩予谥"忠武",钦此。增仲修差人来禀告公云金两已交汇泉领讫。

9月21日(八月十一日),午后公会同在内务堂看节账,约需四十九万四千六百七十九元,幸有化炼金价五十万元有零,尚可度过节关也。

9月26日(八月十六日),此次中秋节共放款三十五万三千七百五十两零,合洋五十万元有零,幸有化炼金价收入洋五十万零二百三十元零,始克敷用,民国仅给经费六万元,公思以后用度甚为难继,真无办法也。

10月10日(九月初一日),曹锟就任总统,公至新华门递官衔片贺喜。

10月31日(九月二十二日),公向载沣回明民国财政支绌,不能多拨经费,若皇室至年底用款须数十万,实无办法,可否请王爷召集会议,妥议办法,便中与皇上商议变通之法,长久之计,以免将来用度无着也。王爷虽首肯,然无切实办法也。

11月30日(十月二十三日),公之生辰,蒙恩赏大卷衣料二件,银三百两,御笔菊花一幅,袁励准题诗云"金风玉露泛秋光,花国芳菲殿晚香。自有延年真寿相,南山山色对青苍。"又蒙三位皇太妃赏大卷衣料四件,银一百两,公自念受恩深重,报称愈难,惟有勉竭驽骀,尽心效力耳。又蒙载沣亲临,载涛亦来面贺,公更念处此时世尚能如此,已属受福逾格,亟应改过迁善,以迓蕃厘,是为至要。

中华民国十三年(1924)甲子,六十四岁

是年,公为清皇室总管内务府大臣,兼任民国内务部护军管理处护军都护使。3月3日(正月二十八日),授公为太保;11月5日(十月初九日),冯玉祥部下鹿钟霖将溥仪逐往醇王府,并宣布奉大总统令裁撤护军管理处。公自民国二年管理两翼前锋八旗护军营事务,民国四年被任都护使,至今结束管理八旗护军,已近十一年矣。

1月6日(一九二三年十二月初一日),为筹旧历年底用款,公请示溥仪,拟请将库存册宝抵押汇丰银行以借款。

1月8日(一九二三年十二月初三日),宫内令银库将库存金钟送至汇丰银行以作抵押之品。又与同人商定将由慈宁宫提出之册宝送交汇丰作抵押品。并将银库所存之无字之废册宝送交盐业银行北京分行经理岳乾斋变价。

1月17日(一九二三年十二月十二日),与荣源同至内殿查物品。午后接汇丰银行买办邓君翔来函,准抵借卅万元。

1月18日(一九二三年十二月十三日),王怀庆使差人给世杰送委任状,派为卫戍司令部谘议。

1月22日(一九二三年十二月十七日),载沣来,为李燮阳又欲提案取消优待事,商议俟其提出列入议案时,应在政府府院陈明,求其维持以资补救。

1月27日(一九二三年十二月二十二日),商业学堂校长汪俊臣来拜,送来记念杯一件,聘公为该校董事。

1月31日(一九二三年十二月二十六日),公至内务府堂会同商定年节发款之数,尚须续借四五万元,拟在盐业银行商议浮借,共计用六十万元左右。公哀叹本年年节敷衍度过,实为侥幸之事,后难为继,真无办法,只有知难而退之一法也。

2月16日（一九二四年正月十二日），奉旨郑孝胥赏戴花翎，着在懋勤殿行走，又萧炳炎着在南书房行走。

2月19日（正月十五日），公至南书房见郑孝胥，谈《四库全书》印行事，郑云可先令上海商务印书馆拟订条件，再请核定。又晤谈皇室之事，应会同切实核减，郑愿赞成其事，并拟在上前陈明，属公不可请假，总以共同拟定办法为是。

2月23日（正月十九日），午后接郑孝胥来函，介绍商务印书馆经理高梦旦，并邀求将《四库全书》一次运沪，公对以俟会商始能定议，并属其在民国官厅接洽妥协，再为正式具呈，以便由内务府发行公事，以期周妥。

3月3日（正月二十八日），奉谕旨："绍英加恩授为太保，钦此。""特派郑孝胥为总理内务府大臣，畀以全权，以资整顿，钦此。""特派金梁为总管内务府大臣，钦此。"公敬念荷天恩之高厚，实感悚以莫名，惟有敬谨随同设法整顿，以期公事可有办法，庶可仰答鸿施于万一云尔。

3月5日（二月初一日），公单衔具奏，请派郑孝胥佩带内务府堂印、印钥事，蒙召见，令办谕旨："内务府堂印、印钥著郑孝胥佩带，钦此。"

按：此系溥仪欲委托郑孝胥全面整顿内务府之始。

3月9日（二月初五日），王怀庆与载涛云，郑孝胥曾与晤谈，大致拟变卖皇产，恐又似裁太监，用外随侍，并无好处也。又云公已将钥匙交出，恐有灰心之意，其都护使一差于守卫甚有关系，不可任用汉人也。公云承教，自应在皇室效力，只要上不驱逐，必当效力也。

3月19日（二月十五日），溥仪谕以每年岁用不得过五十万元，能减更好。郑孝胥拟觅一银行，将所有房产及陈设等件托其代为整理拍卖，由内务府派人监督其事，暂令银行垫款，俟售出物品归还，有馀存行生息，如能所入之息可敷应用，便有成效矣。公暗思此项办法亦不易有成，且减至五十万亦非易事，但惧人疑怨，决定只随同筹办，不参以己见。

4月7日（三月初四日），载沣与公通电话，云民国内阁已议决《四库全书》不准运出，须告知郑孝胥暂为缓办，公当给郑通电话。

4月18日（三月十五日），溥仪交下朱谕一道，大意每年只用五十万左右，令王大臣等设法核减云云，公等随同载沣至养心殿，溥仪云民国不给经费，入款无着，不得已而为核减之举，甚望帮同核减，分别具奏。众云节流因不可缓，开源亦应举行，庶可有济。溥仪谓世续和内务府大臣办理不善，房地多有送人者，诸事未能整顿，此时亟应办理也。语间对内务府颇有不满。

4月20日（三月十七日），溥仪派三多办理奉天内务府皇产，并赏其内务府大臣衔。

5月1日（三月二十八日），公同郑孝胥查养心殿库中物品。是日恩泰至汇丰银行提取抵押物品，送交大陆银行，其欠款即由大陆银行拨款照还矣，从此两清，公与同事诸人经手之事，已经结清。此次系郑孝胥与大陆、实业银行所借之款，第一批之数五十五万元，除还汇丰外，尚馀七八万左右，其抵押即用汇丰前后两次提出之金器，另有清单，尚拟第二批借款廿五万元，即以古玩等物作抵押。

5月3日（三月三十日），公自思自正月至三月卅日已过春季三个月，郑孝胥、金梁到任已将两月，郑已借妥大陆、实业银行之款五十五万元，将汇丰之借款还清，抵押物品提出转交大陆银行收存，旧日经手款项之事略有结束矣，此后如何办法，应听新总理主持，我辈自应帮同办理，惟于大局有窒碍之处，亦不能不略为陈述，以免后患，是为至要。

5月4日(四月初一日),郑孝胥与公及耆龄商办内务府中央集权,用少人办多事之法,拟由堂上分设四科,曰总务、文牍、会计、采办,每科司员四人,由堂郎中总司一切。

5月6日(四月初三日),闻民国总统曹锟派冯玉祥、薛笃弼、聂宪藩、薛之珩等与清室交涉,查明古物保存,讨论清室古物属国有或是私有之事。

5月16日(四月十三日),盐业银行送来借款八十万合同底一件,并无折扣,月一分行息,无手续费,一年期限,即用在大陆、实业银行所押之金器等件作为抵押,将来如须变价时应会同内务府办理,有馀缴回,不敷照所欠之数另行偿补,公以为所订六款尚为和平。

5月17日(四月十四日),郑孝胥谈及见张国淦,张拟联合各界名流会同商议,由各国交还之赔款提出一千万元,作为购买古物之需,由皇室交出古物及非古物等件,共估计凑成此数,将此款存于外国银行生息,所得之息金一百万或八十万元,即将此息金拨作皇室日用之需,不得动本,由税司安格联担保其事,此诚永久之计也。陈宝琛、耆龄与公闻言均甚赞成。

6月7日(五月初六日),郑孝胥令发表分设四科堂谕,并欲退回懋勤殿行走,不愿在内务府大臣之任也。

6月25日(五月二十四日),郑孝胥请开缺,奉旨允准,仍在懋勤殿行走,并派会同筹办内务府核减事宜,另派朱益藩会同办理内务府事宜,仍派公佩带内务府印钥。公对载沣陈言将来如病体不支时,尚祈王爷施恩赏假开缺等因;载沣云不可令我着急,我若急死亦无好处;公对云不敢让王爷着急,但若病情不能支持时亦无法也。语近激烈,实由于公事直无办法,只得看日后维持到何地步再作斟酌。

7月11日(六月初十日),免去金梁内务府大臣,派冯恕清理热河皇产,并加恩赏给内务府大臣衔。

7月20日(六月十九日),溥仪买汽车用洋八千六百元,又令交进五百元。

8月5日(七月初五日),公向载沣回明岳乾斋所说拟先将一部份金器变价还款事,并将清单呈阅,除金钟另存仍作抵押外,其馀金器共估价四十万五千馀元,载沣指示即可办理。

8月21日(七月二十一日),溥仪责备内务府办理无效,既未能核减,又不能开源,如增租催租等事,并云每节必用物品抵押借款,何所底止,将来有何办法。公对云如能裁减至王府规模,将局面撤去,似可核减之处甚多,譬如王爷府中起居饮食亦不致甚苦,用人既少,浮费亦少也。溥仪怒云莫非将尊号撤去。公对云并非如是,虽然极力核减,依旧尊严,不过核减用度而已。

9月11日(八月十三日),同熙钰会同看视运出物品,盐业亦来看物估价,事毕将物品开单呈览。是日岳乾斋来商借款之事,允借廿二万元,连浮借之五万元共借廿七万元,公求其多借三万,伊云看光景如能多为张罗更好,否则即照廿七万元之数也。

9月12日(八月十四日),溥仪在养心殿宴客,座中王爷及宗族诸位,并庄士敦、上书房、南书房诸位,荣源亦在,然惟公与耆龄、宝熙被冷落向隅,公自思现在内务府堂司各官异常劳苦,而上总以为本署仍前舞弊,有深恶痛绝之意,无可奈何,惟有速退。

9月13日(八月十五日),公之家中秋节例共用三千三百八十元左右,所用过多,决定将来若不当差,即先撤账房,一切大加裁减,下乡务农,或可节俭度日也。

9月14日(八月十六日),溥仪要现洋五百元,公即交进讫。

9月15日(八月十七日),接堂上电话,溥仪要银洋二千三百元。公叹息要款无度，应付为艰，实无办法也。本日即请王仲华先生为占一卦，以问进退出处究应如何。

10月9日（九月十一日），公自占一课，山天大畜变山泽损，断曰宜照常进行，不宜退，并无危险。

10月20日（九月二十二日），丑正一刻，溥仪来电话，云端康皇太妃已薨逝，令速进内办理一切，遵即前往。奉朱谕："派载涛、朱益藩、绍英恭办端康皇贵妃丧礼，钦此。"

11月5日（十月初九日），午刻，京师警备司令鹿钟麟、京师警察总监张璧率队警进内。云奉摄行大总统令，二人与清室商订修正优待条件等因，并附有五条条件，且云限于三点钟请上出宫，否则兵警愤愤不平，伊等恐弹压不住，并欲请见，当面说明。公云可将公事交来阅看，当由鹿出黄郛摄阁署名之公文一纸。公阅毕，对云，此事自应和平解决，可由我辈陈明，再为回答。溥仪云既已如此，只得允许。鹿索要玉玺，公复经请示，将檀香、青玉宝各一方交二人领回。三钟时，公随溥仪乘坐汽车至醇王府，皇后、淑妃均同至。鹿钟麟、张璧云此后既永远废除尊号，即与国民平等，上对云我已明了，共和国自应如此，鹿、张皆鼓掌称赞，握手而去，遂派军警保护，甚为严密。公因痢疾，夜间大解二三十次，只得准备明早回家医治。公暗思今日之事实非意料所及，茫茫天意不知究竟何如，但以天理上观察如能将来得保安全，未始非不幸中之幸，时局日新，人心日坏，不知何时重见天日，良可慨也。

按：鹿钟麟、张璧所携公文即《修正清室优待条件》，内容为："今因大清皇帝欲贯彻五族共和之精神，不愿违反民国之各种制度仍存于今日，特将清室优待条件修正如左：第一条、大清宣统帝从即日起，永远废除皇帝尊号，与中华民国国民在法律上享有同等一切之权利。第二条、自本条件修正后，民国政府每年补助清室家用五十万元，并特支出二百万元开办北京贫民工厂，尽先收容旗籍贫民。第三条，清室应按照原优待条件第三条，即日移出宫禁，以后得自由选择住居，但民国政府仍负保护责任。第四条、清室之宗庙、陵寝永远奉祀，由民国酌设卫兵妥为保护。第五条、清室私产，归清室完全享有，民国政府当为特别保护；其一切公产，应归民国政府所有。"

11月6日（十月初十日），早，公回家治病。接到内务府知会，奉谕"派载润、绍英、耆龄、宝熙、罗振玉与善后委员会委员会议"。

11月7日（十月十一日），公早至筹备处，与鹿钟麟、张璧、李石曾、易培基等开谈话会，议定：一遣散雇工，一搬运应用物品，一画区加封，一补取印玺，本日办三条，其加封事另期办理。

11月8日（十月十二日），早，公奉载沣电谕令进内。公力疾前往，与宝熙商办公事，并运出房产租库房折，存于交民巷保存，将各项银库借约及堂上要紧公事等件均运出。

11月10日（十月十四日），公进内。荣惠、敬懿二位太妃均召见，敬懿太妃则云须俟端康太妃灵柩奉移后始肯移出。公令属员鸿博泉将民国所欠皇室经费数目开一清单备考，又谈内殿西配殿尚存银十馀万两，应议提出应用。

11月11日（十月十五日），公偕同宝熙到神武门内筹备处，与鹿钟麟、张璧会谈，李煜瀛亦在座，鹿谓中路宫殿渐次查封竣事，行将着手办理东西两路，吾等深恐惊动二位太妃，故力嘱检查人员格外谨慎，惟希望两太妃早日自动迁出，以期从速竣事。公答称昨日予已进宫晋见二位太妃慰劝，二位太妃因不忍弃瑾太妃之灵柩以去，故须展缓时日，最后荣惠太妃允迁居太极殿，暂与敬懿太妃同居，日内当可迁移云。嗣公复提议数事：第一为筹款问题，因民国优待条件初未履行，嗣因孝定景皇后之丧，始商准财政部拨款十万元,充作治丧费之用,今兹清室全体出宫,生者之教养,死者之丧仪,皆须豫筹的款,查清室所欠盐业银行借款当然必须筹还,而向民国索款,目下财政困难,恐尚未能即付。又瑾太妃系阴历九月二十二日薨逝,照例停柩三十一天,已定于十月二十三日奉移,往西陵安葬,二位太妃须俟送丧之后然后出宫,丧仪无论如何节省,大约亦非八万、十万不办。鹿答称此事曾与冯检阅使及黄总理谈过,冯、黄二人向讲信用,即此次优待条件之减少金额,亦即所以期其能按条件履行,预备先拨若干,正在筹措,我可担任往商。公又谓:第二,在内殿西屋存有银库大小银锭数目虽难确定,但闻约计通用银元亦有十馀万之谱,年来因市上通用银元,致银锭未能通用,藏之至今,请如数发还,以便偿银行欠债,俾生者用养而逝者克安。鹿答称此事当然可以,我能作主。公又谓:第三,二位太妃每人私蓄约有数万元,将来出宫自须带出,俾为生活之需。鹿答称此系老人数十年私房积蓄,自应准其私有也。议毕遂散会。

11月12日(十月十六日),鹿钟麟、张璧复邀及其他皇室代表来委员会面商二事,一请荣惠太妃早日迁出重华宫,与敬懿太妃(瑜太妃)同居,二希望两太妃指定何日出宫,公允入宫请示后再为作答。嗣经请示,即以电答鹿氏,谓关于两宫合并问题,荣惠太妃(瑨太妃)允于二三天内即可迁居,惟需俟瑾太妃金棺奉移后,在宫外觅妥相当住宅,即行迁出。鹿谓为迹近延宕,不允通融,再三磋商,鹿谓对于瑨太妃移出重华宫,不得再过三日限期,同时即速出宫外,租与房屋,与瑾太妃灵柩本月二十三日同时出宫云云。

按:十五、十六日皆据《绍太保公年谱》,《日记》于此仅云"十五日、十六日均至北府",太简略。

11月13日(十月十七日),公同耆龄、宝熙至荣寿公主府,说明两位太妃借住西院房屋之事，已允借用，公主属为转陈随时加以资助。

11月16日（十月二十日），早，鹿钟麟来电话，约至委员会谈话，公当约耆、宝二人同往，晤谈提款事，明日午刻办理。又说明奉移事，鹿谓今既削去尊号，则所用出殡时仪仗应一律改复民国制度，公谓执事可以不用，惟棺罩一物，外间所用与灵柩尺寸不符，仍须用大内旧物。鹿及张璧等复询棺罩上有无龙凤花纹，公谓妃嫔不用此，其上仅有绣蟒，鹿、张等允可通融，其执事人等一概改穿便服。又说明奉移时须略用木器，及派人夫进内。均可照办也。两宫皇太妃召见公，定于廿五日移出，出宫后所居业已指定北兵马司荣寿公主府内，惟府中器具全无，请将寿康宫中用物迁走，已与鹿等商妥，亦允照办，届时共用汽车八辆也。是日三、八旗护军均退出，至先农坛改编，已由国民军营长丁某、营副段某带兵一连进内接收矣。又奉大总统令："护军管理处着即裁撤，此令。"应办收束公事，以便报部也。至筹备处商办公事后，同耆、宝二人至醇王府，溥仪召见，公将现在之事陈明。又见王爷，说明瑞丰已故，奉谕赏银二百元，退出，至瑞宅致唁后回家。商衍瀛来谈，闻张作霖之意甚佳。

11月17日（十月二十一日），早，至筹备处，未刻鹿钟麟到委员会，公与耆、宝二人前往晤谈，会同至永寿宫西库提银十万零一千馀两，又有散碎金锞、洋钱等件，前库提出一万馀两，二项共计为七千一百九十七斤，合十一万五千一百五十二两，均交盐业银行，运至该行暂存，容俟会同平兑，再定办法也。又溥仪令公提衣物等件，均已照办矣，此次鹿尚为帮忙也。外二位太妃所有之木器、箱笼、寿衣、缎匹等约在二十箱左右，亦开始搬运。晚回家，与高保卿科长通电话，令其将护军管理处印信送家保存。

11月18日（十月二十二日），早至筹备处，至委员会见沈兼士,说明两宫太妃今日运出银两三万零,又金如意六柄,请验过放行,沈允诺。计运出二太妃私有银锭,寿康宫宝银一百二十四枚,又十两重之中锭四百枚,共合库平银一万零三百两;重华宫银锭库平一万二千两,又二秤银三千两及金如意六柄。

11月19日(十月二十三日),辰初前进内。敬懿太妃召见,赏点心吃。退下,同耆、宝二人照料端康皇太妃金棺,约九点自慈宁宫启行奉移,九点三十分金棺出神武门,至柳树井(景山东街西口)换大杠,惟欠执事耳,出地安门,经鼓楼前进烟袋斜街鸦儿胡同,午正至广化寺安位,供饽饽桌,由贝勒载涛奠酒,各大臣等随同行礼,派笔政二人、太监九人住守,民国地方官亦派该区警察驻守。

11月21日(十月二十五日),至筹备处,候至申初,同耆龄、宝熙至神武门,备妥汽车八辆,两旁玻璃皆以黄绫障蔽,驶入两辆,直往寿唐宫,请两宫皇贵妃乘车出宫,由内监、宫嫔卫护,出宫时该处军警尚排班致敬,特免检查,公与耆、宝二人均送至荣寿公主府。接家中电话,云善后委员会会长李煜瀛送来委员会聘书一封,与众研究,均将聘书避回,写一公函一并送回,明日午后一点至筹备处办理。

11月22日(十月二十六日),午后一点,至筹备处缮写公函,避回聘书五封,送交清室善后委员会。

按:二十日至二十三、二十五日皆据《绍太保公年谱》,《日记》此数日所记皆有所减省。本月二十四日(11月20日),李煜瀛正式就任清室善后委员会委员长,委员会成员十四人:汪精卫(易培基代)、蔡元培(蒋梦麟代)、鹿钟麟、张璧、范源濂、俞同奎、陈垣、沈兼士、葛文濬、绍英、载润、耆龄、宝熙、罗振玉。而公等五人既已退回聘书,自然亦不会参加委员会事务。

11月24日(十月二十八日),早十时,段祺瑞就任临时执政,午后两点总司令张作霖到京。

11月29日(十一月初三日),申刻接醇王府电话,云本日两点多钟溥仪避至日本使馆,闻系陈宝琛、庄士敦同往,先至德国医院,移时郑孝胥来,同至日本兵营,候日使至,遂请住于后楼。又闻段祺瑞虽不以为然,尚云暂避亦好,惟张作霖甚不以为然,颇有责备亲贵之语也。公因足疾不愈,且闻上已外出,即至德国医院暂住,一面养病,亦可就近趋往日馆也。

12月1日(十一月初五日),耆龄来,备述近日情形,公始悉真相,闻溥仪之意既住使馆,暂不回府也。

12月3日(十一月初七日),携世杰至日本使馆,溥仪召见,云现在诸宜敬慎,以免为人轻视,公对云危者使平,易者使倾,为易理处患难之道,今上能敬慎,庶几安不忘危,天道必使至平安之途,不致有倾覆之虞也;并云在日馆甚为安全,不可静极思动,又思他往,总以大局既定始能移动也。

12月4至9日(十一月初八日至十三日),公因腿疼未下地,中间耆龄、宝熙来谈,为致内务部公函有"修正五条清皇室不能承认"之语,予云必须请醇王爷看过函稿,始可发行,甚有关系也。继闻阅后改为"清皇室不能视为有效",语较和平也。

12月26日(十二月初一日),公自本日起每月朔望持斋二日,以自忏悔求免灾难也。

中华民国十四年(1925)乙丑,六十五岁

是年,公为清皇室总管内务府大臣,4月17日(三月二十五日),溥仪将内务府改为留京办事处。公自民国元年补授总管内务府大臣以来,迄今十有三年。6月1日(闰四月十一日),公积劳成疾,溘然长逝。

1月2日(一九二四年十二月初八日),公发函致孙中山,内

务府大臣四人会衔,为优待条件请其维持,以昭大信事。

1月10日(一九二四年十二月十六日),接孙中山复函,大致谓张某复辟,故后清室予谥,是以其复辟为有功,即有大告,不能再向民国争论等语。公前曾请毋庸予谥,未蒙采纳,竟因此而致败,亦可慨也。

1月20日(一九二四年十二月二十六日),辰刻赴陈宝琛太傅宅晤谈一切,公云如上欲出洋留学,必须修正条件大纲已定,庶不致无办法也。陈尚以为然。

1月23日(一九二四年十二月二十九日),公本年年节家中年例约用五百元,还账约二千五百馀元,向盐业银行浮借二千元,借姨太太存款一千元,公自思自明年(阴历)元旦起撤去账房,然每月犹需约四百元,米面尚不在内,必须设法节裁,始能退归草野,以度馀年。

1月26日(一九二五年正月初三日),世杰至使馆照料溥仪。

1月30日(正月初七日),晚,颐和园司员来谈公事:一从前提署所提分之款,十一师宋师长拟继续提分,只得照办,其馀之款未便准其提分;二捕鱼公司拟停止给租,未便照准;一该园每月津贴不敷用,告以暂由该档房借用,俟旺月有馀再为归还也;又圆明园为燕京大学拉运石柱,十一师质问该园有无盗卖之事,据声称并无其事,令该园办公事报堂,以便发公函致十一师声明也。

2月5日(正月十三日),公至日本使馆,随同在公使大楼下给溥仪行贺礼,并陪同宴请日本使馆男女客人。

2月23日(二月初一日),因吴稚晖在报纸上攻击公侵款数百万,毫无事实,公遂请与吴交好的廉泉为之辨护。

2月24日(二月初二日),闻昨晚十点钟,溥仪已同日本警察赴天津日界，暂住大合旅馆。公与耆龄、宝熙、柯劭忞同见段祺瑞云：昨见报端有引渡溥某明正典刑之语，甚为惊恐，宣统已同日本警官赴津矣。段云青年之人好行自由，只得听之，但是有我在京，不能听新党少年之人胡闹，可以放心。柯云出洋游历经费仍请政府代为筹措，段云现在财政紧迫，容缓为筹画，如真出洋时亦不能不代筹也。公云上出京时令内务府照常办事，并求维持一切，段云我亦是旧臣，自应力予维持也，情意甚好。

2月25日（二月初三日），溥仪派公与载润、宝熙、温肃、朱汝珍留京办理善后事宜，并令载涛帮办。公又闻溥仪至天津暂住张园，省长杨以德及遗老均来请安，未免有包围情形，公惟望上能择善而从，敬慎将事，庶可济此屯难也。

2月28日（二月初六日），公至陈宝琛处晤谈，请其在溥仪前陈奏，总以优待条件定局再为出洋为妥，否则上若远行，恐即牺牲一切优待各条，均不能办到，恐尚不能如修正之五条，且私产将为人收没，将来一无所有，将如之何。且此时赴日，若待以皇帝之礼，必致民党之大反对，若待以平民之礼，岂不先自认取消尊号耶？若待解决后再为从容出洋，似觉有益无害也。并请陈明将柯劭忞加派留京办理善后事宜，以便与段祺瑞能够随时接洽，大有裨益。陈均以为然。

3月5日（二月十一日），公早车赴津，见溥仪面陈京中现在情形，闻溥仪拟暂住天津，并不即行出洋。

3月6日（二月十二日），早赴张园，同郑孝胥同见溥仪，溥仪留饭，并亲手赐菜。公向溥仪陈明报纸诬其卖圆明园石柱事，预备回京声明登报，如善后委员会有意与内务府为难，寻衅不已，只得赴津暂避，因不可理喻也。溥仪以为然，郑孝胥亦云应暂避之。

3月7日（二月十三日），公回京，派孙禄至吉老爷堃处，属其将圆明园石柱之事详细报堂,以便分析,声明真相也。

3月8日(二月十四日),圆明园笔帖式存禧来回公事,公令其至燕京大学,问明有无卖石柱事。

3月10日(二月十六日),《京报》登载反对优待同盟会决议,通电段祺瑞及国民军首领,谓万绳栻、康有为、罗振玉、绍英图谋复辟,请通缉等语,公悲无谓之诬陷,只得注意豫防也。朱益藩带来上谕三件,一宗庙陵寝派载涛、载瀛、载泽敬谨承奉,并在太妃前照料一切,与内务府商办;一派载润、朱益藩管理内务府事务,所有善后事宜与内务府绍英、耆龄、宝熙会同办理;一派袁励准、柯劭忞、朱汝珍、罗振玉会同办理善后事宜。载沣谓既经派定,自应维持现状,随时商办一切。公云前往天津已在皇上前声明,现在报端时常诬陷,如京中无事只得赴津暂避,否则倘有逮捕等事,于内务府面上颇不佳也,今《京报》攻击益甚,拟过日仍赴津一往,暂为趋避也,载沣默许。

3月11日(二月十七日),公将圆明园郎中吉堃禀一件、存禧结一件、翟博牧师片一纸交堂上暂存,俟傅律师拟来函稿,再为呈回各堂函致京师警察厅,为声明辨白并无人盗卖石柱之事。

3月12日(二月十八日),公为避祸,暂至德国医院廿九号房间,藉以调理胃病。

3月15日(二月二十一日),昨耆龄由津回京,接到天津致内务府来函:本月十四日"行在办事处"成立,奉谕总务处着郑孝胥、胡嗣瑗管理,取支处着景方昶管理,交涉处着刘骧业管理,庶务处着济煦管理。

3月24日(三月初一日),与商衍瀛赴津。

3月25日(三月初二日),巳刻公至张园,会同商衍瀛请见,溥仪问及盐业银行押款物品到期可以变价否,对云现在该行已接善后委员会来函,清室到期押款之物品不得变价,俟与清室接洽妥协始能办理等语，此时若即行变价，该委员必来干涉阻挠，而段执政又不能主持，是以恐不能办到，非不肯尽力办理，实有办不到之情形也。

4月9日（三月十七日），廉泉约午餐，座中有吴稚晖，见面略谈，彼云前者登报所云实系误会，对不住等语，公云自幼读书尚知廉洁自持，实不敢妄为。

4月10日（三月十八日），办事处送来内务部公函，内称查清室设立办事处自谓便于接洽起见，惟名称已商允改为"清室办事处"，其关防文曰"清室办事处之关防"，嗣后关于清室事件即由贵处接洽办理，相应函达查照等因，公当请诸位看过。

4月17日（三月二十五日），奉谕："现将内务府改设办事处，着载润、朱益藩、宝熙管理留京办事处事宜，钦此。"又奉谕："敬懿皇贵太妃、荣惠皇贵太妃行宫事宜着加派前内务府大臣绍英、耆龄随同敬谨照料，钦此。"然公此时已卧于病榻，不能履职矣。（据《绍太保公年谱》）

6月1日（闰四月十一日），公因疾辞世。

按：《绍太保公年谱》有世良识，于公辞世情形有较详记载，且对公生平有精要评价："公自十一日即不能进食，延徐医稚云诊治服药，迄未见愈，至十八日愈甚，手记之日记至是日止，以后即不能再作日记矣。……公自壬子年正月奉谕补授总管内务府大臣以来，盖十有三年，与皇室共终始，出入禁掖，宫府一体，精白之心，久而弗渝。清室眷顾荩劳，特授太保。公念世笃忠贞，尽瘁益虔。民国政局迭变，谣诼繁兴，公内奉宫庭，外维时局，兼领八旗护军营及都护使之职，拱卫禁中，艰难撑拄，用心良苦，十数年来盖无日不在忧患之中。迨甲子冬扶病侍禁中，忽值事变，随扈宫车，仓皇出狩，竟以忧劳况瘁，感触过深，遂至饮食日减，气体日羸。今春勉力赴津敬觐，乘舆回都后卧病即不能起，肝脾尅滞，沈忧结胸，时因恶阻，食物不下，但进勺浆酪饮而已。寝疾以来，不间呻吟声，屡延徐稚云、姚宝生、萧龙友、曹巽轩诸名医诊治，俱言无病，神志清明，殊无所苦。四月中命不孝等检点平生日记，并查旧藏书籍，谕不孝等曰：'吾家自文襄公佐命，世受厚恩，迨勤直公缵承家学，笃守忠贞，以礼法持家，以清贫自励，家无长物，所珍惜者惟架上百数十卷旧书耳。'复顾不孝世良曰：'汝目宜善养之，勿久视小字书籍，将来作事时，目力为至要也。'因不孝世良幼时喜观书，常夜以继日，用目过劳，视物常有黑点，故先考甚垂念及之。不孝等敬领悚惕，尚冀医药奏效，心疾渐解，徐有转机。乃至交闰月初，浆水寡进，言语渐少，形瘦气虚，益不可支。延至初十日，频询降雨否。十一日子刻天雨，家人以告，公颔之，遂弃不孝等而长逝矣。呜呼，痛哉！公殁后，所遗惟旧书数橱，日记若干册而已。伏念公世受国恩，中年渥受主知，世局沧桑，迭经奇变，处之泰然，虽感触至深，未尝形诸辞色。生平服膺儒素，研精理学，每散直时，恒于车中默诵《大学》《中庸》章句，归则摄心静坐以验所学，晚年复留心释典，诵经礼佛。尝手刊桐城张知生先生《讲学录》《抉私录》、仁和金雨叔先生《家戒诗注释》诸书，又手自注释朱子《性理吟》册子，以示子孙，勉以立身求学之方。虽患足疡，未尝一日废所学，垂老衰病，犹编摩不去手。忠以事上，与世无忤，而感喟深处，咸默寓于无言，膏腑摧伤，无可救药，凡绝粒两月而终。呜呼，痛哉！遗折上，当日钦奉谕旨：太保、前总管内务府大臣绍英持躬恪慎，练达老成，由荫生起家郎署，洊擢今秩，任事有年，克勤厥职。比因触发旧疾，方冀调理速痊，仍资倚畀，遽闻溘逝，轸惜良深。着加恩赏给陀罗经被，赏银五百圆治丧，派贝子溥忻即日前往奠醊，任内一切处分悉予开复，应得恤典该衙门查例具奏，用示笃念旧臣至意，钦此。"

绍英诗文辑录

◎ 诗

四十生辰志感 时光绪庚子年也

一梦悠悠四十年，追思往事甚凄然。于今参透真消息，本命元辰善保全。

世变苍黄岂偶然，良由人事自生颠。天心悔祸成和议，赢得安居性命全。

穷通得失尽从天，何苦张皇自纠缠。悟澈本来无一事，逍遥浑似出尘缘。

时事无端屡变迁，承先启后重仔肩。从来积善多馀庆，祖泽应思百世延。

（据《绍英日记》辑出）

五十生辰志感 时宣统二年也

虚度光阴五十年，进修疏懈叹依然。幸知天命原无息，夙夜兢兢善自全。

颜子心斋岂偶然,本来无妄叹生颠。知几信是先天学,一善拳拳自保全。

全受全归在畏天,莫教情绪苦牵缠。守身自有先贤训,离欲应思出世缘。

毋欺垂训家祠联语有"垂训一毋欺"之语。莫思迁,继志承先重荷肩。移孝作忠非二事,天恩祖泽幸长延。

（据《绍英日记》辑出）

咏杏花

杏花高倚五云中,妙制庄严夺化工。惟愿春风长拥护,年年万紫映千红。

（题目为笔者所拟,据《绍英日记》民国元年元月一日："晚回法国医院住,院主人赠绫制杏花一盆,以银镶圆镜盘承之,绚烂可观,诗以志之……。"）

和景大嫂七律二首录后

间来终日拥书城,古鉴分明莫妄行。已觉尘寰同幻梦,要将玉宇早澄清。学成谦谨心愈下,克去偏私气益平。勿讶沧桑多变态,试观天道自生生。原题排闷。

西风初动感秋声,无限秋光满凤城。晚节菊花三径秀,岁寒松柏寸心倾。簧宫久见弦歌息,里巷犹闻金鼓鸣。不复敢言天下事,但祈霖雨慰苍生。原题秋日有感。

（据《绍英日记》民国三年十一月十五日）

咏梅

一对双龙舞,丰标老更妍。爱他松柏性,也似杏花鲜。

（题目为笔者所拟,据《绍英日记》民国三年元月三十日辑出。）

梁节庵函告种树事有感

山中佳景在初春,陵寝巍峩气象新。树木阴森千载后,荷耡应念有孤臣。

（据《绍英日记》民国四年三月十五日）

贺张勋生辰

闰月欣逢揽揆辰,云龙海鹤倍精神。留侯功业汾阳福,更祝椿灵五百春。

（题目为笔者所拟,据《绍英日记》民国八年闰七月十日:"张勋臣督军上将闰月生辰,寄纸索诗,因作七绝一首书寄云。附记贺诗……。"）

丁巳五月入内值班曾留佩刀一柄庚申五月入值见此刀光芒犹昔因题一绝以抒怀抱云

韬光三载有谁知,拂拭尘埃善护持。珍重一般无价处,鸾刀迎刃岂容丝。末句用邵子语。

（据马延翯先生家藏手稿录出。按《绍英日记》民国九年五月廿六日："是日住班，见丁巳夏五所寄存佩刀光芒如昔，因成七绝一章，以为记念云：'韬光三载少人知，拂拭尘埃善护持。独有一般无对处，鸾刀迎刃岂容丝。'"文字小有差异。）

贺耆龄生辰

翰墨驰声少壮年，祇今柴闼共班联。德随时懋精神健，齿并秋高节概坚。北极同瞻天自近，南山上颂福无边。金风荐爽多嘉候，露湛丹霄润绮筵。

（题目为笔者所拟，据《绍英日记》民国九年八月初六日："进内。至耆宅贺寿，代陪天使，上赏匾文，系'服政承庥'四字，陈师傅送对文云'渐苍松柏凌寒色，长抱重霄捧日心'，予送寿诗云……"）

陈弢庵太傅邀饮于钓鱼台赋此志谢

钓鱼台畔远嚣尘，君子居之比渭滨。秩秩亭轩三径古，森森松柏四时春。名园雅集多嘉客，宸翰留题希世珍。拜谢主人招饮意，同游化宇乐天真。

（据《绍英日记》民国十二年岁末附记辑出）

次韵郑苏堪二首

幸依宸座近天光,月旦何须论短长。领取新诗忠爱意,始知通德是贤良。

礼存周德未曾衰,象着云雷济险危。若论经纶天下事,舍公之外尚其谁。

(据《绍英日记》(民国十三年七月十六日)辑出)

因李筱农先生教导儿孙等颇尽心,教以进德,拟七绝一首赠之

感君善诱语循循,秋水为文不染尘。德性尊崇学业广,孔门家法藉传薪。

(据《绍英日记》(民国十三年七月二十九日)辑出)

又和秋日感怀元韵

静坐沉吟思渺漫,时艰身弱宦情阑。苍松晚节凌云汉,丹桂新秋湛露团。虚室月明愈朗澈,值庐天近恐高寒。择师幸遇延平叟,童子循循侍杏坛。

(据《绍英日记》(民国十三年七月二十九日)辑出)

◎残句

请君随在任天机,会当携手扶桑浴

（据《绍英日记》（光绪二十八年七月十七日）辑出,为绍英昔在遵化州福泉寺浴温泉时,和胡志云诗之句。）

◎联语

据德依仁是寿者相,守身安命为君子儒。"

（此为绍英五十生辰自集联语,据《绍英日记》（宣统三年）辑出。）

净土励清修,莲池往生归极乐;人间多憾事,棠华萎谢不胜悲。

（此为绍英为四兄绍彝所拟挽联,据《绍英日记》（民国七年）辑出。）

◎文

《味经书屋诗存》跋

呜呼！我先公天性笃厚,学业精勤,自入词林后,历官中外垂四十年,恒从事于诗书笔研间,未尝或辍。凡宦迹所至,每多吟咏,惟未经编辑,散失颇多。英谨检遗稿,掇拾丛残,得诗六卷,并附于先勤直公诗存之后。仰承先志,亦名诗存。敬诵之馀,益见先公励志进修,克承家学,而蔼然孝弟之意,时流露于楮墨之表,是固后世子孙亟宜效法者也。古人有言:"父殁而不能读父之书,手泽存焉耳。"英学行不修,弗克负荷。惟愿此手泽之仅存者,永世什袭,罔敢或替,庶知继志述事我家法之相承者,固自有在也。此则英区区之微忱,窃冀与后人共勉之者尔。男绍英谨志。

（据绍英编刻《马佳氏诗存·味经书屋诗存》卷末录入）

大清孝定景皇后事略

臣绍英恭纪

谨按:孝定景皇后,镶黄旗满洲叶赫那拉氏都统、公爵桂祥之女,孝钦显皇后之侄女也。赋性纯孝,淑慎贤明,兼工书法绘事。光绪十三年钦奉孝钦显皇后懿旨,指定为皇后。十五年正月,大婚礼成。奉侍慈闱,赞襄帝德,承欢惟顺,驭下以宽,宫庭内外,翕然称颂。庚子乘舆西狩,备历艰危。迨至西安,供张乃粗具办。而颠沛流离之中,孝思不匮。二十七年十一月,宫驾回銮。德宗景皇帝厪忧时局,圣躬不豫,时时间作,后衷尤多隐忧。三十四年夏秋间,景皇帝疾日危渐,孝钦显皇后病亦沉笃,侍药问安,不遑眠食。十月二十一日,德宗景皇帝龙驭上宾,即日钦奉慈禧皇太后懿旨,命醇亲王载沣之子溥　承继穆宗毅皇帝为嗣,兼承大行皇帝之祧,入嗣大统。遂尊皇后为皇太后。本日又奉慈禧皇太后懿旨,命醇亲王载沣为监国摄政王。二十二日,太皇太后仙驭升遐,皇太后悽怆悲怀,恸不欲生。顾以国家多艰,勉抑哀忱,竭诚尽礼,每日三祭,必躬亲奠酹。十一月,皇帝登极,举行颁诏大典,臣工详议,加上徽号,称曰"隆裕皇太后"。

时皇帝冲龄，太后壹意抚育圣躬，视如己出。国家政令，皆取决于摄政王；宫中之事，事无大小，悉出旧章，宫庭称静肃焉。

宣统三年，以皇帝典学期迩，特派儒臣陆润庠、陈宝琛、伊克坦充师傅，在毓庆宫授皇帝读；又简徐世昌、世续为太保。是年八月，武昌事起，各省相继独立，人心皇皇，大局瓦解。皇太后渊衷默运，殷然以宗社阽危、生民涂炭为忧，特起用前军机大臣袁世凯为内阁总理大臣，并派重臣前往上海，与民军代表讨论大局，公决政体。十二月二十五日，内阁奉旨：

朕钦奉隆裕皇太后懿旨：前因民军起事，各省响应，九夏沸腾，生灵涂炭。特命袁世凯遣员与民军代表讨论大局，议开国会、公决政体。两月以来，尚无确当办法。南北暌隔，彼此相持。商辍于途，士露于野。徒以国体一日不决，故民生一日不安。今全国人民心理，多倾向共和。南中各省既倡义于前，北方诸将亦主张于后，人心所向，天命可知。予亦何忍因一姓之尊荣，拂兆民之好恶。是用外观大势，内审舆情，特率皇帝将统治权公诸全国，定为共和立宪国体。近慰海内厌乱望治之心，远协古圣天下为公之义。袁世凯前经资政院选举为总理大臣，当兹新旧代谢之际，宜有南北统一之方。即由袁世凯以全权组织临时共和政府，与民军协商统一办法。总期人民安堵，海宇乂安，仍合满、汉、蒙、回、藏五族完全领土为一大中华民国。予与皇帝得以退处宽闲，优游岁月，长受国民之优礼，亲见郅治之告成，岂不懿欤！钦此。

又奉隆裕皇太后懿旨：古之君天下者，重在保全民命，不忍以养人者害人。现将新定国体，无非欲先弭大乱，期保乂安。若拂逆多数之民心，重启无穷之战祸，则大局决裂，残杀相寻，势必演成种族之惨痛。将至九庙震惊，兆民荼毒，后祸何忍复言。两害相形，取其轻者。此正朝廷审时观变，痌瘝吾民之苦衷。凡尔京、外臣民,务当善体此意,为全局熟权利害,勿得挟虚矫之意气,逞偏激之空言,致国与民两受其害。著民政部、步军统领、姜桂题、冯国璋等严密防范,剀切开导。俾皆晓然于朝廷应天顺人,大公无私之意。至国家设官分职,以为民极。内列阁、府、部、院,外建督、抚、司、道,所以康保群黎,非为一人一家而设。尔京、外大小各官,均宜慨念时艰,慎供职守。应即责成各长官敦切诫劝,毋旷厥官,用副予夙昔爱抚庶民之至意。钦此。

又奉隆裕皇太后懿旨:前以大局阽危,兆民困苦,特饬内阁与民军商酌优待皇室各条件,以期和平解决。兹据覆奏,民军所开优礼条件,于宗庙陵寝永远奉祀,先皇陵制如旧妥修各节,均已一律担承。皇帝但卸政权,不废尊号。并议定优待皇室八条,待遇皇族四条,待遇满、蒙、回、藏七条。览奏尚为周至。特行宣示皇族暨满、蒙、回、藏人等,此后务当化除畛域,共保治安,重睹世界之升平,胥享共和之幸福,予有厚望焉。钦此。

于是民军起事不百日,而共和立宪国体因以底定。九庙不惊,钟簴如故,而亿兆生民遂享五族共和之幸福,海内仁人志士,皆曰创造中华民国者,非独袁黎之功,实大清隆裕皇太后之泽也。

逊位以来,太后训养皇帝,整饬宫闱,宵旰焦劳,孳孳不懈。而尤时时以德宗景皇帝陵工未毕、未能永远奉安,引疚于心,每一道及,辄泣不已。忧勤交迫,寝以不豫。御医进诊,略有微效。癸丑正月初十日万寿圣节,临时大总统特遣代表及国务总理、各部总长均诣乾清宫致贺,并进祝品甚丰。乃命内务府大臣在上书房设酒点优待,赉予有加。是月十二日,美使嘉乐恒夫人等以将归国,在养心殿觐见,旋在漱芳斋款宴接待,均极欢洽。十六日,慈躬病势增剧。钦奉懿旨,派醇亲王载沣照料内廷一切事务。十七日丑刻,仙驭升遐。弥留之际,顾命醇亲王载沣、总管内务府大臣世续等,惟以皇帝方在冲龄,应加意保卫为嘱。

哀音既播,薄海震惊。当奉谕旨,派那彦图等十人恭办丧礼,一切事宜,悉遵列后成案办理。恭上尊谥曰"孝定隆裕宽惠慎哲协天保圣景皇后",万世称曰"孝定景皇后"。政府通告各官署一律下半旗。二十七日,现任官及现役军官均持服,各国公使署均下半旗,国民在太和门外会集追悼者数万人。二月二十七日,奉移西陵良格庄暂安殿。是岁,崇陵工竣。十一月十六日申刻,德宗景皇帝、孝定景皇后永远奉安。十七日未刻,德宗景皇帝、孝定景皇后神牌升祔太庙。同日,孝定景皇后神牌升祔奉先殿。悉如典礼。

（据吴昌绶辑《松邻丛书》录入）

《重刊朱子性理吟》序

英夙闻先生长者之绪论,契心往哲,蒐讨先儒性理诸书,求为身心修养之助,拳拳弗敢坠失,盖亦有年。而居诸空负,愧悚滋深。曩游书肆,得钞本《朱子性理吟》,归而读之,窃见源本经训,启发性真,渊博而简易,切近而精微。学者玩索其辞,苟能谨于日用云为之际,而审于念虑隐微之间,无往而不得其正,则克己复礼无难矣。

惟是编自明以后无刻本,原刊既不可得,即高子所重梓者,亦绝少流传。倪好古之士,心晞朱子撰著闳博裨益于世者众,遂略此而不详欤。此本什袭藏之已廿年,时欲紬绎义蕴,以衍其绪。自维固陋不足发挥斯诣,窃就所习诸书有与诗意相发明者,依次诠释,以便省览。默探朱子之意,盖冀承学之士端蒙养基圣功,身体力行,日趋正轨,辞有尽而意无穷,未可以寻常诗词目之也。虽仅为训子而作,而其垂诫深远矣。

盖自五季以还,人心陷溺,朱子于身心性命之学,纂要钩玄,讽之咏之,提撕而补救之,其大旨在维世道,正人心。高子旧序详溯兹编授受之源,谓非朱子不能作,且云以是求道,犹规矩设而不可欺以方圆,南北辩而不可欺以燕越。然则读是诗者,岂可以其简易切近而忽之欤。

若不佞之所注释泥于言筌,粗漏之讥知所不免。而区区之意不敢自閟者,既欲以广其流传,且为初学知解之一助,而于推广道德教育之意,或未必无小补云。时在乙卯秋日,沈阳马氏绍英谨序。

(据马延禧先生家藏《朱子性理吟注释》卷首录入)

诰封一品夫人马佳母曹太夫人行述

不孝绍英恫念始生时,先君弃养已再逾月,自襁褓孩提以养以教,皆生慈曹大夫人一身任之。劬劳尽瘁凡六十年,相依为命,今已矣,慈容杳不可追矣,呜呼,痛哉!

太夫人素性敦默,归事先君淑慎自将,勤于阃内之务,躬佐膳羞以奉先祖母,羹馔烹饪不假仆隶手。先君官定州,士民服其清廉,为立碑祠祀之。迨擢保定郡守,署清河道篆,未几病归,轻装萧然,以咸丰辛酉年八月卒于家。自是太夫人忍痛撝拄,诵经念佛,习为常课,而勤心教子,尤恐或疏,其艰苦有不可以言喻者。

初生女许字宝文靖公之子景曾,未婚守节,得膺旌门之典。次生绍彝,英之兄也,以荫生受部郎,出守汾州,迎养三载,寻以卓异入觐,迁民政部右丞。奉板舆旋京师时,英亦以部丞洊佐度支,既而总管内务府。太夫人得晋一品封,春秋益高,禄养稍稍裕矣。然居恒俭约,一如寒素,起居饮食皆有节度,自□□□□或涉侈靡,见有暴殄者,愀然□□辄告诫之。凡日用细务不尽需□,固由得天独厚,抑亦数十年习勤之所致也。洎兄彝卒后,太夫人内恸于心,精力顿减,命英以次子世良为兄嗣。抚训诸孙及曾孙辈慈祥剀切,赒恤族姻务从其厚,推惠贫穷,脱簪鬻珥以济之,弗惜也。

己未孟冬九十正寿,内廷恩赐稠叠。□冀长依慈荫,晋祝期颐,讵料庚申之冬自十月寿辰后,偶婴微疾,竟以十二月十四日溘然长逝。逝后二日,奉旨赐祭,赏银治丧,辛酉正月八日祔葬于崔各庄先茔之次。

犹记太夫人病中,神志清明,谕英抚世良,冀其成立,他无所念。又时时举手按次,作轮记数珠状,唇启微动不已,如是者数日,气息渐微。伏念太夫人早膺家难,晚经世变,犹能精勤奉佛,晨昏参礼,至老不懈,证以弥留境相,其为往生极乐,庶几信而有徵。

惟英之生也,不及见先君,最为人子痛心之事,今又失恃,永为无母之人。痛哉,天乎何其酷也!不有所述,恐无以彰懿德,用敢敬纪崖略如此。伏冀大人先生俯赐垂览,锡之传文,以光泉壤。不孝绍英世世子孙感且不朽。

不孝绍英谨述。

(据马延霱先生家藏资料录入)

研究资料选编

绍英日记现存情况

据马延霨先生《先祖日记现存情况》载，日记原有四十册，中缺七册(第二、三、七、十三、十五、卅四、卅六册)，现存三十三册。记事起自光绪廿六年(一九〇〇)七月廿日，至民国十四年(一九二五)三月十八日止。具体编次如下：

第一册《庚子避难日记》，光绪廿六年庚子，七月廿至八月初一日；连光绪廿七年辛丑日记，二月初一至八月十五日。

第二册，光绪廿七年辛丑日记，八月十六日至除夕(缺)。

第三册，光绪廿八年壬寅日记，元旦至四月杪(缺)。

第四册，《东瀛考察学务日记》，光绪廿八年壬寅，五月初一日至七月十八日。

第五册，光绪廿八年壬寅日记，七月二十五日至十二月十四日。

第六册，光绪廿八年壬寅日记，十二月十五日至除夕；连光绪二十九年癸卯日记，元旦至四月十七日。前有考察武备学堂日记，见第四册。

第七册，光绪廿九年癸卯日记，四月十八日至八月初十日(缺)。

第八册，《时习斋日记》，光绪廿九年癸卯，八月十一日至除夕;连光绪卅年甲辰,元旦至八月十七日。

第九册,《实业学堂日记》,光绪卅年甲辰,八月十九日至十二月十九日。

第十册,《实业学堂日记》,光绪卅一年乙巳,正月初十日至六月廿五日。

第十一册,光绪卅一年乙巳日记副本,元旦至七月初七日。

第十二册,《出使日记》,光绪卅一年乙巳,六月廿五日至除夕。

第十三册,光绪卅二年丙午日记,元旦至除夕(缺)。

第十四册,光绪卅三年丁未日记,元旦至除夕;连卅四年戊申日记,元旦至二月初一日,度支部、陵工。

第十五册,光绪卅四年戊申日记,二月初一日至除夕(缺)。

第十六册,宣统元年己酉日记,元旦至除夕,度支部。

第十七册,宣统二年庚戌日记,元旦至十二月廿九日,度支部。

第十八册,宣统三年辛亥日记,元旦至十二月廿六日,度支部。

第十九册,《潜庵日记》,民国元年壬子日记,元旦至十一月廿三日,内务府。

第二十册,民国元年壬子日记,十一月廿四日至除夕;连民国二年癸丑日记,元旦至除夕,内务府。

第廿一册,民国三年甲寅日记,元旦至十一月十五日。

第廿二册,民国三年甲寅日记,十一月十六日至除夕;连民国四年乙卯日记,元旦至十一月廿五日,重订成两小册。

第廿三册,《滋德堂日记》,民国四年乙卯,十一月廿六日至除夕;连民国五年丙辰日记,元旦至十月廿六日。

第廿四册,《滋德堂日记》,民国五年丙辰,十一月初一日至民国六年丁巳,元旦至五月初十日。

第廿五册,《竞业斋日记》,民国六年丁巳,五月十三日至十二月廿七日,内务府。

第廿六册,《敬畏斋日记》,民国七年戊午,元旦至九月卅日,内务府。

第廿七册,《敬慎录》,民国七年戊午,十月初一日至除夕;连民国八年己未,元旦至初五日。

第廿八册,《敬慎录》,民国八年己未,元旦至九月廿九日。

第廿九册,《仁寿录》,民国八年己未,十月初一日至除夕;连民国九年庚申,元旦至五月初四日。

第三十册,民国九年庚申日记,元旦至四月廿九日。

第三十一册,民国九年庚申日记,八月初一日至除夕;连《敬慎斋日记》,民国十年辛酉,元旦至二月廿九日。

第卅二册,《敬慎斋日记》,民国十年辛酉,三月初一日至九月初十日。

第卅三册,《敬慎斋日记》,民国十年辛酉,九月初十日至除夕。

第卅四册,民国十一年壬戌日记,元旦至六月(缺)。

第卅五册,民国十一年壬戌日记,七月初一日至十二月十二日。

第卅六册,民国十二年癸亥日记,元旦至七月;连民国十一年壬戌日记,十二月十二日至除夕(缺)。

第卅七册,民国十二年癸亥日记,八月初一日至除夕。

第卅八册,民国十三年甲子日记(上),元旦至七月十七日。

第卅九册,民国十三年甲子日记(下),七月初一日至除夕。

第四十册,民国十四年乙丑日记,元旦至三月十八日。以下因病未记。同年闰四月十一日绍英卒。

（经马延礵先生确认，据《绍英日记》（国家图书馆出版社 2009 年影印本）前言转录。）

清史稿・昇寅传

昇寅，字宾旭，马佳氏，满洲镶黄旗人。拔贡，考授礼部七品小京官。举嘉庆五年乡试。累迁员外郎，改御史。疏言学校为人才根本，请严课程，务实用，戒奢靡；又疏陈防禁考试八旗生怀挟冒替诸弊：从之。改右庶子，累迁副都御史。二十一年，授盛京礼部侍郎，署盛京将军。调刑部，召为工部侍郎，又调刑部。道光六年，出为热河都统。以蒙古各旗招内地游民开采煤矿，往往生事械斗，疏请谕禁，从之。八年，命赴甘肃偕总督鄂山按宁夏将军庆山、副都统噶普唐阿互劾事，罢庆山，即以昇寅代之。历成都、绥远城将军。命鞫鄂尔多斯京控狱，奏言："蒙古京控日繁，请自后各部落封禁地树立界牌，以杜私垦；蒙古阿勒巴图禁止馈赠，以息争端；扎萨克王、贝勒等毋用内地书吏，以免教唆；各旗协理台吉，会同盟长选举，以昭慎重；盟长会盟需用乌拉，应明定限制，以免浮索：庶积弊清而狱讼息。"十一年，召授左都御史，兼都统。十二年，署工部尚书。京畿旱，疏请发米，设十厂煮粥以济灾民，从之。十三年，偕侍郎鄂顺安按西安将军徐锟贪纵，得实，议褫职。十四年，命阅兵山东、河南，就鞫桐柏知县宁飞滨故出人罪，治如律。命赴广东、湖南按事，授礼部尚书，未至，卒于途。优诏赐恤，称其老成清介，赠太子太保，谥勤直。

子宝琳，直隶保定知府，浚定州洚泽，有治绩；宝珣，同治中，官兵部侍郎、山海关副都统。孙绍祺，咸丰六年进士，由编修官至理藩院尚书；绍諴，光绪中，山西布政使，从治郑州河工，终驻藏大臣；绍英，宣统初，度支部侍郎，内务府大臣。

（据中华书局标点本《清史稿》卷三百七十五《列传一百六十二》）

昇寅传（昇勤直公列传）

昇寅，字宾旭，马佳氏，满洲镶黄旗人。乾隆末以拔贡朝考授礼部七品小京官。举嘉庆五年乡试。十四年，由员外郎擢监察御史。疏言学校为人才根本，请严课程，务实用，戒奢靡；又疏陈防禁考试八旗生怀挟冒替诸弊；从之。二十一年，由副都御史迁盛京礼部侍郎，旋署将军。奏给春秋致祭长白山诸执事驿马，盛京陵寝祭品例由壮丁奉供，昇寅奏言官山所产不敷，请拨闲旷地亩，给壮丁垦种，庶采办有资。疏上，报可。五年，调工部侍郎，改刑部。山海协领德庆侵蚀兵饷，奉命往鞫得实，论罪如律，简热河都统。时内蒙古各旗招内地游民开采煤矿，往往生事械斗，昇寅疏请谕禁之。宁夏将军庆山与副都统噶普唐阿互劾，帝命昇寅赴甘肃会总（办）[督]鄂山讯办，庆山罢，即以昇寅代之。十年，复由成都将军调镇绥远城。奏言："蒙古京控案日繁，请自后各部落封禁地树立界牌，杜私垦；蒙古阿勒巴图宜禁馈赠，息争端；扎萨克王、贝勒等宜毋用内地书吏；各旗协理台吉，宜会同盟长选举，需用乌拉，应明定限制。俱允行。召入为左都御史。明年，署工部尚书。是秋畿辅旱，奏给米二千石，设十粥厂济灾民。十三年，西安将军徐锟以纵贪被劾，奉命往讯，锟降蓝翎侍卫。昇寅持躬清介，为帝所任，有大狱辄以属之，覆奏皆当上旨。十四年，命阅兵山东、河南，劾桐柏知县宁飞滨故出人罪，复衔命查办广东、湖南事，道授礼部尚书，未至，卒。赠太子太保，谥勤直。子宝琳、宝珣。

宝琳，字梦莲，昇寅长子。甫入塾，昇寅授以朱子《小学》曰："此与《大学》相表里，非有二也。"道光初，用父荫授户部主事。久之，以直隶州留直隶。二十四年，补赵州，俄补定州。宝琳在定久，治绩亦最著。州南洿泽，古卢奴河故道也，久湮不治，宝琳濬源决流，酾渠泻水，民利赖焉。捕治大猾，豪右屏迹，群盗至相戒勿犯。定境有清风明月镇，女闾充斥，群饮聚博为奸利，宝琳一切禁断之。尤务教化，上丁释奠，置古乐器，聘乐师肄习，选童子颖异者百馀人教以佾舞之节，士庶聚观，礼让大行。又网罗旧闻，补辑志乘，于苦陉、曲逆、杀虎、飞狐诸阨塞言之綦详，城东北隅有韩琦众春园，后为祠祀琦，并祀苏轼，高宗尝驻跸焉，岁久颓废，宝琳葺而新之。治定八年，岁比大熟，有麦秀双歧之异。咸丰初，擢知正定府，调保定，署清河道。乞养归，卒后定州为祠祀之。子五人：绍勋、绍祺、绍諴、绍彝、绍英。

宝珣，字仲琪，昇寅次子。道光二十一年进士，由兵部主事累迁盛京户部侍郎，兼管奉天府尹，署盛京将军。御史周恒祺奏奉天吏治弛废，穆宗垂询珣，珣请设谳局清积案，筹议缉捕章程，慎牧令，不得轻率保荐。八年，擢兵部侍郎。乞病归，病愈授山海关副都统，卒官，无子，以兄子绍英嗣。

绍祺，字子寿，宝琳子。咸丰六年进士，授编修，同治十三年擢至刑部侍郎，光绪三年除泰宁镇总兵兼内务府大臣，九年擢察哈尔都统，十年多伦诺尔界克什克腾旗游民宋敬愚聚众叛，绍祺以多伦诺尔为京畿西北门户，亟奏遣骑兵往剿，檄各旗牧群总管助之，再败贼，诛敬愚，馀党悉平。内蒙古土默特达拉特二旗争地，有违言，绥远将军及副都统不能决，山西巡抚奎斌上闻，帝命绍祺往勘。绍祺奏曰："蒙旗游牧例以长河为界,而河道迁徙无常,自乾隆中河流北徙,土默特之地涸于河南,达拉特因请以民房归北,而地归南,据河为界;五十一年奉上谕,仍以黄河旧流为界,此后不复论见行之河矣。今拟丈量淤河以南,见流黄河以北,援乾隆成案,立碣,迄北地,约十之六归土默特,迤南地约十之四归达拉特。曩时拨补粮地,曾奉旨冲废地如涸出,仍给土默特为牧厂,今粮地既涸,出于河南,故迤北以十分之六为断也。"疏上如议。边外马贼大炽,故事兵役伤贼至死者,比擅杀律论,由是贼愈无忌。绍祺疏请盗匪劫掠拒捕,许格杀勿论,其重犯审实,即就地正法,从之。十二年,召绍祺为理藩院尚书兼署礼部,德宗大婚,皇太后签改祭告日期,部员缮写误,坐革职留任,寻卒,奉旨开复处分,赐祭如例。子二人,世培、世楣。

绍諴,字葛民,宝琳子,同治初由工部郎中出授开归陈许道,擢按察使,迁安徽布政使。光绪六年,调山西,年馀奉旨开缺,另候简用。河决郑州,东河总督成孚奏调赴工,议者欲减去挑水坝省工料,绍諴力持之。尚书李鸿藻主諴议,奏闻,报可。绍諴在工所,昕夕督筑,春汛大至,功卒不成。朝廷简吴大澂为河督,諴革职留工效力,已而大工合龙,开复处分,后赏副都统衔,为驻藏帮办大臣,道卒。子一人,世善。

世善字百先,绍諴子,光绪二十七年由工部员外郎出授浙江衢州府知府,光绪三十年调杭州府知府,是年擢宁绍台道,迁安徽按察使,卒于官。子二,延闿、延禄。

（据马熙运编著《马佳氏宗谱文献汇编》甲编卷四《马佳氏族谱》卷首,1995年铅印本,第31-33页。）

道光二年修谱首序原文

昇寅

粤我马佳氏,历代以来,族大支繁,子孙命名,每多重复,殊非敬慎宗支之道。爰仿先贤家法、合族公同会议重修宗谱,以笃亲谊而正名号。拟定十六字曰:"文熙启秀,积庆开先;忠诚绍世,谦惠延年。"按代依字命名,或满或汉,总以本字冠首。名字既免重复,辈行亦复分晓。自族中第三世祖之十四代即以文字排起,毋得紊乱,凡我同宗,其遵守之。

道光二年二月二十一日敬修。

承修人第十二代孙刑部郎中锡福、礼部侍郎昇寅;副修人第十一代孙正红旗协领兼正蓝旗佐领功敏、礼部赞礼郎达三,第十二代孙刑部笔帖式相图、礼部赞礼郎富成、正蓝旗协领增福、复州笔帖式阿常阿、户部员外郎崇福、兴京防御德克德柯,第十三代孙户部六品官明峻、刑部主事明钦京、户部主事宝琳、刑部笔帖式明昌、刑部笔帖式承恩禄、盖州笔帖式明善、广宁骁骑校克升额、复州骁骑校恩特贺,第十四代孙工部司库文元。

嗣因其中有应避字样,乃于道光十七年丁酉合族商定,由原定十六字内酌定八字,自谱中马始祖之第十四代孙即以绍字排起,毋得紊乱,其八字曰:"绍世延熙,忠诚积庆。"

我马佳氏族大支繁,旧有谱书向按先贤家法议定数字,俾后世子孙按照辈行遵字命名,惟以前所定之"绍世延熙,忠诚积庆"八字均已用罄,兹续拟八字载在谱首,由二十二世起即遵以下之字冠字命名,庶几易于查考而免紊歧,无任盼切之至。兹将八字列后:"福德保裕,永春广荣。"

（据马熙运编著《马佳氏宗谱文献汇编》甲编卷四《马佳氏族谱》卷首，1995年铅印本，第34页。按自"嗣因其中有应避字样"以下两段文字当为后人陆续补写。）

宝琳 三祖十三世

宝琳字梦莲，升勤直公长子，附载于戊辰本马佳氏族谱卷首升勤直公列传，兹不重录。

（马熙运编著《马佳氏宗谱文献汇编》乙编卷四，1995年铅印本，第505页。）

宝珣 三祖十三世

宝珣字仲琪，号东山，昇寅次子，道光十七年举人，二十一年进士。授主事，签分兵部。咸丰元年，充乡试同考官；二年授翰林院侍讲学士；五年奉命恭录唐太宗《贞观政要》，并校原书进呈，蒙恩颁赏大缎荷包，八充乡试同考官。十年七月都城戒严，奉命督劲旅千人，驻守右安门，即日趋赴防所，居城上六十日，嗣经恭亲王议和，遂定和局。同治二年，命阅各省选拔会考试卷；三年二月，授盛京户部侍郎；五月署盛京将军，旋调兵部右侍郎；十二年七月，奉命往西藏迎佛，行至陕州，因病请假；八月奉旨允准回京调理；十三年销假，授山海关副都统；十月赴任，嗣因病吁请开缺[调]理，奉旨允准回京。光绪四年九月二十六日卒于京。嗣子绍英，度支部左侍郎。宣统元年正月覃恩，晋封光禄大夫，著有《味经书屋诗存》。

（马熙运编著《马佳氏宗谱文献汇编》乙编卷四，1995年铅印本，第505页。）

绍彝 三祖十四世

绍彝字叔五，马佳氏，满族镶黄旗人，祖讳昇寅。原任礼部尚书，赠太子太保，谥勤直。父讳宝琳，原任保定府知府，署清河道。君三岁而孤，长而好学，闻先儒之遗教，既慨然有向往之志，君博视约取，以慎独为主，以圣贤为必可及，务在力行，久而弥谨。光绪初，以兄荫授工部主事，改户部员外郎。三十年，出守山西汾州府，路人太息相谓曰："公何如古贤臣也。"寻以候补京堂，授民政部右参议。宣统三年，擢为右丞，是年冬，奉母避难，居天津。君天性孝友，善体亲意，持家清俭，不逾于礼，辨色而兴，上堂省母。母春秋高，素持佛号，轮珠相续，日恒逾万。丁巳五月，复辟事起，君叹众生业感深重，太平无日，人生如幻如梦，惟急念佛生西为乐无涯也。未数月感疾，一夕呼诸孙延康，嘱以谨告家人，当无悲恼，但同念佛，送我西去。病笃，顾弟绍英曰："我即行矣，今以老母累汝，努力修行，可图西方相见。"卒年六十。时十二月二十五也。母泣曰："吾不悲，我子侍佛去矣。"配宗室夫人，女一，适侯爵官箴，抚弟子世良为嗣。

右载马佳氏家乘。

（马熙运编著《马佳氏宗谱文献汇编》乙编卷四，1995年铅印本，第505－506页。）

绍英家传（绍太保家传）

绍英公字越千，姓马佳氏，勤直公昇寅之孙，勤直长子宝琳为公本生父，次子宝珣，公嗣父也。少敏学，嗜儒先性理之书。及冠，以荫生授兵部员外郎。春秋多暇，尝缔交当代贤士大夫，师事王少谷，与田少白、方剑华、马月樵、孙少鼎、彭同九五人者为友，考论宋五子，参研阳阴、龙溪诸说，月有期会，笔札甚多。光绪中叶后，朝廷锐意兴学，建大学堂于京师，公从吴挚父汝纶游，遂东渡日本考察学务，益致力经世有用之学。时朝旨召开经济特科，张文达公百熙、陆文慎公宝忠交章荐剡，公辞不赴试。甲辰初，立商部，奏以公为参议，晋右丞，充高等实业监督，规画井然，成材甚众。逾年，国家变法图强，命公会同出使各国大臣出洋考察政治，轺车待启，炸弹狙发，都人震骇，公受伤五处，血殷左股。舁赴法国医院疗愈，而足创终成疾矣。旋由商部右丞拜度支部左侍郎之命，并派充崇文门监督，剔除蠹弊，税入滋丰。未几有旨，命鹿文端公传霖及公驰赴归化城查办垦务，劾贻谷及贪暴不职者数十人。宣统辛亥，诏署度支部大臣。而公以旧创，足疾时作，奏请开缺不许。时值军兴，库储告匮，饷糈无出，讹言沸腾，几肇哗变，公力疾视事，次第筹发，军心渐安，畿辅秩序赖以无恐。既而禅让诏下，共和告成，清廷改命，公总管内务府，兼领八旗护军。公出入禁掖，宫府一体，精白之心，久而弗渝。清室眷顾茂劳，特授太保公。念世笃忠贞，尽瘁益虔。每散直，时于车中默诵《大学章句》，归则摄心静坐以验所学，尝手刊桐城张知生先生《讲学》《抉私录》，及注释朱子《性理吟》册子以示子孙，勉以立身求学之方。虽患足疡，未尝一日废所学也。甲子冬，扶病侍禁中，忽值事变，随扈宫车，仓皇出狩。明年春，羸疾赴津，敏觐乘舆，回都后遂卧病不起。以乙丑闰四月十一日薨于京邸，年六十有五。奏闻，奉谕曰：

　　太保前总管内务府大臣绍英持躬恪慎，练达老成，由荫生起家郎署，洊擢今秩，任事有年，克勤厥职。比因触发旧疾，方冀调理速痊，仍资倚畀，遽闻溘逝，轸惜良深。著加恩赏给陀罗经被，赏银五百圆治丧，派贝子溥忻即日前往奠醊，任内一切处分悉予开复，应得恤典该衙门查例具奏，用示笃念旧臣至意，钦此。

公世受国恩,中年渥受主知,以身许国,世局沧桑,迭经奇变,处之泰然。虽感触甚深,未尝形诸辞色。生平服膺儒素,垂老衰病,犹编摩不去手。殁后家无长物,惟旧书数椟,日记若干册而已。子世杰,孙延续、延顺、延诵、延绩、延绥、延龄、延森、延谷、延威。清史自有传。

（马熙运编著《马佳氏宗谱文献汇编》甲编卷四《马佳氏族谱》卷首,1995年铅印本,第33—34页。）

绍英三祖十四世

绍英字越千,满洲马佳氏,祖讳昇寅,礼部尚书;父讳宝琳,直隶保定府知府,署清河道,清史均有传。公以荫生授职兵部员外郎,少好学,讲求性理诸书,考论宋五子之学,事事以躬行心得为本。春秋多暇,尝谛交当代贤士大夫,师事王少谷先生念祖,与田少白庚、方剑华铸、马月樵昌繁、孙少鼎传奭、彭同九祖龄五人为友,参研阳明、龙溪诸学说,月有期会,讲习讨论,笔札甚多。光绪中叶后,朝廷锐意兴学,建立京师大学堂于京师,任公为提调,得游吴挚父先生汝纶之门,随同东渡日本考查学务,益致力于经世之学。会朝廷开经济特科,张文达公百熙、陆文慎公宝忠交章荐剡,辞不赴试。光绪甲辰初,创立商部,任参议,晋右丞,充高等实业学堂监督,规画伊始,学制井然,成材甚众。乙巳国家变法图强,奉诏会同出使各国大臣出洋考察政治,轺车待发,炸弹忽作,都人震骇。公受伤五处,血殷左股,舁赴法国医院治疗,因不果行。疗愈而足创终成疾矣。未几由商部右丞擢户部右侍郎,旋拜度支部左侍郎之命,并派充崇文门监督。盖感激奋发,力图报称,综核邦计,昕夕靡宁,剔除蠹弊,税入滋丰。未几有旨与鹿文端公传霖驰往归化城,查办垦务大臣贻谷被参案件,劾贪暴不职者数十人。宣统辛亥，诏署度支部大臣，而公以旧创足疾时作，奏请开缺，不许。时值军兴，库储告匮，饷糈无出，讹言沸腾，几肇哗变。公力疾趋公，多方筹措，勉将军营各饷次第发放，军心渐安，畿辅秩序赖以无恐，而大局始获安宁。既而国体变更，禅让诏下，清室命公充任总管内务府大臣，出入禁掖，宫府一体，内奉宫廷，外维时局，兼管八旗护军营及都护使之职，拱卫皇城。中历事变，艰难搘拄，盖无日不在忧患之中矣。清室眷顾尽劳，特授太保。公念世笃忠贞，尽瘁益虔。每散直时，于车中默诵《大学》《中庸》章句，归则研求释典，摄心敬坐，以验所学。尝手刊桐城张知生先生《讲学抉私录》及注释朱子《性理吟》，以示子孙，勉以立身求学之方，虽足疾，未尝一日废所学也。甲子冬，扶病侍禁中，忽值事变，随扈车驾出宫，仓皇颠沛，竟以忧劳况瘁致疾，遂致饮食日减，气体日羸。明年春，力疾赴津，叩觐乘舆，回京后遂卧病不起，以乙丑闰四月十一日卒于京邸，享寿六十有五。奏闻，奉谕曰："太保前总管内务府大臣绍英，持躬恪慎，练达老成，由荫生起家郎署，浟擢今秩，任事有年，克勤厥职，比因触发旧疾，方冀调理速痊，仍资倚畀，遽闻溘逝，轸惜良深。着加恩赏给陀罗经被，赏银五百圆治丧，派贝子溥忻即日前往祭醊，任内一切处分，悉予开复，应得恤典，该衙门查例具奏，用示笃念旧臣之至意，钦此。"公世受国恩，以身许国，世局沧桑，迭经奇变，处之泰然，虽感触甚深，未尝形诸辞色。生平服膺儒素，垂老衰病，犹编摩不去手，殁后家无长物，惟旧书数楹，日记若干册而已。著有《注释朱子〈性理吟〉》，子二人，世杰、世良。

右载马佳氏家乘，又戊辰本马佳氏族谱卷首载有绍太保家传，兹从略。

（马熙运编著《马佳氏宗谱文献汇编》乙编卷四，1995

年铅印本,第506页。)

马佳君传
吴闿生

君姓马佳氏,讳绍英,字越千,满洲人。先世连姻帝室,世为戚里贵胄。祖某,官礼部尚书,谥勤直。父宝琳,定州知州。兄绍祺,理藩部尚书;绍諴,副都统、驻藏大臣;绍彝,外务部参议;君其季也。时贵戚世胄,席丰履盛,生长华腴,坐致高爵厚禄,不假事业自见。故家子弟,皆嬉遨饮博,飙轮走马,以门地自豪,无肯读书问学者。君独折节向学,服膺宋五子之教,暗修存养,研穷性理不懈。初师事王少谷,与桐城方剑华、阮仲勉、马月樵诸名流,结社讲肄,月再三会,声闻蔼如也。

庚子乱后,先公赴李文忠公约入都,寓侄婿南湖廉泉所,时往贤良寺,与文忠谈寓而已,不婴职事。肃亲王善耆闻先公来,遣君先容,遂修谒候。君一见先公,服膺甚至,遂执贽修弟子礼焉。文忠既逝,朝廷锐意图治,立大学堂于京师,以吏部尚书张百熙为笃理学务大臣。张公强起先公为大学堂总教习,先公辞不获,则请东游日本,一考学制。张公大喜,遂以君与荣勋二人为副以行。二人者,皆大学堂提调也。时满汉畛域益甚,党人学子倡革命者日众,朝廷深以为忧。新政虽颁行,而禁防殊密。大学为新政之首,政府以先公宿望,深致礼聘,而两提调皆以满人为之,左右偕行虽曰扈从,亦寓防维之意。先公性豁达,曾不为意,行止语默,一衷于义而已。是时,驻日本公使蔡钧,素无行,以阿附权要得位,夙为日人所轻。属有私函枢府,论留学生事,于日本多所诋毁,为日人所得,播诸报纸,一时舆论大哗,掊击不遗余力。而先公适以此时东渡,东邦朝野欢迎礼待者,辄数千人，馨欬风采，重译喧腾，备致敬仰。蔡钧既惭怒，而日报又诋钧渎职不义如此，当谢遣归国。吴先生以大儒来临，宜即挽留充使。钧益大恚，恨疑先公将夺其位，乃驰书庆王，诬先公率留学生倡革命。庆王故昏耄，而军机大臣荣禄方贵用事，张公尝讽先生往谒，先公谢不应，荣禄以是不慊于志，扬其波而助之。提调荣勋者，本荣禄私人，以先公遇之无加礼，亦衔先公，而与蔡钧相结，从而为之证焉。是时，先公祸且不测，庆王、荣禄皆宣言，吴某乃尔，还当置重辟。日人觇国者，具知其事，于报纸中备言之。阎生从先公在东，每披报辄生战栗，先公顾之而笑，不为动也。适留学生吴敬恒、孙揆均以入学事，与蔡使忤，蔡使嗾日警于使署中逮二人去。先公以其辱国，面责之，蔡使益忿。

时北洋大臣袁世凯、湖广总督张之洞同奉诏入都，参预政务。二公于学事，各欲有所荐引，皆不以张公举先公为然。张公不得已，连电趣先公还。先公以事未毕，不得去，勉留数月，及秋尽，乃辞归。道过上海，大学堂副总教习张鹤龄，方在上海购书，谓先公曰："不可入矣。"先公曰："鄙性倔强。己不欲往，人强之，不从也。己所欲往，人尼之，亦不从也。"荣勋自抵东，即移居使馆，不与先公相见，独马佳君日侍左右，每书述庆王及诸要人，为先公剖释甚力。先公在东得安然还国，无意外之虞者，马佳君之力也。

先公逝后，门弟子相与私叹曰："甚哉！革新之难也。先生所任，一总教习耳，尚徘徊未肯遽就，而事端相逼，谤侮纷乘，其困厄已如此，况欲颉颃当世之务乎！"其后，君由商部丞擢度支部侍郎，诏遣载泽等五人西行考察宪政，君以商部丞与在使中，约阎生与偕，登车而炸弹暴发，死伤者数人，君与徐尚书世昌皆被创，而君尤甚。于是二人皆罢使，以端方、戴鸿慈代往。已而吴越[樾]事觉，议者疑与阎生为兄弟，法当株连，赖君力救得免。西行既阻,阎生乃从杨文敬公辟于山东。及君擢度支,复疏荐阎生为财务处总办,擢参议上行走,未几而鼎革矣。方祸变初,君与阎生晤语,辄忧形于色,谓大局至此,吾辈匡扶无力,死有馀辜,然嬗代之际,黾勉维持皇室不失尊严,君亦与有劳也。及民国定,君为清室内务府大臣。数年,病卒。盖君生平行谊,得于理学者为多,而从先公东游,亦所以扩其学识云。

论曰:清末之祸,由于种族之不平,虽二百年来递积之势突然,亦当事者操之无术,有以激成之也。君以礼自将,而遇物平恕,使满人在势者皆若是,鼎革之变,其可以少纾乎!余重辱君知遇,故追而为之传。(据抄件)

（据卞孝萱、唐文权编辑整理《辛亥人物碑传集》,团结出版社1991年版,第680－682页。）

诰封一品夫人马佳伯母曹太夫人九旬寿序

圣清发祥之年,马佳命氏之始。气成龙虎,沛丰芒砀之雄豪;宠席蝉貂,许史（全）[金]张之贵盛。溯关东望族,孕璿源于长白之山;数京国世家,蔚琼条于瀛府之地。縣历寖远,钟毓弥厚。德门振其声华,节母介其眉寿。

孟冬吉月,淑景阳和。裳佩殷阗,簪裾骈集。若我越千侍郎之母曹太夫人九十荣诞,洵足以炳曜嫡星、光辉彤史者已。景惟我太夫人系衍名门,幼娴诗礼,颂大家之《女诫》,则阃内详其婉容;诵中垒之传文,则髫龀习其掌故。其归我梦莲世伯太公也,勤治釜馈,姑章愉悦,旨甘瀡滫,必躬必亲。太公纯孝性成,笔羞务洁,太夫人先意承志,谨侍于杖履之旁。扶持抑搔,无假于婢姒之手。载生娇女,聘自相门。女贞之木扶疏,绰楔之间交映。

长君叙五右丞,筮官农部,出守汾州,洊擢京堂,胥参民政。

循良之绩,播乎石桐之乡;卿贰之选,厕于左棘之次。揽司徒之版籍,悉按度程;过朱邑之生祠,今犹馨祝。先是咸丰季叶,海寓多故。太公忧时感愤,中道遽賫。侍郎遗孤在抱,有类赵武之零丁;陈留逸才,乃同边让之就傅。太夫人食贫茹苦,荼蘗自甘,篝灯课读,艰勖备至。慈母而兼严父之责,令子蔚为邦家之光。侍郎初在郎署,供职驾曹,旋登列卿,综笔财政。维时海策不正,桥道居中。篆之密启,未成始兴之迁官;薛稷染翰,岂传叔瑜之书法。侍郎渊默为高,退逊自处,冀能容于泯棼之世,弥靖共其委蛇之思,则太夫人之教也。

天纲弛纽,时变瘉亟,履霜坚冰,匪伊朝夕。盖风饕雪虐,而后寒梅发其香;石灿山枯,而后苍松表其概。家有辛劳励节之贤母,而后国有艰贞秉义之良臣。辛壬以来,天地硗墼。秦楚之士,不胜其朝暮之慨;肤敏之彦,每哦夫裸将之诗。斯诚阳九之厄运,羲轩之创局也。侍郎睠怀黼扆,依恋宫廷。差池之羽,不离乎春社;杜宇之魄,勤拜于云安。此与太夫人泛舟河侧,泪筠梧埜,缅厥懿德,媲此贞忱,果何以异哉?疾风板荡,万卉凋□;林木摧夷,独标名节。湍岸将圮,未尝推其波而助其澜;吹台既倾,犹然食其禄而忠其事,则又我太夫人之教也。

我皇上冲岁向学,遭时艰难。以侍郎夙掌度支,长于酌剂,语其资望,可以整率夫群僚;鉴其公忠,是能主持夫宫省。爰命侍郎为内务府大臣,受事于危迫之秋,撝挡于罗掘之后。入则晨昏定省,嘘问寒燠之宜;出则鞬掌贤劳,权衡出纳之任。廉隅久砥,讵有待于还鲊之明箴;车庸必偿,而岂触乎归来之盛怒。

兹者太夫人设帨诞辰,九旬称大耋之庆;肆筵祝嘏,百龄为上寿之徵。侍郎斟斛金厄,绸缪丝服。闻鸟声而送喜,撷萱草以承欢。太夫人顾因时方杌陧,力戒靡费,世态纷华,非母所尚。励准昔在壬寅癸卯间,与侍郎同襄学务时,则长沙张文达公实为管学大臣。联镳接轸,为骖靳之相随;佩实衔华,拟荃荪之结契。是岁朝廷开经济特科,励准又与侍郎同辟徵车,并膺剡牍。事侔于茂材异等,行高于廉孝甲科。方今庭霭已盈,卷葹讵拔。励准南斋僸直,未改儒生稽古之荣;侍郎泉府经营,罔懈人臣致身之义。譬鳞鬐之濡湿,互响于江沙。墟里之上炊烟,自成为村聚。登堂拜母,胜会又届夫同星;摘藻为文,别裁敢诩其近古。是日也,奎章绚丽,天语褒嘉。公孤鞠腾而嬿徽音,士夫联翩而赓佳作。励准等或从侍郎之后,视学有年;或居子姓之班,保厘蕃祉。幸依平进,敢贡寿言。不作溢分之词,庶免过实之诮。侍郎潜心宋学,旁涉内典。朝章国故,确有师承。信义资以立身,忠孝秉诸家训。太夫人持躬俭约,处膏恶侈,而睦姻任恤,脱耳撤簪。凡属贻厥之谋,允为云礽之福。緌缨世保,系兹苞桑磐石之身;冠盖云兴,共献山阜冈陵之颂。

  赐进士出身、头品顶戴、紫禁城骑马、翰林院侍讲、南书房行走、愚侄袁励准顿首拜撰。

  赐进士出身、经筵讲官、紫禁城骑马、宝录馆副总裁、前学部左侍郎、世再侄宝熙顿首拜书。

  愚侄张少煦、愚侄胡元佚、愚侄罗敦曧、愚侄陈任中、愚侄杨宗稷、愚侄王式通、愚侄朱启钤、愚侄范源濂、愚侄张缉光、愚侄屠寄、愚侄陆宗舆、愚侄姚锡光、愚侄赵从蕃、愚侄李经畬、愚侄蒋式瑆、愚侄汪立元、愚侄龙建章、愚侄达寿、愚侄章华、愚侄李焜瀛、愚侄曾敬诒、愚侄梅光羲、愚侄梅光远、愚侄张式恭、愚侄郑沅、愚侄曾习经、世再侄文斌、愚侄陆大坊、世愚侄端绪、愚侄易顺鼎、世再侄傅伯锐顿首拜祝。

  (据《绍太保公年谱》)

樊增祥《诰封一品夫人马佳伯母九旬荣寿》诗

宣宗十载建庚寅,婺女星辉绣帨新。贤母钗钿万家佛,圣清巾帼五朝人。孝钦若在推高寿,文靖平生重旧姻。一任冰霜满天地,梅花十月是阳春。女师德象属曹姑,指授奇儿读父书。韦逞功名纱幔底,欧公忠孝荻灰馀。累朝紫诰题金管,教子丹心护玉除。今自九天锡纯嘏,女中潞国定谁如。五宫同日染宸翰,天酒醇醲抵露盘。王母鹙黄新使命,北都蝉紫旧衣冠。伯夷君在宁餐蕨,思肖亲存且艺兰。赢得君亲两无负,尚书衣彩觉心安。

金兰簿里数交期,最忆升堂拜母时。子有齐贤多受福,宋真宗见张齐贤母曰:"婆婆多福。"貌如大士不胜慈。弄孙与说唐天宝,纪岁长存晋义熙。海内王扬一犹子,彩毫留待祝期颐。

己未十月十日如侄樊增祥恭祝

(据《绍太保公年谱》)

吴闿生《马佳母曹太夫人九十寿诗》绍越千侍郎母(己未)

名德千秋重,徽音万口传。九龄天与健,八座国推贤。往者灾犹降,苍生命正悬。安危大臣在,委曲覆舟全。灵爽安诸庙,风涛靖八埏。苦心谁得识,阴德已无边。造物酬忠孝,家风接递绵。寿颜山岳固,福泽海波浅。琼树搴枝秀,蟠桃结实圆。金茎龙种贵,玉笋雁行联。玩月扶鸠杖,嬉春坐马鞯。含饴摩绣葆,戏彩颤花钿。乐事真无量,高怀憺若仙。九霄丹府桂,十丈碧池莲。光霁春风坐,希声太蔟弦。艰危仁恻恻,任睦意拳拳。夏屋寒同芘,春台物共妍。大年宁幸致,小知绝攀缘。走也龙门旧,常趋燕几前。诵芬非溢美,执斝敢当筵。骇浪悲无极,尘沙浼孰涓。浇风虽扫地,皓月自中天。欲唤蜉蝣辈,同瞻鹤鹿年。人心还浑朴,国脉傥绵延。再拜慈云座,高吟《湛露》篇。期颐明日事,更祝万斯千。李子建云:"虽应酬之作,亦有大波汹涌。"

(据稿本《北山诗草》卷三)

绍英母曹氏谕祭文

宣统十二年,掌礼司为知会事本府具奏已故诰封一品夫人马佳母曹太夫人,奏请赐祭一折,于宣统十二年十二月十八日具奏,二十四日奉旨"知道了,钦此",为此知会,谕祭文曰:

义隆教孝,恩特贲于良臣;典重饰终,礼尤崇于贤母。爰宣温绰,用奖慈型。尔内务府大臣绍英之母曹氏,内则素娴,淑徽素著。克全大节,早坚金石之心;勤抚遗孤,蔚作庙廊之器。恩加一品,寿跻九旬。长承渥泽之荣,宜享期颐之福。沧徂遽告,轸恤攸加,优赐帑金,载颁奠醊。于戏!丹纶焕采,慰人子之孝思;彤管扬芬,昭国家之异数。灵其不昧,尚克歆承。

(马熙运编著《马佳氏宗谱文献汇编》乙编卷三,1995年铅印本,第491页。)

绍英讣文

讣

丧居朝阳门内南小街新鲜胡同路北

不孝世杰等罪孽深重,弗自殒减,祸延显考诰授光禄大夫、赏给陀罗经被、派贝子奠醊、赏银治丧、特授太保、赏加太保衔、赏加太子少保衔、赏戴花翎、赏穿带膆貂褂、赏乘二人暖轿、赏乘二人肩舆、赏紫禁城内骑马;历蒙颁赏御笔福寿字、春条、福方,特赏大小卷绸缎纱葛、八宝荷包、食品果品等物;恩赏遗念;叠蒙颁赏福寿字条幅、春条福方;六十赐寿颁赏御笔"耆年锡羡"匾额、御笔"律身常准名臣录,受祉还赓寿母诗"对联、无量寿佛、如意、蟒袍等物;特赏御笔"温仁受福"匾额、御笔"执义守中"匾额、御田稻米、香稻米、御膳食品、貂皮、折扇、银两、马匹、各种活计、手巾、香囊、花瓶、瓷盘、硃墨、药饵、鲜花、瓜果、蔬菜等物;历充管理颐和园等处事务大臣、钦差出使各国考查政治大臣、钦差驰往绥边查办事件大臣、实业学堂监督、崇文门副监督;历任总管内务府大臣、署度支部大臣、度支部左侍郎、署户部右侍郎、商部右丞、商部左参议、兵部员外郎、荫生越千府君,痛于夏历乙丑年闰四月十一日子时寿终正寝。距生于咸丰辛酉年十月二十三日戌时,享寿六十有五岁。

不孝世杰等亲视含殓,即日遵制成服,择期安葬。叨在乡、友、世、年、寅、戚谊,哀此讣闻。夏历闰四月十三日接三,十七日道经,十八日道经,十九日道经送库,二十日禅经,二十一日禅经,二十二日禅经,二十三日禅经,二十四日禅经,二十五日禅经送库,二十六日,二十七日禅经,二十八日禅经,二十九日禅经,三十日番经;五月初一日番经,初二日番经送库、伴宿、领帖,初三日辰刻发引。

孤子世杰泣看稽颡;降服子世良泣血稽颡;齐衰期服孙延续、延顺、延森、延绥、延通、延绩、延龄、延谷泣稽首;期服侄世培、世楣抆泪顿首;功服侄孙延康、延祉、延象抆泪顿首;缌服侄世箴、世煜抆泪顿首;袒免服侄孙延昶、延禄、延明、延阆、延启拭泪顿首。

(据马延霭先生所藏录入)

绍太保公挽联选录

穷阴万变动肝鬲,
归路凌穹泣雨风。(徐世昌)

憔悴为灵修行在橐馐长系念，
艰危期后死病中诗墨忍重看。（陈宝琛）

奉命于危难之间应识良工心独苦，
当官以敬慎为本怆怀同志痛尤深。（朱益藩）

青琐共朝班与良朋夙夜在公我为副使同典禁军往时殿列周卢太息觚棱成幻梦，
白云惊世变痛幼主艰贞蒙难君以一身独挡危局他日停留野史定知椽笔表孤忠。（端绪）

与贤郎同奉简书聪训斋教儿朝夕一编仰颜诰，
忆前月共趋行在松竹楼饮我山河半面怆黄垆。（温肃）

尽瘁本无辞臣志不渝碧海难填亡国恨，
诞生原有自先芬克绍名山尚贮学儒书。（卓孝复）

生有命在天荡里属车氛大逼，
老以寿为戚戢山沈水义同归。（奭良）

恩纶崇师保笃定忠贞礼是持清是励佐命多劬夙夜劳谦君子德，
世局幻沧桑迭经奇变处以恭制以宜鞠躬尽瘁艰难撑拄老臣心。（王印川）

收拾古今愁玉宇璚楼忍话清寒天上事，
横流沧海恨高陵深谷剧怜憔悴老臣心。（庆琛）

理学仰宗传甘为我公居后辈,
沧桑经世变独留此老作完人。(朱显廷)

想当年患难扶持恳恳情怀我愿敢忘酬厚德,
叹此日冤亲颠倒茫茫孽海天心也许奖孤忠。(彭祖龄)

霄汉炳丹心凭一身砥柱横流公真无愧完人报主鞠躬惟尽瘁,
廉贞盟[黄]泉慕千古兰荃忠爱我更深感知己向天太息与招魂。(马振彪)

与先公金石道义之交推解到遗孤甘载私恩惭莫报,
为故国憔悴忧伤以逝精灵绕魏阙千秋正气炳长存。(孙多甸)

昭代完人处为大儒出为元老,
一朝永决所过者化所存者神。(文鉴)

四大皆空频年枉抱忧天愤,
一场春梦此日徒存求国心。(慈慧率徒濬海)

生有自来死有所归宝盖珠幡接引尚书归碧落,
道惟謹守义惟敬敷积德累功顿教僚友吊青冥。(江朝宗)

名臣出名儒君与文章并千古,
长官真长者年来学仕愧先生。(靳志)

耿耿孤忠君辱臣死,
滔滔浊世人往风微。(张鍈绪)

八表同昏掩泪空悲寒日景,
九天难问临风重赋大招魂。(柏锟)

世变感沧桑忍见老成忧国死,
才庸惭荐剡空教小子哭恩私。(鹿学檀)
　　(据《绍太保公年谱》)

绍太保公挽诗选录

《乙丑闰四月十三日为我越千五哥同学成佛之第三日敬集梦东师语奉尘灵台八首》

　　暮雨朝风兴尚幽,肯将寒暑记春秋。东寮指点经亲授,一味寻常老实头。注:公兄弟皆诚笃君子,为太湖王少谷先生门下士。余应童子试,先生宰吾邑,拔为县案首,时阅卷者为桐城马通伯师,与公亦文字交也。

　　珍楼罗列树阴森,说法明明在现今。不惜东风些子力,大家齐著项门鍼。注:余初办文明书局于上海,为编印教科书之祖,因与北洋争版权(北洋官报局翻印文明书局蒙学教科书),项城老羞成怒,谓我蒙学书中有德宗御容为大不敬,又译自由、革命等书是大逆不道,奏请查禁,几兴大狱,赖公爱护覆持,与张冶秋尚书垂涕而道,得以无事。

　　大义当头特举扬,维持此道答吾皇。而今有口如何说,好与文殊细较量。注:公殁之日,逊帝在津闻耗,哀不自胜,赏给陀罗经被,赏银五使圆治丧,并派贝子溥忻即日前往奠酹。

　　一声弹指阁门开,一朵花含一圣胎。满地白云常近榻,真诚画个血如来。注：今春过东安市场，遇公于开成楼上，约同素食，为述太夫人生西胜相，哀慕不已。

窗开满地尽残红，一任灯王宝座空。魔佛都教成两段，不知谁是主人翁。注：暮春之初，余约公与稚晖先生在南长街盐署公所谈宴，远瞩林园，胜妙殊绝。同年蒋君彬侯以所印《救世新教教义》分贻朋好，卷首刊有儒祖孔子、佛祖释迦、道祖老子、回祖谟罕默德、耶祖耶稣训言一篇，谓是佛祖主笔。公与稚晖先生各持一册而去。

雨声才过又佛声，万里长天孤月明。莫把野狐涎唾我，自甘极苦尚多情。注：公好学，有文行，居官不改寒素。因《京报》偶录稚晖先生论说，指为豪富，心颇不安，自余介绍与稚晖先生相见后，彼此身心了然，且甚崇敬稚晖先生。前月稚晖先生闻公病，约余同过存，公已不能见客矣。

一部楞严浑漏泄，可怜心事已如麻。五哀何处终天相，归去休教路再差。注：公遗言以钱牧斋五色笔圈点《佛顶蒙钞》原刻本赠余，复与某亲贵言，吴稚晖先生曾过我，以不得执手为憾。

百年弹指欲何为，心眼空来说向谁。吾道陵夷堪泣涕，林泉岩壑总成悲。注：公有别墅在所居对面，余三十年前与叙五四兄同官农部时，日涉成趣，一邱一壑，时时往来于怀，回首前尘，哀时伤逝，不知衰涕之何从也。

愚弟廉泉顿首泣挽

长信承恩久，司农冠列卿。公由度支大臣迁内务府大臣。参禅宗正献，讲学近阳明。蒙难心俱瘁，扶危志独贞。人琴增感触，三抚不成声。

岁闰偏逢厄，难将天道论。公殁于己丑闰四月。宫花常渍泪，苑柳与招魂。感旧情怀切，怜余雅意存。羊昙空雪涕，不忍过州门。

崇彝

廿载同声雅,论文太学初。曹郎称蕴藉,馀子愧謭谞。官贵躬方蹇,时移迹未疏。岳云楼设祭,岁岁撷园蔬。

失母相先后,梅容慰倚庐。皋鱼哀静止,司马著《潜虚》。泣受三公秩,躬行五字书。谬台何可避,微语辄欷歔。

惨淡青杨第,飘零白柰花。陈兵徵国玺,下殿走宫车。道已丧诸夏,忧宁止一家。纥干山冻雀,伏枕望天涯。

有子瑶林秀,诸孙玉笋森。守书思祖德,祈死见臣心。佳传名无忝,行朝痛益深。故人奇节重,偷活愧沉吟。

王式通

（据《绍太保公年谱》）

世杰、世良所录致奠诸公题名

按:先考逝世后,姻戚故旧,年世乡谊及当代贤达,各方致奠者甚多。或锡以联幛诗文表彰幽德,或惠予赙赠刍帛助给丧仪,隆情厚意,为世杰、世良感且不朽。惟是篇幅有限,未能遍载鸿词,谨序列芳名于后,以志不忘之意,藉表歉忱。

绍太保公逝世致奠诸公题名录谨以收到先后为序

庆亲王;王育才;宝熙;白云观;拈花寺;圆广寺;赵延泰、赵百泰、赵世泰;戴孔昭;鹿华亭;朱邦献;岳荣堃;殷铮;梵香寺;王式通;增崇;李作宾;荫琦;英刘氏;继纲;马振彪;孙多甸;耆龄;齐长增、齐长林、齐长庆;吴闿生;熙氏承启;醇亲王;孙宝琦;徐致善;法源寺释道阶;张仲平;于靖;增德;张万禄;崇彝;那桐;金世良、金世淇;陈恩权;廉泉;彭永泉;邓文藻;肃亲王;沈定烜;陈宗鑅;张崇禧;梁玉书;汉罗扎布;荣普;朱琛;恩联;福启;韩文魁;傅柏涛、傅柏锐;曹元森;王扬滨;塔旺布理甲拉；杨焕宸；邵福瀛；王振瀛；陈宝琛；彭祖龄；庆琛；溥儒；袁得亮；杨宗稷；溥之安；衡永光、衡桂彬；恩泰；宪瑸、宪灵、宪宾；增善；宪鸿；高建章；祝书元；际□；恒植；载泽；宪同；舒敏；吴炳湘；多桂、多荫；鸿斌；陈璧；王念祖；文宝喇嘛；熙钰；宝镛；袁作廣；王尚志；钟彬、钟凯；载润；朱益藩；王文锐、申秉善；铁良；朴氏；官箴；刘禄；光熙；广济寺现明；张文祁、张文孚；汪学谦；虞克昌；延寿寺；孙世勋；同相枢、同格椿；墨麒；端庄；联堃；汉章；李锡麟；杨寿枌；大公主府增悌；同二太太；德恒；关铁林、关铨林、关钟林；罗璧璋、罗璧瑜、罗璧玖；志贤；徐世昌；熙钧；继锐；温肃；三多；马延喜；陈光弼；尹厚昌、尹祥昌、尹德昌；尹麟昌、尹荫昌、尹培昌；朴兴武；邱广山；于永泉；蒋尊祎；载涛；何克敦；史康侯；靳志；沈化荣；那晋；奎珍；张鍈绪；徐延仁；桐昌；祥瀿；曹汝霖；汪忠纯；慈慧率徒瀿海；琦琛、琦瑶、松焱、成治；李恩庆；裕隆；黄玉；伊翰；文艮；刘锡绵；马振彪；端七太太；李玉麟、李锡麟；赵钫、赵鋆；李万芳、李万蕙；容贤；傅兰泰；杨晋；致□；端绪；启明、启绪；赵渼；梁勋；张荣骅、张荣骥；孙多甸；厉顺庆；景松鑫；文鉴；柏年、松年、耆年；信恺率侄官箴；李佳白；王印川；鹿学檀；圆广寺瀿海；溥霖；蒋道南；佶公府；宪鸿、宪泌；鄂宅；奭良；张仲平；杨三太太；江朝宗；保恒；锡彬；全荣；麟公福晋；增悌、增恺、增怿；杨永曾、杨景曾、杨树曾、杨致曾；单镇；谭盛林；李锡麟；鄂公爷；袁励准；樾兴；朱显廷；李思浩；朱益藩；志錡；多兴；锡泉；卓孝复；张作霖；张学良；杨宇霆；李家驹；载润；曾习经；陈炳镛率子威；钱承鋕；徐邦杰；夏炳文；杨玉瓒；吕海寰；苏锡庆、苏锡延、苏锡益；益龄、益信；柏锟；金朗；和煦；王式通；延鸿；查尔崇；周学熙；宋寿徵；姜瑞鑫、姜瑞垚；延绪；孟广坫；颜惠庆；斐绪昌；奎萨；龚心湛；乌泽声、颜勤；黄开文；张新吾；郝树基；保恒；蒋廷华;毕桂芳;杨钟羲;陈麟绂;王珣;孙傅棨;郭增炘子则澋;钱佑臣;沈显甫;杨仲和;余焕章;张焕卿;于淑堂;陈敬甫;傅润生;陈博如;顾偃修;何籁爽;翁义堂;庄南屏;邓嘉群;何振先;陆椿年;刘鸣五;伊铁生;张玉林;张肇达;瑞良、瑞光;马其昶;赵椿年;费象丰;王文志;张恩荫;祖光弼;王文训;张舜昌;郭仲源;张景涛;董明庆;魏长春;樊松桂;郭增启;王岐;王宗海;董明顺;刘煦;黄宝林;荫桓;祁耀川;项镇方;方擎;吴炳湘;王郁奎;马小进;黎元洪;世荣;安海澜;恒酵;内务府堂上;宪濬、宪贽、宪赓、宪赍;舒敏;章嘉佛;恩联;阳仓扎布;陈国栋;阿穆尔灵圭;棍布扎布;谢寰清;王国维;严修;袁祚廙、袁祚庠;张式恭;广寿、广荫;高祖佑;傅绍儒;应国梁;吉堃;朱麟藻;邓高镜;景子昶;胡嗣瑗;王懋政;张梦潮;万绳栻;世福;宪灵、宪宾、宪滨;王廼斌;吴闿生;李焜瀛、李煜瀛;张广建;翟殿林;金梁;华南圭;祝瀛元、祝书元、祝惺元;曹岳觐;徐致善;徐德虹;定杰;梁用弧;叶恭绰;金绍城;冯恕;宝熙;陆大坊;丁士源;王怀庆;朱启钤;联堃;马世显;陈明谦;爵善、爵信;崔瑜、李纯佑;李作宾;齐耀珊、齐耀琳、齐耀珹;章以万;朱联澋;汪希董;王慎名;邵福瀛;李士奎;华世奎;方桐滋;陶联善;王仲元;安世琪;唐绳武;王传本;王传鎏;翁廉;王芝祥;胡彤恩;郭宝光;维纲;刘平南;杨品三;严寿民;李养初;张佐乔;尤少卿;朱文钧;毛祖诒;林天木;铁贞、铁贤;陆宗舆;于宝轩;柏锐;王谢家、王燕晋;高崇;于咸麟;致□;张振銎;陆宗振;沈瑞麟;唐仲寅;朱汝珍;刘冕执;刘成志;达寿;余棨昌;关赓麟;张耀曾;钟赓言;唐宗愈;赵淦;冯祖苟;周典;陈继鹏;沈家彝;陆鎣;李恩藻;段世徽;韩述组;蒋履曾;顾大徵;夏伟璟;徐焕;邵万龢;黄艺锡;顾宗衮;何焱森;李道同;缪承金;吴简;唐纪翔;林炳华;徐承锦;唐演;袁励贤;屠振鹏;俞同奎;曾彝进;方燕庚;梁致和;梁致祥;白益龄;文海;胡维德;谷钟秀;增善;杨宗稷;程遵、程尧;周自元;汪荣宝;任凤苞;吴廷燮;陈燕泰;商衍瀛;纪钟淇;潘文琦;田步蟾;毓逖;任庆泰;言泽泽、言泽森、言泽锡;王麟;恽宝惠;陈时利;济煦;许宝蘅;乐达仁明、乐达义德;姚汉章;彬恂;陈宧;绍荫;刘崑山;杨毓莹;楼思诰;关霁;熊希龄;周志中;刘若曾;梅光远;志贤;罗振玉;杨耀曾、杨耀淇;刘宗浚;振陞;屠朴楷、屠模皋;继纲;文麟;裴维佽;有庆;延庚;段宏业;承荫;张人骏;曾广龄;毓善;柯劭忞;王士珍;王季点;翁之意;张万禄、于靖;景继;桂□、卞久;贝熙业;;仁爱医院院长;徐延仁;晏树昌;张仲元;顾大徵;萧丙炎;承佑;溥俒、溥修;延增;法源寺道阶;溥儒、溥德;曾维藩;任常兴;申振林;高文秀;曹元森;钟峻、钟山;陈锦涛;关衡;桂樟;恩保;王振瀛;那彦图;赵尔巽;陈桂荪;溥伦;荣源;溥露、溥霎;刘廷桢;溥忻;金世良、金世淇;增禄;文兴;汪官喜;保桢;孙荑庆;吉堃;萨勒哈畲;溥燻;华宣;刘济;志春;庆琛、庆璞;荣厚绪、荣宽勋;恩联;徐钟葳、徐钟勉;治格;礼亲王诚堃;沈学范;石丛桂、石丛桢;袁得亮;李振族;关恩荣、关恩楫、关恩朴;德恒;乐均;定秀;斌循;洪镕;和煦;载镛;锡泉;熙魁;荣普;景晟;讷钦泰;宝镛;锡彬;鸿斌;锡明;立方;豫王府;朱颐;延绪;曹本源;张崇喜;高建章;嵩灵;文荫;锡琅;李光荣;载泽;吴秉熔;钟佑;增绂;汪立元;溥培;桂森、桂铭;贾孝斌;毓彭;寿耆;车林诺尔布、车林端多布;车林桑都布、车林札木苏;梁士诒;乌拉喜春;庄维模;端庄;延寿寺星朗;松椿;怡亲王;张承恺;宗彝;黎金钰;乐泰;张文志;景麟;白垿;贡桑诺尔布;广仁;方畴;关继昌、关继贤、关继荫;齐长林;都林;魁公爷;载搏;庄王府;曾佑;毓彤;梁鸿志;达赍;溥多;张家璇;金环;厉顺庆;瑞王爷;万崇正;顾允中;嵩连;毓憓庭;唐文治;升允;光裕、光泰;索诺木;胡宝田;崔钟徽;杨寿枏;王清穆;王希曾;世箴;延昶;吴季白;张□;万□;吴燠仁;袁大化;段昭纮、段昭祥、段昭綖;殷□;洪□;田庚;言敦源

陈夔龙《题绍越千先德〈梦迹图〉》

翟泉鹅与中原鹿,都付东京梦梁录。剧怜海上有枯桑,谁向故国访乔木。越千少保人中豪,廿年与我同兵曹。平生诗礼懔庭诰,登堂神往七叶貂。赠公治术本儒术,中山美政韩苏匹。已看儿辈作公卿,况有少子蕃王室。艰难宏济资俊贤,不及公生太平年。剪鹑一醉今何世,搔首茫茫难问天。示我楹书旧画图,披图一一明双瞳。井莲十丈梦中见,初地肯与仙佛殊。神化丹青十七幅,某山某水寄芳躅。时平雪爪偶然留,世乱父书犹可读。我惭神武挂冠早,梦魂十载津鹃恼。水流云在两无心,余有《水流云在图》拟寄正。仍当借枕邯郸道。还君图卷三致词,诗中有画画中诗。传家手泽球璜贵,子子孙孙永宝之。

壬戌嘉平越千仁兄属题先德梦莲老伯大人《梦迹图》,敬赋长句,即乞教正。庸庵陈夔龙拜稿。时年六十有六。

(据马延礵先生所藏《梦迹图》录入,题目为笔者所拟。)

郭曾炘《题绍越千先德〈梦迹图〉》

人生若大梦,事过皆陈迹。梦时不自知,觉后恍如失。梦华东京编,梦梁南渡撼。船山及退谷,说梦尤纤悉。彼皆丁世变,俛仰伤今昔。先生际盛明,何者关梦忆。溯从束发初,趾离早献吉。便箑发天葩,冠字因表德。仕履虽屡迁,根尘元不隔。寺钟催读晨,庭雨论文夕。东谒瞻桥陵,西征穷沙碛。侍节习戎装,

出牧当畿赤。康功举坠典,嘉瑞彰循绩。图写命画工,前踪皆历历。旌节已传家,丹青未改色。梁园词客多,风雅争扬挖。崦嵫不留景,四纪风灯瞥。佐夏遗臣靡,匡周仗保奭。竞爽信多贤,贻谋实作则。宾筵忝嘉招,拜观祗叹啧。楼台花树丛,山水烟霞窟。疑与化人游,可望不可即。

樾千世丈太保出示先德梦莲太世伯大人《梦迹图》属题,敬赋奉正。昭阳大渊献孟陬侯官郭曾炘。

（据马延儒先生所藏《梦迹图》录入,题目为笔者所拟。该诗亦收入《匏庵诗存》,题作《樾千太保出示先德梦莲先生〈梦迹图〉敬题》,文字亦有差异。）

康有为《题绍越千先德〈梦迹图〉》

太乙乘莲藜照之,循声文采著搴帏。因缘一切皆如梦,图画长留绝妙词。

越千贤兄属题梦莲世丈《梦迹图》。康有为。

（据马延儒先生所藏《梦迹图》录入,题目为笔者所拟。）

袁励准《题绍越千先德〈梦迹图〉》

我公夙具仙佛姿,梦腹生莲名固宜。爱依梵宇为精舍,每听蒲牢辄下帷。长坐春风兼化雨,须知严父胜良师。曾因出塞侍襄祭,依然过庭先学诗。东望故国莽辽阔,远瞻乡树郁迷离。还都忽动游山兴,揽胜欣探绝顶奇。为迁边地良便捷,直与蜀道争崄巇。况值岁暮天憭慄,更喜塞垣雪纷披。黄河万里流浩浩,清渠二曲鸣澌澌。偶携鹰犬事羽猎,惊起狐兔奔交驰。军行海上帆一粟，秋入中天月悬规。田盘高跻云罩寺，北口遥睇长城陲。一簑烟雨知渔乐，十里芙蕖足水嬉。石名雪浪重森列，园号众春为修治。莘莘庠序臻美备，觥觥礼乐寖敷施。四坛渐教古制复，九推旋见春雨滋。蕃孳名马产双骏，丰穰嘉麦秀两歧。凡兹宦辙行经处，与夫休征感召时。并作人生一大梦，宰官梦迹即沙弥。

癸亥仲春下浣，越千尊兄太保命题先德《梦迹图》，即希教正。中舟弟袁励准。

（据马延霱先生所藏《梦迹图》录入，题目为笔者所拟。）

朱汝珍《题绍越千先德〈梦迹图〉》

召公遗我先德图，别有天地如蓬壶。乔梓棠棣并辉映，气象仿佛风舞雩。黄河积石黑山雪，西北恣游著图说。宜乎胸次超寻常，此后经纶独卓绝。闻公髫龀如雏凤，腹中生莲早征梦。乡社望见认枌榆，门业躬承作梁栋。少年投笔气激昂，壮岁鸣琴事简重。修礼复乐振风雅，勤民致瑞腾讴颂。雪泥鸿爪志游踪，谢庭珍之同拱璧。我交公子忧患馀，复佩艰贞延世泽。图中历历太平事，览观神往况亲炙。

越千太保出示先德《梦迹图》，题似教正。癸亥四月清远朱汝珍。

（据马延霱先生所藏《梦迹图》录入，题目为笔者所拟。）

杨鼎元《题绍越千先德〈梦迹图〉》

儒术尚手泽,佛法飞杖舄。高士纪游踪,妙旨托梦迹。宝公十四证夙回,媲美腹松柳生腋。二十随节初出关,社树仿佛识乡宅。从此山川争供眼,穷探极幽信所适。东踏巫间衣锦游,乔梓棠棣花开赤。西从宁夏至黑山,下马哦诗健猎射。银渠浪静榜方口,雁鸥穿杨分黑白。此是过庭学诗时,物外日月本无惜。夷氛突兀海扬波,走章驰檄资擘画。遂令冀南化洛阳,满城桃李斗红碧。两穗双驹亦偶然,乐兴泽布信诚格。始信鸣琴亶父治,民瘼何曾废枕席。绘事后素亦文化,岂为兴游修竹帛。文采风流七一翁,西北处处留簦屐。展图何止十七帧,戢戢春笋宁千百。故知老辈有深存,寸纸珍同惜赤壁。我距先生十数年,摩娑卷帙犹亲炙。自嗟身为柱下吏,橐笔刻漏供朝夕。时危执简侍帝侧,禹穴宁容探幽赜。哲嗣觉我以先型,开卷不觉襟期辟。风雅远过朱棣画,振纸琳琅跃金戟。故家乔木后人扶,珍重万年配宗祐。

越千太保以先德《梦迹图》见示,赋此呈政。顺德杨鼎元。

(据马延霭先生所藏《梦迹图》录入,题目为笔者所拟。)

王国维《题绍越千先德〈梦迹图〉》

富平公子逐星槎,兰省仙郎走传车。历尽缘边知阨塞,更便剧郡理纷挐。时清右辅多殊政,事去东京感梦华。好作《雪鸿图记》看,未容佳话擅麟家。

万石温温父子同,牧丘最小作三公。补天事业崎岖后,忧国情怀鬖发中。恩泽一门今自厚,承平百态昔偏丰。披图漫作华胥感,会见韦平继祖风。

越千太保命题《先德梦迹图》,率成二律,即呈教正。癸亥季夏海宁王国维。

（据马延礵先生提供复制件录入,题目为笔者所拟。按王国维《观堂外集》收此诗,题作《题绍越千太保先德〈梦迹图〉》,其中"麟"作"东";"韦平"作"扶阳"。另按马家所藏《梦迹图》后有马士良跋:"《梦迹图》题词,未印者尚有王观堂、陈弢庵、温贻夫、景铭九、郑苏盦、王书衡、宝瑞臣、商云汀八家。其中除商公之作遗失外,其馀另纸钞录,待他年再为续印,以足成之。钞件附存册内。"据此知陈宝琛、温肃、景丰、郑孝胥、王式通、宝熙数人题词均未收入现存之《梦迹图》。)

陈宝琛《题绍越千先德〈梦迹图〉》

乔木扶疏地望尊,中山旧泽迹今存。丰碑百尺遗民泪,留伴东坡雪浪盆。

莲萼净域悟前生,画里山川寄宦情。半亩园中鸿雪记,两家子姓话承平。

桃李新阴属再传,鲤庭从谒会群仙。眼前谁是霓裳侣,此梦垂垂六十年。宝琛会试出张秋生先生之门,先生出公子秋皋尚书门下。

回首师门述德时,春明重入识公迟。世臣家法惟忠孝,长白蟠蜿气未衰。太保嗣父东山侍郎师与先大父同官至契。

越千太保太世丈命题先德光禄公《梦迹图》,即希教正。癸亥六月闽陈宝琛。

（据马延礵先生提供复制件录入,题目为笔者所拟。)

温肃《题绍越千先德〈梦迹图〉》

佛法由来色相空,却寻梦迹寄图中。世间何事非隍鹿,纸上于今见雪鸿。松记生丁符往哲,花开周甲纪谈丛。番禺张维屏先生有《花甲闲谈》一书,将生平读书暨服官行政诸大端各绘一图,系以诗,与此图用意正同。皇皇十七传家椠,岂与青毡故物同。

清门文采丹青引,江左风流王谢家。尚有世臣似乔木,岂徒妙法托莲花。英姿未与凌烟阁,官辙堪当记里车。佛性儒修皆绝诣,休将说梦比南华。

越千太保出示先德《梦迹图》属题,敬赋奉正。癸亥冬顺德温肃。

(据马延嚅先生提供复制件录入,题目为笔者所拟。)

郑孝胥《题绍越千先德〈梦迹图〉》

道咸宦迹逮同光,奕叶箕裘泽最长。看到宗周侵厄运,故家乔木是忠良。

王气中衰德未衰,君臣交警济颠危。如闻吾主飞熊梦,收拾山河却待谁。

越千太保属题《先德梦迹图》。甲子春日孝胥。

(据马延嚅先生提供复制件录入,题目为笔者所拟。)

王式通《题绍越千先德〈梦迹图〉》

佛家说六如,如梦讫如电。尘缘过去空,真性定中见。先生匪逃禅,上士早元选。传经通德门,读书招提院。元菟待东征,贺兰恣西眄。能咏乞鹤诗,亦试射雕箭。山水四时春,沧溟万里看。胜游偕闺襜,治行在畿甸。太甲五云开,上丁两楹奠。众春魏国留,喜雨庐陵赞。妙莲有宿因,歧麦致群忭。忠孝心可窥,承平事堪羡。十七帧珍藏,九万笺题遍。名父教长垂,贤于交最善。讲舍欣絃同,流光慨毂转。重寻春梦痕,都皱恒河面。幸草野未烧,生桑海真变。独居忧患殷,手泽涕洟恋。南皮作碑文,桐城序诗卷。定州遗爱存,世胄清风衍。位业归真灵,画象瞻炳绚。有相皆能离,披图夜惊眩。

越千太保命题先德《梦迹图》,甲子二月志盦王式通。

（据马延礵先生提供复制件录入,题目为笔者所拟。）

宝熙《题绍越千先德〈梦迹图〉》

马佳望族出关东,文武通才数巨公。列郡甘棠循吏谱,百年乔木故家风。即今遗照标云鹤,几许前因付雪鸿。身世觉来原一梦,不须参悟到虚空。天字误作间。

画图一一手亲题,遗墨流芬谨护持。前辈典型垂后起,承平风雅异衰时。慧根早入莲花界,世德能传棣萼诗。公子四人,敭历中外,早有声于时,越千世叔其季也。我与季方同事久,咏歌扬挖愧无辞。

越千世叔太保以先德梦莲太世丈大人《梦迹图》征题,敬赋二律应教。甲子三月沈盦宝熙谨具稿。

（据马延礵先生提供复制件录入,题目为笔者所拟。）

绍英家族成员简表

祖昇寅（谥勤直），配张佳氏	宝琳（绍英本生父，梦莲公），配董佳氏、曹氏	绍勋（即文斌）	世桢（继子）	延象
		绍祺	世培	延康、延祉
			世桢（出继绍勋）	
		绍諴	世善（即百先）	延闿、延禄
		绍彝，绍英同母兄，曹氏出	世良（继子）有一女	女三：延雯、延雪、延霭 男二：延霁、延霈
		绍英，曹氏出，过继宝珣		
	宝珣（东山公），配乌郎汉吉尔们氏	绍英，配绵勋之女，妾孙氏	世杰，先娶八格格，后娶杨氏	十子：延绩、延顺、延通、延绩、延绥、延龄、延森、延谷、延石、延懿。二女：马毅安、马泰
			世良	二子：延霁、延霈；三女：延雯、延雪、延霭
			长女马昭叔，嫁张文孚；次女。	
昇恒	宝元	绍隆（即文隆）	世庆	延昶
		绍盛（即文盛）	世箴	延经
		绍丰（即文丰）	世煜	延明

注：此表据《绍英日记》及马延霈先生提供的《马佳氏家乘》制成。

文武兼备·马佳氏自始至终辅清朝

讲述人：马延霭

朝阳门内南小街有个新鲜胡同,这个地名至少从乾隆时期就有了。自从马延霭(音玉)爷爷的爷爷进京赶考后,他家就一直住在这里,至今他还保存着当时的房契。马延霭是满族人,本姓马佳氏,祖上出过辅佐大清有功的大将军图海、礼部尚书升寅、内务府大臣绍英等名人。如今,退休后的马延霭又回迁到了老宅附近,他专门用一套房子存放家中传下来的老物件。

家谱·老祖先

姓氏：以地名为姓

我是满族镶黄旗人,本姓马佳氏。始祖马穆敦公曾在一个叫马佳的地方安家,于是以地名为姓,至今已经有 500 多年了,现在在沈阳还有马佳氏祠堂。始祖生一子黑德莫尔根,为二世祖;二世祖生了 19 个儿子,第三子奇普图是三世三祖,我就是三世三祖的第十六代孙。

马佳氏枝繁叶茂,人口众多。自从我爷爷的爷爷升寅进京赶考后,我们这支就一直定居在新鲜胡同。沧桑变迁,居处未改。其间曾多次修订过家谱,我现在也还继续整理,包括家族渊源、历代名人小传和从始祖开始各支人的名字、官位,也为后代查证祖先留下资料。

在我收藏的家族遗物中,有一个道光十七年修订的后世子孙排字表,包括绍世延熙忠诚积庆等字。我的爷爷是内务府大臣绍英,父亲叫马世良,我叫马延霭,儿子叫马熙和,都是严格按照排字表取名的。

我们家族在东直门外有一片祖坟,直到我爷爷奶奶那辈还葬在那里。小时候我曾经去过,地方很大,有松树、亭子,还有碑林。后来搞建设,那里才渐渐湮没了。

图海:与王爷共享太庙

马佳氏家族中最有名的,是三世五祖第九代孙图海。图海从顺治朝开始就辅佐清朝,做过大学士、议政大臣等。他擅长带兵打仗,康熙时期,被授正黄旗满洲都统,曾先后作为定西将军和抚远大将军,镇压过李自成余部和吴三桂等,是清朝的有功之臣,载入清史。

他死后,雍正皇帝追封他为一等忠达公,配享太庙,子袭爵位。现在他的牌位还和清朝的王爷一起供在太庙里,在清宫影视剧中也能看到他的形象。

昇寅:从小口吃大器晚成

我爷爷的爷爷叫升寅,是三世三祖的第十二代孙。乾隆时期他进京赶考,当了礼部一个七品小官,在新鲜胡同买下了一套旧房,从此在北京安了家。我还保存着他当年的准考证和买房的房契。

升寅3岁丧父,母亲带着他在舅舅家长大。他天资不好,大器晚成,小时候还口吃。他自己曾写道:"余三十岁以前患口吃,语言不能了了,四十后则渐愈。"是舅舅一手培养了他,从七品小官开始,逐渐担任御史都统、翰林院学士、礼部尚书等要职。升寅为人正派,做事一丝不苟,深得皇帝信任,他死后被赐谥号勤直。也是从他那辈开始,我们这支才逐渐发扬光大。

昇寅有两个儿子,长子宝琳是保定府知府,二子宝珣是奉天府尹、盛京将军。宝琳有5个儿子,而宝珣无后,于是宝琳就把最小的儿子过继给宝珣,这个最小的孩子就是我的爷爷绍英。

家谱·老房子

两遭劫难,我又回迁到老宅附近

自从我爷爷的爷爷升寅进京赶考定居北京后,我家就一直住在朝阳门内南小街的新鲜胡同。胡同几经变迁,我们一家人一直在这里生生不息。新鲜胡同里有个新鲜胡同小学,是我的母校,李敖也曾经在那里上过学。旁边的芳嘉园胡同里有个桂公府,是慈禧弟弟桂祥的宅子。桂祥的女儿后来成了光绪皇帝的隆裕皇后,这一家飞出了两只凤凰,所以后人也管这里叫"凤凰巢"。

根据当时的房契,我家的老宅是从别人手里买来的旧房,一共有 16 间半房子。我出生时,已经分了家,父亲带着我迁了出来,搬进了老宅的马圈。

据说,我家曾遭过两次浩劫。第一次是在曹锟发动的"二月兵变"中,我家被抢,损失了一部分家产,还遭了场大火,现在保存下来的书籍还有被烟熏的痕迹。另一次是 1936 年,家里的两个用人私通,想放火趁机偷点东西,结果被抓住了,被偷的东西也在厕所里找到。

经过这两次浩劫,家道逐渐败落。胡同拆迁后,我搬到了管庄,如今又回迁到了新楼,住在老宅附近的后芳嘉园胡同,每天还能远远看看过去的老宅。都说叶落归根,能一直住在这附近,想想挺有感触的。

绍英:操办溥仪出宫事宜

说来很有意思,绍英本是宝琳的儿子,过继给了宝珣。绍英有两个儿子,长子世杰,次子世良,可他的哥哥绍彝却没有孩子,于是世良又被过继给了绍彝。世良是我的父亲,所以我的亲爷爷是绍英,绍彝也是我的爷爷。

绍英官拜度支部尚书(主管财政)、内务府大臣,但身世却很坎坷。他是遗腹子,母亲是小老婆,从小含辛茹苦地把他带大。绍英天生胆小,但他好学,做事认真。当时我家虽然是大户,但人口众多,生活并不像外人想象得那么风光,也很艰苦。但家中一直重视教育,让子女们好好念书,教他们做人正直,不能贪心。后来他当了内务府大臣,作为清室代表,操办了溥仪出宫的各项事宜。

绍英有记日记的习惯,一共写了70多本,记录当时的官场生活,甚至每次皇帝的赏项和进奉也都一一记录下来。通过这些日记,可以了解很多当年不为人知的事情,如今我还保存着30多本。

我:以整理老物件为乐

我生于1940年,和很多人说起我是绍英的孙子,他们都不信,觉得我年纪太小。因为我父亲是爷爷的小儿子,爷爷生他时,大儿子都已经生孩子了,父子两代同时生子。再加上父亲生我也晚,所以我年纪不大,辈儿不小。

到父亲那辈,我家开始没落。父亲先是教书,后来在中华书局工作,但大家族讲究的门当户对没有丢。我的母亲是蒙古族人,哥哥是科尔沁中旗的王爷。我大伯的第一个夫人是庆亲王奕劻的女儿,我家现在还保存着婚礼的喜礼簿,上面记着喜账,其中有不少当时的名人。我还有两个姑姑,一个姑姑的女儿嫁给了溥仪的弟弟溥任,这种大家族中的联姻很普遍。

我毕业于北京机械科学技术学院,一直在北京汽车摩托车联合制造公司做工程师。直到退休后,我才开始整理家族遗留下来的许多老物件。由于爷爷绍英做过京师大学堂提调,我从他的日记中整理了一篇《京师大学堂沿革及掌故》,被选登为北京大学校史掌故,从而被聘为北京大学荣誉校友。

整理家中遗存让我了解了更多的文史知识,写了不少这方面的文章,发表在《紫禁城》、《北京文史》等杂志上,这也算是我晚年生活的寄托吧。

家谱·老故事

皇帝赏给爷爷一个大月饼

在我珍藏的家族遗存中,有一张清宫大月饼的照片,堪称稀世之照。乍一看这个月饼没什么特殊,可仔细观察会发现,在它的左下角还有一个小月饼。其实那是正常的月饼,而照片上这个足有20斤重。

这个大月饼出自清宫御膳房御厨之手,是末代皇帝溥仪赏给我爷爷绍英的。我父亲曾经见过这个大月饼,据他说,月饼的图案精美绝伦,最中央雕的是"广寒宫",殿门、台阶、窗户都清晰可见。这张照片也让我们见识了当年宫廷月饼的精美。

大官家过年也不易

爷爷绍英爱记日记,内容非常详细,皇帝每次的赏项和进奉也是记录内容之一。我保存着几张当时的记录条,有一张是中秋节时的,上面写着"皇上赏衣料两件、银五十两。四位皇贵妃赏衣料两件、银五十两,进奉四位皇贵妃每位四盒苹果、白葡萄、大桃、白梨,三节进奉宫里太监赏四元四份、贰元六份、一元一份"。

过去,我家老宅边上有个粮店。一到过节,爷爷为了往宫里送东西,就向粮店赊账。对皇帝贵妃的赏赐要有进奉,太监也要打点,一来二去花费不少,尤其是逢年过节。因此每过完节,爷爷都会长叹一声:"可算过去了!"一般人以为大官人家生活一定很阔绰,其实也很艰苦。

采访手记：马延霱专门有一套房子存放家中的老物件。一进门是一张大床，上面堆满了他事先准备好的各种资料。床边的墙上挂着他爷爷的父亲宝珣写的字，对面墙上是皇帝赏的写着迎祥字样的红色小纸牌。"我家东西很多、很乱，原来这些都在我父亲那里保存着，后来父亲去世了，这些东西没人要，我就拿来了。"他说。

而这些"没人要"的东西，恰恰记录了不为人知的宫廷故事，见证了一个大家族的血脉传承。这些"没人要"的诰命、贡单、奏折、诗文手稿，任何一个博物馆里都没有。"我的孩子们对这些都不感兴趣，以后我准备把它们都捐献给国家。

（据马延霱讲述、王禹撰文《文武兼备·马佳氏自始至终辅清朝》，《法制晚报》2007年9月6日B22、B23版。）

马延玉：苦心整理家族史献给国家

今年三月份，国家图书馆出版了一套全6册的《绍英日记》，记录了清朝末期度支部大臣、民国溥仪小朝廷内务府总管大臣绍英的生活，其中包含着许多珍贵的史料。

这部日记为何到今天才出版发行？原来这部日记早已在历史岁月的长河中洗涤得千疮百孔，时至今日才被整理修订完成，而整理修订者就是家住在朝阳门地区的居民、绍英之孙——马延玉老先生。老人擅长书画，在书画界颇有名气；喜爱研究历史，在史学界小有成就……这位今年70岁的老人身上有说不完的故事。

阅读藏书上万册钻研家族史

走进马延玉老人的家，扑面而来的就是一股"书香"。一居室的住宅陈设简单,但是床上、地上、纸箱子里、柜子里,基本上被书堆满了,20多平米的屋子只剩一个人通过的过道。

看着这满地的书籍,让人真正领略了到底什么叫"书香门第"。这些书有马延玉祖上的家谱和家书,也有自己为研究历史买的各种书籍,它们都被马延玉视为至宝。

马延玉祖上是满族镶黄旗人,本姓马佳氏,是清朝满洲八大姓之一。因为始祖马穆敦公曾在一个叫马佳的地方安家,于是以地名为姓,至今有500余年。现今在我国辽宁省沈阳市还存有马佳氏祠堂。

说起自己家族的历史,马延玉拿出一张乾隆年间的"准考证"。"这是我祖爷爷昇寅在乾隆年间进京赶考时的凭证。"马延玉告诉记者,"祖爷爷从一个礼部七品小官逐渐升任御史都统、翰林院学士、礼部尚书等清朝要职。"

在京做官期间,昇寅在位于现今朝阳门街道新鲜胡同处买下了一套旧房。自此,马佳氏家族在这里安了家。

在家族遗物中,有一个道光十七年修订的后世子孙排字表。"依照'绍世延熙'等字排位,爷爷是'绍'字辈,父亲是'世'字辈,我是'延'字辈,都是严格按照排字表取名的。"马延玉户口本上的名字为"马延霱(注:yù)",霱是天上带色彩的云,表祥云之意。

自从有文章发表,为了让大家辨认方便,马延玉将霱改为玉。

冒生命危险保祖父手稿

马延玉中学毕业后,考上了北京机械科学技术学院,毕业后被分配到北京汽车摩托车联合制造公司从事模具设计工作。

这一干就是30余年。

在公司里马延玉担任主管工程师,在他的带领下,公司多次获得北京市科学技术进步、技术开发优秀项目等奖项。

1998年退休以后,马延玉弃理从文,开始专心整理起自己家的资料,研究历史。"我家东西很多、很乱,原来都是我父亲保存的,后来父亲去世了,这些东西没人要,我就拿来了。这些资料能保存至今实在不易。"

发黄发黑的纸张颜色,证明了它们曾经经历过的岁月。中华民国元年,袁世凯指使当时北洋军第三镇统制官曹锟发动"二月兵变",马延玉家中被抢被烧。1936年,家里的两个仆人私通,想放火趁机偷东西,虽然被偷的东西在厕所里找到,但是家里的五十八间房中有四十间被火烧毁。从马延玉现在保留下来的书籍上还能看出被烟熏的痕迹。

"这都是当年从火堆里刨出来的。"马延玉轻轻地抚摸着珍贵的资料。经过这两次浩劫,马家家道逐渐败落。

文革期间,为了保住这些珍贵的材料,马延玉冒着生命危险把《绍英日记》等一部分最珍贵的资料藏到了水缸里,但是一场大雨将资料全部淋湿。不得已,马延玉又把书藏在工厂的工具箱里。"当时也挺害怕的,可为了留住历史,我就提心吊胆的这么做了。"马延玉说。

退休后的马延玉为了专心的研究史料,在竹杆社区租了一间"工作室"。"我退休后的收入基本上全用了,一部分租了房,另外剩下的全买书了。"

整理家中遗存让马延玉开始大量阅读书籍,了解更多文史知识,写了大量的文史文章,发表在《人民日报》海外版、《大公报》、《紫禁城》、《北京文史》等杂志上,算来已经有数十篇之多。

花甲之年修补《绍英日记》

这些当初"没人要"的东西,现今都已成了无价的宝物。绍英的诰命、贡单、奏折以及诗文手稿,都记录了很多不为人知的故事。

马延玉在整理过程中发现,最珍贵的还是自己祖父绍英的日记。《绍英日记》共40本,但是其中的7本已经遗失。日记记载了从1900年到1925年间,绍英见证的大小事件,其中包括隆裕让权、溥仪退位、张勋复辟、宣统大婚等内容。此外,还记录了清末时绍英家中的生活状态。

"我没见过祖父绍英,但是这些日记是人与人之间灵魂的对话,通过这些我了解了我的祖父是怎么样的一个人。"看着这些曾由于火烧、水浸而伤痕累累的纸张,退休后的马延玉决定修补这些残缺的资料。

首先对日记进行详细的修补。"在外边修补一张要5块钱,还得师傅有时间才能弄点儿,人家是按文物价格收费的。再说放在那儿指不定什么时候能取呢,我可不放心。"

马延玉把一张张已经残缺并且粘在一起的纸张装在塑料袋里,放在锅上蒸,然后趁着热乎用针一页页的挑开,把日记的后面再裱上一张白纸,自己再给每本配上蓝色的封套,有的日记原来是一本,经过修补后,变成了两本。

对于日记当中看不清的字,马延玉查阅相关材料自己用毛笔补齐,"比如说有一本日记二月记得特长,我猜测日记开头二月上面残了的纸可能少了一个'闰'字,我就去查万年历,还真是这样的。修日记也是在记录历史,不能有半点儿的马虎。"

十年的时间,残缺的33本日记在马延玉的手里整整齐齐的重见天日,也得以被国家图书馆出版社结册出版。由于图书出版带有公益性质,马延玉只获得了3000多元的稿费和一套《绍英日记》印刷品。"我不在乎多少钱,重要的是这段历史能够完整的记录下来,能给国家留下点儿什么我就知足了。"

写字作画享受充实生活

马延玉除了修史另一个爱好就是书画,每天在研究历史的空隙,老人都把木板铺在床上,边写边画。

老人谦虚地说:"和会写会画的一比咱们是不会画的,和不会画的一比咱们是会画的。"其实老人的字画也算小有名气,字以米芾的行书最为拿手,画以虾米为绝。他的作品参加过不少展览,历史博物馆和抗日战争纪念馆也都收藏了他的书画作品。

一次老人参加笔友会,正在画虾的时候,赶上齐白石的绘画传人来到现场。他站在马延玉的旁边端详了半天,马延玉赶紧谦虚的说:"我这是班门弄斧了。"齐派传人说:"您画您的,挺好。"

现在马延玉老人每天的生活相当充实,早上四五点钟起床锻炼,晚上九十点钟睡觉,每天不看电视,只听广播、看报纸,遇到一些和历史文物有关的事件格外重视。

2009年4月9日,在看到本报撰写的一篇关于地区发现古代石龟和残碑的报道后,便报名参加了民间鉴宝团,并多次提供自己收集的珍贵资料,为求证石龟和残碑的来源提供了重要的考证依据。

说到每天的充实生活,老人最大的感觉就是时间不够用,"我要学习的东西太多了,就是我家的这些材料我都感觉看不完。有时候看着这些资料我就琢磨,既然我看不完怎么办,以后我准备和家人商量一下,把它们都捐献给国家。"

人名字号音序索引

说　明

一、本索引是《绍英日记》正文中人物姓名、字号或其他称谓的索引。

二、本索引以姓名为检索主体，姓名之后括注《日记》中出现的字、号、别名、习称、昵称、官称、简称及其他称谓。

三、凡《日记》中出现的字号或其他称谓，亦列为检索条目，并与其姓名的主索引条目互见，如"柏峻山见柏锐"、"柏老爷见柏锐"。

四、凡《日记》中仅出现字号或其他称谓者，尽力考出其姓名，列为主索引条目；暂时未能考知者，则径列字号或其他称谓为检索条目。

五、人名后所列数字为该人物在《日记》中出现之年月日（公元纪年），如"乌珍1901.4.2"，即表示乌珍出现在《日记》1904年4月2日。

A

阿公　1923.1.8
艾公（朱益藩、艾卿）　1925.1.9
艾公使（爱公使）　1922.10.6,10.10
艾苏拉　1916.5.30
安格联　1925.3.25
安海澜（安瀛澄）　1919.9.23,9.29,10.2;1920.1.4;1922.11.18

安锡九　1921.12.31
安瀛澄　见安海澜
安毓梅　1921.12.31
岸田吟香　1902.6.29

B

八额驸　见世杰
八格格（八格、世杰之妇、竹格之妇、大奶奶、大少奶奶、庆亲王之第八女）　1905.3.22；1911.2.3，3.4，3.5，3.10，3.11，3.12，3.15，3.23，4.5，4.10，4.11，4.18，4.29；1912.1.13，2.29，3.2，3.26，10.13，12.19；1913.1.2，1.27，3.17，8.4，8.11，8.30，9.1，9.10，9.15，9.21，9.27，12.8，12.30；1914.1.28，3.3，4.14，4.15，6.8，6.12；1915.11.8，11.9；1917.5.9
八老爷　1923.10.27
八孙　1924.7.2
八先兄　见绍勋
巴参赞　见巴尔敦
巴尔敦（巴参赞）　1915.1.1；1919.1.1
巴喇嘛　1916.1.4

白多仁（白汝光、白团附）　1913.4.1；1917.7.12，7.15
白昆甫　1901.6.24；1902.11.21
白连长　1918.11.8
白庆锡　1924.2.6
白汝光　见白多仁
白团附　见白多仁
白香山　1902.6.24
白秀峰　1900.8.23
白月帆　1901.6.28
白总办　1901.3.24
百二爷　见百敬之
百敬之（百二爷）　1901.4.5，8.30；1903.1.17，4.8；1904.1.6；1911.12.21；1912.3.16，12.12
百先　见世善
柏恒（柏老爷恒、柏章京恒）　1914.1.13，3.7
柏健秋（柏鉴秋）　1903.4.22，4.27，5.3，5.4，5.5，5.9
柏鉴秋　见柏健秋
柏峻山　见柏锐
柏老爷　见柏锐
柏锐（俊山、柏峻山、柏老爷、柏三爷）　1904.5.28；

1905.8.8;1907.2.22;
1910.7.8,8.5;1912.3.23,
7.7,8.25;1913.1.1,5.23,
5.24,6.22,9.2,9.5,10.31,
11.2,11.4;1914.2.5,6.
27;1915.1.28;1916.11.12
柏三爷　见柏锐
柏原文太郎　1904.8.18,8.21
班禅(班禅佛)　1925.1.25,
  1.28,2.24,2.26,2.27,3.1
包先生　1903.1.18
宝臣　见铁良
宝大人　见宝熙
宝二大人　见宝熙
宝棻(宝中丞)　1910.4.7
宝谷翁　见保谷田
宝光禄公　1919.7.12
宝老爷　见宝鋆
宝琳(先公、先君、先严、先严
  大老爷)　1901.4.3;1904.
  11.3;1917.5.12;1910.8.
  31;1917.3.4;1918.2.6;
  1921.2.5,8.16;1922.1.10
宝芹　1917.5.18
宝瑞臣　见宝熙
宝瑞翁　见宝熙
宝山　1918.9.17,9.18,9.25

宝司员　见宝鋆
宝四爷　见宝鋆
宝翁　见铁良
宝熙(宝瑞臣、瑞臣、宝瑞翁、
  宝大人、宝二大人、宝)
  1907.2.24,3.18,4.16,9.
  3,12.9;1909.3.7;1914.4.
  5;1916.12.4;1918.2.15,
  2.20,5.15;1919.3.11,11.
  19;1921.11.9,12.20;
  1922.1.1,1.7,1.13,1.22,
  8.25,8.28,8.30,8.31,9.7,
  9.22,9.25,9.26,10.1,10.
  6,10.11,10.12,10.15,10.
  25,10.26,10.27,11.5,11.
  8,11.9,11.21,11.26,12.5,
  12.6,12.7,12.9,12.10,12.
  12,12.20,12.23,12.24,12.
  27,12.28;1923.1.1,1.2,
  1.5,1.10,1.11,1.16,1.21,
  9.11,9.14,9.15,9.25,9.
  28,9.30,10.1,10.4,10.5,
  10.7,10.11,10.14,10.29,
  10.30,11.2,11.4,11.5,11.
  6,11.13,11.16,11.22,11.
  23,12.2,12.7,12.14,12.
  21,12.24;1924.1.6,1.8,

1.9,1.27,1.30,2.4,2.5,2.13,2.15,2.19,3.1,3.5,3.6,3.9,3.26,4.28,4.29,4.30,5.17,5.31,6.27,7.14,8.8,8.25-26,9.8,9.9,9.12,9.16,9.18,9.26,9.30,10.7,10.14,10.15,10.17,10.18,10.19,10.21,10.22,11.3,11.6,11.8,11.10,11.13,11.14,11.16,11.17,11.18,11.19,11.20,11.21,11.23,12.4-9,12.24,12.29；1925.1.3,1.5,1.10,1.15,1.17,1.20,1.21,1.30,2.2,2.18,2.19,2.20,2.21,2.22,2.24,2.25,2.27,3.1,3.2,3.4,3.9,3.10,3.15,3.16,3.18,3.21,3.22,3.27,3.28,3.30,3.31,4.8

宝湘石　1919.3.16

宝珣（先严二老爷）　1921.2.5

宝镛（宝老爷、宝虞臣、虞臣、宝四爷、宝司员）　1901.7.17；1913.5.1,5.4；1915.1.16,1.22,3.11；1916.11.30；1917.6.20,7.9；1918.2.15；1919.2.28,9.4；1920.8.5；1921.3.15,4.13,4.14,4.17,4.19；1922.10.31；19

宝虞臣　见宝镛

宝宅老太太　1907.4.19

宝张三爷　1923.1.15,1.17

宝至德（保至德）　1904.1.14,2.28,7.20

宝中丞　见宝棻

保二爷　1921.12.9

保谷田（保谷翁、宝谷翁）　1901.3.24,3.27,4.13,7.31；1902.11.22

保谷翁　见保谷田

保久山　1920.4.23；1921.12.14

保莲舟（保老爷）　1903.1.8,1.15,1.26；1904.4.13；1910.7.9,7.14

保洛　1922.10.28

保至德　见宝至德

葆畴　见吴通判

鲍廷九　1919.11.6

鲍维翰　1924.5.24

北宅椿格（椿格）　1912.8.27；1913.6.14

北宅大格　1910.2.13

北宅大奶奶(百先之妻) 1907.12.14
北宅大少爷 见延闿
北宅二格 1910.2.13,3.2
北宅二少奶奶(延禄之妻、二少奶奶) 1912.8.26;1913.7.27;1915.4.9,6.3
北宅二少爷 见延禄
本院大奶奶 1917.2.23
彬敬斋 1922.12.20
斌典臣 1915.2.5,3.8
滨田辨次郎 1902.6.16
邴敬如 1920.6.9,6.11
伯成 见邓高镜
伯行 见李经方
伯纳 见张允言
伯讷 见张允言
博迪苏(博公) 1909.9.14;1911.1.20;1912.3.16,3.18;1913.1.11
博尔庄武博 1924.10.17
博公 见博迪苏
博兰德 1924.4.11
搏二爷 见载搏
搏少华 见载搏
搏绍华 见载搏
布克地 1902.9.2
布克第 1902.9.2

C

蔡大礼官 1915.10.22;1922.10.19
蔡大人 1904.3.5
蔡道 见蔡乃煌
蔡公使 见蔡钧
蔡和甫 见蔡钧
蔡钧(蔡公使、蔡和甫) 1902.6.22,6.28;1905.2.22
蔡领事 见蔡薰
蔡乃煌(蔡道) 1910.9.30,10.3;1911.8.18
蔡书章 1917.12.20
蔡薰(蔡咏南、蔡领事) 1902.6.22
蔡咏南 见蔡薰
曹次长 见曹汝霖
曹大夫 见曹羲
曹大总统 见曹锟
曹都军 见曹锟
曹督军 见曹锟
曹公 见曹羲
曹经略使 见曹锟
曹君 见曹羲
曹锟(曹经略使、曹巡阅使、曹

大总统、曹总统、大总统、曹三爷、曹都军、曹督军、曹）1912.2.29；1918.12.3；1920.7.8,8.4；1921.5.7,5.26,11.11,11.12,12.17,12.20；1921.2.25；1922.12.13,12.18,12.20；1923.1.1,1.5,10.5,10.6,10.9,10.10,10.21,11.27,11.28；1924.1.2,1.6,1.7,1.9,2.17,6.4,9.28,10.17,10.24,11.2

曹老爷　见曹羲

曹汝霖（曹润田、曹次长、曹总长）　1914.4.12；1915.10.17；1918.7.21,8.13；1919.5.4

曹锐（曹四爷）　1923.12.24；1924.10.17,10.22

曹润田　见曹汝霖

曹三爷　见曹锟

曹氏　见曹太夫人

曹顺　1905.5.21

曹四爷　见曹锐

曹太夫人（慈亲、家慈、先慈、曹氏、绍英之母）　1900.8.15；1901.8.26,8.31,9.4,9.8,9.16,9.24；1902.9.10,10.27,11.14,11.22；1903.2.8,12.2,12.3,12.11；1904.6.18,11.21,12.24,12.25；1905.11.11；1909.5.3,11.26,11.27；1910.4.19,6.11,11.16；1911.7.30,8.26,8.28,8.29,8.31,9.2,9.5,9.11,9.14,9.17,9.23,9.25,9.29,11.9,12.2,12.4,12.13；1912.2.18,2.22,10.13,11.20,11.23,12.1；1913.3.17,6.9,11.12；1914.3.2,4.14,4.19,5.2；1915.9.19,11.20,11.21；1916.2.20,6.5,6.9,11.10；1917.3.29,5.25,7.14,11.29；1918.2.6,3.27,3.31,4.1,4.2,4.3,4.6,4.14,4.22,6.13,7.20,8.15,8.16,8.22,8.23,8.25,9.19,10.19-22,10.24,10.26,11.5,11.6,11.7,11.8,11.9,11.10,11.18,11.30；1919.1.16,3.3,3.5,11.15,12.3,12.4,12.6,12.14；1920.1.19,2.20,6.

21,7.10,8.17,9.2,9.12,9.13,9.15,11.10,11.24-26,11.30,12.1,12.2,12.3,12.5,12.6,12.7,12.9,12.12,12.19,12.20,12.21,12.31;1921.1.1,1.4,1.7,1.9,1.12-16,1.20-21,1.24,2.8,2.17,2.21,2.25,3.22,3.24,4.8,11.14,11.22;1922.1.10,1.11;1924.1.19

曹太太　1916.9.22

曹羲(曹巽轩、巽轩、曹先生、曹大夫、曹老爷、曹公、曹君、曹)　1912.9.3,9.4-5,10.21,10.22,10.23,10.26-30,11.13;1913.5.9-11,6.13,6.25,11.22,12.5,12.9,12.10,12.22,12.23;1914.2.22,3.22,6.19,6.20,6.24,7.7,7.23,8.5,12.14,12.15;1915.1.21,2.24,3.4,4.21,8.27,8.28,10.25,10.27;1916.2.1,2.2,2.4,2.5,2.6,2.9,2.10,2.12,2.15,2.18,2.19,2.20,2.25,3.10,3.13,3.15,3.16,3.24,3.28,3.29,4.12,5.3,6.9,6.10,7.16,7.17,10.24;1917.1.24,1.25,4.15,7.26,7.27,9.10,9.11;1918.1.12,1.13,1.23,1.24,1.26,1.27,1.28,1.30,2.1,2.3,2.5,2.25,4.1,4.10,4.11,4.13,7.29,12.30;1919.3.6,4.30,5.1,5.3,5.4,12.28;1920.1.1,1.14,3.2,12.19;1921.1.18,1.19,3.15,3.17,4.2,7.19,8.10,8.12,10.15,12.27;1922.1.2,1.3,1.5,8.23,10.15;1923.10.5;1924.6.4,6.8,6.10,6.11,6.13,6.22

曹先生　见曹羲
曹巡阅使　见曹锟
曹巽轩　见曹羲
曹元森　1913.2.21
曹元忠　1924.6.4
曹总统　见曹锟
曹总长　见曹汝霖
侧太太　1905.4.7
常济生　1902.11.29
常姐　1924.5.17
车庆云(车司令)　1922.10.

13,10.28,11.1,11.2；1924.6.15

车司令　见车庆云

辰野金吾　1902.7.1

陈邦瑞（陈瑶圃、陈瑶翁、陈瑶老、陈世叔、瑶翁）　1909.3.2；1910.2.11,4.5,5.9,6.21,8.29,9.1；1911.1.25,4.2,5.8,8.12,8.18；1912.10.14

陈宝琛（陈师傅、陈老师、陈大人、陈太保、陈弢庵、陈太傅）　1912.11.15；1913.3.6；1914.2.6,6.29,7.9,8.12,9.16；1915.11.7；1917.1.30,7.5,7.7,7.9,7.10,7.11,7.13,7.14,7.17,7.28,7.31,10.29,11.7,12.8,12.18；1918.2.21,3.12,3.13,10.5；1919.11.22；1920.1.29,2.25,3.31,4.2,4.10,4.22,6.1,8.18,8.26,9.17,11.4,11.14,11.15；1921.1.23,1.25,1.26,2.2,2.25,3.14,6.25,7.6,7.7,7.15,10.1,10.6,10.7,10.8,10.9,10.10,10.19,10.20,10.21,10.22,10.29,11.12,11.16,11.17,12.5,12.10,12.19,12.20,12.22,12.25；1922.1.1,1.5,1.6,1.7,1.8,1.9,1.10,1.13,1.20,1.22,8.25,8.31,10.12,10.15,10.24,11.19,12.6,12.7,12.10,12.11,12.26；1923.9.16,9.17,10.29,11.5,11.20,11.24；1924.1.7,1.14,1.18,1.19,1.23,1.24,1.26,1.30,2.3,2.4,2.6,2.18,2.23,3.5,4.4,4.9,4.12,4.13,4.18,4.28,5.3,5.6,5.7,5.8,5.10,5.14,5.17,5.27,6.7,6.8,6.21,7.5,7.7,7.17,7.25,8.25-26,8.29,9.2,9.16,9.18,10.4,10.7,10.9,10.11,10.23,10.28,10.29,11.5,11.20,11.21,11.29,12.20；1925.1.8,1.17,1.19,1.20,1.24,1.29,2.1,2.2,2.5,2.7,2.9,2.11,2.13,2.19,2.23,2.24,2.25,2.28,3.4,3.15,3.25,3.30,3.31,4.8

陈璧（陈大人、陈玉苍、陈堂、陈雨苍、陈三哥） 1901.6.17,6.19,6.23,6.24,6.25,6.26,6.30,7.5,7.7,7.9,7.12,7.19,7.21,7.26,7.29,8.10,8.13,8.15,8.16,8.17,8.22;1903.11.16,12.3;1904.1.14,1.15,4.3,5.3,5.7,8.26,9.26,9.28,10.29,10.31,11.3;1905.1.20,2.22,3.8,5.2,7.1,7.27,8.13;1907.3.8;1909.5.7,9.18,9.26;1919.10.4;1921.7.13,7.23

陈伯陶 1922.11.24

陈超衡（陈卓甫） 1914.2.15,2.17,2.18;1917.10.24;1921.3.23;1922.12.24,12.28;1923.10.25,11.2

陈大人　见陈宝琛、陈璧

陈道士 1916.11.21

陈道源 1920.4.22

陈德聪 1919.1.19

陈德修 1917.6.16

陈方伯　见陈夔龙

陈公猛　见陈威

陈观察　见陈尧斋

陈光远 1917.5.23,7.21

陈恒山 1921.12.31

陈槐 1902.7.1

陈际唐 1911.8.5

陈建侯（陈区官） 1921.4.14,4.17,4.19,5.21,6.26

陈剑秋 1915.5.29,10.5

陈介卿　见陈兴亚

陈锦涛（陈兰生、陈总长、陈澜生） 1910.5.4;1911.8.6;1916.7.7,7.27;1917.1.7,1.8,1.11,1.14,3.3

陈敬斋　见陈静斋

陈静斋（陈敬斋） 1902.11.23;1903.1.4,1.10,11.4;1912.5.1,5.2,5.3,5.4,7.3,10.2,10.5,10.8,10.9;1913.6.11,6.12;1914.7.7;1915.5.23

陈镜蓉 1916.2.8;1918.7.19

陈夔龙（陈筱石、陈筱帅、陈方伯） 1901.5.15;1903.11.14;1910.2.14;1916.5.30;1922.11.14;1923.1.9

陈兰生　见陈锦涛

陈澜生　见陈锦涛
陈老师　见陈宝琛
陈吏　1901.5.9；1904.3.9，
　4.20，5.2
陈鹭宾　1911.11.17
陈籙　1911.12.1
陈懋鼎　1905.8.12；1911.
　12.1
陈嬭　1913.6.27，6.28
陈其美　1912.9.11
陈区官　见陈建侯
陈仁麟　1904.4.10
陈任中（陈仲骞）　1917.2.8；
　1918.5.15
陈荣光（陈照亭）　1913.1.
　29，3.4
陈三哥　见陈璧
陈少卿　1923.1.17
陈慎馀　1902.12.21
陈师傅　见陈宝琛
陈石麟（陈石翁）　1904.3.
　18，3.27，4.22，11.7；1905.
　1.14，2.21；1907.3.3
陈世叔　见陈邦瑞
陈世兄　1910.8.29
陈树千（陈先生）　1915.7.9；
　1916.1.31；1918.10.26 -

27，10.29 - 11.1，11.6，11.
24 - 25；1919.1.16，1.19，
2.7，2.16，2.28，5.4，10.2，
10.4，10.7，11.30，12.13，
12.16；1920.1.11，1.17，
2.2
陈司令　见陈兴亚
陈太保　见陈宝琛
陈太傅　见陈宝琛
陈堂　见陈璧
陈羧庵　见陈宝琛
陈田　1922.1.1
陈威（陈公猛）　1911.12.2；
　1912.2.21，3.17，3.29；
　1913.6.19
陈文叔　1903.5.2
陈文元　1917.10.12
陈希祖　1909.8.13
陈熙训　1915.11.27
陈香泉　1920.11.8，11.16
陈筱石　见陈夔龙
陈筱帅　见陈夔龙
陈兴亚（陈介卿、陈司令）
　1918.11.11，12.7；　1919.
　9.29，10.20，10.21，10.25
陈杏聪　1917.4.29
陈秀峰　1902.6.22

陈尧老　见陈尧斋
陈尧翁　见陈尧斋
陈尧斋(陈观察、陈尧老、陈尧翁)　1902.11.12;1904.10.26;1910.4.5,4.6,5.3;1913.1.6;1914.2.22,4.15;1917.10.17,10.24;1918.2.14,5.8,5.13,10.19;1919.1.17,6.18,12.12;1920.12.16;1921.1.5
陈瑶老　见陈邦瑞
陈瑶圃　见陈邦瑞
陈瑶翁　见陈邦瑞
陈瀛洲　1919.10.2
陈宇春　见陈玉春
陈雨苍　见陈璧
陈玉苍　见陈璧
陈玉春(陈宇春、陈遇春)　1916.11.1；1917.11.9;1918.5.11;1919.8.9
陈遇春　见陈玉春
陈照亭　见陈荣光
陈正友　1918.9.8,10.11
陈仲骞　见陈任中
陈仲恕　1918.12.11
陈子久　1901.3.29;1903.1.8
陈总管　1916.7.27

陈总长　见陈锦涛
偨大爷　1914.2.15
成大奶奶　1915.9.6
成大爷　1909.2.21;1912.6.15,12.1;1914.3.9,4.5
成端甫　1918.7.4
成福　1904.4.2,4.22
成格　1904.12.25
成格媳妇　1905.1.3
成亲王　1918.4.3;1920.11.8,1.16
成山　1922.1.6
成宪章　1902.12.28
诚玉如　1912.4.9
承春洲　1901.6.24,8.22
承恩　1917.7.7
承侯　1904.5.7;1917.4.24,4.27
承佩先　1917.4.25
承瑞卿　1901.8.24
程德全(程中丞)　1909.6.3
程克(程总长)　1923.9.23;1924.1.15,4.6,5.8,5.12,5.13,5.24,5.25,5.27,5.29,6.5,6.7,6.8,6.9,6.10,6.13,8.24,9.8,9.9,9.10,9.11

程总长　1924.5.7,5.8
程绍唐(程绍堂)　1904.10.27,10.28
程绍堂　见程绍唐
程慎钦　1918.6.19
程侍墀(敬臣)　1924.5.24
程相庭　1905.5.26
程源铨　1922.12.31
程中丞　见程德全
程总长　见程克
赤部参赞　1925.2.24
崇殿才　1901.7.28;1909.3.7
崇辅臣(崇三爷)　1916.3.17;1917.10.12;1918.3.2,4.20,4.30,6.19;1919.2.5;1920.5.27;1921.3.18,3.19
崇俊　1924.12.18;1925.2.11,2.15
崇林　见索崇仁(崇林系原名)
崇三太太　1911.3.3
崇三爷　见崇辅臣
崇嵩生　1918.4.25
崇荫轩　见索崇仁
川岛　见川岛浪速

川岛风外　见川岛浪速
川岛浪速(川岛、川岛风外)　1901.8.19,8.24,8.25;1902.12.6;1903.1.21
川田　1924.11.5
春介眉　1915.11.6;1916.9.17
春园　见王兰勋
椿格　见北宅椿格
醇邸　见载沣
醇亲王　见载沣
醇王　见载沣
醇王福晋(摄政王福晋、福晋)　1911.3.23,4.10;1921.6.28,9.26,10.1,10.7;1922.10.19
醇王之三爷　1916.12.7
慈亲　见曹太夫人
慈禧太后(皇太后、孝钦显皇后、西太后)　1903.10.29;1904.9.26;1905.9.17;1907.9.6;1920.5.3;1922.1.26;1924.4.4;1924.4.11
次子　见马世良
丛兆丹　1904.9.28;1907.2.19;1921.11.17,11.19,11.30,12.11,12.31
崔大人　见崔祥奎

崔鹤云 1912.7.4,8.29
崔禄 见催禄
崔磐石 见崔永安
崔苏拉 1912.3.19
崔祥奎(崔子良、崔大人)
  1915.10.5,10.11,10.13,
  10.20,10.23,10.25;1916.
  1.7,1.8,1.9,6.20;1917.
  1.10,1.16,1.17,4.13,12.
  22,12.24,12.29,12.30;
  1918.8.21,8.23;1919.5.
  18,5.30
崔永安(崔磐石) 1910.2.2,
  7.8;1912.8.29
崔振镛 1909.5.2
崔子良 见崔祥奎
催禄(崔禄) 1910.9.14;1911.
  9.22
催总管 1903.12.27
村田怡与造 1902.7.23
存诚 1914.1.13
存廉 1917.5.17
存四爷 1921.5.29,7.24;
  1923.1.28
存禧 1925.3.8,3.11
存祥(增德之子) 1923.1.1
存尧生 1921.6.13

D

达次长 见达寿
达法大师 1918.7.4,9.1,
  10.26
达寿(达次长) 1917.1.4
达威德 见达韦多夫
达韦多夫(达威德) 1904.7.
  20,12.4,12.29
大村忠二郎 1902.6.24
大格 1910.3.2;1915.11.11
大公主 见荣寿公主
大姑 1917.5.15
大姑奶奶 见马昭叔
大姑娘 见马昭叔
大姑爷 见张文孚
大谷光莹 1902.6.27
大和正夫 1901.4.21,4.22,
  8.25;1902.9.28
大姐 1914.1.26
大老太太 1911.7.26;1916.
  2.5,2.7,2.15
大奶 1909.2.21
大奶奶(未详为谁) 1914.4.
  15;1915.3.18,6.15,9.10;
  1916.2.22,3.5;1920.2.
  18,3.21
大妞 见马昭叔

大亲太太　1914.4.15
大森钟一（大森君）　1902.6.25,6.26
大少爷　见延闿
大孙　1918.2.22;1919.6.9
大太太　1905.4.7
大外孙　1919.4.13
大爷　见世杰、世培
大爷妈　1916.1.2;1917.1.29;1919.4.13
大侄　1901.5.9;1903.2.6;1912.2.21,3.25;1918.2.22;1919.5.4
大总统　见曹锟、冯国璋、黎元洪、徐世昌、袁世凯
大总统夫人（袁前总统夫人、袁府于太夫人）　1915.10.22;1919.1.15,1.17
代仲甫　1905.1.19
岱云　见李钟岳
带经堂王掌柜　1919.9.21
戴大人　见戴鸿慈
戴鸿慈（戴大人、戴侍郎）　1905.8.4,8.7,8.10
戴侍郎　见戴鸿慈
戴邃庵（展成）　1902.6.9
丹揆　见王清穆

丹葵　见王清穆
单束生　见单束笙
单束笙（单束生）　1917.12.22;1918.8.31;1919.4.9
道阶（八不头陀）　1924.8.24
德纯（德老爷）　1920.11.19;1921.3.5,10.27;1924.11.18,11.19
德皋　见李光炯
德公　1916.9.19,9.21,11.26,11.28
德宽　见光悦
德老爷　见德纯
德王　1925.1.19
德宗景皇帝　见光绪皇帝
邓伯成　见邓高镜
邓伯诚　见邓高镜
邓伯澄　见邓高镜
邓高镜（邓伯成、邓伯诚、邓伯澄、伯成、伯诚、邓先生）　1915.2.1,2.15,2.17;1917.3.11;1918.3.3,7.4,7.9,9.1,9.8;12.25;1919.5.18,6.26,6.27,8.30,12.3;1920.4.14,8.29,9.6,10.23;1921.5.2,5.27,11.16

邓君翔　见邓文藻
邓三爷　见邓文藻
邓委员　1904.3.7
邓文藻（邓君翔、君翔、邓三爷）　1912.7.3,7.8,.9.16,9.17,10.2;1913.4.1;1914.9.1,9.7,9.10;1917.1.8,1.9,1.10,1.18,2.4,2.17,2.18,2.19,2.20,2.27,2.28,3.1,3.3,3.5,3.7,3.11,3.12,4.17,4.25,6.3,8.24,8.25,10.8,10.12,11.15,11.17,11.19,11.20,11.23,12.26,12.27,12.28,12.30;1918.1.31,3.4,3.5,4.19,4.28,5.27,11.9,12.6;1919.1.29,7.19,9.27,12.22;1920.1.6,1.8,1.9,1.16,3.1,4.29,11.14;1921.7.26,10.29,11.4,11.9,11.27,12.6;1922.1.19,1.27,9.7,9.22,10.27,10.28,12.24,12.28;1923.10.31,11.14,12.29;1924.1.9,1.15,1.17,1.24,2.11,2.27,2.28,3.1,3.19,4.5,4.23,5.5,7.22,8.4,8.6,8.15,8.21,9.2,10.7,11.29,12.28;1925.1.6,1.8,1.9,1.12,1.17,1.18,1.19,2.11,2.18,2.19,2.21,2.22,2.23,2.26,2.27,2.28,3.9,3.11,3.13,3.14,3.16,3.27
邓先生　见邓高镜
邓先生（非邓高镜）　1904.3.11
邓元彭　1922.12.19,12.20
狄博尔（狄医士、狄大夫、狄君）　1918.2.2,2.3,2.4,2.5;1920.1.22,12.15,12.16,12.18;1921.5.2,8.22,8.23,8.24,8.25-27,8.29,8.31,9.2,9.4,9.6,9.7,9.10,9.12,9.17,9.20,11.10,11.13,12.8,12.13,12.21,12.26;1922.1.27,9.24,9.25,10.7,10.8,11.5,11.6,11.16,11.18,11.24,12.15,12.23;1923.1.15,1.16,1.19;1924.3.13;1925.1.1
狄大夫　见狄博尔
狄君　见狄博尔
狄医士　见狄博尔
狄总管　1913.9.18,9.19

嫡母 1922.1.10
邸座 见载沣
谛闲大师 1918.7.9,7.19
丁参赞 见丁嘉利
丁道津 1901.8.1
丁衡甫 1905.7.9
丁嘉立 见丁嘉利
丁嘉利（丁嘉立、丁参赞）1911.4.15；1918.3.19,3.20,3.27；1919.2.6；1920.4.16
丁营长 1924.11.16
丁芸生（丁君、丁公）1902.12.8,12.9
定杰（定友三）1912.10.15,10.16；1913.3.29；1914.9.8；1915.1.25；1916.7.27,7.28；1922.11.3,11.8,11.17
定老爷 1913.5.20；1922.8.26
定朴 1914.1.15
定秀 1922.12.6
定友三 见定杰
定振平 见定镇平
定振坪 见定镇平
定镇平（定振坪、定振平）1915.9.16；1916.11.26,11.28；1919.10.11
东甫 见景丰
东海 见徐世昌
东院大姑娘 1916.10.30；1917.4.28,6.10
东院大奶奶（世培妻）1916.3.5,12.2；1918.3.13,3.14,12.26；1919.3.3,9.25；1920.9.13；1923.10.28；1924.3.6
东院大爷 1916.3.5,12.2；1917.2.23；1918.12.26；1923.10.27,10.28
东院大爷 1916.3.5
东院二奶奶 1920.9.13
东院二爷 1917.2.23；1923.10.28
东院三格 1921.11.24
东院四格 1920.6.7；1921.11.24
东院四少奶奶 1923.12.10
董康 1901.7.25,8.13
董岚 1921.4.12
董万和 1919.12.18
董雯 1921.4.12
董先生 1919.6.19,7.27

董翔舟　见董祥舟
董翔舟(董祥舟)　1919.12.28；1924.11.19
董玉岭　1917.6.16
董增泰　1919.2.7
斗伦　1904.8.27
杜活佛　1914.2.5
杜题阁(之堂)　1902.6.9
端大人　见端方
端方(端制军、端午桥、端午帅、端大人)　1905.8.4,8.6,11.20,11.26；1907.5.19；1910.2.12
端恭之女　见文绣
端康皇贵妃(瑾贵妃、端康主位、永和宫主位、永和宫、端康皇贵太妃)　1913.2.22,2.23,3.6,3.12,3.13,3.19,3.24,3.27,4.1,4.4,4.5,4.6,4.7,4.30,5.1,5.3,5.4,5.5,5.6,5.24,5.25,6.16,7.22,7.31,8.3,8.6,8.7,8.8,8.12,8.18,8.28,9.3,9.14,9.15,9.21,9.22,12.5,12.14,12.15；1914.5.10,5.11,5.18,8.12,8.15,10.4,,10.11,11.27,12.18；1915.1.9,2.5,2.10,2.12,3.24,9.30,10.1,10.2,10.3,10.22；1916.5.19,9.14,9.19,9.21,12.22；1917.2.12,10.2,10.12,10.22；1918.5.12,9.22,9.26,10.9,10.14；1919.1.22,1.23,3.6,4.4,4.30,5.15,9.30,10.10,10.11,10.15,10.27,11.13,11.15,12.24；1920.1.4,2.9,2.15,5.17,7.10,7.19,7.22,8.21,9.11,9.25,10.3,10.13,10.20,11.24；1921.1.4,1.9,1.17,3.11,4.21,4.26,5.2,5.4,5.11,5.24,6.8,6.9,6.11,6.12,6.18,7.7,7.16,7.20,7.21,7.22,7.31,8.9,9.18,9.21,9.27,9.30,10.8；1922.10.1,10.7,10.12,10.29；1923.9.15,9.27,9.29,10.2,10.24；1924.2.3,2.4,5.15,6.17,9.16,10.14,10.19,11.10,11.19
端康皇贵太妃　见端康皇贵妃
端康主位　见端康皇贵妃
端老爷　1913.4.5

端午桥　见端方
端午帅　见端方
端绪（端仲纲、端五爷、端大人）　1913．8．11，8．12，8．17，8．18，8．22，10．21；1922．11．5，11．15，12．20，12．26；1923．1．17；1924．2．17，4．1，4．15
端制军　见端方
段公　见段祺瑞
段合肥　见段祺瑞
段祺瑞（段总长、段总理、总理、段启瑞、段总司令、段氏、段、段合肥、段执政、段公、执政）　1913．3．6，3．13；1915．3．1；1916．4．22，4．23；1917．1．15，3．5，5．23，7．5，7．8，7．10，7．11，7．13，7．14，7．15，7．16，7．17，7．18，7．28，11．9，11．16，11．17；1920．7．8；1924．11．2，11．22，11．23，11．24，11．29；1925．1．6，1．8，1．10，1．12，1．17，1．19，2．9，2．23，2．24，2．28，3．1，3．4，3．10，3．15，3．17，3．21，3．25，3．27，3．28
段启瑞　见段祺瑞

段氏　见段祺瑞
段营副　1924．11．16
段掌柜　见段子馀
段执政　见段祺瑞
段子馀（段掌柜）　1903．11．1；1919．9．19
段总管　1924．11．27
段总理　见段祺瑞
段总司令　见段祺瑞
段总长　见段祺瑞
多公　见溥多
多谷四爷　1918．1．3
多桂　1917．10．12
多欢　1913．11．2
多荫　1924．5．27

E

额勒泽　1911．9．18
鄂宅二姨太太　1917．8．23
恩八　1913．9．22；1915．2．17；1921．10．28
恩保　1912．3．17
恩大老爷　1924．12．30
恩大爷　1913．8．26
恩都转　见恩铭
恩二太太　1921．11．13
恩二爷　1921．11．21
恩福田　1911．11．30

恩抚　见恩寿
恩公　1901.3.24；1909.3.17；1917.6.20，6.25，12.20；1921.11.13
恩光(恩仲华)　1900.8.20，8.22；1901.5.18，5.19
恩监修　1903.1.27
恩老爷　见恩泰
恩禄　1924.3.22；1925.2.11
恩铭(恩都转)　1903.5.2
恩启甫　1920.4.26
恩少庵　见恩泰
恩绍安　见恩泰
恩绍庵　见恩泰
恩石峰　1923.1.2
恩寿(恩抚、恩中丞)　1904.3.21，4.7；1907.5.12，5.19，5.21
恩叔敏(叔敏)　1903.1.27，11.18
恩四(恩四爷)　1901.9.23；1902.12.31
恩泰(恩绍安、恩绍庵、恩少庵、恩老爷)　1902.10.6，1903.11.8；1904.4.20；1911.3.3；1916.10.28；1917.11.23；1918.1.4，12.22；1921.12.12；1923.12.29；1924.1.7，1.9，1.14，2.1，2.13，2.27，3.1，4.5，4.26，5.1，5.30，6.4，6.10，6.13，6.14，8.9，8.15，9.9，9.11，9.13，9.30，11.21，11.23，11.30，12.1，12.31；1925.1.1，1.6，1.9，1.10，1.12，1.18，1.21，1.23，1.26，2.10，2.18，2.21，2.22，2.26，2.27，3.1，3.11，3.14，3.16，3.22，3.27
恩五(恩五爷)　1903.1.27，4.3
恩熙　1903.1.25
恩新甫　1904.5.29
恩姓老爷　1911.11.30
恩艺棠　见恩益堂
恩益堂(恩艺棠)　1913.7.19，7.29；1917.5.10
恩永春　1922.12.20；1923.1.2；1924.3.27
恩中丞　见恩寿
恩仲华　见恩光
二格　1915.4.21；1917.9.10；1918.6.20；1921.5.2，5.3

二格妈(二格妈德氏) 1917.1.29;1918.6.20,6.22,7.1

二姑奶奶 1919.4.21,4.26,5.6,5.8,6.2,5.17,7.16,11.20,11.25;1921.3.29,5.20,6.17,9.20,10.28;1922.1.25,10.7,11.1;1923.11.1,11.20,12.10;1924.5.17,8.6,9.14

二姑奶奶 1921.2.13

二姑娘 1912.2.19,2.22,4.10;1913..8.13,11.23,11.24;1914.5.15;1915.3.18;1916.3.5,11.21;1917.2.23,5.6,8.28;1918.3.13,3.14,5.8.25,12.28,12.31;1919.1.24,3.3,4.3,4.10

二姑爷(二姑爷惠孝) 1919.4.21,9.1,11.1,12.16;1920.3.4,3.5;1921.3.8,3.28,6.16.,6.22

二奶奶 1911.3.4,11.10,11.14;1914.4.15;1915.9.10;1916.3.5,11.21;1916.3.5;1918.3.13,3.14;1919.3.3,9.25;1920.2.18,3.21;1924.3.6

二妞 1911.11.9,12.2;1913.8.14;1917.10.10

二亲太太 1914.4.15

二少爷 见延禄

二孙 1918.2.22,.6.12;1919.6.9;1920.6.7;1924.10.29

二爷 见世楫

二爷屋姨奶奶 1914.4.15

二侄 1903.2.6;1912.2.21,3.25;1918.2.22;1919.5.4

二侄妇 1918.2.22

二侄女(有侄女) 1916.2.20;1918.9.3,9.5,9.15;1919.5.4;1922.11.5

二侄堉 1919.5.4

二竹 1918.9.22;1921.6.4

F

樊云门 见樊增祥

樊增祥(樊云门) 1901.5.21;1915.1.22

饭岛魁 1902.6.30

范静生 见范源濂

范一梅 1921.9.27

范源濂(范静生、范总长) 1917.1.4,2.4,3.3,3.24

范总长　见范源濂
方处长　1918.5.27
方方先生　1925.2.23
方鹤人　1915.7.20
方剑华　见方铸
方剑翁　见方铸
方先生　见方铸
方燕铭(鹤人)　1915.7.14
方植之　1920.11.4
方仲翁　1905.1.8
方铸(方剑华、方剑翁、方先生)　1904.3.2,5.12,5.21,5.22,12.20
芳泽公使　见芳泽谦吉
芳泽谦吉(芳泽使臣、芳泽公使)　1923.9.15,11.5;1924.1.26
芳泽使臣　见芳泽谦吉
斐漪　见梅光远
费世勋　1917.3.14
费先生　1913.1.1,6.22
芬大人　1919.6.25
丰公　1903.12.6
丰伸　1907.3.9
封永修　1921.12.9
冯从吾(冯恭定公)　1911.8.20

冯代理总统　见冯国璋
冯德麟(冯阁忱、冯阁臣、冯师长、冯都统、冯副都统)　1916.12.3,12.15;1920.10.18;1922.11.25;1924.8.8;1925.3.29,4.4
冯都统　见冯德麟
冯副都统　见冯德麟
冯副总统　见冯国璋
冯阁臣　见冯德麟
冯阁忱　见冯德麟
冯耿光　1919.11.18
冯公度　1924.4.30,8.5,11.10;1925.1.8
冯恭定公　见冯从吾
冯国璋(冯华甫、冯华符、冯副总统、副总统、冯总统、大总统、冯华老、冯代理总统、冯前代总统、冯)　1913.10.10;1914.7.15;1916.12.20;1917.1.7,2.4,2.23,3.1,7.18,7.24,8.1,8.8,8.13,9.24,9.25,11.9,12.29,12.31;1918.1.2,1.5,1.7,1.8,1.26,1.27,1.29,2.23,3.15,5.12,5.20,5.25,10.6;1919.1.1,12.31;1920.

1.27

冯华符　见冯国璋

冯华甫　见冯国璋

冯华老　见冯国璋

冯焕章　见冯玉祥

冯检阅使　见冯玉祥

冯敏卿（冯先生）　1917.12.12,12.13,12.15,12.19,12.23,12.29;1918.1.3,1.9

冯前代总统　见冯国璋

冯师长　见冯德麟

冯使　见冯玉祥

冯恕　1924.4.18,7.11,10.30

冯翼　1902.6.22

冯玉祥（冯焕章、冯检阅使、冯总司令、冯使、冯）　1922.11.15,11.16;1924.5.5,5.6,5.24,8.15,10.23,10.24,10.25,11.1,11.2

冯煜　1923.1.14,1.15,1.16,1.22,1.28

冯总司令　见冯玉祥

冯总统　见冯国璋

凤鸣　1924.12.18

凤禹门　1901.6.26,7.2

奉张　见张作霖

佛乐善（佛先生）　1915.2.2,2.21,3.1

佛先生　见佛乐善

孚久甫（久甫、孚七爷、孚）　1902.12.9,12.11,12.23;1903.1.5,1.12,3.30;1907.4.5

孚七爷　见孚久甫

服部一三　1902.6.22,8.20

服部宇之（服部先生、服部）　1902.9.13,11.30,12.1,12.6,12.21;1903.1.3,3.29;1904.2.10,4.8,5.1,5.10,5.20;1905.9.24;1911.9.11;1924.4.7,4.12

福二老爷　见福启

福二爷　见福启

福科长　见福启

福锟（福文慎）　1914.4.24

福老爷　见福启

福启（福子昆、子昆、福子堃、子堃、福科长、福邵二老爷、福二老爷、福二爷、福老爷、福）　1912.4.7,4.8,9.28,9.30;1913.1.12,6.10,6.19,9.14;1914.1.23,1.24,3.23,5.3,5.29,6.29,10.4;1915.2.12,3.11,3.18,5.

29,6.17,7.31,8.14,9.23,11.14;1916.5.31,7.31,8.10,8.30,9.20,9.23,9.29,10.2,10.10,10.11,10.20,10.23,10.25,12.4,12.10,12.22;1917.1.1,1.11,4.13,4.20,6.3,6.23,7.25,9.29,10.11,10.12,10.13,11.4,11.16,11.17,11.23,12.13,12.20,12.31;1918.2.11,2.25,3.17,6.12,7.21,9.19,11.11,12.9;1919.2.22,4.3,4.18,7.31,10.6,10.8,10.17,10.24,12.22,12.28,12.29,12.30;1920.1.12,2.19,9.27;1921.1.25,2.5,2.7,2.22,2.23,2.27,3.12,3.27,4.14,6.2,6.10,6.11,8.9,8.10,9.9,9.14,9.15,9.16,11.3,11.12,12.1,12.2,12.7,12.14,12.25;1922.1.12,1.27,8.27,9.12,9.17,10.14,11.1,11.2,11.15,12.12;1923.1.14,1.19;1924.2.4,2.5,5.4,10.21;1925.3.27

福顺 1925.2.11

福廷 1901.8.4
福文慎 见福锟
福姓 1922.10.14
福志 1916.5.29;1918.9.17
福子昆 见福启
福子堃 见福启
甫馨斋 1904.1.4
副总统 见冯国璋、黎元洪
傅俊山 见傅峻山
傅峻山(傅俊山) 1914.6.20;1915.2.21;1922.9.27
傅兰泰(傅梦岩) 1907.3.3,9.2;1915.7.27
傅兰泰 1907.9.2
傅律师 见傅绍儒
傅梦岩 见傅兰泰
傅民杰 1917.6.16
傅绍儒(傅律师) 1919.2.22;1921.4.13,4.14,4.17;1922.10.31,11.3,11.8;1924.12.24;1925.3.11,3.16,3.17,4.4

富大人 见富连瑞
富连瑞(富大人) 1922.9.26;1924.3.30,5.24,10.30,11.2

G

盖大夫　见盖礼恩
盖大夫　1924.7.26
盖礼恩(盖理恩、盖大夫)　1923.10.16,11.21,12.5;1924.1.24,1.25,2.6,2.10,2.22,4.27
盖理恩　见盖礼恩
甘承之　1922.9.7
甘卿　见汪钟霖
甘锡雅　1911.11.30
杠房张掌柜　1918.2.14
高保卿(高科长)　1915.3.16,5.29;1916.9.28,10.13;1917.7.20;1918.3.2,4.20;1919.3.6,11.6;1920.6.14;1921.3.19,6.2,7.21,11.13,11.21,12.27;1922.8.23,9.14,12.16;1923.12.14;1924.2.16,2.28,6.4,10.7,11.17,11.23,12.1;1925.4.3
高伯珩(高先生)　1912.5.25,8.17,8.22,8.25,9.20;1913.1.1,5.22,5.24,6.22,7.29,8.1,9.1,9.2,9.5,10.31,11.2,11.4

高督办　见高恩洪
高恩洪(高督办)　1924.5.29,8.16
高房山　1918.2.28,6.19,7.10
高凤谦(高梦旦)　1924.2.23
高赓恩　1917.3.21
高家骥(季喆)　1913.2.11
高科长　见高保卿
高郎蛟　1914.5.22,5.23
高老爷　1901.4.17
高凌霨(高泽畲、高总长)　1909.6.1;1922.1.22;1924.5.17,8.24
高岭秀夫　1902.7.2,7.20
高梦旦　见高凤谦
高牧师　1903.4.4,5.1
高鹏飞　1922.11.25
高松丰吉　1902.7.1
高蔚然　1901.3.23,5.10,5.26,6.17,6.24;1903.12.14
高先生　见高伯珩
高銎　1901.6.21
高泽畲　见高凌霨
高宗　1918.4.3
高总长　见高凌霨
高祖佑　1918.3.17

戈班 1904．10．22
格尔思 1900．8．20
葛尔士 1905．8．6
葛先生 1914．2．26
庚老爷 1902．11．14
赓大奶奶 1912．9．1，10．8，12．1，12．2，12．4；1913．8．22；1919．8．23
赓大爷（赓爷） 1904．5．7；1912．3．15，4．14，7．13，9．1，10．17；1913．12．8；1914．1．21，1．22；1916．9．19；1919．6．2，9．21，．9．23，9．25；1923．11．2；1924．2．1；1925．2．17
赓福 1919．6．23
赓外甥 1903．12．14
赓五爷 1920．4．21
赓爷 见赓大爷
赓爷 1911．10．15
赓宅二姨太太 1914．9．8
耿恩顺 1919．3．12
宫田亮造 1901．4．22，4．23
恭王福晋 1911．3．14
龚升 1912．9．29；1913．5．15，5．16，12．12；1914．4．14；1915．6．16

龚仙舟 见龚心湛
龚心湛（龚仙舟、龚总长） 1919．1．14；1921．10．31，11．1；1925．1．21，2．19，2．22，．28
龚总长 见龚心湛
贡桑诺尔布（贡王） 1914．2．5；1918．4．25，12．11；1919．1．10；1921．6．1，6．14，10．25，10．27，11．4，11．5；1922．11．21；1924．3．9；1925．2．5，2．24
贡王 见贡桑诺尔布
苟参将 1907．3．22
姑奶奶 1902．9．27；1912．8．28；1913．11．13；1915．12．27，12．28；1916．1．14，1．21，1．22，1．24，1．31，2．1，2．4，2．6，2．9，2．12，2．17，2．19，2．27，3．5，3．24，3．25，3．27，5．3，5．9，6．9，6．10，7．11，7．21，7．24，7．27，7．31，8．1，8．29，9．2，9．5，9．8，9．12，9．13，9．21－28，10．13，12．7；1917．1．2，1．29，4．4，5．4，5．6，5．9，6．25，11．4；1918．1．31，4．29，6．13，6．

23,7.5,8.17,8.23,8.24,
11.6,11.29,11.30,12.1,
12.15;1919.1.17,1.19,5.
21,5.22,12.10,12.11,12.
19;1920.2.8,3.3,5.25,6.
17,6.21;1921.3.25,10.
20,10.26;1922.10.7,10.
19;1924.6.2
姑爷　1915.12.27;1916.2.
1,3.5;1918.8.17,8.23,
11.29,11.30;1919.5.21;
1921.3.25
古八爷　1924.8.9
古四爷　1913.4.22
顾大人　见顾肇新
顾公度　1901.6.25
顾少川　见顾维钧
顾侍卫　1921.12.1,12.2
顾堂　1905.2.22
顾维钧（顾少川、顾总长）
　1924.5.17,5.29
顾显曾（叔涛）　1913.8.13
顾亚簏　1905.8.10,8.11
顾永顺　1921.5.31,6.12
顾肇新（顾大人）　1904.1.
14,1.15,1.18,4.24,9.26,
10.25,10.29,10.31,11.3;

1905.1.11,1.20,2.22,3.
9,5.2
顾总长　见顾维钧
官姑爷　1919.6.21
官筠　1919.9.1,10.7
官箴　1918.9.3;1919.9.16
管卿山　1916.12.5
光绪皇帝（皇上、上、德宗景皇
帝）　1902.8.1;1903.10.
29;1904.9.26;1905.2.3,
2.4,9.17;1907.3.7,5.6,
5.10,7.15;1909.5.1;
1913.4.8,4.27,10.18,
10.31
光悦（德宽）　1921.12.22
广大人　1925.1.3
广大爷　1901.9.23
广分队长　1922.1.13
广堃　1918.11.6;1922.12.19
广勤甫　1901.3.31
广仁　1923.9.23,10.21
广寿　1920.3.4
广苏拉　1919.1.11
广忠　1916.11.30;1917.7.
9;1920.8.3
贵宝臣　见铁良
贵老爷　1913.5.15

桂大臣　见桂太郎
桂大人　1903．12．23
桂福庭　1903．5．9
桂老爷　见桂林
桂老爷（与桂林非一人）
　1903．5．2
桂林（桂老爷、桂柱峰）
　1909．9．17；1911．8．26，8．
　28，8．31，9．2，9．5，9．8，9．
　11，9．14，9．17，9．20，9．23，
　9．29；1912．5．8，5．10；
　1914．7．27，7．30，8．6，12．
　22；1915．5．7，5．9，6．28，6．
　30，7．2
桂太郎（大藏省大臣桂大臣）
　1909．6．20
桂祥（桂公）　1913．12．11，
　12．15，12．28
桂柱峰　见桂林
郭曾炘（郭大人）　1922．1．7
郭春榆　1914．10．11
郭大人　见郭曾炘
郭姑娘　1913．2．17
郭筠仙　见郭嵩焘
郭立山　1924．11．18
郭嬷　1912．8．23
郭寿亭　1919．12．18

郭嵩焘（郭筠仙）　1901．6．10
郭文和　1921．12．31
郭文焘（仲轩）　1903．2．28
郭瞎子　1904．5．17
郭筱篯　1921．9．20
郭钟韶　1922．11．8
锅仓泽村　1902．11．23，11．26
锅仓直　1902．11．23
国丈　1924．5．2

H

哈参赞　见哈尔定
哈尔定（哈参赞）　1915．1．1，
　1．28；1919．1．1，6．29
哈汉章（哈云裳）　1914．2．5；
　1922．11．14
哈豪森　1913．1．1
哈同　1924．7．7，7．25，8．6，
　8．14，8．18
哈云裳　见哈汉章
海分队长　1922．1．13
海澜　见赫文汇
海泉　见刘尚清
韩得全　1913．5．3
韩景文　1920．12．2
韩旅长　1924．11．20
韩少将　1919．8．4
韩苏拉　1920．1．14

韩心斋 1925.2.11
汉王 1920.10.2;1921.11.3,11.8,11.9
郝参赞 1922.10.10
郝大夫 见霍华德
郝德宽 1909.2.7
郝墨园 1904.5.17
合兴张掌柜 1912.11.4
何必山 1924.6.4
何姐 1913.7.5,7.9,9.27;1916.1.23,2.4,2.19,2.20,2.21
何景仙(何景先) 1920.6.13,7.2
何景先 见何景仙
何来喜 1919.12.18
何兰孙 1922.11.4
何瑞 1903.12.31;1904.1.1;1907.9.2
何天元 1902.11.30
何天柱 1902.6.22
何西池 1907.2.19
何绪振 1917.4.24,7.8,7.13;1920.12.1
何亚农 1902.6.11
何仲平 1910.8.23
和钧 1913.8.23

贺昌运 1904.11.18,11.19
赫税务司 1900.8.23;1901.4.18
赫文汇(海澜) 1913.2.11
鹤大人 1916.1.4
鹤卿 见治格
鹤清 见治格
鹤人 见方燕铭
鹤松亭(鹤总兵、鹤总镇) 1913.7.2;1914.2.11;1918.8.24;1919.12.2
鹤总兵 见鹤松亭
鹤总镇 见鹤松亭
黑崎恒次郎 1901.4.21
黑崎先生 1901.4.14
恒炽 1925.2.16,2.17;1925.2.10,2.24
恒大人 1919.10.6
恒福 1902.10.6
恒监督 1904.2.3
恒老爷 1925.2.16
恒圻 1917.11.19,11.23
恒宅姑娘(指端恭之女与文绹之女) 1921.6.5,6.9,6.11
衡亮生(衡量生) 1920.9.29;1923.9.30;1924.10.14

衡量生　见衡亮生
洪凝度　1910.4.23
鸿博泉（鸿老爷、鸿大爷、鸿大老爷、鸿司员）　1923.1.14
　－17,1.28;1924.2.1,5.4,
　5.5,8.9,8.31,11.10,12.2,
　12.24,12.28－30,12.29;
　1925.1.1,1.6,1.18,1.22,
　1.23,2.19,3.12,3.16,3.27
鸿大老爷　见鸿博泉.
鸿大爷　见鸿博泉
鸿老爷　见鸿博泉
鸿司员　见鸿博泉
侯增芳（侯子猷）　1905.5.8;
　1912.5.22,9.16
侯子猷　见侯增芳
厚田　1901.7.6
呼必烈汗　1911.4.24
呼伦贝尔公爵　1920.1.29
呼图克图　1919.11.17;1920.
　3.3
胡慈谱　1917.1.10,1.11,1.
　13,1.14,3.3
胡大人　见胡嗣瑗
胡景桂（胡廉访）　1901.4.2
胡廉访　见胡景桂
胡眉仙　1902.9.5,9.10

胡荣珍　1921.7.16,7.21,
　7.22
胡劭介　1905.2.26,8.9
胡侍郎　1905.8.5
胡嗣瑗（胡大人、胡晴初、晴初、琴初）　1922.11.14,
　12.22,12.30;1923.1.9,9.
　23;1925.1.22,3.5,3.15,
　3.23,3.24
胡维德（胡馨翁、胡馨吾、胡惺吾、胡大臣）　1911.11.30,
　12.1,12.4,12.9;1912.3.
　21;1924.5.28
胡先生　1913.12.12;1922.
　11.21
胡馨翁　见胡维德
胡馨吾　见胡维德.
胡惺吾　见胡维德
胡玉轩　1902.12.6
胡元使　1912.12.8
胡云楣　1901.7.23
胡志云　1901.5.20,6.28;
　1902.8.20,9.8;1904.2.20
华阁丞　见华世奎
华公　见华世芳
华卿　1901.7.6
华若翁　见华世芳

华若溪　见华世芳
华世芳(华公、华若溪、华若翁)
　　1904.5.2;1905.3.1-3.3
华世奎(华阁丞)　1911.12.2
怀素　1905.2.28
荒川义太郎　1902.6.20
皇太后　见慈禧太后、隆裕皇
　太后
黄大礼官　见黄开文
黄浩　1920.3.10;1922.12.10
黄进福　1920.9.11
黄久奎　1924.10.22
黄开文(锡臣、黄锡臣、黄大礼
　官)　1904.3.18,8.27;
　1915.10.1,10.20,10.22;
　1916.10.20;1918.2.23,
　10.11;1919.1.2;1920.3.
　3;1922.12.1;1922.10.19;
　1923.10.10
黄克强　见黄兴
黄慎之　1904.5.7
黄文斌(黄章京)　1918.2.
　23;1921.3.20,7.20;1922.
　1.12
黄锡臣　见黄开文
黄锡畴　1904.9.26
黄先生　1914.4.1

黄心泉　1919.6.22
黄兴(黄克强)　1912.9.11
黄章京　见黄文斌
黄仲鲁　1902.9.12,9.20,
　11.21
辉山　见世煜
晦若　1903.5.9
惠卿　1901.4.14,4.15,4.
　20,6.26,6.27;1904.1.29,
　2.3
惠王福晋　1922.9.6,9.7
惠王府　1922.9.29
霍华德(郝大夫)　1921.11.
　8,11.16,11.17
霍塼誉　1909.5.2

J

姬觉弥(姬觉迷)　1924.7.
　25,7.31
箕作佳吉　1902.6.30
吉堃(吉老爷)　1916.5.6,7.
　31;1923.9.16;1925.3.7,
　3.11
吉林委员许君　1917.6.2
吉三　见杨鼎元
吉升　1918.11.4,11.29;
　1919.10.20,10.21,10.25,
　10.29

吉祥　1914.1.13
吉岩谷　1902.12.6
吉增　1921.12.24;1925.1.10
极峰　1919.9.27
际二爷　1913.10.16
季白　1905.2.21
季皋　见李经迈
季龙　见徐谦
季喆　见高家骥
季振宜　1919.11.18
济川　见于珍君
济煦　1924.3.5,3.6,3.15
继大爷　1915.8.19
继二爷　1914.1.23;1916.10.6;1922.10.16;1923.1.28;1925.2.10
继纲　1921.12.24;1924.5.27
继老爷　1913.5.20;1924.8.9,10.6;1925.2.23
继良（济良、济老爷、济兑山、继兑山、继大人、继二大人）
　　1912.6.18;1913.4.1;1914.7.10;1915.4.30,5.4,7.18,11.29,12.30;1916.1.4,4.6;1917.3.7,12.24;1918.3.1,4.20,9.21,9.29,12.24;1919.11.24;1920.8.25;1921.7.11;1922.10.19,10.20,10.23,10.24,11.3,11.8;1923.1.22
继锐　1913.4.1
继瑞峰　1903.11.15
继子寿（继子受）　1914.3.22,4.24;1915.5.26,9.20,10.4;1917.11.10;1922.9.30,10.16
继子受　见继子寿
佳三爷　1924.11.5
佳藤　1901.8.24
家慈　见曹太夫人
嘉乐亨之夫人　1913.2.17
嘉乐恒　1911.4.24;1913.1.1
嘉纳治五郎　1902.7.10,7.11
贾祺　1919.3.11
监国摄政王　见载沣
鉴泉　见冷世廉
鉴园姑奶奶　1904.1.10
江朝宗（江雨丞、江禹丞、江宇丞、江宇澄、江统领、江军门、江大人、江金吾、江将军）

1912.9.11,10.30,12.26;
1913.2.11,4.4,4.6,7.2,
8.13,10.10,11.11,11.17,
12.29;1914.1.30,2.6,2.
11,2.12,2.19,2.20,2.26,
2.27,3.1,3.19,4.4,4.6,5.
6,.21,7.10,8.3,8.5,9.5,
9.12;1915.1.30,2.24,5.
4,5.5,10.1,10.2,10.23,
10.24,11.14;1916.1.4,3.
19,4.9,5.18,6.7,6.8,7.
17,9.19,10.13,10.20;
1917.1.29,2.4,4.18,5.
23,7.7,7.8,7.9,7.14,8.3,
11.10,11.30;1918.2.23,
4.20,6.4,10.12,12.14;
1919.1.18,2.22,3.11,3.
22,4.28,5.8,5.16;1920.
2.15,3.3,4.22,5.3,5.13,
6.3,6.5,6.13,11.23;
1922.9.4,9.6,10.6;1923.
11.9;1924.1.30

江成　1921.9.16
江聪　1923.1.19
江大人　见江朝宗
江将军　见江朝宗
江金吾　见江朝宗

江军门　见江朝宗
江太太　1919.10.31
江统领　见江朝宗
江亦筼　1915.4.23
江宇丞　见江朝宗
江宇澄　见江朝宗
江雨丞　见江朝宗
江禹丞　见江朝宗
姜成　1912.4.8,4.12,6.8;
1913.9.2;1915.3.1;
1918.12.31;1919.1.3;
1920.11.19,11.24;1921.
4.13,4.19,6.1,6.12
姜都统　见姜桂题
姜桂题(姜翰卿、姜汉卿、姜都
统)　1913.8.4,8.18,10.
10;1918.4.16,4.17,9.25,
10.12
姜汉卿　见姜桂题
姜翰卿　见姜桂题
蒋茂斋　1903.12.2
蒋枚生　见蒋梅生
蒋梅生(蒋枚生)　1923.1.6,
11.16
蒋维乔(因是子蒋先生)
1921.5.2
蒋性甫　1902.11.22,11.29,

12.2;1918.2.23
蒋雁行 1922.10.6
焦回事 1919.4.9
觉先 1920.10.21
杰二爷 见溥杰
捷南 见钟凯
姐姐 1901.7.27,9.15
介眉 1901.9.20
芥川梅次郎 1902.6.23
金次长 见金梁
金大人 见金梁
金巩伯 见金绍城
金广锦 1914.2.22
金郎中 见金子贞
金丽生 1914.2.26,3.1
金梁(金锡侯、金息侯、息侯、金大人) 1915.1.21,1.28,1.31;1917.8.13;1921.2.25;1924.3.3,3.6,3.8,3.9,3.25,4.2,4.8,4.10,4.12,4.13,4.18,4.20,4.22,4.24,4.27,4.28,4.29,4.30,5.2,5.3,5.17,7.11
金銮伯 见金绍城
金绍城(金巩伯、金銮伯) 1914.2.24,3.4,3.5;1915.10.5

金王大老爷 见金子贞
金王大爷 见金子贞
金息侯 见金梁
金锡侯 见金梁
金巡长 1921.4.12
金蕴卿 1916.7.28,11.1;1917.5.5,11.14,11.16;1921.6.15
金子 见金子弥平、见薛金子
金子弥平(金子) 1902.6.22,6.23,6.24
金子贞(金子铮、金郎中、金王大爷、金王大老爷) 1912.3.16,9.30;1913.6.13,7.3,9.16,11.13,12.17;1914.12.5;1915.1.22,1.25;1916.5.28,9.19,10.8;1917.11.4;1918.3.13,9.21,9.25;1919.2.16,2.22,5.17,10.11
金子铮 见金子贞
瑾贵妃 见端康皇贵妃
忻贝子 见溥忻
近卫笃麿(近卫公、卫公) 1902.7.27;1904.1.10
近卫公 见近卫笃麿
荩诚 见吴敬荣

晋老爷　1922.11.25
晋主事　1923.9.17
靳福　1901.3.24,6.21
靳礼庭　1905.5.19
靳云鹏　1921.10.20
瑾贵妃　见荣惠皇贵妃
经伯　见许承岳
精大臣　见精琦
精琪　见精琦
精琦（精琪、精大臣、精使）
　1904.2.5,6.27,6.28,
　7.2-7.8,7.15,7.16,7.18,
　7.20,7.21,7.26,8.4,8.5,
　8.10,8.12,8.18,8.19,8.
　20,8.22,8.25,8.26,8.27
精使　见精琦
井上一男　1907.3.31
景郎　1901.5.29
景纯　1925.3.11
景大臣　见景丰
景大哥　见景星
景大人　见景丰
景大太太（景大嫂、景大姐）
　1910.5.17;1912.3.15;
　1913.12.12;1915.2.8,
　8.29
景大兄　见景星

景大爷　见景星
景棣堂　1900.8.20
景东甫　见景丰
景方昶　1920.4.15;1925.3.15
景丰（景东甫、东甫、景三爷、
　景三兄、景三哥、景三大人、
　景大人、景大臣）　1901.3.
　26,3.31,4.1,4.6,6.24,6.
　30,7.12,7.21,8.8,8.13,8.
　22,8.23;1903.12.23;
　1907.3.5,5.3;1910.2.15,
　9.1;1912.3.14,3.15,3.
　16,3.28,5.3,5.6,6.9,7.3,
　7.4,8.24,9.11,9.22,10.
　30,11.15;1913.2.6,2.17,
　2.21,2.22,2.24,2.25,3.
　21,3.27,4.5,4.6,4.14,4.
　22,4.30,5.15,5.17,5.26,
　5.30,6.12,6.28,7.6,7.16,
　8.8,8.14,8.15,10.7,10.9,
　10.14,10.16,10.29,11.4,
　12.5,12.15,12.19;1914.
　1.1,1.13,1.26,2.5,2.6,2.
　23,2.25,3.13,4.2,4.6,4.
　7,5.9,5.19,7.15,8.12,8.
　19,9.16,12.3,12.5;1915.
　1.10,1.13,1.30,1.31,2.5,

2.12,2.20,5.18,6.26,7.2,
7.13,7.18,10.7,10.10,10.
31,11.29;1916.1.2,1.4,
2.24,2.27;1920.10.30;
1925.2.18,2.24

景继(景排长) 1919.12.14;
1920.12.1,12.7

景将军 见景星

景介卿(介卿) 1915.3.11;
1916.9.23,10.2;1920.9.
26;1921.3.24,4.28;1925.
2.11

景三大人 见景丰

景三哥 见景丰

景三太太 1911.3.3;1914.
1.16,2.7;1915.3.5,10.5

景三兄 见景丰

景三爷 见景丰

景寿(六额驸) 1917.2.18,
2.27

景祥 1914.3.19

景星(景月汀、月汀、月翁、景
将军、景大哥、景大兄、景大
爷) 1901.3.21,3.26,4.
14,7.27,9.6,9.7,9.15;
1902.9.8;1903.11.2,12.
5,12.6;1904.1.1,1.14,2.

13,3.7,3.19,4.1,5.9,5.
21,6.2,7.14,8.6,8.29,11.
13,12.4;1905.2.19,2.26;
1907.3.2,3.5,3.28;1910.
5.17

景月汀 见景星

敬臣 见程侍㡿

敬大人 见敬信

敬观堂 1910.6.8

敬三爷 1903.12.22

敬信(敬斋、敬斋翁、斋翁、敬
中堂、敬大人) 1900.8.
19;1901.3.27,4.2;1902.
9.14,11.15,11.19;1903.
1.16,4.3,4.4,4.8,11.11,
11.12,11.17,12.8;1904.
1.17;1907.8.26;1924.
5.5。

敬懿皇贵妃(瑜贵妃、瑜皇贵
妃、敬懿主位、敬懿太妃、长
春宫主位、长春宫) 1913.
2.22,2.23,2.24,2.25,3.6,
3.7,3.12,3.21,4.6,5.1,6.
29,7.4;1914.5.4;1915.1.
30,2.1,2.12,5.19,7.8,7.
9,7.12;1916.5.24,5.25,
6.30;1917.7.7,7.18,7.

19,7.20,7.21,7.22,7.29,10.18;1918.5.8,6.15,7.4,7.5,7.8,10.6,10.12,12.7;1919.1.22,1.23,2.3,2.6,4.27,4.28,6.24,7.16,8.7,8.15;1920.1.22,1.31,5.14,7.10,7.11,7.16,8.7,10.17;1921.1.4,4.21,5.2,5.3,5.4,6.6,6.9,6.15,7.4,7.6,7.22,8.9,8.17,8.18,8.22,9.28,10.27,10.28,12.11,12.23,12.29;1922.8.25,8.26,8.28,8.31,9.5,9.7,9.8,9.10,10.26;1924.8.4,8.5,8.19,11.10,11.14,11.19

敬懿太妃　见敬懿皇贵妃
敬懿主位　见敬懿皇贵妃
敬斋　见敬信
敬斋翁　见敬信
敬中堂　见敬信
九姑娘　1921.6.16
九爷　1916.1.14
久山　1901.5.9
鞠人　见徐世昌
菊池大臣　1902.6.30
菊老　见徐世昌

爵大人　见爵信
爵善（爵大人）　1920.3.4;1925.1.3,2.11
君翔　见邓文藻
俊甫　1905.11.30
俊山　见柏锐

K

焌介臣　1901.5.15
喀克司　1902.9.9
喀拉沁王　1925.1.25
喀拉沁五福晋　1912.12.5
堪布罗桑色图　1925.1.25
康陛卿　1912.9.15,9.16
康觐卿　1913.5.17
康南海　见康有为
康有为（康南海）　1917.7.7,7.13;1921.11.2,11.6;1925.3.10。
柯达士　1914.4.1
柯大人　见柯劭忞
柯逢时　1905.12.6
柯凤孙　见柯劭忞
柯凤荪　见柯劭忞
柯姑娘　1924.2.5
柯尼施　1914.9.8;1915.10.13
柯劭忞（柯凤孙、柯凤荪、柯大人）　1922.12.30;1924.5.

17,11.5,12.24；1925.2.22,2.24,2.28,3.10,3.15。
柯世兄　1924.9.17
克大夫　1924.7.26
克什讷　见塔木庵
克希克图　1917.4.20
空海　1902.6.24
孔大夫（孔医士）　1917.1.26,1.27,1.29,2.14
孔医士　见孔大夫
寇太监　1913.4.6
蒯若木　1924.3.14
奎大人　见奎珍、奎俊
奎都统　见奎俊
奎公　1913.4.12
奎俊（奎大人、奎乐老、奎乐翁、奎乐峰、奎都统）　1903.12.2,12.8,12.23；1905.2.22；1910.8.29,9.1；1911.4.17；1913.7.19,7.22,7.30,8.8,9.22,11.27；1914.7.8；1915.5.4,8.22,11.29；1916.1.4,9.22
奎老爷　1921.2.22
奎乐峰　见奎俊
奎乐老　见奎俊
奎乐老之姨太太　1917.3.7

奎乐翁　见奎俊
奎少甫　1903.11.11；1913.4.22,4.27
奎少香　1915.7.27
奎五哥（奎五兄、奎五爷）　1915.3.9,3.27,11.4,11.27；1916.11.15,12.5；1918.1.2,3.5,7.3,8.4；1919.3.16,11.4；1920.3.30；1921.12.9
奎珍（奎大人）　1919.12.4,12.6
魁公爷（魁公）　1916.10.25,10.29
魁世兄　1924.7.6
坤格　1912.2.28
坤姑娘　1912.12.27
坤妞　1912.5.10；1913.3.9,6.9,6.12,12.20
昆敬　1910.6.20
昆泰　1918.5.7
垄紫岩　1902.10.6

L

来仪亭　1903.4.7
濑川浅之　1902.6.12
朗贝勒　见毓朗
朗山　见张朗山

老公主　见荣寿公主
老郭　1913.7.2,11.23
老何　1912.9.22
老嬷　1913.9.27
老亲家太太　1921.10.3
老秦　1912.3.21;1913.1.16,1.22,1.23,6.2,6.6,11.10;1916.6.7;1917.1.20,1.29,4.28,9.26;1918.6.7,6.19,7.1;1919.7.16,7.23;1921.11.12,11.13;1922.1.3
老宋　1920.11.29
老太太　1916.3.5,12.4;1918.3.13,3.14
老佟　1912.10.6
老王　1913.1.28
乐德山　1918.4.5
乐三爷　1913.8.26
雷补同(雷普同、雷大人、雷谱同)　1901.5.8;1904.8.26;1905.8.15
雷朝彦　见雷震春
雷朝晏　见雷震春
雷大人　见雷补同
雷普同　见雷补同
雷谱同　见雷补同

雷震春(雷朝晏、雷朝彦)　1914.5.6,5.14;1917.7.8
冷世廉(鉴泉)　1913.4.25
黎大总统　见黎元洪
黎副总统　见黎元洪
黎少白(黎少伯)　1915.8.16,9.24,.9.25　1914.2.5;
黎少伯　见黎少白
黎宋卿　见黎元洪
黎玉屏　1909.10.24
黎元洪(黎宋卿、黎副总统、副总统、大总统、黎总统、黎大总统)　1913.12.27;1914.2.5;1915.1.1,2.25;1916.6.6,6.9,6.10,6.28,7.1,9.2,9.17,9.19,10.10,10.19,10.20;1917.2.4,5.3,6.16,7.3,7.7;1922.9.10,9.22,10.12,10.17,10.19,11.14,11.27,12.1,12.4;1923.1.18,1.20,1.22
黎总统　见黎元洪
礼邸(礼王)　1917.2.18;1918.2.2;1920.3.29
李秉恕(惠周)　1913.2.11
李炳如　见王源忠

李伯行　　见李经方
李纯修　　1923．1．6
李次长　　见李思浩
李大夫　　见李景模
李岱云(钟岳)　1921．1．5
李二曲　　见李颙
李赓桥　　1916．12．20
李管事　　1921．11．4，11．5
李光炯(德皋)　1902．6．9
李光荣　　1922．10．21
李广平　　1915．1．30
李浩田　　1903．1．21，1．24；
　　1904．7．20
李和　　1909．2．7；1915．10．29
李鸿章(李文忠、李相国)
　　1902．6．8，6．9；1917．1．16；
　　1920．2．27
李厚龙　　1905．1．17
李会长　　见李煜瀛
李吉士　　1902．6．19
李季皋　　见李经迈
李佳白　　1916．8．25；1922．
　　10．31，11．27
李家驹(李柳溪)　1903．3．6，
　　3．30；1911．12．1
李健甫　　1909．5．28
李阶平　　见李长泰

李经方(李伯行、伯行)
　　1902．6．8；1911．5．11
李经迈(李季皋、季皋)
　　1902．6．8；1919．8．13；
　　1920．1．23，1．24；1924．
　　5．18
李经羲(李仲宣、李仲轩、李总
　　理)　1909．5．28；1914．5．
　　31；1917．6．24，6．27
李景模(李大夫)　1921．11．8
李静生　　1919．10．2；1920．
　　5．27
李科员　　1924．11．18
李鸣钟　　1924．11．2
李慕斋　　1917．6．1
李庆芳(李议员)　1922．9．4，
　　10．6
李汝桂　　1904．9．26
李善人　　1920．2．16，2．17
李升培(李子栽)　1915．3．
　　20，4．21，5．29，8．28，10．5；
　　1920．4．30
李盛才　　1904．6．2
李石曾　　见李煜瀛
李石臣　　1921．5．4
李士珍(李学士)　1920．2．
　　22，2．23，2．24，2．25

李顺　1912.3.14,3.15,4.8,6.14,6.15,6.23,7.13,9.22,10.17,11.3,12.31;1913.7.5;1914.2.14,2.20,4.17,4.19;1917.6.19;1918.7.5;1919.3.12,10.18,12.1;1921.3.12,3.24,9.16;1925.1.1

李思浩(李次长)　1917.6.3;1919.9.27

李思浩(李鄡侯、李赞侯、鄡侯、李总长)　1920.1.8;1924.12.28;1925.1.6,1.8,2.19,2.21,3.9

李所长　1921.4.28

李坦达　1918.5.7

李桐轩　1916.9.28

李委员长　见李煜瀛

李文举　1924.1.3

李文忠　见李鸿章

李五爷　1904.9.26

李先生　1914.6.8;1921.11.16;1924.8.31;1925.1.22

李相国　见李鸿章

李筱农　1924.8.29

李燮阳　1923.1.1,1.2,1.4,1.5,1.19;1924.1.18,1.22,7.23

李新吾　1924.1.10

李秀瑜　1909.3.7

李学士　见李士珍

李雅臣　1916.9.7;1917.4.1;1919.10.14

李瑶琴　1912.12.8

李议员　见李庆芳

李亦元　1902.9.3,11.21;1904.4.20

李毅卿　1916.9.23

李荫之　1917.11.16

李印桢　1902.9.13

李英斋　1905.1.9

李友三(李佑三)　1903.1.1,1.15,3.27,4.2

李有棻　1905.1.17

李幼泉　1902.10.23

李佑三　见李友三

李颙(李二曲)　1905.2.23

李煜瀛(李石曾、李委员长、李会长)　1924.11.7,11.21,11.8;1925.2.22

李毓芬　1909.12.18

李毓如　1901.6.9

李赞侯　见李思浩

李鄡侯　见李思浩

李长发　1918.5.7
李长清　1916.5.30
李长泰（李阶平）　1918.2.23；1920.2.18,2.19
李振庚（李之鼎）　1922.11.20,12.30
李振钧（李振翁）　1917.4.20；1922.9.4,12.23
李振翁　见李振钧
李钟岳（岱云）　1920.12.16
李仲轩　见李经羲
李仲宣　见李经羲
李子栽　见李升培
李总办　1901.3.24
李总理　见李经羲
李总长　见李思浩
理密亲王　1917.2.5
力轩宇（力老爷）　1921.7.18,7.23,7.24
厉科长　1924.3.24
立堃　1909.6.4
连桂　1903.11.14
连浩然　1903.4.3,4.4,11.22
连吉（连郎中）　1916.11.30,12.1；1922.1.21
连奎　见刘子厚

连郎中　见连吉
连全　1921.12.31
连王七老爷　1921.2.4
连仲甫　1902.11.22；1904.2.19,2.22；1905.1.13,1.20,1.21,4.15,4.19
联春卿　见联芳
联大人　见联芳
联芳（联春卿、联大人）　1900.8.22；1904.1.27,10.27；1914.4.12；1922.12.3
联厚山　1902.12.30；1903.1.2；1915.2.5；1921.12.25
联堃　1925.1.5
联老爷　1911.11.30
廉惠卿　见廉泉
廉老太爷　1921.2.5
廉南湖　见廉泉
廉泉（廉惠卿、廉南湖）　1901.4.18,4.21,5.22；1902.9.15,9.18,11.13,12.8,12.11,12.21；1903.3.30；1904.4.2；1913.11.24；1920.1.25,5.12,5.13；1925.2.22,2.23,4.9
练达医生　1919.12.29
炼百　见梁敦焯

良弼　1922.12.27
良大人　1912.4.8
良二爷　1921.6.5
良格　见马世良
良揆(席卿、良席卿)　1920.2.11,4.15
良席卿　见良揆
梁大人　见梁鼎芬、梁敦彦
梁鼎芬(梁师傅、梁老师、梁大人、梁文忠、梁公)　1913.4.6,6.2,10.13;1914.1.29,1.31,2.2,2.3,2.20,8.25,9.11,9.18,9.26,10.8;1915.1.2,1.6,1.7,2.8,3.28,3.30,4.24;1916.1.10,2.12,6.10,6.11,9.21,9.29,10.10,10.25;1917.1.2,1.9,1.10,1.11,1.12,2.22,4.29,7.7,7.25,7.31,10.29;1918.2.6,2.14,2.20,2.21,3.6,3.20,4.9,4.10,4.12,4.21,5.15,6.30,7.15,9.4,9.23,10.6,12.15;1919.5.24,7.9,7.31,9.5,12.26;1920.1.4,1.5;1924.1.10
梁敦焯(炼百)　1915.10.29

梁敦彦(梁崧生、梁嵩生)　1917.7.7;1922.12.3,12.7;1924.3.5,5.17
梁公　见梁鼎芬
梁广照　1917.1.16
梁鸿志(梁秘书长、梁仲异、梁众异)　1925.1.19,2.1,3.4,3.15,3.17,3.18,3.27,3.28
梁老师　见梁鼎芬
梁秘书长　见梁鸿志
梁启超(梁卓如、梁总长、梁任公)　1913.10.31;1917.8.8,11.17,11.23
梁任公　见梁启超
梁师傅　见梁鼎芬
梁士诒(梁世诒、梁燕孙、梁专使)　1911.12.26;1912.3.21,6.14;1913.2.10,2.11,2.15,10.12,10.26,10.29;1914.4.12;1915.12.9
梁世诒　见梁士诒
梁崧生　见梁敦彦
梁嵩生　见梁敦彦
梁文忠　见梁鼎芬
梁馨海　1913.5.28
梁燕孙　见梁士诒

梁振东　1905.5.17
梁仲异　见梁鸿志
梁众异　见梁鸿志
梁专使　见梁士诒
梁卓如　见梁启超
梁总长　见梁启超
林葆恒（子有）　1924.7.25
林大人　1907.5.6
林梅贞　1909.10.25
林文茂　1919.11.15；1921.2.12
林尊侃　1915.2.8
琳公爷（琳公）　1921.5.28；1922.12.13
麟公爷（麟公）　1918.2.11，5.24；1920.2.2；1922.1.22
麟垚　1911.4.4
凌方伯　见凌福彭
凌福彭（凌方伯）　1917.1.16；1910.2.2
凌云台　1913.6.9
刘安世（刘忠定公）　1921.6.23
刘彬（泽公府刘管事）　1913.5.6，6.21，7.28，10.14
刘参议　1913.12.17
刘灿甫　1919.9.6

刘成平（刘承平）　1913.9.13；1916.5.30；1918.3.1，10.14；1920.10.20
刘承干（刘翰怡）　1922.11.20，12.30；1923.1.11，1.12
刘承平　见刘成平
刘崇纶　1924.1.18，1.22，1.23
刘大人　见刘承干、刘体乾
刘得寿　1921.11.5
刘得顺　1911.3.4；1913.9.15，12.30
刘德昆　1918.3.1
刘遁嘉（刘庆馀堂）　1925.4.3
刘恩格　1919.9.29
刘恩鸿（锡三）　1919.10.15
刘孚　1920.6.2
刘广才　1901.4.18
刘果　1913.4.14
刘翰怡　见刘承干
刘鸿源　1904.9.26
刘建斋　1921.10.6
刘建之　见刘体乾
刘健之　见刘体乾
刘姐　1912.3.15，5.22
刘金顺　1921.12.12

刘京兆尹　见刘梦庚
刘聚卿　见刘世珩
刘聚信　1917.6.3
刘老　1913.11.14
刘鲤门　1919.10.15;1920.3.18
刘连魁　1918.3.13
刘禄　1918.3.4,3.14
刘梦庚(刘京兆尹)　1923.1.1
刘庆馀堂　见刘遁嘉
刘若曾(刘仲鲁)　1901.4.22,4.23;1917.3.21,4.16
刘尚清(海泉)　1914.1.23
刘石庵　1918.4.3
刘世昌　1918.4.20,4.26
刘世珩(刘聚卿)　1905.1.17;1917.2.2,2.4;1918.3.6,4.25;1922.12.25
刘太监　1923.12.25
刘坦达　1912.3.15,3.23;1917.6.5;1918.7.5;1919.2.4,10.7;1921.2.3,10.27;1922.12.9;1923.9.23,12.25
刘体乾(刘健之、刘建之)　1919.2.27,3.7,3.8,10.31,11.1,11.2;1920.2.27,3.1,3.5,8.26;1921.3.18,5.30,10.9,10.19,12.5;1922.1.10
刘廷鑫　1924.10.29
刘先生　1921.5.1;1924.1.19,2.1
刘骧业　1925.2.5,3.15
刘翔云　1919.2.15
刘煦说　1923.1.22
刘幼苏　1920.4.30,5.13
刘雨臣　1904.1.4
刘雨生　1905.12.30
刘玉山　1921.4.23
刘长邺　1923.11.5
刘振德　1904.6.2
刘忠定公　见刘安世
刘仲鲁　见刘若曾
刘子厚(连奎)　1918.1.4
刘子良　1904.1.4
刘佐卿　1919.10.12
六定成　1913.7.29,12.10
六格　见延霱
六太太　1914.8.25
六象　见延霱
龙宝卿　见龙佐才
龙保卿　见龙佐才

龙济光(龙将军) 1918.6.4
龙将军 见龙济光
龙文斋王掌柜 1901.6.9
龙先生 见龙佐才
龙佐才(龙宝卿、龙保卿、龙先生) 1916.12.21,12.28,12.29;1917.1.13,1.16,1.24,2.21,3.26,4.2,4.3,4.6,4.7,4.22,4.30,5.26,6.18,6.20,12.9;1918.4.29
隆茀 1925.1.5
隆启 1921.10.18
隆禧 1914.2.23
隆裕皇太后(皇太后、孝定景皇后) 1910.2.2,2.17;1911.1.22,2.6,3.4,12.28;1912.1.3,2.10,2.18,3.15,9.11,11.16,12.1,12.19;1913.1.29,2.1,2.5,2.6,2.15,2.17,2.21,2.22,4.3,7.27,10.28,10.31;1914.1.21,1.24;1915.8.4;1917.3.4,5.18,7.18
隆镇东 1909.3.7
楼老爷 1911.12.2-12.4
楼欧荻(楼欧第) 1915.8.21,9.24,9.25,9.27

楼欧第 见楼欧荻
卢弼 1914.2.5
卢首领 1918.1.4;1919.2.3,2.5
卢司长 见卢学溥
卢学溥(卢司长) 1918.1.31
陆宝忠(陆伯葵、陆伯翁、陆大人、陆) 1901.4.19,4.20,4.26,9.17;1902.12.21;1903.1.19,12.26;1905.3.2
陆伯葵 见陆宝忠
陆伯翁 见陆宝忠
陆纯伯 1905.2.28
陆大人 见陆宝忠
陆督军 见陆荣廷
陆二世兄 1912.3.13
陆方伯 见陆钟琦
陆凤老 见陆润庠
陆干卿 见陆荣廷
陆观甫 1903.4.18
陆国务卿 见陆征祥
陆锦 1917.7.7
陆老师 1903.12.1;1904.1.28
陆老爷 1911.11.30
陆荣廷(陆干卿、陆督军)

1917.4.2,4.8,4.12
陆润庠(陆相、陆师傅、陆太保、陆凤老、陆中堂)
1912.9.23,11.15;1913.1.17,2.22,4.5,7.23,7.24,12.9;1914.2.6,7.2,8.23,9.8;1915.1.22
陆师傅 见陆润庠
陆世叔 1920.4.10
陆世兄 1904.2.7,3.21
陆太保 见陆润庠
陆太老师 1904.3.18,3.21;1910.6.8
陆天池 1901.6.17,7.13;1902.9.25
陆相 见陆润庠
陆溁 1912.11.30
陆贞 1901.9.22
陆征祥(陆国务卿) 1916.1.1
陆芝田 1904.3.21;1921.12.11
陆中堂 见陆润庠
陆钟琦(陆方伯) 1910.4.7
陆仲芳(世芬) 1912.7.7
陆宗舆(陆闰生、陆润生、润生) 1902.6.29;1912.3.15,3.17,3.23,3.25,3.28;1914.12.4
鹿传麟(鹿大人、鹿) 1901.5.21;1904.9.26;1905.9.17
鹿大人 见鹿传麟
鹿司令 见鹿钟麟
鹿钟麟(鹿司令) 1924.11.5,11.7,11.8,11.10,11.14,11.16,11.17,11.20,11.21,11.26,11.27;1925.1.21
抢赞臣 1912.4.22
伦贝子 见溥伦
伦四爷 见溥伦
沦四爷 见溥伦
罗大人 见罗振玉
罗敦曧 1912.12.8
罗公 见罗振玉
罗近溪 1913.4.28
罗念庵 1911.7.22
罗寿恒(延龄) 1913.4.25
罗叔蕴 见罗振玉
罗星甫 1903.4.1,4.3
罗延龄 见罗寿恒
罗振玉(罗大人、罗叔蕴、罗公、罗) 1924.9.9,10.9,10.29,11.6,11.9,11.20;

1925.1.10,1.17,2.19,2.25,3.10

骆继汉(骆议员) 1922.9.4,10.6

骆议员 见骆继汉

驴市胡同额驸三爷 1903.2.2

驴市胡同姑奶奶 1904.1.24

吕大成 1904.6.2

吕捷庵 1911.11.30

吕敬宇 1917.11.15

吕寿生 1915.5.29;1917.3.3;1922.1.22

吕助教 1902.12.7

M

马岵庭 见马振彪

马恬庭 见马振彪

马祜廷 见马振彪

马祜庭 见马振彪

马菊如 1915.12.2;1917.4.25

马军门 见马玉昆

马老爷 1925.1.4

马牧师 1903.4.4

马其昶(马通伯) 1915.1.22;1917.3.4,3.21;1918.9.8;1919.9.6,10.20,11.20;1920.9.6,11.2;1921.2.5

马全 1913.9.30

马仁甫 1910.8.18,8.21,8.23;1913.4.9,4.12;1915.12.7

马三 1916.9.14;1918.7.8

马师爷 1909.7.17

马世良(世良、良格、次子,绍彝之子) 1914.12.10,12.12;1915.1.9,6.3,6.9,8.27,10.25,10.27;1916.1.8,6.9,6.10,7.19,8.31;1917.2.23,4.15;1918.2.6,2.24,2.25,3.13,3.14,3.18,5.5,7.9,8.18;1919.4.20,4.30,5.1,5.3,5.4,6.9,9.25,9.30,12.1;1920.3.7,3.21,4.27,6.20,12.2;1921.2.24,7.2,7.17,7.18,7.19,8.10,8.11,8.12;1922.1.2,1.3,1.5,12.18,12.19,12.24;1923.1.13,10.25,10.27,11.8,12.1;1924.6.1,6.2,6.4,6.8,6.10,6.13,6.22,10.8;1925.1.4,3.16,3.17

马太监　1913.4.6
马通伯　见马其昶
马桐轩　1922.11.7
马象琨　1925.3.29,3.30,
　3.31
马秀峰　1903.12.28
马延喜(马子元)　1918.2.
　12;1921.5.10;1922.10.24
马延续　1917.4.25
马右文　1902.9.13
马玉昆(马军门)　1902.7.23
马渊锐太郎　1902.6.20
马昭叔(大姑奶奶、大姐、大姑
　娘、天津姑奶奶、张宅姑奶
　奶)　1911.11.9,12.2;
　1912.4.10,5.24,7.3,7.4,
　12.19;1913.6.13;1915.3.
　9,3.18,3.27,12.12,12.24,
　12.25,12.31;1918.2.14,
　7.13,8.22;1919.1.11,5.
　10,9.2,12.5;1920.3.23,
　11.29,11.30,12.12;1921.
　2.13,3.21,9.7,11.13,12.
　22,12.27,12.28,12.29,12.
　30;1922.9.2,9.5,9.6;
　1923.10.30,11.18,11.29;
　1924.4.29,5.4,8.4,8.6,

12.19,12.20;1925.3.5,3.
　7,3.24,3.25,4.4
马振彪(马祐庭、马祐廷、马怙
　庭、马岵庭)　1910.7.9;
　1912.2.20,10.7;1913.10.
　9;1915.7.17;1918.2.19,
　2.23,4.27,5.19,9.8;;
　1919.1.12,3.19;1920.7.
　11;1921.2.5,2.27,4.24,
　9.11
马震　1903.1.25
马子元　见马延喜
满大夫　1900.8.18,8.19,8.
　24;1901.4.15,4.17,4.21,
　6.11-15,9.16;1914.3.
　11,3.8;1917.5.1,5.2
满乐道　1916.1.25
毛艾孙　1904.11.22
毛安　1913.11.15
毛冬　1910.4.5
毛云生　1901.6.6
冒广生　1918.2.13
梅斐猗　见梅光远
梅斐漪　见梅光远
梅观察　1902.10.1
梅光羲(梅撷云、梅颉云)
　1903.1.6;1918.10.21;

1920.9.6
梅光远(梅斐漪、斐漪、梅斐猗)　1918.6.19,7.26,9.8;;1920.8.31,9.6;1921.12.22;1922.12.25
梅颉云　见梅光羲
梅兰芳　1923.10.3
梅田　1903.1.10
梅先生　见梅光远
门田先生(门田)　1904.6.26,6.28,8.21,9.8
蒙王　1920.3.2
孟璧臣　1905.1.9
孟秉初　见孟宪彝
孟大人　见孟省吾
孟都军　见孟恩远
孟恩远(孟都军)　1918.11.11
孟建侯(孟覸侯)　1916.11.1;1917.11.16
孟覸侯　见孟建侯
孟省吾(孟大人)　1919.6.25,6.26
孟宪彝(孟秉初)　1915.2.7
孟馨斋　1910.6.7
孟兆兰　1903.11.1;1904.1.4
庙首余庄　1923.9.29
明格　1921.12.27

明妞(小妞)　1918.1.25,1.26,1.27,1.28,1.29,2.25,2.26,2.27,4.10,4.11,12.30;1919.9.25,12.28;1920.1.1,3.21,9.13;1921.3.15,3.16,3.17,12.27;1924.3.6,12.3
明裔朱侯(朱煜勋)　1920.8.9
铭鼎翁　1907.5.1
铭将军　1911.4.17
谟贝子　见奕谟
墨大哥　1921.3.28
墨亲家老爷　1901.7.25
墨卿　见殷松年
墨润西　1901.7.17;1905.2.18,3.5
墨宅姑奶奶　1919.4.19
木庵　见塔木庵
木田　1903.4.20
木下广次熊　1902.6.26
牧田太　1901.8.31
慕德　见慕古海
慕古海(慕德)　1919.6.29
慕韩　见世忠
霂四爷　1914.4.22
穆大人　1924.5.24

穆俊升 1922.11.5
穆先生 1914.2.26,8.24

N

那大人 见那桐
那邸 见那彦图
那森萨敦 1911.12.4
那太夫人 1902.9.10
那桐(那大人、那相、那中堂、那) 1902.12.21,12.25;1904.1.13,4.20,5.18,8.8,8.26,10.26,10.28;1905.7.27,8.10;1907.3.19;1910.8.31;1911.5.11,11.22;1914.8.25;1916.1.14,8.21;1917.1.15,8.20;1918.11.11,12.7,12.14,12.16;1919.7.19,8.18;1920.3.24
那王 见那彦图
那王爷 见那彦图
那相 见那桐
那彦图(那王、那王爷、那邸) 1902.12.31;1912.3.16;1913.1.11,12.28;1914.2.5;1916.12.11;1917.1.23;1918.5.14,12.14;1919.1.11,6.23,11.1,11.17;1920.1.7,2.29,4.4,6.19,8.12,8.19;1921.2.27,3.5,3.14,10.27,12.14;1922.12.2,12.24;1925.2.5
那银阿 1924.2.6,2.7
那中堂 见那桐
南星姊丈 1914.2.4
南院大爷 1912.3.31
南院五嫂 1912.4.13
楠濑幸彦 1902.6.23
讷勒赫 1912.11.15
内人(觉罗氏) 1910.8.16,8.29;1911.4.10;1912.2.28;1917.6.16,7.26,7.27,7.29,8.29,9.14;1918.11.4;1919.2.6,2.19,6.24,8.7,9.20,9.25,10.10;1920.7.10,8.25,10.26,12.2;1921.8.17,9.18,10.3;1922.1.5,9.7,9.8,9.24,10.7,10.19
内田 见内田康哉
内田公使 见内田康哉
内田康哉(内田公使、内田) 1902.6.23,9.3;1904.10.25,10.28

倪丹丞 1919.3.8
倪云林 1918.2.28,4.3
念慈 见钱承鋘
聂大人 见聂宪藩
聂将军 见聂宪藩
聂培新 1901.6.24
聂统领 见聂宪藩
聂伟臣 见聂宪藩
聂宪藩(聂伟臣、聂统领、聂将军、聂大人) 1922.10.27,10.28,11.1;1923.10.9,10.22,10.25;1924.5.6,5.24,6.8,7.11,9.11
聂兴圻 1901.7.25,8.13
宁鸿恩(宁委员) 1915.2.19;1918.2.23;1921.12.9
宁委员 见宁鸿恩
牛回事 1919.4.4

O

欧大夫 1905.11.6
欧阳福增 1904.12.7
欧阳委员 1925.3.17
欧宜穆沙荷德 1905.9.24

P

潘次长 见潘复
潘复(潘次长) 1920.2.9
潘剑云 1904.10.23
庞京卿 见庞元济
庞莱臣 见庞元济
庞元济(庞京卿、庞莱臣) 1904.5.6,6.25,6.29,9.28
裴太太 1913.2.17
裴韵珊 1923.11.27
彭公 见毓彭
彭老爷 见彭祖龄
彭同九 见彭祖龄
彭祖龄(彭同九、同九、彭老爷) 1901.9.25-26;1902.11.28,11.29,12.22;1903.2.12,12.18;1904.1.16,5.21,9.8,12.25;1912.2.25,8.24;1919.1.10,2.4,2.28,11.20,12.3,12.7
鹏格 1918.4.29
甓庵 见张士荃
朴仁山之侄 1924.2.16
朴三太太 1913.8.17,8.20;1915.12.10;1916.1.1;1917.1.28
朴新甫 见朴心甫
朴新甫 1919.11.28;1920.9.5,9.18
菩老师 见萨菩

璞科第　1902.9.23;1903.1.
　14,1.21,1.24
普喜　1919.8.25
溥大人　1907.3.12,3.13,3.
　18,3.26,3.28,5.12
溥多(多公)　1924.4.19,4.
　28,5.30,6.13
溥公爷　1921.10.18,12.6,
　12.29
溥侊　1921.10.26;1922.
　11.26
溥佳　1919.8.14,8.18,12.
　20;1923.10.25
溥杰(杰二爷)　1919.8.14,
　12.20;1923.10.25;1925.
　2.5
溥忻(忻贝子)　1913.12.15;
　1916.12.14;1917.6.27;
　1922.9.10;1924.11.5
溥琳　1924.3.29
溥六大人　1907.9.2;1909.
　4.21;1914.1.11
溥六太太　1911.3.3
溥伦(伦贝子、伦四爷、溥沦、
　沦四爷)　1907.9.2,9.5,
　9.7;1912.9.11,11.15,12.
　25;1913.2.1,2.17,2.21,
2.22,3.6,3.7,3.8,3.21,3.
24,3.27,4.1,4.6,4.10,5.
6,5.19,6.21,6.28,7.16,7.
19,7.22,7.24,7.27,7.28,
7.29,8.15,9.22,9.29,10.
10,10.26,11.27;1914.1.
1,1.26,2.5,2.6,3.12,4.8,
7.9,8.4,8.12,9.17,12.2,
12.15,12.31;1915.1.21,
1.22,2.26,2.27,9.16,11.
8;1916.6.10,9.17,10.28;
1917.6.25,11.16;1918.2.
17,2.21,11.5;1919.3.11,
11.23;1920.11.11;1921.
3.14,5.17,11.1;1922.11.
20;1923.11.9
溥沦　见溥伦
溥儒(儒二爷)　1924.11.17
溥锐　1924.1.31
溥尚书　见溥颋
溥颋(溥尚书)　1907.2.28,
3.3,3.4,3.7,5.6,5.10,5.
18,5.20;1910.7.15
溥颐(溥仲路、溥仲翁)
1907.2.24,4.16;1909.2.
23;1914.8.25
溥霱(霱公爷、霱公)　1902.

11.14；1903.2.2，12.4；
1904.12.18；1905.3.5；
1914.2.3，.2.6，2.20，2.
21，2.22；1915.1.22；1916.
1.21，12.8
溥钟 1924.1.31
溥仲路 见溥颋
溥仲翁 见溥颋

Q

七姑太太 1901.9.23
七姐 1901.3.21，3.26，9.
25、9.26；1903.1.18
七孙 1924.10.29
七爷 1922.12.18
齐迪生 1919.10.15；1920.
6.10
齐民政长 见齐耀琳
齐省长 见齐耀琳
齐树岩 1915.3.8
齐统领 1922.10.4
齐巡按使 见齐耀琳
齐耀琳（齐民政长、齐巡按使、
齐省长、齐震岩、齐振岩）
1914.5.4，5.6，8.23；1917.
10.16，10.17
齐耀珊（齐照岩、齐总长）
1921.5.20；5.27，11.1

齐照岩 见齐耀珊
齐振岩 见齐耀琳
齐震岩 见齐耀琳
齐忠甲 1919.9.29，10.2
齐总长 见齐耀珊
耆大人 见耆龄
耆大爷 见耆龄
耆龄（耆寿民、寿民、耆大人、
耆大爷、耆） 1902.9.4，
11.24；1903.1.10，1.12，1.
13，1.26，2.10，2.15，3.29，
4.1，4.3，4.11，11.18，11.
26，12.4；1904.1.6，1.26，
3.24，4.20，6.15，9.18，11.
1；1905.2.24，4.26；1909.
3.7，4.20，10.4，11.5，11.
24，12.1；1910.8.29；1915.
5.1，7.6；1916.3.7，3.8，3.
9，4.14，6.6，7.13，8.2，8.9，
9.2，12.5，12.27，12.28；
1917.1.1，1.4，1.10，1.11，
1.15，1.16，1.23，2.1，2.2，
2.17，3.4，3.5，4.25，5.18，
5.31，6.1，6.5，7.1，7.2，7.
4，7.5，7.6，7.7，7.8，7.10，
7.12，7.13，7.14，7.15，7.
16，7.18，7.19，7.20，7.22，

7.25,7.27,7.31,8.24,8.25,8.26,8.30,10.13,10.23,11.6,11.27,12.31;1918.1.15,1.28,2.6,2.11,2.15,2.23,2.26,2.28,3.4,3.5,3.9,3.11,3.15,4.3,4.6,4.10,4.13,4.18,4.21,4.23,5.1,5.14,5.15,5.16,5.20,5.23,5.31,6.4,7.16,7.21,8.25,8.27,8.30,9.3,9.4,9.5,9.10,9.15,10.6,10.28,11.14,11.19,11.20,12.10,12.18,12.29;1919.1.4,1.5,1.7,1.11,1.20,1.24,2.1,2.2,2.6,2.12,3.6,3.27,3.31,4.18,4.21,4.23,5.24,6.13,6.17,7.3,7.12,7.20,8.6,8.31,9.6,9.16,9.23,9.30,10.6,11.1,11.2,11.9,11.26,12.3,12.23,12.25,12.28,12.29,12.30;1920.1.5,1.6,1.7,1.8,1.14,1.16,1.17,1.20,1.25,2.19,2.20,3.4,3.5,3.7,3.11,3.21,3.31,4.2,4.19,4.25,4.28,4.30,7.4,7.6,7.8,7.18,7.20,8.11,8.17,8.18,8.26,9.17,9.18,9.21,10.1,10.12,10.18,10.21,11.13,11.18,11.23,12.14,12.15,12.24;1921.1.4,1.25,1.26,2.1,2.2,2.3,2.4,2.11,2.17,3.6,3.14,4.23,4.26,4.30,5.3,5.4,5.12,5.17,5.18,5.24,5.28,5.30,6.1,6.3,6.5,6.6,6.9,6.11,6.14,6.15,6.20,6.22,6.26,7.4,7.6,7.7,7.9,7.13,7.19,7.21,8.6,8.9,8.17,8.27,9.9,9.10,9.20,9.21,10.2,10.3,10.6,10.7,10.10,10.11,10.19,10.20,10.21,10.22,10.28,10.29,10.30,10.31,11.4,11.5,11.7,11.8,11.9,11.12,11.15,11.16,11.17,11.29,11.30,12.4,12.5,12.6,12.8,12.13,12.19,12.20,12.21,12.22,12.23,12.26,12.28,12.31;1922.1.1,1.4,1.5,1.9,1.13,1.16,1.17,1.19,1.26,8.25,8.27,8.28,8.30,8.31,9.5,9.6,9.7,9.22,9.

25,9.26,9.27,10.1,10.4,10.5,10.6,10.11,10.12,10.13,10.14,10.15,10.17,10.23,10.25,10.26,10.27,11.1,11.5,11.8,11.9,11.21,11.26,11.30,12.4,12.5,12.6,12.7,12.9,12.10,12.11,12.12,12.16,12.18,12.20,12.24,12.26,12.28;1923.1.1,1.5,1.10,1.11,1.14,1.16,1.18,1.19,9.11,9.13,9.16,9.17,9.19,9.23,9.26,9.28,9.29,9.30,10.1,10.4,10.8,10.9,10.14,10.16,10.21,10.29,10.30,11.2,11.4,11.5,11.6,11.15,11.16,11.18,11.20,11.24,11.25,12.2,12.11,12.21,12.24,12.25,12.26,12.29;1924.1.6,1.7,1.8,1.9,1.10,1.14,1.18,1.27,1.30,2.3,2.5,2.7,2.13,2.19,2.20,2.23,2.28,3.5,3.6,3.22,3.26,3.30,4.21,4.26,4.28,4.30,5.2,5.3,5.4,5.5,5.6,5.7,5.10,5.17,5.24,5.26,5.27,6.8,6.17,6.22,6.27,6.29,7.2,7.3,7.6,7.8,7.13,7.19,7.26,7.31,8.6,8.9,8.20,8.29,8.30,9.2,9.8,9.9,9.12,9.14,9.16,9.28,9.29,10.5,10.7,10.14,10.15,10.17,10.18,10.19,10.21,10.22,10.24,10.29,11.5,11.6,11.9,11.13,11.14,11.16,11.17,11.18,11.19,11.20,11.21,11.23,12.1,12.2,12.4-9,12.24,12.29;1925.1.5,1.8,1.9,1.10,1.12,1.17,1.19,1.21,1.23,1.26,1.30,2.1,2.2,2.13,2.14,2.15,2.18,2.19,2.20,2.21,2.23,2.24,2.27,2.28,3.1,3.4,3.7,3.9,3.10,3.14,3.15,3.16,3.18,3.21,3.22,3.23,3.27,3.28,3.29,3.30,4.8

耆寿民　见耆龄
锜季平　见锜麟
锜麟（锜季平）　1910.8.18,8.21,8.23
钱承鋆（念慈）　1905.8.8；1912.7.7

钱干臣　见钱能训
钱镜平　1912.7.7；1913.1.21，1.22，6.19，7.24，7.27，12.29；1914.2.24，3.25，3.31，2.17
钱能训（钱右丞、钱干臣、钱总长）　1915.3.1；1917.3.12，12.10；1918.1.2，1.5；1919.5.9
钱锡霖　1923.12.30
钱荫堂　1903.1.16
钱右丞　见钱能训
钱总长　见钱能训
乾叶　1909.2.7
乔炽昌　1904.4.10
乔荩臣　1904.2.28
乔峻　1909.2.7；1910.8.18
乔茂萱　见乔树楠
乔树楠（乔茂萱）　1901.7.19；1902.9.26
桥本子爵　1902.8.2
亲家太太　1914.1.28；1916.1.14，2.1，2.19；1917.5.4
秦华　1919.9.29
秦秘书　1924.5.14
秦先生　1901.8.16，9.2
秦豫铭　1920.10.18

琴初　见胡嗣瑗
勤直公　见昇寅
青木少佐　1902.7.21
清艾庭　1904.3.25
清海大师（字悟真，号静波）　1921.12.22
清老爷　1901.6.21
清祥　1903.11.11
晴初　见胡嗣瑗.
庆邸五爷　1911.4.23
庆府二奶奶　1912.3.2
庆府十二格格　1914.3.31
庆府十一格格　1914.3.31
庆府五奶奶　1912.3.2
庆恒　1909.4.26，6.4
庆宽　1922.12.10
庆亲王　见奕劻、载振（按1917年3月1日之前指奕劻，之后指载振）
庆卿　1901.8.19
庆然　1907.3.3
庆小山　1920.5.3，5.13，6.3，6.5；1923.11.18
瞿大人　见瞿鸿機
瞿海如　1903.1.7；1904.3.21，3.27

瞿鸿禨（瞿大人、瞿中堂）
　1904.8.26；1907.5.6
瞿中堂　见瞿鸿禨
权量　1914.2.5
全公　见全荣
全公夫人　1911.3.3；1924.
　1.27
全公府姑奶奶　1919.4.19
全朗大师　1918.8.1
全荣（全公、全公爷）　1910.
　8.24；1914.4.22；1916.12.
　19；1917.1.14，2.18；1922.
　12.13；1923.1.8，11.8，11.
　24；1924.1.27
全钰　1925.2.26
铨大人　1918.9.4
铨请　1903.12.7
铨雁评　见铨燕平
铨燕平（铨雁评）　1902.6.
　28，6.29，8.17；1904.8.29

R

仁山　1918.7.9
任凤苞（任振采、任振彩）
　1913.10.29；1917.1.8，
　1.18
任副管　1923.9.23
任觐枫　1920.2.3

任振采　见任凤苞
任振彩　见任凤苞
纫兰女史　1917.2.18
日户胜郎　1903.4.8
日皇　1902.7.11，7.12
荣安　1914.8.27；1919.10.
　13，10.16，10.17，10.24，10.
　25，10.27，11.3，11.6，11.
　10；1920.12.1
荣伯衡　见荣铨
荣大人　见荣庆
荣大人　见荣源
荣二爷　1903.4.19
荣公所　1904.5.25
荣光（工部堂主事）　1904.
　11.22，11.24，11.25
荣厚（荣朴斋）　1902.9.17，
　12.23；1903.4.18；1909.3.
　7；1917.4.20
荣华卿　见荣庆
荣华翁　见荣庆
荣骅　1911.11.30
荣惠皇贵妃（瑨贵妃、重华宫
　主位、重华宫、荣惠太妃）
　1913.2.22，3.12，3.21，4.
　30，9.4；1914.5.8；1915.5.
　22，5.23，7.12，9.12，9.16；

1916.9.1,10.19;1917.9.23,10.21;1918.5.10,9.8,9.12,10.8;1919.4.9,4.29,8.7,9.6,9.25,10.1;1920.3.11,5.16,8.16,9.13,9.19;1921.3.7,3.31,5.19,5.20,8.18,9.7,9.9,9.29;1922.9.12,9.24,9.28,10.28;1923.9.18;1924.8.16,9.6,11.10,11.13;1925.2.11

荣惠太妃　见荣惠皇贵妃

荣老爷　1902.2.10,10.3,11.11;1907.3.31

荣禄（荣相、政务大臣荣）　1901.5.21;1902.8.29,11.11;1903.1.13,4.11;1909.4.26

荣聘之　1901.5.5

荣七大人　见荣月帆

荣七哥　见荣月帆

荣七爷　见荣月帆

荣庆（荣华卿、荣华翁、荣大人、荣中堂、荣相、荣文恪公）　1901.7.30;1903.2.8,2.9,4.19,11.15,12.18;1904.1.4,3.10,3.21,3.23,3.27,4.1,4.9,5.5,7.10,8.11,8.24,8.26,9.10,9.25,12.27;1905.1.22,2.21,4.3,7.27;1909.3.7,4.4,11.22,11.23;1913.11.1,11.2;1915.3.25;1916.1.14,2.19,5.8

荣铨（荣伯衡）　1901.4.2;1920.12.2;1921.11.8

荣仁甫　见容仁甫

荣三爷　见荣源

荣寿公主（老公主、大公主、公主）　1911.3.23;1916.2.3;1917.1.23;1918.2.11;1920.3.29;1922.1.24;1924.2.5,3.6,11.13,11.18,11.21,11.28,12.14;1925.1.24,2.2,2.11

荣蔚华　1907.3.8

荣文恪公　见荣庆

荣文祚　1920.4.15

荣相　见荣禄

荣相　见荣庆

荣姓乳母　1916.7.19

荣勋（荣竹农、竹农）　1901.8.23;1902.6.8,6.11,6.22,6.29,7.12,7.13,9.3,9.

12,9.18,9.19,11.27；1903.1.10,2.7,2.28,4.11,11.9,11.18,12.2,12.23；1904.1.4,1.20,1.23,2.4；1909.4.20；1915.4.23；1916.6.19

荣佑　1921.6.13；1925.2.11

荣源（荣大人、荣三爷、荣仲泉、荣）　1903.1.1；1922.9.4,10.14,10.17,11.12,11.14,11.22；1923.1.22,9.11,9.12,9.13,9.25,9.28,9.30,10.1,10.7,10.11,10.14,10.16,10.21,10.30,11.1,11.8,11.9,11.12,11.13,11.15,11.16,11.22,11.26,12.8,12.24,12.26,12.28,12.29,12.30；1924.1.5,1.6,1.9,1.17,1.30,2.2,2.5,2.6,2.15,2.28,3.5,3.8,3.14,4.24,5.2,5.3,5.4,5.15,5.16,5.18,5.25,5.27,5.28,6.4,6.6,6.8,6.10,6.11,6.12,6.29,7.2,7.8,7.10,7.11,7.16,7.21,7.31,8.3,8.4,8.8,8.13,8.15,8.16,8.21,8.31,9.2,9.3,9.4,9.6,9.7,9.10,9.12,9.16,9.18,9.21,10.7,10.14,10.16,10.19,10.21,10.22,10.23,11.5,11.10,12.1,12.2,12.9；1925.2.17,2.28,3.25

荣月帆（月帆、荣七爷、荣七哥、荣七大人）　1901.6.3；1902.11.14,12.9；1904.2.3,3.3；1909.12.23；1914.4.16,4.18,4.19,4.22；1916.12.18；1917.6.20；1918.8.8,8.31；1919.1.2,11.22,11.24,11.28；1920.1.21,5.3,8.31,9.5；1921.4.5,6.15,10.13,12.9；1922.1.16；1923.1.17,12.13

荣志　1919.12.30

荣中堂　见荣庆

荣仲泉　见荣源

荣竹农　见荣勋

荣竹泉　1923.12.4

荣子衡　1913.4.10；1917.2.25

容仁甫（荣仁甫、容仁辅）　1914.9.21；1919.5.10,5.

20,5.26
容仁辅　见容仁甫
儒二爷　见溥儒
儒拉(儒大夫)　1918.7.11,7.12,7.14,7.17,7.29
儒祥　1909.6.4
阮进寿(阮总管)　1921.12.12;1922.1.12,10.3,12.26
阮仲勉　1905.1.8
阮总管　见阮进寿
瑞臣　见宝熙
瑞澄(瑞莘儒、莘儒、瑞新茹、瑞总督)　1901.6.26,7.2,7.20,8.20,8.24,8.30;1910.10.30
瑞大爷　1913.4.5,9.22
瑞鼎臣　见瑞良
瑞二爷　见瑞丰
瑞丰(裕如、瑞裕如、瑞二爷)　1902.11.13;1903.2.9;1904.3.28,3.29,4.26,8.26,9.30;1905.4.26;1907.4.16;1909.5.7,5.28;1910.4.16,6.6;1912.4.9;1913.4.5,9.22;1915.4.25,7.27;1916.12.9;1917.1.18,3.3,3.21,5.11;1918.2.6,2.20,4.28,5.26,11.5;1919.4.10,4.11,4.12,7.10,7.11;1919.6.16,12.2;1922.11.5;1923.9.18,9.22,9.30,11.12;1924.11.16
瑞公　1925.1.9
瑞良(瑞鼎臣)　1901.4.2;1903.11.14;1918.2.20,3.7
瑞莘儒　见瑞澄
瑞新茹　见瑞澄
瑞裕如　见瑞丰
瑞总督　见瑞澄
睿邸　见睿亲王
睿亲王(睿邸、睿王)　1910.10.19,10.26;1913.1.11;1917.2.4;1918.2.21;1920.3.21;1921.5.22,11.1
睿王　见睿亲王
润贝勒　见载润
润邸　见载润
润朴　1913.8.22

S

萨多　1905.5.17
萨济谦(萨继谦、萨霁谦)

1902.9.25;1903.11.15;
1905.8.12
萨继谦 见萨济谦
萨霁谦 见萨济谦
萨菩(萨普、菩老师) 1904.
2.12
三豹 见延康
三大人 1920.3.5,7.30,9.
5,10.10;1924.4.28;1925.
3.25,3.27
三岛毅 1902.6.28,7.4
三多 1924.4.18,4.20;
1925.3.27,4.4
三格 见延康
三格格 1913.2.17;1914.
4.19
三老太太 1904.12.25
三六桥 1902.11.20;1904.
5.12;1912.10.30;1914.3.
21,5.27;1915.4.11,4.23,
11.2;1918.8.9;1920.1.
24,1.25,2.3,3.2,6.30,10.
3;1923.12.13;1924.4.13,
4.23,5.17,8.8;1925.1.21
三妞 1918.4.13,5.22
三少奶奶 1921.12.20
三少爷 1914.3.8;1921.

12.20
三孙 1918.6.12;1919.6.9
三太太 1916.5.4
三爷 见世煜
三侄 见世煜
森昌 1904.5.2
森冈 1901.6.11~15
森有礼 1902.7.3
沙诗民 1915.10.13
山川健次郎 1902.6.30
山根武官 1903.1.21
山口定太郎 1902.6.20
杉荣 1902.12.6
善耆(肃亲王、肃王、肃邸)
1901.4.22,4.27,5.11,5.
13,6.11-15,6.16,6.22,7.
13;1902.8.28,9.1,9.9,9.
10,9.25,11.14,11.19,12.
31;1903.1.5,2.12;1904.
1.18;1909.8.15;1918.
2.16
善四太太 1912.10.6
商大人 见商衍瀛
商筠汀 见商衍瀛
商衍瀛(商云汀、商筠汀、商大
人) 1922.10.11,10.15,
11.16,11.20;1923.1.12,

9.11,9.15,10.12,11.17；
1924.1.6,2.16,3.5,3.26,
4.20,4.23,4.25,4.28,4.
29,5.17,7.14,8.17,11.16,
12.24；1925.1.21,2.7,2.
14,3.21,3.23,3.24,3.25,
3.27,4.4

商云汀　见商衍瀛
上官锐英　1912.3.31
上田三德　1902.9.2
尚会臣　1917.4.4
少川　见唐绍仪
少鼎　见孙传爽
少谷　见王念祖
少民　见袁督办
少农　见王振声
少太太　1913.10.20
少亭　见萧大镛
邵福瀛（邵厚甫）　1917.3.5；
　1924.11.29
邵厚甫　见邵福瀛
邵太太　1924.2.5
邵厅长　1923.11.16
邵先生　1923.1.12
邵兴禄　1921.12.12；1924.
　9.24
邵竹琴　1923.11.14,11.17

邵总管　1924.11.18
绍安　1924.2.28
绍昌实　1904.10.28
绍二爷　1924.12.9
绍宫保太夫人　1919.12.4
绍怀廷（绍怀亭、绍槐庭）
　1921.2.5,3.9；1923.12.
　14；1924.10.1,12.2；1915.
　8.14
绍怀亭　见绍怀廷
绍槐庭　见绍怀廷
绍科员　1916.9.28；1924.6.
　4,12.1,12.18
绍祺（先兄九兄，即世培、世楫
　之父）　1921.2.5
绍四哥　见绍彝
绍諴（先兄十一兄，即世善之
　父）　1921.2.5
绍勋（八先兄）　1919.3.5
绍彝（绍四哥、四哥、四兄、先
　兄，即《年谱》中之叙五公）
　1900.8.15；1901.5.15,6.
　21,6.25,9.3；1902.9.2,9.
　4,9.14,10.1,10.2,10.26,
　11.22；1903.1.8,1.10,2.
　6,2.9,2.12,3.30,4.17,12.
　10,12.11；1904.1.4,1.5,

3.11,10.29,11.1,12.24,12.25;1905.3.23;1907.3.3;1908.1.25;1909.4.10,4.11,4.12,4.16,4.20,5.19,8.13,8.14,8.15,12.6;1910.2.13,6.11,6.12,7.7,11.4,11.23;1911.3.1,3.4,12.4,12.7,12.11,12.12,12.13,12.17;1912.2.4,2.19,2.22,2.28,3.15,3.17,3.20,3.21,3.22,3.25,3.27,3.29,4.1,4.6,4.8,4.10,4.12,4.14,4.15,4.16,4.19,4.24,4.25,4.26,5.1,5.2,5.3,5.4,5.7,5.9,5.10,5.11,5.15,5.19,5.20,5.23,5.25,5.28,5.29,5.30,6.9,6.10,6.15,6.27,7.2,7.4,7.6,7.13,7.16,7.22,8.28,9.6,9.16,9.17,9.18,9.22,10.1,10.4,10.6,10.8,10.9,10.11,10.13,10.17,11.3,11.4,11.9,11.13,11.15,11.17,11.20,11.21,12.1,12.4,12.8,12.25,12.26;1913.1.2,1.6,2.7,2.10,2.11,2.13,3.1,3.3,3.5,3.6,5.17,5.19,6.12,6.13,6.28,8.10,9.11,9.26,11.20,11.28,12.20,12.21;1914.1.28,1.30,1.31,2.8,4.14,4.17,4.19,5.15,5.16,5.26,5.30,6.2,6.8;1915.1.4,1.8,1.9,2.12,4.30,10.14,11.11,11.20,11.28;1916.2.25,6.5,6.7,7.31,10.24,11.13,11.17,12.2;1917.1.7,2.18,3.5,3.22,4.2,4.4,4.24,5.6,6.22,7.11,7.17,8.28,10.4,10.17,10.19,10.20,10.21,10.24,11.9,12.6,12.13,12.14,12.15,12.19,12.23,12.29;1918.1.1,1.3,1.4,1.9,1.23,1.24,1.25,1.26,1.27,1.28,1.29,1.30,1.31,2.1,2.2,2.5,2.6,2.15,2.21,2.22,3.2,3.3,3.10,3.12,5.54.5,5.14,12.31;1919.3.5;1920.2.14,4.7;1922.1.25;1923.10.25

绍荫 1920.12.7

绍英第七孙(延森) 1922.

10.10
绍英第四孙(延绩) 1917.6.26,7.23
绍英之母 见曹太夫人
绍幼琴 1918.12.7
摄政王 见载沣
摄政王府二侧太太 1911.3.14
摄政王府太福晋(醇王太福晋、王府太福晋) 1911.3.23;1916.8.24;1917.9.12;1921.9.26,10.29;1922.9.17;1924.7.26
申参谋长 1924.3.24
申大人 1920.11.3
申敬轩 1924.5.24
申屠君 1918.3.15
莘儒 见瑞澄
神保小虎 1902.6.30
沈曾植(沈增植、沈子培、沈君) 1903.3.28;1922.12.20,12.22,12.23,12.24
沈府尹 见沈瑜庆
沈吉甫 1913.11.27;1915.8.23;1916.10.3;1917.8.31,9.19,11.12;1918.4.8;1920.3.24

沈兼士 1924.11.18;1925.2.22
沈金鉴(沈叔詹) 1914.9.10
沈琨 1902.7.1
沈冕士 见沈铭昌
沈铭昌(沈冕士) 1914.9.9;1915.4.23;1917.12.10
沈叔詹 见沈金鉴
沈顺 1921.9.16
沈苏拉 1921.1.25
沈小沂 见沈兆祉
沈学范 1922.10.21
沈瑜庆(沈府尹) 1904.3.21,6.2
沈雨人 1914.4.12
沈毓庼 1904.9.26
沈增植 见沈曾植
沈兆祉(沈小沂、小沂) 1902.9.5,10.1,12.11;1903.1.2,1.3,1.10
沈子培 见沈曾植
升大人 1924.7.14
昇寅(勤直公) 1920.2.14;1921.2.5,10.10
胜禄 1915.2.24;1924.10.10
胜田主计君 1909.6.20

胜章京　1925.2.11
盛大臣　见盛宣怀
盛杏老　见盛宣怀
盛杏孙　见盛宣怀
盛宣怀(盛大臣、盛杏孙、盛杏老)　1901.8.6;1904.10.7;1905.5.17;1910.9.15;1911.8.6,8.12,8.18;1917.11.12
盛瀛　1920.3.4
施大人　1911.12.2
施美思　1915.10.13
施省之　1918.4.8
十姑娘　1921.6.16
辻新次君　1902.7.13
石丛桂　1924.9.9
时百　见杨宗稷
时楚卿　1904.10.2
时穆　1919.10.12
时子和　1919.2.21,2.27,2.28,3.1,3.4,3.26,3.27,3.29-4.2,4.6,4.8,4.11,4.19,4.26,9.26,12.11;1920.3.13-14,6.7,12.26,12.28;1921.2.22,2.27,3.2,3.4,3.7,3.16,5.8,7.1,7.28,8.1-4,8.9,8.14,8.15,8.18;1923.12.3;1924.6.10;1925.3.17
实甫　见孙淦
实相寺君　1912.5.2
史家胡同大爷　1921.10.24
史康侯之尊慈　1920.2.28
史履晋　1904.9.26
史仙舫　1901.5.5
世大人　见世续、世荣
世芬　见陆仲芳
世辉山　见世煜
世楫(作舟、作舟侄、二爷)　1902.9.4;1905.4.30;1909.2.20;1912.2.29,3.23,3.23,4.24,5.7,7.13,11.16,11.23;1913.5.1,6.26,10.16,11.23,11.25;1914.2.3,4.15,5.16,5.30;1915.3.4,4.21,9.10;1916.2.22,3.5,11.21;1918.2.24,2.26,2.27,3.6,7.29,12.18,12.31;1919.1.2,3.3,5.4;1920.2.18,4.7,4.18;1921.2.21,6.21,8.3,10.7;1922.12.25;1923.10.25,10.27,10.29;1924.1.16,3.6,

12.3

世杰(世竹铭、竹铭、竹格、竹儿、八额驸、大爷) 1901.6.9,6.10,6.11-15,9.8;1902.12.15;1903.2.3,2.6,4.4,4.8,4.23;1904.12.25;1905.2.15,3.13,3.27,8.13;1909.3.2,3.16,3.17,3.25,4.2,4.11,9.14,10.24,12.13;1910.3.14,8.12;1911.2.3,3.4,3.5,3.16,3.18,3.30,4.5,4.11,7.30,9.18;1912.1.13,2.19,3.2,3.18,3.19,3.25,4.6,4.8,4.10,4.12,5.2,5.4,5.9,5.19,5.20,5.23,5.29,6.28,7.8,7.13,9.6,9.13,9.15,9.17,10.2,10.4,10.8,10.13,11.5,11.7,12.1,12.9;1913.1.27,2.7,2.27,2.28,3.17,5.15,5.17,5.18,6.16,7.1,7.4,8.9,8.11,8.18,8.19,8.30,9.1,9.10,9.15,9.21,11.5,11.20,11.22,12.13;1914.2.5,3.2,4.19,4.23,4.29,5.1,5.7,5.15,6.1,6.8,6.19,6.20,9.5,9.16,12.14,12.15;1915.1.7,1.8,4.7,4.18,7.8,8.31,9.16,10.5,11.11,12.2;1916.1.31,2.1,2.2,2.22,3.5,4.28,4.29,6.10,8.1,8.9,8.25,9.14,10.27,11.21;1917.6.24,8.27;1918.1.15,1.19,1.23,2.22,3.28,4.2,4.19,4.20,5.6,6.19,7.4,7.10,7.14,11.9,11.13,12.24;1919.1.11,4.4,4.5,4.6,4.18,4.27,5.10,5.20,5.26,5.29,5.30,6.1,6.23,6.24,7.6,9.20,9.30,10.10,10.17,11.2;1920.2.20,4.10,7.10,9.5,9.13,9.14,10.15;1921.2.17,2.19,2.20,2.23,2.26,3.25,4.6,8.16,8.17,9.18,9.29,10.10,12.15;1922.1.5,9.7,9.12,9.24,10.7,10.29,12.19,12.24;1923.1.1,1.18,1.22,12.1;1924.1.18,1.31,5.30,6.4,6.18,6.20,6.29,10.8,10.29,11.18;1925.1.1,1.14,1.25,1.

26,2.4,2.25,3.1,4.4
世杰第六子（延龄） 1921.
8.16
世杰之妻杨氏（竹铭之妇、世
杰之妇、大奶奶） 1915.
10.5；1916.4.28,4.29,5.
2,6.10,8.8,8.25,9.14,11.
21；1917.4.6,5.1,6.24,8.
27；1918.5.6,7.4,8.16；
1919.3.3,6.24,8.5；1920.
8.23,9.13,9.14,12.2；
1921.4.17,8.17,8.18,9.
18,10.10；1922.10.7,10.
29；1924.3.6,5.12
世戒轩（戒轩） 1913.10.1,
10.7；1914.5.26；1917.5.
11；1918.5.2；1919.11.22,
11.25
世良 见马世良
世明 1924.10.8
世慕韩 见世忠、孙宝琦
世培（子厚、子厚侄、大爷）
1901.8.6,9.3；1902.9.18；
1912.2.29,3.17,5.9,6.
24,7.17,7.18,11.23；
1913.6.13,6.26,9.16,9.
21,11.11；1914.4.15,5.

30；1915.3.4,9.10；1916.
2.22,12.25；1917.11.19；
1918.2.26,2.27,11.6,11.
8,12.31；1919.1.2,4.18；
1920.2.18,4.7；1921.12.
19；1922.12.25；1923.10.
25,10.27,10.29；1924.
12.3
世庆 1906.1.2
世仁甫 见世荣
世荣（世仁甫、世大人）
1909.5.2；1918.7.31；
1919.10.2；1922.11.18,
11.21,11.22
世善（百先、百先侄） 1900.
8.24；1901.3.26,3.28,3.
29,3.30,4.3,4.6,4.7,4.
14,8.30；1903.1.8,3.28,
11.6,12.18；1904.1.17,2.
13,5.26,5.29；1905.1.9,
11.22；1907.5.12,5.19,6.
25,7.6,12.14
世善甫 1919.11.28
世太保 见世续
世太傅 见世续
世泰 1910.7.22；1912.5.3
世堂 见世续

世相　见世续
世信(赵虎)　1909.12.23
世信　1910.5.9；1911.5.8
世序之妻　1913.6.13
世续(世大人、世中堂、世相、世太保、中堂、世太傅、世堂)　1901.7.5,7.8,7.23,7.29,9.13；1903.10.29,11.9,11.16,11.26,12.1,12.6,12.21,12.26；1904.1.1,2.7,3.23,5.2,9.4,9.6,9.14,9.25,10.31,11.1；1905.1.7,3.14；1907.5.19,9.6；1910.8.28；1911.12.6,12.17,12.26；1912.3.14,3.15,3.16,3.17,3.19,3.21,3.23,3.25,3.29,3.30,4.10,5.6,5.12,5.30,6.11,6.13,6.15,6.18,6.26,6.27,6.28,7.3,7.4,7.5,7.16,8.24,9.11,9.29,10.1,10.2,10.13,10.16,10.24,10.30,10.31,11.13,11.14,11.15,11.16,11.17,11.21,12.2,12.3,12.20,12.24,12.25,12.26,12.27,12.28,12.30,12.31；1913.2.1,2.5,2.6,2.10,2.15,2.15,2.16,2.17,2.21,2.22,2.23,2.24,3.6,3.7,3.8,3.12,3.17,3.21,3.24,3.27,3.28,4.1,4.4,4.6,4.8,4.15,4.27,4.29,5.1,5.3,5.4,5.5,5.6,5.7,5.12,5.16,5.22,5.24,5.25,6.5,6.18,6.28,7.6,7.8,7.14,7.15,7.16,7.19,7.22,7.23,7.24,7.25,7.26,7.31,8.4,8.5,8.8,8.11,8.12,8.14,8.15,8.19,8.23,8.30,9.2,9.13,9.14,9.18,9.20,9.24,9.27,10.2,10.7,10.9,10.10,10.12,.10.15,10.16,10.18,10.19,10.20,10.21,10.22,10.26,10.27,10.29,10.31,11.1,11.2,11.5,11.7,11.8,11.14,11.17,11.26,11.30,12.2,12.5,12.6,12.7,12.16,12.18,12.19,12.20；1914.1.1,1.14,1.16,1.17,1.18,1.26,1.27,1.31,2.5,2.6,2.9,2.10,2.11,2.12,2.13,2.14,2.19,2.20,2.21,2.22,2.26,3.1,

3.2,3.12,3.18,3.21,3.28,4.2,4.5,4.6,4.7,4.12,4.24,5.9,5.19,5.20,5.25,5.28,6.10,7.2,7.4,7.6,7.11,7.22,8.1,8.4,8.11,8.12,8.15,8.19,8.20,8.23,8.26,8.27,8.30,9.1,9.3,9.7,9.9,9.11,9.13,9.16,9.19,9.27,10.15,10.19,10.29,11.14,11.22,11.27,12.3,12.4,12.11,12.12,12.13,12.15,12.16,12.18,12.19,12.23,12.26;1915.1.1,1.5,1.6,1.10,1.21,1.22,1.23,1.24,1.28,1.30,2.5,2.8,2.11,2.12,2.14,2.17,2.18,2.24,3.2,3.5,3.9,3.13,3.14,3.16,3.18,3.22,3.24,3.26,3.30,4.3,4.7,4.9,4.10,4.14,4.18,4.22,4.26,5.4,5.14,5.19,5.23,5.30,6.11,6.15,6.21,6.23,6.27,7.5,7.6,7.9,7.14,7.17,8.1,8.5,8.7,8.8,8.10,8.15,8.17,8.20,9.4,9.8,9.19,9.22,9.23,9.25,9.27,9.28,9.30,10.

2,10.4,10.14,10.17,10.19,10.20,10.23,10.25,10.28,11.13,11.16,11.18,11.19,11.21,11.26,11.29,12.1,12.3,12.7,12.9,12.11,12.12,12.13,12.14,12.16,12.18,12.21,12.26,12.29,12.31;1916.1.1,1.2,1.4,1.5,1.7,1.10,1.15,1.17,1.22,1.27,1.31,2.2,2.3,2.7,2.8,2.11,2.20,2.24,3.1,3.3,3.19,3.25,3.31,4.1,4.3,4.5,4.12,4.14,4.17,4.18,4.22,5.2,5.4,5.11,5.14,5.16,5.20,5.22,5.25,5.30,5.31,6.1,6.4,6.6,6.7,6.8,6.9,6.10,6.12,6.14,6.16,6.18,6.22,6.24,6.28,6.30,7.2,7.4,7.8,7.10,7.12,7.14,7.17,7.20,7.27,7.28,8.1,8.6,8.9,8.11,8.15,8.16,8.18,8.23,8.24,8.25,8.28,8.29,8.30,9.2,9.10,9.14,9.15,9.18,9.19,9.21,9.21,9.24,9.26,9.27,9.28,9.29,9.30,10.4,10.5,10.7,

10.8,10.9,10.12,10.14, 10.17,10.19,10.20,10.22, 10.25,10.28,10.30,11.2, 11.4,11.9,11.12,11.15,1. 18,11.19,11.21,11.23,11. 28,11.30,12.2,12.3,12.4, 12.5,12.8,12.13,12.18, 12.19,12.22,12.25,12.27, 12.28,12.31;1917.1.1,1. 4,1.6,1.7,1.10,1.11,1. 14,1.15,1.16,1.19,1.23, 1.27,1.30,1.31,2.1,2.2, 2.4,2.10,2.15,2.17,2.18, 2.19,2.20,2.24,2.27,2. 28,3.1,3.3,3.7,3.8,3.12, 3.17,3.23,3.28,3.30,4. 11,4.14,4.17,4.19,4.20, 4.23,4.28,5.3,5.4,5.6,5. 8,5.14,5.21,5.24,5.26,5. 31,6.1,6.2,6.3,6.4,6.12, 6.19,6.20,6.27,6.28,7.1, 7.3,7.4,7.5,7.6,7.7,7.8, 7.9,7.10,7.11,7.12,7.13, 7.14,7.15,7.16,7.17,7. 18,7.19,7.20,7.21,7.22, 7.24,7.25,7.29,7.31,8.1, 8.3,8.8,8.10,8.13,8.18, 8.23,8.28,8.30,8.31,9.2, 9.8,9.9,9.12,9.14,9.15, 9.19,9.22,9.23,9.26,9. 28,10.4,10.6,10.7,10.10, 10.11,10.12,10.15,10.16, 10.17,10.18,10.26,10.28, 11.2,11.9,11.14,11.16, 11.17,11.18,11.20,11.21, 11.22,11.23,11.26,11.27, 11.29,12.2,12.11,12.16, 12.18,12.20,12.22,12.24, 12.27,12.28,12.29,12.30, 12.31;1918.1.1,1.2,1.3, 1.4,1.5,1.8,1.21,1.27,1. 31,2.11,2.15,2.21,2.23, 2.28,3.1,3.3,3.6,3.7,3. 13,3.19,3.20,3.23,3.25, 3.27,3.31,4.4,4.5,4.6,4. 12,4.14,4.17,4.20,4.21, 4.26,5.3,5.6,5.8,5.9,5. 10,5.12,5.14,5.20,5.24, 5.25,5.27,5.28,5.31,6.1, 6.4,6.6,6.8,6.10,6.11,6. 14,6.15,6.18,6.20,6.26, 6.29,7.3,7.10,7.13,7.18, 7.21,7.24,7.25,7.30,8.5, 8.11,8.13,8.16,8.19,8.

21,8.22,8.25,9.2,9.5,9.6,9.8,9.14,9.15,9.17,9.21,9.24,9.29,10.1,10.6,10.9,10.11,10.14,10.18,10.26,10.28,11.6,11.8,11.11,11.16,11.20,11.22,11.29,12.3,12.5,12.7,12.10,12.11,12.16,12.19;1919.1.2,1.10,1.11,1.18,1.22,1.30,2.5,2.6,2.12,2.22,3.6,3.9,3.11,3.14,.3.19,4.4,4.12,4.17,4.20,4.28,5.3,5.9,5.14,5.17,5.20,5.22,5.24,5.27,5.29,5.30,6.4,6.9,6.13,6.15,6.22,7.4,7.5,7.10,7.16,7.22,7.28,8.3,8.9,8.13,8.14,8.15,8.16,8.23,8.25,8.29,9.4,9.10,9.16,9.18,9.27,10.3,10.4,10.8,10.11,10.21,10.23,10.24,10.25,10.26,11.1,11.13,11.15,11.22,12.3,12.8,12.10,12.20,12.25,12.28,12.30;1920.1.4,1.8,1.9,1.25,1.31,2.10,2.15,2.18,2.20,2.22,2.28,

3.3,3.4,3.8,3.11,3.18,3.21,3.22,3.24,3.31,4.3,4.9,4.16,4.22,4.23,4.29,4.30,5.1,5.2,5.3,5.8,5.12,5.14,5.15,5.17,5.18,5.19,5.24,5.30,6.1,6.5,6.8,6.11,6.13,6.14,6.19,6.24,6.30,7.5,7.8,7.18,7.22,8.2,8.5,8.6,8.9,8.14,8.16,8.19,8.21,8.26,8.27,9.1,9.7,9.9,9.21,9.23,9.24,9.25,9.26,9.27,9.29,10.9,10.10,10.15,10.16,10.17,10.20,10.21,10.25,10.31,11.2,11.5,11.10,11.13,11.16,11.19,11.22,11.23,11.28,12.4,12.11,12.14,12.15,12.16,12.18,12.24;1921.1.4,1.23,1.30,2.17,2.25,3.7,3.14,4.4,4.6,4.9,4.14,4.20,4.21,4.23,4.24,4.25,4.29,4.30,5.4,5.7,5.13,5.14,5.17,5.18,5.21,5.22,5.24,5.25,6.1,6.7,6.8,6.12,6.19,6.20,7.4,7.6,7.9,7.15,7.20,7.22,7.

31,8.9,8.12,9.15,9.21,10.20,10.21,10.22,10.26,10.29,11.1,11.4,11.24,12.12,12.22,12.23；1922．1.5,1.7,1.8,1.17,1.18,1.19；1924．4.18

世勋　1917．11.19

世煜（三侄、辉山、世辉山、三爷）　1901．3.30,4.6,5.20,5.27,5.29；1907．12.14；1909．9.13；1910．5.4,5.9,7.8,8.6,8.13,8.30；1911．4.28,10.15；1912．3.29,4.1,10.2,10.4,10.6,10.9,10.15,11.16,12.2,12.4,12.19,12.25；1913．1.31,2.19,4.2,6.12,6.13,7.23,9.15,9.16,9.27,9.28,10.30,11.10,11.11；1914．2.3,2.8,2.9,2.26,3.19,4.3,4.14,4.19,5.1,5.26,5.30,12.4,12.6,12.7；1915．2.13,6.14,10.27；1916．1.3,1.14,1.19,1.21,1.29,2.5,2.6,2.10,2.12,2.22,6.7,7.31,8.1,8.4,9.7,9.12,9.14,10.11,12.4；1917．3.9,6.22,8.8,8.18,9.7,9.29,12.17,12.20；1918．2.24,2.25,3.5,3.6,3.13,3.18,4.20,5.23,6.5,6.12,6.18,7.4,7.10,7.20,8.5,8.24,8.28,8.31,9.2,9.5,9.18,9.19,9.21,11.2,11.30,12.4,12.16,12.28,12.30,12.31；1919．1.2,1.29,1.31,2.1,2.2,2.9,3.19,4.10,4.11,4.12,4.17,5.3,5.19,5.30,6.1,6.2,6.4,6.24,7.14,7.31,8.2,8.28,9.19,9.21,10.7,10.8,10.11,10.17,11.1,11.20,11.22,11.28,12.1,12.19；1920．1.11,1.12,2.18,2.19,3.25,3.26,4.21,5.4,5.27,5.30,6.19,7.5,7.20,8.6,8.7,9.13,9.23,9.25,9.26,9.27,10.2,10.3,10.19,10.30,11.30,12.9,12.12,12.13；1921．1.4,1.26,1.28,2.6,2.7,2.8,2.25,2.28,3.2,3.23,4.12,4.18,5.16,6.2,6.9,6.15,7.29,8.3,8.4,8.16,8.17,9.

1,9.14,9.15,9.16,9.18,
10.27,11.6,12.29；1922.
1.4,1.24,1.26,9.6,10.7,
11.15,12.6,12.8,12.23,
12.24,12.28；1923.10.25,
10.27,10.29,11.5,11.28；
1924.2.3,6.7,7.14,9.2,
9.12,9.13

世云阶　1913.9.27

世中堂　见世续

世忠（世忠佺,世慕韩、慕韩）
1904.12.18；1907.12.9；
1910.6.15,6.26,7.7,7.
15；1912.4.19,8.2,8.22,
8.26,8.28,10.15,12.26；
1913.2.6,6.18,9.27,11.
15,12.11,12.12；1914.1.
30,2.4,2.6,2.12,2.13,2.
21,2.24,4.19；1915.1.3,
6.14,6.15,9.20；1916.8.
10,9.23；1917.3.8；1918.
2.19,2.22,2.23,5.2；
1919.4.2,4.10,11.22；
1921.2.10,2.13,3.27,7.
29,8.14,12.15,12.17,12.
18；1922.1.4,1.7,10.22,
12.26,12.27

世竹铭　见世杰

市川　1912.3.26

手岛知德　1901.6.22

寿大人　见寿耆

寿公　见寿耆

寿公爷　见寿耆

寿皇殿张总管　1923.10.18；
1925.1.21

寿民　见耆龄

寿耆（寿大人、寿公、寿公爷）
1907.3.22,6.19；1910.4.
19；1913.11.21

寿挹清（寿翊清）　1907.3.3；
1910.7.15,8.29

寿翊清　见寿挹清

寿宅老太太　1910.1.11

叔诚　见张文孚

叔涛　见顾显曾

淑妃　1922.10.15,11.29,
12.12；1923.1.4,12.12；
1924.1.9,5.24,11.5,11.
20；1925.2.5,2.24

澍大爷　见载澍

双栢　1905.2.22

双松如　1902.6.28

顺格　1913.3.17,5.27,6.9,
7.1,12.22,12.23,12.26；

1917.9.8,9.9,9.11,9.13,9.15,9.16
顺王　1912.9.11
顺子　1919.2.5;1921.2.17
司戴德　1911.4.15
司马光(司马温公)　1921.6.23
司马温公　见司马光
司徒雷登　1922.9.12,9.27
思先生　1914.10.29
四哥　见绍彝
四格　见延祉
四格格　1914.4.19
四玃　见延祉
四姐　1912.4.10,5.29;1913.10.27,11.2,11.3,7.1,7.3-5；1914.5.15
四老太太　1916.2.22,8.17;1917.9.5;1918.11.20;1920.7.30,7.31,8.6
四老爷　1923.10.27
四嫂　1903.2.8,12.11;1904.12.25;1911.4.7,11.9,12.2;1912.5.25,5.29;1918.5.5,8.25;1919.3.3,4.9;1920.4.27,12.2;1922.1.15,1.21,1.22,1.25
四少奶奶　1921.12.20
四少爷　1921.12.20
四世伯　1918.2.3
四孙　1918.8.15;1924.10.29
四太太　1911.3.14;1913.10.20;1916.6.10;1917.4.29;1918.2.22,2.28,3.13,3.14,6.20,12.28;1919.4.19,9.25,12.1;1920.4.7;1921.2.21,4.2,11.5,11.6;1922.1.5;1923.9.11
四太太　1920.3.21,9.13
四兄　见绍彝
四爷　1918.9.24;1921.5.28
松道瑞　1911.11.30
松方幸次郎　1902.6.22
松公　1917.2.8
松鹤龄　见松寿
松寿(松鹤龄)　1901.4.2
松尾贞次郎　1902.6.23
松文清公之曾孙女　1911.10.15
松贤　1919.12.29
嵩灵　1914.2.13
嵩祺　1919.2.7
嵩幼亭　1916.1.4

宋姐　1918．12．16；1919．4．2，8．2；1924．2．3；1925．3．11，3．23
宋师长　见宋哲元
宋世长　1920．9．11；1925．1．30
宋铁梅　1920．1．5，1．16，6．11
宋营长　1925．1．15
宋哲元(宋师长)　1925．1．30
苏大人　1910．8．23
苏堪　见郑孝胥
苏启　1924．1．3，1．6
苏轼(苏文忠公)　1905．2．28
苏文忠公　见苏轼
肃邸　见善耆
肃府大阿哥　1901．4．14
肃府大爷　1903．2．2
肃府二阿哥　1901．4．14
肃府三阿哥　1901．4．14
肃亲王　见善耆
肃王　见善耆
肃王福晋　1911．3．3
孙宝琦(孙慕韩、孙总长、总理、孙总理)　1913．12．8；1914．2．26，3．1，4．12；1920．7．16；1922．10．16，10．19，11．23，11．25；1923．9．23，10．11，12．14；1924．

2．18，4．16，4．28，5．6，5．17；1925．1．8
孙保祺　1901．5．21
孙保滋　见孙振家
孙伯兰　见孙洪伊
孙传奭(孙少鼎、少鼎)　1902．9．22，9．30；1904．1．19，5．2，5．3，6．9，6．12，6．13，7．26，8．12；1910．4．23
孙丹林(孙署总长)　1922．10．19
孙多森(孙荫庭)　1915．7．14，7．16，7．20
孙福茂　1924．11．18
孙淦(实甫)　1902．6．22
孙公　1901．6．9；1904．1．19
孙洪伊(孙伯兰)　1916．8．1
孙家鼐(孙中堂、孙相)　1904．1．14，1．18，1．29，3．1，3．9，4．1，4．11
孙荩卿　见孙晋卿
孙晋卿(孙荩卿)　1919．1．20，7．10，10．14；1924．1．7
孙景周　1913．12．11
孙静安　见孙静庵
孙静庵(孙静安)　1920．9．6；1921．10．28，10．30，11．1，

11.4
孙镜清　1922.12.25,12.26
孙禄　1912.7.15;1913.4.29,6.3,6.4;1916.2.1,3.30,9.15;1917.5.4,5.15;1918.12.16;1919.4.9,9.2,9.4,10.2,10.7;1921.9.16,11.10;1922.11.2;1925.3.7
孙慕韩　见孙宝琦
孙润宇　1923.1.6
孙少鼎　见孙传藜
孙首领　1924.10.13
孙署总长　见孙丹林
孙司令　1918.12.14
孙文（孙中山、孙先生）1912.8.24,9.11;1921.4.10;1924.12.31;1925.1.2,1.10,1.17,2.1,3.21
孙武　1922.12.30
孙先生　见孙文
孙相　见孙家鼐
孙荫庭　见孙多森
孙赞尧　1920.5.30
孙振家（孙保滋）1921.4.29
孙志声　1918.7.1
孙中山　见孙文

孙中堂　见孙家鼐
孙仲诚　1912.11.25;1913.1.4;1918.2.13,9.8,12.19;1921.1.31
孙壮　1924.2.23
孙子涵　1922.9.16,9.18
孙总理　见孙宝琦
孙总长　见孙宝琦
索崇仁（索荫轩、崇荫轩、索团长、崇林）　1912.10.30;1913.4.1,10.10;1914.3.5,5.6;1915.10.26;1916.1.7,8.31,10.24,10.26,12.20,12.21,12.28,12.29;1917.1.13,1.16,3.1,5.12,5.17,5.18,5.24,6.1,7.13,7.19,7.21,7.22,7.24;1918.5.20,5.21
索团长　见索崇仁
索荫轩　见索崇仁

T

塔木庵（木庵、克什讷、塔穆庵）　1900.8.22;1901.6.26,7.2,7.13,7.20,9.12;1902.9.2;1903.1.2
塔穆庵　见塔木庵
塔王　1920.9.16

太师母　1920.4.10
太田达人(太田)　1902.12.6;1903.1.5,4.8,4.27
谈广庆　1920.1.24
谈国桓　1920.1.24
谈国揖　1920.2.13
谈铁隉　1923.1.10,1.12
汤化龙(汤济武、汤总长)　1912.9.11;1917.1.15,7.23,8.4;1918.1.1
汤玉麟　1917.6.16
汤原元一　1902.6.12
唐宝锷(唐秀丰)　1902.6.20;1910.9.1
唐贝子　1919.11.27
唐春卿　见唐景崇
唐大臣　见唐绍仪
唐大人　见唐绍仪
唐孚郑　1912.11.30
唐公　见唐文治
唐公柔　1915.5.29
唐姐　1913.2.4
唐景崇(唐春卿)　1910.10.19;1914.11.22
唐老爷　1901.4.25
唐名盛　见唐鸣盛
唐明盛　见唐鸣盛
唐鸣盛(唐铭盛、唐名盛、唐明盛)　1917.7.10;1919.3.14,3.15;1920.3.3;1922.1.22;1924.2.6,3.4,3.29,3.30
唐铭盛　见唐鸣盛
唐瑞铜　1911.4.18
唐尚书　见唐景崇
唐少川　见唐绍仪
唐绍仪(唐绍怡、唐世怡、唐少川、少川、唐大人、唐大臣)　1905.5.17;1911.12.7,12.9,12.12,12.26,12.28
唐绍怡　见唐绍仪
唐世怡　见唐绍仪
唐太宗　1918.3.11
唐王爷　1922.11.3
唐蔚翁　见唐文治
唐蔚之　见唐文治
唐蔚芝　见唐文治
唐文治(唐蔚芝、蔚芝、唐蔚之、蔚之、唐蔚翁、唐公)　1901.4.28,5.1,5.8,5.17,5.21,6.25,7.17,8.6;1902.10.6,12.21;1903.1.3,1.19,2.3,3.28,4.23,12.16,12.22,12.30;1904.1.

17,1.27,2.4,3.18,9.28,
10.22,10.24,10.25,10.30,
11.24;1905.1.20,2.13,
8.12
唐小山　1921.7.20;1922.9.
14;1924.2.7
唐秀丰　见唐宝锷
弢公(陈宝箴)　1925.1.9
涛贝勒　见载涛
涛公爷　见载涛
涛七爷　见载涛
陶大均(陶小南、陶杏南、杏
　南、陶老爷、陶)　1901.5.
　1,6.21,6.22,7.12,8.10,8.
　19,8.24;1902.11.14,11.
　26;1903.2.18;1904.10.
　22,10.24,10.25;1905.8.9
陶敬安　1920.9.11
陶老爷　见陶大均
陶湘　1923.12.12
陶小南　见陶大均
陶杏南　见陶大均
藤泽士亨　1902.6.24
藤泽元造　1902.6.23
天津大姑爷　见张文孚
天津姑奶奶　见马昭叔
田步蟾(田桂舫)　1905.8.8

田承恩(锡三)　1919.6.1
田桂舫　见田步蟾
田锅安之助　1901.4.21
田锅先生　1901.4.14
田焕亭　见田文烈
田旅长　见田献章
田绍白　1902.9.30;1904.1.
　19,1.28;1905.2.22;1913.
　1.4,6.22
田文烈(田焕亭、田总长)
　1919.12.28;1920.1.5,1.
　29,2.2,2.7
田文铭　1916.9.15
田文彝　1916.9.15
田献章(田旅长)　1914.6.
　14,7.2;1917.2.4,7.15,
　7.18
田掌柜　1901.5.28,5.29,
　6.18
田总长　见田文烈
铁宝臣　见铁良
铁宝翁　见铁良
铁大人　见铁良
铁大爷　见铁良
铁良(宝臣、贵宝臣、铁宝臣、
　铁宝翁、宝翁、铁大人、铁大
　爷、铁)　1901.3.25,3.27,

3.29,3.30,4.6,4.16,4.21,5.7,5.8,5.10,5.17,5.18,6.6,6.10,6.21,6.26,6.27,6.28,7.6,7.9,7.11,7.17,7.23,7.25,7.29,7.31,8.14,8.15,8.17,8.21,8.24,8.25,8.30,9.1,9.7;1902.8.29,9.1,9.28,9.30,10.2,11.12,11.13,12.8,12.9;1903.1.3,1.12,1.15,1.18,1.21,2.3,2.7,2.12,2.18,3.30,3.31,4.19,5.12,11.26,12.4,12.5,12.10;1904.1.13,1.20,3.31,4.1,4.19;1907.3.12,3.26,4.5,9.3,9.6;1909.3.3,3.7,3.28,4.4,4.20;1910.2.12,8.29,10.4;1917.10.28;1918.3.6;1919.6.4,12.12;1923.1.14;1925.3.6,3.25

铁迈士(铁先生) 1915.2.13,3.1,3.19,3.20,7.15,10.3;1916.2.21,6.7,10.7,10.14;1917.6.3;1918.2.3,9.3,12.26;1919.2.25

铁顺 1918.11.8

铁珣 1922.11.18

铁鋆 1901.6.28

通格 1915.6.3,6.9

同二老爷 1918.4.16

佟济煦(佟继先、佟老爷、佟郎中) 1924.6.26,7.7,7.23,11.9,12.1;1925.1.8,1.10,1.23,2.21,2.24

佟继先 见佟济煦

佟郎中 见佟济煦

佟老爷 见佟济煦

佟师爷 1910.4.19

佟文斌 1919.12.24

桐二爷 1916.4.7;1917.6.22;1918.6.2

桐格 1912.6.8

桐翰卿 1904.6.18;1920.5.27

桐五舅老爷 1915.6.29

童承宣官 1920.3.2

涂六少爷 1905.7.12

涂三哥 见涂元甫

涂三爷 见涂元甫

涂元甫(涂三爷、涂元翁、涂三哥) 1902.9.18,9.24,11.14,12.22;1903.1.10,2.27

涂元翁 见涂元甫

屠静山　1920.1.9

W

瓦帅　1901.5.29

婉容（皇后）　1922.10.15,
11.12,12.3,12.12;1923.
10.11,10.26;1924.1.9,5.
24,6.27,9.7,10.7,10.10,
10.15,11.5,11.20,12.9;
1925.2.5,2.11,2.24

万本端　1920.10.20

万大人　见万绳栻

万绳栻（万大人）　1925.3.
10,3.24,4.4

万太监　1921.3.11

汪伯堂　见汪大燮

汪伯棠　见汪大燮

汪大人　见汪钟霖、汪学谦

汪大燮（汪伯棠、汪总长伯堂）
　1913.10.31;1914.4.12;
1922.10.19

汪干卿　见汪钟霖

汪吉斋　见汪学谦

汪精卫　1925.2.22

汪俊臣（汪君）　1924.1.27,
1.30

汪勤务长　1916.3.19

汪芍阶（汪药阶）　1903.4.2,
5.5,5.9

汪士元　1911.12.4

汪世杰　1901.7.25,8.13

汪廷斋　1915.10.5

汪学谦（汪吉斋、汪大人）
　1921.11.13;1922.11.12;
1924.5.10,5.30,6.9

汪药阶　见汪芍阶

汪有龄（汪子建、汪子健）
　1922.8.25,9.16;1924.11.
20,11.21

汪钟霖（汪干卿、汪大人、甘卿）
　1922.11.20,12.30;
1923.1.12;1924.1.10,1.
12,2.6,3.6,7.10

汪子建　见汪有龄

汪子健　见汪有龄

王蔼人　见王霭人

王霭人（王霭仁、王蔼人）
　1915.3.20,5.29,8.28

王霭仁　见王霭人

王宝义　1921.6.12,7.31;
1918.10.14;1923.12.14

王彬卿　1910.8.18,8.21

王秉恩　1924.7.14

王宠惠（王总理）　1922.10.19

王船山　见王夫之

王春来 1922.8.30,9.4
王春元 1920.3.2
王存信 1925.2.16
王丹揆 见王清穆
王丹葵 见王清穆
王丹翁 见王清穆
王丹兄 见王清穆
王德山 1920.9.2
王定成 1913.6.22
王恩浦 见王乃斌
王恩普 见王乃斌
王恩溥 见王乃斌
王夫之(王船山) 1918.3.11
王干臣 1904.9.26
王广福 1921.11.3
王国维(王静安) 1924.10.9,11.5;1925.1.28
王瑚(王铁珊) 1920.5.13
王怀庆(王茂萱、王将军、王茂萱、王懋宣、王懋轩、王巡阅使) 1919.6.22,12.2,12.6;1920.1.16,3.3,3.18,4.16,4.22,5.1,5.2,5.3,5.8,5.12,7.31,11.8;1921.7.29,7.30,9.28,9.29,10.2,11.29;1922.10.4,10.6,10.11,10.13,10.27,10.28,10.30,11.1,11.2,11.5,11.8;1923.1.1,1.5,9.23,10.21,10.29,10.30,10.31;1924.1.6,1.7,1.8,1.9,1.18,1.20,3.9,3.30,3.31,4.26,5.24,6.4,6.5,6.8,6.10,6.11,6.12,6.13,6.15,6.24,7.8,8.5,8.15,8.16,9.10,9.11,10.1

王回事 1919.2.6
王家瑞 1920.3.3
王兼善 1911.11.13
王建忠(王天纵、王旭九) 1917.7.15,8.19
王将军 见王怀庆
王京兆 1917.11.16
王璟芳(王小宋) 1905.11.26;1915.7.27;1917.3.3
王静安 见王国维
王九成 见王久成
王久成(王九成、王子云) 1917.7.21;1918.7.31,9.7;1922.12.13,12.18,12.19;1923.11.13,11.15,11.19,11.25,11.26,11.27
王克敏(王叔鲁、总长) 1918.1.31,3.25;1924.6.7

王孔明　见王非尘
王孔明(王非尘)　1920.3.7
王兰亭　见王毓芝
王兰勋(春园)　1919.6.1
王老师　见王念祖
王鲁民　1917.10.24
王茂萱　见王怀庆
王懋轩　见王怀庆
王懋宣　见王怀庆
王乃宾　见王乃斌
王乃斌(王乃宾、王恩溥、王恩普、王恩浦)　1919.6.22,9.29,10.15;1920.2.3,10.10,10.13,10.27;1921.11.11
王念祖(王少谷、少谷、王师、王老师、王少师)　1904.1.13,1.17,1.19,3.21,4.7;1910.4.7,4.15,4.16,6.14,6.15;1911.5.11;1912.8.22;1917.10.17
王聘卿　见王士珍
王清穆(王丹葵、丹葵、王丹揆、丹揆、王丹兄、王丹翁)　1901.4.27,5.21,6.25,9.6;1902.9.3,9.4,9.10,12.8;1903.1.26,3.30,11.16,12.30;1904.1.27;1904.5.9,6.16;1905.5.17;1919.12.29;1920.1.24
王如泉　1901.4.22,4.23;1912.5.20;1914.3.24;1915.1.4
王汝淮　1910.9.1
王汝贤　1917.1.14
王三哥　见王三兄
王三老爷　见王三兄
王三兄(王三哥、王三爷、王三老爷)　1901.4.17,6.19;1902.9.11,11.14;1904.9.8;1905.11.20;1913.5.8;1914.4.18;1918.7.6;1920.5.13
王三爷　见王三兄
王嫂　1903.4.4
王善荃(王仲艿)　1905.1.15;1912.3.22
王少甫　1920.10.3;1923.9.25
王少谷　见王念祖
王少荃　1915.5.29,8.28
王少师　见王念祖
王少翁　见王振声
王少兄　见王振声

王师　见王念祖

王十哥　1901.6.19;1913.5.8;1920.5.13

王士贤(赞卿)　1918.10.26

王士珍(王聘卿)　1917.5.23,7.7,7.8,7.9,7.10,7.11,7.13,7.14;1922.9.4;1924.5.17,8.24,11.3

王世兄(王念祖之子)　1917.10.17

王式通(王书衡、王叔衡)　1905.2.6;1912.12.8;1913.4.7;1914.3.8;1918.3.29,9.8;1921.7.13

王首领　1921.7.9

王书衡　见王式通

王叔衡　见王式通

王叔鲁　见王克敏

王树臣　1919.10.29

王四明　1907.2.26

王太监　1922.9.1

王天纵　见王建忠

王铁庵　1924.11.3

王铁珊　见王瑚

王廷桢(王统制)　1912.9.11,10.30

王统制　见王廷桢

王维寅(王先生)　1903.1.18,1.23,1.24,11.3,11.4,11.10,12.18

王文豹　1915.3.20

王文琪　1910.7.7;1916.9.23

王文治　1920.9.2

王锡嘏　1924.1.3

王贤宾(竹林)　1911.12.4

王小宋　见王璟芳

王谢家　1917.4.20

王心斋　1913.5.20

王旭九　见王建忠

王巡阅使　见王怀庆、王占元

王延桢　1918.5.7

王爷　见指奕劻、载沣(按1913年以前单称"王爷"指奕劻,之后多指载沣)

王冶馨　1913.11.6

王揖唐(王总长)　1916.4.26,4.30,6.10;1918.5.25,5.27

王益三　1917.11.23

王永江　1920.1.24;1924.4.13,7.14

王御史　1907.3.5

王毓芝（王兰亭） 1923.1.1；
  1924.7.11，10.17
王源忠（李炳如） 1920.7.2；
  1919.12.14，12.16，
  1919.12.18；1920.6.13，
  6.14
王云阁（王芸阁） 1911.11.
  13；1917.3.3，3.14，11.19；
  1919.1.14；1920.5.4
王芸阁　见王云阁
王占元（王巡阅使） 1918.2.
  13；1921.5.26
王掌柜 1915.9.6
王振声（王少农、王少兄、少
  农、王少翁） 1901.5.29，
  6.3，6.17；1902.9.15，10.
  6；1904.3.17，9.20；1918.
  6.13
王治 1909.2.7
王仲华 1924.9.15，10.9；
  1925.2.18
王仲芗　见王善荃
王竹林 1911.12.9
王子和 1902.9.18
王子明 1920.5.3，5.13
王子仪 1903.1.12
王子元 1921.5.31

王子云　见王久成
王子铮 1917.10.6
王宗基 1910.4.13
王总稽查 1917.7.15
王总理　见王宠惠
王总长　见王揖唐
卫公　见近卫笃麿
卫理 1913.1.1
蔚之　见唐文治
蔚芝　见唐文治
慰帅　见袁世凯
魏大人 1909.11.1
魏大太太 1912.11.24
魏道　见魏蕃宝
魏蕃宝（魏道） 1902.9.5，9.
  13；1903.11.17，11.18
魏韩德 1904.12.4
魏家胡同公爷 1918.3.4
魏家胡同姑娘 1919.1.20，
  1.21；1920.2.3；1921.11.9
魏老爷 1907.3.31
魏寿春 1901.6.24
魏顺 1911.5.8
魏太太 1912.11.25；1920.
  5.4
魏梯云（梯云） 1903.11.10；
  1904.10.3；1905.1.14；

1909.9.14;1910.3.14,8. 18,8.21;1911.12.4,12.9; 1912.2.20,5.28,7.7

魏武达　1911.11.30,12.2

魏兴　1913.9.27

魏肇文　1917.1.12

温大人　见温肃

温寿臣　1905.1.9

温肃（温义夫、温大人、毅夫）　1922.11.21,12.22,12.30;1923.1.14;1924.5.30,6.4,6.18,6.29,7.7;1925.1.22,2.18,2.24,2.25,2.27,3.5,4.4

温义夫　见温肃

文彩（文老爷）　1920.2.17

文犊山　1904.3.21

文分队长　见文昆

文孚（文老爷）　1924.6.11

文济苍（文七爷）　1901.8.20,8.24,9.23

文举　1919.12.30

文昆（文分队长）　1917.7.13,7.14

文老爷　见文彩、文孚、文桐、文荫、文昭

文明　1912.4.10

文七爷　见文济苍

文澍田　见文荫

文桐（文老爷）　1909.6.4;1910.9.1

文兴　1913.10.21

文绣（端恭之女）　1921.6.12,6.23

文许　1919.12.3

文绚之女　1921.6.12

文彝初　1909.4.2

文荫（文老爷、文澍田）　1915.3.20,4.20,5.29

文昭（文老爷）　1919.12.4

翁斌孙（翁陶甫）　1914.3.8,3.14

翁陶甫　见翁斌孙

翁同龢（翁先生、翁中堂）　1914.3.8;1919.11.18

翁先生　见翁同龢

翁中堂　见翁同龢

倭仁（倭文端）　1910.2.13

倭文端　见倭仁

乌泽生（乌泽声）　1922.12.20;1923.1.2

乌泽声　见乌泽生

乌珍　1901.4.2

吴葆畴（吴通判）　1904.6.2

吴北江　见吴闿生

吴炳湘(吴静潭、吴总监)　1914.5.6,5.31,7.14;1916.3.19;1917.7.8,7.13,7.14,7.16,11.10;1919.12.28

吴炳缃　1913.12.26

吴昌绶　1917.5.18

吴次长　见吴鼎昌

吴达泉　1918.5.26

吴鼎昌(吴次长)　1918.8.13

吴管事(庆府吴管事)　1912.4.11,4.12;1913.1.21,1.25;1914.3.7,4.16,4.19

吴鹤龄　1901.4.21

吴笈孙(吴世缃、世湘、吴士湘、吴局长、吴秘书长)　1917.1.15,7.17;1918.5.25;1919.9.27,9.30,11.2,11.24,11.30;1920.2.9,7.18

吴景濂　1913.2.11

吴敬恒(吴稚晖)　1925.2.22,2.23,4.9

吴敬荣(茇诚)　1915.10.29

吴静潭　见吴炳湘

吴局长　见吴笈孙

吴闿生(吴辟疆、吴北江、吴世兄)　1901.5.22;1903.5.9,5.10;1912.2.20;1917.2.12,7.7,7.11;1918.3.3;1919.3.19;1920.3.22;1921.7.9,7.12,8.11

吴老师　见吴汝纶

吴懋鼎　1904.12.8;1905.4.25

吴秘书长　见吴笈孙

吴佩孚(吴巡阅使、吴巡帅、吴使、吴)　1922.12.20;1924.2.17,2.18,4.16,9.15,9.17,10.4,10.10,10.11,10.22,10.24,10.28,11.2

吴辟疆　见吴闿生

吴秋舫　见吴毓麟

吴璆(吴先生)　1921.12.22

吴汝纶(吴师、吴老师、吴先生、吴挚甫、挚甫、吴挚翁)　1901.3.27,3.28,4.15,4.18,4.21,4.28,5.7,5.11,5.17,5.29,6.19,7.20;1902.6.6,6.8,6.9,6.16,6.19,6.20,6.22,6.23,6.25,6.26,7.4,7.11,7.12,7.13,7.19,

7.20,7.27,8.30,8.31,9.2;
1903.5.9

吴升 1901.3.24

吴师 见吴汝纶

吴使 见吴佩孚

吴士湘 见吴笈孙

吴世湘 见吴笈孙

吴世绌 见吴笈孙

吴世兄 见吴闿生

吴廷燮(吴向之) 1910.3.
14,3.17;1912.8.2;1918.
12.25

吴廷燮(吴向之) 1917.3.3

吴通判 见吴葆畴

吴万年 1904.5.17

吴维贤 1904.9.26

吴先生 见吴汝纶、吴璆

吴向之 见吴廷燮

吴信甫 1902.12.21

吴巡帅 见吴佩孚

吴巡阅使 见吴佩孚

吴幼舲(吴幼龄、幼龄,吴懋鼎
之侄) 1901.3.22,3.29,
5.8,5.10,5.17,5.26,6.6,
8.14,8.15;1902.9.3,9.6,
9.18,9.20,10.2,12.21;
1903.11.16;1904.1.4,3.

19,8.6;1905.5.8;1909.6.
1;1911.9.1,10.4;1912.5.
2,5.20,5.21,10.2,10.5,
10.12,10.13,10.31,11.6;
1913.2.4,5.24,6.26,9.5,
9.13,11.27;1914.8.24;
1915.4.15;1916.1.16,8.
11;1917.2.24

吴育臣 1901.6.10,6.11-15

吴毓麟(吴秋舫、吴总长)
1924.4.7,4.19,5.17,5.
24,10.21

吴肇修 1902.6.22

吴挚甫 见吴汝纶

吴挚翁 见吴汝纶

吴稚晖 见吴敬恒

吴宗濂 1912.9.11

吴总监 见吴炳湘

吴总长 见吴毓麟

五福堂李先生 1921.2.15;
1922.1.25

五格 见延禧

五奶奶 1902.12.1;1905.3.
27;1909.3.3;1912.4.17,
4.26,5.3,6.16,6.23,6.24,
6.27,11.20;1913.9.10,
11.16,11.18;五奶奶

1914.4.19,9.16

五奶奶　1914.4.15

五亲家太太（庆府亲家太太、庆府五亲家太太）　1911.3.3,3.5,3.27;1912.1.5,5.9;1914.4.14,4.16,5.1,8.28,9.6;1915.1.7,9.4;1916.12.17;1918.4.19,12.25

五亲太太　1914.4.15

五嫂　1903.12.12;1911.3.5,3.16;1912.2.23,3.26,4.6,4.26

五孙延绥　1918.6.3

五太太　1902.10.5;1903.4.5;1907.7.5;1910.7.1,7.7,7.14;1911.3.11,3.14,3.23;1912.3.17,3.26,3.27,4.20,5.10;1913.3.7,9.1,9.21,11.10;1914.3.15;1915.3.18,9.10,10.5,11.11;1916.2.22,3.5,.8.10,8.25,9.14,9.28,11.21,12.6,12.9,12.14;五太太1917.2.23,3.17,3.18,3.21,4.9,5.5,5.9,10.31,11.4,11.8;1918.2.22,3.13,3.14,6.13,6.19,6.22,7.4,7.18,8.15,8.17,8.18,8.24;1919.3.3,4.19,5.20,8.27,9.7,9.11,9.25;1920.2.20,3.21,5.27,9.13;1921.2.24,2.25,3.11,5.2,6.9,8.15,9.18,10.20,11.13,11.14;1922.9.3,10.4;1923.10.30,11.27;1924.3.6,6.2;1925.3.14,3.19

五熊　见延禧

五爷　1903.1.9;1911.3.4

五爷屋姨奶奶　1914.4.15

伍大人　见伍廷芳

伍廷芳（伍大人）　1903.11.16;1904.1.14

武翘南　1901.6.6

武义亲王　1916.1.1

武兆桐　1905.2.20

武总管　1923.9.29

X

西太后　见慈禧太后

西院大奶奶　1916.3.5,8.30;1918.3.13,3.14;1919.9.25;1920.3.21

西院老太太　1903.12.11

息侯　见金梁
晳子　见杨度
锡彬（锡斌、锡老爷）　1916.11.30；1925.2.26，3.13，3.31
锡斌　见锡彬
锡臣　见黄开文
锡大爷　1904.4.5
锡督　1910.8.31
锡二太太　1913.2.26，3.1，3.4，3.7
锡姑奶奶　1901.5.29
锡姑太太　1901.4.2
锡洁庵（锡三爷、锡三哥）　1910.6.8；1915.3.11，8.14，10.16；1916.6.4，6.7，10.7，10.8；1917.1.21，2.21，6.18，8.8，9.5，12.31；1918.3.2，3.6，6.5，7.5，8.5，9.2，9.9，10.5，11.5，12.4，12.31；1919.1.29，4.9，5.3，5.30，7.15，8.12，9.9，9.19，10.7，10.17，10.18；1920.2.19，4.21，4.26，9.23，10.19，11.9，11.20，11.23，12.9，12.31
锡老爷　见锡泉、锡彬

锡老爷（未详为谁）　1914.2.13；1915.1.25；1917.12.16；1918.1.4；1923.9.15；1925.1.5，3.23
锡良（锡清帅、锡文诚公、锡总督、锡制军）　1909.4.21；1910.8.31，10.30；1918.3.22
锡聘之　1901.7.13；1904.11.13
锡清帅　见锡良
锡泉（锡老爷）　1917.9.25，10.30，12.24；1918.3.1，3.2，3.3，3.13；1922.12.12；1924.5.27；1925.2.24，3.27
锡闰生（闰生、赵闰生）　1901.3.25，3.26，3.28，3.29，4.5，4.6，8.30，9.7，9.15；1902.9.6，9.30，10.5；1903.1.9，1.10，1.16，1.21，4.8；1904.4.13，5.4，6.18；1905.3.11，3.12，3.24，4.4；1907.2.16；1910.6.6；1911.1.27，1.28，5.14，6.3，6.8；1912.4.12，4.26，5.3，5.4，8.1，8.2，12.10，12.

11;1914.4.1,12.6,12.7,12.30;1915.4.16;1916.2.19,9.29,12.30;1917.10.10;1918.4.24

锡三　见刘恩鸿、田承恩

锡三哥　见锡洁庵

锡三爷　见锡洁庵

锡生　1904.4.7

锡师老爷　1918.3.5

锡四爷　1910.3.2

锡文诚公　见锡良

锡文初　1907.4.5

锡虞臣　1925.1.5

锡宅姑太太　1912.4.27

锡张五爷　1917.11.12

锡珍　1921.6.1

锡制军　见锡良

锡总督　见锡良

熙宝臣　见熙钰

熙贝勒　见熙凌阿

熙大夫　1917.6.24;1918.5.6

熙大人　见熙彦、熙钰

熙都护　见熙钰

熙监修　1903.1.27

熙钧　1918.4.11

熙俊甫　见熙彦

熙隽甫　见熙彦

熙凌阿(熙贝勒)　1918.8.10

熙民　见周登皞

熙三大人　见熙彦

熙三太太　1911.3.3;1915.10.3

熙三先生　见熙彦

熙三爷　见熙彦

熙彦(熙隽甫、熙俊甫、熙三先生、熙大人、熙三爷、熙三大人)　1912.5.28;1915.5.4,9.4,9.5,9.11,9.13,9.16,9.18,9.19,9.20,10.7;1916.4.28,5.4;1917.10.10,11.16;1919.7.11,11.24;1920.9.6,9.19;1921.7.24

熙钰(熙宝臣、熙大人、熙欲都护、熙都护)　1919.12.2;1920.12.2,1924.4.6,4.7,4.26,5.25,6.7,6.8,6.10,6.12,6.28,9.8,9.9,9.11,9.17,10.9,10.10,10.13,10.17,10.22,10.25,11.1,12.22;1925.2.4,2.5,2.11

熙欲都护　见熙钰

熙总办　1919.1.1
席卿　见良揆
喜三爷　1912.3.16,5.10
细田谦藏　1902.6.28
遐小鹏　1918.4.10
下田歌子　1902.7.4
夏礼辅　1913.1.1
夏顺　1916.5.30;1917.7.17;1919.2.5
夏田歌子　1902.7.22
先妣(绍英本生母董佳氏)　1902.9.10
先慈　见曹太夫人
先公　见宝琳
先君　见宝琳
先师　1917.10.24
先兄　见绍彝
先兄九兄　见绍祺
先兄十一兄　见绍諴
先严　见宝琳
先严大老爷　见宝琳
先严二老爷　见宝珣
咸麟　1903.5.2
现明(现明方丈、现明和尚)　1918.3.12;1921.2.12;1922.12.13,12.20;1924.8.24

宪大爷　1918.5.12;1921.10.25,10.27,11.5,11.6
宪二奶奶　1919.4.19
香妃　1919.10.31
祥格　见延祥
祥格妈　1913.6.26,6.27
祥璋　1924.12.18
项激云　1913.1.6
项镇方　1921.1.31
象来街大姑奶奶　1916.10.10
萧炳炎(萧新之)　1918.6.24,10.22-23;1924.2.16,7.27;1925.1.24
萧次修　1901.4.14
萧大镛(少亭)　1921.11.2
萧供事　1902.9.26
萧林　1912.3.20
萧马夫　1902.10.4
萧新之　见萧炳炎
萧忠　1905.3.22,3.23;1910.7.7;1912.11.16,12.21;1913.6.12,8.26,10.14,11.12,11.22
小川氏　1901.4.21
小村大臣　见见小村寿太郎
小村大使　见见小村寿太郎

小村君　见小村俊三郎
小村俊三郎（小村君）　1902．6.28,7.5,7.13,7.21,7.26,8.1,8.2,8.17
小村使臣　见小村寿太郎
小村寿太郎（小村使臣、小村大臣、小村大使）　1901．8.24;1902．6.28,6.30;1905．12.2,12.17,12.21
小宫山君　1902．8.16
小姑奶奶　1917．6.13
小谷铁次郎（小谷）　1904．4.24,8.21,10.25
小继三爷　1923．1.17
小林光太郎　1902．6.28,8.17
小嬷　1913．9.27
小森庆助　1902．6.23
小藤文次郎　1902．6.30
小田切万寿之助　1907．2.21,2.22
小野德太郎　1902．6.24
小沂　见沈兆祉
筱圃　1904．1.23
孝定景皇后　见隆裕皇太后
孝钦显皇后　见慈禧太后
解光前（解之瞻）　1914．4.1,9.8;1917．9.11
解之瞻　见解光前
谢教师　1903．4.4
信二爷　1919．7.5
信侯（信侯爷）　1918．9.4,9.15;1919．5.3
信怀民　1918．9.21;
信宅姑奶奶　1919．4.20
星尼贝子　1923．11.17;1924．1.2
星枢　见张寿田
邢万禄　1903．1.16,1.18
兴儿　1914．4.17;1924．1.16
杏南　见陶大均
熊秉三　见熊希龄
熊顺　1903．3.28
熊希龄（熊总长、熊秉三、熊总理）　1912．5.26,6.13,6.14,6.15,6.18;1913．10.21,10.23,10.27;1918．12.11;1924．8.22
熊总理　见熊希龄
熊总长　见熊希龄
秀峰　1901．6.19
秀格格　1913．2.17
秀三爷　1916．10.6
秀英　1914．2.27

秀云　1921．7．16,7．21
徐邦杰（徐国俊）　1915．10．25,10．29；1916．6．9；1917．6．27
徐博士　1924．10．19
徐大臣　见徐世昌
徐大人　见徐世昌
徐大总统　见徐世昌
徐德安（德安）　1910．2．14,2．15,2．17；1911．9．22
徐东海　见徐世昌
徐东翁　见徐世昌
徐恩元　1920．1．27
徐坊（徐梧生）　1913．7．23,7．24；1914．2．6；1916．9．16
徐公　见徐世昌
徐狗子　1909．11．27；1910．11．16；1915．1．9
徐观察　见徐致善
徐光志　1915．10．29
徐国俊　见徐邦杰
徐国务卿　见徐世昌
徐华农　1913．10．1
徐进齐（进齐侍郎）　1902．6．19
徐敬宜　1919．10．29
徐鞠人　见徐世昌

徐鞠翁　见徐世昌
徐菊老　见徐世昌
徐菊人　见徐世昌
徐君　见徐树铮
徐君勉　见徐勤
徐宽　1901．9．22
徐立堂　1904．4．22
徐笠翁　见徐学伊
徐谦（季龙）　1924．11．1,11．2
徐勤（徐君勉）　1921．11．2,11．3,11．6
徐全本　1918．4．10
徐容光　1917．9．10,11．17；1918．3．26,3．27
徐尚书　见徐世昌
徐师傅　见徐世昌
徐世昌（徐大人、徐大臣、徐东海、东海、徐东翁、徐鞠人、徐鞠翁、徐菊人、徐尚书、徐中堂、徐太保、徐太傅、徐菊老、徐相国、徐国务卿、徐师傅、徐相、徐总统、徐大总统、徐公、菊老、鞠人、徐）　1901．4．23；1902．9．2；1903．1．6,11．1,11．2,11．16,11．26,12．3；1904．3．26,3．28,5．

6,8.26;1905.8.4,8.10,8.15,9.24,11.20;1907.3.15,5.10;1909.5.28,8.2,8.12;1911.9.30,12.2,12.6,12.26;1912.3.14,5.1,6.11,6.15,6.23,10.23,10.24,11.15,11.25,12.2;1913.4.5,10.6,10.10,11.15,11.16,12.1,12.17;1914.3.28,.29,4.7,4.12,10.30;1915.1.26,3.1,7.6,10.30,11.7;1916.1.1,2.24,2.27,4.22,4.23,7.7,8.29,8.31,11.16,11.17,11.18,11.25;1917.1.7,1.8,1.10,1.15,3.7,3.12,7.6,7.8,7.9,7.10,7.11,7.16,7.19,7.20,7.25,8.2,8.3,8.8,9.8,10.28,11.8,11.23;1918.3.7,3.15,3.19,4.18,5.25,6.8,7.25,8.13,8.20,8.21,9.4,9.5,9.16,9.17,10.9,10.10,10.12,10.14,10.16-18,10.25,12.3,12.14;1919.1.1,1.2,1.7,1.11,1.22,1.23,2.26,3.12,6.1,6.12,10.12,

11.24,12.2,12.3,12.10;1920.1.1,2.16,2.17,2.28,2.29,3.2,3.3,3.31,9.22,10.23,10.25,12.2,12.3,12.4;1921.1.1,1.28,1.31,2.12,2.14,2.17,2.26,4.3,4.27,6.8,6.19,6.20,6.23,10.2,10.3,10.12,10.13,10.22,11.4,11.22;1922.1.4,1.5,1.7,1.17,1.18,1.19,10.7,11.5;1923.1.1,9.20,10.21;1924.7.6,10.9;1925.1.22

徐树铮（徐又铮、徐君）
1916.8.18,8.21;1917.1.8;1919.3.18

徐树植 1921.11.22

徐太保 见徐世昌

徐太傅 见徐世昌

徐蔚如 见徐文霨

徐霨如 见徐文霨

徐文霨（徐蔚如、徐霨如）
1918.3.12,4.21,9.8,10.11;1920.5.2;1921.7.10,7.13,7.23,7.24

徐梧生 见徐坊

徐先生 1903.11.25

徐相　见徐世昌
徐相国　见徐世昌
徐星垣　1910.8.18,8.21
徐学伊(徐笠翁)　1902.6.19
徐又铮　见徐树铮
徐元甫　1914.9.21；1915.
　10.27
徐致善(徐观察、徐)　1907.
　9.2,9.3,9.6
徐稚云　1924.12.18；1925.
　3.16,4.3
徐中堂　见徐世昌
徐总统　见徐世昌
许宝蘅(许继香、许季湘)
　1917.7.10；1919.3.8
许秉琦(许稚筠)　1909.4.21
许承岳(经伯)　1920.10.7
许季上(许先生)　1920.9.6,
　10.23
许季湘　见许宝蘅
许继香　见许宝蘅
许静仁　见许世英
许九香　1911.12.1
许兰洲(许司令)　1924.8.24
许石庵　1903.11.1
许世英(许总长、许静仁)
　1916.7.3,7.10

许司令　见许兰洲
许应骙(许制军)　1902.7.23
许制军　见许应骙
许稚筠　见许秉琦
许总长　见许世英
绪昌　见续昌
绪和(绪雨孙、绪雨荪)
　1903.11.4,11.8,11.10
绪雨孙　见绪和
绪雨荪　见绪和
续昌(绪昌、续老爷)　1922.
　9.26,10.4；1925.1.5,2.26
续老爷　见绪昌
宣统皇帝(皇上、上、大清皇
　帝、大皇帝、宣统、主人)
　1909.8.12；1910.2.2,5.
　16,6.11,9.14,9.16；1911.
　1.15,1.29,2.11,3.4,3.5,
　5.20,5.31,9.18,9.25,10.
　4,10.13,11.21,12.28,12.
　28；1912.1.14,2.3,2.18,
　3.15,5.2,6.8,6.10,9.11,
　9.25,9.29,10.2,12.1；
　1913.1.2,1.14,1.22,1.
　25,1.28,1.30,2.1,2.5,2.
　6,2.15,2.17,2.18,2.22,3.
　6,3.21,3.29,4.5,4.6,6.2,

6.3,7.31,9.10,9.14,9.15, 9.18,9.19,9.27,10.3-5, 10.9,10.10,10.12,11.19, 11.20,12.10,12.13;1914. 1.2,1.3,1.13,1.25,1.26, 2.4,2.12,4.2,5.9,5.11,5. 22,8.11,10.4,10.20,10. 22,11.23,12.7,12.9; 1915.1.2,2.1,2.5,2.13, 2.14,2.25,2.26,5.20,5. 27,5.28,6.6,6.17,9.23, 10.2,10.7,10.8,10.9,10. 10,10.11,10.13,10.14,10. 22,10.25,11.29;1916.1. 2,1.20,1.26,1.28,2.1,2. 3,2.15,3.26,4.29,5.13,5. 14,6.5,6.9,6.10,8.8,8.9, 9.20,9.29,10.5,10.20,11. 18,12.28;1917.1.2,1.15, 1.22,1.30,2.1,2.2,2.5,2. 6,2.27,3.1,3.30,6.1,6.4, 6.5,6.16,6.23,6.27,6.28, 7.1,7.2,7.8,7.12,7.13,7. 14,7.18,7.21,7.22,7.25, 8.1,8.16,8.27,8.29,9.24, 9.30,10.7,10.19,10.24, 11.9,12.7;1918.2.11,2.

16,2.23,5.3,5.8,6.8,6.9, 6.24,6.26,7.21,8.18,11. 26;1919.1.11,1.17,2.1, 2.9,3.6,3.9,3.10,3.12,3. 14,3.15,5.1,5.15,6.1,6. 2,6.28,7.16,8.27,11.15, 11.22,12.4,12.14,12.20, 12.28,12.29,12.31;1920. 1.4,1.5,1.24,2.11,2.13, 2.17,2.19,2.20,2.24,2. 25,2.29,3.4,3.18,4.2,4. 10,5.22,7.15,7.18,7.19, 8.2,8.3,8.5,8.9,8.10,8. 11,8.12,8.16,9.11,9.17, 9.26,10.10,10.20,11.16, 12.2,12.11,12.14,12.15; 1921.2.4,2.11,2.17,4. 21,4.23,4.27,5.2,5.3,5. 7,6.4,6.8,6.9,6.28,9.15, 9.27,10.1,10.2,10.3,10. 5,10.6,10.7,10.8,10.10, 10.12,10.20,10.21,10.22, 10.26,10.28,10.29,11.4, 11.6,11.8,11.9,11.11,11. 12,11.16,11.17,11.22,11. 29,12.6,12.8,12.9,12.11, 12.12,12.20,12.21,12.22,

12.23,12.31;1922.1.1,1.5,1.7,1.8,1.9,1.10,1.12,1.19,1.20,1.22,1.25,1.26,8.25,8.27,8.28,8.31,9.4,9.5,9.24,9.25,9.26,9.27,10.3,10.4,10.7,10.8,10.10,10.13,10.14,10.15,10.23,10.27,11.15,11.16,11.18,11.21,11.24,.11.30,12.2,12.3,12.4,12.6,12.7,12.8,12.9,12.10,12.12,12.15,12.18,12.23,12.26;1923.1.14,1.16,1.18,1.19,9.15,9.17,9.21,9.23,10.5,10.9,10.14,10.16,10.21,10.25,10.29,10.30,10.31,11.5,11.8,11.16,11.19,11.24,12.22,12.24,12.25,12.26;1924.1.8,1.9,1.10,1.18,1.22,1.28,1.31,2.3,2.5,2.6,2.9,2.10,2.17,2.19,3.2,3.4,3.6,3.8,3.9,4.13,4.18,4.20,5.9,5.11,5.17,5.19,5.24,6.4,6.8,6.18,6.25,6.27,6.29,6.30,7.6,7.8,7.14,7.16,7.17,7.20,7.21,7.22,7.27,8.1,8.2,8.3,8.4,8.8,8.13,8.15,8.21,8.26,8.29,9.4,9.6,9.7,9.8,9.12,9.14,9.15,9.16,9.24,9.28,10.4,10.9,10.13,10.19,10.23,10.30,11.4,11.5,11.10,11.17,11.18,11.20,11.21,11.23,11.28,11.29,12.1,12.2,12.3,12.20,12.31;1925.1.8,1.9,1.17,1.19,1.20,1.21,1.23,1.24,1.25,2.2,2.5,2.7,2.11,2.15,2.16,2.17,2.19,2.20,2.21,2.23,2.24,2.25,2.26,2.27,2.28,3.1,3.5,3.6,3.10,3.24,3.25,3.27,3.29

薛次长　见薛笃弼

薛大人　见薛之珩

薛都护　见薛之珩

薛笃弼(薛次长、薛子良)　1924.5.6,10.25

薛副使　见薛之珩

薛金　见薛金子

薛金子(薛金、金子)　1921.4.19,9.16;1924.2.28

薛松坪　见薛之珩

薛之珩(薛大人、薛松坪、薛都护、薛总监、薛副使)
1920.9.22,9.24,9.25,9.30,10.2,10.3,10.5,10.16,10.18,10.22,10.29,11.6,11.19,11.23,11.29,12.1,12.7,12.13;1921.1.8,1.25,2.15,3.12,9.11,12.1,12.26;1922.1.2,1.3,1.6,1.26,10.4,10.13,11.1;1924.5.6,6.8,9.11

薛子良　见薛笃弼
薛总监　见薛之珩
洵贝勒　见载洵
洵六爷　见载洵
巽轩　见曹羲

Y

延保　1921.6.12,9.18
延昶　1906.1.2;1914.5.26;1922.1.9
延村君　1902.8.1
延大少爷　见延鸿俦
延大爷　见延庚
延庚(延大爷)　1925.2.28,3.22,3.27
延赓　1912.5.3
延鸿俦(延大少爷、鸿俦)　1919.9.21,9.23,9.27,10.17;1921.12.18;1922.12.27

延经　1917.5.22;1918.5.2;1919.8.1,9.23;1922.9.6

延闾(大少爷、北宅大少爷)　1907.5.19,5.21,6.25;1909.3.2;1910.4.17,5.1,5.12,8.31;1911.4.10;1912.3.18,4.19,5.10,5.14,6.24,7.13,8.27,9.16,9.19,10.15;1913.1.2,6.14,6.18,11.15;1914.2.21,4.19,5.16;1919.8.23,9.24,9.25,10.3,11.18,11.20,12.31;1920.1.9,1.11,1.14,1.27,2.3,2.6,2.8;1921.3.31,12.17;1922.10.22,12.26;1923.10.27;1924.1.16,5.25

延康(三豹、三格)　1901.9.3;1909.10.24,12.13;1912.10.17,10.19-24,11.13;1914.4.19;1916.5.3;1918.2.24,3.3,7.19,12.15;1919.11.1,11.30,12.15;1920.1.2;1921.

12.19
延禄(二少爷、北宅二少爷)
　1907.5.19,5.21,6.25;
　1910.7.20,8.5,8.12,8.
　29,8.30,11.4;1912.4.16,
　5.9,5.14,6.24,7.13,8.27,
　9.16,9.19,10.15;1913.1.
　2,6.14,6.18,6.20,11.11,
　11.12,11.14,11.15;1914.
　2.4,2.21,2.26,5.16;
　1915.8.29;1916.1.25,12.
　25;1918.1.15;1919.8.23;
　1920.1.9,1.12,4.21;
　1921.3.31,4.12,12.3;
　1924.5.25
延明　1921.1.25;1925.2.6
延祺　1912.5.3;1913.9.27,
　9.28
延少白　1925.1.8
延署长　1925.3.17
延锡之　见延祉(曾任山西布
　政使之延祉)
延玺　1913.12.19;1914.5.
　26;1919.11.26
延禧(五熊)　1905.4.30,5.
　1;1909.10.24,12.13;
　1913.11.10,11.14;1919.

1.16,1.19,12.16;1920.1.
17;1921.8.10-12;1922.
1.3,1.5
延祥(祥格)　1912.3.2,6.8,
　7.13,7.22,7.4,7.8,10.13;
　1913.3.17,8.4,8.11,9.
　15,9.21,9.27;1914.3.3,
　4.15,4.19,5.7,5.15;
　1916.7.16,7.17;1918.
　1.31
延禽(六象)　1909.10.24,
　12.13;1912.3.25;1921.9.
　13;1922.12.29
延祉(四玃)　1909.10.24,
　12.13;1918.8.16;1919.1.
　19;1920.6.7;1921.12.19;
　1923.11.18
延祉(延锡之,曾任山西布政
　使)　1901.4.2
延竹山　1906.1.2
闫莲西　1901.6.6
闫雨农　1905.1.9
严伯玉　1922.11.20,11.23
严大人　见严修
严修(严大人)　1902.9.3;
　1911.12.7
言次长　见言敦源

言敦源(言次长)　1919.1.17
炎亭　见张炳城
阎督办　见阎廷瑞
阎廷瑞(阎泽浦、阎泽溥、阎督办、阎总办)　1925.3.24,3.27,3.29,3.31
阎泽浦　见阎廷瑞
阎泽溥　见阎廷瑞
阎总办　见阎廷瑞
颜惠庆(颜总理、颜骏人)　1922.10.31;1924.5.24,5.29,10.17,10.18,10.22
颜钧(颜山农)　1913.4.28
颜骏人　见颜惠庆
颜山农　见颜钧
颜总理　见颜惠庆
衍圣公(指孔令贻)　1913.2.28
晏海臣　1910.6.14;1911.12.26
杨参议　1904.1.31
杨次长　见杨寿枏
杨大人　见杨鼎元
杨大实　1925.2.22
杨德山　1913.5.3
杨鼎元(吉三、杨大人)　1922.12.22,12.30;1924.11.5
杨度(皙子)　1915.7.20
杨公　1904.10.7
杨供事　1902.9.26
杨楫(杨石渔)　1901.4.20,4.21,4.27
杨菊如　1912.5.7,5.27
杨录青(杨先生)　1921.4.11,4.15,4.16,6.1,6.12
杨圻(杨云史)　1922.8.25,8.27;1924.2.9,4.6,10.10
杨亲家太太(杨府亲家太太)　1916.7.26;1917.5.2,6.24,11.24;1918.5.6,6.20;1921.11.9;1923.11.17
杨仁山　1904.6.16;1905.1.20,8.8;1907.3.8
杨石渔　见杨楫
杨时百　见杨宗稷
杨士琦(杨世琦、杨杏城、杨杏翁、杨左丞)　1905.3.7,3.9,3.14,5.17;1911.12.7,12.12;1915.3.1;1918.4.7,12.30
杨世琦　见杨士琦
杨寿枏(杨次长)　1917.6.3
杨四爷　见杨耀曾

杨所长 1921.4.28;1925.1.20

杨王爷 1925.1.25,1.28

杨味云 1910.3.17;1911.10.16

杨先生 见杨录青、杨宗稷

杨小楼 1923.10.3

杨杏城 见杨士琦

杨杏翁 见杨士琦

杨耀曾(杨四爷) 1915.11.7;1918.11.9,11.13,12.24;1919.4.5,4.18;1922.12.25,12.28;1923.11.3

杨以德 1925.2.25

杨云史 见杨圻

杨芷青 1921.6.13

杨志鸿(杨稚鸿、杨子通) 1915.10.5,10.14,10.17,10.20;1920.4.7

杨稚鸿 见杨志鸿

杨子通 见杨志鸿

杨子襄 1918.11.29,12.9;1919.9.23,10.2;1920.9.26;1921.11.1,11.11;1924.4.4

杨宗稷(杨时百、时百、杨先生) 1902.8.30,9.5,9.7,9.13,9.15,9.20,9.23,10.1,11.12,11.21,11.26,11.28,12.3,12.10;1903.1.2,1.17,3.31,4.8,4.11,12.9;1904.1.5,1.14,1.29,2.28,3.19,3.21,4.5,8.6;1912.5.22,12.8;1914.3.8;1915.9.5;1918.2.18,3.29,6.30,9.8;1919.8.17,10.8,10.29,11.19,12.2;1920.3.23

杨左丞 见杨士琦

姚宝生(姚铁臣、姚先生、姚大人、姚君) 1913.2.1;1917.9.15,9.16;1918.2.24,2.26,3.27,3.31,4.2,4.3,4.6,4.9,7.18,8.15,10.19-20,10.25,11.26,11.27-28;1919.2.4;1920.3.27,8.17,9.2,9.13,9.15,11.10,11.25,12.3,12.5,12.6,12.9,12.12,12.20;1921.1.1,1.7,7.18,10.3;1922.12.29;1923.10.10,12.3,12.7;1924.8.27;1925.4.9

姚大人 见姚宝生

姚二总管　见姚兰荣
姚君　见姚宝生
姚兰荣(姚二总管)　1912.3.15；1913.3.2
姚老爷　1913.7.27
姚履亨(姚挹香)　1905.8.13；1910.8.11
姚石泉　见姚锡光
姚叔节　见姚永概
姚铁臣　见姚宝生
姚锡光(姚石泉)　1915.1.20
姚先生　见姚宝生
姚挹香　见姚履亨
姚永概(姚叔节)　1919.11.20,11.22
姚永朴(姚仲实)　1919.11.20,11.22
姚仲实　见姚永朴
瑶翁　见陈邦瑞
耀益(耀老爷)　1921.11.19,11.20,12.9
耀柱臣　见岳柱臣
野田养夫　1902.6.30
野田义夫　1902.6.28
叶恭绰(叶玉虎)　1913.10.29
叶先生　1914.2.12
叶玉虎　见叶恭绰

一爷　1920.9.13
伊大人　见伊克坦
伊东君　1905.8.11
伊东小三郎　1907.3.31
伊集院彦吉　1913.1.1
伊克坦(伊师傅、伊大人)　1912.11.15；1913.2.22；1914.2.6,7.9,9.16,12.1；1915.11.7；1917.1.30,7.7,12.18；1921.1.24,3.14；1918.2.21,8.12,10.5；1921.2.6,3.25,10.1；1922.9.26,9.27-29,10.2
伊师傅　见伊克坦
伊藤　见伊藤俊三
伊藤俊三(伊藤)　1901.4.21,4.22,8.24；1902.9.5,9.6
伊泽修二　1902.7.20
怡王　1921.5.11,5.12
姨奶奶　1915.3.18,9.10；1916.2.2,2.22,3.5,11.21；1917.1.22,2.23,9.11；1918.3.13,3.14,6.11；1919.1.2,3.3,8.2,9.2,9.13,9.25；1920.3.21,7.20,9.13,11.17,12.2；1921.3.

15,3.16,9.6;1922.1.25

姨太太　1923.1.13,10.27,10.29;1924.1.16,2.3,3.6,12.3;1925.1.23,3.23

艺樵　见张国文

易培基　1924.11.7;1925.2.22

奕劻（庆亲王、庆王、庆邸、王爷、邸宪、庆密亲王）1900.8.23;1901.5.21,8.10,8.24,8.25,9.8,9.17;1902.8.28,8.29,9.2,9.4,9.9,9.23,11.19;1903.1.10,1.11,1.12,1.16,2.28,4.26,4.30,10.27,10.29,11.3,11.12,11.18,11.23,11.25,11.26,12.12,12.23,12.25,12.26,12.27,12.28;1904.1.17,1.20,1.27,2.14,2.17,3.19,3.23,3.30,4.13,5.17,7.17,8.16,8.26,8.27,9.4,9.26,10.6,10.7,10.20,10.23,10.24,10.28,10.30,12.21;1905.2.14,3.13,3.14,3.27,4.7,4.15,.5.3,7.1,7.27,8.4,8.7,8.28,9.17,11.19;1907.2.21,3.2,3.27,4.2,4.4,4.9-10,4.11,4.16,5.6,5.19,9.6,9.9,12.9;1909.3.3,3.20,4.4,4.20,4.21,4.22,4.26,6.4,10.23,11.24;1910.4.8,8.20,8.31,9.5;1911.1.17,2.4,3.4,3.14,3.27,3.29,9.25,11.22,12.5,12.26;1912.1.5,3.15,7.4,7.5,10.14,1913.1.22,3.16,3.17,3.18,3.19,3.27,3.29,3.31,4.1,4.7,4.15,9.27;1914.1.28,3.3,3.23,3.24,3.30,4.8,4.10,4.12,4.18,5.1,8.22,8.23,8.24;1915.4.8,4.10,4.20,5.18,10.26,11.6,11.29,12.22;1916.2.3,2.16,4.20,4.29,12.28,12.29;1917.1.15,1.23,1.28,1.29,1.30,1.31,2.1,2.4,2.5,2.10,2.22,2.23,3.1,5.13

奕谟（谟贝子）　1903.1.16;1905.1.8,1.11

益龄　1916.11.30;1917.2.25

益信　1918.4.11
益主事　1923.9.17
意普　1910.8.17,8.24
毅夫　见温肃
因是子蒋先生　见蒋维乔
荫昌(荫上将、荫总长、荫卫侍武官长昌)　1913.2.28,3.6,3.13;1915.9.18;1917.1.1,1.2,1.16;1919.11.6;1920.10.25;1921.2.12,2.14,2.26;1922.1.4,10.20;1923.1.2;1924.1.2,2.17,11.24
荫桓　1915.5.1
荫坪　1912.3.24
荫上将　见荫昌
荫总长　见荫昌
殷本浩(殷镇守使)　1924.5.30,6.9
殷都护　见殷鸿寿
殷都护使　见殷鸿寿
殷二大人　见殷鸿寿
殷鸿寿(献臣、殷都护使、殷二大人)　1922.1.2-4,1.6,1.9
殷松年(墨卿)　1913.2.11
殷铁庵　见殷铮

殷五爷　1924.8.8
殷镇守使　见殷本浩
殷铮(殷铁庵)　1915.5.29;1924.10.21;1925.1.10
殷总监　1921.4.30,5.18,7.30
尹起荣　1924.1.3
英参赞哈尔定　1917.8.14
英二老爷　见英二爷
英二爷(英二老爷)　1902.12.6;1921.1.25,2.1,2.27
英公使夫人　1923.9.13,9.18
英敛之　1918.12.11
英全　1918.3.5
英绅(英书卿)　1915.3.20,5.29
英使馆朱大人　1919.1.1
英书卿　见英绅
英桐　1901.7.31
英秀　1913.10.31
英芝圃　1904.3.17
盈大夫　见盈亨利
盈姑娘　1922.12.12
盈亨利(盈大夫)　1902.8.29,9.6;1903.4.4,4.23,5.1;1916.9.25,9.26,9.28;

1917．1．4,3．30,9．8;1920．
　1．12,1．13,1．14;1925．1．1
盈太太　1924．2．5
瀛贝勒　见载瀛
瀛四爷　见载瀛
永大人　1903．4．9
永姑奶奶　1912．4．1
永姑爷　1912．4．1
永和宫主位　见端康皇贵妃
永隆　1909．4．26,6．4
永信　1911．12．2
永增　1921．12．9;1924．9．8
用明天皇　1902．7．22
有村彦九郎　1902．6．23
有格　1904．12．25
有姑娘　1912．5．25,5．29;
　1915．9．10;1916．3．5
有老爷　见有庆
有庆(有老爷)　1913．10．21;
　1924．2．6,10．6
有侄　1903．2．8;1912．12．1,
　5．29;1913．7．1,7．4,9．15,
　10．27,11．2,11．3,11．20;
　1914．1．30
幼龄　见吴幼龄
于宝轩(于志昂、于次长)
　1917．12．12;1919．5．9

于次长　见于宝轩
于大爷　1918．7．7,10．7;
　1919．2．6;1920．11．6
于晦若　见于式枚
于蕙若　见于式枚
于少爷　1918．4．16,4．18
于式枚(于晦若、于蕙茗)
　1903．1．1,5．21;1904．3．
　14,3．18,3．26
于太监　1922．12．18
于天水　1924．1．3
于先生　1924．8．24
于野　1921．11．5
于赞武　1918．4．16,4．17
于珍君(济川)　1919．10．30
于志昂　见于宝轩
于总办　1903．1．4,1．15,1．
　17;1904．3．21
余焕章　1924．9．3
余叔岩　1923．10．3
余总办(疑即于总办)　1903．
　3．1
俞廉三　1901．4．2
俞潞生　1901．8．24
瑜贵妃　见敬懿皇贵妃
瑜皇贵妃　见敬懿皇贵妃
虞臣　见宝铺

虞公 1924.1.10
虞辉祖 1905.4.6
虞际唐 1923.1.8
玉队长 见玉山
玉宽 1925.1.26
玉老爷 1901.6.25,7.17,7.25,8.15,9.23;1902.12.3;1904.9.26
玉梅 1921.7.21
玉全 1917.11.4
玉如 1904.6.27
玉三叔 1913.11.2
玉山(玉队长) 1922.1.26;1924.10.23,11.2,11.14,12.1
玉先生 1903.4.24
玉祥 1924.12.2,12.20
玉秀峰 1901.6.17,6.26,7.14,8.1,8.16,9.2,9.22;1902.9.5;1903.1.18;1904.4.12
玉珍 1912.3.17,5.29,11.20;1913.11.10,11.18
械老爷 见械兴
械兴(械仲芃、械中芃、械掌印、械老爷) 1915.3.20,5.29;1921.12.25;1922.10.25;1923.1.14,1.16;1924.1.7,1.9,1.14
械掌印 见械兴
械中芃 见械兴
械仲芃 见械兴
裕大老爷 1917.9.11
裕大人 见裕德
裕德(裕大人) 1901.4.4,4.23,5.3,9.19,9.23;1902.11.12,12.25;1903.2.19,4.7,5.1
裕如 见瑞丰
裕小鹏 1901.4.29,6.26
毓邠 1918.12.27
毓彩 1907.3.12
毓崇 1913.4.6;1919.12.20
毓二奶奶 1914.4.23,5.1
毓二太太 1911.2.2
毓二爷 见毓璋
毓将军 见毓朗、毓逊
毓朗(毓月华、月华、朗贝勒、毓将军、毓五爷) 1901.4.14,4.21,5.13,6.11-15,7.13;1902.6.28,6.29,7.12,8.19,8.20,8.21,8.28,9.8,9.9,11.13,12.6;1903.1.10,12.2,12.4;1905.3.13;

1910.3.24;1912..2.19,2.21,2.25,3.27;1913.3.6;1914.4.22;1915.1.31,7.10,8.15,11.29;1916.4.7,5.22,10.14;1917.2.18,2.27,7.10,10.17,11.19;1918.2.21,3.24;1919.3.8,3.20;1920.3.31,4.1,7.30;1921.3.14,9.20;1922.1.13,9.28,12.15,12.16,12.26

毓彭（彭公爷、彭公） 1924.4.19,4.28,5.30,6.13,10.22

毓琴孙 见毓逖

毓如 1901.7.16

毓三爷 1907.3.28

毓逖（毓琴孙、毓将军） 1920.9.2;1924.3.19,3.29

毓五奶奶（毓五太太、朗贝勒夫人） 1903.1.9;1905.3.27;1910.8.11;1911.1.17,3.2,3.3;1915.8.31,9.4;1916.2.19;1921.11.9;1922.9.5,10.10

毓五爷 见毓朗

毓月华 见毓朗

毓璋（毓二爷、璋公） 1902.11.20;1911.2.2;1914.5.4;1916.11.4,11.24,11.27;1918.4.28

毓振之 1903.1.25

豫王福晋 1911.3.3

霱公 见溥霱

霱公爷 见溥霱

元端（名章） 1904.6.26

袁伯葵 1915.10.29

袁次长 见袁希清

袁大公子 见袁克定

袁大化（袁行南、袁行翁） 1917.7.8;1919.12.12;1920.12.16;1921.1.5,7.6

袁大人 见袁励准

袁大爷 见袁克定

袁得亮（袁俊亭） 1917.1.14,5.1;1918.4.21;1919.9.16,10.7,12.2,12.16;1920.4.29,5.2;1922.9.5,9.8;1924.11.3

袁东垣（袁西） 1922.12.30

袁督办（少民） 1915.7.20

袁二爷 1923.1.22

袁行南 见袁大化

袁行翁 见袁大化

袁际久　1901.3.23
袁觉生　见袁励准
袁珏生　见袁励准
袁俊亭　见袁得亮
袁克定(袁云台、袁大爷、袁大公子)　1904.6.27;1915.10.22;1916.6.2;1919.1.17;1921.10.21
袁励准(袁觉生、袁珏生、袁大人)　1905.11.20;1910.7.15;1912.4.6;1916.1.4,6.20;1917.4.23;1918.9.8;1919.1.18,7.13,11.5,11.19,12.1;1920.2.6,3.5,5.1,10.30;1922.1.1,1.22,9.26,10.15,10.20,11.26;1923.1.14,11.23,11.30;1924.7.30;1925.1.17,1.24,1.26,2.22,3.1,3.10,3.15,3.18,3.25
袁世凯(袁宫保、袁大臣、袁总理大臣、总理大臣、袁项城、袁大总统、大总统、袁总统、慰帅)　1904.2.4;1905.5.17,5.18;1911.11.13,11.17,11.30,12.1,12.2,12.4,12.7,12.9,12.12,12.28;1912.2.13,2.18,3.15,3.16,6.26,6.27;1913.2.16,2.22,2.28,3.6,3.8,3.13,8.8,9.18,10.6,10.9,10.10,10.12,10.14,10.15,10.21,12.21;1914.1.1,1.2,2.19,4.6;1915.1.1,2.23,2.25,2.26,3.1,4.20,6.30,9.15,9.18,9.30,10.1,10.2,10.22,10.23,10.27,10.29,11.9,12.1,12.13,12.16;1913.6.6,6.15,6.25,6.28
袁西　见袁东垣
袁希涛(袁次长)　1917.3.22,3.24
袁云台　见袁克定
袁总兵(袁总镇)　1913.7.2;1914.2.11
袁奏事太监(袁太监、袁奏事)　1920.1.24,2.17,2.19;1924.2.19
圆瑛大师　1920.10.21
苑塈　1916.9.15
月帆　见荣月帆
月华　见毓朗
月汀　见景星

月翁　见景星
岳老太太　1924.12.29
岳乾斋(乾斋)　1919.4.11,
　4.12;1923.1.13,9.18,9.
　22,9.30;1924.1.7,1.8,1.
　9,2.1,4.12,5.11,5.14,6.
　4,6.8,6.9,6.13,6.29,7.
　24,8.5,9.2,9.9,9.11,10.
　7,10.21,11.20,12.2,12.
　23,12.29;1925.1.10,1.
　17,2.17,2.28,3.1
岳柱臣(耀柱臣)　1913.4.9,
　4.10,4.23,4.27,8.8,11.
　21;1914.2.11
樾老爷　见樾兴
樾三爷　见樾兴
樾兴(樾老爷、樾三爷)
　1916.11.30;1918.2.15;
　1921.8.28,12.1
恽宝惠(恽公符、恽公孚)
　1919.4.27;1920.2.17,2.
　22,2.23,2.24,2.25,4.24;
　1924.11.3,11.4
恽公孚　见恽宝惠
恽公符　见恽宝惠

Z
载搏(搏二爷、搏少华、搏绍
华)　1911.3.2;1912.4.
　12,4.22;1914.5.1
载沣(醇亲王、监国摄政王、摄
　政王、醇王、醇邸、王爷、邸
　座)　1901.9.6;1909.3.
　21,4.1,4.4,6.3;1911.4.
　11,11.17,12.6;1912.3.
　16,9.7-10,9.11,11.13,
　11.15,11.16,11.17,11.21,
　12.25;1913.1.20,1.29,2.
　6,2.12,2.21,2.22,2.28,3.
　6,3.7,3.8,3.16,3.18,3.
　21,3.24,3.27,3.29,4.1,4.
　4,4.5,4.6,4.7,4.15,4.30,
　5.3,5.6,5.20,5.22,5.23,
　5.29,6.8,6.11,6.14,6.17,
　6.24,6.27,6.30,7.4,7.7,
　7.10,7.13,7.16,7.19,7.
　22,7.23,7.25,7.28,7.29,
　7.31,8.3,8.7,8.8,8.11,8.
　14,8.15,8.18,8.22,8.25,
　8.29,9.3,9.16,9.18,9.20,
　9.26,9.30,10.8,10.9,10.
　12,10.16,10.19,10.21,10.
　23,10.27,10.31,11.5,11.
　9,11.13,11.21,11.25,11.
　29,12.7,12.11,12.14,12.

15,12. 17,12. 19,12. 21,12. 24,12. 28;1914. 1. 1,1. 2, 1. 5,1. 8,1. 10,1. 14,1. 16, 1. 18,1. 21,1. 24,1. 26,1. 29,1. 30,2. 3,2. 6,2. 10,2. 11,2. 12,2. 13,2. 14,2. 17, 2. 20,2. 21,2. 25,3. 1,3. 9, 3. 19,3. 23,3. 27,3. 31,4. 4, 4. 8,4. 12,4. 20,4. 24,4. 28, 5. 2,5. 14,5. 18,5. 22,5. 26, 6. 3,6. 7,6. 11,6. 14,6. 18, 6. 26,6. 30,7. 4,7. 9,7. 13, 8. 4,8. 8,8. 12,8. 16,8. 20, 8. 24,8. 28,9. 1,9. 5,9. 9,9. 13,9. 17,10. 1,10. 9,10. 11, 10. 15,10. 19,10. 23,10. 27, 10. 31, 11. 4, 11. 8, 11. 12, 11. 16,11. 20,11. 23,11. 27, 12. 1,12. 3,12. 5,12. 9,12. 10,12. 11,12. 13,12. 16,12. 17,12. 18,12. 20,12. 21,12. 23, 12. 24, 12. 27, 12. 31; 1915. 1. 2,1. 6,1. 10,1. 15, 1. 20, 1. 23, 1. 24, 1. 29, 1. 30,1. 31,2. 8,2. 12,2. 13,2. 14,2. 17,2. 18,2. 19,2. 22, 2. 23,2. 24,2. 25,3. 5,3. 9,

3. 13,3. 18,3. 22,3. 26,3. 30,4. 3,4. 7,4. 10,4. 14,4. 18,4. 22,4. 26,5. 1,5. 14,5. 19,6. 2,6. 6,6. 11,6. 16,6. 21,6. 27,7. 5,7. 9,7. 19,7. 24,7. 28,8. 1,8. 5,8. 10,8. 15,8. 20,8. 22,8. 25,8. 30, 9. 4,9. 8,9. 22,9. 27,9. 30, 10. 5,10. 14,10. 20,10. 25, 11. 3, 11. 7, 11. 11, 11. 16, 11. 21, 11. 26, 12. 1, 12. 6, 12. 11,12. 16,12. 21,12. 26, 12. 31; 1916. 1. 2, 1. 7, 1. 12,1. 17, 1. 22, 1. 27, 1. 31, 2. 3,2. 7,2. 8,2. 1,2. 20,2. 25,3. 1,3. 3,3. 6,3. 8,3. 18, 3. 21,3. 29,4. 3,4. 8,4. 12, 4. 17,4. 22,4. 27,5. 2,5. 6, 5. 11,5. 20,5. 25,5. 30,6. 4, 6. 7,6. 9,6. 12,6. 14,6. 16, 6. 20,6. 24,6. 28,7. 4,7. 8, 7. 12,7. 17,7. 22,7. 27,8. 1, 8. 6,8. 11,8. 16,8. 26,8. 29, 8. 30,9. 2,9. 10,9. 15,9. 24, 9. 29,10. 4, 10. 5, 10. 9, 10. 14,10. 19,10. 20,10. 25,10. 30, 11. 4, 11. 9, 11. 12, 11.

18,11.23,11.24,11.28,12. 3,12.5,12.7,12.8,12.9, 12.13,12.18,12.27,12.28, 12.31;**1917**.1.6,1.7,1. 12,1.14,1.16,1.17,1.21, 1.23,1.27,1.29,1.30,1. 31,2.1,2.2,2.4,2.5,2.10, 2.15,2.20,2.27,3.1,3.3, 3.8,3.12,3.17,3.23,3.28, 4.17,4.23,4.28,5.3,5.6, 5.8,5.14,5.21,5.26,5.31, 6.1,6.2,6.12,6.20,6.25, 6.27,6.28,7.1,7.2,7.3,7. 4,7.5,7.6,7.7,7.8,7.9,7. 10,7.11,7.13,7.16,7.17, 7.19,7.20,7.21,7.25,7. 29,8.1,8.3,8.4,8.8,8.13, 8.18,8.23,8.28,9.2,9.9, 9.14,9.23,9.28,10.4,10. 7,10.12,10.17,10.19,10. 28,11.2,11.9,11.16,11. 17,11.22,11.29,12.5,12. 7,12.8,12.11,12.18,12. 22,12.26,12.31;**1918**.1. 5,1.8,1.27,1.31,2.11,2. 14,2.15,2.16,2.17,2.23, 3.1,3.3,3.7,3.13,3.17,3.

19,3.20,3.25,3.31,4.6,4. 14,4.20,4.26,5.3,5.6,5. 9,5.14,5.20,5.25,5.30,6. 1,6.8,6.14,6.20,6.26,7. 3,7.18,7.24,7.30,8.5,8. 13,8.19,8.25,9.6,9.13,9. 17,9.22-.24,10.18,11.8, 11.16,11.22,11.29,12.3, 12.7,12.10,12.16,12.24; **1919**.1.2,1.9,1.16,1.22, 1.28,2.1,2.5,2.12,2.25, 3.6,3.9,3.17,3.31,4.17, 4.20,4.27,5.3,5.9,5.15, 5.21,5.22,5.29,5.30,6.4, 6.9,6.12,6.15,6.22,7.4, 7.10,7.16,7.22,7.28,8.3, 8.9,8.13,8.14,8.15,8.16, 8.23,8.29,9.4,9.10,9.18, 10.4,10.11,10.21,11.1, 11.6,11.15,11.22,11.29, 12.4,12.7,12.10,12.20, 12.24,12.25,12.26,12.28, 12.31;**1920**.1.5,1.7,1.8, 1.15,1.16,1.21,1.24,1. 25,1.31,2.2,2.6,2.11,2. 16,2.20,2.21,2.23,2.24, 2.29,3.1,3.4,3.8,3.9,3.

15,3.17,3.18,3.21,3.22,3.24,3.29,4.2,4.3,4.9,4.12,4.15,4.16,4.23,4.30,5.3,5.8,5.14,5.18,5.24,5.30,6.5,6.11,6.18,6.20,6.24,6.27,6.30,7.6,7.8,7.11,7.13,7.16,7.18,7.22,7.28,8.3,8.5,8.9,8.11,8.12,8.14,8.19,8.21,8.27,9.1,9.7,9.9,9.20,9.21,9.25,9.29,10.9,10.15,10.26,11.2,11.10,11.12,11.13,11.16,11.22,11.23,11.28,12.1,12.2,12.4,12.10,12.16,12.24;1921.1.4,1.11,1.17,1.23,1.24,2.25,3.5,4.9,4.20,4.21,4.24,4.26,4.28,4.30,5.7,5.9,5.13,5.14,5.18,5.22,5.25,6.1,6.3,6.4,6.5,6.9,6.11,6.12,6.15,6.18,6.19,6.20,6.23,6.26,6.29,6.30,7.7,7.15,7.21,7.29,7.31,8.6,8.9,9.11,9.21,9.22,9.26,9.27,9.30,10.1,10.2,10.3,10.6,10.7,10.8,10.12,10.19,10.20,10.22,10.26,10.27,10.28,10.30,11.1,11.3,11.4,11.8,11.11,11.12,11.13,11.16,11.22,11.24,11.29,12.5,12.6,12.11,12.14,12.15,12.17,12.22,12.27,12.29;1922.1.1,1.2,1.5,1.7,1.8,1.9,1.10,1.12,1.18,1.19,1.21,1.24,8.25,8.28,8.30,8.31,9.4,9.6,9.10,9.12,9.13,9.25,9.27,9.28,9.29,10.4,10.5,10.6,10.12,10.13,10.15,10.17,10.21,10.27,11.1,11.3,11.5,11.7,11.9,11.10,11.11,11.12,11.15,11.16,11.19,11.21,11.25,11.26,12.2,12.3,12.4,12.6,12.7,12.8,12.9,12.10,12.11,12.12,12.15,12.16,12.18,12.19,12.20,12.23,12.24,12.25,12.27;1923.1.1,1.8,1.14,1.16,1.17,9.12,9.13,9.14,9.17,9.18,9.19,9.20,9.24,9.29,10.2,10.5,10.6,10.15,10.16,10.21,10.25,10.29,10.31,

11.6,11.8,11.12,11.18,
11.27,11.30,12.14,12.24,
12.26;1924.1.3,1.6,1.8,
1.11,1.12,1.14,1.18,1.
19,1.20,1.22,1.26,1.29,
1.30,1.31,2.3,2.4,2.5,2.
9,2.16,2.23,2.28,3.3,3.
4,3.5,3.9,3.13,3.25,3.
29,3.31,4.3,4.7,4.8,4.9,
4.14,4.18,4.19,4.20,4.
22,4.26,4.27,5.4,5.6,5.
7,5.8,5.9,5.13,5.14,5.
21,5.24,5.30,6.8,6.13,6.
18,6.20,6.24,6.25,6.27,
6.29,7.4,7.6,7.7,7.11,7.
18,7.26,7.28,8.4,8.5,8.
12,8.19,8.21,8.24,8.29,
8.30,9.4,9.9,9.12,9.13,
9.15,9.25,9.29,10.2,10.
10,10.17,10.19,10.22,10.
24,10.28,10.31,11.3,11.
5,11.8,11.10,11.16,11.
18,11.29,12.4-9,12.14,
12.28,12.29;1925.1.3,1.
5,1.10,1.18,1.24,1.28,2.
4,2.5,2.18,2.19,2.20,2.
24,2.25,3.2,3.8,3.10,3.

21,3.27,3.28,3.29,3.31

载润(润贝勒、润邸) 1913.
2.22,3.6;1916.10.8;
1917.1.10,6.2,7.17;
1918.12.14;1919.3.8,3.
20;1920.8.29;1921.3.14,
8.19,11.22,12.22,12.23;
1922.9.8,9.17;1923.10.
9,11.25;1924.11.6,11.9,
11.22;1925.1.8,1.28,2.
18,2.19,2.22,2.25,3.1,3.
9,3.10,3.15,3.18,3.21,3.
26,3.27,3.30,4.10

载澍(澍大爷) 1917.5.31,
6.1,6.27

载涛(涛贝勒、涛七爷、涛公
爷) 1911.3.3;1912.2.
19,2.21;1913.3.6;1916.
2.3,6.2;1917.1.23,2.4,
7.7,7.8,7.9;1918.1.5,1.
6,2.21,12.14;1919.2.27,
3.8,8.18;1920.1.23,1.
24,2.16,2.20,3.31,6.11,
6.17,9.27;1921.3.14,5.
18,5.22,5.25,6.5,6.7,10.
1,10.29,11.22,12.20,12.
31;1922.8.30,8.31,9.4,

9.6,10.3,10.4,10.5,10.6,10.11,10.13,10.14,10.17,10.23,10.27,10.31,11.1,11.16,11.21,11.26,11.27,12.2,12.4,12.5,12.7,12.8,12.10,12.11,12.12,12.18,12.19,12.23,12.24,12.25,12.27,12.28,12.30;1923.1.4,1.5,1.16,1.22,11.30;1924.1.2,1.3,1.6,1.30,1.31,3.5,3.9,5.6,5.18,5.24,7.16,7.26,7.27,7.28,10.19,10.27,11.3,11.4,11.5,11.10,11.19,11.20,11.21,11.29;1925.1.24,2.5,2.25,2.26,3.2,3.4,3.10

载洵（洵贝勒、洵六爷）
1911.9.18;1919.3.8,3.20,8.19;1920.5.11,5.24;1921.6.5;1921.6.9,6.11,6.12,6.25,9.27,10.1,10.29,12.23;1922.8.30,8.31,10.6,12.6,12.24;1923.10.11;1924.3.5,4.7,4.18,4.19,5.6,5.10,5.24,7.17,9.9;1925.1.10,2.5

载洵夫人（洵贝勒夫人）
1911.3.2,3.3,3.14

载瀛（瀛贝勒、瀛四爷）
1907.3.11,3.22,3.23,6.19;1910.7.15;1913.3.6;1917.6.1,6.27;1921.3.14;1922.9.13,9.14;1925.3.10

载泽（泽公、泽公爷） 1901.5.12,5.16;1903.1.6,11.22;1904.5.26;1905.7.27,8.4,8.7,8.8,8.10,8.11,8.15,9.17,9.22,9.24;1907.2.21,4.2,4.4,5.18,5.19,5.20,5.21;1909.4.20,5.7,6.3,6.20,8.2,8.12,9.20,11.22;1910.2.12,3.24,4.3,5.7,6.15,7.15,8.29,8.31;1911.1.24,4.4,4.9,4.12,4.13-15,5.11,8.6,8.7,8.12,8.28,9.26,10.1,10.16,10.22,11.22,12.26;1912.10.12,10.15,12.3;1913.1.11,1.13,2.17,2.22,3.6,5.6,5.19,7.15,7.19,7.28,7.29,10.13,

11.14,11.15,11.21,12.9,
12.11;1914.1.13,1.17,1.
18,1.22,10.11;1915.6.
16,6.21,6.23,7.19,7.20,
7.22,7.24,7.30;1916.10.
18,11.28;1917.1.17,3.
17,5.3,5.4,5.6,6.27;
1918.2.1,2.21,3.10,7.3,
8.27,11.8;1920.2.20;
1921.3.14,5.22,6.20,10.
29,11.29,12.1,12.20;
1922.8.25;1923.12.24,
12.26;1924.1.3,1.6,1.
14,1.24,1.26,1.28,2.2,2.
19,7.7,7.8,7.10,11.5;
1925.2.11,3.10

载振(振贝子、振大爷、振大老
爷、贝子爷、贝子、庆王爷、庆
王) 1901.8.10;1903.11.
2,11.3,11.4,11.26,12.1,
12.5,12.15,12.16;1904.
1.4,1.27,1.30,3.8,3.25,
3.31,4.12,4.16,4.20,5.
17,5.18,5.31,6.2,6.29,7.
12,7.14,8.9,8.11,8.24,8.
29,9.28,10.3,10.6,10.7,
10.21,10.22,10.23,10.24,
10.25,10.26,10.29,10.30,
10.31,11.1,11.3,11.24,
12.1;1905.1.11,1.16,3.
27,4.9,5.2,5.17,5.18;
1907.4.18,9.3;1909.3.
20,7.23,12.23;1910.5.6;
1911.3.3,4.4,5.5;1911.
9.25;1914.3.24,3.25,4.
22,5.1,10.30;1915.4.5,
4.18,11.7,11.10,11.29;
1916.1.16,4.1,4.7,10.6,
12.6;1917.2.22,3.24,5.
8,11.10,11.30;1918.2.
13,4.16,4.20,8.31,9.10;
1919.5.26,9.25,10.19,
10.23;1920.1.8,2.20,2.
21,7.5,10.2;1921.7.14,
1922.9.19,9.28,10.17,
10.21,11.20;1923.9.12,
1924.3.5;1925.1.24

赞卿　见王士贤
酂侯　见李思浩
泽村敏太郎(泽村)　1902.
12.11,12.14;1903.1.4,
1.10
泽公　见载泽
泽公夫人　1913.2.17

增崇(增寿臣、增寿翁、增大人、增二大人) 1913.10.17,11.17;1914.6.19;1915.4.29,6.19,7.11;1916.1.4;1917.4.11,9.21,9.27,11.10;1918.4.20,8.20,9.29,;1919.5.24,10.5,10.6,12.9,12.15,12.17,12.22,12.25;1920.3.31,4.1;1921.5.28,5.29,6.11,6.13,7.1,7.24,7.25;1922.11.18,12.6;1923.9.11,12.13;1924.3.22

增大人 见增崇

增二大人 见增崇

增二爷(增二老爷) 1916.10.8;1918.1.4,6.22

增简愨公 见增祺

增将军 见增祺

增老爷(未能确指为谁) 1913.4.23;1914.12.21;1921.8.5,8.28

增培圃 1919.10.11

增祺(增瑞堂、增将军、增简愨公) 1903.2.12;1918.3.27,3.28;1919.5.25,9.6,9.20,9.24

增瑞堂 见增祺

增三爷(非增仲修) 1913.10.31;1914.2.23;1917.3.9

增寿臣 见增崇

增寿翁 见增崇

增泰 1919.1.30,1.31,2.6

增五爷 1922.10.25;1923.1.17;1924.6.30

增旭谷 见增煦

增煦(增旭谷) 1915.1.16,3.20,5.29;1917.1.5,1.11,6.3,12.13;1918.5.21,1919.5.31,12.16;1920.1.27,4.20,8.5,9.23,9.24;1921.1.28,6.9,6.11,9.15,12.25;1922.10.25,10.31,11.1

增尹大爷 1914.12.20;1915.8.19;1918.3.17;1921.2.4

增镛 1921.6.13

增幼谷 1914.1.23,5.30,12.5

增幼轩 1917.10.12

增玉圃 1921.7.11

增仲修(增三爷) 1921.2.

12，10.17；1922．1.22，10.25；1923．9.11，9.14，9.18，9.19，9.20，10.4，10.5，12.14
曾参议　1909．11.22，11.25
曾刚甫　见曾习经
曾广钧（曾䥽初）　1902．9.5
曾广龄　1921．3.14
曾广铨（曾敬诒、曾敬一）　1902．9.5，9.6，9.18，9.24；1903．2.18；1904．2.28；1914．10.29，10.30；1915．1.26，2.2，2.20
曾广熔　1909．6.1
曾国藩（曾文正）　1901．4.28
曾介白　1915．5.29
曾敬一　见曾广铨
曾敬诒　见曾广铨
曾俊　1911．12.26
曾䥽初　见曾广钧
曾三爷　1910．7.8
曾文正　见曾国藩
曾习经（曾刚甫）　1915．7.27
曾毅斋　1919．11.5
曾荫　1925．2.16
曾有翼（子敬）　1913．2.11
查钟奇　1905．1.21

斋翁　见敬信
翟殿林（翟殿元、翟懋亭、翟团长）　1917．7.24，8.19；1918．1.29，4.4，11.6，11.17；1920．7.15；1921．4.30；1922．1.7
翟殿元　见翟殿林
翟懋亭　见翟殿林
翟牧师（翟博牧师）　1922．9.4；1925．3.11
翟团长　见翟殿林
展成　见戴遂庵
张安吉　1916．5.30
张八爷（八爷）　1916．1.14，1.27；1917．2.12，12.21，12.27，12.29；1918．2.20，2.23，4.16，4.17，7.22；1919．1.3，10.24，12.26；1920．1.22，5.6；1921．5.2，6.3，6.4，12.30；1922．9.6；1924．7.14，7.24
张百熙（张大人、张冶翁、张尚书、张老师、张大臣、张宫保、张埜秋）　1901．7.18，7.19，7.21，7.26，8.4，8.13，8.16，8.17，9.6；1902．6.6，8.30，8.31，9.6，9.7，9.10，9.

13,9.23,11.12,11.19,11.21,11.26,12.5,12.7,12.11,12.13,12.14;1903.1.4,1.5,1.6,1.12,1.14,1.20,3.6,3.29,5.9,5.10,11.2,12.1,12.9,12.23,12.28;1904.1.5,1.14,2.3,2.10,2.28,3.1,3.8,3.9,3.18,3.21,3.27,4.9,7.21,10.27,10.29;1907.4.1

张伴 1913.4.9

张保安司令 见张作霖

张弼士 见张振勋

张璧(张总监) 1924.10.29,11.7,11.5

张彬 1904.6.2

张彬舫(张文治) 1917.7.1;1920.2.15,3.18;1922.11.1

张斌舫 1918.12.9;1922.9.4;1923.1.14,9.20;1924.1.14;1925.1.18

张炳城(炎亭) 1921.9.28

张伯纳 见张允言

张伯讷 见张允言

张诚 1905.2.28

张崇禧 1921.7.9

张传诰(张知生) 1912.5.15;1918.5.19,5.25

张次长 见张志潭

张达全 1918.4.26

张大臣 见张百熙

张大人 见张勋、张百熙、张英麟

张大统管 见张兰福

张大总管 见张兰福

张都统 1914.3.23;1920.10.13

张督军 见张勋

张福 1917.9.11

张辅臣 1919.2.16

张副官长 1924.3.24

张公 见张作霖

张宫保 见张百熙

张姑爷 见张文孚

张管学 1903.4.3

张广达 1923.1.18

张国淦(张乾若、张总长) 1915.1.7;1920.9.26;1924.5.17,5.29

张国文(艺樵) 1924.5.24

张海鹏(张旅长) 1922.11.7

张稽察 1924.5.14

张季直 见张謇

张謇(张季直)　1904.4.16；
　1913.10.31
张健伯　1905.1.8,1.11
张景惠(张叙五、张司令)
　1919.8.4,9.29,10.15,10.
　16；1920.2.9,6.11,10.10；
　1921.12.1
张净如　1919.5.25
张敬尧(张勋臣)　1919.9.3,
　12.20
张九爷　见张文孚
张久斋　1902.9.25
张克臣　1918.9.1
张奎　1902.7.1
张奎臣　1919.10.2
张揆一　1919.10.2
张昆山　1924.1.10,1.11
张兰福①(张大总管、张大统
　管、张总管)　1912.3.15,
　11.20；1913.2.1,3.2
张朗山　1901.3.24,5.5,6.
　28,7.20,9.18,9.19；1904.
　3.25,3.27；1912.12.2,12.
　11,12.15,12.25
张老师　见张百熙
张老爷　1921.2.19
张姥姥奶嬷　1913.1.16

张六　1913.9.18
张六爷　1921.2.17,3.12
张旅长　见张海鹏
张墨林　1925.2.8,2.15,3.7
张佩纶(张幼樵)　1901.5.21
张彭年　1912.11.25
张谦和(张源福、张总管)
　1921.10.16；1921.4.27；
　11.5,12.11,12.12
张乾若　见张国淦
张亲家太太(张宅亲家太太、
　天津亲家太太)　1914.6.
　11；1916.7.26,8.8；1917.
　3.18,6.20,6.25,11.30；
　1918.2.25；1919.12.12；
　1922.1.3,1.5
张庆荣　1920.10.18
张全茂　1922.8.30,9.4
张榕轩　见张煜南
张汝封　1922.12.10,12.18
张上将军　见张作霖
张尚书　见张百熙
张绍　1915.5.14
张绍曾　1922.12.10,12.19

――――――
① 即小德张,原名张兰德,后避德
　宗讳改名张兰福。

张绍熙　1912.12.8
张师长　见张宗昌
张使　见张作霖
张士荃(甓庵)　1901.5.8
张寿田(星枢)　1905.4.4
张书元　1923.1.6
张叔诚　见张文孚
张帅　见张勋
张顺　1913.11.13
张司令　见张景惠、张作霖
张松臣　1922.9.7
张太监　1903.12.27
张廷谔(张直卿)　1923.10.11;1924.2.12
张伟庭　1904.5.7
张文达公　见张之万
张文孚(张叔诚、叔诚、张九爷、大姑爷、张姑爷、张宅九公子、天津大姑爷)　1915.3.27;1916.1.2,2.9,2.23,2.24,2.25,2.26,3.6,3.7,3.11,3.13,3.14,3.16,3.25,3.27,7.7,7.9,7.10,7.11,7.22,7.31,9.4,9.6,9.13,9.26,9.27,9.29,10.12,11.10,11.23,12.6,12.9,12.10;1917.1.6,1.7,1.8,1.28,1.29,1.31,2.1,3.21,3.22,3.23,5.4,5.6,5.7,8.28,11.8,11.9,11.10,11.29,11.30,12.1,12.8,12.20,12.21,12.22,12.25,12.27,12.29;1918.2.17,2.18,2.22,2.23,2.25,4.14,4.15,4.16,4.17,4.18,4.25,4.29,5.15,6.5,6.7,6.9,7.5,7.7,7.10,7.13,7.18,8.19,8.22,9.21,9.22,10.7,10.9,10.12,11.30,12.1,12.15,12.19,12.20;1919.3.9,3.22,4.2,4.14,4.26,4.28,5.8,5.12,5.13,5.14,5.16,5.20,5.26,7.9,7.10,7.16,7.22,7.23,9.3,9.11,11.6,12.15;1920.1.2,1.16,3.2,3.3,5.5,5.6,5.25,8.28,9.15,9.17,11.3,11.6,11.26,11.29,12.20;1921.2.27,3.11,3.21,3.23,3.24,4.2,4.6,4.7,4.28,5.2,5.20,6.2,6.3,6.4,6.14,6.17,9.3,9.7,9.9,9.10,9.19,9.22,9.24,9.25,10.21,10.22,10.26,11.10,

11.12,11.13,12.19,12.22,
12.27,12.29,12.30;1922.
8.23,9.8,9.9,10.7,10.8,
10.19,12.10;1923.11.29;
1924.3.26,5.12,7.14,7.
30,9.28,10.1,10.12;
1925.2.25,3.24,3.25
张文襄公　见张之洞
张文治　见张彬舫
张午桥(太医院院判)　1912.
　10.17–20
张锡智　1918.3.1,3.13
张香帅　见张之洞
张小圃　1903.11.15
张小帅　1909.4.21
张馨庵　见张镇芳
张叙五　见张景惠
张勋(张少轩、张帅、张大帅、
　张督军)　1914.10.2,10.
　3;1916.6.12,6.14;1917.
　6.1,6.16,6.17,6.18,7.1,
　7.2,7.3,7.4,7.5,7.6,.7.
　7,7.8,7.10–12,7.18;
　1922.9.23,11.15;1923.9.
　12,9.13,9.14,9.16,9.17,
　9.19
张勋白　1913.11.6

张勋伯　1923.1.22
张勋臣　见张敬尧
张巡阅使　见张作霖
张延瑞　1921.10.30
张冶翁　见张百熙
张埜秋　见张百熙
张医　1917.6.1;1918.3.5
张荫堂　1905.5.17
张英麟(张大人)　1924.4.4
张镁绪　1902.7.1
张幼樵　见张佩纶
张雨臣　1901.6.24
张雨帅　见张作霖
张雨田　1919.10.2
张雨亭　见张作霖
张煜南(张榕轩)　1903.11.
　12,12.8,12.12,12.13;
　1904.9.26
张元伯　1901.6.25
张元寿　1920.9.11
张源福　见张谦和
张远伯　见张志潭
张允言(伯讷、伯纳、张伯纳、
　张伯讷)　1904.5.6,5.9,
　8.26;1905.11.26;1907.3.
　8,4.16;1910.4.7,10.3;
　1911.5.21

张载初　见张在初
张在初(张载初)　1901.6.21,6.22
张宅姑奶奶　见马昭叔
张宅九公子　见张文孚
张哲甫　1905.5.19
张振翁　见张振勋
张振勋(张振翁、张弼士)　1904.9.26,10.2,10.26;1910.2.22
张镇芳(张馨庵)　1917.7.8;1924.2.1
张之洞(张香帅、张文襄公)　1905.5.17;1909.6.1;1910.2.8
张之江　1924.11.2
张之万(张文达公)　1907.4.21;1912.5.22;1916.5.7;1918.3.29,5.15
张知生　见张传诰
张直卿　见张廷谔
张芷青　1919.10.2
张志潭(张远伯、张次长)　1917.1.4,3.3;1924.5.29
张稚潜　1916.3.30,4.4
张仲　1912.10.8,12.1,12.3,12.4;1913.5.1,9.3

张仲和　1912.9.11
张仲卤　1917.3.25;1918.3.29;1920.4.14
张仲卿　1917.3.3
张仲元　1919.12.24
张宗昌(张师长)　1916.3.12;1919.8.4;1920.2.28
张总管　见张兰福、张谦和、寿皇殿张总管
张总稽查　1920.11.19
张总监　见张璧
张总长　见张国淦
张作霖(张巡阅使、张雨亭、张司令、张雨帅、张上将军、张保安司令、奉张、张使、张公、张)　1918.11.11,12.3,12.7,12.9,12.10,12.14,12.16;1919.3.14,3.15,10.15;1920.3.2,6.20,8.4,8.5,8.6,8.9,8.11,8.17,9.3;1921.5.26,12.14,12.15,12.20;1923.9.23,10.25,10.26,12.14;1924.1.6,3.6,3.8,8.24,11.1,11.16,11.24,11.29,12.2;1925.1.6,2.7,2.14,3.29,4.4

章法护(章幼叔) 1904.3.2
章佳 见章嘉佛
章佳佛(章佳佛爷、章嘉)
 1912.9.29;1913.12.1,12.
 3,12.21;1914.4.6,6.10;
 1915.1.24,2.24;1916.1.
 4,5.21,11.29,12.13;
 1917.11.14;1919.6.22;
 1920.3.3,3.27;1924.1.
 18,5.5;1925.1.12,1.14,
 1.19,1.25,1.26,1.28,2.
 26,2.27,3.1
章幼叔 见章法护
章仲和 见章宗祥
章宗祥(章仲和、章总长)
 1903.11.15;1914.4.12,
 12.2,12.12,12.13,12.24;
 1915.3.3;
章总长 见章宗祥
璋公 见毓璋
长阿哥 1911.3.27;916.
 1.14
长春 1919.12.29
长春宫 见敬懿皇贵妃
长春宫主位 见敬懿皇贵妃
长萃(长继超) 1901.4.2
长东阳(长老爷) 1901.5.

15,5.16,6.21;1904.2.29
长福 1904.3.27
长庚(长少白) 1905.3.9;
 1913.1.6,7.25,7.26,
 12.10
长谷川 1902.6.23
长鹤亭 1901.6.24
长继超 见长萃
长君朴 1912.9.11
长少白 见长庚
长叔起 见长兴
长委官 1904.4.8
长兴(长叔起) 1903.11.8,
 11.10
钊公 1922.8.26;1924.4.7
昭淑 1916.1.6
赵八爷 1922.12.6,12.14,
 12.18,12.24
赵邦彦(佐卿) 1905.5.8
赵秉钧(赵督都、赵智庵、赵执
 庵、赵总长、赵总理)
 1912.3.21,6.25-28,9.
 29,10.1,12.26,12.28-30;
 1913.2.15,12.17,12.18,
 12.25;1914.2.13,3.22
赵常森 见赵长森
赵椿年(赵健秋) 1917.3.3

赵次老　见赵尔巽
赵次山　见赵尔巽
赵次珊　见赵尔巽
赵次帅　见赵尔巽
赵次翁　见赵尔巽
赵大人　见赵尔巽
赵都护(赵都护副使)　1922.9.30,10.7,10.11-14,1922.11.4,11.5
赵都护副使　见赵都护
赵督都　见赵秉钧
赵尔巽(赵次老、赵次山、赵次珊、赵次帅、赵次翁、赵大人)　1904.8.18,8.22,8.25,8.26;1914.6.21,11.29;1915.2.21,7.13;1917.3.19,5.12,5.18;1918.2.21,12.11;1921.1.31,10.22,10.30,11.2,11.4;1922.8.26,9.4,10.18;1924.5.6-9,5.11-14,5.17,5.25,5.27,5.29,6.4,8.24-26;1925.1.6
赵芳　1903.2.4;1904.1.17;1924.5.25
赵福　1909.6.1;1910.2.17,5.9,6.8;1911.1.28,2.1;1912.8.22
赵姑太太　1913.1.29
赵馆长　见赵尔巽
赵虎　见世信
赵虎儿　见赵世立
赵护卫　1910.6.6
赵汇川　1917.11.16
赵建侯　1916.11.1
赵健秋　见赵椿年
赵阔亭　见赵世立
赵连山　1904.6.2
赵闰生　见锡闰生
赵世立(赵虎儿、赵阔亭)　1905.5.8
赵世泰　1922.12.19,12.24
赵书铭　1903.5.1
赵苏拉　1917.9.25
赵随侍　1910.5.6
赵太太　1917.1.16
赵延泰　1915.1.21
赵吟舟　1922.10.9,10.16,11.5
赵幼梅　见赵元礼
赵元礼(赵幼梅)　1905.5.17
赵运司　1911.12.4
赵长森(赵常森)　1917.11.23;1918.12.9,12.12,12.

13,12.26,12.28;1919.1.
12;1920.10.17,11.7,11.
15,11.18;1921.2.3,4.12
赵之蔚　1904.9.26
赵执庵　见赵秉钧
赵智庵　见赵秉钧
赵仲宣　1902.9.4,9.7
赵宗明　1904.6.2
赵总理　见赵秉钧
赵总长　见赵秉钧
炤公　1917.1.10
珍贵妃　1913.4.5,4.9
镇贝勒　1902.9.23
郑炳勋　1912.11.25
郑大人　见郑孝胥
郑大水　1921.12.20
郑鼎臣　1923.12.24
郑公　见郑孝胥
郑固旃　1902.6.28
郑焕之　1902.6.22
郑启聪（穉岚、郑先生）　1924.
　4.4,4.11
郑让于　1924.4.6,4.16
郑苏龛　见郑孝胥
郑苏堪　见郑孝胥
郑先生　见郑启聪
郑孝胥（郑大人、郑苏龛、郑苏

堪、苏堪、郑总理、郑公）
1924.1.12,1.18,1.19,2.
16,2.18,2.19,2.21,2.23,
3.3,3.5,3.6,3.8,3.9,3.
13,3.16,3.19,4.2,4.5,4.
6,4.7,4.8,4.9,4.12,4.
13,4.15,4.16,4.18,4.19,
4.22,4.24,4.26,4.30,5.1,
5.2,5.3,5.4,5.5,5.9,5.
10,5.11,5.14,5.16,5.17,
5.21,5.24,5.25,5.26,5.
27,5.28,5.31,6.1,6.4,6.
6,6.7,6.8,6.10,6.11,6.
18,6.24,6.25,6.28,7.7,7.
8,7.9,7.14,7.25,8.15,8.
16,9.17,10.23,10.30,10.
31,11.5,11.29;1925.3.6,
3.15
郑永昌　1902.6.28
郑总理　见郑孝胥
政务大臣荣　见荣禄
之堂　见杜题阁
执政　见段祺瑞
侄媳　1907.6.25
至大爷　1901.9.25、26
志成　见周珏
志大人　见志锜

志老太太　1924.6.17
志六大人　见志锜
志六先生　见志锜
志六爷　见志锜
志廿一爷　1910.7.14
志锜(志六爷、志六先生、志赞西、志赞希、志六大人、志大人)　1913.8.12,8.18;1918.4.13,4.21,4.23,5.14;1920.3.4;1921.6.28;1922.9.16;1924.1.12,7.3,7.7
志悌庵　1920.7.30
志赞西　见志锜
志赞希　见志锜
治大人　见治格
治都护　见治格
治都统　见治格
治二大人　见治格
治二爷　见治格
治福　1914.1.4
治格(治鹤卿、治鹤清、鹤卿、鹤清、治都护、治大人、治都统、治二爷、治二大人、治)　1912.4.19;1913.12.18,12.22;1914.1.31,3.23,3.24,4.7,9.4,9.25,11.10;1915.1.7,2.23,2.24,2.25,2.26,3.1,3.3,3.14,4.3,4.21,4.22,7.1,7.10,7.23,9.30,10.2,10.3;1916.2.13,3.11,6.7,7.1,8.1,8.2,8.18,9.20,9.23,10.2,10.10,10.11,10.17,11.25,11.29,12.4,12.5,12.8;1917.1.4,1.29,4.24,7.16,7.23,8.1,8.5,8.7,8.22,9.4,9.11,10.1,12.10,12.20;1918.1.7,3.28,5.6,5.27,5.29,11.9,11.10,11.13,12.6,12.27;1919.1.10,1.11,3.18,8.26,9.9,9.15,10.12,10.13,10.16,10.17,10.22,10.25,11.19,12.2,12.28;1920.1.29,1.30,2.14,3.3,3.25,4.17,4.30,5.3,6.12,7.8,7.28,9.5,9.7,9.8,9.22,11.12;1921.6.26,10.20,10.22;1922.12.20;1923.12.12
治鹤卿　见治格
治鹤清　见治格
挚甫　见吴汝纶
穉岚　见郑启聪

中岛裁之(中岛) 1901.4.
　14,4.21,5.11,5.13,9.27;
　1902.6.7,6.9,6.20,9.9,
　9.10;1903.4.27
中峰国师 1921.2.12
中堂　见世续
中堂夫人 1903.3.2
钟大爷 1901.7.17
钟洁南　见钟凯
钟捷南　见钟凯
钟峻(钟秋岩) 1912.2.23;
　1915.7.27
钟凯(钟捷南、捷南、钟洁南、
　钟三爷、钟老爷、钟三老爷)
　1912.4.10;1914.4.19;
　1916.10.15;1917.1.10,2.
　18,2.21,2.22,2.24,2.27,
　3.1,3.5,3.11,3.12,7.9,7.
　10,7.11,7.17,11.21,11.
　23,12.13,12.31;1918.1.
　4,2.15,5.18,5.27,5.31,6.
　6,7.3,9.4;1919.1.13,2.
　22,7.16,9.27,9.30,11.22,
　11.23,11.24,11.28,11.30,
　12.2,12.28;1920.1.4,1.
　17,2.19,4.7,4.16,4.21,4.
　30,5.7,6.22,7.18,9.16,9.
25,10.7,11.3,11.10,11.
13,12.31;1921.2.4,2.25,
2.27,3.19,4.4,4.29,4.
30,.5.4,5.24,5.28,5.30,
6.19,7.24,8.1,8.5,8.9,9.
2,9.8,9.14,10.7,10.17,
10.22,10.29,11.1,11.4,
11.7,11.17,11.19,11.20,
11.22,11.24,12.25,12.29,
12.31;1922.1.22,9.12,9.
22,9.23,9.25,9.26,10.13,
10.14,10.20,10.23,10.30,
11.5,12.18,12.19,12.24;
1923.1.1,10.11,10.21;
1924.2.19,2.21;1925.2.
26,2.27,2.28,3.9,3.16,3.
21,3.22,3.27
钟老爷　见钟凯
钟老爷(不能确定为谁)
　1901.7.17
钟龄 1902.6.22
钟秋岩　见钟峻
钟三老爷　见钟凯
钟三爷　见钟凯
钟又斋 1903.1.21
钟岳　见李岱云
钟云舫 1901.7.25

钟子良　1901.7.25
仲甫　1905.4.16,4.20
仲星　见朱衍纪
仲修　1923.9.21
仲轩　见郭文翯
重华宫　见荣惠皇贵妃
重华宫主位　见荣惠皇贵妃
周伯英(周冠卿)　1919.6.29
周大人　见周自齐
周登皞(熙民)　1904.9.26
周东生(周荣曜)　1904.2.4
周尔润(周漱泉)　1913.1.4,1.8,10.8,10.9
周二　1917.1.28;1919.5.25,5.26;1921.9.7;1923.11.18
周馥(周玉老、周玉山、周帅、周玉翁)　1921.10.21,10.22,10.28,10.30,11.1-4
周冠卿　见周伯英
周海门　见周汝登
周缉之　见周学熙
周景涛(周松孙)　1904.9.26
周珏(志成)　1913.2.11
周立之　1917.12.1
周荣曜　见周东生
周汝登(周海门)　1913.4.28
周漱泉　见周尔润
周舜钦　见周廷弼
周松孙　见周景涛
周廷弼(周舜钦)　1904.12.28;1912.8.22
周先生(未详为谁)　1920.4.14
周先生(徐霨如家老夫子)　1918.3.12
周学熙(周缉之)　1912.8.28,8.29,9.17;1915.7.23;1919.1.15-17
周燕山　1914.2.12
周养庵　见周肇祥
周玉　1903.12.1
周玉老　见周馥
周玉山　见周馥
周玉帅　见周馥
周玉翁　见周馥
周云章　1921.11.16
周肇祥(周养庵)　1917.7.24
周芝桢　1913.12.13
周志辅　1920.8.29,9.6
周子沂　见周自齐
周子宜　见周自齐
周子廙　见周自齐

周自齐(周子沂、周子宜、周子廙、周总长、周大人) 1911.12.7-9；1912.2.13，2.25，3.15，3.19，3.23，3.31；1913.12.5，12.9；1914.2.7，2.17，4.12；1915.1.26，4.11；1918.8.12

周总长　见周自齐

朱大人　见朱益藩

朱东海　1914.10.19；1920.4.22

朱督　1914.3.19

朱尔典　1913.1.1；1915.1.1

朱桂莘　见朱启钤

朱桂辛　见朱启钤

朱家宝　1914.2.27

朱监督　见朱启钤

朱老师　见朱益藩

朱聘三　见朱汝珍

朱启钤(朱桂辛、朱总长、朱监督、朱桂莘、朱)　1904.3.21，4.12；1913.10.8，10.9，12.18，12.28；1914.1.2，1.13，12.2，12.12，12.13，12.24，12.31；1915.1.2，1.7，2.17，2.18，2.26，3.1，3.9，3.11，4.21，4.23，5.31，9.30，10.1，10.2，10.3，12.12，12.13，12.14，12.16；1916.1.1，1.2，3.11，4.30；1918.4.15，4.16，4.17；1923.12.12

朱汝珍(朱聘三)　1922.10.15，12.22，12.27，12.30；1923.1.19；1924.11.5；1925.1.28，2.25，3.10

朱深(朱总监)　1925.2.28，3.17

朱师　见朱益藩

朱师傅　见朱益藩

朱世叔　1901.5.7；1902.12.20

朱世兄　1902.12.20

朱顺　1905.9.19

朱文杰　1913.5.3

朱锡三　1919.10.12

朱雪庵　1901.8.3，8.26

朱衍纪(仲星)　1914.4.1

朱益藩(朱师傅、朱老师、朱大人、朱师、朱)　1917.1.30，2.6，7.7，7.17，7.21，9.13，9.15，12.26；1918.1.30，2.1，2.2，2.21，3.9，6.24；1919.3.10，3.13，8.6，11.22；1920.2.10，3.4，3.5，3.

29,7.9,9.26,10.1,10.10,11.14;1921.1.9,1.11,1.12-16,1.17,1.25,2.2,2.11,3.14,6.20,6.25,6.28,9.20,10.1,10.6,10.7,10.8,10.9,10.19,11.5,11.12,12.19,12.20,12.22;1922.8.25,8.30,8.31,9.1,10.3,10.4,10.11,10.12,10.13,10.15,10.17,10.31,11.1,11.21,11.26,12.4,12.5,12.6,12.7,12.10,12.11,12.12,12.26;1923.1.6,9.17,10.25;1924.1.30,1.31,2.6,2.13,4.12,4.18,5.6,5.7,5.8,5.14,5.18,6.7,6.18,6.25,6.27,6.28,7.7,7.26,7.27,7.31,8.5,8.6,8.23,8.29,8.30,9.2,9.3,9.4,9.8,9.15,9.16,9.18,10.19,10.22,11.5,11.14,11.18,11.19,11.21,12.20;1925.1.17,1.24,2.2,2.5,2.11,2.15,2.18,2.19,2.21,2.24,2.27,3.1,3.5,3.8,3.9,3.10,3.12,3.13,3.15,3.18,3.28,3.31

朱益濬 1920.4.2
朱虞生 1924.6.29
朱子(朱熹) 1911.10.16
朱子良 1902.9.22;1903.12.14;1907.3.1;1911.5.21
朱总监 见朱深
朱总长 见朱启钤
朱作舟 1923.9.25
竹儿 见世杰
竹格 见世杰
竹林 见王贤宾
竹铭 见世杰
竹农 见荣勋
祝读楼 1901.8.31;1915.5.29
祝子升(子升) 1904.1.9,4.13,4.22,5.7,8.6
庄大人 见庄士敦
庄和皇贵妃(珣贵妃、珣皇贵妃、庄和主位、储秀宫主位、储秀宫、恭肃皇贵妃) 1913.2.22,3.12,3.21,5.1,8.30,9.3;1914.5.6,9.16;1915.5.21,9.6;1916.8.25,8.31;1917.5.26,7.21,7.22,9.14,9.15,9.18,

10.7,10.20;1918.5.9,9.
3;1919.2.8,2.19,4.28,7.
5,8.7,9.4,9.20,9.21,9.
26,12.14;1920.1.19,1.
20,5.15,6.13,9.14,10.18;
1921.1.26,4.14,5.11,5.
14,5.18,12.11,12.25
庄教习　见庄士敦
庄谦甫　1902.12.29;1903.
　1.2,1.4
庄士敦(庄志道、庄大人、庄教
　习、庄先生、庄)　1919.2.
　27,3.7,3.8,3.10,3.12,3.
　13,3.15,3.20,3.22,5.21,
　7.16,8.13,8.15,9.5,10.
　26,10.28,10.31,11.14;
　1920.2.20,3.3,3.31,5.
　12,7.20,8.18,8.26,10.17;
　1921.1.1,4.25,8.16,8.
　17,10.18,10.31,11.8,11.
　11,11.16,12.19,12.20;
　1922.1.9,1.10,9.13,10.
　15,11.20;1923.1.12,9.
　12,9.13,9.18,9.19,10.30,
　10.31,11.21,12.24,12.3;
　1924.1.28,1.29,2.5,4.
　26,5.24,7.16,8.24,9.12,

10.29,10.31,11.5,11.29;
　1925.1.1
庄王　1913.10.14;1921.11.3
庄王福晋　1911.3.3
庄先生　见庄士敦
庄蕴宽　1925.1.17
庄志道　见庄士敦
卓定谋　1924.5.21
卓孝复(卓芝南)　1903.11.3
卓芝南　见卓孝复
子厚　见世培
子敬　见曾有翼
子昆　见福启
子堃　见福启
子有　见林葆恒
宗芳　1913.4.23
宗彝　1917.11.23
总管　1913.2.22
总理　见段祺瑞、孙宝琦
总统　见袁世凯.
总长　见王克敏
邹化钧(邹沅帆、邹先生)
　1902.12.2;1903.12.23
邹嘉来　1921.11.8,11.22
邹先生　见邹化钧
邹小村　见邹振清
邹沅帆　见邹化钧

邹章　1903.12.2
邹振清(邹小村)　1902.6.20
左伯(佐伯)　　1901.5.1;
　1902.12.6;1903.1.21
佐伯　见左伯

佐卿　见赵邦彦
佐佐藤安之助　1905.9.22
作舟　见世楫
作舟之女　1918.12.31